中华现代学术名著丛书

中国厘金史

罗玉东 著

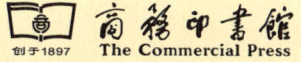

图书在版编目(CIP)数据

中国厘金史/罗玉东著.—北京：商务印书馆,2010
(2020.12重印)
(中华现代学术名著丛书)
ISBN 978-7-100-07380-6

I.①中… II.①罗… III.①厘金制度—经济史—研究—中国—近代 IV.①F812.95

中国版本图书馆 CIP 数据核字(2010)第 185542 号

权利保留，侵权必究。

本书据商务印书馆 1936 年版排印

中华现代学术名著丛书
中国厘金史
罗玉东 著

商 务 印 书 馆 出 版
（北京王府井大街36号 邮政编码100710）
商 务 印 书 馆 发 行
北 京 冠 中 印 刷 厂 印 刷
ISBN 978-7-100-07380-6

2010年12月第1版　　开本 880×1240　1/32
2020年12月北京第2次印刷　印张 23¾　插页 3
定价：88.00元

出版说明

百年前,张之洞尝劝学曰:"世运之明晦,人才之盛衰,其表在政,其里在学。"是时,国势颓危,列强环伺,传统频遭质疑,西学新知亟亟而入。一时间,中西学并立,文史哲分家,经济、政治、社会等新学科勃兴,令国人乱花迷眼。然而,淆乱之中,自有元气淋漓之象。中华现代学术之转型正是完成于这一混沌时期,于切磋琢磨、交锋碰撞中不断前行,涌现了一大批学术名家与经典之作。而学术与思想之新变,亦带动了社会各领域的全面转型,为中华复兴奠定了坚实基础。

时至今日,中华现代学术已走过百余年,其间百家林立、论辩蜂起,沉浮消长瞬息万变,情势之复杂自不待言。温故而知新,述往事而思来者。"中华现代学术名著丛书"之编纂,其意正在于此,冀辨章学术,考镜源流,收纳各学科学派名家名作,以展现中华传统文化之新变,探求中华现代学术之根基。

"中华现代学术名著丛书"收录上自晚清下至20世纪80年代末中国大陆及港澳台地区、海外华人学者的原创学术名著(包括外文著作),以人文社会科学为主体兼及其他,涵盖文学、历史、哲学、政治、经济、法律和社会学等众多学科。

出版说明

出版"中华现代学术名著丛书",为本馆一大夙愿。自1897年始创起,本馆以"昌明教育,开启民智"为己任,有幸首刊了中华现代学术史上诸多开山之著、扛鼎之作;于中华现代学术之建立与变迁而言,既为参与者,也是见证者。作为对前人出版成绩与文化理念的承续,本馆倾力谋划,经学界通人擘画,并得国家出版基金支持,终以此丛书呈现于读者面前。唯望无论多少年,皆能傲立于书架,并希冀其能与"汉译世界学术名著丛书"共相辉映。如此宏愿,难免汲深绠短之忧,诚盼专家学者和广大读者共襄助之。

商务印书馆编辑部
2010年12月

凡 例

一、"中华现代学术名著丛书"收录晚清以迄20世纪80年代末,为中华学人所著,成就斐然、泽被学林之学术著作。入选著作以名著为主,酌量选录名篇合集。

二、入选著作内容、编次一仍其旧,唯各书卷首冠以作者照片、手迹等。卷末附作者学术年表和题解文章,诚邀专家学者撰写而成,意在介绍作者学术成就、著作成书背景、学术价值及版本流变等情况。

三、入选著作率以原刊或作者修订、校阅本为底本,参校他本,正其讹误。前人引书,时有省略更改,倘不失原意,则不以原书文字改动引文;如确需校改,则出脚注说明版本依据,以"编者注"或"校者注"形式说明。

四、作者自有其文字风格,各时代均有其语言习惯,故不按现行用法、写法及表现手法改动原文;原书专名(人名、地名、术语)及译名与今不统一者,亦不作改动。如确系作者笔误、排印舛误、数据计算与外文拼写错误等,则予径改。

五、原书为直(横)排繁体者,除个别特殊情况,均改作横排简体。其中原书无标点或仅有简单断句者,一律改为新式标点,专名号从略。

六、除特殊情况外,原书篇后注移作脚注,双行夹注改为单行夹注。文献著录则从其原貌,稍加统一。

七、原书因年代久远而字迹模糊或纸页残缺者,据所缺字数用"□"表示;字数难以确定者,则用"(下缺)"表示。

目　　录

凡例 ··· 1
中西年份对照表 ·· 2
第一章　厘金制度之起源 ·· 3
　　壹　厘金制度产生之原因 ····································· 3
　　贰　厘金未施行以前加征商税之拟议 ············· 14
　　叁　厘金制度被采行的原因 ····························· 15
　　肆　厘金制度创办及普行之经过 ····················· 16
　　（附）厘金创议人钱江之事迹 ··························· 27
第二章　清廷对于厘金税政之措施 ····················· 30
　　壹　咸同时期（1854—1874） ···························· 30
　　贰　光绪时期（1875—1908） ···························· 46
第三章　全国厘金税制概要 ·································· 60
　　壹　百货厘金的种类 ··· 60
　　贰　各省厘金税率 ··· 66
　　叁　各省课厘货类及免税货物 ························· 70
　　肆　征收机关 ··· 74
　　　一　征收机关的系统及组织 ························· 74
　　　二　局卡及人员的统计 ································· 88
　　　三　征收人员的委任及待遇 ························· 91

第四章 全国厘金税制概要(续) ………………… 99

伍 征收制度 ……………………………………… 99
一 官征制度 ……………………………………… 99
(一)各省的税章及税票 ……………………… 99
(二)卡厘征收手续 ………………………… 106
(三)转运及分运的免厘办法 ……………… 110
(四)厘金罚款及其分配 …………………… 111
(五)坐厘征收手续 ………………………… 113
(六)定期蠲免常例 ………………………… 114
二 包缴制度 …………………………………… 116
(一)广东的认捐 …………………………… 116
(二)江浙的认捐及包捐 …………………… 118
(三)认捐之利弊 …………………………… 120

陆 报解及考成 …………………………………… 123
一 报解程序 …………………………………… 123
二 考成 ………………………………………… 125
(一)比较办法及奖惩章程 ………………… 126
(二)比较办法之流弊 ……………………… 129

柒 厘金的弊端 …………………………………… 131
一 侵蚀税收的弊端 …………………………… 132
二 私索商民的弊端 …………………………… 135

捌 厘金与条约之关系 …………………………… 139

第五章 全国厘金收支概况 …………………………… 146

壹 统计材料来源及整理方法 …………………… 146
一 统计材料的来源 …………………………… 146
二 折合方法及准确程度 ……………………… 152
三 材料不全及补充办法 ……………………… 157

贰 全国厘金收入概况 …………………………… 162

一　各省厘金税收的种类 …………………………… 162
　　　二　各省厘金收数 ……………………………………… 169
　　　三　全国厘金收数 ……………………………………… 180
　　　　　甲　外人的估计 …………………………………… 180
　　　　　乙　前人的统计 …………………………………… 188
　　　　　丙　现作的统计 …………………………………… 194
　　　　　丁　厘金收数的分类 ……………………………… 200

第六章　全国厘金收支概况（续） ………………………… 201
　　叁　全国厘金支出概况 …………………………………… 201
　　　一　各省厘金用途的分类 ……………………………… 201
　　　　　甲　国用各款 ……………………………………… 202
　　　　　乙　省用各款 ……………………………………… 220
　　　　　丙　用途不详款 …………………………………… 220
　　　二　各省厘金支出概况 ………………………………… 221
　　　三　全国厘金用途的分析 ……………………………… 229

第七章　江苏浙江安徽三省厘金 …………………………… 237
　江苏省厘金 …………………………………………………… 237
　　壹　税制沿革 ……………………………………………… 237
　　贰　税收及开除 …………………………………………… 248

　浙江省厘金 …………………………………………………… 259
　　壹　税制沿革 ……………………………………………… 259
　　贰　税收及开除 …………………………………………… 269

　安徽省厘金 …………………………………………………… 279
　　壹　税制沿革 ……………………………………………… 279
　　贰　税收及开除 …………………………………………… 283

第八章　江西湖北湖南三省厘金 …………………………… 290
　江西省厘金 …………………………………………………… 290

壹　税制沿革 ……………………………… 290
　　　贰　税收及开除 …………………………… 297
　湖北省厘金 ………………………………………… 303
　　　壹　税制沿革 ……………………………… 303
　　　贰　税收及开除 …………………………… 309
　湖南省厘金 ………………………………………… 313
　　　壹　税制沿革 ……………………………… 313
　　　贰　税收及开除 …………………………… 322

第九章　福建广东广西三省厘金（附：台湾省厘金）……… 328
　福建省厘金 ………………………………………… 328
　　　壹　税制沿革 ……………………………… 328
　　　贰　税收及开除 …………………………… 335
　　（附）台湾厘金 ……………………………… 344
　广东省厘金 ………………………………………… 345
　　　壹　税制沿革 ……………………………… 345
　　　贰　税收及开除 …………………………… 356
　广西省厘金 ………………………………………… 364
　　　壹　税制沿革 ……………………………… 364
　　　贰　税收及开除 …………………………… 370

第十章　山东河南山西直隶四省厘金 ……………… 374
　山东省厘金 ………………………………………… 374
　　　壹　税制沿革 ……………………………… 374
　　　贰　税收及开除 …………………………… 378
　河南省厘金 ………………………………………… 381
　　　壹　税制沿革 ……………………………… 381

贰　税收及开除 ·················· 384

　山西省厘金 ······················ 388
　　壹　税制沿革 ·················· 388
　　贰　税收及开除 ·················· 393

　直隶省厘金 ······················ 400
　　税制及税收 ···················· 400

第十一章　陕西甘肃四川云南贵州五省厘金 ········ 406
　陕西省厘金 ······················ 406
　　壹　税制沿革 ·················· 406
　　贰　税收及开除 ·················· 412

　甘肃省厘金 ······················ 415
　　壹　税制沿革 ·················· 415
　　贰　税收及开除 ·················· 421

　四川省厘金 ······················ 423
　　壹　税制沿革 ·················· 423
　　贰　税收及开除 ·················· 427

　云南省厘金 ······················ 432
　　壹　税制沿革 ·················· 432
　　贰　税收及开除 ·················· 437

　贵州省厘金 ······················ 438
　　壹　税制沿革 ·················· 438
　　贰　税收及开除 ·················· 441

第十二章　东三省及新疆四省厘金 ············ 442
　奉天省厘金 ······················ 442
　　壹　厘税沿革 ·················· 442

一 厘捐时期	442
二 统捐时期	450
贰 全省厘捐收数	452

吉林省厘金 456
    壹 厘捐沿革 456
    贰 厘捐收支 462

黑龙江厘金 464
    壹 厘捐沿革 464
    贰 厘捐收数 467

新疆省厘金 467
    税制及税收 467

罗玉东和他的《中国厘金史》 .... 周育民 731

附录一 统计表

第 一 表	历年各省厘金收入总数	472
第 二 表	历年各省厘金收入总数	473
第 三 表	光绪二十九年户部所发表各省厘金收数	477
第 四 表	历年全国厘金收数	478
第 五 表	历年各省厘金收入分类及各类之百分比	480
第 六 表	历年各省厘金开除总数	482
第 七 表	历年各省厘金开除总数	483
第 八 表	历年各省厘金收支总额比较	487
第 九 表	历年十一省厘金开除分类及各类之百分比	489
第 十 表	历年十一省国用款分析	490
第十一表	历年十一省国用款内各项支出占十一省总支出之百分比	491
第十二表	历年十一省省用款内厘金征收经费占额数	492
第十三表	江苏省历年厘金收入各项总数	493
第十四表	江苏省历年厘金收入项下其他税收分析	495
第十五表	江苏省历年厘金收入项下各项拨款分析	496
第十六表	江苏省历年厘金开除各项总数	498
第十七表	江苏省历年解户部款分析	502
第十八表	江苏省历年国家行政费分析	504

第 十九 表	江苏省历年皇室用费分析	506
第 二十 表	江苏省历年归还内外债分析	508
第二十一表	江苏省历年协款分析	509
第二十二表	江苏省历年海防经费分析	511
第二十三表	江苏省历年水师军费分析	512
第二十四表	江苏省历年本省军费分析	514
第二十五表	江苏省历年本省军费项下其他军费分析	516
第二十六表	江苏省历年本省行政费分析	518
第二十七表	江苏省历年厘金开除项下拨存各款分析	521
第二十八表	江苏省历年厘金开除各项之百分比率	522
第二十九表	江苏省历年厘金收支比较	524
第 三十 表	江苏省历年厘金收支原数	526
第三十一表	江苏省历年银钱及银圆兑换率	528
第三十二表	浙江省历年厘金收入各项总数	529
第三十三表	浙江省历年厘金开除各项总数	531
第三十四表	浙江省历年解户部款分析	533
第三十五表	浙江省历年国家行政费分析	534
第三十六表	浙江省历年皇室用费分析	535
第三十七表	浙江省历年协款分析	537
第三十八表	浙江省历年海防经费分析	538
第三十九表	浙江省历年本省军费分析	539
第 四十 表	浙江省历年本省行政费分析	541
第四十一表	浙江省历年厘金开除各项之百分比率	543
第四十二表	浙江省历年厘金收支比较	545
第四十三表	浙江省历年厘金收支原数	547

第四十四表	安徽省历年厘金收入各项总数	549
第四十五表	安徽省历年厘金开除各项总数	551
第四十六表	安徽省历年解户部款分析	553
第四十七表	安徽省历年协款分析	554
第四十八表	安徽省历年本省军费分析	556
第四十九表	安徽省历年本省行政费分析	558
第五十表	安徽省历年厘金开除各项之百分比	560
第五十一表	安徽省历年厘金收支原数	562
第五十二表	安徽省历年银钱兑换率	563
第五十三表	江西省历年厘金收入各项总数	564
第五十四表	江西省历年大宗货物统税收入分析	566
第五十五表	江西省历年厘金开除各项总数	567
第五十六表	江西省历年国家行政费分析	569
第五十七表	江西省历年解藩库款分析	570
第五十八表	江西省历年厘金开除各项之百分比	571
第五十九表	江西省历年厘金收支原数	573
第六十表	江西省历年银钱兑换率	574
第六十一表	湖北省历年厘金收入各项总数	575
第六十二表	湖北省历年厘金开除各项总数	577
第六十三表	湖北省历年本省行政费分析	579
第六十四表	湖北省历年厘金开除各项之百分比	581
第六十五表	湖北省历年厘金收支比较	583
第六十六表	湖北省历年厘金收入原数	585
第六十七表	湖南省历年厘金收入各项总数	586
第六十八表	湖南省历年厘金开除各项总数	588

第六十九表	湖南省历年解户部款分析	590
第 七十 表	湖南省历年国家行政费分析	591
第七十一表	湖南省历年协款分析	592
第七十二表	湖南省历年本省军费分析	593
第七十三表	湖南省历年本省行政费分析	595
第七十四表	湖南省历年厘金开除各项之百分比	597
第七十五表	湖南省历年厘金收支比较	599
第七十六表	湖南省历年厘金收入原数	601
第七十七表	福建省历年厘金收入各项总数	602
第七十八表	福建省历年厘金收入项下其他收入分析	606
第七十九表	福建省历年厘金开除各项总数	608
第 八十 表	福建省历年解户部款分析	611
第八十一表	福建省历年国家行政费分析	613
第八十二表	福建省历年协款分析	615
第八十三表	福建省历年水师军费分析	617
第八十四表	福建省历年本省军费分析	618
第八十五表	福建省历年本省行政费分析	620
第八十六表	福建省历年其他开除项分析	622
第八十七表	福建省历年厘金开除各项之百分比	623
第八十八表	福建省历年厘金收支比较	626
第八十九表	广东省历年厘金收入各项总数	628
第 九十 表	广东省历年厘金收入项下其他税收分析	631
第九十一表	广东省历年厘金开除各项总数	632
第九十二表	广东省历年解户部款分析	634
第九十三表	广东省历年国家行政费分析	636

第九十四表	广东省历年协款分析	638
第九十五表	广东省历年解藩库款分析	640
第九十六表	广东省历年厘金开除各项之百分比	641
第九十七表	广东省历年厘金收支比较	644
第九十八表	广西省历年厘金收入各项总数	646
第九十九表	广西省历年厘金开除各项总数	648
第一〇〇表	山东省历年厘金收入各项总数	650
第一〇一表	山东省历年厘金收入项下其他税收分析	652
第一〇二表	山东省历年厘金开除各项总数	653
第一〇三表	山东省历年本省军费分析	655
第一〇四表	山东省历年厘金开除各项之百分比	656
第一〇五表	山东省历年厘金收支比较	657
第一〇六表	河南省历年厘金收入各项总数	658
第一〇七表	河南省历年厘金收入项下其他税收分析	660
第一〇八表	河南省历年厘金开除各项总数	661
第一〇九表	河南省历年厘金收支比较	663
第一一〇表	山西省历年厘金收入各项总数	665
第一一一表	山西省历年厘金开除各项总数	667
第一一二表	山西省历年解户部款分析	669
第一一三表	山西省历年协款分析	670
第一一四表	山西省历年本省行政费分析	671
第一一五表	山西省历年厘金开除各项之百分比	673
第一一六表	山西省历年厘金收支比较	675
第一一七表	陕西省历年厘金收入各项总数	677
第一一八表	陕西省历年厘金收入项下其他收入分析	679

第一一九表　陕西省历年厘金开除各项总数 …………………… 680
第一二〇表　陕西省历年厘金收支比较 ……………………… 682
第一二一表　陕西省历年厘金开除各项之百分比 …………… 684
第一二二表　甘肃省历年厘金收入各项总数 ………………… 686
第一二三表　甘肃省历年厘金开除各项总数 ………………… 688
第一二四表　甘肃省历年厘金收支比较 ……………………… 690
第一二五表　四川省历年厘金收入总数 ……………………… 692
第一二六表　奉天省历年各城日捐厘捐收支 ………………… 695
第一二七表　奉天省营口七厘货捐历年收支 ………………… 696
第一二八表　奉天省铁岭开原等处斗秤厘捐历年收支 ……… 698

附录二　各省厘票及厘报式样

附录一	广东省补抽海口半厘票式	699
附录二	湖南省三联税票式	700
附录三	湖南省三联厘票式	701
附录四	湖南省两联厘票式	702
附录五	安化茶行用捐票式	703
附录六	郴宜围票式	704
附录七	天津厘捐票式	705
附录八	福建省起厘票式	706
附录九	湖南省两联换票式	708
附录十	福建省四联换单式	709
附录十一	湖南省四联厘票式	711
附录十二	广东省船商呈报厘局验货单式	713
附录十三	湖南省手票式	714
附录十四	湖南省空船放行票式	715
附录十五	湖南省上水货放行票式	716
附录十六	湖南省省城转运票式	717
附录十七	广东省坐厘票式	718
附录十八	上海认捐捐票式	719
附录十九	上海认捐分运单式	720

附录二十	湖北厘金各局每月申报总局册式	721
附录二十一	湖南厘金各局每月月报详院册式	724
附录二十二	湖南厘金总局报销详院报部册式	727
附录二十三	厘金奏报折式　厘金奏报清单	728

凡　　例

一　凡本书内所引某朝某年某月某日上谕，或朱批或御批某人奏折或片，皆为故宫博物院文献馆所藏清军机处档案。朱批与御批皆同为清帝览奏后所加之朱笔批，惟值清帝服丧时则讳称御批。片与折之分别，即前者为附奏之件，与后者不同之处，即不具奏者衔名，以"再"字起首直述事项，不具摘由。

二　凡书中正文内所附各表，有根据各书直接录下，或改制者，有非原书所有而根据原书材料自制者，凡遇后者皆于材料来源附注后加一"制"字，以示区别。

三　本书引用各省财政说明书之处甚多，凡未在附注中另行注明者，皆指各书内之厘捐类或厘捐章而言。

中西年份对照表

夏　　历	西　　历	夏　　历	西　　历
咸丰　元　年	1851	光绪　八　年	1882
二　年	1852	九　年	1883
三　年	1853	十　年	1884
四　年	1854	十一年	1885
五　年	1855	十二年	1886
六　年	1856	十三年	1887
七　年	1857	十四年	1888
八　年	1858	十五年	1889
九　年	1859	十六年	1890
十　年	1860	十七年	1891
十一年	1861	十八年	1892
同治　元　年	1862	十九年	1893
二　年	1863	二十年	1894
三　年	1864	二一年	1895
四　年	1865	二二年	1896
五　年	1866	二三年	1897
六　年	1867	二四年	1898
七　年	1868	二五年	1899
八　年	1869	二六年	1900
九　年	1870	二七年	1901
十　年	1871	二八年	1902
十一年	1872	二九年	1903
十二年	1873	三十年	1904
十三年	1874	三一年	1905
光绪　元　年	1875	三二年	1906
二　年	1876	三三年	1907
三　年	1877	三四年	1908
四　年	1878	宣统　元　年	1909
五　年	1879	二　年	1910
六　年	1880	三　年	1911
七　年	1881		

第一章　厘金制度之起源*

附厘金创议人钱江之事迹

壹　厘金制度产生之原因

　　厘金制度的产生,就事实而言,是件偶然发生的事。他是在清廷对太平天国用兵的时期内偶然发现的一种临时筹款方法,事前并未经过何种蕴酿。但是一件事的发生,都有他的远因和近因。仅仅考究了偶然发生的原因,只是研究了近因,而单就近因绝不足以说明一件事发生的真因的。所以吾人于研究厘金制度的起源,除了研究他偶然发生的近因外,尚须进一步去追求他的远因。研究近因应从当时的财政状况方面入手;研究远因,须从清代税制方面入手。因为税制直接影响财政,所以我们就先从清代税制说起。

　　清代财政的主要岁收,在咸丰以前,共有四项,即一地丁,二钱漕,三关税,四盐课。此外虽有杂赋,但收数甚微,不足左右财政。四项税收中,以地丁收入为最多,约占全部岁收三分之二②。所以咸丰以前的财政,可以说是大部分仰给于地丁。仰给于地丁的结

---

　　* 此章为《近代经济史集刊》一卷一期所载"厘金制度之起源及其理论"一文之前部,惟本章内容略有补充及修正。
　　① 参阅王庆云:《石渠余记》卷三,"道光朝各直省岁入总数表"。

果,是大部的岁收失去了扩张性,因为地丁是受了清廷永不加赋的法律限制的①。其他三项税收,漕粮以性质类于地丁,亦受不得加赋之限制,关税,盐课,则向有定额,亦不能随意加征②。清廷既采此种税政,故其财政上最大的缺陷,即是岁入难骤然增加。岁入难骤然增加,其害在承平无事的时候不甚显著,但是一遇有事,财政上就要大感困难。清朝自开国以来,并非一帆风顺,总过太平日子,所遇各种灾患,姑不具论,即以军事而言,自开国以至道光,几至无一朝不兴军事。因此我们对于咸丰以前清廷应付财政困难的方法,就不能不先去考究一下。按应付财政困难的一般原则,不外是平时积储与临时举款。清廷在咸丰以前应付财政困难的方法有二:第一即是平时贮积岁余,第二即是临时推广捐纳。今分别言之。

清初财政异常贫乏,顺治八、九年间的岁入额赋仅有一千四百八十五万余两,而岁出之数则为一千五百七十余万两。十三年后岁入虽增至将近二千万两,但岁出之数仍出其上③。自康熙以后,各朝对于财政,皆有整顿方策,故以后各朝皆有积储。兹将道光以前历朝户部库存银数,列表如下,以供参考。

第一表　道光以前历朝户部库存银数表

康熙四十八年(1709)	50,000,000 余两(1)
六十一年(1722)	8,000,000 余两(2)
雍正年间(1723—1735)	60,000,000 余两(2)

---

① 康熙五十一年,上谕定丁额,五十年以后所滋生的人丁,永不加赋,此本限于丁税,迨雍正初年定丁随地起之法,摊丁入地后,田赋遂亦受此永不加赋的限制。参阅《大清会典》。

② 《石渠余记》卷三,道光朝岁入定额,地丁杂税为 33,348,034 两;盐课税 7,475,879两;关税 4,352,208 两。总计 45,176,121 两。

③ 张玉书:《纪顺治间钱粮数目》,《张文贞集》。

乾隆初年(1736—1732)	24,000,000 余两[2]
四十六年(1781)	70,000,000 余两[2]
五十四年(1789)	60,000,000 余两[1]
嘉庆十九年(1814)	12,400,000 余两[3]
道光三十年(1850)	8,000,000 余两[4]

(1)《石渠余记》卷三,《记会计》。
(2)《阿桂论增兵筹饷疏》(乾隆四十六年),见贺长龄所辑《皇朝经世文编·正编》卷二十六。
(3)《英和开源节流疏》(嘉庆十九年),同上书。
(4)孙鼎臣所撰《畚塘刍论》,见《苍莨全集》。

就上表观之,可以略知清代各朝积储的情形。可见以前各朝应付财政困难,实有赖于丰富的库藏,且从数字上观察,其重要性有时或在临时推广捐纳之上。

捐纳或捐输①乃清代财政上的另一补助方法。此法系以官爵封典为奖品,而向人民或官吏吸收钱粟,以供岁用。此本汉代纳粟拜爵之遗制,历代皆有行之者。清朝开国之初,为网罗民心计,曾废除明季之三饷,并蠲免各地之钱粮甚多,然其时正值草创,百事待兴,焉可令国家岁入常不敷岁出,故顺治六年五月户部为弥补岁费计,遂奏请开监生吏典承差等援纳,给内外僧道度牒(于八年废止),并准徒杖等罪折赎②。迨至康熙十二年后,三藩之乱兴,清廷为用兵筹饷,乃又开捐纳实官之例③。康熙三十年因大同宣府输送草豆,又开捐纳保举之例,当时御史疏阻,并未见效④。此为清初以

---

① 捐输为捐纳事例中之一种,惟彼此可互用。
② 顺治朝《东华录》卷十二。
③ 康熙十七年,掌浙江道事云南道监察御史陆祚藩曾疏请停止加捐知县,见《皇清奏议》卷二十,又参阅《清朝全史》上二,页九三。
④ 康熙三十年,协理浙江道事,监察御史陆等曾上疏,请停保举先用之例,原疏见《皇清奏议》卷二十二。

捐纳补救财政之先例。雍正朝起即有所谓常例捐纳,为户部每年之经常收入。所谓常例捐纳,即俊秀及文武生员得输赀捐纳贡生监生职衔,内外官员得捐加级、记录,及请封典,又平人捐职衔者,亦得请捐封典①。此项捐款,无论收自京内或京外,除有上谕留贮本省者外,皆须汇解于户部捐纳房,以供中央之开支。每年收入,在乾隆一朝,约一百余万两,或数百万两不等。乾隆一朝,用兵数次,而至末年部库犹存巨款,可知此种捐纳收入,于当时国用颇有裨益。嘉庆以后,清廷财政已由盛入衰,捐纳之补助财政遂日形重要。盖因嘉庆以后,户部库藏日见短绌,而岁出反屡见加增,加以中间无节用积储的机会,以致应付财政困难,不得不侧重捐纳。例如嘉庆初年之平定教匪即有赖于三年所开之川楚事例。中年之军需及河工,又有赖于十七年所开之豫东事例。十八年部臣复有加增常例捐纳,以应河工抚恤及军需善后费用之议,惟事未果行②。其原因大约如户部尚书英和所说,大捐屡开之后,再议开捐,以致有名无实③。以嘉庆四年至道光元年二十二年间外省所收捐监银而言,为数共44,366,925两,军需动用共为15,951,298两,即占百分之三十五强,解部之款共为23,577,067两,即占百分之五十三强④。于此可见广开捐纳,实为嘉庆朝补救财政之一要策。降至道光朝,情形亦同。道光一朝,迭遭事变,初年有回族变乱及黄河决口之患,中叶复遇鸦片之战,秦豫二年之旱灾,以及东南六省之

---

① 嘉庆《会典事例》卷十七。
② 道光朝户部刊印酌增常例捐册中第一折。
③ 嘉庆十八年以前所开大捐,今于户部银库大进黄册中考得二项,一为七年所开之大赈捐例,一为九,十两年所开之衡工大捐,英和语见所上《开源节流疏》,《皇朝经世文编》卷二十六。
④ 《道光二年七月十九日户部尚书英和等折》。

水患,前后共耗数千万两。此等耗费,多在经常岁费之外,临时应付,皆借资捐纳。例如初年为平定回乱,户部即有酌增常例捐纳之举①。以后特开捐例,亦非一次②。仅以道光一朝各省所收捐监银数而言,计三十年中收数共达三千三百八十余万两,而解部之数即达 18,130,000 余两,约占全数 52%,军需与赈恤之款尚不在内③。且定章自道光四年始,各省捐银收入凑足五万两,即行解部④。而嘉庆十年之定章,则为十万两⑤。可见其时财政需要此项捐银补助之迫急。兹为补充上述事实起见,将雍正以后至咸丰三年,历朝户部所收捐纳银数及户部全年收入并列于第二表,以供参阅。从该表上可见到户部全年收入,自嘉庆朝起呈逐渐减少之势,而每年所收捐纳银数则较雍乾二朝多有增加,因之其在户部全年收入中所占之地位遂日形重要。目前所得历朝统计,皆不完全,然即就此比较观之,亦可见其大略。计雍正一朝共得八年,捐纳银非年年皆有,除开特例外,收入甚少;乾隆一朝,共得二十年,其各年所收捐纳银数多为一百余万两,或二百余万两,历年在户部银两收入中所占最高之百分数不过 39%,超过 20% 者不过五年,其余各年不在 20% 以下,即在 10% 以下。嘉庆一朝,常年所收捐纳银多为二三百万两,或四五百万两,历年在户部银两收入中所占百分数常为百分之五六十,除二十四年外,未有低至百分之三十以下者。如遇有特

---

① 见道光朝户部所印酌增常例册。
② 道光一朝所开特捐,现在可考的有下列几种:道光十三年,开筹备经费事例及捐输事例,二十一年,开豫工事例及海疆捐输议叙事例,二十一年,开豫东工事例及捐输事例,二十三年又开豫工事例。
③ 汤象龙:"道光朝捐监之统计",《社会科学杂志》二卷四期。
④ 《道光二年七月十九日朱批户部折》。
⑤ 《道光五年三月二十七日朱批康绍镛折》。

第二表　历朝户部银库收入表*

年　　次	捐纳银数	户部全年收入		捐纳银占户部收入银数之百分数
		银	钱	
雍正2年①	530,022	18,013,926		2.94
3		17,045,074	536,632	
5	138,926	16,861,817	479,505	0.82
7	23,212	17,964,253	660,987	0.13
9	4,200,995	9,964,312	622,313	42.16
10	1,655,517	11,655,996	989,864	14.20
11	1,408,141	11,709,138	638,454	12.03
13		16,063,044	480,224	
乾隆元年	3,222,236	14,789,280	645,171	21.79
2	1,319,621	14,733,556	586,856	8.96
3		10,427,790	653,604	
5	137,537	8,240,135	1,006,283	1.67
9	141,001	13,459,941	1,138,259	1.05
11	2,788,348	10,104,020	980,101	27.60
14	1,530,000	10,618,226	1,020,643	14.41
18	1,178,040	11,619,370	1,077,567	10.14
19	5,565,635	14,248,869	1,111,093	39.06
20	1,864,287	15,639,474	1,086,862	11.92
25	2,685,949	10,336,271	1,560,585	25.99
26	1,391,447	11,442,266	1,197,763	12.16
30	1,181,694	15,417,601	1,315,784	7.66
35	1,687,782	10,978,838	1,384,474	15.37
46	1,180,217	13,930,617	1,285,727	8.47
50	2,119,327	11,466,163		18.48
51	2,414,996	7,461,334	1,301,572	32.37
55	3,332,889	16,230,598	1,219,814	20.53
57	2,510,681	8,762,067	1,301,333	28.65
58	2,396,541	10,111,935	1,213,081	23.70

① 为表达清晰考虑并兼顾图表版式，某些图表中纪年采用阿拉伯数字（元年除外）。——编者注

续表

年　次	捐纳银数	户部全年收入		捐纳银占户部收入银数之百分数
嘉庆 7 年	9,515,957	11,496,754	1,534,981	82.77
9	10,835,017	13,771,202	1,242,981	78.68
10	9,226,174	13,933,952	1,327,849	66.21
12	3,231,110	6,938,703	1,438,236	46.57
13	4,596,118	9,736,061	1,248,029	47.21
17	2,894,247	7,712,802	1,151,100	37.53
19	5,952,779	12,100,660	1,312,240	49.19
20	8,355,400	12,435,694	1,142,974	67.19
22	3,540,868	10,637,957	1,168,451	33.29
24	3,755,203	15,217,957	1,257,460	24.68
道光元年	3,888,862	7,630,388	1,102,199	50.97
3	4,052,019	8,183,826	1,121,547	49.51
4	2,784,357	6,979,498	1,348,822	39.89
5	3,774,104	8,507,035	1,183,440	44.36
7	14,809,129	23,802,617	1,232,144	62.22
8	4,953,158	14,422,806	1,166,797	34.34
9	3,285,053	11,557,958	1,119,826	28.42
10	2,586,439	11,289,650	1,172,529	22.91
12	2,744,777	8,019,700	1,212,635	34.23
13	2,607,344	7,160,868	1,152,766	36.41
14	10,812,888	15,522,249	1,183,231	69.66
16	2,818,160	9,551,051	1,148,372	29.51
19	2,092,083	8,682,740	1,143,850	24.09
20	2,492,011	10,349,975	1,137,631	24.08
21	2,069,284	6,796,037	1,233,614	30.45
22	8,945,393	10,914,110	1,144,432	81.96
23	3,815,342	7,919,692	1,222,831	48.18
25	1,493,922	9,069,653	1,160,832	16.47
26	1,738,571	9,044,024	1,209,094	19.22
29	1,072,944	8,781,377	1,238,527	12.22
咸丰元年	1,110,385	8,508,528	1,245,930	13.05
2	3,135,861	8,361,836	835,109	37.50
3	672,611	4,516,837	1,153,206	14.89

* 根据历年户部银库大进册,故宫文献馆档案。

开事例之年,则收数多在千万两上下,约当户部全年银数收入百分之七八十。道光一朝捐纳收入略逊于嘉庆朝,惟每年亦有二三百万两之收入,约占户部银两收入百分之三四十,且亦有开特捐之年。然此尚就户部所收入捐银而言,若以全国所收计算,则尚不止此数。就功用而论,捐纳在嘉道两朝之财政上,可说已收补助之极效,惟以开捐之期过长,故过此即不免成为强弩之末,难当大用①。观道光末数年及咸丰初年此项收数之减低,即可知其已将至末境。

以上所述,乃咸丰以前清代税制之大要,及其影响财政之状况。概括言之,即咸丰以前清代的财政,因其大部分主要税收皆缺乏扩张性②,不能骤然用之增加临时收入,因而其补救财政困难的方法,多赖平时贮存岁余,或临时推广捐纳。当时清廷财政所受税制的影响既如此,可见苟使一旦所遇的财政困难超出上述二种方法所能补救的范围外,则另辟解决途径,乃为势所必至之事。厘金制度之产生,即完全在此种状况下。故咸丰以前清代财政上之不能立即利用赋税骤增收入,以谋补救财政困难的缺陷,实可视为厘金制度产生之远因。今再就下文述近因时申论之。

洪杨之乱,起于道光三十年,其时部库尚存银八百余万两,及两广用兵,屡次颁发内帑,协济军需,不到三年,已用去五百余万两③。军兴三年之后,糜饷已达 29,630,000 余两,至咸丰三年六

---

① 原因是连年开捐,时久则有捐纳资格之富人士人数量必逐年减低,最后自然难收大效。
② 四项主要税收中,仅有占岁入三分之一强的关税及盐课,可以用提高税率的办法增加收入,但都不见得能收实效,因为盐课加高,私盐必盛行,而关税有商务的限制,亦不见得在提高税率后,能增加多少收入。
③ 据孙鼎臣《畚塘刍论》所记,咸丰二年七月库存银仅三百余万两,与道光末年库存银比较,此时自然已用去此数。

月,部存正项待支银仅余227,000余两①。部库之款,本以各省为来源,乃军兴以后,失地数省,以致"地丁多不足额,课税竟存虚名"②。此时财政的困难,实开前朝未有之先例。因为以前各朝用兵,从未有失地如咸丰朝的,故纵使库藏已竭,但因岁入未减,军需犹有来源。如今则库藏既竭,而岁入又缺额甚巨,能赖以补助财政的,仅有捐输一项。故自咸丰元年十月起,清廷即屡申谕令,推广劝捐。计自咸丰二年二月起,迄三年正月止,一年所得之数,凡五百五十余万两③。为数不算不多,但以之供给当时财政的急需,却仍属少不济用,缓不应急。且劝捐系由官家劝导富人捐资,年年皆于一定的区域内行之,为时若久,则输将自难踊跃,若逼之过甚,又恐人民趋乱④。故终必另筹善策,始能救燃眉之急。由此可见厘金制度的产生,虽是事出偶然,但亦有其必然产生的原因。

咸丰初年的财政困难,既已到了一种非另辟财源不能解救的情势,则厘金制度的产生,本不足异。惟何以在当时单单会筹出一种征商税制,而并未创立他类税制呢?此问题颇有考究的必要,今试一观咸丰以前之征商税制如何。

---

① 《咸丰三年六月十六日朱批户部大臣祁寯藻折》。
② 同上注,该折有一段云:"被兵省分既已无可催征,而素称完善之区,如江苏则已请缓征,山东则早请留用,山陕浙江皆办防堵,是地丁所入万难足额矣。扬州久被贼占,汉口疮痍未复,淮南全网不可收拾,是盐课所入去其大椿矣。芜湖,九江,江宁,凤阳先后被扰,夔关,苏关商贩亦多裹足,甚至崇文门亦尽收尽解,是关税收入仅存虚名矣。"又可参阅《咸丰三年六月上谕》,《咸丰朝东华录》卷二十四。
③ 《咸丰三年正月二十六日朱批户部大臣祁寯藻折》,统计收各省督抚将军以及所属文武官员先后共捐银1,290,553两,绅商士民捐银4,247,916两,钱43,000串。
④ 捐输原听人民自由,惟至咸丰初年,因急需此项捐银,多由地方官设法劝捐,因此勒派之事亦时有所闻。

按我国以前征商一词,含义甚狭,仅指关市之征而言,他若盐铁茶课皆不列于征商制下①。以前所谓关征,即为通过税,如清代以前之钞关关税,及清代钞关而外之厘金皆是。所谓市征,即为贸易税,如汉之算缗钱,唐之除陌钱,宋之经制钱②,清之落地税及坐厘皆是。此二者合称即为商税,不过有时商税之名仅用以代表交易税。

我国征商制度,起源很早,周礼有廛布,绫布之征③。汉唐以后,各朝皆有征商之法④,虽在制度上,有简繁之别,但无一朝不征收之。清以异族来统治中国,为了要巩固他们既得的皇祚计,自然不能不设法特别施惠于被统治的人民,所以除了永不加赋外,对于一切课税,皆务从轻。清税制中征商的税多包括在杂赋内,杂赋中如牙帖税,当税,落地税,及牲畜税等,皆为征收商人贸易之税;惟有关税一项为通过税。此外尚有所谓商税者,此税的性质,无明文规定。据《皇朝文献通考》所载,乾隆元年甘肃布政使除柏奏疏所云"查甘肃税课,除牙帖等项外,有商畜二税,内有过税,坐税之分。过税系贩往别地货物应纳过路之税,坐税系置买别地货物到店发卖,即为落地税"⑤。按此则落地税,应为商税的一种,惟户部则例分别载之,未知原因何在。此税的细目,无从考核。据《会典事例》及《户部则例》所载,则凡斗税,木税,竹税,海税,河税等皆属之。合计清代全国(内地十八省及奉天,黑龙

---

① 参阅《马氏文献·通考·征榷考》
② 参阅各史《食货志》。
③ 郭嵩焘谓据杜子春注意推之,廛布当如清之坐厘,绫布当如清之行厘,见《郭氏详陈厘金源流利弊疏》,《皇朝经济文编》卷五十五。
④ 参阅各史《食货志》。
⑤ 《皇朝文献通考·征榷考二》。

江,吉林三地)征收商人贸易之税,即落地税,商税,及杂税三者的总合,为数不过843,600余两①。与宋代天禧末年(宋真宗年号)征商岁入至8,000,000贯相比较,可说是很少②。况此数乃法定之税额,事实上能否收至此数,还是一个疑问。且以前各朝征商几于凡货皆税③,甚至于有课税及于民间衣履谷菽鸡鱼蔬果柴炭瓷瓦器之类者④。而清代则不然,咸丰以前,在贸易方面课征商品是不很普遍的,故道光末年及咸丰初年,皆有人以为清廷征收商税过于轻微⑤。惟以其甚轻,所以厘金制度乃得有机会产生,而维护厘金制度的理论乃得应时而起⑥。简言之,即在咸丰以前,商税之源未被清廷充分利用,故至咸丰初年财政万分困难之际,目光锐利之人,乃得采之以为饷源。此亦因商税系国家一大税源,一个恃租税收入以支持财政的国家,有时不能舍而不用。以前各朝(如宋,明)在开国之初,因在创业期内,不愿重敛民财,多不注重此税,但一至末世,岁用增加,收入如常,则又未有不赖扩充商税,以维持财政者⑦。清代的情形,亦正如此。厘金初行的时候,仅为一临时筹款的方法,清廷亦允事定即裁,乃事后竟迁延不裁,默认为国家正税之一,盖因其后岁出逐渐增高,而岁入未加,不能再舍商税之源而不用也。

---

① 据光绪《会典事例》所载,各省税额合计而得此数。
② 《宋史·食货志》下八。
③ 参阅各史《食货志》。
④ 《宋史·食货志》下八。
⑤ 参阅下节。
⑥ 关于厘金之理论,可参阅"厘金制度之起源及其理论"一文,见《近代经济史研究集刊》第一卷第一期。
⑦ 参阅宋明史《食货志》。

贰 厘金未施行以前加征商税之拟议

清代征商既轻,所以在洪杨之乱未起以前,即有人请征收商税(狭义的),以裕国课。道光二十三年宗室禧恩①,奏请征收商税②。他所持之理由为清代征商太轻,仅关有征而市无征,致令一般富商大贾拥资营利,不纳赋税。与农人输什一之税的情形比较起来,负担实在过于不均,故他提议对于坐商征收一种类于现在的营业税。其办法系按资本的大小,及岁入余利的多寡而课之。即凡"有资本银在千两以上者,计其余利,岁可得银百两,……按什一之制,每年征课银十两,资本多者以次递加。其原有行帖③,即不再征帖税,以免重复。若资本在千两以下者,所得余利,仅足养赡身家,拟请免其征课,其原有行帖,仍照旧征帖税"。至于不用重本而取厚利,或用重本而获微利之商,则仅按其岁得余利的多寡而征收之,不按本银征课。据禧恩估计,此税实行后,年可收入银数百万两。疏上,未行其议。此事发生在洪杨之乱前数年,清廷财政尚无大困难的时候,当时即有人注意加征商税,"以裕国库,俾益修备",可见尚未被清廷充分利用之商税税源,迟早终必辟为财源。故至咸丰三年财政大感困难,而厘金尚未产生之时,又复有人请征商税④。

---

① 时为理藩院侍郎并署盛京将军。
② 《道光二十三年六月十三日朱批禧恩折》。
③ 按行帖即开铺应领之执照,如今之营业牌照。
④ 厘金亦在三年产生,惟在秋季。

第一章　厘金制度之起源

咸丰三年正月十一日,伊犁参赞大臣布泰彦上书请行商税①,目的是在协济军饷。其奏请暂征贾税一折,由户部议覆,定为"每月上户征银二钱,中户征银一钱,先由京城试行"。议定之后,翰林院侍读德瑛以为过轻,应行增加。彼以为商人纳税,可以转而取偿于物价,而物价以供求的限制,亦不至过于抬高。故以为上中下之商贾,每月应征银一二两,为数不多,绝不致困累商民②。户部之议及德瑛之请,皆未见诸事实。其未见采行的原因何在,今尚难言。仅能据同治四年校刊之《户部则例》及光绪《会典事例》中无此税名,断其未行而已。

禧恩与布泰彦所请行之商税,皆可谓为坐商之营业税,亦即是后来的坐厘。他们二人对于商品通过税,皆未议及,大约是因为已经有了内地关税的原故,不便再议另征。

叁　厘金制度被采行的原因

按厘金制度未创行以前,曾有两次请行额外征商(一次且在清廷对洪杨用兵甚急的时候),都未成功。厘金亦为额外征商之税,何以独见采行?要研究此中的原故,就不能不在清廷的治术中去探索。前文已言,清以异族入主中国,对于被治人民不能不特施恩惠。恩惠之最易入于民心的,自然莫如薄赋敛。此原为中国历代帝王政治成功的秘诀,故清代定鼎之后,其第二世君主

---

① 原折未见,可参阅德瑛折。
② 《咸丰三年二月十二日朱批德瑛折》,附载《近代经济史研究集刊》一卷一期,页九十七。

(即清圣祖)即对此事,努力进行。清圣祖对其后世子孙,虽仅垂留一永不加赋的祖法,但是薄赋敛,不累民的政治原则已寓其中。咸丰以前的清帝,皆能遵守古法,不敢妄行增加民负。道光一朝,虽有鸦片赔款,但以其时财政尚能支持,故未闻有加税之举。及至咸丰三年,军兴已逾三载,饷源仍赖旧有之课赋及库藏。不足之数,即由劝捐中筹出,亦未敢言加税。前朝遭逢财政困难,不敢增加民负,一则不敢违背祖训,一则犹有补苴之术。迨至咸丰,失地数省,经常岁入已感不足,而开支则大增不已,库藏既竭,而劝捐亦有告罄之势,补救乏术,但仍不敢轻言加税,此则不独出于恪守祖训而已,深恐惹起民怨,也是一个重要原因。咸丰三年初请行贾税以裕饷源之未能成功,其真实原因今虽难言,但是虑增民怨的顾念,也未始不无影响。至于翌年之准行厘金制度,却是因为厘金轻而贾税重。不然,则坐厘与贾税同为征收贾商之税,何以在三年请行就不准,而在四年就允准。盖厘金制度创行时所抽之数,仅千分之十二,较之坐贾所拟税率自然轻微甚多。且厘金创行于三年秋季,奏报于四年春间,试办已有成效,而未招惹民怨,当时清廷对于供给巨额军饷,正感束手无策,则亦何乐而不允其暂行,以为军饷辟一财源。此即贾税与厘金俱为商税,而后者独见采行的原因。

肆　厘金制度创办及普行之经过

洪杨之乱,起于道光末年。至咸丰元年洪秀全即在永安建立太平天国。咸丰三年,更由湖南进取武汉,武汉既下,即沿江东下,定都金陵。并兼踞镇江，扬州各城。当时清廷为防堵太平军再进，由各省调集大军，屯驻大江南北，为数不下数十万人。需饷既多，而当时财政的困难情形，如上文所述，自然断难作充分的接济。时副都御史雷以諴以刑部侍郎在扬州帮办军务，兼保东路①。因为练勇需饷，奏请于里下河设局劝捐(三年夏间)。他用的劝捐方法，与以前稍有不同，即预请户部颁发部照千余纸，随捐随给执照，不如以前之迟报给奖，故其成绩较他处为佳。但雷氏以为劝捐实非久长之计，及从幕客钱江之议，采用一类似捐输而又能施行较久之法，此即捐厘之法②。最初抽厘不曰抽，或征，而曰捐者，即以其在创行时仅被视为一种变相之捐输。雷氏既思得此法，即于咸丰三年九月委员至附近扬州城之仙女庙，邵伯，宜陵等镇，劝谕米行，捐厘助饷。至四年三月始行奏报，并请于苏省各府州县，亦仿行劝办。今引其疏中之大要如下③：

> 窃自粤匪窜扰以来，地已十省，时及四年。各处添兵即各处需饷，兼之关引停迟，关税难征，地丁钱粮复间因兵荒而蠲免缓征，国家经费有常，入少出多，势必日形支绌，而逆匪蔓延，又不知何时平定。……上年夏间奏请于里下河设局劝捐，借练壮勇，保守东路，一经开导，无不输将踊跃。盖绅民身家念重，痛痒相关。故臣之劝捐，视各处较易，然皆不过晓以大义，动以忠贞之良，非别有抑勒把持之术也。特为时已久，精力已竭，诚恐未能源源接济。臣昼夜思维，求其无损于

---

① 参阅《雷以諴传》，《清史·列传》卷五十二。
② 参阅本章后附"钱江事迹"。
③ 《雷以諴请推广厘捐助饷疏》，《皇朝道咸同光奏议》卷三十七。

民,有益于饷,并可经久而便民者,则莫如商贾捐厘一法。因里下河百产之区,米多价贱,曾饬委员于附近扬州城之仙女庙,邵伯,宜陵,张网沟各镇,略仿前总督林则徐一文愿之法,劝谕米行,捐厘助饷,每米一石捐钱五十文,计一升仅捐半文,于民生毫无关碍,而聚之则多。计自去年九月至今,只此数镇,米行几捐至二万贯。既不扰民,又不累商,数月以来,商民相安,如同无事。……臣因此法商民两便,且细水长流,源远不竭,于军需实有裨益,是以现在复将此法推之里下河各州县米行,并各大行铺户,一律照捐,大约每百分仅一分,甚有不及一分者,令各州县会同委员斟酌妥议,禀明出示起捐,其小铺户及手艺人等概行蠲免,以示体恤,现在仙女庙各行铺户均已议妥,业于三月初十日起捐,并将该镇所立章程刊刻刷印,发交各州县照办,俟里下河各处劝齐起捐,究竟可以收捐若干,自应随时据实奏闻,如果为数较多,不惟臣营可资守御,并可协济琦善军营之需。……惟里下河特弹丸一隅,乃河臣杨以增劝捐于斯,前漕臣李湘棻劝捐亦于斯,此去彼来,商民几无所适从。其实臣捐厘之处,仅止杨通两属大江南北,各府州县未经劝办者尚多,如果江苏督抚及河臣各就防堵地方分委廉明公正之员会同各该府州县于城市镇集之各大行铺户,照所拟捐厘章程,一律劝办,俟于江南北军务告竣,即行停止。

在上疏中可以见雷氏创办厘金之经过情形。彼分厘金为二种,即活厘与板厘是也。活厘亦名行厘,板厘亦名坐厘,前者为通过税,抽之于行商,后者为交易税,抽之于坐贾。彼所定之税率,

第三表　泰州仙女庙劝谕捐厘助饷税率表*

（一）从量税率表

货　物　种　类	课厘单位	课厘钱数（文）
米,小麦,黄豆,黑豆,菜子	每担	50
红豆,豌豆,蚕豆	每担	30
稻谷,高粱,荞麦,大麦,杂粮	每担	25
芝麻,鸡鸭**	每担	80
靛	每担	50
木炭***	每担	20
烟叶	每担	80
烟筋	每担	40
水烟	每大箱,每小箱	360,240
本地豆饼	每担	12
外来大豆饼（各照票定捐数收纳）		
桐油,香油	每篓,小篓	160,80
豆油,菜子油	每篓,小篓	120,60
上等烧酒	每坛	30
绍兴酒（小篓小坛酌减）	每坛	60
百花酒（小篓小坛酌减）	每坛	40
高粱酒（小篓小坛酌减）	每坛	120
钱镶（二百斤以下免捐）	每千	5
壮猪（小猪酌减）	每口	50
棉花	碑亭大布包	200
棉花	桂花条布包	100
棉花	和合蒲包	50
估衣	大包	1,600
估衣	中包	1,200
估衣	小包	800
枣	每包	100
大布	每匹	6
小布	每匹	3

* 根据《咸丰四年十一月二十三日朱批胜保所奏雷以諴劝谕捐厘助饷章程》。
** 据《湖南厘务汇纂》第一卷所载同一章程,此项应为"鸡蛋鸭蛋"。
*** 据同书所载章程,此项应加列煤炭一项。

（二） 从价税率

货 物 种 类	每千文课厘钱数
纸	12文
夏布	12文
水牌	12文
药材	12文
茶叶	12文
杂货	12文
苏货	12文
洋货	12文
京货	12文
绸缎	12文
毡皮货	12文
锅碗	12文
漆	12文
碱	12文
海味	12文
糖	12文
其他	12文

按原则而言，乃以从价为标准，即值百抽一，但在事实上因抽厘之货物多为日用品及必需品，此项物品的数量多而价值少变迁，为省手续起见，故有一大部分货物改为从量抽厘。仅有一部分价值稍高的物品，仍按价抽厘。兹将雷以諴劝谕捐厘助饷章程列为第三表。

第三表所列税率，各卡一律遵行。货物征收厘捐一次后，各卡即须放行无阻，不得重征。

雷以諴奏报之折既上，旋于三月癸亥得谕云：

雷以諴试行捐厘助饷,业有成效,请推广照办,以裕军储,并开列章程呈览一折。粤逆窜扰以来,需饷浩繁,势不能不借资民力,历经各路统兵大臣及各直省督抚奏请设局捐输,均已允行。兹据雷以諴所奏捐厘章程,系于劝谕捐输之中,设法变通,以冀众擎易举,据称里下河一带办有成效,其余各州县情形,想复不甚相远。著怡良(两江总督),许乃钊(江苏巡抚),杨以增(河南河道总督兼漕运总督),各就南北地方情形,妥速商酌,若事属可行,即督饬所属劝谕绅董筹办,其有应行变通之处,亦须一心斟酌,总期于事有济,亦不致滋扰累,方为妥善①。

自此谕出后,厘金制度即由一地方之筹饷方法渐变而为全国筹饷方法。至是年四月,雷以諴又在泰州设分局,抽厘助饷,其章程仍照仙女庙章程斟酌之规定。因泰州团练局,已有米,豆,麦,每担抽厘十八文,稻谷十三文之办法,故酌量减低税率。兹将其章程列为第四表:

厘金创办的时候,虽曾设局委员,总理其事,但经手税收,却不是完全假手胥吏。行厘虽系由官卡派员抽收,但局务仍由绅董襄办;至于坐厘,则多由捐局指派某商号或某数商号经收某一行之厘捐(如某茶庄经收各茶庄应缴之厘捐)按泰州分局之章程,即"各杂行抽厘钱文由各行生意较大之铺逐日收齐登折,按五日赍折赴公所缴钱",由所派绅董稽查所有收缴。

---

① 咸丰朝《东华录》卷三十三。

第四表 泰州城乡各行铺捐厘助饷税率表*

（咸丰四年五月初一日起施行）

行铺类别	课厘单位	课厘钱数
米	每担	20文
稻，谷，豆，麦，杂粮	每担	10文
米（出江者）	每担	30文
稻谷各项（出江者）	每担	15文
银钱业	每银一两	4文
	每银一元	3文
油行（照油杠头脚账征收）	每担	40文
酒行（照收数）	每担	24文
糟房（照生意多寡）	每百文	1文
各杂行	每百文	1文

* 根据《咸丰四年十一月二十三日朱批胜保所奏泰州公局劝谕捐厘助饷章程》。

厘金创办的经过，已如上述，今再进而述其普行的经过。

厘金在最初试行的时候，本来只被视为一种临时的筹款方法，不过因为他有持久性，并且可普遍行之于各地，故施行后不久，即有人主张普遍仿行。咸丰四年十一月，以内阁大学士兼礼部尚书在苏省帮办军务的胜保，奏请推行厘金于各省，胜保于是月十一日片奏中云①：

> 伏查雷以諴前在泰州仙女庙等处劝谕商贩抽厘助饷，颇著成效，每月所入捐资数万串不等。阅开载章程，哀多益寡，

---

① 原片未见，惟见于《户部遵议胜保奏劝谕抽厘助饷疏》中引文，《皇朝经济文编》卷五十五，又《湖南厘务汇纂》卷一。

既非苛敛,经权达变,无病于民。行于用兵之省可助军饷,推行于各省,更多利益。况商捐商办,弊混难生,利中取厘,无伤于本。虽江南水陆交冲,商贾辐辏,因镇江为贼所踞,道途梗阻,商船绕道而行,泰州仙女庙等处遂成积聚之区,办理较易,北路坐商多而行商少,然粮米由炭布棉杂货等物,往来商贩,随处皆有,因地制宜,未尝不可仿照而行。由少聚多,其利甚溥……可否请旨饬下各路统兵大臣会同本省邻省各督抚会同地方官及公正绅董仿照雷以諴及泰州分局劝谕章程悉心筹办,官为督劝,商为经理,不经胥吏之手,自无侵漏之虞。用兵省分就近随收随解,他省亦暂存藩库,为拨济各路军饷之需。

户部议覆,对于胜保的乐观态度,未能完全赞同。部臣以为泰州、仙女庙系水陆交冲,商贾辐辏之地,劝谕抽厘,办理较易,北路坐商多而行商少,恐办理不当,易招众怨。不过亦赞成各省试办,因议定所有用兵省分,得由督抚核夺,酌量抽厘①。

普行之议既定,于是各省纷起仿行。湖南仿行最先,于咸丰五年四月由湖南巡抚骆秉章奏办,设立厘金总局于长沙,委盐法道裕麟总理局务,本地绅士为襄办。抽厘则按照钦差胜保奏准之仙女庙章程办理。初办仅抽货厘,六年三月始另设专局,续办盐、茶厘金。咸丰五年八月,以兵部侍郎在江西督办军务之曾国藩亦奏请在江西试办厘金,协济军饷。是年十一月湖北巡抚胡林翼亦

---

① 见《户部遵议胜保奏劝谕抽厘助饷疏》中引文,《皇朝经济文编》卷五十五,又《湖南厘务汇纂》卷一。

仿行于湖北,十二月四川总督黄宗汉创办盐厘于川省。咸丰六年,乌鲁木齐(新疆)与奉天亦续办,七年吉林,安徽,福建三省亦相继仿行。七年六月胜保复上一疏,请饬各省普律抽厘。该疏云①:

> 先是江楚督抚臣奏请捐厘,当初原属试行,现经办理有年,已著成效,各该省一切军需,未必不赖以补苴。……现在中外臣工筹议生财之法,亦已无微不至,即经臣思维再四,筹及他端,非迹涉更张,即缓不济急。即如地丁一款,自京饷以及他项各有常经,不能专顾军务。捐输一款,行之既久,罗掘将空,且被贼省分地丁,关税,盐课正项业已虚悬,只靠捐输,以补不足,亦非救时长策。……抽厘出自各商,合众人之资,散而出者有限,萃而入者无穷,事简效速,无过于此。……应请饬下直隶,山东,四川,陕西,甘肃,云贵,两广各督抚,照楚省章程,概行办理。

户部议覆,请旨饬行。并请责成各省督抚,将各该省厘金收入及动用确数,按季报部,以凭查核②。此议一定,不数年厘金制度即几乎遍行于全国。兹将各省创办厘金年月列为第五表。

厘金创行之初,本视为一种临时筹款方法,未列为经常正税。又以其创行不久,即发生扰民私饱种种弊端,故至同治三年克复金

---

① 《户部遵议胜保奏请各省普律抽厘疏》,《皇朝经济文编》卷五十五,又《湖南厘务汇纂》卷一。
② 同上。

第五表　各省厘金创办年月及人名表

省　别	创　办　年　月	创　办　人　名
江　苏	咸丰三年九月(1)	刑部侍郎帮办军务　　雷以諴(1)
湖　南	咸丰五年四月(2)	湖南巡抚　　骆秉章(2)
江　西	咸丰五年八月(3)	兵部侍郎帮办军务　　曾国藩(8)
湖　北	咸丰五年十一月(4)	湖北巡抚　　胡林翼(4)
四　川	咸丰五年十二月(5)	四川总督　　黄宗汉(5)
奉　天	咸丰六年(3)	奉天将军　　庆祺(3)
新　疆	咸丰六年(1)	乌鲁木齐都统　　乐斌(9)
吉　林	咸丰七年(6)	吉林将军　　景淳(6)
安　徽	咸丰七年(7)	钦差大臣　　胜保(7)
福　建	咸丰七年十二月(3)	闽浙总督福建巡抚　王懿德　庆瑞(3)
直　隶	咸丰八年(3)	钦差大臣　　僧格林沁(3)
河　南	咸丰八年三月六日(3)	河南巡抚　　英桂(3)
甘　肃	咸丰八年三月中旬(3)	陕甘总督　　乐斌(3)
广　东	咸丰八年四月二十四日(3)	广东巡抚　　劳崇光(3)
陕　西	咸丰八年六月(3)	陕西巡抚　　英桂(3)
广　西	咸丰八年十月(3)	两广总督　　劳崇光(3)
山　东	咸丰八年十一月(4)	太仆寺少卿专办三省剿捻匪事　袁甲三(4)
山　西	咸丰九年六月(3)	山西巡抚　　英桂(3)
贵　州	咸丰十年(10)	贵州巡抚　　海瑛(10)
浙　江	同治元年(11)	浙江巡抚　　左宗棠(11)
云　南	同治十三年(12)	
黑龙江	光绪十一年(13)	黑龙江将军　　文绪(13)
台　湾	光绪十二年(14)	

（1）光绪《会典事例》卷二四一。

（2）《骆秉章保举盐茶厘金两局出力官绅折》，《骆文忠公奏稿》卷八。

（3）根据清代各省厘金奏报档案，兹依次列举各折如下：

　　江西　《同治九年七月二十七日朱批刘坤一折》

　　奉天　《咸丰七年五月八日朱批将军庆祺承志折》

　　福建　《咸丰七年十二月十日朱批福建总督王懿德福建巡抚庆瑞折》

　　直隶　《咸丰八年九月三十日朱批僧格林沁折》

　　河南　《咸丰八年三月十日朱批河南巡抚英桂折》

　　陕西　《咸丰八年十一月十一日朱批陕西巡抚曾望颜折》

甘肃　《咸丰八年五月二十一日朱批陕甘总督乐斌折》
　　广东　《咸丰十年闰二月三十日朱批两广总督及广东巡抚劳崇光折》
　　广西　《同治三年十月朱批广西巡抚张凯嵩折》
　　山西　《同治元年八月二十六日朱批山西巡抚英桂折》

(4)《皇朝掌故汇编·内编》卷十五。

(5)《清盐法志·四川志》卷二百六十一《征榷门》；此年创办者系盐厘，咸丰六年始由署理川督曾望颜及崇实等创办货厘(参阅第十一章"四川省厘金")。

(6)李柱林等纂：《吉林通志》卷四十三《征榷门》。

(7)《皇朝经济文编》卷五十五。

(8)咸丰朝《东华录》。

(9)《清文宗皇帝圣训》。

(10)《贵州省财政说明书》。

(11)顾家相纂：《浙江通志·厘金门稿》卷上。

(12)《会典事例》卷二四一，又《清盐法志·云南志·征榷门》。

(13)张伯英等纂：《黑龙江志稿》卷十八，据《黑龙江财政说明书》及《东三省政略·黑龙江财政篇》所载，则创办厘金在光绪十四年，创办人为将军恭镗，兹因志稿对于该省厘局沿革记述较详，其材料或许较后二书直接，故暂从之。

(14)台湾改省设巡抚事在光绪十一年九月，厘金脱福建而独立在十二年，此为分立年份，非创办年份。

陵后，左副都御史全庆即于是年七月奏军务草定，请酌量裁撤各省厘局①。七月初十，上谕著户部议奏②，户部如何议覆，以无折可考，不得而知。是年八月官文(时为湖广总督)奏请酌留厘金，俟军务大定，再议裁撤。其所持理由有二。一即当时各省军费浩繁，赖于本省丁赋课税者不过十之三四，借助厘金盐牙者实居十之六七。且水陆各营欠饷至今已达数百万之多，若遽蠲除厘金，将何由筹得巨款偿此积欠。二即各省办理善后需款甚巨，而京库亦宜设法充

---

① 《皇朝政典类纂》卷八十九。
② 见文献馆档案。

实,岁入常供既有正用,故最好取给于厘金。有谓厘金病民病商,易滋中饱之弊,故宜裁撤者,"其实商贾已将厘金并入物价,特民间采买稍形昂贵耳。然较之捐输等项,为数轻而不苛,取财分而易集"。至于中饱之弊,若能慎选人材,严行赏罚,则弊将自绝,不足为病。故彼以为厘金一款,除直隶、山东、山西、河南、陕、甘、云、贵、广西等省,贸迁艰远,土地瘠贫,收款不多,无补于事,于军事告竣,即可议裁外,其余若江、皖、苏、浙、福建、两湖、广东等省厘金,虽军旅蒇事,止宜严禁重科,万不可骤议裁撤。因请宽缓至三五年后,军事大定再议裁除①。细审官文所言,虽然其目的只在请留厘金办理善后,待三五年后再议裁撤,但同时想改厘金为经常正税的意思,也可于疏中看出。据其所述情形观之,当时及稍后的财政,似乎皆有一种不能舍厘金而不用的形势。从此也可以看到清廷立纳其言,而其后亦未尝履行议裁各省厘金的原因②。同年郭嵩焘也曾上一疏,详陈厘捐源流利弊,极力拥护厘金,虽然没有官文说得那样有力,但是也足以影响朝野的视听③。厘金自经此次议裁而未成功之后,即默然取得经常正税的地位,而得延长其寿命至于数十年之久。

(附) 厘金创议人钱江之事迹

　　清代厘金制度的创议人,据正史及官书(如《咸丰东华录》,《光

---

① 《官文酌留厘金俟军务大定再议裁撤片》,《湖南厘务汇纂》卷一。
② 清廷下谕允官文奏请,事在同治三年八月二十六日,谕见《皇朝政典类纂》卷九十八,或参阅《文宗皇帝圣训》)。
③ 郭疏见《郭侍郎奏疏》卷五,又《皇朝政典类纂》卷九十八。

绪会事例》，《清史稿》等)的记载，都为雷以諴。惟刘锦藻所辑续《皇朝文献通考》(卷六十一《征榷考》)载称，其制系创于钱江。征之私家方面的记载(如《庸闲斋笔记》①，《金壶遁墨》②，及《续碑传集》等③)，亦皆谓系由钱江创议，献于雷氏，由其采纳实施。钱江时为雷氏营中幕客，代其划策筹饷，或系事实。且据雷氏咸丰四年三月所上奏折中谓厘捐系仿林则徐一文愿之法一语观之，厘捐原议殆亦出于钱江。盖钱氏曾因事遣戍新疆，适值林则徐亦获谴入新，林氏在戍所办理流屯时，钱江曾佐之。一文愿之法大约即系当时林氏在新疆用以集款之法，钱江曾与林氏共事，自当知其效用。否则雷以諴既未与林氏共事，而一文愿之法又非当时通用之筹款方策，雷氏何从得知其效用而采用之呢？按厘金之产生，上文已言系由当时财政环境所促成，固不能谓无钱雷二人，则如厘金一类之征商税制即不会产生，惟今既已详考其起源，于其创议之人亦似宜加以考证。据清人私家方面的记载，大半皆承认钱江为创议人，兹即根据各书记载将其事迹记述如下，以供参考。关于钱江的籍贯，前人多有以其为浙江归安人者，惟《归安志》中并无其人之传记。据会稽顾家相所撰《浙江通志·厘金门稿》云，赵定邦主修《长兴县志》时曾考证钱氏确为长兴人，顾氏亦确信其为长兴人。惟《长兴县志》之记载甚略，与他书记载无甚出入④。

钱江字秋平，又字东平，浙之长兴人，为山东巡抚钰六世孙。父某曾为东河主簿。江自幼豪放不羁，父师督授举子业，以性不耐

---

① 陈其元撰，卷十二。
② 黄钧宰撰，卷一。
③ 施补华撰，卷八十一。
④ 见光绪十八年刻《长兴县志》卷三十一《杂识下》。

揣摩,不乐应童子试,乃入赀为太学生。屡赴省试不售,家亦中落,遂投笔出游,思为法家言。先入蜀,不得志,转之粤。适粤有英人入寇之患,粤民强悍,江暗中联络,教以纪律,拟起义兵剿讨,撰讨夷檄文数千言。适耆英在江宁与英成和议,英人不再犯粤,其议遂未果行。其檄文未识由何人进呈御览,庙议以虚张声势罪之,遣戍新疆,而钱江因此名播全国,改字曰东平。时侯官林则徐亦以夷务获谴入新,在所办理流屯,召东平佐之。屯田办有成效,林氏奉命改署陕甘总督,奏请钱江赐环,诏允之,因随带入关,佐文忠幕有年。嗣文忠移督云贵,东平未偕往,一介晋京;居一年,复南游。咸丰二年,拟南行归里,适值岁暮,遂流寓邗江度岁。次年,粤逆猖獗,琦善奉旨佩钦差大臣关防,督理江北军务,副都御史雷以諴为帮办,延东平入幕,佐办营务。东平初献预领空白捐照,随捐随发以励人民捐输之策,行之有效;继复倡议捐商贾货厘,以济饷源。其后扬州办有成效,各省乃相继仿行,未几即遍于全国,而首创其事者实为钱东平。事成后东平恃功而骄,既与同僚不睦,复常咋雷氏之意,于是雷氏乃稍疏之。江愈怒,尝于雷氏前面加讥斥。一日雷与钱共席,复生龃龉,雷遂使人杀之,而以东平尝有谋为不轨空言饰奏,后亦无人为其昭雪①。东平长于时,稿多散佚,曾传其悼亡绝句二十首,伊犁,京师,邗江杂感七律二十四章。

---

① 关于钱江之死,有不同之传说,可参《金壶遁墨》卷一,《续碑传集》卷八十一,《萧穆敬孚类稿》卷十四。

第二章　清廷对于厘金税政之措施

壹　咸同时期（1854—1874）

厘金之起源，已如上章所述，起于江北，继推行于长江用兵各省，最后则逐渐普及于其他各省。关于税制之创设，最初是以江北仙女庙捐厘章程为嚆矢，咸丰七年以后各省试办厘金，则悉取法于楚省章程①。户部对于各省办理厘金，订章立制向不过问，悉听各省自主，惟于咸丰七年议准胜保奏请各省普遍抽厘时，曾规定各省办理抽厘后，应将收支款数按季报部。厘金创办之初，一切章制既属草创，其不能严密，自在意中，故距开办仅及一年余，弊端即现。咸丰四年十二月初九日王茂荫奏称大江南北捐局过多，官私错杂，扬州以下沿江各府州县设有十余局，苛敛行商过客，假公济私，包送违禁货物，甚至聚众敛钱，以钱聚众，普安、薛家港等局竟至互图并吞，大肆争斗，商民无不受害②。咸丰五年复发现私立局卡之事，据御史宗稷辰奏称，"大江南北设卡抽厘，收捐太杂，出入总数，毫无稽核。并有常镇散勇与江面土豪，在江滨距圌山关相近地方，树

---

① 参阅上章第二十四页。
② 《东华续录》卷四十三，页十三。

帜栏船,肆行盘踞,与营卡比列,莫办公私"。① 而咸丰六年在湖北亦发现代理汉川县事候补县丞私设厘金小局四十七处,吞没公款甚多②。此种弊端自不可视为系一地偶然发生之事,就当时抽厘范围之广及定章不严的情形看,在办理厘金的省份中,这种弊端是极容易发生的。因此,在咸丰九年,中央方面就有人注意到防杜厘金弊端的问题了,是年三月御史蒋志章奏请将各省委办劝捐抽厘各官绅职名造册报部;同时御史吴焯又奏请严定厘卡稽查章程。当时上谕根据此两奏请,命各省督抚带兵各大员将委办劝捐抽厘官绅职名造册报部,以凭查核,如有弊端,著即严参惩办。至厘卡所抽捐数及捐商姓名饬令逐日开单实贴卡外,半月内申报一次。其有捐数未经贴示申报者,一经告发访明,并著查明参处。至零星小卡无裨实用,著即裁撤归并,以便稽查③。是为中央政府整理各省厘务之开端④。

咸丰十年六月二十八日陕西道监察御史高士廉又奏请各省抽厘,请饬明定章程。该折云:

> 近日各省所设厘金局,每省自数十处至数百处不等,有曾经报部者,有私自设立者,非委员督办,即绅士经理,其中洁己奉公者固自有人,而营私牟利之徒,更指不胜屈。何也? 厘捐一项与额征钱漕及盐茶等税之载入则例者不同,其抽取之法

---

① 《会典事例》卷二四一。
② 《胡文忠公遗集》卷二十六。
③ 《咸丰九年三月二十九日上谕》,《湖南厘务汇纂》卷首;又《会典事例》卷二四一《厘税禁例》。
④ 此系就现存文件考证而言,事实上也许较此为早。

既未有定章,其报解之数,又漫无稽考。该员等或假公济私而全无顾忌,或以多报少而任意侵吞,或私罚得赃而讹诈之风愈炽,或私行卖放而偷漏之弊滋多。……侵蚀之数较之报解之数为尤多,相率效尤,莫可究诘。以致物价日昂,民力日竭。……近闻直隶,山东,山西,湖北有因办理乖方,几致酿成巨案者,而上年四川叙州所属各县尤其彰明较著者也。臣愚以为抽厘本事属权宜,而立法当先除弊窦,应请旨饬下各省督抚体察地方情形,酌量设局,明定章程。……并派委司道大员总司其事,以时稽察,以专责成。……至各省设局若干,抽税若干,报销若干,即责令该督抚按季分晰造册报部,以备稽查。并令将所定章程徧行出示晓谕,俾商贾咸知税有定则,自乐为输将。……①

疏下户部议奏,时户部并无为全国厘务作通盘计划的企图,故议覆折中亦只请照高士廉所奏饬下各省遵行而已,户部本身并无若何建议。迨咸丰十年十二月江苏巡抚薛焕片奏上海税厘大减,饷糈不继②,上谕下户部议奏时,户部始为全国厘务酌拟章程八条。兹引述如下:

咸丰十一年二月户部所拟厘金章程③:

一 厘捐总局分局宜立限详报,以严考核也。查各省厘

---

① 《咸丰十年六月二十八日朱批陕西道监察御史高士廉折》。
② 上海税厘减少的原因,据薛焕所奏,是由于咸丰八年所订中英商约实行后,受了子口半税的影响。
③ 《户部遵议厘税大减饷糈不继酌拟章程八条疏》,《湖南厘务汇纂》卷一。

捐,省垣设立总局,各州县集镇隘口另设分局分卡,派员专司其事。其分局分卡应由总局发交循环印簿,饬令逐日将某货若干,详细登载,积至一月,共收银钱各若干,限于次月内申送总局核明,按三个月分属汇造细册,详请督抚奏报,并将细册随印送部。傥分局分卡于一个月限内册报迟逾,总局于三个月限内,延不汇造细册详请具奏,应令各该督抚查明何员迟延,分别参处,毋得徇隐。

二　各省厘捐宜厘定科则,以杜弊混也。查商贾运售货物,精粗轻重,原属不齐,总以买卖之价值为凭,核定科则抽收方为平准。检查陕西抽厘,货值百两,收银四厘五毫,福建抽厘,货值百两,收银六厘,均经奏报有案,其余各省情形不一,未据厘定科则,奏咨报部,无凭稽考。应令各省督抚将各局按货抽厘,作何抽收之处,速行奏报查核。……

三　抽收市镇坐贾厘税,宜严禁虚报也。查各州县市镇百货骈集,零星小贩应免其抽收,其坐贾资本较厚,应责令牙行经纪等据实呈报,由局员亲自查验,按则抽收,填用执照给领,不得任听胥吏讹索,致滋事端。如牙行经纪等通同隐匿,或以多报少,除将该商货物加倍抽收示罚外,其舞弊之牙行经纪,即予革退,并治以应得之罪。

四　卡局抽收行商厘税,宜严杜偷漏也。查各州县隘口设立厘卡,凡行商货物经过,必须卡员亲自查验,照例抽收,给照放行,不准留难需索;其有土商牙侩,不服查验抽收,应令会同地方官查拿,照隐匿关税例治罪;如绕越厘卡,私行偷漏,一经查缉,仍将货物加倍抽收,以示惩儆,如卡员有需索刁难情弊,即由该上司查参治罪。

五　华商隐匿海口及各卡厘税,宜严行惩罚也。查现在各口通商,设立货行,进口洋药及货物,华商交易承买,自必起货落行,有数可稽,应责令行户逐日呈报,华商承买洋药各货物数目,由局员查验明确,照例抽收,照内填明华商姓名及某口洋药货物各若干,交纳厘金若干,给商收执。以后贩运至内江河,遇有关卡,即将执照呈验,如货与照离,即以私论,应由该关卡饬令补交原海口应征厘捐;如不补交,照隐匿关税例惩办。再开办新章,夷税(即关税)自有定则,原与华税两不相涉,如华商将洋货兴贩内地,或假名洋商货物影射偷漏,或嘱托洋商夹带包庇,希图免税,无论运至市镇及经过关卡,一经查出,应将华商照隐匿关税例,加等治罪,以肃厘务。

六　局卡各员侵冒厘税,宜严参计赃治罪也。查各州县设立局卡,必遴派印委各官发交循环簿者方准抽收,如民间借团为名,兵勇假冒官办,私立厘卡,擅行抽收,大为商旅之害,应即一律严禁,倘抗不裁撤,立即从严惩办,照例治罪。……至卡局各员抽收厘金,如有任听胥役例外借端勒索,分肥入己,甚至将收存之数呈报不实,应令各督抚查明严参计赃,以枉法论。

七　各省历年抽收厘捐,宜截数勒限奏报,以严稽核也。查厘捐原为济饷用兵省分,原准入本省军需动用,其无军务省分,应协拨邻省军需,亦准其凑解。惟查各省办理厘捐,多有随收随用,并不据实报部,听候指拨。即间有奏报收厘数目,亦系笼统声明,叙归入军需项下支销,究其何年何月,系何案军需,动用若干,并未分晰声叙。似此含混开销,明系预为将来侵蚀冒滥地步。应令各直省督抚将从前所收各项厘捐,截至咸丰十年十二月止总共收银若干,内应分晰声叙何年何月何案,动用若干,造具清册,限一个月奏报,以凭确核;其无军务省分,亦将抽厘并协解各款,截至十年十二月止一并限一个月,分年分案一并造报,均勿迟逾,致干参办。以后自十一年正月起即照前款拟定,三个月奏报一次,将征收之数与支解之数分别造册送部。

八 洋药盐斤两项厘捐,不准与货物牵涉,以杜镠辖也。查洋药盐斤两项抽厘,应按限分案造报,不得与货物厘捐银两牵涉。洋药盐斤两项厘捐为拨款大宗,傥与货物抽厘彼此牵混,易启影射取巧之弊,应令各省督抚转饬各局员各收各厘,分别造册,依限报部。

上述章程经户部奏准施行,惟实际上是等于具文,各省遵行一二条者已不多见,遑论全部。例如各省厘金应按三月奏报一次,其时仅有一二省遵行;又如洋药,盐斤,货物三种厘捐应分案造报,而实际上大部分省份都只办到盐货厘金分案造报①。户部为全国厘务订立章程,是以这次始,而也是以这次终。因为以后户部对于各省厘金税务的设施,都只限于消极方面的除弊,而在积极方面则无所建树。

按清代办理税政,对于策划监督征收的制度,向来是不大注重。(除海关关税,惟系由外人计划。)所有的税收,几乎全是用官吏包征的办法。例如地丁,漕粮,关(常关),盐,茶课等向例是有定额,税吏或官吏的考成照例是以所征收的成数定优劣。能征收足

---

① 参阅第五章第一六三页。

额的固是优等,即不能征收足额,也未尝没有方法应付上司的考成。故在能应付考成的范围内税政的弊端就层出不穷。厘金在创办之初,是没有征收定额的,设局立卡,中央方面也没有立定限制,更无地丁,关,盐各税的考成办法①。因之,税吏舞弊的范围既大,而又特别便利。故自咸丰九年以后,中央方面对于厘金税政的设施,几乎全部是在除弊。除弊的工作,大约可归为两种,第一是裁减局卡,目的是在舒商民之困;第二是杜绝中饱,目的自然是在维护税收。这两种政策差不多总是并行的。兹于下文述清廷历年施行这两种政策的谕令,惟于叙述之先,略将各省初期办理厘金的大概情形叙述一下。

按厘金一事,本属创行,无成法可循。以设局卡而论,即须因地制宜,时有变更。如在水路方面,有水涨宜设此处,水落又宜设彼处者,有水落暂宜裁撤,水涨始复增添者。在陆路方面,有已设卡局之处,并无总隘可扼,不能不分设子卡者,有未设卡局之处,商贩绕越争趋,不能不另议移设者。以收款而论,则百货销数随时地而衰旺,有旺在春夏而秋冬渐形衰减者,有旺在秋冬而春夏忽形冷寂者;上月收数较之下月,每有参差,此处畅行,推之彼处,又难一律,故难立征收定额②。简言之,即当时办理厘金有两种困难,第一是设立卡局,不能固定,因之既不能按户部章程按时造册报部,又不能杜绝税吏私设小卡。第二是征收税款,无定额可循,因之无法比较收数之赢绌,而考核税吏是否有弊。当时在湖南首先仿行抽厘的骆秉章即以为在此种情形下,如"执一成之法,严为稽核,则龃

---

① 光绪《会典事例》卷二四一所载考成,并非考成条例,只是一些稽核旧案而已。
② 《咸丰八年四月沥陈湖南筹饷情形疏》,《骆文忠公奏稿·湘中稿》卷十二。

漏必多，更增一切之法，预为防维，虚伪转甚"。他所得的结论是任法不如任人，故当时在湖南首先由他采用士人帮办厘金的办法①。后来胡林翼在湖北创办厘金，曾一再发现经手的地方官营私舞弊，当即改照湖南办法，将各属抽厘事务，另延公正绅士实心承办，不再许州县丁胥经手②。随湖北之后试办厘金的省份，亦大多采兼用士人之法。当时各省主持厘务的人，既多存有一任法不如任人之观念，对于厘金税政自少详细规划；且当时各省督抚及带兵大员所注重者是能筹饷，故只要厘金当局不以私饱侵及公款，则他事可听其自为。这种放任政策所造成的结果，第一即是各地设卡太多，重扰商民，如湖北创办厘金，在咸丰末年及同治初年时，曾在省外设局卡四百八十余处③；同治初年江苏里下河一带曾设捐卡大小百余处④，其困病商民的情形可想而知。第二是用人不当，中饱之弊即层见叠出。凡此皆可于历年中央所发布的谕令中见之，兹于下文述之。

咸丰十一年十月十五日御史陈廷经奏称"近闻各省厘局，但有抽厘之名，实则抽分抽钱，有加无已，凡水陆通衢以及乡村小径皆设立奉宪抽厘旗号，所有行商坐贾于发货之地抽之，卖货之地又抽之，以货易钱之时，计其钱数抽之，以钱换银之时，又计其银数抽之；甚至资本微末之店铺，肩挑步担之生涯，或行人之携带盘川，或女眷之随身包裹，无不留难搜刮，其弊不可胜言，一局之中，支应去

---

① 《咸丰八年四月沥陈湖南筹饷情形疏》，《骆文忠公奏稿·湘中稿》卷十二。
② 《同治二年二月湖南巡抚毛鸿宾湖南厘金局卡照旧办理疏》，《湖南厘务汇纂》卷一，页二十九。
③ 《光绪六年四月甲寅李瀚章折》，《东华续录》卷三十四，页十二。
④ 《湖南厘务汇纂》卷首，页九所载上谕谓大小捐卡数百余处，《会典事例》与《清史稿·食货志》皆谓百余处，疑后二书所载较近事实。

37

其大半,侵渔去其大半,不利于民,无益于国"。请酌改章程,力除弊窦①。同月十九日大理寺少卿潘祖荫又奏请裁汰小捐,整顿大捐;潘氏奏称"抽厘者所以济正课之不足,期于上有益而仍无损于下,今则一捐局设就,地方官绅百计谋干,曰某货可抽厘若干,某铺可抽厘若干,多立名目,济其营私之利。……甚至茶坊饼肆,各有例规。……十分之耗于隶仆者三,耗于官绅者三,此四分中又去其正费若干,杂费若干,国家所得几何。当时府库支绌之时,诚不能概行停止,然莫如汰除小捐,整顿大捐"。两疏俱下户部议奏,户部覆奏,云自是年二月由该部奏定厘金章程八条后,各省抽厘章程,实已至严且密,现仅可请旨饬下各省大吏实力奉行,严密稽查,则委员绅士庶能洁己奉公,而商民可无扰累之虞②。户部之言未尝无理,惟洁己奉公,却非一纸上谕所能办到。同治元年七月初二日,根据协办大学士倭仁所奏陈河南捐输抽厘,虽至零星小户逼勒无遗,胥役劣绅从中私饱的情形,清廷又谕令各省督抚从严稽核地方官抽厘,不得加征勒派,中饱私橐③。是年九月,御史丁绍周又奏各省抽厘劝捐,请裁革委员,专归地方官经理。据该御史云江苏完善地方仅松、太、扬、通等属州县,而各项厘捐委员,不下数百,一经札委,亲随仆从实繁有徒,甚至节礼门包,悉视局卡之肥瘠,以为馈赠。一省如此,各省可知。上谕据此命各省督抚于捐厘委员,概行裁革,统归地方官经理。并按月申报厘捐各款实数,由该管督抚,按照例限报部。其通都大道捐厘事繁,州县未能肆应,即着派令地

---

① 《咸丰十一年十月十五日朱批御史陈廷经折》。
② 《皇朝政典类纂》卷九十八,页六至七。
③ 《湖南厘务汇纂》卷首,页七。

方道府等官分头办理①。翌年(同治二年)正月十六日,清廷据帮办扬州军务汉军统领富明阿奏称江北里下河一带南北粮台设立捐卡大小百余处,有一处而设数卡者,有一卡而分数局者,委员既繁,局费尤滥,每月局用少者二百余金,多者至千余金,因复申前令命各省督抚遵照前旨将各厘局酌量归并,裁革劣员,改派贤能地方官经理,不得再以不肖官绅充数②。

同治元年九月之谕下后,四川总督骆秉章即奏请川省抽厘,仍照旧章办理。骆氏奏称川省办理厘金,系委员专司其事,绅士分任其劳。各地"设局之所皆系繁要码头,距城厢较远,委员驻彼,专管局务,无时不可以稽查,无事不可以经理,纳厘者登时抽收,漏厘者立刻查办。公事无积压之虞,商贾无守候之苦。若归地方官,不特奔走惟艰,且恐稽核难遍。倘于衙署设局,令商贾赴署纳厘,诚谨之商固不惮其烦,而奸狡之徒绕道偷漏,何从稽查,加以吏胥任意苛求,其弊滋甚"。且"贸迁之来去不时,厘金之多寡难定,如或经理不善,不难随时撤省另委贤员往办,即将来事定裁撤厘金之时,委员绅士亦不敢公然违抗。若交地方官办理,则目前视为利薮,日后必成陋规,纵令扎饬裁撤,而阳奉阴违,势所不免"。故厘金不可改归地方官经办。至若"道府等官,或系监司之员,或有表率之责,本衙门应办公事已属不少,令其亲历属境办理厘捐,只可暂时往返,不能在彼久住,则其中利弊仍不能洞悉周知,而忽往忽来,徒繁供亿。况厘金宜核实抽收,万不可假手丁胥,皆应亲躬经理,道府之职位较尊于州县,平时尤当树望,若以劝捐抽厘之故,而与绅粮

---

① 《湖南厘务汇纂》卷首,页八。
② 同上书,页九。

商贾晤对周旋,恐形迹太亲者其体制易亵,且有妨于政治"①。同时湖北巡抚严树森亦奏称胡林翼创办湖北厘金仿刘晏用士类不用胥吏之法,历久著有成效,若改归地方官,诸多窒碍,并胪陈八弊,请仍照旧章办理②。上谕皆允之。同治二年正月之谕下后,湖南巡抚毛鸿宾亦奏请仍照旧章办理,胪陈四弊二难,其理由大致与骆秉章所奏陈者相同③。毛氏之奏上达后,亦奉谕允准④。嗣后厘金改归地方官办之议遂寝。

同治三年七月副都御史全庆奏称军务初定,请酌裁各省份设厘局。其折云⑤:

> 窃自军兴以来,饷需浩烦,不能不借资民力,故捐输之外,复行亩捐厘捐,名目不一,皆一时权宜之计也。然商贾辐辏之区办理厘捐,未尝无补,至于僻处偏隅,复设分局,抽厘之数,除去开销所存无几。在民间已多穷困,而厘局务尽锱铢。……盖厘局之设,或用绅董,或用委员,任事者固有其人,中饱者尤复不少;至吏胥讹索包揽,更不待言。……内外臣工奏参各省厘局舞弊,迭加训饬,不啻三令五申,而其弊未能尽革者,以军务未竣,得所借口也。今金陵业已克复,兵勇可以陆续凯撤,军饷可以陆续节省,盐关可以逐渐足额,厘局即可逐渐裁减。……臣闻江西,广东两省,抽收厘金接济江南,颇形掣肘。……又闻上年广东有高州绅士前往廉州府城

---

① 《骆文忠公奏稿·川中稿》卷七,页十二至十六。
② 《同治二年二月初五日御批湖北巡抚严树森折》。
③ 《同治二年二月毛鸿宾湖南厘金局卡照旧办理折》,《湖南厘务汇纂》卷首,页十八至三十三。
④ 同上书,页九。
⑤ 《邸钞》,《皇清政典类纂》卷九十八,页十二。

劝捐抽厘,因委员办理不善,致该绅被殴,几酿人命,莫得主名,至今案悬未结。其余佛山,石龙,芦包等厂于咸丰九年曾经滋事,所抽厘金逐年减少无增,走漏侵吞,弊端百出。……窃思广东如此,他省可知,拟请饬下户部通盘筹划,将各省报设厘局,详查酌核。实系通都大邑商贾辐辏之区,如直隶之天津,山东之烟台,江南之上海,湖北之汉口,江西之河口,九江,福建之厦门,浙江之宁波等处,岁入可得巨万者酌留若干处,权准照旧抽严,以为办理善后之用;俟善后办竣,再行酌量情形,陆续裁汰。至其余各省僻壤偏隅分设厘局,……无论曾否奏咨有案,并请概令裁撤,嗣后不准再行添设。如有私立厘局者重治其罪。……

按厘金之创设,在清廷本视为用兵期间万不得已而采用之筹饷策,故为安慰民心,曾屡发事定即裁之言。同治三年克服金陵后,太平天国之大势已去,军事范围将逐渐缩小,抽厘已失去大半根据,全庆之奏请大规模的裁撤各省份设厘局,在当时几可视为一个厘金存废的问题。全氏之疏曾下户部议奏,今未见户部议覆之折,不悉户部持何意见。当时疆吏发生之反响,可以官文及郭嵩焘二氏之意见为最强,其中尤以官文所言切近事实,上章已述,兹不复赘。官文原奏谓除直隶,山东,山西,河南,陕,甘,云,贵,广西等省厘金收入不多,无济于事,军务告竣即可议裁外,其余内地各省则虽在军旅蒇事之后,亦只宜严禁重科,万不可骤议裁撤,其意盖欲留厘金为国家经常正税,与全庆所请暂留大埠厘金办善后,事竣再全裁之意相左。清廷于同治三年八月二十五日下谕允官文之请[①],嗣后非独无人再以全

---

① 《湖南厘务汇纂》卷首,页十一。

盘裁减各省厘金为请,而同治八年户部为筹拨西征军饷,且请令各省毋因博取虚誉,率意裁减厘金①。厘金之普行于全国,得力于胜保之奏请;厘金之取得经常正税的地位,得力于官文之奏请,此两满人皆为清代中兴期间之带兵大员,对于厘金之补助军费,俱有深切的认识,故彼二人皆不惜以困病商民之厘税,为支持清廷之巨柱。至于郭嵩焘虽亦曾反对裁厘,但其后亦颇有悔意②,盖知其病民甚深也。自咸丰三年洪秀全占据金陵至同治三年清廷克复金陵,为时约十年有余,平均每年以收厘金一千万两计(咸丰七年以前抽厘省份不多,收入较少),十年中厘金补助军费之数,即有一万万两(同治初年以前各省厘金几全部用于军费),为数不可谓不大矣。

同治七年七月十六日上谕又命各省督抚体察情形,如不能一时尽裁厘金,务当酌留大宗,撤去分局,遇有零星杂贩,概免抽厘。对于厘局人员,尤应认真稽核③。此系因毛昶熙奏军务渐定宜益思寅畏一折而发也。盖因办厘而致商民滋事反抗之事已屡见于各省④,今军事渐定,民皆有安居乐业之愿望,清廷颇畏再以厘捐困扰商民,而致引起骚乱。同时御史郭从矩阅览上谕后,复奏请旨饬令有厘金省份将从前所设之局悉数开陈,奉旨后裁撤者某局,共计若干处,暂留者某局,共有若干处,报部以便稽察。所有应捐应免之货物,亦必详细开列刊刻告示,遍贴各局之前,俾商民共见共闻,以

---

① 《湖南厘务汇纂》卷四十八。
② 《养知书屋文集》卷十《复王纶霞书》。
③ 《东华续录》卷七十五,页四十七;又《湖南厘务汇纂》卷首,页十三。
④ 参阅第三十一页所引高士廉折及第四十页所引全庆奏折。又关于商民反抗厘金的事,《东华录》中多有记载,兹难详举。

免委员差役含混私收之弊①。结果湖北根据上谕裁去分局分卡五十四处,留存局卡八十六处②。同时复有御史吴鼎元奏请饬各省督抚将裁撤厘局若干处据实奏闻,一面通饬各属将所撤厘局日期刊示颁发,并省会总局及分局所隶地方一律张示。奉谕允行③。是年十月十五日,上谕从胡大任条陈,命各省厘金报部章程,照两淮盐厘格式,每年分两次奏报,以归简易④。此即同治八年以后各省厘金报告采用半年一报之由来。

同治八年二月户部奏称,前者朝廷屡下裁减厘金之谕,系恐外省有重复征收,利归中饱,及不谙政体,征及肩挑贸易之弊,非因经费已充,令各该省裁减厘金也。现在中原及东南各省兵燹甫平,元气未复,丁漕所入,约只十分五六,盐关两项,洋税及盐厘虽旺,而正课常税所入细微,此盈彼绌,仍不及常年额征之数。若不通盘筹画,遽持裁免厘金之议,将来已裁者不可复行,而经费出入不敷,浸成支绌之势。现因筹拨西征饷,奏查东南七省厘金数目,安徽省奏报撤去三十余卡,所收厘金大减,浙江省奏报每年约减厘金四五十万两,湖北省奏报每年约减厘金三四十万两,江西省奏报每年约减八九十万两,福建省减免货厘二成,裁卡二十余处,江苏省每年约减收厘金银百万两,钱五十余万串。就各省报明之数核计,每年减收已不下数百万两。应请饬各省督抚于厘金一项实力整顿,毋博虚誉,率行减免;其有局卡太密,重复征收及不肖委员侵渔骚扰等弊,仍随时裁汰参办⑤。

---

① 《邸钞》,《皇朝政典类纂》卷九十八,页十三。
② 同上注。
③ 《湖南厘务汇纂》卷首,页十六。
④ 同上书,页十四。
⑤ 《湖南厘务汇纂》卷首,页四十八至四十九。

是月初五日奉谕允行①。按户部折中所列东南七省奏报减收厘金之数,实属夸大。考其原因有二:第一,自同治三年以来,清廷叠令各省裁减厘局,各省为应付廷命计,不得不酌加裁撤,惟其时各省对于厘金的需要并未减少,为避免中央继续迫促起见,自不妨将裁减局卡后,厘金减收之数说大一点,因为实际上,各省所裁减的局卡,都是分局分卡,并不是主要的局卡,对于收入影响不大。例如江苏厘金收入在同治初年平均每年约收三百余万两②,三年以后虽曾裁撤厘卡,但收入减少之数,据同治八、九两年的收数看③,最多亦不过二三十万余两,谓减收之数约银百万两,钱五十余万串者,岂非有意夸大。又例如福建厘金收入中,货厘收数在同治元年至三年间年仅有二十余万两,四年起增至六十余万两,以后数年货厘收数俱在八十万两上下,并无骤减之事,可见虽免货厘二成,裁卡二十余处,对于厘金收入,皆无偌大影响。第二,户部奏查东南七省厘金数目时,目的是在筹拨西征饷,各省为避免增加拨款的负担起见,自不妨将减收数目多报一点,以为将来推诿拨款的地步。户部对于当时各省厘金收数无确实估计,自易为各省夸大的报告所蒙蔽,而不得不于连年裁减厘局声中,忽然奏咨各省毋率行裁免厘金。就行政方面看,这似乎是有点自相矛盾。

同治十年十二月上谕又命各省酌撤厘卡④。

同治十一年七月江西巡抚刘坤一奏称:查近年以来,各邻省兴

---

① 《湖南厘务汇纂》卷首,页十八。
② 参阅第七章第二四九页。
③ 同治八年收数为 2,779,913 两,九年为 2,933,574 两。
④ 《东华续录》卷九十二,页七。

办善后工程以及成造战船,修筑堤埝,需用木植及一切物料,委员赴出产省份购办,均系给予印照,免完厘捐,原为经费难筹,稍资节省起见,乃委员之跟丁船户,借运官物,夹带私货,甚有私货数倍于官物者,或乘机闯越关卡,不候稽查,或借词津贴运费,抗不完纳。各卡员因一时麇集,稽查难周,亦有瞻徇情面,勉强放行,其弊难以枚举。是彼省所节物价无几,此省所失厘捐实巨;合各省而统计之,免厘之举转于国家经费,有损无益。因请嗣后除地方荒歉委员采买米谷赈济,准免税厘外,此外无论何省何营委员采买一切物料,经过江西关卡,均令照章纳税抽厘,不准请免,以杜流弊①。八月二十九日上谕谓刘坤一所奏情形,不独江西一省为然,恐各省亦在所难免,因着各省督抚一律遵办,嗣后除采买赈灾米谷得免纳税厘外,其余无论何省何营采办一切物料,概不得发给免完厘税印照,采办委员等经过各处关卡,均须照章完纳厘税②。自此谕下后,以后免厘货物,仅有赈灾米谷一项,且每次采办赈灾米谷,皆须奏请免厘③。

同治十二年二月初一日御史吴鸿恩奏称办理厘金官绅,往往假公济私,任意侵渔,上谕命各省察办④。

同治十三年二月十四日御史张观准奏请禁止私设厘卡,同日上谕命各省督抚严密稽核,并着遴派廉正之员经理局务,核实报销⑤。

---

① 《湖南厘务汇纂》卷首,页六十一至六十二。
② 同上书,页二十。
③ 同治及光绪《东华录》中皆有此项记载,以其次数甚繁,难列举。
④ 《湖南厘务汇纂》卷首,页二十一。
⑤ 同上书,页二十二。

贰 光绪时期（1875—1908）

在上述咸同时期中，厘金税政的弊端已是异常显著，尤以私设及滥设厘卡之弊为最甚。惟在同治末年，因清廷曾屡次严命各省裁并厘卡，结果私设及滥设厘卡之风始稍杀。至于中饱之弊，则因缺少有效之制裁方法，故虽有廷命严禁，亦未尝稍衰。在同治年间，此弊虽然无处不有，但因各省多有军务关系，大吏对于监督征收为军饷主源之厘金，皆不敢懈怠，故当时为害尚不甚深。同治末年东南各大省厘金收入之减少，一部分固是由于中饱，但是大部分还是受了裁减厘卡及大军后商业萧条的影响。迨入光绪朝，则情形略异，主要的变迁，即是办理厘金已由军事时期渐入承平时期。在军事时期中，抽厘的主要目的是在接济军饷，故当时朝廷虽有恤民之意，而各省当局则以厘金收入愈多愈善为办理原则，滥设及私设（设卡不报朝廷亦为私设）厘卡之风即由此起。迨军事渐定后，厘金之需要已减，朝廷为维护民生计，自不能不严命各省裁并厘卡，而各省当局因抽厘的根据已失去大半，自不能不勉遵廷命，酌裁厘局。且因军事渐平，交通已较乱前便利，设卡扰民之事，易为人侦知而举发，故同治以后，办厘之人多一顾忌，不敢轻于私设厘卡，然滥设之弊仍不能免。惟中饱之弊则反较前有增无减。第一是军事平定后，各省当局对于监督抽厘已不如从前之严，例如委人办厘务，在同治年间，曾国藩，胡林翼，及骆秉章诸人都是亲由自己选择，鲜有恃人保荐者。同治以后则多恃保荐矣。第二，军事定后，厘局差缺逐渐成为大员酬劳或调剂属员之物,委员已不问其操守如何,但有奥援即可得差①。此辈目的既在以办厘务为发财之径,其不以侵蚀公款肥己者要亦为少数之例外。加以军事时期已过,善办厘金者已不能按例奏保②,税吏失一向上之途,有志者固不因此坏其操守,志卑者遂不得不转而求利。故同治以后办厘者,虽不能说绝无廉正之士,但不以厘金为利薮者亦无几人。清代厘金本为一恃人而不恃法之税制,有此监督不严及委人不尽贤的两项缺点,中饱之弊自当有增无减,此可于光绪初年厘金收数大减③,及历年屡命整顿而终无成效的情形中见之。光绪一朝为时较长,其间关于厘金之奏章及谕令亦较咸同二朝为多,惟其中事件的性质多半相同,兹拟于下文节要述之,以免繁冗及重复。

光绪元年正月初五日,根据御史王立清的奏请,上谕命各省嗣后委办厘盐各分局,不准用本州本县绅士经管,以免弊窦丛生,其已委者即行裁撤,并将各局所用委员职名籍贯,年终报部,以凭查核④。此后各省办理厘金分局,照章即须全用委员,不得以绅士襄办,惟实际上亦不尽然⑤。同月十八日,上谕根据御史王兆兰的奏请,命各省督抚饬令藩司查明各该省现存厘卡地方共有几处,先行报部;并将各收支细数,按年造册核销,如仍任意迟延,即由户部指

---

① 《光绪九年九月二十九日张之洞奏请将侵匿厘税各员革职追缴片》中曾云:"晋省向来恶习,凡委办厘务,名曰调剂,纵之吞蚀,上下田市,法纪荡然。"(《张文襄公奏稿》卷五,页十四)光绪十一年六月二十四日上谕中亦有"公家厘金一项,弊窦尤多,以国家不得已之举,视为调剂属员之事"等语(《湖南厘务汇纂》卷首,页四十一)。
② 厘金奏保案自咸丰七年起,每年一次,自同治元年后改为每三年一次,光绪九年经御史张佩纶奏请停止,见《湖北详定整顿厘金章程》卷下,页一百二十二。
③ 参阅第五章第二节各省厘金收数。
④ 《东华续录》卷一,页十四,又《会典事例》卷二四一《禁例》。
⑤ 湖南一省即始终兼用绅士,参阅下章征收人员之委任及待遇一段。

名参处①。同年十二月二十六日御史黄槐森又奏称厘税各局委员过多，既耗公费，更滋弊端。各厘卡税厂所设巡丁巡船，原所以防走漏，今竟有将商民货物中途截拿，故意留难，以饱私囊者。上谕命各省体察情形，将各局酌量裁并，并裁冗员；至于巡丁巡船扰民之弊，则着严行惩办②。

光绪二年三月二十二日福建道监察御史李嘉乐奏称各省厘局委员往往欠解正项，辄以局用赔垫及汇收未齐为词；又厘局于经过货物斗科稍有不符，即指为夹带欺隐，数倍议罚，多入私囊③。上谕命各省督抚查禁④。

光绪四年八月初九日根据御史董儁奏请，上谕命各省严禁厘卡委员苛索民间⑤。

光绪五年二月初九日根据御史黄元善奏陈，上谕命各省查禁厘局讹索留难及浮冒支销等弊⑥。是年七月张之洞因灾变条陈各事中有省厘税一条，谓各省厘局苛索商民，不守旧章，干没之数，少者等于官收，多者三倍不止；又谓今日之弊，不在减局卡，而在禁私征⑦。七月十七日上谕命各省厘卡严禁苛索⑧。同年十二月十六日给事中刘曾奏称各省厘金弊端不一，而侵蚀朘削，恐皆难免。近日各省差事以厘局为最优，往往委员得一厘差，每年可得获万金，或

---

① 《东华续录》卷一，页十八。
② 《湖南厘务汇纂》卷首，页二十七。
③ 《光绪二年三月二十二日御批李嘉乐折》。
④ 同上年月日上谕。
⑤ 《湖南厘务汇纂》卷首，页三十。
⑥ 同上书，页三十一。
⑦ 《东华续录》卷二十九，页十九。
⑧ 《光绪五年八月十九日御批高万鹏片》。

三五千金不等。官场中竟有谓"署一年州县缺,不及当一年厘局差"之语。厘局薪金不多,若非侵蚀朘削何以得此巨款①。上谕命各省督抚随时稽查,力杜中饱,并酌裁有名无实之厘局②。

光绪六年正月二十五日,《户部条陈筹备饷需折》中有整顿各省厘金一条。兹引述如下:

> 近年以来,核计抽收数目递形短绌,虽子口税单,不无侵占,而此项款目本无定额,承办各员恃无考成,隐匿挪移,在所不免。各省局卡,散布外府州县,离省或数十百里,或千余里,倘疆吏不认真考察,但凭委员开报,其中弊病,何自周知。应令各该省督抚明查暗访,分别劝惩,以收数之多寡,定属员之殿最,毋任侵蚀偷漏,以期日有起色。至局用一项,或以一成开支,或正厘一两,收办公银八分,或则支销项下。并无经费名目。查应出之款,匿不开报,则所报收款不实不尽可知,应严饬局员和盘托出,据实详报,由各该督抚等确加核定,宽其已往之咎。至一切冗员滥役,应悉予裁除,须于一成之数再行核减。零星厘卡亦宜随时裁撤,以节经费而省纷扰。③

从户部这一段条陈看来,厘金开办已将近三十年,而到此时还是一个无法度可守的税制,这虽不能完全由户部负责,但户部也有不尽责的地方。例如各省厘金局用,无论其所支成数或多或少,户部皆应该核定一个统一而少弊端的支销办法,如核定应在正税款

---

① 《光绪五年十二月十六日御批给事中刘曾片》。
② 同上年月日上谕。
③ 《东华续录》卷三十二,页十二。

内扣支,则应一律如此;如采行在正税外另收公费办法,亦应一律采行此法。此于各省办理厘务,并无不便之处,而户部则听各省自决,以致制度纷歧,无法稽核。又如在正税款内扣支局用,自应由各局先报解税款,然后始得按章扣支,而户部并不如此规定,故有的省份的厘局,竟于所收税款内,先将局用扣出,而后报解税款,其于所扣局用之数,则并不报部,作为外销款,故户部条陈中有"支销项下并无经费名目"之语。各省厘局提取经费既如此自由,则虽有一成或八分之限制,亦何以能限制税吏之贪欲。可见厘金的弊端,大部分是由立法不善及定章不严之过。

户部的条陈既上,于同日奉上谕饬各省遵办①。当时各省于《回奏遵办户部筹备饷需》一折中,关于整顿厘金一条,大都采用"卖瓜说瓜甜"的办法,不是说局卡已裁至万不可裁之势,即说监督征收"实已层层钤束,其势不能欺隐"②。结果是将一重公案敷衍过去。同年十月二十六日,给事中戈靖奏请各省厘金请援照关税报部定章报销,并将省外新添密卡裁禁。同日上谕命户部议奏③,户部议奏之折今未见,关于厘金报部章程改照关税定章办理一点,据后来各省并未改章的情形看,大约是被户部议驳了。

光绪七年闰七月初二日兵科给事中刘瑞祺奏陈厘金弊端,请旨饬下各省督抚将所有厘卡,历年盈余实数,悉心综核,剂以权衡,大者留之,小者撤之,一一报部备查,不得以仍旧了事④。同日上谕

---

① 《东华续录》卷三十二,页十七。
② 现在有当时覆奏可考的省份,有直隶、奉天、湖南、福建、山西、吉林、陕西等省,前五省奏折见《东华续录》卷三十五,后二省见卷三十六。
③ 《光绪六年十月二十六日上谕》。
④ 《光绪七年闰七月初二日朱批刘瑞琪折》。

命各省遵办,不得以空言塞责①。各省遵办情形今不详,据上年各省遵办户部所拟整顿厘金条陈的情形观之,大约仍不外以空言塞责。惟同年十二月二十日河南道监察御史李郁华有一折为厘金辩护,大约系为刘氏之奏请而发。其辩护厘金所持的理论与同治三年官文及郭嵩焘所论者略同,兹略引述之如下:

> ……臣谓厘金为古者征商之政,资于用者无尽,取诸民者甚微,筹饷之方,莫善于此。如谓累商则因厘增价,商本无亏;如谓累民,则洋药而外,如玉帛珍错贵重之品,能用者即不计及此征赀,若贫民日用则仅盐布有厘,计口每岁不过匹布称盐,亦止制钱二十余文,虽赤贫之家,尚无虑是。特是利之所在,弊即因之;委员之中饱,丁役之讹索,罚款轻重之任意,查验迟速之无期,其弊端约不出此。是赖各省督抚臣严密稽核,……剔弊既尽,征收必丰,商情悦而饷源裕矣。至于分卡之多,亦属势不得已,水道百派汇流,易于扼要,若山陕云贵诸省,山径歧出,几于路路可通,小民趋利,有隙即乘。有分卡而厘未必加增,无分卡而厘必骤减。……此论者动请裁并,亦未悉外省创设之艰,经费之绌耳。……②

李氏折中对于各省裁并厘卡的困难所加的辩护,倒是很有理,至于说厘金不病民,则所见未免太狭,拟于下文论述厘金课税目的物时再论之,兹暂置不论。

---

① 《光绪七年闰七月初二日朱批刘瑞琪折》。
② 《光绪七年十二月二十日御批河南道监察御史李郁华折》。

光绪八年十一月二十八日,根据御史邵积诚奏敬陈管见一折,上谕命各省严禁厘金局员,不准勒索罚款,苛刻商民①。

光绪九年正月二十四日詹事府右庶子汪鸣銮奏陈厘捐积弊,共请饬行四事,一为裁汰冗员,请将各省厘金总局裁去,由藩司专任经理,外府皆改由实缺道府兼管;二为归并卡局;三为酌减捐数;四为严核滥支。二、四两项,户部令各省仍照以前的奏咨继续遵办,一、三两项则着各省体查情形办理②。一、三两项结果俱未实行。

光绪十年三月二十六日上谕命各省整顿厘金。大意谓各省抽收厘金叠经谕令该督抚等据实报部,力杜中饱,乃近来厘局委员往往徇情滥委,任用匪人,以致贪婪侵蚀,百弊丛生。当此库款支绌之时,自应涓滴归公,实征实解;若非认真稽察,将使亿万厘金半归私囊。嗣后该督抚等务须明查暗访,设法整顿。尤以择人委员为第一要义,并将各该省厘局征收数目随时稽核,严杜弊端③。此盖因是时越法有事,中国将入漩涡,清廷虑筹饷无着,故先下整顿之令也。是年十二月户部上筹饷折,计开源十二条节流十二条,节流第一条即为裁减厘局经费,该条云:

> 查各省厘捐扣留经费,有扣五成,扣二成,扣一成不等,且有不入收数,先按每两扣收八分;更有并不开报经费。屡经查询,迄不咨覆,或不开报各局处所及应支细数,一笔开销银十数万两,及数十万两。又有既扣经费,更复以钱折银,再扣银

---

① 《湖南厘务汇纂》卷首,页三十九。
② 《户部遵议厘金积弊请饬并核减疏》,同上书,卷五,页四至七。
③ 《光绪十年三月二十六日上谕》,又见《东华续录》卷五十八,页二十五,《会典事例》卷二四一亦载有此谕。

折成数。种种任意开支，殊不画一。应令各省将厘局经费分别裁汰，并将应支各款，逐款开列，于四个月内报部，由部核定支数，一律照支。倘不依限据实报部，即行奏参。①

按各省厘局经费之不划一，上文已说到，此时户部的目的大约是要加以限制。户部原议是要各省在四个月内将各该省厘局应支各款开列报部。据现在所存的奏折看，各省都未按限报部，都是在议覆户部开源节流折时附带奏报。现有十省存有此项覆奏，即直隶②，湖南③，陕西，山东，福建，河南，广西，江西，贵州，新疆等十省④。十省的奏报中，除新疆此时有税局无厘局不计外，河南声请仍按旧章二成开支，贵州请仍照旧按一成开支，其余七省俱称各该省所支经费不及一成，除陕西奏称将于省局裁三人（道员级会办一人，及委员二人），东关裁帮办一人，年可节省1,272两外，余省皆奏称厘局经费已叠经裁减，现已无可再减。至于户部令各省开报厘局应支款数，则在此九省中仅有闽，鲁，陕，豫四省列有每年所支总数，惟并未按户部奏咨逐款开列。于此可见户部之奏咨确不能切实实行于各省，故虽屡言整顿厘金，而结果皆毫无成就。

---

① 《东华续录》卷六十七，页九。
② 《光绪十年六月十四日议覆开源节流折》，《李文忠公奏稿》卷五十四。
③ 《湖南厘务汇纂》卷八，页六十一至六十六。
④ 《光绪十一年七月初六日御批陕西巡抚边宝泉折》，《十六日御批山东巡抚陈士杰折》，《二十九日御批福建巡抚希元折》，《八月十七日御批护理河南巡抚孙凤翔折》，《二十八日御批暂护广西巡抚秉衡折》，《九月十四日御批江西巡抚德馨折》，《九月二十日御批署贵州巡抚李用清折》，《十二年正月二十九日御批甘肃新疆巡抚刘锦棠折》。

光绪十一年六月二十四日上谕又命各省督抚整顿关税厘金，并著将如何整顿之处通盘筹画，缕晰覆陈，毋得稍有敷衍①。

光绪十二年七月初七日有御史奏浙江省征收厘金积弊甚多，其利半归中饱，亟须整顿。同日上谕命该管督抚实力整顿，并著各省督抚懔遵照办②。

光绪十五年七月十四日御史徐树钧奏称：厘金创办之始，绅士任其事，官吏总其权，绅士有弊，官吏得而处治之，官吏有弊，绅士得而密告之。彼此互相钤制，耳目既周，流弊甚少。近年各省专任委员，贤否不齐，弊端百出，绅士襄办，仅存虚名，以致劣员之侵蚀，差役之留难，绅士敢言而不见听，商民敢怒而不敢言。又言江西厘卡太密，竭泽而渔，怨咨在道。拟请旨饬各省督抚认真整顿，督饬委员委绅严革弊端，务使员绅互相查察③。同日上谕仅命江西巡抚查办设卡太密一节，对于务使员绅互相查察一节，并未言及④，此因光绪元年有上谕命各省办理厘金分局不得委用本地绅士，此时既未取消前令，故不便采纳徐氏意见。

光绪十九年十一月御史易俊奏陈厘务积弊，并列举弊端八条，上谕命各省督抚严行禁止，如查有所举弊端，即行从严参办⑤。

光绪二十年六月十二日御史郑思贺奏称各省现设总局分卡，仍复不少，就江西一省而谕，多至七十余处，商货来往，各卡分成抽收，已不无借端抑勒之弊，而多一局即多一处之开销，多一差即多

---

① 《湖南厘务汇纂》卷首，页四十一。
② 《光绪十二年七月初七日上谕》，又《东华续录》卷七十，页十一。
③ 《光绪十五年七月十四日朱批御史徐树钧片》。
④ 同上年月日上谕。
⑤ 《东华续录》卷一一六，页六至七。

一人之克削。应请旨饬下江西巡抚及各省督抚将现设各局悉心筹画,酌留水陆当冲之处,认真稽查,严防绕越偷漏,其余分局小卡,尽行裁撤①。同日上谕命各省查照办理,毋得以无可裁并为词,一奏塞责,仍将裁定数目迅速覆奏②。各省遵办情形,可于述各省厘金各章中见之,兹不赘。

光绪二十一年闰五月御史易俟奏陈厘捐中饱之弊,拟请饬各省督抚于厘金一切弊端,认真剔除,并谕令户部妥定章程咨行各省,以从前收数最巨之年为定额,毋得借词减少,其比较数目,委员姓名,接办年月,按月报部,以备稽查。有一连两季因短少而记过者即行撤差,不得徇情留办,有一连两季记功者不独留办,并准咨部奖给虚衔封典,倘一连四季记功,即准分别酌保升阶。比较章程应由总局刊刻简明告示,晓示商民。疏下户部议奏,户部如何议覆,今不详③。

光绪二十二年八月初八日刑科掌印给事中吴光奎奏陈江西厘金积弊,约有四大端:一比较不遵部章,二局卡岁增糜费,三补数名目苛扰商民,四红线④余款统归中饱。又片奏请饬各省督抚严谕厘局委员,所有内地货物,除正厘外,各项名目一概删除,已报部者并入正厘,未报部者悉行裁革。并应刊发税章,散给商民,规定罚款定数,不得任意抵昂⑤。疏上后结果如何,今不详。关于吴氏所言江西厘金积弊详情,将于下文述各省厘金积弊时,再引述之,兹从

---

① 《东华续录》卷一百二十,页十五。
② 同上注。
③ 同上书,卷一二八,页二。
④ 即各厘局所收罚款。
⑤ 《光绪二十二年八月初九日朱批吴光奎折片》。

略。

光绪二十三年四月初十日湖广总督张之洞奏陈整顿厘金办法,折中云:

> 窃思厘卡所在,若非附近城关,即系繁要市镇,其商货之衰旺,员司之贤否,弊端之名目,各该地方官绅必有见闻。委员但能欺省城上司之耳目,不能掩附近官民之公论;纵该局卡之事,旁人不能纤悉周知,然抽收之数与报解之数是否相悬,总能知其大较。特以向来地方官不预此事,以故但有窃议,不肯公言。反覆筹思,惟有责成所在地方官稽查一法,尚可维系检制。虽地方印官亦未必皆贤,特既有民社之责,其自待总较局卡委员为较重。相应请旨著为定章,将湖北通省厘金责令局卡所在地方官认真稽察。其在何州县之境内者,即责成该州县,其有局卡与道府治所相距甚近者,并责成该道府一体稽察,如该局卡有贿卖司事巡丁侵蚀虚报苛勒留难等弊,即行据实禀报督抚藩司及牙厘总局,以凭参办。每届夏冬两季即将此半年内境内厘卡有无弊端,商货是否畅旺,密行通禀一次,倘有较大弊端地方官扶同徇隐,查出亦即撤任参处。①

按清代各省厘务缺乏监督制度,上文已述,张氏所拟办法,颇值得通行各省,惟当时上谕仅允该督所请,未思普及,实无深虑。

是年十一月上谕令各省节省费用,核实税收②。

---

① 《张文襄公奏稿》卷二十九,页十二至十三。
② 《东华续录》卷一四一,页十四。

光绪二十五年四月二十四日上谕命刚毅查办江南厘金积弊（按此时刚毅正南下筹款）①。

光绪二十五年四月二十八日上谕命大学士,军机大臣,六部九卿筹议整顿各省关税,厘金,盐课三项税收办法②。五月光禄寺少卿袁昶奏陈整顿厘金办法六条：一,慎用贤员,并仍参用绅士；二,综核比较,以一年收数盈绌定委员功过；三,各省物产衰旺不同,当随时制轻重之宜；四,外销款项,应胪款报部；五,酌复坐贾落地捐,以抵制由洋旗洋票（即子口半税单）所生之漏卮,于内地每县设一二处,或三四处,或委员经办,或由商包缴,视其卖价二十而取一；六,严定劣员司巡参罚③。六月饬各省遵行中央所拟整顿关盐厘三税办法之上谕中曾采纳上述一,三,四三项办法,着各省将军督抚体察情形,酌量办理④。同时翰林院侍读学士贻谷又奏请各省厘金归商包办,上谕以为坐贾落地捐尚属可行,至于入境出境总卡,则非绅商之力所能及,不可采行⑤。各省遵办的情形,现在有覆奏可考的惟浙江一省。据光绪二十六年正月浙江巡抚刘树堂奏称,浙省厘金经藩司恽祖翼整顿后,计查出中饱之款约十七万七千两,另款存储,候部指拨⑥。

光绪二十九年三月护理江西巡抚柯逢时奏陈江西厘金积弊太深,请改办统捐。得旨允行⑦。按厘金最大的弊端即是中饱与扰

---

① 《光绪二十五年四月二十四日上谕》。
② 《东华续录》卷一五四,页十四。
③ 《光绪政要》卷二十五,页十至十三。
④ 《东华续录》卷一五四,页十六。
⑤ 同上注。
⑥ 《东华续录》卷一五八,页十。
⑦ 同上书,卷一七九,页五。

民,此两弊之根本即在厘金税制过于复杂,如行两起两验,手续既繁,而设卡复多,税吏既可处处剥削商民,又可重重侵蚀公款。柯氏所办统捐,系将以往之两起两验制改为一次征收制,征收之手续既由繁改简,沿途分卡又可逐渐裁减,税吏舞弊之机当然减少,故不久成效大著,税收增加①。因江西统捐办有成效,是年十二月二十七日户部即奏请饬各省筹办百货统捐。该折云:

> 国家抽厘助饷,其事原出于不得已,乃日久办理不善,局卡太多,员司丁役,因缘为奸,处处留难,层层勒索,以致商民痛心疾首,迫而为冒洋商,挂洋旗诸弊。将来一经加税免厘②,窃恐所加之税,未必能敌所免之厘,亟应预备筹商。查裕饷之道,惟统捐最为善策。统捐之法,凡各省货物,由初次产地发运之时,将各处厘卡应完之厘,归并统计约收若干,即酌定收数,在产地成总完纳,给予凭单,以后经过地方,概不重征,即可将沿途厘卡,全行裁撤,或酌留一二扼要之区,专司稽查,不准再征。如商人仍有偷漏之弊,查实议罚,商人具有天良,既免其沿途留难需索,自无不踊跃实报交纳。迨货到销售之地,再酌收一销场税。既免各员司之中饱,又省各局卡之冗费。③

户部此折奏请咨行各省后,结果仅有湖北、广西、甘肃、山西、

---

① 参阅第五章第二节各省厘金收数。
② 上年(光绪二十八年)已与英国订约,中国得实行加税免厘。
③ 《光绪政要》卷三十,页四十六。按光绪政要误将此折列在光绪三十年十一月内,兹据折中有本年三月江西改办统捐之语正,又据《光绪三十年元月初二日朱批云贵总督丁振铎林绍年等覆奏》,考出户部上疏之月日,应为十二月二十七日。

奉天,吉林,新疆等省改办统捐或统税。其未改办的省份所持的理由,可分二派:一派说该省厘金向例是只抽一次,与统税办法无异,故可无庸仿行,如山东及云南两省皆持此项理由。另一派则谓地理情形不同,不能尽如江西只于隘口设卡,抽收一次厘金,如勉强改弦更张,必将影响税收,如福建省即持此项理由①。

  按户部奏咨各省改办统税,确是整顿厘金的一个大机会,可惜当时大多数省份的当局皆怵于积习,不愿更张,竟以因循敷衍手段,及空虚不实的理由,拒绝接受户部的建议。户部因不敢担负损失税收之责,故亦不敢坚持各省必须一律改办,以致数十年来即欲革除的厘金积弊,仍不能稍加扫除。是年以后,清廷方面对于厘金税政甚少措施,大小臣工亦少有以厘金积弊为言,而激刺清廷的。

---

  ① 关于各省改办统捐情形,可参阅述各省厘金各章。

第三章　全国厘金税制概要

清代厘金共分四大类:一百货厘,二盐厘,三洋药厘,四土药厘。通常所谓厘金,系指百货厘金而言。盖厘金之起源,以百货厘为最早,且其范围亦最广。按户部的规定,此四种厘金应各自成一系统,但除盐厘自始即能自成一系外,洋药厘及土药厘皆曾一度与货厘相混,洋药厘自光绪十三年起始归入海关税项,土药厘自光绪十六年后始与土药税并成一税。本书范围限于百货厘,故此章与下章所述税制即为百货厘金的税制,并限于内地各省,因东三省抽厘向无统一之行政制度,故于此从略,将于述该三省厘金一章中述之。本章主旨在述全国厘金税制,惟有时因受材料限制,不能详述各省章制异同;文中遇有此种情形,即仅就可考之省份述之,余不及。

壹　百货厘金的种类

清代百货厘金的种类及名称甚多,有的很不易归类。若以课税之地为标准,可分为三种:一为出产地厘金(likin levied at the place of production),二为通过地厘金(transit likin),三为销售地厘金(likin levied at the market place)①。在创办之初,只有后二种,当时所谓行厘即是通过地厘金,所谓坐厘即是销售地厘金。至于出产地厘金,则发生较后,盖自咸丰八年(1858)《中英天津条约》成立,海关实行征收子口税后,为抵制外人用子口税单运土货出口计,始在出产地征厘。厘金主要的来源是通过地厘金。通过地厘金之课征是以货物由某地至某地之一次搬运行为对象。此项厘金,因各省所采的征收制度不同,故名称颇不一致。各省所采的征收方法,约有三种。第一种是在起运地征收货厘一次,以后即不再征,采用此种办法地方的厘金,多用厘金或厘捐之类的通称,无特殊名称;惟光绪二十九年后由多次征收并为一次征收的地方,其厘金则改称统捐或统税。第二种是在起运地及到达地各征收一次。其起运地所抽厘金,如系外销土货,则称土产厘,如系内销土货,则称百货厘或土产厘,如系入境外货,则称进口税。其到达地所抽厘金,如系外销土货,则称出口税,如系内销土货,则称落地厘金,如

---

① 以前海关方面的外人曾按课征地分清代厘金为三类:(一)出发地厘金(departure likin),(二)通过厘金(transit likin),(三)到达地厘金(terminal likin)。日人高柳松一郎著《支那关税制度论》,即按此分类,而将起厘,出产税等归入第一类;行厘,验厘,进省税,过境税等归入第二类;坐厘,埠厘,落地税,销场税等归入第三类(见李达译本第四编第四十七页)。日人宫胁贤之介所编《支那关税制度》,亦如此分类(原书第三十五页)。此种分类实不恰当,例如起厘的课征有一次与二次两种,所谓两起两验制的起厘即分两次征收,第一次在出发地,第二次在中途第三卡,如将起厘归为出发地厘金,则同一性质而在中途征收的第二道起厘,岂非又要另外归入中途厘金? 按通过厘金之意义应该扩大,所谓出发地厘金及到达地厘金皆应视为通过厘金之一部分,不能别为一类。因通过厘金系以货物由某地至某地之一次搬运行为为课征对象,一次搬运必自起点到达终点始算完成,故在搬运全程中(即自起点至终点)所课厘金,不问其名称如何,皆应归为通过厘金。例如起厘及落地税即是在运程首尾两处课征之厘金,换言之,即其课征并未超出一次运程之范围,故应归为通过厘金。又如出产税之征收是在货物起运之前;坐厘,埠厘,及一部分销场税与落地税的课征皆在货物运达目的地之后,其性质与通过厘金不同,故皆应别立一类。

系入境外货,则称起坡厘。此为湖南之制。他省采用首尾征收制者,则统称起运地之厘为起厘,到达地之厘为落地厘(如四川及新疆),不以进出口货分别名称。同治以后,他省为抵制洋货入境采用子口税单,亦曾设落地税或落地厘金,征收华商手内之洋货,惟此项厘税应视为销售地之厘金,因通过厘金已由子口税抵代故也。第三种是在起运地征收一次厘金后,复在中途征收一次或二三次,或不定次。这就是采用起验制,此制又分两种,一为一起一验制,一为两起两验制。采一起一验制者,起运处之厘金称起捐,次卡所征之厘称验捐。采两起两验(在江西亦称两护两验制)者,在起运处及第三卡所纳之厘捐称起捐,在第二卡及第四卡称验捐。多交征收制,除此两种外,尚有采用遇卡纳捐办法者(如在江苏),即在中途应纳厘金次数无定,须视中途所经厘卡之数而定,但所谓逢卡纳捐,亦非卡卡皆捐,盖沿途厘卡有仅司查验而并不收捐者。

次于通过地厘金者,为销售地厘金。销售地的厘金有坐厘,坐贾,埠厘,门市月厘,铺捐日捐,落地厘等等不同之名称。光绪二十八年(1902)《中英续订通商条约》成立,中有一条(第八款)议定废除厘金后,中国方面对于内地不出洋之货物得课征销场税,并规定只可于销售地征课之。其后为预备实行废除厘金计,如广西,奉天皆改办统捐,内即有销场税一项。按名称及征收场所说,销场税应视为销售地厘金之一,不过因其有两种征收方法,如征之于商号,固应视为销售地厘金(如以前坐厘),但如征之于货物落地而未入商号发售之时,则又近似为通过税之一的落地税。换言之,即是近似通过地最终点之厘金。惟现在归类,仍将其列为销售地厘金,盖销场税之征收,目的是在废除通过厘金。

出产地厘金的起源是抵制外人用子口税单贩运出口土货,其

第三章　全国厘金税制概要

办法是先捐后售①,即将行商应完之厘金,分出一部分来由生产者直接负担。最初此项厘金仅限于几种出口的土货,如丝茶。迨光绪二十九年(1903)《中美商约》成立,中有一条(第四款)规定废除厘金后,中国方面对于出洋及不出洋之土货,得在起运处或出口处课征一百分之二点五的税②,以后各省由厘金改办统捐者,即根据此条而抽收出产税(如广西与奉天),由是出产税始见推广。实则,这仍是通过税的变相。出产地厘金有出产税,山户税,出山税,及各种土产税之名称。

以课税之地为标准,可分百货厘金为上述三种,兹为求简明起见,特制一表以明其系统(参阅第六表)。

表中有落地税(或厘金)一项,系同一名称,而有三种性质,应稍加解释。在厘金未产生以前,地方税中即有落地税一项,为征收市场上货物之税③。开办厘金后,采行在首尾两处征通过厘金的地方,多称到达地之厘金为落地税或落地厘金,故上表在通过地厘金项下列有落地税(或厘)之名称。东南各省在同治初年以后,多将坐厘裁去,对于本地出产在本地销售之货,改课以落地税;后为抵制中外商人用子口税单于内地运销洋货,又借落地税之名以课华商手内之洋货,此两项落地税自应列为销售地厘金。光绪三十年

---

① 光绪二十二年户部曾令土产货物改为先捐后售。
② 《中英商约》第八条亦有此条,惟只限于出口处征收之,故不能根据之以办出产税。
③ 落地税向无定义,根据雍正十三年之上谕可知为征收市集货物交易之税。该谕云:"……各省地方于关税杂税外,更有落地税之名,凡耕锄箕帚薪炭鱼虾疏菜之属,其值无几,必查明上税,方许交易。且贩于东市,既已纳税,贩于西市,又复重征。……"又云"凡市集落地税,其在府州县内人烟凑集贸易众多且官员易于稽查者,照旧征收,不许额外苛索,亦不许重复征收;若在乡镇村落,则全行禁革。……"(乾隆朝《东华录》卷一,页八。)

第六表　清代百货厘金分类表

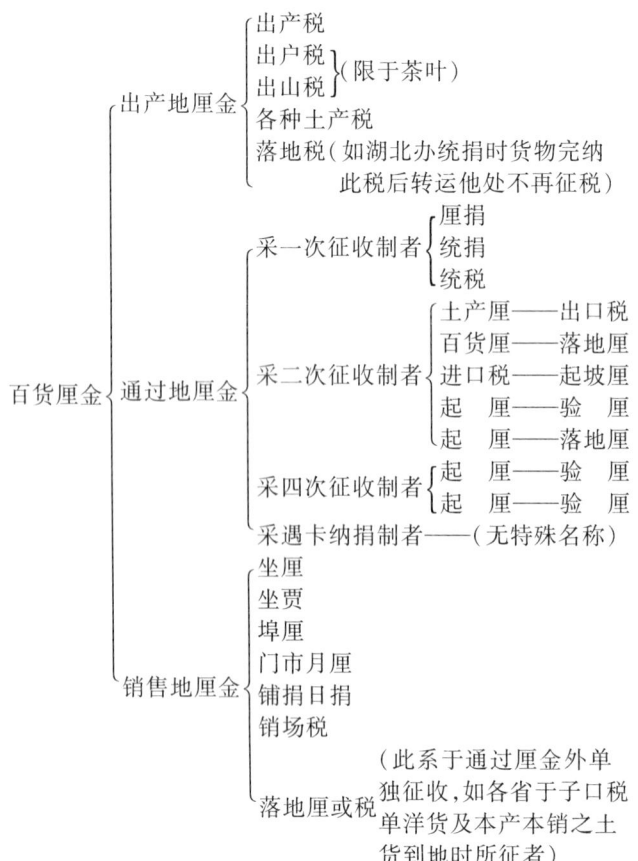

后各省改办统捐，仅征税一次，有对于在出产地及销售地所征厘金，并称为落地税者(如湖北)，于是落地税又含有出产地厘金之意义。

统计全国二十二省中，有江苏，安徽，湖北，广西，甘肃五省采用遇卡纳税制，惟光绪三十年，广西改办统税，分出产与销场二税征收(至于是否一货并征两税，则不详)，湖北于光绪三十一年改办统税,甘肃于光绪三十二年改办统捐,皆仅征一次。采两起两验制者有浙江,福建,江西三省,惟浙江,福建兼采一起一验①,光绪二十二年又改浙东之两起两验为两次征收,即起验两捐,并归一卡征收;江西于光绪二十九年改办统捐,仅征一道。采二次征收制者为湖南,广东,陕西,四川,及新疆五省,湖南征一税一厘,广东征一起一验,陕西一货征两厘,新疆与四川皆征一起一落,惟陕西于光绪二十一年改为两厘并征,新疆于光绪三十四年改办统税,仅征一次。采一次征收制者有山东,奉天,黑龙江三省;吉林省则分三项货捐征收(四厘,七厘,九厘,三项货捐),次数无定②。光绪末年奉吉二省皆改办统捐,奉省分出产与销场二税抽收,吉省不详。其余直隶,河南,山西,云南,贵州五省采用何制征厘皆不详。

出产地厘金之征收多限于产丝茶的省份,如浙江,湖南,甘肃等省。如浙江之运丝捐系先捐后售,即征之于出产地代销乡丝之丝行;湖南红茶有山户税,征之于产茶地,甘肃茶课系就园户征收,或在产茶处按行商所领茶引征收。货物在出产地征收厘金后,可用以抵代通过厘金。如浙江宁波蟹浦处所产棉花系先捐后售,纳厘后如运往他处,经过温属各卡时将捐票呈缴,即可抵温属卡捐;又如浙丝在出产地缴纳运丝捐后,行商贩运时只须将卖户所持之运丝捐票倒换护照,沿途各卡即仅查验,不再收捐。湖南红茶山户税亦可抵代各埠卖货厘金(即商铺坐厘)。光绪末年如广西与奉天等省所征收之出产税,则范围较广,凡本省出产应抽厘金者皆在课征之列。

销售地厘金在厘金初办的时候甚为普遍,主要的厘金省份大

---

① 浙江行于浙西,福建仅行于极少数地方。
② 即可分一次,二次,或三次征收。

半皆抽坐厘,其后东南各省如苏、浙、皖、赣、湘、鄂、闽、粤等省的通过厘金逐渐提高,坐厘逐渐被取消,惟湘、粤两省仍留办(以粤省坐厘最重要),其余东南各省则对于外来子口税单洋货及本地出产在本地销售之货多加征一落地税,以代坐厘。上述八省外之各省,惟东北三省办坐厘最久,自开办至清末皆未废除,盖销售地厘金为此三省之主要厘金收入。此外广西、四川办有落地厘金以代坐厘,陕西有坐厘,甘肃有牙帖,山西仅药材有落地税,河南亦仅有药材设有板厘,直隶在同治十年天津尚未设立厘捐局以前办有坐厘,以后不详。其余各省如山东,则向未办过坐厘,云贵二省则不详。

贰 各省厘金税率

清代各省厘金税率极不一致,最初抽厘皆不过百分之一二,以后逐渐提高,至光绪年间,则多数省份的税率皆在百分之五以上。兹将同光以后各省的厘金税率列如第七表。

就第七表看,浙江、江西、福建三省的值百抽十的税率要算是最高的厘金税率。其实最高的税率还是在江苏,江苏的税率虽为值百抽五,但是因系采用遇卡纳捐的办法,其一般货物所纳税额当在百分之十以上,盖就一般货物运程所经过之卡数而言,多在二卡以上[①],

---

① 据光绪元年六月戊辰陈彝所上条陈,内言江苏省内由扬州至淮安共三百里路,中间竟有湾头、邵伯、车逻、马棚湾、界首驿、子婴闸、氾水镇、宝应县八厘卡(《东华续录》卷四,页十二)。平均不到四十里即有一卡。又苏州至昆山间不过五十余里,而竟有四处收厘卡(参阅 Office Series: Customs Papers, No. 88, Map of Su-Sung-Hu Likin Collectorates, p.57)。

第七表　清代各省厘金税率表

省　别	税　率	征　收　次　数
江　苏	5%	遇卡完捐
安　徽	2%	遇卡完捐
湖　北	2%	遇卡完捐
广　西	2%	遇卡完捐
甘　肃	1%或2%	遇卡完捐
浙　江	5.5%；10%	浙西一起一验,浙东两起两验
江　西	10%	两起两验
福　建	10%	两起两验
广　东	7.5%	一起一验,兼收坐厘补厘及台炮经费
湖　南	6%	一税一厘
四　川	4%	一起一落
陕　西	4%	一起一落
山　东	2%	征收一次
奉　天	1%	征收一次
黑龙江	1%	征收一次
吉　林	2%	分四厘七厘九厘三种货捐征收
云　南	5%	不详
河　南	1.625%	不详
山　西	1.5%	不详
直　隶	1.25%	不详
贵　州	不详	
新　疆	不详	

故所纳税额必难低于百分之十,以三卡论则为百分之十五,四卡论则为百分之二十。故各省厘金税率当以江苏为最高,惟亦有例外,如在苏州河,闵行,五库等小区域内运货,除第一道厘捐系值百抽五外,第二道厘捐则取一半,即百分之二点五。次于江苏的税率即为闽浙赣三省的值百抽十的税率,此三省皆采行两起两验制,在江西凡货物运程所经过厘卡在三卡以上者,即征足百分之十,仅经过二局者则征收百分之五,浙江与福建皆兼采一起一验制,浙江在浙

西采行,税率为 5.5%,福建则仅在少数地方采行。次于此三省的税率为广东,安徽,湖北,广西,湖南,甘肃,云南等省。广东税率原为值百抽二,一起一验应为值百抽四,但此外百货须纳一值百抽一之坐厘与海口半厘,及值百抽一点五之台炮经费,合计应纳百分之七点五。安徽,湖北,广西三省税率虽仅为值百抽二,但系采行遇卡完捐办法,其一般百货税率当为百分之六,或百分之八(以三、四卡计),甘肃亦然,其税率虽为值百抽一、二,但以三、四卡计算,亦当在百分之五上下。湖南税率大致为值百抽二,一税一厘应为值百抽四,惟在东征饷裁撤后,仍于各货酌征东征饷四成,约为百分之一,合计当为值百抽五,光绪二十年百货厘金又按旧税率加征二成,故光绪二十年后,湖南一般百货的税率应为值百抽六。惟因湖南厘金原税率在值百抽二,或抽三之间,故可假定有些货物的税率或较此稍高①。云南税率为值百抽五,惟征收手续不详。以上各省厘金税率多在百分之五以上或适为百分之五,此外各省税率,除贵州与新疆不详外,皆在百分之五以下,最高为四川,陕西两省之值百抽四,最低为奉天,黑龙江两省之值百抽一。山东,吉林两省为值百抽二,其余河南,山西,直隶三省皆未超过百分之二,惟河南,山西,直隶三省所采征收手续不详,故不能确定此即其最高税率。

从上文所述观之,清代各省厘金税率,最高可至值百抽二十,或稍多,最低为值百抽一。多数省份的税率皆在值百抽四至值百抽十之间。此可说是法定之税率,其额外征收,或且较此为多,兹留在下文讨论。又上述为一般之百货税率,他如菜糖烟酒四项,在

---

① 另外尚抽坐厘,最初亦约为值百抽一、二,以后不详;系按营业资本征收,颇似铺捐(参阅第八章"湖南省厘金"),惟不如广东普遍。

光绪二十年后各省皆有附加,其税率将于述各省厘金各章中述之,兹不赘。

第八表　各省课厘货物种类表

江苏省[1]	广西省[2]	浙江省[3]	四川省[4]	广东省[5]
绸丝类	丝织物类	绸缎绫罗呢羽类	绸缎纱绫绒绢丝类	丝　类
绨络类	毛织物类	绣货类	缨皮牙角羽毛类	服饰类
棉布类	布匹类	布匹类	衣帽靴鞋类	布匹类
绣货类	服饰类	皮货类	布匹花幔类	皮毡货类
洋货类	服用类	食物类	珍宝类	香粉花油类
京货类	珠宝类	油　类	京货广货类	珍宝玩器类
广货类	皮料类	药材类	酒果食物类	海味食物类
血属类	毛　类	木竹类	醃腊海味类	土产类
谷食类	米谷类	磁器类	香椒类	茶　类
牲畜类	牲畜类	锡箔纸剳类	药材类	杂货类
鲜果类	食品类	铜铁铅锡类	颜料胶漆纸剳类	药材类
腌腊类	果品类	杂货类	竹木籐皿箱盒类	器用类
海货类	山货类		油蜡矾矿类	铜铁锡类
南货类	海产类		铜铁锡铅类	颜料纸张类
北货类	茶　类		杂货类	木　类
油货类	烟　类			
烟叶类	酒　类			
药材类	药材类			
树木类	木料类			
竹货类	竹料类			
窑货类	磁器类			
纸货类	纸　类			
颜料类	颜料类			
铜铁类	金铁类			
杂货类	器具类			
	木器类			
	竹器类			
	矿产类			
	杂货类			

（1）根据《支那经济全书》第三辑第一编第二章。
（2）根据《广西省财政说明书》上册《省税部》。
（3）根据《浙江通志·厘金门稿》卷上。
（4）根据《四川厘金划一章稿》。
（5）根据《广东省抽厘则例》。

叁 各省课厘货类及免税货物

　　清代抽厘的范围极广,所谓"百货"实不足以概括之。就现存各省厘金纳税章程分析,可见到当时课厘范围之广,举凡一切贫富人民由出生到死亡日用所需之物,无一不在被课之列。其繁琐情形,可以想见。各省课厘章程至今尚存在者有江苏,浙江,四川,广东,广西五省的章程。兹即将此五省章程所载课厘货物门类列为第八表。江苏省课厘货物共分二十五类,计包括货物 1,241 项,浙江省共分十二类,计包括货物 682 项,四川省共分十五类,计包括货物 894 项,广东省共分十五类,计包括货物 967 项,广西省共分二十九类,计包括货物 1,942 项。此为载于税章之货物,其未载于税章之货物,尚不知凡几。各省货物门类既如是之多,自难一一分析缕举,兹拟就衣食用三类货物中之日常用品,举例以说明厘金之奇繁。服饰所用之原料,如丝绸纱罗布帛葛布等,无论何省皆一概征税,由此种原料制成之衣物,如长衫,女衫,大褂,马褂,裙裤之属,又复按件抽厘,即小至手帕,荷包,扇袋亦按件征厘。例如在广西,手帕,荷包,扇袋系按每百件征银 1.198 两,换言之,即每件须征银一分一厘九毫八丝。其他鞋袜帽巾皆在课征之列,甚至旧衣亦须纳厘,如在广西,每包重二百五六十斤之旧衣,须纳银47.18两,在浙江当衣包亦须按斤重纳厘。总之,自贫民至富豪,其平日所着衣物,不问其为自制或购自他人,在其穿着上身之前,皆已纳厘若干次了。

至于食物课厘,亦极繁琐,米谷麦面征厘固无论矣,即玉米,芝麻,黄豆,青豆,菜子,花生等亦皆有厘金。猪,牛,羊,鸡,鱼,鸭等及各项海味固须征厘,但平常人日用之菜油,麻油,酱油,香料,米粉,豆粉,醋,蒜,咸菜等等亦须纳厘。常人所谓开门七件事之柴米油盐酱醋茶,无一不为厘金之课税物。简言之,即居民不论贫富,每食一餐饭,即须间接向国家纳若干厘金。

关于用物征厘,则更不胜缕举。以住屋而言,砖瓦、石灰有税,木料有税,竹料有税,一切木器、竹器及各种器具皆有税。瓦器有税,磁器有税,铜铁用具有税,甚至灯伞,折扇,扑扇,烛蜡,梳篦,刀剪,枕席,针线,门上所贴门神等等皆有税。总括一句话说,即是凡可以上市交易之物,未有不在课征之列的。

上述五省课厘章程,以广西所列货物最繁,此非表示广西征厘特别繁重,实系其他各省,未将课征厘金之货物,尽数列出故也。

从上述五省税章去看,可见到厘金困病商民的最大的原因有二:第一是苛细繁琐,见货即征,不问巨细;换言之,即任何阶级人民之日常生活用品,皆被其侵到。上文所述,已可略见一斑。第二是征课重复,于货物为原料时已征之,为制成品时复征之,入市销售时又征之,从第八表上即可见到此种情形,例如广西木料,竹料皆有税,而将原料制成木器,竹器后,又复征税。又如各省对于原料之纸皆课厘金,转眼将此项纸料作成信纸,信封,折纸,对联纸后又复征厘。有此两重弊端,再加以税吏之剥削,丁役之勒索,商民对于厘金之负担,遂繁重至于无法估计了。前人有谓厘金不病民者,观此分析,不知尚坚持其意见否?

清代征厘,既极广泛,故对于免厘问题,亦持严格态度。关于免厘,户部未定章程,最初因为厘金关系军饷,各省皆无免厘之例。同治初年长江水师各营,采买食米,彭玉麟皆通饬照章完厘,他如闽浙总督耆龄委员赴江西办运军粮,应交税厘,皆于赣省协助闽饷项内划扣①。彼时连军米皆不在免征之列,其他官方运货,自然更无免厘之可能。迨后来东南军务告成,各省办理善后工程,以及造战船,修筑堤埝,需用木植及一切物料,派员赴出产省份购买时,皆给与印照,免完厘金。此风一开,弊端即百出②,江西巡抚刘坤一有见于此,乃于同治十一年七月奏请取消此项成例,其折中大意已见上章,兹不赘。当时刘氏所请本只限于江西本省,其后上谕批准,则连各省皆包括在内,自是年以后,免厘货物即限于赈灾米谷。此外无论何省何营采办一切物料,皆不得邀请免厘。免除米谷厘金有两种场合,一是本省有灾,该省应征米谷厘金,可请准免征一年二年,或连续三年③。一是一省有灾,如赴他省采办赈米,或中央令他省协济赈米,则此项米谷厘金皆可奏请免除。惟湖南曾于光绪二年奏准免除本省境内运销之米谷杂粮厘金,历十八年始见恢复④。

同治十一年所订蠲免章程,似乎过严,各省似未能一律遵行,

---

① 《江西巡抚刘坤一各省采办物料不准请免厘税疏》,《湖南厘务汇纂》卷首,页六十一。
② 参阅同上书,第七十五页。
③ 《东华录》中常有此项记载。
④ 参阅第八章"湖南省厘金"。

例如湖南对于外省在湘购运木植,即有免厘之举,兹将光绪年间湖南通行之蠲免章程举述如下,以为参证。

一直省进贡品物例系免厘放行。

一每逢万寿节,所有城厢内外铺户门市厘金一体蠲免十日,逾期照收。

一天津道代造剥船,招商采办木植,应验明免厘印照,照奏定章程免纳厘税外,其白麻桐油等项仍照章抽收。

一直省采办解京木植经过各局卡,免抽厘税,查验放行。

一本省因公采办木植,由承办员绅禀候核夺,饬知各局卡查验放行。

一各路统领采办洋炮洋火等件,经由局卡,查验放行。

一湖北省乡试供给所委员采办煤米等项,经过各局卡免抽厘税,查验放行。

一谷米及豆麦包谷红薯芝麻高粱各项杂粮,查照光绪二年奏案,无论水陆局卡,免其抽厘,至商贩运赴他省者,仍于出境首卡照旧章完厘一次,以示限制(参阅上文)。

一直省采办救荒谷米,奉旨免抽厘税者,各局卡应查明数目,一律放行。①

光绪季年湖北与江苏皆有官办工业,为助长销路计,有于出品运售奏请免除厘金者,如江南肥皂公司之肥皂,湖北之官布厂纱,

---

① 《湖南厘务汇纂》卷九。

均经奏准免厘①。此为免厘范围之扩大。

肆　征收机关

一　征收机关的系统及组织

  清代各省办理厘金,最初在军事时期内,多由粮台,军需局,及筹饷局等机关经理其事,其后始普遍设立专局总理权务。除山西始终由筹饷局(亦系为办理厘金而设)经理厘务外,其他各省多在省城设厘务总局,惟亦有分区设总局,不归一处管理者,如江苏即分金陵,苏州,淞沪三区,各设一总局;安徽亦然,在省城,皖南,淮北各设一总局,各不相属,直接隶于藩司。此外直隶亦于天津,大名两处各设一局,不另设总局。各省总局名称,颇不一致,兹将其沿用较久之名称列如下表,至其沿革则详见于述各省厘金各章,兹不赘。

  总局之下,设立各局卡,分布于全省各府县及各口岸。各通商要路皆设正局或正卡,经理抽厘,其下所属征收机关有分局,分卡,稽查及缉私机关,有分巡,巡卡,及巡船,炮船等,其抽厘次数较多之省份,于分局下所设分卡,又分为二类,一为查验分卡,仅司查验及防私,一为收厘分卡。各省设立局卡,繁简不一,兹归纳起来,将其统属关系,分为三类,列如下表。

---

① 《四川厘金划一章程》(光绪三十年)。

第九表　清代各省厘金总局名称表

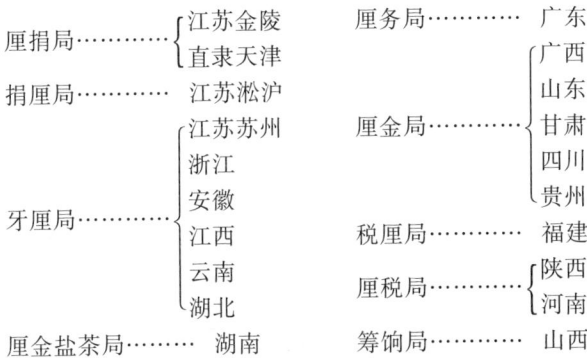

第十表　各省厘金总分局卡统属表

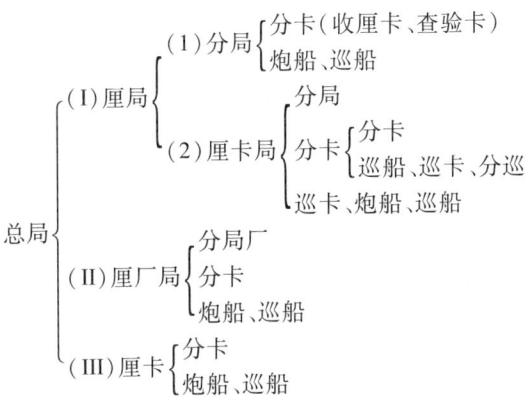

抽厘机关在各省大都用局卡名称,二者的区别,约略言之,即组织较大者称局,较小者称卡,惟二者之地位及组织有时亦相等。各省中惟广东主要抽厘机关不称局,而称厂,厂之下有分厂及分卡,等于他省之分局分卡①。第十表所列三类组织,第一类之第一

---

① 广西亦有称税厂者,惟未用于厘金或统税机关。

第十一表　浙江绍兴府局卡统属表*

```
绍兴府局
├─ 1. 西兴局
│   ├─ 收厘卡 ─┬ 俞潭
│   │         └ 茬山
│   └─ 查验卡 ─┬ 村口闸
│             └ 河上桥
├─ 2. 义桥局
│   ├─ 收厘卡……新坝
│   ├─ 查验卡 ─┬ 内河
│   │         └ 外江
│   └─ 炮船一艘
├─ 3. 安昌局
│   ├─ 收厘卡 ─┬ 凫山
│   │         ├ 莫家港
│   │         ├ 瓜沥……于王公溇,方千溇,九墩,梅林,
│   │         │       唐下高,任家溇设司事查验
│   │         ├ 萧字
│   │         ├ 闻字
│   │         ├ 陡门
│   │         ├ 头蓬……于三叉埭,小泗埠设司事查验
│   │         └ 曹案……于张安埠设司事查验
│   └─ 查验卡 ─┬ 彭家桥
│             ├ 党山
│             ├ 后渡
│             ├ 郭家
│             ├ 新林周
│             ├ 郑家槁
│             └ 溇下陈
├─ 4. 临浦局
│   ├─ 收厘卡……外江
│   ├─ 查验卡……内河
│   └─ 炮船三艘
├─ 5. 曹娥局
│   ├─ 收厘卡 ─┬ 蒿霸
│   │         ├ 蛏浦
│   │         ├ 桑盆
│   │         ├ 栋树
│   │         └ 塘湾
│   ├─ 查验卡……伧塘
│   └─ 炮船三艘
├─ 6. 百官局
│   ├─ 收厘卡 ─┬ 梁湖
│   │         ├ 贺家埠
│   │         ├ 崧厦
│   │         └ 赵村
│   ├─ 查验卡 ─┬ 新建
│   │         ├ 后廓
│   │         ├ 河清
│   │         ├ 谢家塘
│   │         └ 小越
│   └─ 炮船三艘
└─ 7. 余姚局
    ├─ 查验卡 ─┬ 三江口
    │         ├ 竹山桥
    │         └ 下陈渡
    └─ 炮船五艘
```

* 根据 Customs Papers, Office Series, No.73, Native Customs, Part II。

种见于浙江,兹举绍兴府厘局为例,列为第十一表;第一类之第二种见于江西及苏州,兹举江西湖口厘局及苏州六门厘局为例,列为第十二,十三表。第二类之组织,各省采用较广,如广东,湖南皆是,兹不举例。第三类之组织见于江苏淞沪区,兹举吴淞厘卡为例,列为第十四表。

第十二表　江西湖口厘金局卡统属表*

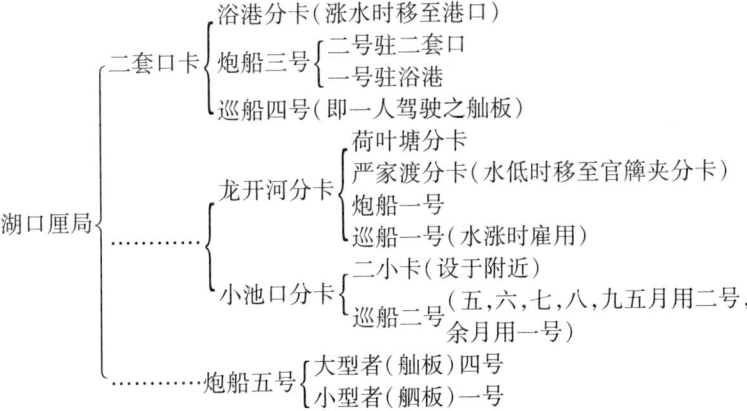

* 根据 Customs Papers, Office Series, No.88。

第十三表　江苏苏州厘局局卡统属表*

```
            ┌─苏捐落地分局
            │ 丝捐分局
            │ 阊门卡┬寿星桥分卡
            │      └西龙桥巡卡
            │ 虎邱卡┬新塘桥分卡
苏州六门厘局┤      └十字港卡
            │ 南桥分卡
            │ 蠡口分卡
            │ 新造桥巡卡
            │ 齐门卡
            │ 葑门卡
            │ 盘门卡——三板桥巡卡
            └ 胥门卡
```

* 根据 Customs Papers, Office Series, No.88。

第十四表　江苏吴淞厘卡统属表*

吴淞江正卡 ┬ 沈家堰分卡
　　　　　　├ 虹桥分卡
　　　　　　├ 龙嘴分卡
　　　　　　├ 赵屯港分卡
　　　　　　├ 大泗江分卡
　　　　　　├ 真如分卡
　　　　　　├ 大场分卡
　　　　　　├ 小南翔分卡
　　　　　　├ 丝茶北卡（附在正卡内）
　　　　　　├ 关港分卡
　　　　　　├ 朱家分卡
　　　　　　├ 张家塘分卡
　　　　　　└ 小泗港巡船

* 根据 Customs Papers, Office Series, No. 88。

各省厘金行政的组织，是以藩司（即布政使）为主脑，盖办理厘务乃藩司职内之事①。惟事实上藩司因职务甚繁，多难兼顾，故有的省份乃由督抚另委候补道一员，督办全省厘金。此项道员大都称为总办，惟有的省份亦称督办（如江苏）或会办（如浙江，广东）者，各省殊不一致，今难详考。总办虽为一省厘务实际负责之人，但藩司仍总受其成。上行公事如详请督抚奏销收支，或改革局务，奏参劣员等事，皆由藩司领衔与厘金总办会详，故通常皆合称"厘金司道"。至于下行公事，则多由总办主持。总办坐镇总局为主持一省厘务大政方针之人，用人虽有一部分自主之权，但重要税局之委员多由藩司秉承督抚之意扎派，总办无过问之权。总办之下，复设提调一二人主持局内之事，但亦有称会办不称提调者（如山东），惟其职务则同，此外有的省份尚设帮办提调一人至数人不等。总

---

① 惟有的省份亦以臬司为督办人之一。

局内之组织,有收支,文书,核算,管票,稽核等部分,惟各省情形不同,今难遍考,姑就可考者缕述如下:

湖南厘金总局设于省城,由巡抚拣委候补道一员,会同藩司总理全省局务,此候补道称厘金局总办。总办之下,设提调一二人,主持局务;设局之初,员绅并用,迨光绪二年以延请乏人,改委候补知府一员坐局任之,与长沙府会衔办理,并有丞倅或州县三员佐之,名为帮办提调。提调之下,共设员绅若干人,分办各项事务,兹列述如下:

一、承办收支　设委员一人,委绅四人。委员主总核本局存解各款,出入银钱帐目,及各局卡册解厘税数目等事,所有银钱并不经手。委绅四人,一绅经管银库及照票[①]钤记,土药印花钤记各一颗,并支发本局薪工火食修造置备等件。一绅经理收解数目,填具按日报单,兼管库簿,并弹兑厘税等银两。一绅经理各局卡赍到册报,分派军饷协饷,兼核各局卡缴验票内数目,与月册曾否相符,盖押以次上呈。一绅经理按月详院收支数目册报,按半年奏销册报度支闲款,出入款项,各员具领借支薪水等事。

二、经管核算　设委绅三人,一绅经理本局厘税帐目有需核算者,并经管本城门市厘金。一绅经理征收凡城厢内外新开行店,按月应完门厘若干,饬传赴局告知收支委员,核议数目遵缴。一绅经理各行店应缴门厘底簿,如有拖欠,开单呈请饬催。

三、承办文案　设委员一人管理总分各局来往公牍,凡有应办事件按月存记随时禀承拟办。另有委绅正办二人,帮办四人,凡局中日行公事逐件匀分办理。

[①] 即厘金税单。

四、经管卷宗　设委绅二人,一绅清理到文,分别归档,兼管各局卡饬知。一绅掌各局卡解缴厘金收清后,办缴饬知,以资核对之事。

五、承解饷项　设委员一人,管解藩库,盐库,及善后局各项银两。

六、承办照票　设委员二人,总管刷印收发各项照票数目,按月开折呈送。委绅七人,分别经理全省各局卡照票并核对各局换回缴验,如有骑缝不符及大头小尾等弊,签明呈请行查。

七、核对照票　设委绅三人,匀分办理。

八、经管缮写　设委员一人。另有委绅一人,管缮册报及誊批牌示札行等事。

九、稽查厘务　设委员四人。

以上为湖南厘金总局之组织,兹再述江苏总局之组织。

江苏省共有厘金总局三处,已见上述,现在仅详于淞沪、苏州两总局之组织,金陵则不详。苏州牙厘局由藩臬两司会同督办,另委候补道员为总局督办,并设提调一员,水卡总巡一员,文案、管库各一员,司事七人,稿写生十名,内号清书一名,丁役十六名。提调之职务为主持局内之事,总巡则出巡各局卡,稽查征收。淞沪总局设于上海,由上海道会同一候补道员督办,道员办总局督办,其下亦设提调,总巡各一人,主持局内外之事务。至于详细组织,则现有两种记载。其一见《财政说明书》,谓提调总巡下设管库二员,书启、朱墨、帐房、司事九人,局书十五人,丁役二十名。此项记载较为简略。另一记载见海关之调查报告(光绪二十七年,即1901年),较为详细,兹将其译出列为第十五表,以备参考。

第十五表　江苏省淞沪捐厘总局组织表*

	人数
督办（候补道充任）	1
提调（候补知府充任）	1
总巡（候补知府充任）	1
管库（由州县通同等候补员充任）	1
解饷（由州县通同等候补员充任）	1
提饷（由州县通同等候补员充任）	3
管票	1
核票	1
缮写	4
文案	1
核算	2
帐房	2
写票	2
督征	1
总巡文书	1
书办	12
门役，家丁，厨夫等	20
人数共计	55

* 根据海关册，Office Series, No. 73, Native Customs, p. 55。

以上为湖南，江苏两省厘金总局的组织情形，此为现时可供详述之两省，此外尚有浙江，山东，广东，甘肃等省，则略而不详，兹述之如下：

浙江厘金总局归藩司督办，用道员为会办，与他省用道员为总办者略异，故藩司之权较大。另设提调一人，主持一局之事，以候补知府任之，而禀命于藩司及会办，文牍由文案委员拟稿，提调覆阅，藩司及会办画诺①。税款收支，由管库委员经理；此外尚有委员

---

① 参阅《浙江通志·厘金门稿》卷上，《门稿》以为会办不常设，非也，据历年厘金奏报，皆称司道，而非称司局，可知会办系常设。

及司书、巡丁若干人,其职务分配则不详。

山东厘金总局设总办一人,会办一人,文案四员,统税文案一员,收支、收发各一员,核对一员,缉私委员一员,经书清书十七名,局勇四名,缉私勇巡二十名。此为该总局在光绪末年之组织,以前不详①。

广东厘金总局以现任藩司为总办,现任各司道为会办,另委道员为驻局会办。局中亦设提调一人,银库委员一人,比较、报销、联票、收发等委员若干人,分掌各事②。

甘肃厘金总局以实缺司道为总办,不支薪水,下设文案、收支、稽核、总查各一员③,其详细组织不详。

以上为各省厘金总局组织之大要,至于省外各局卡之组织则略述如下:

各省厘金正分局卡之组织,大致与总局相同,惟有时用人较多。各局卡之人员,可分三级,第一级为委员,为一局卡之主办人,第二级为司事,系中级办事员,其中一部分兼为分卡及巡卡之主持人,第三级为巡丁,系下级办事员,其中一部分兼为分卡及查验处之管理人。各正局卡设委员一人,称总办委员,或专办委员,或迳称委员。其局面较大之局卡,尚另设帮办委员一二人或数人不等④,有的系在局中任总办之助理,有的则被委派为所属分局卡之委员。各正局卡所属分局分卡,有的除由正局派帮办委员主办外,

---

① 《山东省财政说明书·岁出部》财政费第五款。
② 参阅《广东省财政说明书·岁出部》财政公所经费条。
③ 《甘肃省财政说明书》第三编,页四十四。
④ 湖南厘局兼用绅士,大局于总办委员外,尚另设襄办绅士一人,帮办绅士数人。

其局面较大之局卡,皆另由省城总局呈准藩司选派委员主办。至于税收不大之分局卡及专司查验之分卡,则多由其所隶属之正局卡委派司事管理;其隶于分卡之分巡(分巡船与巡卡二类),或查验处,其职务多在防私,或缉私,不甚重要,多以一二巡丁充任之。各局卡之中级办事员,在各省多统称为司事,此辈人数众多,为各局卡之主干人员。除大局卡之文案、帐房、收支、稽核等重要职务,多由总办自派亲信并地位较高之人充任,不用彼辈外,其余一切职务多由彼辈分担。惟湖南的情形略异,湖南抽厘自始即兼用士人,光绪元年虽有上谕命各省办理厘金分局不得用本地绅士,但湖南始终未废除,仅于光绪季年大减委绅之数而已。故在光绪三十年前,湖南各局卡除大局用总办委员,有一部分分卡用稽查委员为主办人外,其余分局卡之主办人及各局卡之中级办事员,皆由委绅分任。至光绪季年始逐渐改用司事。所谓司事者,其中多为各局卡之征税老手,无论何人为委员,皆不能尽数撤换,盖非此辈任事,则征收即不能进行故也。厘金的积弊,多由此辈造成,故光绪二十一年,江苏曾奏准改设司员,由各衙门选送廉正之属员充任,苏沪二区曾于各局设置二人,原意是在代替司事,孰意设置后竟成虚职,仅供委员位置领干薪之人而已[①]。浙江宁波府局亦设有司员一人,其效用竟与江苏同[②]。司事所任职务,主要者为文案及帐房二职,其次为缮写,管票,查货,核算,写票,买银,看银色,管钱库等事。司事之外,有的局卡尚设书办,或字识,或清书,其职务多系缮写或作杂事。各局卡中与司事互通声气而实际握有征税作弊实权之人

---

① 海关册,Office Series,No.88,p.65。
② 同上书,p.145。

员,厥为巡丁,各局卡所有查货之扦子手,皆由此辈任之,防私与缉私亦多由此辈担任,故此辈之地位虽低而其实权则足与司事相抗。此外各局卡尚有设巡船及炮船者,巡船多为小舢板,有系自置,有系雇用,炮船亦有大小之分,其形式今不详,每船由一哨弁统带,下置炮手,勇巡,水兵若干人,其职务纯为防私与缉私。除正项人员外,各局卡尚置有若干差役,以供使用及差遣。

以上所述,系各省厘金局卡组织之综合情形,至于其相异之点,则今日颇难详考,兹将目前各省中可考之各局卡组织,列为第十六,十七,十八,十九等表,以供参考。中以江西湖口厘局组织一表为最详,可视为各省厘局组织之代表。

第十六表　江西湖口厘金局卡组织表 *

湖口总局

总办委员一员
帮办委员一员
{
文案二友 **
帐房一友
买银一友
缮写三友
管票二友
核算三友
写票三友
上上水查货五友
量簿监尺画码核算三友
看银色一友
誊流水一友
联票加印盖戳五人
管钱库二人
量簿弓尺手二名
上下查验数钱巡丁二十名
}

二套口卡

委员一人 {
文案一友
缮写一友
帐房一友
看银一友
管票一友
核算一友
写票一友
上下水查货四友
量簰监尺画码核算三友
誊流水一友
管钱库二人
联票盖戳四人
量簰弓尺手二名
上下水查验数钱巡丁二十名
}

龙开河分卡

帮办委员一员 {
管理银钱票簿一友
核算写票二友
查货一友
誊流水一友
严家渡荷叶塘二分卡二友
查验巡丁六名
}

小池口分卡

帮办委员一员 {
管理厘钱票簿一友
核算一友
写票一友
查货一友
查验数钱巡丁六名
}

炮船及巡船

炮船九号* { 哨弁八人 / 舵工八名 / 头工八名 / 炮手八名 / 水勇三十二名

巡船——多系雇用

* 根据海关册，Office Series, No. 88, pp. 25—30。

** 称"友"之职员，每日有60文之津贴，此外每月尚有400文之杂费（如烟茶）津贴。

第十七表　湖南岳州厘金局组织表*

	人数
总办委员（知府级）	1
上水厘金局委员（知县级）	1
下水厘金局委员（知县级）	1
收支委员（佐贰充任）	2
委绅（永久在职）	39
核算	14
巡丁	56
听差丁役等	170
舢板船役	42
二救生船水手	12
炮船（一大二小）水手	138
共计	476
茶厘局临时雇用人员	60

* 根据海关册，Office Series, No. 73, Native Customs, Part III, p. 65。

第十八表　湖北沙市牙厘局组织表*

	人数
委员	1
司事	21
分局司事	18

分卡司事(共十八分卡) …………………………… 28
共计 ………………………………………………… 68

* 根据海关册，Office Series, No.73, Native Customs, Part III, p.70。

第十九表　淞沪主要厘金局卡组织表*

上海货捐公局(在十六铺)

人数

总办委员(候补知府充任) … 1
帮办委员(候补知州充任) … 1
帮办(佐杂充任) …………… 12
司事 ………………………… 30
书办 ………………………… 8
巡丁 ………………………… 24
共计 ………………………… 76

吴淞江厘卡

帮办委员(候补知府充任) … 3
司事 ………………………… 17
巡丁 ………………………… 12
十分卡司事(每卡二人) …… 20
十分卡巡丁(每卡二人) …… 20
共计 ………………………… 72

闵行厘卡

总办委员(候补知州充任) … 1
司事 ………………………… 18
巡丁 ………………………… 12
九分卡司事(每卡二人) …… 18
九分卡巡丁(每卡二人) …… 18
共计 ………………………… 67

五库厘卡

人数

帮办委员(候补知州充任) … 1
司事 ………………………… 12
巡丁 ………………………… 8
六分卡司事(每卡二人) …… 12
六分卡巡丁(每卡二人) …… 12
共计 ………………………… 45

严家桥厘卡

帮办委员(候补知州充任) … 1
司事 ………………………… 12
巡丁 ………………………… 8
八分卡司事(每卡二人) …… 16
八分卡巡丁(每卡二人) …… 16
共计 ………………………… 53

浏河厘局

总办委员(候补知府充任) … 1
帮办委员(候补知州充任) … 1
司事 ………………………… 20
巡丁 ………………………… 14
十七分卡司事(每卡三人) … 51
十七分卡巡丁(每卡二人) … 34
共计 ………………………… 121

* 根据海关册，Office Series, No.73, Native Customs, Part II, pp.55—60。

二　局卡及人员的统计

　　清代各省设立局卡,大致以咸丰末年及同治初年为最多。当时湖北竟有局卡四百八十余处,江苏里下河一带,占地不过数县,而设卡竟至百余处①。惜现在无当时各省局卡统计,以致不能确知当时局卡之繁冗至何等程度。其后迭经上谕命令裁减,各省局卡之数始略见减少。光绪年间,各省局卡互有增减,大致裁减者较多。关于历年各省增减情形,将于分述各省厘金各章中述之,兹不赘。关于各省局卡的统计,现在虽有材料,惜统计年份不一律,今仅就各省光绪三十年左右及宣统年间的材料作一统计。内地十八省有十省的统计是作于光绪三十年至三十四年间,有四省作于光绪二十年至三十年间,有三省作于宣统年间,仅有一省系用光绪六年的材料。统计时间大致相差不远,故尚可汇列作一总计。兹将此项统计列为第二十表。十八省中有六省的材料不全,此六省即湖北,广东,广西,山西,直隶,及贵州。十八省所设总局共二十三局,除苏皖两省各设三局,直隶设二局外,余省皆各设一总局。统计十八省所有主要正分局卡,共计 790 处②;附属分局卡共 1,446 处,内尚缺上列材料不全之六省的数字。除总局外,合计各省所有局卡之数共为 2,236 处,若将上述六省所缺之数加入,则总数当在 2,500 处左右。据此推算同治初年全国局卡总数,或当在 3,000 处左右。

---

　　① 参阅上章第三十七页。
　　② 据贾士毅《民国财政史》上卷所载民国初年全国(东三省新疆皆在内)所有主要局卡总督,不过 735 所,较此为少。

第二十表　各省厘金局卡统计表*

省别	总局	主要正分局卡	附属分局卡	局卡总数(税局在外)	统计年份
江苏	3	26(3)	228(3)	254	光绪三十一年
浙江	1	102(4)	214	316	光绪二十四年裁定后
安徽	3	10	60	70	光绪六年
江西	1	54	94	148	光绪二十九年改办统税后
湖北	1	61	不详	61	光绪卅一年未改办统税前
湖南	1	36	174	210	宣统年间
福建	1	104(5)	108	212	光绪二十九年
广东	1	26	不详	26	宣统年间
广西	1	56	不详	56	光绪三十年未改办统税前
山东(1)	1	13	1	14	光绪三十年
河南(2)	1	32		32	光绪末年
山西	1	40	不详	40	光绪末年
直隶	2	11	不详	11	光绪二十三年
陕西	1	31	126	157	光绪末年
甘肃	1	59	47	106	光绪三十三年
四川	1	32	68	100	宣统年间
云南	1	47	326	373	光绪末年
贵州	1	50	不详	50	光绪末年
总计	23	790	1,446	2,236	

* 材料来源见分述各省厘金各章。
(1) 海口各地亦抽厘金,由十六州县代征。
(2) 河南有一部厘金系由三十二州县代征。
(3) 此为苏沪两区之局卡数,金陵区不详。
(4) 府局11,货厘正卡61,丝厘正卡13,厘捐卡15,杭绍二府局附设公所2处。
(5) 货厘正分局卡69,茶卡35,系茶叶上市时设置。

各省设立局卡既如是之多,则所用征收人员之总数亦必甚多。惜现在无完全之统计材料,不能统计全国厘局所用确实人数。现在有统计的省份计有江西,江苏,湖南,山东四省。江苏仅有苏沪两区之统计,金陵不详,江西,湖南,山东三省的统计皆完全,兹将此四省统计列为第二十一表：

第二十一表　苏赣湘鲁四省厘金局卡人员统计表

省别	委员	司事等*	巡丁差役等	总计	附注
江苏｛苏州	34	276	632	1,566	光绪三十一年调查[3]
｛淞沪	36	279	309		
江西	78[1]	611	1,248	1,937[2]	宣统年间统计[4]
湖南	71[1]	654	1,706	2,431[2]	宣统年间统计[5]
山东	17	73	118	208	宣统年间统计[6]

* 内包括较司事位置为高之中级办事人员,如司员,帐房,文案,稽核,收支,管库等人,又较司事稍低之局书,字识,清书等人亦包括在内。

(1) 内有委绅二人。
(2) 总局人员在外。
(3) 根据海关册,Office Series, No. 88, pp. 102, 108。
(4) 根据《江西财政说明书·岁出部》财政费,第二十三至四十二页。
(5) 根据《湖南财政说明书·岁出部》财政费,第七至十四页。
(6) 根据《山东财政说明书·岁出部》财政费,第五十五至五十六页。

苏沪两区共用1,566人,苏州占942人,淞沪占624人[①],若合金陵区的人数计算,则当在两千人以上。江西全省共用1,937人,湖南共用2,431人；按后者所设局卡实较前者为多,故人数亦多。山东全省所设总分局卡仅十五处,故人数仅有208人。阅第二十表,可见到各省设局卡在一百处以上者共有九省,除上述江苏,江西,湖南三省外,尚有浙江,福建,陕西,甘肃,四川,云南等六省。

---

① 据另一海关册的记载,则为711人,惟调查年份在光绪二十七年(参阅Office Series, No. 73, p. 61)。

此九省仅有四省的局卡数在100至200之间，其余五省有三省在二百以上，有两省在三百以上，平均每省以用二千人计算，此九省即须用18,000人，其余九省所有人数以七八千人计算，则内地十八省厘金局卡所用人数约为二万五六千人。这个估计应说是最低的估计，事实上所用人数或许要超过此数二三倍亦未可知。盖吾人所得人数，系根据厘局经费支出表而来，其不列于表内而在各省依赖厘金生存之人数，无从估计，尚不知凡几。

三 征收人员的委任及待遇

各省厘金征收人员的委任，大抵都是按照例案办理，没有成文法的规定①。所有总分局卡委员，及重要办事员皆用到省后经过一定年限之候补人员充任②，除湖南始终兼用绅士外，其他省份在同治以后皆专用候补官员。其办法各省大致相同，即总局委员（即总办）以候补道员充任，重要局卡之委员，总局之提调与总巡，皆以候补知府任之。次要局卡之委员，总局之帮办提调，及重要办事员，如文案，比较，报销，管票，收支，管库等职，皆以候补直隶州，同知，通判，知州，知县等人员任之。其他较小之局卡委员，则由佐贰③杂职等充当。司员，司事，及书办等职员则多为无职官之人。至于委任则总局委员由督抚札派，惟藩司可以推荐。各正局卡之委员及

---

① 清代官书皆无厘金征收官吏委任章程的记载。
② 江苏省规定须到省后二年，始得任用（Office Series, No. 88, p. 82）。湖北省规定须到省后一年，始得委任，但限于会办帮办之缺，不委专局专卡，以免人地生疏，致滋贻误（《湖北通省牙厘章程》）。
③ 清代称州同，州判，县丞，巡检，典史为佐贰官。

总局中重要职办事员皆由藩司札派,惟总局委员得保荐。分局分卡之委员,得由总局札派,惟大半须得藩司之同意。至于由司事及稽查充任之分卡委员,则大半由总局或各正局自委,但须详报藩司备案;惟亦有例外,如江苏在光绪季年即完全改由藩司主政。藩司在厘务方面,用人之权似乎很大,实则督抚之权最大。例如湖北同治五年所定章程,虽各分局员绅如有事故应行更换者,皆须由该专局专办委员据实禀明省城总局转详巡抚委员接办,各专局不得擅委①。盖清代各省厘差,在同治初年以后,即成为两院调剂属员之差缺。两院所属人员,如各科委员,各处提调,多由候补官员充任,此辈任职,事繁而薪薄,其有劳绩而不能即刻保补实缺者,则大半由督抚酬以厘金差缺,以调剂之,故派委各局卡委员,名虽由藩司主政,实则多系奉行两院之命加以委任而已。大致优差须尽两院之人先派,余缺始得由藩司自主②。关于调剂办法,各省大抵照例案行事,似未明定章程,惟广西于宣统元年正月曾定有一个章程。兹将定章程之原委引述如下:

> 抚部院张(鸣岐)为札饬事,照得统税局卡委员,与省内外各司局处所委员同一供差,本无区别,惟统税委员,除应得薪水外,定章每征银百两准提公费二两,长收者并准按成加提,以视别项当差之员,除薪水而外,别无津贴者,不无优瘠之分。

---

① 见《湖北通省牙厘章程》(钞本)。
② 光绪年间湖北所定章程,收数最多之宜昌,沙市及沙市之土药局,北河口,郧阳,老河口,襄阳,沙洋,汉川,蔡甸,汉口,及汉口之石码头,樊口,武穴及武穴之下水卡,鹦鹉洲,鹅公颈,及茶厘之羊楼峒,崇阳,通山皆属要差,系由督抚拣派(见《湖北通省牙厘章程》钞本)。

统税委员,其管理之范围,不过一卡,一切事务又有司巡为之,……以视别项当差之员,昕夕从公,日不暇给者,又不无劳逸之殊。坐是之故,凡当差人员有劳资较著者则畀以税差,所以资调剂而免偏枯,意至善也。惟是向来当差之员。有累年而不得一税差者,有回翔数月而得税差者,究以如何之资劳,方为合委税差,既无一定之程式,各项差事,其繁简难易,各不相同,统税局卡,其比较之多少,公费之厚薄,亦各不相同,充当何项之差者,应委何项之统税,向来亦无一定之标准,甚非实事求是之道。本部院之意,以为欲求核实,必须先按省内外各项差事之繁简,统税各局卡之大小,以类相从,再按各类当差人员,资劳之深浅,以次派委,方足以昭平允。①

当时办法,即将省内外各项差事,分为繁、中、简三类,将全省统税局亦分为三等,繁差人员得委优等税差,中差人员得委中等税差,简差人员得委下等税差。当时定有章程十六条,兹以其繁琐,不录,读者可参阅《广西省财政说明书·省税部》第四章。由此项章程可以看出,藩司在厘务方面用人之权实不大,在繁差、中差二类中,以抚院方面所属人员占多数,故优等及中等税差亦属之。

按厘金税差之为优缺,实不在待遇方面,就待遇说,并不较他项差事为高,惟在薪俸外,另有他项收入而已。在正项方面,可于公费方面提成,如上述广西省每征百两委员可提二两;如税收较比额之数加多,且可按长收成数加提公费。他省虽非尽如广西,但在

---

① 《广西省财政说明书·省税部》第四章。

公费方面,委员等确可得一部分收入。此外在罚款方面,委员也有分润。此为合法之收入,其他不合法之收入,尚不知有若干项。厘局之为优差,实在于此。厘金在当时既为利薮,则在一省主政之人为市惠下属计,自不能不令其属吏分润其利,并为便于朋比分肥,杜绝一般官吏作非分之窥觊计,乃定出调剂资劳人员之例案。实则,无奥援之人,大半是勤劳累年,而不得一税差,若为大吏夹带中之人,则仅须"回翔数月",即可得差。各省当局既以厘金税差为赏钱荷包,得差之人又以其为聚宝盆,厘金之弊焉得不丛生。前文谓同治以后厘金中饱之弊有增无减,此即为最大原因之一。

按清代各省办理厘务,其弊端最少者为湖南一省①。其能得此成绩的原因,当时中外人的评论,皆归之于兼用绅士②。办理厘务采官绅并用之法,是由骆秉章(时为湖南巡抚)在湖南首先创行。他省仿行的经过已见上文。骆氏采行此项办法的原因,据他的意

---

① H. B. Morce 曾说过这样一段话:
Hunan is proud of its independence and freedom from noncustomary exactions and in this province the payment once of the full tariff rate of likin exempts goods from further payment within the provincial limits, while the accretions and irregular exactions are less than elsewhere in China, Hunan is, however, exceptional. (The Trade and Administration of China, p. 120.)

② 光绪二十七年(1901)岳州海关帮办 H. C. Hansson 在给总税务司关于湖南岳州厘金的报告中有下面一段话:
When,... the Hunanese are said to be the least squeezed of any province in China, this is due to the patriotic action of the gentry at the time of the Taiping Rehellion, ... When comparative quiet was restored and the Imperially appointed officials came back, they found the provisional goverment carried on – and well too – by the gentry. Any attempt to utterly oust them proved disastrous for the officials... The system of committees or representatives of the gentry, who acted together with the officials, has been continued ever since. The gentry, being of the people, keep more in touch and sympathy with them, and act as a check to gross abuses. (Office Series: Customs Papers, No, 73, p. 55.)

见,是不能完全信任吏胥,因如完全假手彼辈,则弊窦将丛生,而且无法清除。在他的意思是官绅兼用,则彼此可以互相监督,且绅士多出身富裕好名之家,不如吏胥之惟利是视,以之监督官吏,实可收效。故同治元年上谕命各省厘务改归地方官经理时,骆氏在川督任中曾疏阻之①。按骆氏创办厘务,兼用绅士,最初的用意恐不完全是在监督委员,盖当时初办厘金,民间不无阻挠,为沟通官方与商民的感情计,自有引用绅士之必要。至厘金顺行后,委绅所负责任自然只在监督委员。他省兼用委绅办厘之情形,今不详,至于湖南则甚普遍。据《湖南厘务汇纂》(光绪十五年)所载②湖南厘金总局人员,共计四十一人,委员仅占十五人,委绅则占二十六人。至于省外各局卡,则委绅之势更大,计各局卡总共用 654 人,而委绅竟占 588 人,委员仅占 66 人,其比例约为九与一之比。就该省总局之组织看,如经管银库,经理收数,承办照票,核对照票等重要职务皆由委绅任之,不用委员,其意即在预防委员作弊也。现在吾人对于该省办厘详情,不甚明晰,虽不能遽断此种员绅并用制,即为该省厘金弊端较他省最少之唯一原因,但亦可以断其为主要原因之一。盖以此种互有监督之征收组织与他省毫无监督之组织相较,则前者弊端自应较少。

清代各省厘金征收人员的待遇并不甚高,若在物价高涨之时,甚可说是难于维持生活。兹举几省为例。江苏总局人员之待遇不详,各局卡委员之待遇,分为三级,候补知府级月薪为 50 两;同知,直隶州,通判,知州,知县等级月薪为 36 两,至于佐贰杂职等,则月

---

① 参阅上章第三十九页。
② 卷九。

薪为24两。司员月薪为16吊（每吊一千文）至24吊，帐房，文案，查货，书办等月薪为8吊至24吊，司事为12吊至18吊，巡丁为5吊至6吊①。以光绪三十一年的市价计算，每库平一两合钱1,400文，巡丁每月所得不过三四两，司事每月所得不过十一二两。此两种人员皆为直接经手征税之人，而待遇竟至如是之低，欲其不侵蚀勒索安可得乎？又如湖南，各局卡专办，会办，帮办，襄办等委员之月薪为36,000文至100,000文，合银约为二十余两至六十余两。稽查委员月薪由6,000文至30,000文，司事由2,000文至21,000文，巡丁由1,200文至8,000文②。8,000文合银不过五两，2,000文合银仅一两余，若一千二百文，则合银仅得七八钱，以区区此数赡养八口之家，能足给乎？又如湖北沙市牙厘局委员月薪为70,000文（合银约五十两），司事月薪由3,000文至12,000文，分卡分局司事月薪由4,000文至6,000文。江西湖口总局委员月薪为50两，帮办委员仅16两，文案月薪12两，其余各司事（亦称司友）月薪由6,000文至36,000文，惟其中多数人之月薪多为8,000文与6,000文，合银仅得四五两。巡丁月薪由2,000文至6,000文，合银约为一两余至四两。此为正局卡之待遇，分局卡之待遇，则较此尚低。山西各厘卡委员月薪候补知府级为36两，候补同知，直隶州为28两，候补通判，知县为20两，佐杂等职为12两。司事分两级，大卡司事月薪12两，小卡司事6两。局书每名月支工食银3两，巡勇亦支3两，局役仅支二两六钱。山东厘金总局总办一人，月薪300两，会办一人，月薪100两，另有夫马费60两。文案数

---

① Office Series: Customs Papers, No. 88, pp. 55—56.
② 《湖南省财政说明书·岁出部》财政费，页二十三至四十二。

人,连津贴合计,每月约支银 48 两。收支委员月薪为 46 两,津贴银 18 两,收发与缉私委员皆月支 24 两,核对一员月薪 18 两,分卡司事一名,月薪 8 两。省外设十三分局,各局正办,月薪为 40 两,夫马费 20 两,司事月薪 12 两,字识 5 两,勇役(即他省巡丁)每名月支工食银 3 两。综合上述各省的待遇情形看来,大致除总局人员的待遇较优外,各局卡人员的待遇皆低。委员的最高月薪为 50 两或 60 两,司事最高月薪难超过 15 两,巡丁则难超过 6 两。薪金之外虽酌给津贴,但为数甚少①。待遇如此菲薄,按理说,竞争税差的人是应该少,而事实上则追求的人却如群蝇趋腐,挥之不去。原因则如上述,除正薪外,各人皆另有收入,总办委员可从公费内胺取,各办事员得领津贴,年终且得在公费中提成分润,并上与委员下与巡丁等摊分罚款。每遇年终及新年开放恩关时(一日或二日)各局卡皆得减价收税,此项收支大部分皆由局中人员匀分。总计局中各人一年额外所得合法与非法之收益,常超于薪金数倍,十余倍,甚或数十倍。兹举一例以明之,湖南岳州厘局分立上下水两局,各设收支委员一人。税款大部分是钱,以钱易银,须由此两位委员经手。通常平均市价约为 1,000 文易关平 0.76 两。而官方的兑换率则为每 1,000 文易关平 0.73 两。每换钱 1,000 文,即赚得关平 0.03 两。平均每年岳州厘局收钱 290,000,000 文,则每年此两位委员即侵蚀公款的关平银 8,700 两,即使说这个推算稍大,则退一步说,每年二人也可侵蚀 8,000 两关平银,而平分之。而此二位委

---

① 江西湖口厘局之例,称"友"之人员,日给津贴 60 文,每月约合 1,800 文,不称"友"之人员,日给津贴 50 文,每月约合 1,500 文(Office Series, No. 88, p. 10)。湖北规定按照岁收常额,如有多收一成者提赏一分,多收一分提赏一厘,作为津贴(《湖北通省牙厘章程》)。

员的月薪则每月仅有 30,000 文,一年一人才得 360,000 文,合关平仅得 273.6 两,与其所侵蚀之 4,000 两相比,则后者超过前者十余倍矣①。

① 海关册,Office Series,No. 73,pp. 57—58。

第四章 全国厘金税制概要(续)

伍 征收制度

一 官征制度

各省征收厘金的制度有两种:一是官征,一是商人包缴(即 farming system)。前者为各省通行之方法,后者仅部分的采用于出产较繁的省份。兹先述官征制度,惟于未述征收手续之前,先述各省税章及税票之异同。

(一)各省的税章及税票

甲 税章

各省征收厘金,皆用从量抽税办法。税章由总局颁布,内列该省应征厘金货物种类,于每项货物或每种货物下,列载货物量数及应纳税额。货物数量有按斤计者,有按件,按桶,按篓,按包,按匹计者,多依各省征收习惯而定,并非同一货物在各省皆用同一单位计算,例如浙江,广东,广西税章,绸缎皆按匹征税,而四川系按斤计,江苏则斤匹兼用。其未列于税章之货物,则从价征收,由商人报价,经局卡估定后,再按照该省所定税率征收。省中各局卡所用税章本应一律,惟各处因地制宜,常有修改,积年极久,遂与总局所颁税章颇多出入。据光绪二十七年(1901)岳州关的帮办 P. C. Hansson 所作《湖南厘金调查报告》,内中即云该,省各局所用税章几乎全不相同①。又如四川各局亦各有一税章,其中税率相同者固多,不同者亦复不少,例如省城税章红糖每桶五百余斤抽厘 220 文,而在金堂厘局则抽 100 文,越嶲局之税章须照泸州税章减半征收②。此种情形大抵常见于征厘较繁之省份,征厘较简省份如直隶,山东等省,则少有此种纷歧情形。各局卡修改税章是否全经呈准总局,今不详,以意测之,私改之处不能全无。

乙　三联票

各省初办厘金时,定章不甚严密,所用税票多为两联式,且多由各局自印。其后弊端丛出,乃改由总局刊印,各局不得自印,并改用三联式,惟间亦有仍采用两联式者,至光绪年间且进而采用四联式者。各省税票虽同为三联式,但其形式与编次则颇有不同之处。兹就现存各省厘票式样略述之。广东所用三联票,其排列系自右至左,第一联为照会,按月汇缴省城总局查核,第二联为收照,给与纳税商人收执,第三联为照根,由发票厂卡留存(参阅附录二第一)。湖南厘票亦系三联,其排列系自左至右,第一联为照票,给与商人收执,第二联为缴验,按月汇缴省局,第三联为存查,留发票局卡备查。票分两种,一为税票,系作收进出口税及落地税之用,一为厘票,两种联票形式大致相同(参阅附录二第二及第三)。同时湖南又兼用两联票,惟限于在附近省城之城河,靖江,㮚梨三

---

① Office Series: Customs Papers, No. 73, p. 54.
② 《四川通省货土税厘各局抽厘定章》(钞本,藏北平燕京大学)。

分局使用,票式自左至右,第一联为照票,给与商人收执,第二联为存根,按月汇缴总局,不另备缴验,此外征收安化茶行及郴宜围盐亦系用两联票(参阅附录二第四,第五及第六)。湖北所用三联厘票,一联为护照,交给商人收执,一联为存根,按月汇缴总局,一联为尾照,由局卡存留,惟今未见该省厘票式样,故不知其如何排列。此外采用三联票者尚有山西及陕西两省,票式皆不存①。天津厘局所用联票亦为三联,惟其中有一联用处与他省不同,其第一联系给商收执,第三联为存根,第二联比销,须汇送常关,此与他省汇缴总局者不同(其票式列为附录二第七)。

丙 四联票

福建省在未设清理财政局以前(光绪三十四年前),所用厘票亦系三联,票分两种:一为起厘票,一为验厘票。今所存起票式样,其排列系自右至左,第一联为起票缴查,按月汇缴省局,第二联为起票,发给商人,第三联为起票存根,存留发票局卡;至清理财政局成立后,又添一联,亦称起票缴查,系按月汇缴清理财政局备查,此联居首,其余三联依次下移(参阅附录二第八)。至于验厘票,其形式与此大致无异。浙江所用厘票亦为四联式,惟有一联之用处与福建不同,其第一联为缴核,第二联为护照,第三联为验单,第四联为尾照②,除第二联外,余三联之用处皆与福建之二,三,四三联相同。第二联之用处为核对税收及缴核,由抽厘局卡与验单一并填发交给商人,俟商人到下站应完厘金局卡,一面完纳厘金,一面即将上局所发护照缴与该收厘局卡,由其按月汇解总局。甘肃厘票

---

① 参阅该两省《财政说明书》。
② 《湖北通省牙厘章程》。

亦为四联,除存查一联外,给商一联称执照,按旬汇缴总局,一联称赍核,按月汇缴总局,另一联称查验,用处与浙江之第二联同,即由完捐之人持赴下卡缴销①。此外用四联票者尚有广西省,用法略异,计一存根,一报院,一呈总局,一给商收执②。

丁　联票之印发

各省联票概由省局或总局印发,照千字文编号,挨次顺发,大致每字印一万张为率,周而复始③,以票一百张为一本票,湖北办法,票根包边尚用印花封固,不准私拆,缴到票根时,由总局验明有无拆钉痕迹④。票上骑逢处由总局盖印总局关防,其年月日及银钱数上,则于填用时盖用各局卡关防钤记,其上应填各厘名目及各局卡地名,亦由各局卡自备正文图记,分印于票首。联票之颁发,由各局随时备文向总局领取,于收到后,须将页数详细查点,页数多少不符,或有漏盖关防之票,皆应立即禀报备案,不得日久始行声叙,其漏印及重号之票,存留局卡,俟汇缴票根或缴验票时,一并赍送总局。各局卡填错之票,亦须按月备文汇缴省局,不得私毁。各省年用厘票为数甚大,如同治初年浙江全省每月所需厘票即有二十余万张,合计一年约需一百余万张⑤。

戊　联票之功用

按各省之采用三联票,其目的在防各局卡征税,以多报少,故增订缴验票一联,每月由征厘局卡汇缴总局。总局于收到缴验票

---

① 《甘肃财政说明书》次编上,页五十三。
② 《广西财政说明书·省税部》,页十二。
③ 湖北广东皆如此。
④ 《湖北通省牙厘章程》。
⑤ 《浙省新定筹饷百货捐厘章程》(光绪五年刻印)。

（湖北系票根）时，即查对与原领票数是否相符，并核算票内所填税厘数目，与各局卡每月所解到之税款是否相符。此项办法仅可考核各局卡所解税款是否与缴验或存根上所填数目相符，而不能稽核多收少报之弊。盖缴验票与给商人票相连之骑缝上虽填有大写之厘税数目，但此项数字可以假造，即填票时，先将给商人之一联裁下，于其骑缝边上填写实收厘税数目，其数字虽仅有半体，但可亲于其他纸上填写，其缴验票与票根之骑缝上及票面上再另填一较小数目①。报解税款时，即按缴验票上所填之数报解，而将其余款吞没，总局无商人所持税单可供查对，则此种弊端甚难发觉。湖北省曾定有派委密查调取商人所执护照以与票根及尾照验对的办法，但是此项稽查办法等于虚设，因各局卡一月所填票根皆在下月初旬内汇缴总局，而商人运货路途纷歧，在其运行一月后，或十余日，二十余日之后，始持票根追踪前往与其所执护照验对，当必百不获一，此项办法岂非等于具文。比较有效的办法有二。第一种办法是收回商人所执纳税单，由总局按月汇齐核算以与解款核对是否相符。第二种办法是将应由抽厘局卡按月汇缴省局之一联，改为发给纳税商人，或另添一联，发给商人，令其持赴下局验货时呈缴，由该局裁留核对票货是否相符，厘税是否纳足，然后再由该局按月汇缴总局，多此一层稽核，则上局若不与下局串通，即难作弊。

湖南先行第一种办法，其规定是商人业于某局完纳厘税，领得照票，俟赴下卡验货时，即由该卡将商人原领照票收回，其票上所载完厘各数，另填于验换票上，交该商收执，所有收回照票，皆按月

---

① 此种弊端名为"大头小尾"。

另文申缴省局，以凭核对①。换票共分两联，一存根，一验换，前者存局，后者给商②。陕西亦采行此法，惟所用换票称验票，共三联，其中联与收回之票按旬汇缴省局③。湖北在光绪初年亦曾改用此法，惟不用换票。此外福建省亦采行此法，按福建省系采用两起两验收税制，商人在第一卡完起厘，持票赴下卡，一面在该处完验厘，领取验票，一面即将起票缴与该卡，领回换给收单一纸；至第三、四两卡再完一起一验，手续亦然，其在第四卡所领验厘票当在第五卡缴销。所用换给收单共有四联，排列自右至左，第一、二两联为缴查，按月与所收回之起验厘票一并汇解清理财政局，第三联为换给收单，给商收执，第四联为存根，留存局卡（参阅附录二第十）。此项稽核办法，如严厉执行，颇可收效，惟有一缺点，即所有厘票不能全部收回，例如福建行两起两验制，第一卡之厘票，由第二卡截收，依次下推，如商人运货仅过两卡，或四卡，则由第二卡或第四卡发出之厘票即无法收回，至于商人持票出境，则更无法收回。再如在湖南由衡州附近之雷市至常德，中间未设验卡，经过客商所执照票即无厘卡裁留④。又如湖北收回商人所持护照，不补发换票，商人因须护照算帐，往往不肯缴回，以致各局不能收齐汇缴省局⑤。此项办法既有缺点，故以后湖南、湖北两省皆改采第二种办法。第二种办法在广东采行较早，该省向用三联票，惟未采收回照票办法；同治十二年起始规定将应由征厘厂卡汇缴省局之照会改为给商持

---

① 《湖南厘务汇纂》卷六"填票章程"。
② 其票式见附录二第九。
③ 《陕西财政说明书·岁入部》，页七十七。
④ Office Series: Customs Papers, No. 73, p. 61.
⑤ 《湖北通省牙厘章程》。

赴下厂验明裁缴①。湖南改采此法约在光绪二十年左右,惟与粤省略异,即将三联票增为四联②,新增之第二联经验存留票须与照票一并发给商人,俟至下局验明货票,即将经验存留票裁留汇缴省局,照票不再收回。浙江之用四联票,用意与湖南同,其联票中之第二联为护照,等于湖南之经验存留,收回手续完全相同,细核前后两项办法,无甚差异,惟采后一办法,可省一层换票手续,至于能否将应缴之票全部收回,尚须视所定收缴办法是否详密无遗。如浙江所定办法,则似乎可以全部收回。浙省的规定是首次抽厘局卡填给商人护照验单,由商持赴下站应完厘金处,该处局卡于商人完厘后,除仍填给护照,验单外,应将上局发护照扣留,按月汇解总局,至于验单则仍由商人收执。以下递经各局,俱系如此办理。若系验票放行之卡,即扣留护照,于验单上盖戳放行,至收落地及出境厘金后并不再经由别卡者即由本局卡扣留,自填护照,仅将验单交给商人③。此项规定,可谓周密;湖北省因采行第一项办法时,各局卡所缴回之护照,寥寥无几,乃于光绪九年改采浙江办法④。惟施行此项办法时,有一点应注意,即裁留经验存留票,或护照照会之局卡,应不隶属于抽厘局卡,否则可串通作弊。湖南,浙江,广东三省是否如此规定,不详,至于四川则有此规定,其三联票之验票,即等于湖南之经验存留票,裁缴手续亦同,惟规定下游上行之货由上游局卡裁验,上游下行之货由下游局卡裁验,不准本局查卡裁验

---

① 《广东通省抽厘例则》(光绪二年刻本)。
② 票式见附录二第十一。
③ 《湖北通省牙厘章程》。
④ 同上注。

本局之票①。

上述为各省通用税票,即征收百货厘金所用的税票,但各省所用税单并非一种,有因征收大宗货物而另印税票者,如江苏有丝捐联票,木厘收捐单,湖南有安化茶行用捐票,郴宜围票,又有因厘捐性质不同而另立税单者,如广东有坐厘票,台炮经费单②;江苏有苏城认捐单,苏商认捐单,专填运苏洋油认捐联单,专填运苏江西夏布认捐联单③。大致每省皆有数种厘票,多或十余种④,其名目或称单,或称票,或称照,盖因办事方便或为便利稽核起见,有不得不如此者。

以上所述各省税章及税票,因材料所限,仅详于少数省份,其余各省章制多系大同小异,上述情形,亦约略可以概括之。

(二)卡厘征收手续

报验　凡商人运货至应完厘金之局卡,须由船户或自往局卡报验⑤,报验手续,各省略异。广东所采办法,须由船户开一报单,其上应将所运货物数量及货价列出,并须将船名,载重,水手,及旅客人数一并开列(单式参阅附录二第十二)。然后持赴厂卡,请求查验。各厂卡所收报单须按月汇缴总局存案备查⑥。湖南所采办法,须由船户将买货单携至厘金局卡,请求登记,由局卡司事将船

---

① 《四川厘金划一章程》。
② 参阅 Office Series:Customs Papers, No. 70。
③ 同上书, No. 88, pp. 125—129。
④ 参阅同上书。
⑤ 四川章程报验完厘须由客商自办,除商人未经同路系托船户挑夫押货带代上者,得准由押货带销之人完纳外,不得行户船户代为上纳(《四川厘金划一章程》)。
⑥ 《广东通省抽厘例则》。

户姓名及所有买货单开列于一单上,并于单上写一查货司事之姓名,并取一书有该人姓名之名牌,一并交与船户,由彼持牌往请该司事同往查验。该船户报验时,须将所有买货单交出登记,不得隐匿,否则以带私货论。惟遇有查出货多于单上所开时,船户又往往借口遗忘或误置,而将隐藏之单交出以免受罚①。

浙江所定报捐章程与湖南略同,惟较后者严密。其章程中定有两项办法:第一,责成行家代客报捐。客商雇用船夫,向由行家代备,所运货物,行家无不尽知,应著其代客报销,仍由委员稽查,如货多捐少,除饬补缴正厘外,客商按三倍示罚,行户按五倍示罚。其无行户之处,不适用此例。第二,查对发票行单。客商办货应有原置货物发票,及各行行单,其货物名目件数觔两,由委员督饬司事调同行单发票验明货物,核对数目,如有不符,即将商人原行照章论罚②。按此项规定意在从防止客商行户谎报货量方面,补救局员查货不周之弊,故定章应以严格为主,浙省章程可谓适得其当。

查货　赴船查货,由司事及巡丁专司其责。查货时间由黎明至日入,随到随查。每次查货,由司事率领一二扦子手(即巡丁)往验,大船约须二人,小船须一人。查货方法,大半采用抽验办法,因船舶所载多系大帮货物,一日间麇集数十船只,其势自不能逐一按件查验,故仅能随意抽查。大帮货物皆以重量计算纳税。测算货物重量办法,系先测出货舱之长度,宽度,及深度,以此三数求得货舱之容积,然后再乘以为各项货物特定之"因头"(即经验常数,the empirical constant fixed for the particular kind of cargo),即得该船舱所

---

① Office Series:Customs Papers,No.73,p.61.
② 《浙江通志·厘金门稿》卷上,页六十四。

载货物之大略重量。例如一装煤之容积,其长,宽,深度以英尺计如为 $2\times3\times4$,其容积当为 24 立方英尺,乘以煤之经验常数 0.7,则得煤之重量为 16.8 担。此项计量大致尚确,足供验对船户所报重量之用。量舱所用之尺以裁尺为准,系以铁或铜制,其长度大约在各省并不一致,湖南所用者有三尺八寸长,划分为寸[①]。广西所用为铜尺,据云行用多年后,即不免短长互见,虽一省之中亦不能一律。各物之经验常数,因亦不能一致。列如该省白米之经验常数,在贺县统税卡为 0.6,在梧州,浔州,水淳等卡则为 0.65,在昭平,维新,郁博,北流,南宁,横州,龙州,恩隆等局卡,则为 0.7,在广远税卡则进而为 0.8。其他货物的经验常数之不能一致,与此相似[②]。量木所用为篾尺;计重则用秤,惟各省所用标准不一,如四川则用十六两秤,浙江与广东则用司码秤(16.8 两)。

  核算及收税 货物验明后,即由查货司事或巡丁在船上画一字号或印一灰印。核算应完厘金,在江西系由查货司事开始查票。其上载明货物数目,由商人持赴局卡,由核算司事核算应完厘金银钱数目,写明在查票上,商人照数完纳,交清银钱后,由写票司事填给护票,作为完厘收据[③]。在湖南局卡,查货司事验完货物后,即偕同船户或商人至局卡中之核算房由核算司事就船商已登记之报单上核算应完厘金数目,然后将应完数目填在一手票上(参阅附录二第十三),由商人或船户持至钱房,付清税款,由钱房在手票上盖一钤记,即成为收据。持此赴写票处,当即填给护货照票及经验存留二票[④]。两票

---

① 以上所述参阅 Office Series:Customs Papers, No. 73, pp. 61—62。
② 参阅《广西省财政说明书·省税部》第四章。
③ Office Series:Customs Papers, No. 88, p. 31.
④ Office Series:Customs Papers, No. 73, p. 61.

之用已见上述，兹不赘。货物不论多寡，商人完厘后，须填给大票（即三联或四联票），虽零星货物，亦必如此，不得使用小票（大半系由局卡自印），私收零散货物厘金，此条禁例各省皆有。填写货色，不得含混，如货物过多，则开一单，黏连厘票上，以凭下卡查验，黏连骑缝上应加盖关防或图章。各省发给商人所执护照，或照票，大约皆定有行使有效期限，惟今以缺少参考材料，未能详述，现仅知湖南，广西两省之期限，湖南系采行首尾两地抽厘办法，自首卡至末卡，其间不得超过四十日，如超过四十日，则在首卡所纳之厘金，即作无效，须再重纳，重纳后又可续得四十日之期限①。广西所定期限为六个月，惟有例外，如柳州木排执照系以八个月为期，米谷照限系按路程远近临时酌定②。

放行　凡船只到达局卡，不论载有货物否，皆须请验，其未载货之船由局卡司事率同巡丁验明后，即给与放行单一纸。在湖南各局卡处皆设有空船局管理此事（所发放行单之式样见附录二第十四）。载货之船则须缴完厘金后始放行，他省多不另填放行单，货船经过下卡或炮船时，只须将所执纳税收单③呈验，由卡船加盖戳记，即放行。在湖南则办法稍异，凡货船纳税后由厘局发给放行单（参阅附录二第十五）。船只行经各厘局所属之查验卡时，可不靠岸，只须将此项货船或空船放行单纳入系于长竹杆端上之小网内，递至岸上核验，即可放行。惟如该卡认为有查验的必要时，则须靠岸听其查验，不过此种事很少发生④。

---

① Office Series: Customs Papers, No. 73, p. 54.
② 《广西省财政说明书·省税部》第四章。
③ 在赣称护票，在粤称收照，在湘称照票，在鄂称护照，在闽称起票、验票。
④ Office Series: Customs Papers, No. 73, p. 61.

沿途查验　各省征收厘金的主要方法,既是沿途设卡稽征,则于征厘后沿途运行之船货,自不能不设查验之法,以防止官,商两方运私舞弊,故沿途查验之制本身虽亦易生弊,但在官征制度中尚为不可缺少之手续。各省所定沿途查验办法,皆以本商本货货票相符为原则。凡下卡查验由上卡而来之货,务须货票同时到卡,不准藉词押运之人带票在后,如货与票离,即系私货,应照章示罚。如货票同时到卡,查明两相符合,即加戳放行。查验结果,如遇货多于票,自是商人有意带私,各省定章皆须处罚,并有定为予以充公者,如广西省。惟此项处罚,多未执行,盖客商船户与局卡人员多系熟人,遇有此种情事,即以小费贿请按照半途添购货物,补完厘金办法了事①。至于货少于票,查明如系半途折卖,仍为本商本货,则准予注明票内放行。但此种货少于票情形,往往并不由于半途折卖,且要证明本商本货,亦非易事。故于上述两种情形外,对于因一照重用或将票转与他商以致货票不符者,尚须加以规定。如四川即规定货物与票不符,给票月日在一月以外者,应令照完税厘,如客商所制之票,原系十件,该商已在半途售完,复折回又贩此货而未贩足,或将票转与他商,以致货票不符者,应责令完纳②。

(三)转运及分运的免厘办法

凡客商运货已纳厘金,运至销售地后,如因市价不好,欲转运他处售卖者,可往厘局声请,由局核准在原票上注明,即得免厘转运,惟如在湖南则由厘局另发转运单(参阅附录二第十六)。此项

---

① 参阅《广西省财政说明书·省税部》第四章。
② 《四川厘金划一章程》。

转运大都定有期限,如四川省即规定在三日内出关,在票上写明,如过三日,则仍责令再完厘金,始得转运①。

凡货物纳厘后,欲分运一部分往他处发售,可将原票呈验,请领分运单后,即可免厘分运。惟所免厘金,须视该项货物已完成数而定,如已完足应纳厘金,即可全免,如仅完一部分,则仅免除该已完之一部分。例如在江苏,出入货物须完足卡捐或厘捐②与落地或产地捐后,始得销售或出境;货物在完足二捐后,如欲分运,则请得分运单后,即可完全免厘分运。如出口货于完纳产地捐后即欲分运,则分运单所免厘捐即仅有产地捐,沿途卡捐或出境末卡所抽总捐不能免除。又分运单所允分运之货物亦有最高数量的限制,如江苏进出口货物,即定有"八成分运,二成存销"的限制③,此或因江苏未设转运办法之故,否则此项限制将无意义。但分运手续据各省的规定,亦不一致,如四川省对于已完足厘金而又分运之货物,并不发给分运单,仅规定货物经过他卡时,查阅所掣厘票,实系已经完厘尚未销完而分运至此之货,确系本商本货,核其票上月日,不出十天,如在该卡本境地方售卖,得免其重纳厘金④。此种办法,颇易生弊,盖当时纳税货物,不贴印花,如何核定分运之货是否本商本货,实非易事。

(四)厘金罚款及其分配

凡商贩装运货物,如有以多报少,以贵报贱,企图偷漏绕越情事者,发觉后皆照章处罚。处罚办法,即在缴纳应完正厘外,再按

---

① 《四川厘金划一章程》。
② 总捐系将落地或产地捐外应纳之卡捐一并在省境省卡汇缴。
③ Office Series:Customs Papers, No. 88, p. 68.
④ 《四川厘金划一章程》。

应完之数加纳若干倍,作为罚金。咸丰十一年户部所颁章程定为一倍示罚,各省似以其太低,皆未遵办,而各自改定。关于罚款倍数,各省定章不一,兹就可考之省分述之。浙江规定百货按三倍示罚,洋药按五倍示罚,惟至光绪年间,则百货亦间有照五倍示罚者①。湖北百货按三倍示罚,土药按十倍示罚②。江西与四川不分货物土药,前一省按两倍示罚,后一省按五倍示罚③。惟江西改办统捐后,罚款加重,凡查出偷漏之货及货票不符所多之货,皆须提出充公④。云南规定货价在十两以上者三倍示罚,三两以上者两倍示罚。三两以下者一倍示罚⑤。湖南无数额的规定,按照情节轻重酌量处罚⑥。广东规定商货隐匿偷漏,加罚三倍;恃强闯越,加罚五倍,大起走私及不服盘查,并追缉拒捕者,解省惩办,货物全数充公⑦。为防止司巡私收罚款,或额外苛索计,各省皆规定罚款数目必须与所完厘金之数一并填在厘票,并须将每日罚款数目及被罚商人姓名榜示于局卡门首,以示周知。但此种规则并不能防止司巡作弊。按各省定章,厘金罚款例有一部分提作充赏之用,惟此项赏款须经委员提扣大部分,所余二三成始作为司巡之赏金。因此司巡等遇有处罚机会,多不愿报公,而私与商贩或船户磋商,令其出资若干,以为免罚或减轻罚款之代价,例如货多于票,则令其报称半途添购照补厘金了事。至于苛索亦在所难免,如企图漏税之

---

① 《浙江通志·厘金门稿》卷上,页六十三。
② 《湖北通省牙厘章程》(钞本)。
③ Office Series: Customs Papers, No. 88, p. 31;《四川厘金划一章程》。
④ 《云南省财政说明书·厘金章》。
⑤ 《江西省财政说明书》第八章。
⑥ 《湖南厘务汇纂》卷六"罚款章程"。
⑦ 《广东通省抽厘例则》。

商贩,系过路生客,不知当地局卡情形,罚款应为正厘几倍,则往往不免为司巡所剥削。至如湖南不定额数,随情节之轻重而定罚款,则弊端更多。

关于罚款充赏及归公的分配,各省亦不一致,兹仍就可考之省分述之。浙江省是以六成归公,四成充赏,四成之中以三成留充外局之赏,以一成解省局奖给办事人员①。四川系以六成充赏,四成报解②。广西以半数归公,半数充赏③。湖北与直隶两省以三成充赏,七成归公④。湖南规定,罚款数目在二十串以内者按四成充赏,在五十串以内者,不得过三成,八十串以内者不得过二成半,至在百串以外者不得过二成⑤。云南定章则全部归公⑥。广东罚款及私货变价均以四成充赏,六成充公⑦,江西私货变价后亦如此分配。

局卡人员间分配罚款,在各省亦有定例,大抵委员所得最多,司巡所得最少。据湖南岳州厘局的定例,即委员得七成,司巡仅得三成⑧。委员等无查获之劳而坐享大利,司巡有功而仅得小惠,无怪彼辈遇有机会即实行舞弊,非习性使然,实分润不均有以愤激之也。

(五)坐厘征收手续

征收坐贾厘金向例是有官征及商人包缴两种办法。商人包缴

---

① 《浙江通志·厘金门稿》卷上,页六十三。
② 《四川厘金划一章程》。
③ 《广西省财政说明书·省税部》第四章。
④ 《湖北通省牙厘章程》,《直隶财政说明书》第五编第一章。
⑤ 《湖南厘务汇纂》卷六"罚款章程"。
⑥ 云南每年所得罚金最多不过六七百两,少则不及百两,见该省《财政说明书·厘金章》。
⑦ 《云南省财政说明书·厘金章》。
⑧ Office Series:Customs Papers, No. 73, p. 58.

又有二种办法,一是认捐,一是承总汇缴,前者为包税办法,承办人对于税收须负完全责任,后者不过代厘局执行征收手续,不负征足责任。认捐办法将于下节述之,兹述官征及商人承总汇缴办法。

按各省征收坐贾厘金,大半以各行店一月之营业总额为课税根据,而按税率征收之。计算一月营业总额有两种方法,一是估计,一是查照行店逐日流水总簿银钱数目合计总额。此两种手续虽皆不甚繁难,但在一城市中若按户逐一稽核计算,则官商两方颇感不便,故于厘局直接征收外又定有商人承总汇缴办法。承总汇缴大半以同行为限,由同行商家推出一家或数家经理。汇缴办法于商户颇有利益,于官方则仅有省去查核手续之利,而于税额则因有约定数目,不能按时增加。征收坐贾厘金,大抵不用厘票,由各局立一流水印簿,商户缴款后即于印簿上登记,其印簿按月汇缴总局。商户缴税,有按月,按季,按年三种不同办法,催缴责任由厘局自负①。

抽收坐厘最广的省份为广东,惟该省大部分的坐厘皆采认捐办法。其由厘局征收者,则用厘票,于商货运到之时征收,类似他省征收落地厘金。票为两联,一为收照,给商收执,一为存根②。

(六)定期蠲免常例

定期蠲免厘金常例一年中大约有两次,一次是在万寿节,一次是在年终及岁首。前者的蠲免范围甚狭,大约只限于铺户门市厘金。据湖南的规定是蠲免十日,逾期照常征收③。后者范围甚广,所有一省的通过厘金皆得蠲免,惟落地厘,坐厘,认捐等不在蠲免

---

① 《湖南厘务汇纂》卷六"门市章程"。
② 票式列为附录二第十七。
③ 《湖南厘务汇纂》卷六"蠲免章程"。

之列①。此项蠲免各省皆称为恩关,免厘期限大致以十二小时为限。恩关之起源,在光绪季年,虽厘局自身已不能道其详②。从各省厘金章程上不载此例的情形看,大约是由习惯造成,其初或仅在某一省发生,而后逐渐普及各省。据江苏的习惯,免关一小时前,例由停泊船户派一代表至厘局请求下旗,下旗后各船始得开行,是则最初的起源或亦起于商民的要求,厘局官员狃于度岁积习,似亦乐于宽免半日,以便从容度岁。至于免关起讫时间,各省大约并不一致,江苏是自除夕下午三时起至元旦晨间止③。江西亦是由除夕至元旦,惟起讫确时不详④。湖北是在除夕,由午刻至酉刻(下午一时至八时)⑤。

此项恩关所免厘金为数甚大,盖每至除夕前数日,即有大批货船来至局卡上下游停泊守候,届时放关,一拥而过,遇风顺者则在蠲免时限内可以行过三局卡而不纳厘。因此时久,厘局亦不得不想补救办法。江苏所定办法是每逢元旦前三日,通省各局卡皆减五成收厘⑥,以诱商人纳厘早行,勿麇集守候。江西规定自十二月二十一日起减成收厘,至除夕日止⑦。湖北自光绪十二年起采行江苏办法,但其后每年岁终商船先期至局卡附近守候恩关者仍多,大卡一处可麇集一千余艘,乃于光绪二十四年末缩短恩关时间,定为

---

① 江苏规定总捐,统捐,落地捐,及烟厘皆不得蠲免。
② 参阅《湖北详定整顿厘金章程》,页一百五十,牙厘总局详督抚之文,谓此项恩关不知出于皇恩,抑或出于省宪之恩。
③ Office Series: Customs Papers, No. 88, p. 75.
④ 同上书,p. 11。
⑤ 此为光绪二十四年之规定,以前时间较长,参阅《湖北详定整顿厘金章程》卷下,页一五三。
⑥ 同上。
⑦ 同上书,页一五四。

自除夕午刻至酉刻,但结果仍无大效。据翌年正月厘金总局报告,是年除夕前在宝塔洲一处云集之船,上游约九百余号,下游约五百余号,皆不愿减半纳税早行,候至除夕日,自申时至酉时,约六小时之间,全数皆扬帆径过,认为仅缩短恩关时间,尚不足以补税收。乃复规定自光绪二十五年起,取消全免之例,惟将减成期限延长,自十二月二十一日起至除夕日止,应完厘金,准减三成抽收[①]。

各省厘金之设恩关,原意或在恤商,但时久则税吏亦加入分润。据江西之例,每次恩关前减成收入,由十二月二十一日至二十五日所得之款归入公家,二十六日至除夕之收入则由厘局人员摊分,总办委员等得四分之三,其余人员得三分之一[②]*。此项陋规大约各省皆有,惟以不载于章程,故局外人多无从得知。

二 包缴制度(farming system)

商人包缴厘捐的方法共有两种:一是认捐,一是包捐。二者形式上无大差别,主要的区别是,前者系由同业人出而经理,后者由业外人承包。各省中采用包缴方法征厘最广的省份为广东,次为江苏与浙江,此外仅有少数省份如江西、四川、福建等省对于一二税收采用包缴方法。兹将粤省及江浙两省所采的包缴制度叙述如下。

(一)广东的认捐

认捐在广东最为盛行,因广东抽收坐厘最为普遍,而坐厘在开

---

① 《湖北详定整顿厘金章程》卷下,页一五五。
② Office Series:Customs Papers, No. 88, p. 11.
* 原文如此。——编者注

辟之初即由商人自办汇缴。原最初在省城,佛山等处抽厘,皆由劝谕捐输演进,当时由各行自行认办,先令缴现银若干,予以年限,听其向各该行商户抽厘归款。原无包商,后因屡次缴款逾限,始于咸丰十年立充商名目,改捐输为报效,因充商有利可图,于是有非本行而亦争愿承充者,并有用报效而谋得承充各厂书巡之职者,彼此勾结,恣意苛敛。后以众商反对乃仍改由各行自行认捐①。嗣后认捐遂独占势力,包捐被摈不用,于此可见粤商势大而有团结,业外人不易染指。

广东认捐办法由各行商酌定岁缴银数,拟议抽收章程,禀由厘务总局核定,给予示谕,准其承办。各行所认捐数,多以货价为衡,而定税率,或视货物销售多寡,尽抽尽缴,或由各商照额定之数匀抽匀缴。故认捐有两种征收办法,一是包办,一是认额配赋。前者是由承办商依照承办章程所定课征标准及课征率,向各商户征收,是即尽抽尽缴。后者是由各行值理人照各该行摊派各户标准汇缴,是即匀抽匀缴。各行所认岁缴额数,得视商情盛衰,随时酌量增减②。按认捐因经理人为同行之人,对于本行商户利益,必能维护,实有利于商人,且以团结有力,对于政府增税,亦可获得一种磋商权利。盖政府欲随商情繁盛而增加认捐额数,必须与各行商人谋得一种谅解,始能实行增加,商人因有行会为后盾,故于政府讨价,在谈判中能有还价之余地,不若包捐,政府只须提高捐额,即有包商出而竞争承充。认捐于商人固有利,然于政府亦未尝无利。盖以认捐方法征税,既无偷漏之虞,又可省征收之费,且可塞侵蚀

---

① 《同治元年十一月十六日御批督办广东厘务都察院左副都御史晏端书折》。
② 以上见《广东省财政说明书》上册"岁入部"第六类厘金,又《广东财政要览》上册一编第二厘金。

之路，较之政府自办，收利实多。例如光绪年间粤省最高收入即未超过2,000,000两（末二年除外），而光绪二十五年刚毅在粤省将全省厘捐改由各商认缴，其税额竟增至4,000,000两，此非由商人自动愿增负担，实因改办认捐后，在向之耗于征收经费及中饱者，今已全数归之于公。惜以后商人办理不善，未能按期缴款，致翌年又恢复旧制（即官征与认捐并行）①。

（二）江浙的认捐及包捐

采用包缴办法征税，次于广东的省份，为江苏与浙江两省。惟此两省情形与广东略异，因江浙两省抽厘不重坐贾，而侧重于通过厘金及落地税，故认捐或包捐皆限于此两种厘金。包缴制度在此两省中发生较晚，大都在光绪季年。其产生原因由于此两省征收厘金次数过繁，沿途留难，有碍商业发展，久而商人大感不便，始逐渐与厘局交涉采用包缴办法。至于厘局方面，则因包缴可使税收安全，无防止商贾漏税或征收不足等等顾虑，自然亦愿采行。认捐额数由同业公会拟定，其根据为每年输入同市或从同市输出之同业者之货物数量的豫算，捐数拟定后即与厘局交涉，如经接受，即可成立认捐公所，开始承办。承办期限为一年，期满可请续，如公所得利较大，则续请承办时，厘局即不免要增加捐额，或多索报效。各业认捐经数度承办后，即不免有包商羼入，故在江浙两省内各业包缴厘捐虽皆称认捐，而实际上有很多是包捐②。

江浙两省各业所认缴之厘捐系落地税或通过厘金，因须按货征税，其征收方面遂不能采用广东坐厘由各行业公会一手经征的

---

① 参阅第九章"广东省厘金"。
② Office Series: Customs Papers, No. 88, p. 72；又《浙江通志·厘金门稿》卷上，页六六。

办法,而必须成立征收机关。此项征收机关大都名为认捐公所,每一同业认捐,设立一所,在上海共有八处。兹列示如下:

光绪季年上海所设认捐公所*

1. 洋货认捐公所　　　　5. 杂毛角骨牛羊油认捐公所
2. 绵纱认捐公所　　　　6. 麻棕认捐公所
3. 纸业认捐公所　　　　7. 锡箔认捐公所
4. 洋油认捐公所　　　　8. 披猪认捐公所

＊《支那经济全书》第三辑第一编第二章。

浙江认捐有设公所者,如江干纸柴炭公所(属杭州府局),萧山烟叶公所,有设局者,如光绪二十九年所办各项认捐,有仅设商董而并不设立局所者,如各局卡经收之各业户认捐①。兹将上海认捐公所之组织述之如下(浙江无参考材料,故不述)。

各业认捐经承办人取得厘局准予承办之示谕后,即由厘局领得关防钤记,设立公所。公所组织概如厘局,定有税则,备有厘局所颁捐票,除公所外,并得于认捐区域内设征收卡及巡船等,所有征收人员亦称司事巡丁。对于商货征税亦如厘局,商人纳税后,即付以捐票及分运单各一纸,商贩持分运单在认捐区域内运行,经过各卡,即免验放行,可省若干手续。所用捐票与分运单各为三联,第一联给与商人,第二联汇缴总局,第三联存留公所。兹将上海各业认捐公所所用捐票及分运单列为附录二第十八及第十九,以备参考。凡商号运货至公所请求检查打印时,不得以多报少,或以贵报贱。如有此等事,即须告知公所将商号名称登记,依照规定处分之,惟不得参差不齐。据上海纸业认捐公所章程,如在检查打印之际,发现货物数量不符,其为初次发现者则仅令补税,如为第二次

---

① 《浙江通志·厘金门稿》卷上,页六四至六六。

则须处罚,如系第三次以上,则罚款递加。若发现未经检查之货,则征税外并须处罚。关于漏税亦有罚章,如为首次,则征税外并按一倍处罚,以后则依其次数递加之。司事巡丁有查获漏税议罚者,正税之外赏洋一元,若其数较大,则以一半归公,一半充当①。

(三)认捐之利弊

按认捐之产生,除广东有特殊的情形外,在江浙两省大半是由商人动议。盖厘金之阻碍商业发展及妨害商人利益,自始即然,各地商民在早期也曾作过部分的反抗②,但是终不能不屈服于政府。然为时既久,商人亦习得逃避之术,如与某处厘局税吏勾结,纳税时给以小费,使其不必征足,或与其长期约定优待条件,使商运尽行于其途,以增彼处税收③。惟依此种办法,商人所得亦属有限。江浙两处商人中有经营丝茶出口者,对于厘金一税,较他种商人尤感痛苦,盖不独憾其税重而已,且因沿途之阻滞,使其常不能及时运达市场,趁善价而沽。此辈颇有希冀改革现行税制之愿望,无如地方官吏为自身利益计,皆以维持现状为职志。迨光绪二十年后,政府因为筹款困难,对于厘金,颇有整顿之意,而尤注意于剔除中饱。因之当时各处厘金当局皆感到一种困难,即一方面要使税收兴旺,以餍政府所求,他方面又要顾到自己的私囊,使其丰满如常。要解决此种困难,本可用苛索商民之一法,但是经验告诉他们,苛索愈甚,则漏税愈甚。值此之际,江浙商人大约已窥破当局此种贪惧心理,故得乘机以认捐办法进议。在厘局方面,知道采行认捐后,对于某部分税收之足额可告无忧,而同时亦可向认捐商人索取

---

① 《支那经济全书》第三辑,页七十六至七十七。
② 参阅《同治三年御史全庆折》,《皇朝政典》卷九十八。
③ 《中国度支考》。

报效,于公私两方,皆无不便,故亦乐于接受采用。在表面上看,认捐对于商人似乎是很有利的,实则也有不利的地方。例如认捐对于官方,可说是有了安全保证的税收,而对于商人,在初办一二年中,则几为一种无限责任的负担。因为捐额是按每年同业货物在同市中之进口或出口数量的豫算而定,承办后一年中实运货物超过豫算,自然于商人有利,设未超过豫算,则当然不免要赔本。故商人组织认捐公所时,即必得筹出一部分基金,以备不虞,如光绪二十六年上海棉丝认捐公所组织时,即有此种基金。该所所认之捐为内地厘金及落地税,当时由七个商家发起,后有同业四十余家加入。该所发行股票二百份,七家发起人认受一半,其余四十余家认受一半,每股银额为五十两,总资本共为一万两;有利益时,照所有股票匀分;若不幸而受损失,则以资本偿之,不足时则由发起人七家共偿①。此种负担几为无限责任。然此种危险多半在初办之一二年中容易发生,以后经验丰富,办理得法,亦未尝不能避去危险,而反可得利。惟认捐久办之后,因有利可图,专以包税为业之人即不免羼入,以中间人之地位而谋渔利。按商人承办认捐,对于厘局例有报效,承办一处厘捐,则报效归于该处厘局委员,承办全区(如淞沪区)之厘捐,则归于总局督办②。一项认捐久办之后,其中是否有利,必为人所洞知。因此遂有一班曾在厘局供职之老手出而为包商,此辈与局中人既有渊源,又因敛钱有方,必肯多出报效,以获得厘局之允诺。在江浙两省内此种包商甚多。此辈包商既非各业中人,目的又仅在图利,则除了注全力征收厘捐外,对于便利商运,减轻负担等事,自无

---

① 《支那经济全书》第三辑,页七十五。
② Office Series: Customs Papers, No. 88, p. 72.

顾及之必要。因此彼等对于稽征惟恐不严,对于处罚惟恐不苛,故有人评彼辈,谓其"苛及细琐,其弊甚于官立之局卡,盖官卡容有漏网之时,而商办儿无秋毫之不折"①。

然认捐果系同业商人自办,则初年虽不免有赔累之虞,但时久则商人获利实属不少。第一是商运阻滞可以部分的减少,第二是厘捐的负担可以减轻。前者无须申述,因上文已言商人持认捐公所之分运单在认捐区内运行,经过卡船,可免验放行。关于第二点,可于此举一例以说明之。上海棉丝认捐公所成立后,其所定征收税率较原来厘金税率约减少百分之八至百分之四十,兹将两税率比较列如第二十二表。

第二十二表　江苏棉丝认捐税率与旧征厘金税率之比较表*

捐区范围	货别 (每40玉)	厘局原税率** (银为上海银)	公所税率 (银为上海银)	比较差	减少之百分数
苏常两府境内	中国丝 外国丝	2.40 两 1.5 两***	2.20 两 1.10 两	0.20 两 0.75 两	8.33 40.54
此外江苏省内各地	中国棉丝 外国棉丝	1.75 两 1.20 两	1.43 两 1.10 两	0.32 两 0.10 两	18.86 8.33
上海落地捐	中国丝 外国丝	1.75 元	1.40 元	0.35 元	20.00

*　根据《支那经济全书》第三辑页七五制。
**　原税率包括筹防捐,水卡捐,落地捐等。
***原书不清。——编者注

从二十二表可见外国棉丝的税率较轻,此系畏外国棉丝因厘金过高将改纳子口半税,故特减税藉以召徕,增加公所收入②。此虽为不智之举,要亦无可奈何。

---

① 《浙江通志·厘金门稿》卷上,页六六。
② 《支那经济全书》第三辑,页七五。

然上述二利尚为商人由认捐本身而得之利,至若利用认捐,排斥非公所或公行会员之商人,对彼等货物课以偏重之税率,并与官方连络,而实行垄断一业,则所得之利更大。一般货物如棉丝,棉纱,煤油等之课税皆由此等承办认捐团体所把持。此现象尤以广东为甚。据广东英国领事 Frith 所作 1896 年(光绪二十二年)之贸易报告,云广东煤油认捐每箱课税三角(与入口税同额),全省推销煤油商家联合分为三个认捐团体,每年共包定十八万元。有六十万箱之税收即可完足此额;而实际上每年输入全省之煤油每年在百万箱以上。表面上规定,此等认捐团体,虽仅能对于在广东府县销售之货征税,然因与地方官有连络,即对于经过广东省城及溯东西两江而运行之货物,皆各就其管辖范围而悉予课税①。其利之大,可以想见。按各行初办认捐目的,仅在维护本商利益,然为时既久,则依其半官势力,不独可以排斥非会员之商人,并且积势至于能与官方分利。虽云一种制度不能完全无流弊,但此种流弊之产生,厘金当局亦应负责,盖当局如果操持得当,随时加以控制,则商人亦断难至于如此专横。

陆 报解及考成

一 报解程序

厘金税收报解的程序,大致是分局分卡所收之款按旬或按月汇解至其所隶属的专局或正局,再由后者汇齐转至省局或总局。

---

① 《支那经济全书》第三辑,页六三。

解款方法有派专员解送者，有由总局派船提取者（此法多用以提钱），有由商号汇兑者。解款期限大致不出下月上旬或中旬①，例如湖北规定各分局分卡每月所收厘金须于下月初二日内解赴专局转运至省，该专局汇齐起程解省，以下月初八日为限；如近于省城各专局，因所辖分局卡甚近，均可于月终取齐，解至省局亦以下月初二日为限。至距省局远之局，或有收数零星不按限扫数解送者则随时筹解，不得过迟②。其按旬汇解者大致该处皆有汇兑商号，例如浙江各分局卡皆按旬由商号汇至府局，再由府局转至省局③。大小各局每月所有收支，应按旬或按月作册报，此项册报本应随解款一并送至省局，惟各局每有迟误，其后遂多分解。例如湖北同治年间的规定，所有各局月册皆须随解款按限解至省局，如上述不能按限扫数解款至省之各局，其月册亦须赶下月初十以前造送④。迨至光绪年间即改为分解，初按各局远近限以下月十日，十五日，及二十日三种限期，后犹有迟误，至光绪二十四年，则又各展限五日⑤。又如陕西旬报及月报皆在解款之前造送，旬报不逾三日，月报不逾五日⑥。

按清代所有财政报告皆用四柱清册或清单，故所有厘金报册，亦皆为四柱式。四柱册分旧管，新收，开除，实在四项。厘局月报

---

① 但亦有限期稍长者，如福建规定近省局卡不得出二十日，稍远者不得出三十日，最远者不得出四十日（《福建省财政说明书·厘捐类》）。又如陕西所定解款期限，按距离省城的远近，定为一月至四月不等（《陕西省财政说明书·厘金部》）。
② 《湖北通省牙厘章程》。
③ Office Series: Customs Papers, No. 88, p. 133.
④ 《湖北通省牙厘章程》。
⑤ 《湖北整顿厘金章程》卷上，页二十。
⑥ 《陕西省财政说明书·厘金部》。

除照四柱填入旧管,收支,实存等项款数外,尚须将本年本月收数与上年本月收数之比较填入,以备考核。兹将湖北月报册式列为附录二第二十,以备参考。

总局收齐各局月报后,即须造册报详抚院,其册式可参阅附录二第二十一。月报而外尚有四季报及半年报。季报目的在供考成,半年报则须为报部及奏报之用①。盖户部定章各省厘金收支,每半年须由督抚奏报并部报一次,此项奏咨在税收较少的省份多改为一年一行,其详可参阅下章第一段。半年或一年报部一次而外,有的省份尚定有三年总报一次的章程,如湖南即是,每三年终由总局造具报册,咨布政司汇详报部②。奏报用清单(其式即折),咨部则用简明册。咨部之原册今未见,本书所用统计材料皆为军机处所存之各省奏报,兹举湖南光绪三年上半年之原奏报为样本,列入附录二第二十三,以备参考。

至于各省厘金应解中央之款及各省协款,则多由商号汇兑,盖较委员专解,省费得多。

二　考成

各省厘金在初办时期中未定考成方法,原因是因为厘金是一种有伸缩性的税收,一年一省收入应有若干,难作预计,故不能拟定一个岁额,以为稽核实际征收的标准。税吏因当局无考成标准,故作弊极易。其后各省大约亦鉴于中饱之弊不易切实剔出,而又

---

① 册式参阅附录二第二十二。
② 《湖南厘务汇纂》卷十四。

虑税收之逐渐减少（如同治中年），乃先后定出比较办法。此事未由户部主持，通盘计划，系由各省各自为政，故办法互异。且以厘金税收须视商情隆替而升降，故即在一省中办法亦时常更易。现在欲就各省作详细考证，自属不易，且似亦无此必要。兹即大略的将此项办法的要点叙述一下。

（一）比较办法及奖惩章程

厘金比较办法，大致是仿照常关每关例设岁额以稽核征收的办法而定。惟拟定岁额的方法略有不同，常关的岁额大致是根据历年贸易的数量（volume of trade）而定，而厘金的岁额则几乎全是根据以往的税收而定。因为常关是设在某省境内或交界处商运必经之途，故每年经过常关的货运是可以估计得出的，由此而定的常关岁额是可以经过相当的时间而不致变动。厘金则不然，各省境内通行大路虽皆遍设局卡，但不必尽为商运必经之路，今年出于此途之货运，明年或改由他道，故为每一局卡估计每年经过之货运颇难。兼之当时办厘之人也无此种考察，故大多迳取往年收数为根据，以定岁额。综核过去所采办法共有四种。第一种是在过去年份中择一收数较高之年分为标准，即以该年各局卡收数为各该局卡之岁额（亦称比额）。此种岁额因各地商运互有衰旺，自不能用之过久，须常更换。第二种是匀三提一之法，即以前三年收数通计而三分之，以得数为定额。由此法而定之岁额自必每年一易，因之税吏颇能以年年压抑税收的方法使其下降，故亦难于久行。第三种办法是在过去数年中，如六年或十年，取各局卡收入最高之一年，以为岁额。第四种办法是就各局卡过去数年的收数加以考核，再斟酌各局卡最近的情形，适中定一岁额，并不以其中任何一年为标准。由此四种办法所定之岁额，因各地商情时有变动，皆不能持久不变,故过去各省中无一省永执一法而不变。例如浙江对于前三种办法皆曾更迭采用,最后所用则为第三种①。此四种定岁额的办法皆由各省自定,各视情形采用,户部初不过问,惟阎敬铭管户部时(阎管部自光绪八年正月起),曾规定各省厘金比较须以光绪六、七年之收数为比额②,似亦仅为纸面之规定,各省未见得完全遵行③。

比较的标准既定,乃定比较办法及奖惩章程。

各省厘金税差大致皆以一年为一任期,惟亦有规定半年或三个月为试办期者,前者如湖北,后者如福建。各局委员到任后,即扣足三月,或半年,或一年作比较一次,视实收数目与岁额比较之结果,或盈或绌,而定去留功过。惟实行三月比较一次之省份,其惩罚有俟半年期满始实行者,如陕西即是。其间所用标准各省极不一致,即奖惩办法亦有宽严之不同,且虽在一省中,前后亦互异。例如浙江省定实征足额即得留办一年,稍短即须撤差,而湖北则定实征足额,或短收在一成以内者,皆得留办,短收至一成以上者始撤差。例如浙江短收最重的惩罚是记过停委,而湖北则定为停委外,尚须罚赔。大致奖励之法,第一步为留办,但留办有一定年限,如江苏,湖南之规定,厘差任期不得过三年,三年期满成绩虽佳,亦不再留④,是除原任一年外,仅得留办二年,湖北规定不得过二年⑤,即除原任半年外,仅得留办一年半,浙江初为三年,光绪二十三年

---

① 参阅第七章第二六八页。
② 《光绪二十二年八月初九日朱批刑科掌印给事中吴光奎折》。
③ 如浙江及湖北两省即未采行。
④ Office Series: Customs Papers, No. 88, p. 82, No. 73, p. 56.
⑤ 光绪九年定章不拘年限,以后改为二年,见《湖北通省牙厘章程》。

改为二年。故于留办外,尚须另定奖惩办法,以免各委员在最后一年故意设法侵蚀,以为离官终老之计。例如留办委员照岁额长征若干成或若干两,至若干成或若干两,得记一功或数功,然后再按规定照记功次数拔委署缺一次,或直接规定长收若干成之委员在卸差后即得拔委署缺一次,不必用记功办法。所谓拔委署缺,即厘金委员大半皆是候补人员,原应轮班守候实缺(如直隶州,知州,知县等缺),如因办厘有功而得拔委署缺一次,则可不轮班而尽先署缺一次。按记功拔委者如浙江,凡记大功在五次以上者,皆得拔委署缺一次①。仅按长收成数即直接拔委之例如湖北,光绪九年该省所定章程,如委员多收四成至五成者,该员卸差之日,如其候补官阶在直隶州,同知,通判,知州,知县等级中,则遇酌委缺出,尽先委署,若无酌委缺,列于轮委本班之首拔委一次。如官阶系佐贰杂职,则遇拣委缺出,尽先委署,若无拣委缺,于挨委中插用一人②。此为奖励办法,至于惩罚,则除撤差外,尚有两种办法,一是记过停委,一是停委罚赔。前者如浙江光绪二十四年所定章程,短收四五厘者,除应撤差外,过过一次,停委半年(即将其候补时间增长半年)③,六厘至一成,除撤差外,记大过一次,停委一年,一成以上按次递加④。后者如湖北光绪年间的章程,少收至一成以上者,撤差,至二成以上者,撤差外,罚赔一成,至三成以上者,撤差外,罚赔二成,停委一年,四成以上者,罚赔三成,停委二年,五成以上者,须全

---

① 《浙江通志·厘金门稿》卷中,页三。
② 《湖北通省牙厘章程》。
③ 并有规定在停委期间任何衙门差事皆不得充当者,如福建即是(《福建省财政说明书·厘捐类》)。
④ 《浙江通志·厘金门稿》卷中,页三。

数罚赔,并停委三年①。

规定奖惩等级所用的标准有二,一是照岁额按长收短收成数计算,一是照厘差等级按长收短收银数计算。前者比较简单,可不用申述,后者可举浙江为例。光绪二十三年浙江藩司按各局卡额数多寡,区为三等,第一等为额数在五万两以上者,每盈收一千两记一常功,二千两记一大功,二次常功等于一大功,以次递加。第二等为额数在一万两以上者,每盈收五百两记一常功,一千两记一大功,以次递加。第三等为额数在一万两以下者,每盈收一百两记一常功,二百两记一大功,以次递加。记过之法亦如之②。

(二)比较办法之流弊

按各省厘金之立比较办法,上文已言其目的是在防止中饱之弊。实则该项办法非独无此功用,且用之反足以使税吏为奸得一凭藉。至其流弊所及,则于公于民,皆有损害。兹试分析言之。

按各省设定厘金比较岁额,所采方法虽不尽同,但其共同的趋向则一,即皆愿采用较高的岁额,盖其意以为岁额高,则委员难作中饱之弊,并为保持地位计,势必设法征足岁额,如此则中饱之弊除而税收无降低之虞。然按之实施结果,并不尽如理想。盖各省所定厘金岁额,本非以每年实际商运数量的估计为根据,而仅以武断的方法采取过去之收数为标准。此项收数不论属于何年,或为某数年之折中数,皆不足以代表某一省厘金之实际收数。因为各省每年所得的收数,都是曾经各局卡大小侵蚀之弊所淘滤过的,核

---

① 《湖北整顿厘金章程》卷上,页四十四。
② 《浙江通志·厘金门稿》卷中,页三。

之实际征得之数，相差甚大。故若取其为未来收入之标准，即使其数为过去数年中之最高数，而税吏仍有侵蚀之余地。换言之，即比较办法，所能达到的目的，仅能使各省暂时保持某一限度的收数，并不能使实际取之于商民者，皆尽数归之于公。然果能无流弊，则用之以保障公家收入，固亦无害。无如此项办法乃利少而害多。今试举御史吴光奎之言以证之。

吴氏于光绪二十二年奏陈江西厘金积弊时，曾以下列一段话说明比较办法之弊：

> 江西自刘秉璋时（光绪元年至三年），已定章程，以最多之数为比较，如此卡向收三千，有委员急于见好。挪移克剥，报解六千，则记大功一次，留办一年，该员又递增解八千，则酌委署缺矣。他员接办此卡，即以八千为比较，递加不已，徒为购缺之地。及至竭泽而渔，脂膏已罄，无船无货，万难再加，必有一员仍照旧额，报解三千，实则所收盈万，而惩创之道不过停委两年。①

实则吴氏所言，尚系就委员贪功一方面说，若委员贪利。则在第一年虽实收六千，亦必仅以三千报解，盖有的省份规定能征足岁额即得留办一年，而留办年限多数省份皆为一年，期满虽有盈收，亦不再留，苟第二年内委员仍贪利而不贪功，则彼仍可以将岁额外之盈收括入私囊，欣然离任而作富翁去了。然此尚就每年实征较岁额为优的情形而论，至若第一年实征即低于岁额，按之定章本应

---

① 《光绪二十二年八月初九日朱批刑科掌印给事中吴光奎折》。

撤差，彼委员以百计经营或历年积劳而得一税差，岂肯如此罢手；故苟为其能力所及，彼必设法挪移借贷以补足岁额，而谋得留办一年，待至来年，彼为补偿上年亏损及私饱宦囊计，势必极力设法增高收入，于此彼可采取两种途径，一是减税招徕，一是私征苛索。设使此年果有盈余则彼可选择用此盈余以邀功，抑纳之入囊以自肥，苟其数不足以易得拔委署缺之实惠，而仅得记功，则贪利之人无疑将吞匿不报。设使此年仍无盈余，彼知来年再无取偿机会，则上年所亏及本年个人盼得之利必一概取之于公款，纵使满期未解足额，所得惩罚亦不过记过或停委一年二年而已，虽有少数省份定有着赔之例，但究少执行①，苟能运动有方，尤可安然无事。此诚如浙江省财政说明书所说"实征盈于比额，则私放多（即私征而不归公），朒于比额，则需索甚"②。前者害公，后者病民，试问此非害多而利少乎？

然各省之必欲采用比较办法的原因，已如上文所言，即以能使各该省暂时得保持某一限度的税收，不致下降。因其为效甚暂，故各省的比较办法亦须随时变易，否则税吏可以长久沿用为奸，如上文吴氏所述情形，虽有盈收亦不归之于公矣。

柒　厘金的弊端

清代厘金的弊端，在第二章述历年清廷对于厘金税政之措施

---

① 例如浙江于光绪二十三年曾定有着赔章程，其后始终未执行，参阅《浙江通志·厘金门稿》卷中，页三。
② 《浙江省财政说明书·岁入部》厘金项。

时,已略言及,惟未详述,兹拟于此节缕析陈之。

厘金的弊端,就大体说,都是从征收方面发生,换言之,即是藉征收手续而作弊。就此种弊端所得的收入性质而言,可分为两种,一是侵蚀税收的弊端,一是私索商民的弊端。兹即按此二类分述之。

一 侵蚀税收的弊端

侵蚀公款的弊端约有下列数种:

一、大头小尾　此项弊端在上文述联票之功用时已详言之。其法即是在填写联票时,将商人实纳数目照实填于收厘执照上,交商收执,而于存根及缴与总局之票上填一较小之数目,俟解款时即照较小之数报解,而将余款吞没。此法自各省相继采用收缴商人所执之完厘执照及采用上下局卡互验缴与总局之联票办法以后,已不甚普遍,盖作弊较难故也。

二、卖放　这是一种最普通的弊端。卖放有全部或一部之分,大抵以后者为多。其发生的原因,多因各地载货船户有代客人纳税之习惯,此辈常川往来于各城市商埠间,与各处局卡司巡人员多系熟识,于是乃互相勾结,狼狈为奸。大致于货船将近局卡时,先行停泊,正税私赂一一关说,及船来请验,或以贵报贱,或以多报少,概由查货司巡及局中经收人员串同包办,虽设稽查,亦不易发觉。此弊在采行于首尾两地征收厘金之省份较易发生,因沿途不再征厘,所过局卡多验票而不验货,较易蒙混。至于在采用起验制度征税或遇卡纳捐的地方,则非上下局卡彼此串通,即易发现。又处于附近省界及海口处之局卡亦易作此弊,如浙江杭州属海昌及碛石二卡俱近海口(二卡皆在海宁州),每年卖放之货甚多①。

三、私征　私征的弊端甚多,约可分为两类,一是不给票,一是填小票。不给票之私征大抵多限于以下五类货物:(一)落地货,(二)零星货物,(三)就地行销之货,(四)出境零货,(五)中途起卸之货,此五种货物除第二项外,在纳厘后,皆不再经过任何征收或稽查机关,故局卡司巡敢以其为私征之对象,至于零星货物,在有的省份(如陕西)照例为各局卡之私征对象,上卡私收厘金不给厘票,下卡亦然,彼此默契,绝少有告发之事。此外尚有不符补报之物,及他局未完厘之货两种。不符补报之货,即货物在上卡纳厘后,至下卡查验时查出货多于票,应令补报之货。此种货物非在上卡匿报,即系中途添购,按理如系匿报,即应处罚或没收充公,但习惯上多是令其补纳。他局未完厘之货,亦多系匿报之货。私征此两种货物,大多在最后一卡,否则再经一卡,即易被查出。

填小票之私征,大抵是由局卡公然主持,非司巡人员所能私办,盖所出小票须盖本局卡图章故也。此事仅隐瞒总局,各局卡间彼此皆有默契,互相承认彼此所出小票,具有正式厘票之效力。各省总局虽颁有禁例,征收货厘一概须用总局所发联票,不得以小票私征,但事实上并不能禁绝。总局非不知有此弊,但以积弊难除,且以有些小局卡恃此为津贴,故多默认其存在。用小票私征之货大都为往来之零星货物,盖有的省份系采用起验征收制,或逢卡纳税办法,沿途层层查验,苟使商人纳厘后而不给以厘票,则下卡必重征,商人必不听从,故须给以各局卡自备之小票,以为凭证。但各局卡亦有用小票卖放大宗货物的时候,例如光绪二十二年浙江

---

① 《浙江通志·厘金门稿》卷下"附录二"。

湖州府属所收丝捐仅三十余万元,约较以前少收五分之二,而是年并非歉岁。据总局查访,乃知有一部分局卡竟通同行户以小票卖放,而委员中饱甚巨①。

四、匿报罚款　此弊在各省甚普遍。原因是此项弊端不易发觉,而上下所得收入甚丰,故无人检举,且视为惯例。各省皆规定罚款数目必须填入给商厘票,藉以防止匿报,但在有的省份并未实行收缴厘票办法,则厘票上虽不填罚款,亦无从查知。在实行收缴厘票办法的省份,仍可不将罚款填入,盖常川往来客商及船户对局卡人员向来不敢对抗,对于各局卡所定不成文的规则皆恪守惟谨,如各局卡规定罚款例不填入厘票,则客商与船户皆不敢执总局规则与之计较,一则虑其苛罚(各省厘金罚则虽多规定不得超过若干倍,但少有遵守者)。二则恐其以后与之为难。故实际上各省局卡所收罚款多未填入厘票,而为匿报私分之地步。兹试引御史吴光奎所言江西的情形观之。吴氏之言见于光绪二十二年八月所上奏陈江西厘金积弊折②,其言如下:

> 各厘局或有刁狡商民偷漏走私,为局卡查获者,则扣船,扣货,扣人,加倍罚之,十倍百倍罚之。此项罚款应一倍而罚③,十倍小民不敢抗也。十人而报一人,罚一万而报一千,上司不能知也,旧章ए罚款之半赏缉私员役,以其半归公。大约中饱之弊,所恃罚款为多。又恐查察发覆,乃各提少许归公外,皆浑名之曰

---

① 《浙江通志·厘金门稿》卷下"附录二"。
② 《光绪二十二年八月初九日朱批刑科掌印给事中吴光奎折》。
③ 一倍而罚乃咸丰十一年户部定章,但未经各省采行。

红钱①,合卡朋分,视为例得,又提出巨款于解银到省之时,面呈各上宪,各厘局总宪,层次多寡不等,谓之余款。

此非江西一省如此,各省大致皆有此种情形。

二 私索商民的弊端

按厘局作弊,以下层司巡人员为最甚。此辈待遇甚低,而又处于下层,凡由上述侵蚀税收诸弊端所得之收入大部分皆为委员及其亲信人如帐房,文案,收支等人提取匀分,彼辈分润甚少。于是为饱私囊计,乃不利用其所掌握之直接征收权力而向商民勒索各种规费。下述诸弊,除浮收折价及补捐所得收入大部分仍归委员提取外,其余诸种收入皆为彼辈所得。此种私索弊端几于全是以征收手续为凭藉,即几乎是每有一种手续,即有一种规费。兹依征收次序述之如下。

一、挂号钱 凡运货到局卡,例须报验,局卡人员为之排定查验号次,要取一种规费,是即挂号钱。

二、划子钱 司事巡丁下河查货有时乘划子,巡河亦用划子,照例水夫皆得向船户索取划子钱。

三、查船规费 此项规费有称查船酒钱者,有称验船钱者,有查河酒钱者,大抵货船与空船皆须缴纳,前者所缴或较后者为多。据陕西三河口局的陋规,每船须纳钱一二十文至数百文不等②。

---

① 此名词通用于各省。
② 《陕西省财政说明书·厘金章》。

四、查货规费　查货规费亦称验货钱,或提舱钱。大抵是按所运货物的价值等次而定每担应纳数目,据陕西三河口局的陋规,每担须纳一二十文至数百文不等①。

五、灰印钱　灰印钱亦称打印钱,凡司巡验货既毕,即在船上画一字号,或打一灰印,行此项手续而索取的规费,即为灰印钱。

六、浮收折价　这是私索规费中最大的一项,为各局卡委员个人之大宗收入。清代各省局卡抽厘,银钱与银圆并收,但以库平银为法定银币,故解款时大部分银钱皆须折成库平银。各种钱币间的折合本应按照市价计算,但各局卡为预防市价变动,以免解款时有所损失起见,乃于征税时照当时市价多收若干,同时并将折合时所须之补水亦一并计入。故实际上各局卡征税时所用之银钱或银圆折合率,皆系自定,与市价有时相差甚多。此本为清代各种税收之通例,但税吏因有自定折合率之权力,而商民又不敢置喙,于是乃任意抬高折合率,以图私饱,是即所谓浮收折价。清代各省所用银两单位甚不一致,大都小于库平银,以各省通用银两(即各种市平)易库平银时,例须补水,此项补水称为补平,加平,或补色。各省商人纳厘多用该省市平银,如湖北用市平荆沙银,湖南用湘平银,厘局收折价时,其数往往高于各市平与库平之差,除兑换所需之补水外,犹有剩余。据陕西清理财政局的调查,该省各局浮收折价,每两可多收一分一厘至六分五厘,换言之,即多收 1.1% 至 6.5%②。然银与银间的折合几于是固定的,故无论由市平折库平,抑或由银圆折库平,浮收皆不能过多,否则在库平银通用较广的地

---

① 《陕西省财政说明书·厘金章》。
② 同上注。

方，商民即可以直接用库平完厘。惟在用银少而用钱多的地方，则商民必大受剥削。因为银钱的折合率变动是很大的，厘局所定折合率可随市价增长而抬高，但市价跌落，则不必降低，商民亦无可奈何，因之此项浮收遂为厘局之大宗非法收入。

例如陕西蜀河及白河两局，光绪三十二年以前旧例厘银（库平）每两折征铜钱1,750文，除照例提"个头"钱（陕西所特有的一种陋规）200文，按每两1,550文合银另报外，向在河口买银每千钱可易市平银九钱，而每一两市平较库平小四分七厘，以所有1,550文，就中兑足正厘一两，下余约得三四钱，悉润局员，以是该两局皆号称优差。又如宁羌局原定钱折库平，例价为每两1,620文，而征收时则取2,000文，除有200文为"个头"钱外，已多收180文，而按市价折银，则每两仅需钱1,300文，合计每收银一两，浮收之数与"个头"钱合计共为700文，合银约得五钱四分，换言之，即多征百分之五十四①。此种浮收直无异将税率提高一半，商民所受损失可想而知。此不独陕西一处，他省亦然。例如湖南城陵局所定银钱折合率即较市价高百分之二，惟较陕西则公平多矣②。

七、出票钱　此为填写厘票时所索之规费，陕西有此例，他省不详。

八、验票钱　商人运货在上卡纳厘后，持票经过下站各局卡，皆系呈验厘票，例系向查验人纳此规费，否则将扣留验货，藉端滋扰。此项规费亦称验票费，或照票钱，以照票钱之名称通用较广。

九、补捐　此项弊端大半发生于采用起验征收制的省份。所

---

① 《陕西省财政说明书·厘金章》。
② Office Series: Customs Papers, No. 73, p. 62.

谓补捐,即商人在第一卡纳厘后,持票赴下卡再纳厘时,下卡为多征计,谓其在上卡纳厘未足,除收本卡应征之厘捐外,并勒令其补捐在上卡未完足之数。实则商人在上卡并未占得便宜,但以既离上卡,亦无法声请对证。此弊盛行于浙江,江西两省,补捐之名用于浙江,江西则称补数①。此弊在浙江,最初盛行于浙西,其后亦蔓延于浙东,迨光绪二十三年该省当局整顿厘金时,始规定头卡征收起验捐,必须捐足,以免下卡以补捐为名,或索取陋规,有意留难,使商民不出钱不止。凡头卡已捐之货,经过次卡,如查明实在短捐,准押令仍赴原卡捐足,然后放行。惟其后此弊仍未杜绝②。江西此弊始于樟树卡,其后各卡皆仿效,至光绪二十二年御史吴光奎曾奏请禁革③,惟结果不详。广西在改办统税后,亦有类于补捐的弊端,即所谓遇卡加捐之弊。改办统税,征厘多在首尾两地,沿途则设查验卡及验卡,前者票货俱验,后者则仅验票,此等局卡既不征税,自难得额外收入,于是乃常以货票不符为辞而加抽经过之货。据云上卡知有此弊,乃不得不于征收时酌留余地,以便下卡层层加抽,是则与改办统税之意完全相反④。

十、苛罚　这是各省都有的一种弊端,上文曾言各省厘金罚则有定有应罚倍数者,有规定酌量情形处罚者,后者固极便于苛索,即前者亦不能约束征收人员,盖彼等可滥用权力,恣意以扣货,扣船,扣人为要挟,非使商民多出钱不止。

十一、填换运照钱　此为商人请填分运票时所索之规费。

---

① 《光绪二十二年八月初九日朱批刑科掌印给事中吴光奎折》。
② 《浙江通志·厘金门稿》卷上,页十三。
③ 《光绪二十二年八月初九日朱批刑科掌印给事中吴光奎折》。
④ 《广西省财政说明书·省税部》第十章。

十二、换票钱　各省中有规定收缴厘票者,于商人缴票时须填给换票,因此亦得索取规费。

以上所述,皆为藉征收手续而索取之规费,此外尚有藉商人手续不备而勒索者,例如商人运货出境,附近省界之局卡征税时多不给票,迨商人运货入他省,则所遇首卡必向之索酒钱。如此类之陋规当亦不少。上文所述乃就现在有记载可考者述之,遗漏自必尚多,惟重要弊端则几尽列于此矣。

捌　厘金与条约之关系

厘金是中国的内地税,征收厘金为中国主权范围内之事,本不应受外人之干涉,无如道咸年间之清廷不知国家主权为何物,关税自主权既因《江宁条约》而丧失,内地税之自主权复以该约及《天津条约》而受限制。嗣后中国所受之害,固不仅限于财政一端而已。按协定关税系肇端于《中英江宁条约》(道光二十二年,即1842年),英人用意虽云为求英商纳税有一公平之保障,不致如鸦片战前在广州通商时常受我国海关税吏之额外苛索,但其拟以之为经济侵略工具之用意亦甚显明。盖此约不独对我国进出口关税加以限制,即对于我国内地关税亦拟加以约束,冀使英货得不受关税之阻碍而畅销于我国内地。惟当时因最能阻碍外货行销内地之厘金尚未产生,故仅提出拟加限制之意,而尚未实行规定具体之限制办法,然《中英天津条约》中限制厘金之规定即伏根于此。

道光二十二年《中英江宁条约》第十条除规定英商在广州等五通商口岸纳进出口货税饷费均宜秉公议定则例由部颁晓示外,并规定"英国货物自在某港按例纳税后,即准由中国商人遍运天下,而路所经过税关不得加重税例,只可照估价则例若干每两加税不过某分"①。根据前段规定,翌年即协定中国进出口关税应为按估价值百抽五,惟后段规定则并未实现。迨咸丰三年厘金制度产生后,凡中外货物通过一地皆须纳厘,对于货物之流通颇有阻碍,英人深虑该国商货因此滞销,故于咸丰八年(1858)英法联军与我停战后,英国与我订立《天津条约》时即将旧事重提,于该约第二十八款订明英商得纳子口半税以代内地厘金。于是能用以代替关税阻止外货侵入内地之厘金遂亦失其保护我国工商业之能力。该约第二十八款内之规定如下:

> ……现定立约之后,或在现通商各口或日后新开口岸限四个月为期,各领事官备文移各关监督以路所经处应纳税银实数明晰照复,彼此出示晓布汉商民均得通悉;惟有英商已在内地买货欲运赴口下载,或在口有洋货欲进售内地,倘愿一次纳税免各子口征收纷繁,则准照行此一次之课,其内地货则在路上首经之子口输交,洋货则在海口完纳给票,为他子口毫不另征之据。所征若干,综算货价为率,每百两征银二两五钱……②

据此条规定,洋商运货入内地得任便缴纳子口半税或厘金,惟其所负担之最高税额不出百分之二点五。盖洋商运货入内地,得

---

① 外交部《道光条约·中英江宁条约》。
② 外交部《咸丰条约·中英天津条约》。

先计较两税之轻重而选纳之,如路程近,所纳厘金较值百抽二点五之子口半税为轻,则彼等必纳厘金,反之则必纳子口半税,是其所纳之税额绝不超出百分之二点五。而国人运销土货则不能享受此惠,故洋货受此优惠后,即无异增强其与华货竞销之能力。当时清廷眼光短浅,未能识别此中利害,故英人之得逞其狡计而迫我允其要求。此错铸成,中国工商品已难再拒抗外货之竞销,孰意当时地方当局竟推波助澜,不惜以助外商抑华商之办法,以冀使厘金收入得不受子口半税之影响而减少。盖清代厘金自成立以后,其收支之权即大半操于各省当局之手,而关税则完全为中央之税收,子口半税既为代替内地厘金之通过税,其收入又须全归中央,故各省当局于子口半税成立后,一方面即设法减低洋货厘金税率使中外商人运销洋货皆乐于纳厘,以与中央竞争税收;他方面复将失于子口半税之厘金转而取偿于华商。其所采办法有二,对于进口货,即将洋货在内地运销应纳之厘金税率减低至值百抽二点五之下,以广招徕。例如湖南岳州厘局为增进税收计,即于光绪十年与湖北北河口厘局(由鄂入湘必经之处)合采此项办法。其详禀抚宪之文中曾说明用意,兹引录如下:

> 为详请示遵事,窃照岳州卡抽取进口厘税为南省筹饷大宗,自洋货子口税单盛行,岳州卡收数大减,计每年少收不下十万金。……去冬曾饬岳州卡体察情形酌宜整顿,旋据总办委员裕守庆禀称,非痛减厘章,俾较子口半税稍减,不足以广招徕。因称商民自鄂运货赴湘,领用税单(即子口税三联单),一税之后任其所之,遇卡不复抽厘,若不领税单,经过鄂省北河口及湘省岳州均须赴局完厘一次。兹议核减厘捐,必须北

南两省会商办理,方可有济,先经该守将现在内地畅销之洋货择其盛行税单厘局向未收捐者,摘出四十二宗开单派员就近赴北河口向该局委员详细面商逐件核减,北河口局抽厘若干,岳州局亦抽厘若干,合而计之,较之子口半税犹属稍轻,以冀商人避重就轻,舍彼适我……①

又如福建亦定有减择洋货单,即照子口半税三联单办法,一税之后,即不再征,惟税率较子口半税为低②。此种办法所给与外人之利,显然超过子口半税,岂非出于外人之意料。

对于出口货,则将向来取之于中外出口商人之厘金改而取之于生产者,是即当时在丝茶生产区内所通行之"先捐后售"办法。当时的中央与地方当局颇以此为得计③,盖以为外人并未占得便宜,殊不知彼时中国出口贸易完全操于外人之手,出口货之市价悉由外商操纵,生产者所负担之厘税并不能完全转嫁于出口外商,大部分系由生产者自行负担。且即使能转嫁外商,其结果亦不利于中国,盖出口货之价格高,则国外之需要必有时因之而降低,如此则我之输出必减少,例如华茶贸易之衰落,此即为其原因之一④。

---

① 《光绪十年五月酌减子口单货厘金以广招徕》,详《湖南厘务汇编》卷八。
② 《福建省财政说明书·厘捐类》。
③ 此项办法曾奏准朝廷,参阅一一六页。
④ 《光绪二十一年十一月乙丑员外郎陈炽条陈振兴商务》一折中即说到此点,该折云印"锡茶出口之时,不征税钞,专以贱值与中国争衡,上年(即光绪二十年)出口之数较中国多至一半,泰西自俄罗斯外,英法德奥意比诸国皆销印度之茶,……以其价廉而物美也。当日美国销茶尤广,自日本广行仿种,亦减收出口税,……美国之利尽为所夺"。又云"厘捐减一分,华商多一分之利,即增一分之利源,洋商买一分之便宜,即广一分之销路。……"所见甚是,惜当时中央政府尚无此见识(陈折见《东华续录》卷一百三十)。

此皆因当时中央与地方当局之目光仅注意于收税之盈绌,而未顾及国家之工商业之利益也。

子口半税之成立,既于贸易中置国人于较外人不利之地位,则华商为求减轻负担计,自必设法逃避税率较重之厘金,而谋分沾子口半税之利益。进口货选纳子口半税,因系限于洋货,不问货主为洋商或华商,故无若何弊端;至于出口货纳子口半税之特权,则惟有洋商始得享受之,故往往有华商托庇外人冒领三联单或由外人出售三联以运销土货之事发生,而致在外交上引起无数之纠纷。至光绪二十二年六月总理衙门始采纳总税务司赫德之条陈奏准嗣后华商贩运土货出口,得与洋商一律请领三联单,以在出口处完纳子口半税代替内地厘金[1]。

前文已言,英国与我订立协立关税之最大目的,乃在使洋货不因关税之限制而畅销于中国内地,嗣以内地成立通过税之厘金税制,致不能完全达到该项目的,乃又与我订立子口半税办法以完成之。江宁与天津两条约皆为城下之盟,我国放让权利亦属迫不得已,然订约之人无深识远见,亦属无可讳言。迨条约实行后,其种种不利之处已毕显,于是始有人识其利害。惟当时政府所认识者仍偏于财政方面,而为时亦在甲午战后(即光绪二十年后)我国财政大感困难之际。甲午战前我国财政虽不甚充裕,然尚能保持收支平衡。战后因赔款而大借外债,每年偿付本息约需二千万两,以致年年入不敷出[2]。而增加收入的方法,除增盐税及厘金外,又别无善策。即盐税与厘金所增亦属有限。此际中央当局即颇感受协

---

[1] 《光绪二十二年六月乙丑总理衙门折》,《东华续录》卷一三四。
[2] 参阅拙著《光绪朝补救财政之方策》一文,《近代经济史研究集刊》第一卷第二期。

定关税钳制我财政权之痛苦。盖是时我国对外贸易日渐发达,而我乃不能利用关税以裕财政。加以当时银价低落,所谓值百抽五之税率实际已不及值百抽五。以是我财政当局乃于仰屋兴叹之余,思于光绪二十六年《中英商约》第二次修约到期之时,设法以废除厘金之条件换取增加关税之协定。光绪二十四年曾一度由李鸿章及张荫垣与英国作初步交涉,主张加税及改用金镑收税,但无成议①。光绪二十六年九月为修约之期,是年二月由清廷任命大理寺少卿盛宣怀及江苏布政使聂缉规会同总税务司赫德筹备修约事宜,当共同议定一种办法,即"将进出口货一面照时价核估,扯平修改,一面专指洋货援照洋药税厘并征办法,于核估时价值百抽五之后,并连子口半税二五,统加厘一倍,共总值百抽十五(即正税加子口半税等于7.5%,再加7.5%的厘金,即等于15%),俱在海关并征"②。不幸我国正拟以此项议案与英国进行交涉时,即发生拳匪之乱。迨《辛丑和约》成立(光绪二十七年,即1901年)后,即与英国订立《通商行船条约》(即《马凯条约》),加税裁厘之议虽已实现,但该约仅允我加至值百抽十二点五③,关于裁厘后地方财政之补救办法,则允我于不出洋之土货得征一销场税,惟系限于在销售地征收,并不得在租界内征收④。迨光绪二十九年(1903)议订《中美商约》时始由我国力争,加入于出洋及不出洋之土货得征一出产税一款⑤。

---

① 《光绪二十四年六月二十三日朱批总理衙门折》。
② 《光绪二十六年二月二十四日朱批盛宣怀等折》,或《东华续录》卷一五八。
③ 该约第二节。
④ 该约第七十一节。
⑤ 参阅第六十页。

《马凯条约》成立后之反响,即为少数省份改办厘金为统税,以为裁厘之准备,而不意嗣后外人竟迄未践约。其所以无履行条约之意者,即如上文所言,自子口半税成立后,外人商务已不致再受厘金之阻挠,且因我国自制商品负担厘税较重,乃反觉厘金之存在,较为有利于彼国商务。故关税与厘金之负担虽皆为华人,而彼辈竟吝不允我增税,亦可见其用心之毒矣。

第五章　全国厘金收支概况

壹　统计材料来源及整理方法

一　统计材料的来源

最初创办厘金的时候,户部并未定有报销章程。在咸丰四年末,胜保奏请劝谕抽厘助饷,当经户部议准所有用兵省份,得酌量抽厘,所收钱文,悉数解充兵饷①。因此当时各省收支厘金税款,多在军需案内报销。迨咸丰七年六月户部议准胜保奏请各省普律抽厘之案成立时,始规定各省抽收及动用厘金款数须按季报部,以凭查核②。但是因为当时尚在军事时期内,收支厘税之权多操于统兵大臣之手,而彼辈处军书旁午之际,亦何暇为厘金作收支季报。当时曾经遵行过此项规定的省份,据现在所知,只有广东一省③,陕西省虽在咸丰十年二月已作厘金报告,但该省系一年一报,与部定三

---

① 《咸丰四年十一月户部遵议胜保劝谕抽厘助饷疏》,《皇朝经济文编》卷五十五。
② 《咸丰七年六月户部遵议胜保奏请各省普律抽厘疏》,同上书。
③ 参阅第六章"广东省厘金"税收及开除段。

月一报之章程不符。至于其他省份,则多数皆未遵办。咸丰九年七月上谕命各省粮台办理军需,每届半年须造册奏报一次,至于捐输厘金须另造收支清册,每届半年随军需案奏销一次①,结果亦多未遵行。因此咸丰十一年二月户部在所拟厘金章程八条中,除于第一条重申三月一报的章程外,并于第七条规定严核报销办法。该条规定各省督抚应将各该省厘捐,自开办日起至咸丰十年十二月底的收支详数,限于一个月内造具清册,送部查核。逾限即拟参办,并定自十一年正月起即照三月一报之章程办理②。此项章程颁布后,各省仍多未遵行。在同治初年起始造报的仅有山西,奉天及广西三省,惟皆系一年一报,余省则迄未报部。至同治七年十月,户部在奏陈统筹军需全局一案中,议准胡大任的条陈,规定厘金报部章程,应仿照两淮盐厘报部格式,每年份作两期,以半年为一期,开单奏报,毋再仍前遗漏。当经奉旨俞允,并著两江总督马新贻抄录开报式样,咨行各省③。八年二月上谕又根据户部整顿各省厘金附片所奏,重申七年十月按限报部之令④。经此一再督饬以后,而实行按照两淮盐厘格式造报的省份在同治八年有广东,安徽,湖北三省,在同治九年有江西一省,在十年有福建一省,而余省则仍多未遵办⑤。同治十二年三月经部臣查明,江苏,浙江,山西,四川,奉天五省虽有奏报抽厘案据,均未按限报部;湖南,山东,陕西,甘肃,云南,贵州六省是否试办抽厘,未据奏报有案;安徽,江西,湖北,广

---

① 《文宗皇帝圣训》卷三十三。
② 《咸丰十一年二月户部遵议厘税大减饷糈不继酌拟章程八条疏》,《湖南厘务汇纂》卷首。
③ 各省厘金奏报档案。
④ 《湖南厘务汇编》卷首。
⑤ 参阅第二十三表。

东,福建,广西六省均系分次报部,惟咨送册籍迟延①。于此可见直至同治十二年时,尚有数省抽厘迄未造单报部,以致户部不知该数省是否试办抽厘。惟户部所作调查,亦有不实之处,如陕西抽厘本有案可考②,且其造报,亦远在咸丰十年,而在同治八年亦尚有奏报(惟在八年以后曾迟延数年),即其一例。他如甘肃,湖南试办抽厘,皆有案据可考③,惟无报销奏案而已。各省对于厘金报销,既如是疲玩,故同治十二年七月户部在遵议侍郎徐桐敬陈安危大计折中所请核实厘金报销一事时,又请旨重申一年两报之前令④。经此次督催后而起始依限照部定格式造报的省份,计有山东,浙江,江苏,湖南四省,除湖南省外,余三省对于十二年以前各年之收支,皆有一部分或全部的补报。惟湖南省在其同治十二年之厘报折中亦曾声明以前各年收支,均已汇案造册报销,大约系在军需案内报销。按清廷督饬各省依限造报厘金收支,此次已为第三次,而在同治十二年后各省仍有未报者,据光绪元年户部调查,河南,四川二省,仅有造报洋药厘金案据,是否抽收货厘,未据声明。直隶,贵州,陕,甘四省迄未据奏报有案。故是年三月户部在整顿各省厘金一折中,又请旨饬未遵办各省应即遵办⑤。四川,河南当于光绪元,二年起照办,甘肃则在九年,陕西本已有奏报,惟自同治八年后曾延误数年,此案咨行后,自光绪二年起又继续造报。惟直隶,贵州两省今以无档案可资考证,故不详。按部章造报究始于何年。至

---

① 《同治十二年七月户部遵议各省厘金核实报销疏》,《湖南厘务汇纂》卷首。
② 参阅第十一章"陕西省厘金"。
③ 参阅第八章及第十一章。
④ 《同治十二年七月户部遵议各省厘金核实报销疏》,《湖南厘务汇纂》卷首。
⑤ 《光绪元年三月户部议整顿各省厘金疏》,《湖南厘务汇纂》卷首。

第二十三表　现存清代各省厘金报告年份表

省别	现存各省厘金奏报起讫年份	现存第一报告造报年月	报告不全年份(5)	报告全缺年份
福建	咸丰 3 年—光绪 33 年	同治 10 年 7 月*	光绪 2,13,26 年	光绪 22 年
四川	咸丰 6 年—光绪 33 年	光绪元年 10 月(4)		同治 13 年;光绪元—6 年;24—27 年
河南	咸丰 8 年—光绪 34 年	光绪 2 年 5 月*	光绪 19,34 年	咸丰 10,11 年;同治元—5 年;光绪 15 年
陕西	咸丰 9 年—光绪 34 年	咸丰 10 年 12 月*		光绪元—7 年;15 年;30—33 年
山东	咸丰 10 年—光绪 34 年	咸丰 12 年 12 月*		
山西	咸丰 10 年—光绪 34 年	咸丰元年 8 月	同治元,10 年;光绪 22,25,33 年	
广东	咸丰 11 年—光绪 34 年	咸丰 11 年 5 月*		同治 2—7 年
广西	同治 2 年—光绪 34 年	同治 3 年 9 月		同治 3,10,12,13 年;光绪元—4 年;6,10,12,15,17,18,23,24,28 年
浙江	同治 3 年—光绪 33 年	同治 12 年闰 6 月*	同治 12 年;光绪 5,29 年	
奉天(1)	同治 4 年—光绪 29 年	同治 5 年 8 月	光绪 8,25,26,28 年	
江西	同治 7 年—光绪 33 年	同治 9 年 5 月		
江苏	同治 8 年—光绪 34 年	同治 12 年 12 月	光绪 2,6,7,14,15 年	
安徽	同治 8 年—光绪 34 年	同治 8 年 12 月	光绪 6,13,22,26 年	
湖北	同治 8 年—光绪 34 年	同治 8 年 10 月	光绪 12,16,29,32,34 年	
甘肃	同治 8 年—宣统元年	光绪 9 年 12 月*	光绪 17,20,21,23,24 年	
直隶(2)	同治 10 年—光绪 4 年	光绪 6 年 4 月	光绪 2,8,28 年	
湖南	同治 12 年—光绪 34 年	光绪 12 年 9 月		光绪 11 年
新疆	光绪 7 年—光绪 8 年(3)	光绪 15 年 3 月	光绪 12,17 年	光绪 13 年
台湾	光绪 12 年—光绪 19 年	光绪 14 年 2 月	光绪 31 年	
吉林	光绪 22 年—光绪 22 年	光绪 23 年 5 月		

* 凡附有此号者,亦为该省第一次造报的年月。

(1) 此为《天津厘金报告》。

(2)

(3) 至是年五月二十三日止。

(4) 仅就各城厘金报告年份而列。

(5) 此为第一次造报盐货厘报年月,盐厘单独造报自开办之年起。关于所缺部分,参阅各省收支总表。

于云南,今亦未得其厘金报告,光绪元年户部折中,以云南与但报总数或造报迟延之江浙数省并列,可知其在同治十三年开办厘金后即有报告。兹将现存各省厘金报告起讫年份及中间报告不全或全缺之年份列为第二十三表。该表并附现存各省第一个报告造报的年月,凡附有＊号者,亦为该省第一次造报的年月。

按部定各省厘金报销章程,系按两淮盐厘格式,每半年报销一次,但各省造报,并未完全依照部章办理。大凡厘税收支较大的省份,皆采半年一报办法,如四川以下长江流域的六省及闽粤二省皆是,惟河南与台湾二省亦系半年一报。其余省份除直隶,云南,贵州三省因未见其奏报不知外[①],皆系一年一报。至于奏报格式,半年一报之省份多系折单具备,折(有时为附片)之内容不一,有的省份在折中将半年收支详情提要述出,作为简报,有时并将该年税收衰旺原因附带陈明;有的省份则系例行公事,对于收支详情并无扼要说明。单为四柱清单,内分旧管,新收,开除,实在四项。一年一报之省份,因收支较为简单,皆以折报,而不另备清单。兹将各省厘金报告期限,所用格式及奏报人之职衔,列为第二十四表,以供参阅。

按各省每年报销厘金,无论其为一年一报,或半年一报,其头年之税收支销,皆应于来年前二三月内报清。但事实上并不如此,常有迟延至半年、一年,或数年者。此在同治朝最甚,光绪一朝虽然较好,但延报之事仍甚普遍。例如光绪二十九年户部发表各省厘金收数,本应全用二十八年各省所报数字,以作一年收数之代

---

① 直隶厘报现仅存一折,系数年收支一次合报,故不能据此知其造报期限是否一年二次,或一年一次。

表,但据现在考核,则有多数省份皆用二十六、七两年之数字代表,此即系受延报之影响(详见附表三)。

第二十四表　各省厘金报告期限格式及奏报人

省　　别	奏报期限	报告文件	奏　报　人
江　　苏	半年一次	折单并备	两江总督及巡抚[3]
浙　　江	半年一次	折单并备	巡　　　抚
安　　徽	半年一次	折单并备	巡　　　抚
江　　西	半年一次	折单并备	巡　　　抚
湖　　南	半年一次	折单并备	巡　　　抚
湖　　北	半年一次	折单并备	湖广总督及巡抚[4]
福　　建	半年一次	折单并备	闽浙总督及巡抚[4]
广　　东	半年一次	折单并备	两广总督及巡抚[4]
台　　湾	半年一次	折单并备	福建台湾巡抚[5]
河　　南	半年一次	有折无单	巡　　　抚
广　　西	一年一次	有折无单	巡　　　抚
山　　东	一年一次	有折无单	巡　　　抚
山　　西	一年一次	有折无单	巡　　　抚
陕　　西	一年一次	有折无单	巡　　　抚
甘　　肃	一年一次	有折无单	陕　甘　总　督
奉　　天	一年一次	有折无单	将　　　军
吉　　林	一年一次	有折无单	将　　　军
四　　川	无　定　期	有折无单	四　川　总　督
直　　隶	不　　详[1]	有折无单	直　隶　总　督
新　　疆	不　　详	不　　详[2]	甘肃新疆巡抚[5]
黑　龙　江	不　　详	不　　详	将　　　军

(1) 现仅存一天津厘报,系数年收支一次合报,实际有无定期不能断定。
(2) 光绪十七年及十八年一月至六月之报告系折单具备,以后不详。
(3) 金陵局由总督奏报,淞沪及苏州二局由巡抚奏报。
(4) 二人会衔奏报。
(5) 系兼任。

二　折合方法及准确程度

　　清代通用货币为钱与银，全国财政上之收支亦二者并用。至于厘金，则江浙二省尚兼收洋圆。货币单位不一致，为今人统计清代厘金收支时所感之最大困难。若不统一单位，则在收支方面，既不能作比较，亦不能求得各省之总数，驯至于无法说明厘金在清代财政上之大势。所谓统一单位，即设法将各省厘金收支款项俱以库平计算。此因库平为清代全国通行最广之货币计算单位，而中央收支尽用此单位也。但统一货币单位，又有一最大困难，即是三种货币间，除一种银与另一种银（如湘平与库平）之间有固定之兑换率外，银与钱或洋圆之间皆无一标准的兑换率。当时三种货币间的折合，皆从市价。而市价乃随月日而异，今既无此项市价的记载可供参用，则虽欲于一年中求一标准市价，亦不可得。万不得已，只好即在各省每年的厘金报告中，求出一二银与钱及洋圆之折合市价，遂作各省该年之标准兑换率。不过此种办法有两个缺点：第一是以某一短时间内之市价，或某数短时间内之平均市价，作为半年或全年之标准兑换率，不问当时每年市价的变动情形如何，都稍欠精确。第二，官家所报市价往往皆略高于实际市价，以其有利可图也。今厘报中所求得之市价皆为官报市价，自难认其与实际市价完全相符。而此两种缺点，在现在都是无法弥补的，实属憾事。但舍采此办法外，尚无其他较好办法。且即使当时户部来作此事，其所感之困难亦与此同。盖市价随时变动，欲为各省求半年或一年之标准市价，户部至少须有该省全年市价之记录。惟此不特现时，即在当时，亦不可得。观户部在光绪二十九年发表各省厘金收数时,系以银、钱,及洋圆三者并列①,而于全国厘金亦未能作一总计,可知折合问题在当时亦不易解决。据此而论,则吾人目前所采用之办法,亦可说是唯一可采的办法,虽稍有缺陷,但亦较全无办法者为佳。兹将各省厘金项下所用货币种类及将各省不同单位的货币折合库平银之经过叙述如下。今存有厘金报告之省份,连台湾在内,共计十九省。尽用银两收支之省份共有九省,计用库平银者占七省,即福建、河南、山西、直隶、陕西、四川、台湾。用洋银者占两省,即广东、广西。银钱并用省份共计十省,即苏、浙、皖、赣、鄂、湘、山东、甘肃、奉天、吉林十省,除安徽有一时期用湘平银,湖北用荆沙银,及湖南用湘平银外,余省皆用库平银。至于各省所用之钱除奉天东钱及吉林市钱,其价值与关内各地大相悬殊外,并无若大差异。兼用银圆省份,仅有江、浙二省。至于云贵二省则今不详。兹将各省厘金收支所用货币种类列为第二十五表。

吾人既定以库平银两为厘金收支款项之唯一单位,故对于各省所用库平银以外之货币,皆系折成库平银。在银币方面,除库平外,有湘平银、荆沙银,及洋银三种不同的银两。此三种银两与库平皆有固定的兑换率,兹将其表列如下:

$$库平银 100\ 两 = \begin{cases} 洋\quad 银\ \ 108.6956\ 两 \\ 荆沙银\ \ 105.0960\ 两 \\ 湘平银 \begin{cases} 104.9300\ 两(官率) \\ 103.6000\ 两(市价) \end{cases} \end{cases}$$

---

① 见光绪二十九年户部所编各省岁入表,载东亚同文会所编:《支那经济全书》第一辑"附录"。又载于周棠:《中国财政论纲》附录。参阅本书附表第三。

第二十五表　各省厘金收支所用货币种类表

省　别	货　币　种　类		
江　苏	库平银	钱	银圆
浙　江	库平银	钱	银圆
安　徽	湘平银及库平银*	钱	
江　西	库平银	钱	
湖　北	市平荆沙银	钱	
湖　南	湘平银	钱	
福　建	库平银		
广　东	洋银		
广　西	洋银		
山　东	库平银	钱	
河　南	库平银		
山　西	库平银		
直　隶	库平银		
陕　西	库平银		
甘　肃	库平银		
四　川	库平银	钱	
台　湾	库平银		
奉　天	库平银	东钱	
吉　林	库平银	市钱	

＊光绪三年以前用湘平银。

各省厘金收支钱数较多的省份为江苏,浙江,江西,安徽,湖北,及湖南六省。在厘报中能求出库平银与钱之兑换率的为江苏,安徽,江西三省。至于库平与银圆之兑换率,惟江苏一省有之①。

---

① 参阅附表第三十一。

求率之法，系就各厘报中某项银款系由若干钱数，或若干圆数折合而来之声明，取其银数以除钱数或圆数，所得结果即为该款之兑换率。例如有30,000两库平银一款系以49,950串钱折合而来，吾人以银数除钱数，即得其兑换率或折合市价，为1,665文易库平银一两。求率之时，如各省半年的厘报中仅有一项折合的声明，则取此唯一之折合市价作该省半年之标准兑换率；如有数项声明。即可求出数个折合市价，如其数不相同，则取其平均数（Arithmetic mean）以作该省半年之标准兑换率。今所得各省库平银与钱之兑换率，皆系每半年一率，惟苏省库平银与银圆之折合系一年一率。其无兑换率的省份，即借用邻省之率，如浙江借用江苏之率，湖南，湖北即借用江西之率。至于采用此项借用办法的理由，第一是就已求出之苏，皖，赣三省的兑换率表看[①]，历年各省的银价颇有涨落，因此，对于无兑换率省份的银钱，自不能不设法顾及该省历年银价的变迁，始终以一个定率去折合。第二就三省的兑换率表看，历年各省银价的涨落情形，皆大致相差不远，况长江各省相邻甚近，此省借用彼省之率，当可无弊。此外山东与甘肃二省厘金亦有钱数收支，惟仅有数年，甘肃系以1,700文合库平一两计算，山东则采用当时通用官率，以1,666合库平一两折合。至于奉天所用东钱，因无兑换率，未将其折成银数。吉林市钱系以3,000文，折合库平银一两。收用银圆的省份仅有江苏，及浙江两省，惟苏省有兑换率，浙省即借用江苏之率。

吾人所用折合方法既有上述一二缺点，则对于用此项方法求得的结果，似有一考其确实程度的必要。按吾人现在所作的统计，

---

① 参阅附表第三十一，第五十二，及第六十。

有一部分是绝对的确实可靠,如完全用库平银收支的省份,其数字即无疑问。至于有银钱或银洋折合省份的统计,因所用折合率皆系官报,当较市价略高之故,其数值必较用当时实际市价折合所得之数为低,而绝不至于偏高。至于偏低至何等程度,则颇难言,因现在所存前人的统计,皆不足以为比较之根据。前人所作厘金收入统计,较详者有二,一为《光绪会计录》,一为《光绪会计表》[①],二者根据的材料虽皆为户部档案,但皆未说明归类标准及折合办法,其统计本身之确实性尚待证明,自不能作吾人比较之根据。且前人统计尚有不注明各省货币种类之缺点。例如广东厘金向例系用洋银收支,今查两书所列皆为其洋银之收数,而两书原表并未注明,且迳与其他省份之库平银收数并列或并计。现时可与吾人统计作比较的资料,仅浙江省有少许材料。兹述之如下:

《浙江通志·厘金门稿》[②]载厘局造送藩司清折所开光绪十七年及十八年丝茶货厘的原收数,与吾人今日所得之原收数完全相同,兹将两项收数表列如下:

光绪十七,十八两年浙省厘金收入

年　　次	数　字　来　源	银数(两)	圆数(元)	钱数(串)
光绪17年	《厘金门稿》所载	1,057,462	891,951	310,710
	档案所载	1,257,462	891,951	310,710
光绪18年	《厘金门稿》所载	1,021,781	663,386	399,892
	档案所载	1,221,781	663,386	399,892

上列两项记载,除银数各年相差200,000两外,各数皆完全相

---

① 《光绪会计录》为刑部主事李希圣所编,光绪二十二年刊行;《光绪会计表》为户部主事刘岳云所编,光绪二十七年刊行。

② 会稽顾家相纂,民国八年刊行,书凡三卷,共六册。

同,至于银数之有如此差异者,系因《厘金门稿》所载之数未将海关拨付厘局之 200,000 两洋药厘金税银列入,而档案所载则将其列入。若将此数除外,则两项记载无丝毫差异。《厘金门稿》所载当时厘局将银圆及钱数折合后之总银数,十七年为 1,872,454 两,十八年为 1,726,686 两。当时折合所用之率,银系七折(即一元等于七钱),钱系六折(系 1,000 文等于六钱银子)。此项折合在当时有市价作根据,折合后之总银数自属可靠。今吾人借用江苏之率折合后所得总银数,在十七年为 1,859,166 两①,十八年为 1,725,079 两②。以此两数与《通志·厘金门稿》所载之数相比,在十七年较少一万三千余两,在十八年较少一千零七两。在此一例中可证明两事,第一即用吾人所求出之折合率计算之结果,其数值常较以实际市价或极近于实际市价之兑换率折合之数值为低,此因官报市价较高故也。第二即一省借用邻省之折合率,求出结果尚可无过高或过低之弊。上述两年之数虽皆偏低,但为数甚微。由此可见,吾人所用折合方法,虽有缺点,尚无大碍。今为供研究者参考起见,并将苏,浙,皖,赣,湘,鄂六省之银钱及洋圆原收数列为附表第三十,四十三,五十一,五十九,六十六,及七十六。

三 材料不全及补充办法

在第二十三表中我们看到现存有清代厘金报告的十九个省份中,厘报之数比较多的省份共有十六省,即江苏,浙江,安徽,江西,

---

① 减去海关所拨洋药厘金二十万两。
② 同上。

湖北,湖南,福建,广东,广西,四川,山东,山西,河南,陕西,甘肃,奉天等省。有少数报告的为直隶,台湾,吉林,新疆四省,完全无厘报的为云,贵及黑龙江三省。在此厘报较多的十六省中,厘报残缺比较最少的省份不过只有两三省。把这十六省并列起来,我们可以看到,自同治八年至光绪三十四年,共四十年间,各省厘报完全无缺的年份,仅有光绪九年,十九年,二十年,二十一年,及二十七年五年。材料如此不全,不独不能统计清代全国厘金收支总数,即此十余省之总计,四十年中除有五年可得全数外,几于每年皆有一二省缺报告。吾人为搜集材料以作补充计,曾将光绪十七年以后之《谕折汇存》及《华制存考》等书检查一过①。结果仅仅得到少许补充材料(如湖北省光绪三十四年上半年的厘报及奉天省数年之厘报即得自《谕折汇存》)。至如云贵二省及直隶之厘报,则一年亦未查得。统计清代全国厘金实际收支总数既不可能,退而求其次,则只好就档案最为齐全之十四省,求一总计,以作推论全国厘金历年收支概况的根据。所幸者即清代厘金收入以内地十八省为主源,而现有多数档案之十四省大部分是十八省中之重要省份,缺档案之四省,除四川外,其收支数皆不甚大,直隶,云南,贵州三省合计,每年最多不过收六七十万余两,至于四川每年约收四五十万余两,支出之数亦相当。四省合计,每年收支银数不过一百二三十万两,约当全国厘金收入百分之十左右。换言之,即吾人现作之十四省厘金总计,约当全国收支总数百分之九十左右。据此推论全国厘金收支概况,当为情理所允许。吾人统计十四省收支总数时,遇

---

① 此类汇刊性质与现在政府公报同,惟未分类,仅按日汇列中外奏章,每月刊行一次。《华制存考》创刊于光绪三十三年,性质与《谕折汇存》同,为后者停刊后之替身。

有某省报告残缺而又不能用其他记载补充时,则采用统计学中之补插法(Interpolation),而求其近似之数值以补充之。吾人所用的补插法系将缺报告年份的上下相邻二年的数目相加起来,取其平均数以补入缺报告的年份,如缺一年即补一年,缺数年即补数年。此为原则,如遇有特殊情形时,所用之方法亦略有变通,总以能近于实数为要①。收支两方面俱系采用此项办法。此为补插法中最简单的方法。至于采用此项办法的理由有二:第一,就补插数的本身说,历年收支的增减形势都很平缓,陡增陡减的时候很少,故相邻两年之平均数必与所缺之数值接近。第二,就各年的收支总数言,各年的补插数目在各年的各省收支总数中所占的部分大半很小。吾人所作各省收支总表,共列有十四省,时间由同治八年至光绪三十四年,共计四十年中,有三十四年采用补插数②。三十四年中,在收支两方面,补插数占总数百分之十以上者各有十年,占百分之二十以上者各有五年,百分之三十以上者各有一年,余年所占之百分数皆在百分之十以下③。补插数占总数的百分数既是不大,则总数中差误的成分自必很小。今欲明了差误的确实程度,采用下列的方法试作估计:

假定某一年的总数是由 a,b,c,d,e,f… 等项合计而成,其中 a,b,c 三项是由补插得来。我们取该年前后三年为范围,在此六年中拣出 a 项的最大数及最小数,假定为 a 项补插数上下摆动可能的限度,再以补插数与最小数相减,其结果称为正差,与最大数相减,其

---

① 各种变通方法,详见各表之脚注。
② 采用补插数的年份共为三十五年,惟光绪十四年仅有江苏一省采用了一部分补插数,为数不大,差误限度亦小,故未列入补插年份。
③ 参阅各省收支总表。

结果称为负差。其次用同样的方法求 b 及 c 两项的正差和负差。把 a,b,c 三项的正差加起来以总数除之，化成百分数，便是总数正差的限度所占的百分数。同样的再计算总数负差的限度。至于取前后三年为范围的理由，是因一种百货税收，除了遇着税制或税率有大变更时，其收数是难有陡升陡降的机会的，故以七年为范围，足可以观察其平时之一般升降情形。至于开除方面，则尤为稳妥，因为各省厘金开除，向例有一大部分是固定的（如京协饷多有定额），陡增陡减的机会是异常之少，故七年中的增减也足以代表平时之一般增减的情形。

第二十六表　历年含有补插数之各省收支总数的差误限度

同治 8 年—光绪 34 年

年　次	补插数占收入总数之百分数	差误的限度（占收入总数的百分数）		补插数占开除总数之百分数	差误的限度（占开除总数的百分数）	
		正差（估计过高）	负差（估计过低）		正差（估计过高）	负差（估计过低）
同治 8 年	9.67	0.16	1.70	9.55	0.33	0.87
9	9.06	0.15	1.00	8.54	0.29	0.77
10	21.69	0.71	1.50	23.74	4.59	1.58
11	9.22	0.15	1.02	8.54	0.28	0.77
12	18.92	0.28	0.14	18.62	0.36	0.95
13	4.96	0.23	0.14	4.97	0.14	0.30
光绪 元年	5.58	0.27	0.26	5.65	0.30	0.67
2	30.27	2.57	3.37	30.46	3.91	3.17
3	5.95	0.28	0.27	5.97	0.32	0.71
4	5.99	0.28	0.28	6.03	0.32	0.72
5	15.45	2.05	4.37	15.70	2.09	4.11
6	9.42	2.63	0.89	9.48	1.09	0.69**
7	0.40	0.03	0.10	0.46	0.13	0.33
8	9.40	1.82	2.52	9.34	1.91	0.35
9	0.00	0.00	0.00	0.00	0.00	0.00

续表

年次	补插数占收入总数之百分数	差误的限度（占收入总数的百分数）		补插数占开除总数之百分数	差误的限度（占开除总数的百分数）	
		正差（估计过高） 负差（估计过低）			正差（估计过高） 负差（估计过低）	
10	5.49	0.90	0.50	5.48	0.91	0.50
11	11.72	2.55	2.15	12.14	2.58	2.12
12	16.48	2.97	2.19	16.76	2.96	2.48
13	20.14	3.93	0.48	20.02	2.39	1.24
14	0.00	0.00	0.00	0.00	0.00	0.00
15	7.62	0.95	0.59	8.11	0.94	0.76
16	11.88	0.62	0.85	11.81	0.45	1.05
17	4.62	0.80	0.80	4.65	0.80	0.80
18	4.60	0.79	0.80	4.54	0.83	0.78
19	0.00	0.00	0.00	0.00	0.00	0.00
20	0.00	0.00	0.00	0.00	0.00	0.00
21	0.00	0.00	0.00	0.00	0.00	0.00
22	27.19	5.31	1.66	26.53	4.26	2.11
23	3.59	0.18	0.54	3.68	0.18	0.75
24	3.92	0.19	1.10	3.78	0.19	1.06**
25	10.46	1.95	3.33	10.19	1.77	3.35
26	13.29	4.38	3.47	14.26	0.88	1.62
27	0.00	0.00	0.00	0.00	0.00	0.00
28	11.98	1.32	1.15	11.68	1.20	1.35
29	26.72	2.72	1.02	27.07	3.96	1.62
30	1.02	0.44	0.15	0.56	0.10	0.14
31	1.06**	0.46	0.16	0.59	0.11	0.14
32	11.52	0.74	3.83	10.58	4.60	0.10
33	13.85	3.92	3.76	11.66	3.32	3.34
34	28.38	0.45*	1.48*	22.13	2.12*	0.22*

* 仅用前三年作根据。

** 原书不清，为疑似值。——编者注吾人根据上述方法算得的结果列为第二十六表。由此我们可以看出补插数占总数的成分在百分之十以下的各年份，总数差误的上下限度，除在收入方面有二年为例外外，皆未超过百分之二；在其余各年份中，补插数所占总数成分在百分之十至三十一之间，总数差误的上下限度，除在收入方面有一年为例外外，俱在百分之五以内。其实实际上的差误尚不至于到此限度，因为此种限度乃吾人假定一年中之补插各项全是偏高或偏低的限度，而实际上则并不至于如此。因为一年中之补插各项，多半是有的偏高，有的偏低，不必全是偏高或偏低。如一年有五项补插数，二项偏高，三项偏低，则彼此可以抵销一部分，故可知实际的差误必不至如上述假定之高；且即使全是偏高或偏低，亦难如上述假定之甚，因吾人假定补插各项上下摆动可能的限度乃以六年中之最大数及最小数为标准也。

总上所述观之，吾人所采用之补充材料办法，尚可称无弊，而于整理各省收支总计，则实有莫大补助。

贰　全国厘金收入概况

一　各省厘金税收的种类

清代全国所抽的厘金中，百货厘金最先创办，次为盐厘，再次为洋药厘及土药厘①。四类厘金在原则上是应该各成一系的，不过

---

① 此系就大体而言，各省开办次序，不必与此俱同。

因为有些厘金在某几省的收数不大，或以无独立的征收机关的原故，往往附于货厘征收，与之相混，彼此不易划清界限。能自始即与百货厘金对立而独成一系的只有盐厘，因其有独立的税收机关故也。至于各省百货厘金报告中，虽有几省附有盐厘收入，但多为附带之征收，为数甚微，且已被视为货厘之一部分。洋药厘金在开办的时候，本与货厘分开，不过事实上仍有几省如浙江，福建，山东等省，是与货厘合报的。迨光绪十二年《中英烟台条约》续增洋药专条互换后，自十三年起全国洋药厘金即改归由海关与洋药税同时并征，此后即完全自成一系。光绪十三年后虽有数省的货厘报告中仍列有洋药厘金税收，但性质多与以前有区别，闽浙两省的收入是由海关转拨，江苏所收全为坐厘，即洋药栈之营业捐；至于河南所抽洋药，实系陕甘运豫之西土，称为洋药，实属不当。惟山东所收乃应归海关征收之行厘，此因山东海口甚多，海关初办并征，未能兼顾无遗，故尚有一部分厘金（年约五千余两）及少数药税（年约百余两）仍由厘局征收，但至光绪十七年后，即全由海关征收，嗣后货厘报告中的洋药厘金收入仅为每年不满三百两之洋药铺捐。至于土药厘金，则自开办时起，多数省份即将其附于货厘抽收，而甚至有为一省之主要厘金税收者，如山西省之药料厘即是。即有单独抽收者，亦多与货厘合报。至光绪十六年整顿土药税厘之案实行后，此项厘金始逐渐与土药税合并，成为一独立税收。当时曾由总理衙门奏咨各省所有土药税厘收入银两，应一律按季造册，随册解部，并咨报总理衙门以凭稽核。原意是在使其不与货厘相混，但事实上，光绪十六年后，仍有数省其货厘报告内尚附有土药厘金的收入。惟除在陕西及湖北两省为主要的收入外，余省多为附带之征收，为数不大，年数亦较少。至于未能将其与货厘完全分开的原因，大约是与收入的分配有关系，如药厘附在货厘项下时，其用途早经规定，如一旦划与土药税项下，则收入将全数解部，或听部指拨，于各省财政诸多不便，故结果即未完全遵办。又各省土药厘金之抽收向来多由百货厘局执行，划分后未能另设征收机关之省份，自不得不仍由厘局征收，故结果亦仍附于货厘报销，如广东即是。兹为供参考起见，将货厘报告中附有洋土药厘金及盐厘之省份列为第二十七表。表中附有各厘报告起讫年份，惟中间关于无收入或缺报告之年份，并未一一注明，因有各省收入总分各表可资参阅故也。

第二十七表　货厘报告中附有洋土药厘及盐厘收入的省份

省　　别	税　　　　名	报　告　起　讫　年　份
附有洋药厘金的省份		
福　　建	洋药厘税及加捐	咸丰 7 年—光绪 28 年[1]
山　　东	洋药税厘及铺捐	咸丰 10 年—光绪 29 年
江　　苏	洋药栈商捐及认捐	同治 8 年—光绪 24 年
浙　　江	洋药厘捐	光绪 11 年—光绪 23 年[2]
河　　南	洋药厘金	光绪 16 年—光绪 32 年
附有土药厘金的省份		
山　　西	坐贾药料厘	咸丰 10 年—光绪 16 年
陕　　西	土药厘	光绪 8 年—光绪 32 年
浙　　江	土药厘捐	光绪 13 年—光绪 16 年
福　　建	土药厘税	光绪 13 年—光绪 16 年
湖　　北	药土坐票捐	光绪 13 年—光绪 31 年
江　　苏	土药厘金	光绪 16 年—光绪 19 年
江　　西	土药厘税	光绪 16 年—光绪 28 年

续表

省　别	税　　　名	报　告　起　讫　年　份
广　东	土药厘	光绪 16 年—光绪 31 年
甘　肃	土药厘	光绪 29 年—光绪 32 年
附有盐厘的省份		
山　东	盐厘	同治元 年—光绪 29 年
广　东	盐厘	同治 8 年—光绪 6 年
安　徽	盐厘	同治 8 年—光绪 34 年
甘　肃	盐厘	同治 9 年—宣统元 年
陕　西	晋省包解湘厘	光绪 11 年—光绪 28 年
湖　南	淮盐湘厘	光绪 34 年

（1）光绪十三年以后之收入系由海关转拨。
（2）光绪十五年以后之收入系由海关转拨。

　　清代各省所抽的厘金，常非一种，而通常一般人对于厘金收入的观念，大半以为系指货厘收入而言。因此前人所作各省厘金统计或估计，常有彼此互异之处，即由于计算各省厘金收入时，彼此归类，常有不同，例如四川省的货厘收支向例是与盐厘合报，而不分列清单。二者合报之数每年皆在 1,000,000 两以下，如单计货厘则每年不过四五十万两而已，因此前人统计川省厘金收入，彼此常有数十万两之差异。盖有人系迳用盐货厘合报之数，以作川省厘金收数，而有人则将盐厘之数（另有报告）减去后始用之[1]。又例如前人发表的山西厘金收数有每年仅列六七万两者，又有每年列至三十万两左右者，考其原因，即前者系单计货厘收入，而后者则将

---

[1] 参阅下文外人的估计及前人的统计二节。

坐贾药料厘（光绪十六年以前系与货厘合报）及行商药料税（向例单报）一并计入①。又如福建厘金收数，如将茶税一项提出，则每年收数约少二十余万两。茶税本应归入茶课，但闽省例系在厘金项下报销，故前人所作统计亦有将其与厘金并计者。前人归类，既无标准，以致彼此互异，故今日吾人归类，亦有"无所适从"的困难。现在可供吾人作归类的参考的，仅有光绪二十九年户部所发表的各省岁入表②。该表对于厘金归类的标准虽未具说明，但可看出大致系就部章分类。例如福建茶税，按部章应列入茶课项下，故其税虽附于该省货厘报告，而户部亦将其提出另列一项。又如山西坐贾药料厘自光绪十七年起即遵照部章提出与货厘分报，故光绪二十九年户部发表山西厘金的收数时，即仅将其与药料税并计，而另立为土药税，不再与货厘掺混。此种分类办法，如能严格的应用于各省厘金收入，则上述的四大类厘金的界线，自易划清。不过事实上户部并未能如此办理，例如湖北省的药土坐票捐在光绪十六年后本应归于土药税项下，但户部仍听其列为厘金收入；又如广东土药厘创抽于光绪十六年，即部章规定应与货厘划分之后，而二十九年户部发表广东厘金收入时亦未将其提出，另立一项。由此可见，虽户部本身，对于厘金税收的归类，也未尝有一种确定的标准。但吾人今日作各省厘金统计时，又不能不有一归类的标准。为此之故，遂不得不就各省厘金的征收习惯及吾人研究的范围定一标准。此标准即是：第一，以货厘报告为范围，凡列于此报告中之各项税收，不问其为洋土药厘，或盐厘，如从各省的征收习惯方面，知其久

---

① 参阅下文外人的估计及前人的统计二节。
② 参阅《支那经济全书》第一辑"附录"，或周棠《中国财政论纲》"附录"。

已被视为该省货厘之一部分，则一律与货厘并计①。第二，凡附于货厘报告之税收，从全国税收分类方面看，虽应提出另计，但以其支出与货厘的支出系混同开报，无法分析，而吾人研究范围，乃收支并重，为作收支比较计，自不能仅在收入方面将其提出，吾人所采办法是仍将其与货厘并计，而另作声明。此项税收如福建之茶税，及光绪十三年后闽浙两省所收之洋药厘金皆是，就全国税收分类而言，前者应归入茶课，后者为海关经征而转拨与厘局者，应归入海关洋药厘金项下。第三，凡与货厘分报之税收，从其性质上看，确知其为货厘之一部分，即与货厘并计，如各省在光绪二十年后加征之烟酒糖茶各厘，金陵所征之木厘，河南所征之煤厘皆是。第四，凡曾经与货厘合报收支之税收，其后系遵照部章与货厘划分，则此项税收不再计入货厘项下，如山西之坐贾药料厘即是。

就以上所述观之，可见所谓各省厘金收入，实不只限于货厘的收入，不过大部分的收入是货厘，另有一小部分的收入是他项厘金（如盐厘及洋土药厘）。关于各厘收数的分析，将于下文述之。

清代各省所抽的厘金，归纳起来，本只有上述四类。但百货一项，范围极广，笼统征收，颇多不便，故各省办理抽厘时，常将各该省出产之大宗货物由百货内抽出，而单立一项（如米厘，丝捐，煤厘等）以便一方易于考察税源，一方易于稽核税收。又某种土产，虽非各省大量的出产，但早经征税，惟在添办厘金后又加抽厘金，则此项厘金多因附于正税征收之，故得单成一项，不列于百货内，如各省茶课外之茶厘即是。因此各省厘金报告中所列税项常不止

---

① 四川的盐货厘报为例外，因盐厘另外还有报告，故不应与货厘合计。

盐,货,洋,土药厘四种,其属于货厘范围而单独提出之各项厘金亦与货厘并列。兹将各省所抽厘金种类分为主要,及次要两种列为第二十八表。主要及次要之区别系就各税之收数在各该省总收入中所占之地位而言,表中所列税名,较各省收入总分各表所列略有缩简,盖此系归纳述要,无须过详也。

关于历年各省厘金税项之增添或裁减,兹不具述,读者可于分述各省厘金制度沿革之各章中参阅之。

第二十八表　各省所抽厘金种类

江苏……
- 主要……百货厘,米捐,丝捐,洋药厘,金陵木厘
- 次要……棉花捐,牙帖捐,茶厘,漕捐
  茶糖烟酒各加捐,土药厘

浙江……
- 主要……百货厘,洋药厘,茶厘,丝捐
- 次要……糖烟酒各加捐,土药厘

安徽……
- 主要……百货厘,茶厘
- 次要……盐厘

江西……
- 主要……百货厘,米谷厘税,茶厘税
- 次要……糖烟酒各加税

湖北……
- 主要……百货厘,药土坐票捐
- 次要……牙帖及帖本

湖南……
- 主要……百货厘税,茶厘
- 次要……茶糖烟酒各加捐

福建……
- 主要……百货厘,洋药厘,茶厘税
- 次要……牙帖,烟厘,土药厘

广东……
- 主要……百货厘,盐厘
- 次要……茶厘,土药厘,丝厘,糖厘,烟酒厘

山东……
- 主要……百货厘,盐厘,洋药税厘
- 次要……茶厘,糖厘

河南……{主要……百货厘,煤厘
次要……洋药厘,茶厘,糖厘,烟厘烟价,丝捐

陕西……{主要……百货厘,土药厘,盐厘
次要……牙帖税,糖厘,烟酒厘

甘肃……{主要……百货厘,盐厘
次要……土药厘,糖烟酒各加厘

广西…………百货厘

山西…………百货厘,药料厘

四川…………百货厘

贵州…………百货厘,土药厘

云南…………百货厘,茶厘

直隶…………百货厘

奉天…………百货厘,粮捐

吉林…………百货厘

二 各省厘金收数

从上文第一节"统计材料的来源"看,我们知道在咸丰年间及同治前数年,各省厘金的收支多附在军需案内开报。其在咸丰年间曾经以专案奏报的,据现在所知,仅有陕西及广东两省,即在同治初年以专案奏报的也不过仅有一二省[①]。大多数的省份办理专案报销,多在同治七年上谕规定各省厘金报销应按照两淮盐厘格式每半年奏报一次之后,故今日所存各省厘金报告,以同治八年后较全。现存有同治八年以前的厘金报告的省份,共有福建,河南,山西,山东,陕西,广东,广西,浙江,江西,奉天,四川等十一省,其

---

① 参阅第二十三表。

中大部分的报告都是在同治八年后补造的。现存同治八年后之各省厘金报告,以除去直隶,云,贵三省外之内地十五省及奉天较全,直隶,吉林,台湾,新疆四省仅有少数报告,云,贵二省及黑龙江完全无存。吾人今作各省总计,为求结果划一起见,将上述材料分为二段制表叙述,即由咸丰三年至同治七年为一段,共计十六年,同治八年至光绪三十四年另为一段,共计四十年。前段之收入总表,共包括九省,即上述同治八年前十一省中除去奉天,四川两省;未将此两省列入的原因,即因现时所求出之该两省收数,或尽为平均数(如四川),或近于估计(如奉天),与实际收数难相提并论,故以不列入为是。后段之收入总表,共包括十四省,即江苏,浙江,安徽,江西,湖北,湖南,福建,广东,广西,河南,山东,山西,陕西,甘肃。未将现存厘报较多之奉天及四川两省列入的原因,亦如上述,奉天除以收数近于估计外,尚有总数不全的缺点。至于仅有少数厘报的直隶,吉林,台湾,新疆四省,自无列入并计的必要。

第一段统计自咸丰三年至同治七年,共十六年。在此期间存有少数或多数厘报的省份共有上述十一省,除奉天及四川外,余九省的历年收数俱列入附表第一。九省中以福建的收数最全,计自咸丰三年起以后未缺一年,惟是时收入系茶税的收入,非厘金的收入,因福建茶税系与厘金合报,故于补报最初厘金之收数时,亦将其作为厘金而补报之①。此项茶税收数在最初二年不过数千余两,或万余两,至咸丰六年则增至十六万余两。迨咸丰七年后,先后增收洋药,百货,及茶厘后,闽省乃有真正厘金,并自七年起收数逐年增加,由七,八两年之二十余万两增至十一年之八十余万两。同治

---

① 参阅第九章"福建省厘金"。

元年后即逾百万,至七年为止,每年收数常在二百万两上下,其中茶税约占二十余万两,余皆为厘金收入。现存河南厘金收数自咸丰八年起至同治七年止,除二三年略有增减外,每年收数约在五六万两间。陕西厘金收数自咸丰九年起,是年收入共银二十八万余千两,以后各年报告缺,至同治六年始重见,同治六,七两年之收入俱为二十万零数千余两。山西及山东厘金收数俱自咸丰十年起,山西省至同治七年止每年收数皆在十五万两上下;山东省在咸丰十年至同治二年间,收数约数万两,同治三年后已逾十万两,惟最高收数尚不出十六万两。广东厘金收数自咸丰十一年始,是年收入共银436,659两,同治元年收数不全,翌年起至同治七年止,收入皆缺。广西自同治二年起,至七年止,每年收数约为六十余万,或七十余万两。浙江省自同治三年起,是年厘金收入系与以后八年之收入一次合报,而各年并无总数,计自三年四月间起至十一年年底止,共计收银17,827,675两,平均每月收银171,420两,同治三年以八个月计算(因起始征税为四月中,故以自五月起算较好),平均收银1,371,360两,以后各年平均收银2,057,040两。江西省,自同治七年始,是年收数共为一百三十余万两。

未列入附表第一之四川及奉天两省,以四川的收数较全,惟系盐货合报,且系十八年总报一次,即自咸丰六年至同治十二年。今估计此十八年间每年之平均收数为518,791两现存奉天厘金收数自同治四年起,四年至七年,每年收数俱在400,000两至500,000两间。

上述各省所存咸丰三年至同治七年十六年间之厘报,既是有多有少,参差不齐,则历年所得各省统计当然亦不整齐。兹将各省收入总计列为第二十九表。

第二十九表　咸丰三年至同治七年各省厘金收入总表
（单位以两计）

年　　次	各省收入总数	包　括　省　份
咸丰3年	8,714	福建
4	14,098	福建
5	52,102	福建
6	160,717	福建
7	240,092	福建
8	329,668	福建,河南
9	933,661	福建,河南,陕西
10	1,107,005	福建,河南,陕西,山东
11	1,555,182	福建,河南,山西,山东,广东
同治元年	1,988,402	福建,河南,山西,山东,广东
2	2,076,346	福建,河南,山西,山东,广西
3	3,481,580	福建,河南,山西,山东,广西,浙江
4	5,225,286	福建,河南,山西,山东,广西,浙江
5	5,186,295	福建,河南,山西,山东,广西,浙江
6	5,059,179	福建,河南,山西,山东,广西,浙江,陕西
7	6,857,586	福建,河南,山西,山东,广西,浙江,陕西,江西

据上表观看,厘报较全的年份当为同治二年后之各年,计同治三年至五年有六省收数,六年有七省,七年有八省。以八省而言,约当内地十八省之半数,惟此八省将近七百万两之总收入,则尚不足以约当十八省总收入之半数。此因八省中所包括之厘金收入的主要省份(即收数在一百万两以上至二百余万两之省份)仅有浙江,江西,福建三省,次要省份(即收数在400,000至1,000,000两之

省份)仅有广西一省;而其余未列表中的十省中,主要省份则有江苏,湖北,湖南,广东四省,次要省份则有四川及安徽二省;其余云,贵,甘肃,直隶四省即相当山东,河南,陕西,山西四省。可见若估计此十省之总收入,其数必较上述八省之总收数多一百数十万,或二百余万两;换言之,即以同治七年八省收数6,857,586两为准,其余十省之总收数当为八百数十万两,或稍逾九百万两,据此可推知同治七年之全国厘金收数,当在15,000,000两左右。此就内地十八省收入而言,即通常所谓全国之收入,若将奉天及吉林二省加入,则尚多五十余万两(奉天收入约四十余万两,吉林估计约收三四万两)。

第二段统计,系自同治八年至光绪三十四年,共计四十年,厘报较全的省份共计十四,即除去直隶,四川,云,贵四省后之内地十四省。兹将此十四省历年之收数列为附表第二,并依次举述如下:

(一)十四省中以江苏收入为各省之冠,实亦为全国各省收入之冠。计自同治八年至光绪二十年,除有二年稍低外,该省各年厘金收数俱在二百万两以上,以同治年间之收数较高,除同治十三年稍低外,各年收数俱在2,500,000至3,000,000两间,同治十年竟略超过3,000,000两。光绪元年至二十年各年收数有增有减,但多在2,000,000两至2,500,000两间,超过2,500,000两仅有二年,此期收数与同治年间相比,约减少二三十万两,或四五十万两。自光绪二十一年起至三十四年止,全省收数大增,各年收数俱在3,000,000两以上[①],且多在3,500,000两以上,光绪末数年之收数

---

① 光绪二十四、二十五两年收数之低,系因海关曾直接提取一部分(二十四年约一百余万两,二十五年约二百余万两)以作外债之偿款。

几及4,000,000两。

（二）次于江苏之省份为浙江，历年收数俱在2,000,000两左右。计同治八年至光绪二年，平均每年收数俱在2,000,000两至2,200,000两间①。光绪三年以后至光绪二十年止，收数较前略低，计十八年中仅有六年超过2,000,000两，余年收数皆为一百七八十万两，或一百九十余万两。光绪二十年后收数复增至二百万两以上，惟各年收数多为二百一二十万余两，最高收数未出2,400,000两。

（三）福建厘金收入，若不将茶税收数划出，在光绪二十年以前几与浙江收数相埒。同治八年至十一年，福建厘金收数俱不满2,000,000两，较浙江收数略低，但自同治十二年起收数增加，至光绪八年止，各年收数俱在2,000,000两至2,500,000两间，与同期间之浙江收数相比，且多过之。光绪八年后收数略减，惟至光绪二十三年止，收数仍常在2,000,000两左右，与同期间之浙江相比，略无逊色。但自光绪二十四年起，闽省收数即逐年降低，由光绪二十四、二十五两年之一百六七十万两递降，至二十九年已降至不满一百万两，此年后各年收数俱在八九十万两间。

（四）湖北厘金收数在同治八年至光绪三十四年四十年间。除有三年收数略超过2,000,000两外，历年收数俱在1,500,000两上下，并无大的增减。就增减趋势言，同治末数年之收数较光绪初年至十年之收数略高，即同治年间之收数俱为一百六十余万两，光绪初年之收数多在1,500,000两以下。光绪十年后至二十五年之收数皆较光绪初年为高，因此段期间之收数，常在1,500,000两至

---

① 同治八年至十二年之收数系合报，故取平均数。

1,600,000两之间。光绪二十五年后之收数复较前略有增加,最初二年为一百八十余万两,继增至二百余万两,惟至三十一年复略降,自此年起,每年收数仅有一百七十余万两。

(五)广东厘金收数在同治八年至光绪十二年共十八年间,各年收数在1,000,000两左右,计收数在八九十余万两间者共八年,一百零数万至一百十余万两者共十年。光绪十三年后收数增高,除有三四年较低外,各年皆约有一百五六十万余两,至光绪末二年陡增至二百余万两。

(六)现存湖南厘金收数自同治十二年起(以前收数缺),至光绪三十四年止,历年收数俱在1,000,000两至1,450,000两间。以增减趋势言,同治末二年之收数较高,未下1,200,000两,光绪最初五年之收数较低,多为一百零数万两,六年至十四年之收数复略增,约一百二十余万两,十五年至二十一年复略降,约一百一十万余两。光绪二十二年后收数后增至一百二十余万两以上,嗣后即未降下,各年收数常为一百三十余万两。

(七)江西厘金收数,在光绪二十八年以前,亦如湖南,历年并无大的增减。计自同治八年至光绪二十七年,除中有二年收数未满百万两外,各年收数俱在1,000,000两至1,350,000两间。以增减趋势言,光绪八年以前之收数较高,历年收数约为一百十余万两,或一百二三十万余两;八年以后至二十七年,则常为一百零数万两,有二年且不足百万两。光绪二十八年起收数陡增至一百五十余万两,以后二年且增至2,000,000两左右,惟自三十一年起又略减,嗣后各年收数约为一百七八十万两。

(八)现存广西厘金报告在同治八年至光绪三十四年四十年中仅有二十四年,余十六年俱缺。历年收数,除光绪末二年外,俱在

175

五十余万两至七十万两间。以增减趋势言,光绪十八年以前各年之收数较高,年约在六十余万两至七十万两间;十九年至二十九年之收数较低,年约有五十余万两,超出600,000两者仅有一年。光绪三十年起收数复增至六十万两以上,光绪末二年因改办统税已收成效之故,收数增至八九十万余两。

(九)安徽厘金收数历年俱在500,000两上下,就增减趋势而言,同治八年至光绪九年之收数较高,除二三年外,年约收五十余万两,且有一年(同治九年)超过600,000两;光绪十年至二十五年之收数较前略低,除一二年稍高或稍低外,每年收数皆有四十余万两;光绪二十六年起,各年收数又复增至五十余万两,光绪三十三年且略超过600,000两。

(十)甘肃厘金收入,在同治八年收数仅有五万余两,翌年即增至二十余万两,十年及十一年俱如此,十二年起至光绪三年止,收数俱在40,000两以上。光绪四年后略减,至十七年为止,每年收数在300,000两至400,000两间;十八年起复减,每年收数约二十余万两,直至光绪三十一年改办统税收效后始见增高,此后三年收入陡增至六七十万余两。

(十一)陕西厘金收入自同治八年至光绪三十四年,其增加趋势,恰似梯形。光绪八年以前,除有一二年或高或低外,各年收数俱为二十余万两;光绪九年起即增至年收三十余万两;至二十一年又续增,此后各年收数或多或少,无一致的趋势,惟常见之数为五六十余万两,最高收数曾至八十二万余两,最低未下400,000两。

(十二)山西厘金收入之增减,在四十年中可分为五段:(1)同治八年至光绪二年,约收十一二万余两;(2)由光绪三年至八年,此六年间之收数年约在60,000两至90,000两间;(3)光绪九年至十六年收数复增至十万两以上,各年约收十五万余两;(4)十七年起收数复减,至二十七年止,每年收数不过五万余两;(5)至二十八年收数陡增至二十万余两,此年以后除光绪三十三年未满200,000两外,余年收数俱为二十万数千余两,或二十一二万余两。

(十三)河南厘金收数在四十年中,可划分为两段:同治八年至光绪二十八年可为一段,此三十四年中,除有两年收数曾超过100,000两外,各年收数俱在60,000两至100,000两间,光绪最后六年可另为一段,自二十九年起增至十一万余两,后二年增至十九万余两,最后三年增至二十万余两。

(十四)山东厘金收数在同治八年至十三年,年约收七万余两,光绪元年后略减,至十七年止,年约收五万余千两,十八年起略增,年约收六万余两,至二十二年又复增,以后十三年除有三年仅收八九万两外,余年收数俱在十万两以上,惟现有四年系采补插数,故不能确知此十三年中之最高收数究为若干万两。

上述十四省历年收数的总计,约当全国厘金收数百分之九十,其重要可知,兹举述如下。在上文分别举述各省历年收数时,已可见到有好几省的收数的增减情形是:在同治年间的收数较高,光绪初年至二十年以前,收数减低,二十年以后则又逐渐增高,惟增加之程度不一。此种增减情形即十四省总计之增减情形。同治八年至十三年,除首尾两年略低外,余四年之十四省总计,各为一千四百余万两。光绪元年至二十年,则较前略减,二十年中总计至一千四百余万两者仅有两年,余年多为一千三百余万两,且有五年仅有一千二百余万两。自光绪二十一年起总计又增高,是年及二十二,二十三两年,俱为一千五百余万两。二十四年总计不满

14,000,000两,二十五年不满13,000,000两,似系陡降,其实乃因江苏厘金有一部分由海关直接征去偿付外债,在二十四年约征一百余万两,二十五年约征二百万余两,若将此数合计,则此二年总计亦为一千五百余万两①。惟光绪二十六、二十七两年的总计则确实较低,二十六年总计约一千四百二十余万两,二十七年约一千四百九十余万两。自光绪二十八年起十四省总计又续增至一千六百余万两,此后数年中惟光绪三十一年较低,其数未满16,000,000两,至于三十四年则又超出16,000,000两,而至一千七百数十万两矣。

上述十四省(江苏,浙江,福建,湖北,湖南,广东,江西,广西,安徽,甘肃,陕西,山西,河南,山东)中有七省为全国厘金收入之主要省份,此七省即苏、闽、浙、湘、粤、鄂、赣;又有二省为次要省份,即安徽及广西二省;余五省中以陕,甘二省较为重要,其余三省合计亦不过仅抵一次要省份。未列入上述附表第二之四省,即四川,直隶,云,贵四省。云贵现未存一厘报,直隶仅存天津一个厘报,关于此三省之厘金收数,无确实数字可供举述,拟于下文讨论全国厘金收数时再估计之。关于四川厘金收数,上文已略述,即咸丰年间与同治年间之收数系一次合报,且系盐货合报,兹以近于估计的办法求得咸丰六年至同治十二年每年平均收数为518,791两。同治末年报告缺,光绪最初六年之报告亦缺,七年至二十二年虽有报告,但多系二年,或三年一报,故结果求得之各年收数,多为平均数。此十七年间之收数,以前十年较大,年约收五十余万两,或四十余万两;后七年之收数多为三十余万两,惟后二年较多,约为四五十万两。光绪二十四年至二十七年之报告亦缺,二十八年至三

---

① 参阅第七章"江苏省厘金"税收及开除。

十三年平均每年收438,466两,光绪最末一年约收六十五万余两。此为四川历年厘金收入之大概情形,其收数与内地各省之收数相比,应占次要位置。

　　以上所述为历年内地十八省的收数,至于东三省及新疆之厘金收入则因限于材料短少之故,不能详述。现在仅有奉天及吉林两省之收数尚可略知一二。奉天现存厘报之数虽较多,但多不全,计同治朝有十年,即同治四年至十三年,光绪朝有十年,即光绪十年至十九年。前十年之收数在400,000两上下,最高收数为488,099两,最低收数381,337两;后十年之收数在500,000两上下,最高收数为560,673两,最低收数为456,356两①。吉林厘金收数现在所知仅有十年,即自光绪二十二年至三十二年(三十一年缺)。光绪二十六年以前之收数,除最初一年外,余年收数皆在100,000两以上,以二十四、二十五两年收数较多,约十七八万余两,余两年约十万,或十一万余两。光绪二十七年至三十年之收数,年约二十余万两,三十一年报告缺,三十二年则增至五十二万余两②。至于黑龙江省之厘金收入,现在仅有光绪末年之数字可考,计光绪三十四年之收数为342,903两,新疆厘金收数,现在可知者有三年半,光绪七年收数为248,255两,八年前半年收数为160,410两,三十四年之收入为182,350两,又宣统元年之收数为170,720两③。此外应补述者尚有昙花一现之台湾省,现存台湾厘报系自建省后翌年至中日战前止,即光绪十二年至十九年,除最初一年收数不多外,光绪十三年至十七年每年约收八九万余两,十八年起陡增,是年及十九

---

① 参阅第十二章第一二九及一三〇两表。
② 参阅第十二章第一三四表。
③ 参阅第十二章"新疆省厘金"。

年之收入皆为二十一万余两①。

三　全国厘金收数

吾人在上文已说过,因为材料不完全的原故,现时尚无法统计清代全国厘金之实际收数。但根据现有的材料而试作一约略的统计,也不是不可能的。惟以前中西人士对于清代全国厘金也曾有过估计或统计之发表。在未得到现在吾人所整理之新材料以先,那些数字的价值都未肯定。故在吾人未试作全国收数统计之先,对于那些数字似应加以检讨,肯定其价值,并看其是否有作吾人统计之参证的价值。兹即先从外人所作的估计说起。

甲　外人的估计

对于清代光绪年间的财政,曾根据中国的材料而作过详细研究的,在外人方面有派克(E. H. Parker)及哲美森(G. Jamieson)二人。他们二人都是英国人,曾为驻华领事官,派克曾任琼州领事,并通汉文;哲美森曾任上海总领事。他们研究中国财政所根据的材料,据他们自己说都是各省督抚给朝廷的奏报。我们知道当时督抚的奏报,除密件外,大部分都是发表了的,为《邸钞》后身之《谕折汇存》即是汇刊此类奏章的定期刊物(每月一次)。他们所用的材料大约即是此种刊物。派克在光绪二十二年(1896)曾在伦敦泰晤士(Times)报上发表过几封通信,记述中国的财政。当时他估计中国厘金全部收入为15,000,000两②,是否列有各省收数,今未见

---

① 参阅第九章第八十五表。
② China: Past and Present, p. 33.

原报,不详。翌年(1897)哲美森所作的记述中国财政状况的报告(Foreign Office Report No. 415)也发表了,他对于中国厘金收数作了一个很详细的估计。他的报告发表后,派克在他光绪二十九年(1903)所出版的 China: Past and Present 一书中又作了一个详细的估计,修正他以前的估计,与哲美森所作的颇有相同之处。兹将二人所作的估计列为第三十表。

哲美森的估计是以光绪二十年前三年,即十七,十八,十九三年的收数为根据①;派克的估计据他自己说是以过去二十年为根据,以他写书的那年计算,即光绪二十九年前二十年即(光绪八年至二十八年)②。哲美森所估计的省份,是以内地十八省为限,派克则于十八省外,尚兼及奉天与吉林两省。从他们两人所得的总计看,我们可以知道他们的估计都是偏低了,兹根据吾人的材料,评述如下。哲美森对于江苏,浙江,福建,安徽,湖北,广西,山东,河南,山西等九省所作的估计,大致与当时的收数相差不远,对云,贵二省的估计,据与《光绪会计录》所载光绪十九年之收数核对,亦大致无误。他所估计的浙江与福建二省的收数与吾人所作的统计相比,似相差甚远,其实是因为彼此归类不同,非真有大差异。福建省有海关转拨之洋药厘金四十万两,及应归入茶课之茶税二十余万两,浙江省有海关转拨洋药厘金二十万两,根据吾人分类办法皆归入厘金收数内,而彼则未归入;若将那三个数减去,则无甚差异。对于江西,湖南,直隶,陕,甘等五省的收数,哲美森的估计都嫌低了。江西收数在光绪二十年以前除十年及十一年外,皆在1,000,000

---

① 见中文译本《中国度支考》。
② China: Past and Present, p. 33.

第三十表　哲美森及派克之估计

（单位以两计）

省　别	哲美森氏之估计*	派克氏之估计**
江　苏	2,520,000	2,500,000
浙　江	1,500,000	1,400,000
江　西	890,000	1,000,000
福　建	1,220,000	1,200,000
安　徽	400,000	500,000
湖　北	1,600,000	1,600,000
湖　南	600,000	500,000
广　东	1,750,000	800,000
广　西	585,000	
四　川	989,000	1,000,000
直　隶	60,000	260,000
山　东	65,000	100,000
河　南	65,000	110,000
山　西	60,000	60,000
陕　西	} 248,000	350,000
甘　肃		100,000
云　南	300,000	350,000
贵　州	100,000	100,000
奉　天		180,000
吉　林		50,000
总　计	12,952,000	12,160,000

* G. Jamieson: Foreign Office Reports, No. 415, 1897. 此处系根据中文译本《中国度支考》录载，此项估计云系根据光绪十七、十八、十九三年之各省奏报作成。

** E. H. Parker: China: Past and Present, p. 34. 此项估计据云以 1903 年（光绪二十九年）以前二十年各省奏报为根据。

两至1,200,000两间,湖南在光绪二十年以前收数亦年约一百一二十余万两,而哲美森估计皆不满1,000,000两,陕,甘两省收数,哲美森系并合估计年收248,000两。根据吾人统计,此两省收数在光绪十七年至二十年四年间,每省每年收数皆有二十余万两,或三十万余两,合计年约有五十余万两,或六十万余两,可知彼之估计实过低。直隶省收数,据《光绪会计录》所载光绪十九年之收数为276,299两,《会计录》所根据的是户部档案,直隶是专以银两收支的省份,自无折合问题,故此数大约无误,惟所有款项是否全属货厘,则未能断言。哲美森所见的该省报告,大约仅为光绪初年天津一处之奏报,据吾人所得材料,同治十年至光绪四年八年间,平均每年天津一处所收厘银即为67,339两,今哲美森估计全省收数共为60,000两,大约即由此致误。哲美森估计过高了的省份为广东及四川两省,估计广东过高之数约二十万余两,致误原因大约是根据洋银收数;四川过高之数约四十万余两,致误原因系迳采盐货厘金合报之数,未将盐厘除去。据哲美森的估计,内地十八省总收数共为12,952,000两,可是根据吾人的统计,即是除开直隶,四川,云,贵四省,后之十四省厘金收入,以光绪十七年至十九年三年之平均收数而言,也就有12,547,992两(福建茶税及闽浙洋药厘金俱除外)了,若加上其他四省的收数,则全国总计必将近14,000,000两。据此可见哲美森所估计的全国收数是偏低了。

派克的估计,大致与哲美森所作的相同,但以二人根据材料所占的年限而言,一则二十年,一则仅三年,依理而论,则前者的估计应较后者精确,而实则前者不如后者。关于派克对于内地各省收数所作的估计,兹不一一评述,读者可就第三十表所载数字与上文评述哲美森之一段及吾人所作十四省收入总表(即附表第二)比照观之,即可知其估计是否有偏高或偏低之弊。至于其所估计之奉天及吉林收数,皆嫌过低,此或因其所见的材料不全,故于合计年有四五十万两收入之奉天厘金,彼估计仅有180,000两,而于吉林厘金收数之由光绪十八年以前之数万两增至光绪二十年后十余万两及二十余万两之事实亦无所知,仅估计该省每年只有50,000两收入。派克估计的总计,即内地十七省(广西未估计)及奉,吉两省,合计,共收入12,160,000两,此数不独低于吾人的统计,即与哲美森的估计总数相比,亦稍嫌低;盖即使将哲美森所估计的广西收数借来补足为十八省,再加上奉吉两省其总数也仍不过仅有12,745,000两,与哲美森所估计十八省之总数12,952,000两相比,仍约差200,000两。

哲美森与派克所作的厘金估计,据他们的标示,都是限于百货厘金,盐厘及药厘皆除外,其实他们并不能做到这样精确的地步,据他们所估计四川厘金的收数看,我们就知道他们所根据的数字是盐货厘合报的数字,而非货厘单独的收数。又如他们二人估计湖北收数皆为1,600,000两,此数与实际收数很相近,但就吾人现在所整理的材料看,就知道湖北厘金收数内有四五十万两,或二三十万两是属于药土坐票捐的收入[①],可知他们对于各省厘金的归类,并不能做到很精确的地步。考他们两人的估计不能十分精确的原因,实由于他们所根据的材料不完全。《谕折汇存》所发表的各省督抚奏报,第一是省份不全,查本所现藏光绪十七年后之《谕折汇存》,全年俱全的共有九年[②],而在此九年中吾人未查得有关于

---

① 参阅附表第六十一。
② 即光绪十八,二十二,二十三,二十四,二十五,二十九,三十,三十一,三十二年。

四川,直隶,云,贵四省厘金收入之折报,虽不能据此谓其绝未刊载,但非常载则可断言;其厘报常见于《谕折汇存》的省份为浙江,江苏,安徽,湖北,湖南,福建,广东,河南,山西,陕西,甘肃,奉天,吉林等省。第二,凡各省用折片与清单奏报者,即仅发表折片,而不发表清单。上文已说过各省所上折片,内容颇不一致,有的折片中对于半年或一年的收支情形有总括的说明,有的且将厘金收数分类说明;有的则为例行公事,对于收支情形,毫无叙述,而仅详于清单。前者尚可供估计之根据,后者则毫无用处。于此可见彼二人对于清代厘金未能作精确的估计及分析者亦不无可以见谅之处。

除上述二人外,在外人方面,尚有三人对于清代全国厘金作过总收数的估计。第一人为总税务司赫德(Robert Hart)在他估计光绪二十七年中国全国岁收时,他对于厘金所估计的数字是16,000,000两①。据现在看,这个数字是很近于事实的,根据吾人现存的材料而作估计,是年全国收入(内地十八省及奉吉两省)约在16,286,000两至16,836,000两之间②。赫德之能作此近于事实的估计大半是由于他的经验,因为在他的指导下,海关对于各省厘金曾作过部分的调查③,故彼作估计时,颇有根据。第二人为H.B.Morse,他在光绪三十一年(1905)作过一个估计,一半是采用派克的数字,一半是由他自己估计。他把全国厘金收入分为三部分,一部分为用于中央行政之税款,一部分为用于省行政之税款,另一部

---

① S. R. Wagel: Finance in China, pp. 338—339.
② 参阅附表第四。
③ 光绪二十四年英德续款成立后,曾拨苏沪,浙东,九江等处厘金作抵,由海关代征,其后虽未长久代征,但对于此数处厘金已作过详细的调查,又光绪二十七年庚子赔款成立,有一部分常关关税改由海关征收,是年起海关对于常关所在地之厘金又作过调查。

分为用于地方行政之税款。派克估计全国货厘收入为11,930,000两（广西未估计,吉林,奉天除外）,土药税为1,960,000两,合计为13,890,000两,Morse以为此数即为用于中央行政之税款；用于省行政者,据他估计为22,502,000两,用于地方行政者为3,639,000两。合计全国人民实际所负担之厘金为共40,031,000两[①]。Morse以其个人见解估计全国人民实际完纳厘金之数,自可独成一说,惟他以派克所估计的数字为完全用于中央行政之税款,则似有未当。因派克所估计者为全国收数,其用途不限于中央行政,留用于各省之数亦在内,今不先另估计各省实际每年各收入若干,用于中央行政者若干,而遽然认派克所估计的全国收数悉为用于中央行政之税款,实属不妥。纵使13,890,000两之数暗合于全国厘金税款用于中央行政之数,其估计方法也不能说是稳妥。

最后一人为S. R. Wagel,他自己对于清代厘金收数,未作估计,惟他另外用一种估计方法去批评赫德及Morse的估计。他所用的方法是以全国的贸易总额为根据,假定全国厘金税率平均为5%,以税率乘贸易总额即得假定一年应收得之厘金款额,再减去子口半税之免除数及行商等之侵蚀,即得实际的厘金收数。他是以民国元年为例,说民元之全国贸易额为1,000,000,000两,按百分之五的税率抽厘,应收税款50,000,000两,减去子口半税之免除数及行商等之侵蚀共20,000,000两,则实际税收应得30,000,000两。据此他即批评Morse在光绪三十一年（1905）所作的估计过高（Morse估计为40,031,000两,Wagel误为略高过39,000,000两）。谓是年中国全国贸易额仅有800,000,000两,不能收至此数。又谓

---

① H. B. Morse: The Trade and Administration of China, pp. 129—130.

赫德之估计比较无误,因光绪二十七年中国全国贸易额为500,000,000两,故大致可得16,000,000两之收数①。就表面上看,Wagel对上述二人所下的批判是很合理的,其实一细考他所用的方法,则知道他是有错误。他所引用的中国贸易额,即是海关报告册中之各埠每年全部贸易总值之合,所谓全部贸易额按海关册的解释即是限于每年用由海关检验之船舶在中国及与中国贸易之本国出口额及国外进口额之总和(除去外货运往外国商埠之复出口)——The sum of the foreign imports and native exports only (native imports into one port being exports from another) and consequently represented the whole trade (exclusive of re-exports of foreign goods to foreign ports) carried on with and in China during each year by vessels under the supervision of the maritime customs.②从这个解释看,我们知道全国内地往来不经过各埠海关之贸易,是不包括在这个总额内的,而此项内地贸易实际上乃是厘金大部分的税源,今开除不计,而仅据经过海关之贸易总额计算厘金收数,则所得结果之不足以代表全部厘金收数,自不待言。又入口外货除得享受子口半税之优待免纳厘金外,如在各埠租界内销售销耗,亦可避免厘金,而Wagel作估计时亦未顾及此点,可谓疏忽。Wagel所用的方法既有这种错误,其所得结果几等于臆测,其批评赫德之一点,仅巧合而已。盖若用彼之方法批评哲美森之估计,则错误必立现。哲美森作估计所根据的年份为光绪十七,十八,十九三年(1891—1893),这三年平均之全部贸易额约为310,000,000两③,按Wagel的方法计算,

---

① Finance in China, p.383.
② 海关册 Returns of Trade and Reports, Part I。
③ 同上。

应收厘金15,500,000两,子口半税之免除及行商之侵蚀,按他们的计算,约占百分之四十,即应减去6,000,000两,结果则三年之平均实际收入仅有7,500,000两,有是理哉?

以上所述为外人方面之估计,兹再述国人方面所发表之统计。

乙　前人的统计

国人方面,对于清代厘金曾发表过两个统计,一见于曾任刑部主事之李希圣所编的《光绪会计录》,一见于曾任户部主事之刘岳云所编的《光绪会计表》。前书刊于光绪二十二年,后书刊于光绪二十七年,惟前书仅载光绪十九年之厘金收数,后书所载则自光绪十一年至二十年。兹先述《光绪会计表》之记载。

《光绪会计表》对于光绪十一年至二十年之厘金收入仅列有全国总数;至于各省收数,则取光绪十一年至十六年间之最高及最低两数列出,而并未标明属于何年;且限于内地十八省及台湾省,东三省之收数未列举。《会计表》所根据的材料与吾人现在所整理的材料为同一来源,惟因归类与折合方法与吾人不同,故其统计与吾人所作者多不能相符合。兹将该表所列光绪十一年至十六年各省最高及最低收数,列为第三十一表,十一年至二十年之全国收数列为第三十二表。《会计表》所列各省最高及最低收数虽据云为光绪十一年至十六年间之收数,其实各省并非一律尽取以上六年为限度。例如福建厘金收数,因该省完全以库平收支,无折合周转,故该表所列收数与吾人所作之统计完全相符,其最高数为2,189,143两,乃该省光绪十二年之收数,至于最低收数该表所列为1,489,671两,与吾人统计核对,实为光绪十四年之收数,吾人所列是年收数虽为1,889,671两,但减去由海关转拨之洋药厘金400,000两后亦得1,489,671两。惟吾人统计表中十一年至十六年

第三十一表　《光绪会计表》所列光绪十一年至十六年各省收数[*]
（单位以两计）

省　别	最　高　额	最　低　额
直　隶	300,383	139,770
江　苏	2,281,181	1,766,633
安　徽	335,100	316,112
江　西	1,323,712	872,318
山　东	94,623	66,072
山　西	195,490	181,740
河　南	89,127	70,904
陕　西	386,547	309,610
甘　肃	413,388	380,247
福　建	2,189,143	1,489,671
台　湾	460,679	376,686
浙　江	2,117,024	1,990,976
湖　北	1,696,880	1,476,240
湖　南	1,230,001	1,162,456
四　川	539,516	490,590
广　东	1,603,931	1,289,817
广　西	507,979	459,990
云　南	273,687	214,339
贵　州	122,618	

* 根据《光绪会计录》卷二。

间之最低收数应为光绪十六年之收数，是年收入共银1,724,686两，减去海关转拨之洋药厘金400,000两应为1,324,686两；与十四年之收数相比，此数无疑小于十四年之收数。于此可见所谓以六年为限度者并非各省皆然，今福建既仅取四年，则于其他省份亦未必无此例外，惟现时尚无法查出究有若干例外，但各省既非一律尽取六年为限，则欲与吾人所作此六年期间之各省收数互相比较，即不可能，此理甚明。此外是表所列各省收数尚有两个缺点，第一是归类不一致,例如闽浙两省之洋药厘金在光绪十三年改由海关代征后,其税款即由海关转拨厘局,就本省而论,是为一部分厘金收入,就全国税收分类而言,则应归入海关之税项下,如主张不应与厘金合计,则两省皆应提出,而该表于福建则提出,于浙江则不提出(按吾人所作统计,浙江厘金在光绪十一年至十六年间之最高收数为十五年之2,151,121两,该表所列最高收数为2,117,024两,其为此年收数,殆无疑问,惟吾人所列该省是年收数,内有洋药厘金400,000两,今该表所列数字与吾人所列者很相近,可知其未将洋药厘金收数提出)。此为归类不一致之一例。第二,银两单位不统一,各省所用银两本有库平,湘平,荆沙银,洋银之分,统计如以库平为单位,则应一律采用库平,而《会计表》则非如是。今根据吾人所有材料,已查出该表所列广东省之最高收数,实为该省光绪十三年之洋银收数,其数为1,603,931两(吾人的统计为1,603,933两),若改为库平银,则应为1,475,627两。今该表既未改兑,即据以与各省库平银收数并列,而不加以注明,实属欠妥。至于用湘平银及荆沙银之省份,其收数亦应改用库平银计算,始能与他省之库平银收数并列,今该表所列湘鄂两省收数,究系据何种银两列入,此时尚无法查出。《光绪会计表》所列各省收数,既有此种缺点,遂不能不使吾人对其所列光绪十一年至二十年之全国收数,有所怀疑,盖设使各省收数之银两单位不统一,则所得全国总计必较以库平银为统一单位之总计为大,此因各省所用其他银两之价值皆较库平为低故也[①]。又该表所列光绪十九年之全国收数系采自《光绪会计录》,而《会计录》之统计内容又与《会计表》有不同之处。例

---

① 实际上《光绪会计表》之全国收数即较吾人在下文所作之统计数为大。

如《会计表》所列四川之收数系货厘单报之数,而《会计录》所列则为盐货厘合报之数。《会计表》所列全国收数仅及内地十八省及台湾省,而《会计录》所列则包括内地十八省及奉天,盛京两处,台湾省未列入。两书所采归类标准及统计范围既各有不同,则所得总计,自难并列,即欲采用,亦须注明,而《会计表》之编者则竟忽视之。依此而论,该表(《光绪会计表》)所列光绪十一年至二十年之全国收数,既有可议之处,而其确实性又未十分肯定,则实不足以作吾人统计之参证,仅可供读者参阅而已。

第三十二表 《光绪会计表》所列历年全国厘金收数*

光绪 11 年—20 年

(单位以两计)

年　　次	收　　数	年　　次	收　　数
光绪 11 年	14,249,947	光绪 16 年	15,324,598
12 年	15,693,385	17 年	16,320,821
13 年	16,747,201	18 年	15,315,643
14 年	15,564,778	19 年	14,277,304
15 年	14,930,065	20 年	14,216,015

*根据《光绪会计表》卷一。

《光绪会计录》所载厘金统计为光绪十九年之厘金收数,其材料来源与《会计表》同。此书所载各省收数,因其归类与折合方法与吾人有不同处,故与吾人统计不相符合,惟大致相差不远。其所列收数与吾人统计很相近的计有江西及安徽两省。至于闽浙两省亦可相近,惟吾人闽省收数内须将洋药厘金400,000两,茶税207,667两俱减去后,始与该书所列收数相近,浙江须将洋药厘金200,000两计入总收数后,始与该书所列收数相近(于此可见该书对于各省厘金归类亦不一致)。其因归类不当而致该省收数与吾人统计相差甚远之例有二：一为四川省，该书所列为盐货厘金合报之数，故与吾人所列货厘收数相差数十万两；二为山西省，山西厘金以坐贾药料厘及货厘为大宗，惟自光绪十六年后药料厘即奉部令与货厘分报，不再与货厘并计，今该书所列既为十九年之收数，则应将药料厘提出，单计货厘，而该书仍将其与货厘并计，故其所列收数多于吾人货厘收数约十四万两。至于该书所列广东厘金收数亦似为洋银收数，据吾人统计，该省是年收洋银共1,597,661两合库平银1,469,856两，而该书所列乃为1,676,800两，故疑其为洋银收数。至于广西收数是否亦用洋银，因吾人材料中缺此年统计，尚不能证明。兹将是书所载光绪十九年之各省收数及吾人所作统计并列第三十三表，以供参阅，惟吾人统计仅有十三省，其余各省收数俱缺。

此外尚欲补述者即为户部所发表之数字。光绪十三年户部有一奏折，内中对全国厘金收数估计为13,000,000两[1]，此数大约系根据光绪十年前后之收数而得之估计，因是时收数确仅有一千三百余万两。光绪二十五年户部曾拟得一个二十六年的收支预算，内列全国厘金收数为16,000,000两[2]，此估计亦颇近于事实。光绪二十九年户部又发表一个各省岁入表，内列有各省厘金收数，系从各省原收银钱，洋圆之数并列，未加折合，故无总计。今根据吾人所有材料，考出户部所列各省收数，并非同一年度之收数，远者为二十六之收数，近者为二十八年之收数，有的省份则列二十七年

---

[1]　China: Past and Present, pp. 35—36.
[2]　见拙作"光绪朝补救财政之方策"，《近代经济史研究集刊》一卷二期，页二百十六。

之收数。年度既不一致,自无为其试作总计之必要,兹仅就其原数列为附表第三,以供参阅而已。

第三十三表　光绪十九年全国厘金收数
（单位以两计）

省　别	《光绪会计录》所载	本书统计
江　苏	2,132,936	2,412,675
浙　江	1,925,080	1,668,848*
江　西	1,079,000	1,077,684
福　建	1,328,168	1,482,168×
安　徽	410,504	426,899
湖　北	1,044,166	1,109,661
湖　南	869,833	1,062,873
广　东	1,676,800	1,469,856
广　西	519,478	
四　川	1,074,684	397,282
直　隶	276,299	
山　东	166,524	61,205
河　南	74,152	
山　西	192,343	53,716
陕　西	297,991	
甘　肃	294,118	
云　南	252,395	
贵　州	126,612	
奉　天	535,546	504,956
盛　京	675	
台　湾		210,251
总　计	14,277,304	11,938,074

* 200,000 两洋药厘金未列入。
× 400,000 两洋药厘金及 207,667 两茶税皆未列入。

丙　现作的统计

前人所作的全国厘金统计,就材料而言,年份虽少,而省份则全,所惜者即编者皆不善利用,致使其结果不能令人完全置信。吾人现有材料年份虽多,惜省份不全,今欲试作全国厘金收数统计,有几省是必须采用估计数字的。所幸的是现有统计之十四省,其总计约占全国总收数百分之九十,据此而推算全国收数,其结果当不致有大的差异。兹即规定统计的办法如下:

吾人所有统计材料,较为完全的,是自同治八年至光绪三十四年,即共有四十年,兹即就此四十年试作全国收数统计。此四十年中收数完全的(包括补插数而言)为江苏、浙江、江西、福建、安徽、湖北、湖南、广东、广西、山东、河南、山西、陕西、甘肃等十四省,连台湾并计,则为十五省;收数较全的有奉天及四川两省;仅存少数收数的为吉林省。其余如直隶,云、贵三省虽无收数,然尚可估计,若新疆及黑龙江则现尚无法估计。今吾人试作之全国收数总计,即以内地十八省及奉天,吉林,台湾三省为限,新疆及黑龙江除外。兹将此二十一省份为三组列表统计,第一组为已有统计之省份,共包括十六省。除上述收数完全之十五省外,再加上四川省。现存四川厘金收数,四十年中,共有二十九年,比较完全,所缺年份,即以补插数补入,所用方法亦与其他省份相同;惟应注意者即现存四川厘金收数多为十数年或数年之平均收数,非每年之实际收数。此组中除闽浙两省有一二税收应由各该省总计中减除外,余省收数皆无变动。闽省应减除者为茶税及光绪十三年后之洋药厘金,浙省应减除者亦为十三年后之洋药厘金。盖此两种税收,就吾人归类标准而言,虽可归入各该省之厘金收数内,但就全国税收分类言,则应提出归入他项国课,今目的既在统计全国厘金收数,自应将其减除。第二组为四十年中其收数须全部估计之省份,即直隶,云,贵三省。兹根据《光绪会计表》及《会计录》之记载,并参证哲美森与派克二人之估计,估计此三省每年最低至最高之收数如下:直隶的收数,由同治八年至光绪五年,每年约为60,000两至80,000两,光绪六年至九年约为60,000两至100,000两[①];光绪十年以后年约为150,000两至300,000两;云南年约为250,000两至350,000两;贵州年约为100,000两至150,000两;三省收数合计在光绪九年以前年约在410,000两至600,000两间,光绪十年以后,年约在500,000两至800,000两间。此种估计只就平常收入情形而言,其遇特殊情形时之陡增陡减,则无法顾及。第三组为年份不全或收数不全而须估计之省份,此即奉天及吉林二省。现存奉天收数年份虽多,惟收数完全之年份在同治八年至光绪三十四年之四十年中,仅有十六年,其余年份皆须估计。兹根据已有之各年收数,估计奉天每年收数约为400,000两至500,000两,惟光绪末二年因改办统税之后收数大增,兹估计其收数约为1,000,000两至1,400,000两[②]。现存吉林厘金实际收数,系自光绪二十二年起,以前之实际收数皆缺。兹根据档案及《吉林通志》之记载,约略估计如下:同治八年至光绪四年吉林厘金收数,据云每年约收钱90,000余串,合库平银约30,000余两;光绪四年改章后,收入增加,每年约收钱240,000余串,合库平银约80,000余两;光绪十一年起至十九

---

① 此两段估计系根据光绪六年五月一日李鸿章的奏折,该折云天津货厘在同治初年每年收银不过20,000两,经李氏改章整顿后,每年可至60,000余两,此外大名等处尚有数千两收入。光绪六年以后的收入就《光绪会计表》所载十一年后之收数看,是逐年增长的,故估计其收数较六年以前为多(李氏奏折见《光绪东华录》卷三十五)。

② 参阅第十二章,第四五五页。

年止,据云此数年的收入不甚旺,但详情亦无法查知,兹估计此数年收入,每年约为50,000两至80,000两。吉林征收厘金在光绪十八年以前,系用商人包缴办法,其收数与预计额征之数,无甚出入,上述估计虽系根据额征之数,但与实际收数相差亦不甚远。光绪十八年起吉林厘金改为官征,十九年收数未有起色,至二十年即恢复旧额,即每年约收80,000两,至二十一年则增为85,000两,二十二年后即存有实际收数。惟光绪三十一年及三十三、三十四年仍系用估计数,三十一年为300,000两至500,000两,末二年则为500,000两①。兹将此三组收数列为附表第四,此表之总计即为全国厘金收数之总计。

从表上的总计,我们可以看出历年全国厘金收数增减情形,是与上述十四省总计之增减情形相符合的。即自同治八年至十三年,除首尾二年较低外,余四年之总计,皆为一千五百数十万两。光绪元年至二十年,则较前略减,此二十年中,仅有四年的总计,超过一千五百万两,而四年中又仅有二年连续;余年总计,多为一千四百数十万两,有三四年且不满一千四百万两。光绪二十年后,全国总收数即逐年增加,二十八年以前,年收一千六百数十万两②,二十九年后则每年增收至一千七八百余万两,至光绪末二年且增至一千九百余万两或二千余万两。

至于光绪初年至二十年间各省厘金收入减低的原故,在这里也可以讨论一下。当时各省当局及中央政府所举的理由是不同的,前者以为是完全由于子口税单(即所谓洋票)盛行之结果,而后

---

① 根据《东三省政略·吉林财政篇》。
② 光绪二十四、二十五两年收数略低的原因,参阅第一七八页。

第三十四表　历年内地子口税收数表*

同治 10 年—光绪 20 年

（单位以海关两计）

年	次	入　口	出　口
同治 10 年	1871	219,718**	
11 年	1872	270,473	
12 年	1873	243,087	
13 年	1874	225,749	
光绪 元 年	1875	249,031	
2 年	1876	248,026	
3 年	1877	253,985	
4 年	1878	273,103	
5 年	1879	342,796	
6 年	1880	336,341	
7 年	1881	349,818	
8 年	1882	313,353	
9 年	1883	349,511	
10 年	1884	338,062	
11 年	1885	400,042	
12 年	1886	406,299	
13 年	1887	353,946	78,836
14 年	1888	337,956	77,904
15 年	1889	329,271	86,806
16 年	1890	454,676	86,567
17 年	1891	479,385	48,914
18 年	1892	429,526	49,778
19 年	1893	351,649	67,653
20 年	1894	328,498	95,401

* 根据杨端六等编：《六十五年来中国国际贸易统计》第十六表。

** 原文不清，疑为 219,718。——编者注者根据御史的奏报，以为有一部分是由于中饱的结果。但在当时以各省当局所持的理由为最强，且言之成理，易使人信，故根据那个理由不独可以解答税收短绌的责问，并可用以阻止朝廷增设新关，或增加厘金之举。例如光绪二年末户部拟在浙江增设南北新关，浙江巡抚即以洋票盛行，逐月以千百计，厘税收入已什去其二三，若再开关，则税厘两无所益为理由而请准展缓设关①。又如光绪十年左宗棠督师援闽，太常寺少卿徐树铭奏请饬江西，安徽，湖北，湖南四省带征厘金，拨作专饷。此四省皆以子口税单盛行以来各该省厘金已逐渐短绌为借口，而阻止中央加厘之举②。各省解释税收短绌的理由，既是这样众口一词地说是由于子口税单盛行的结果，也就不由清廷不相信。就是当时一般社会人士的解释也不出此③。但是我们如果转过来看看历年子口税收入之增加情形，就知道他们所持的理由实在是缺乏根据。子口税所有出进口的收数在同治末四年（即1871—1874）年约为二十余万海关两，在光绪最初四年并未增加，自五年起始加至三十余万关两，逾五年又续增至四十余万关两，截至二十年止，每年出进口收入合计皆不过四十余万关两或五十万余关两（参阅第三十五表）。二十年间子口税的收入确是增加了一倍，看来对于厘金收入是有影响的，可是同时我们要知道入口洋货总值在这二十年中也增加了一倍多，即由同治末四年之平均总值六千七百余万海关两，增至光绪二十年前四年之平均总值一万四千五百余万海关两④。故与其说子口半税之增加，

---

① 《光绪三年正月二十四日御批浙江巡抚杨昌濬折》。
② 四省奏折俱见《湖南厘务汇纂》卷二。
③ 李希圣在《光绪会计录》的例言中，即持有此项见解，该《会计录》是在上海时务报发表过的，可代表一部分社会人士的看法。
④ 关于数字，可参阅杨端六等编：《六十五年来中国国际贸易统计》第一表。

是由于中外商人群趋避免厘金的结果,还不如说是由于洋货进口增加的结果。在这里我们可以证明,彼时各省当局对厘金短收所持的理由,实在不过是一种避免责任的借口;至于其真正原因,还是如一般御史所说,是由于中饱之弊。关于各省厘金中饱的弊端,已见上章,兹不重述;此处所欲申言者即光绪朝前二十年实为厘金弊端最发达的时期。咸同年间,各省厘金因与军用有密切关系,多由督抚严格地监督征收,其时弊端虽已丛出,但税吏时有顾忌,不敢以中饱而害正税。至光绪初年,国家已久入承平时期,升官发财之观念自必复盛,因而厘金之为利薮,亦更得普遍之诠识,故当时官场有一流行语,谓"署一年州县缺,不及当一年厘局差"。加以光绪前二十年之中央财政,颇足给用,故对于各省厘金虽屡有整顿之命,而督责亦并不十分严厉①,因之各省当局亦得以上述理由搪塞朝廷,而于厘金税收之减短,终听其自然而已。至于光绪二十年后厘金收入之陡见增加,则有两种原因,一由于整顿,二由于加税。以整顿而言,则浙江一省,自光绪二十六年起,每年竟有三十余万两之盈余。又如光绪末数年,各省试办统税,有的省份如江西,广西,山西等省,其收入即大见增加,此亦整顿之结果也。由此可见中饱之弊,实为彼时厘金短收之真正原因。

　　以上所统计的全国厘金收数,是根据各省厘报内所开列的数字,即皆系报部之款;此外尚有数省,其厘局所用的征收经费向来是在正税款内预先坐扣,例系外销,厘报中收支项下不列其数。内地十八省中计不列征收经费于厘报中的有江苏②,福建,广东,山

---

① 参阅拙著"光绪朝补救财政之方策",《近代经济史研究集刊》第一卷第二期。
② 苏州厘局有数年曾报部,参阅附表第二十六。

西,江西,山东,河南,四川,云南等九省。四川,山东,云南,山西四省系按收入一成(即10%)开支,河南系按二成,江西按八分,江苏按九分,福建与广东不详,九省合计,其数当在七八十万至百万两之间。故欲得完全之全国厘金收数,则此将近百万两之数尚应包括在内。

丁　厘金收数的分类

在本章第二节第一段中已说到各省厘金收入并不仅包括货厘一项,有一部分是他项厘金收入,如盐厘、土药厘,及洋药厘。兹拟将各省厘金收入分类,视货厘所占成份究有若干,惟以省份不全,只能就报告最全之十四省的收数分析之。现将收数分为五类,一为货厘,二为茶税,三为洋药厘,四为土药厘,五为盐厘,分类结果,除咸丰三年至同治七年,因省份不满十四省,不足重视外,自同治八年至光绪三十四年,货厘在十四省厘金收数中所占的百分数,皆在百分之九十上下,光绪二十六年以后竟在百分之九十五以上。其余四项税收,以洋药厘收入最大,其次初为茶税,继为土药厘,盐厘居最末。兹将各类收数及其百分比列为附表第五,以供参阅,不再详述。惟应补充一句,即该表所列之货厘一类,其中亦难尽为货厘收数,因为有的省份对于厘金收入,在厘报中向不分类列举,仅以货厘一项概括之(如广西),其数是否尽属货厘,现仍阙疑。目前此种分类系就大体而言,不足以当精细二字,要亦为材料所限,无可如何。

第六章 全国厘金收支概况(续)

叁 全国厘金支出概况

一 各省厘金用途的分类

在清代的国家财政上,支出的分类,是异常笼统而不明晰①的。为使现在的读者易于明了清代财政的情形,吾人现在的分类,不从户部传统的分类,而大致从光绪末年各省清理财政局在各省财政说明书中所拟的分类方法。兹就各省厘金报告所列各款的用途归为十三项,列示如下。属于国用范围的共有十项,属于省用范围者二项,用途不详者一项。

至于列水师军费及各省军费为国用范围内之款项的原因,则因清代军权统于国家,关于裁军增饷之事,各省督抚虽亦能有所主张,但大致皆系听命清廷。军队既全属于国家,故各省军费应列入国用款内。惟本省军队中有所谓巡防营者,其性质颇类于现在之

---

① 参阅《光绪七年岁出入款项分类表》,拙作"光绪朝补救财政之方策",《近代经济史研究集刊》一卷上期,页一九七,或《光绪会计表》。

警察队,或保安队,其军费似应归入省用款内,兹以厘报中所列此项军费甚少(仅江苏列出),未将其提出另归一类,仅于此声明一下。

第三十五表　各省厘金用途分类

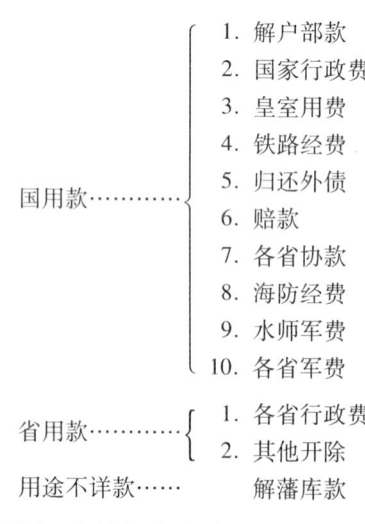

各省厘金的用途,归纳起来大致可分为上述十三项,至于各省开除所占项目则多寡不一,有的占到十一二项,如江、浙、闽、粤等省;有的则仅占二三项,如豫、鲁、陕、甘等省。兹将各省厘金开除所占项目列为第三十五表。

关于上列各省厘金用途,有逐一加以解释的必要,兹于下文分述之。

甲　国用各款

解户部款　清代中央政府的岁入都是由各省于各项税收下,照中央所定的额数每年批解户部,以供支用。主要的解款原为各省起运的地丁银,后复增京饷,惟自同治以后户部指拨之款项逐渐加多,中央收入所恃已不只京饷及地丁矣。厘金项下应解户部之款

第三十六表　各省厘金开除所占项目表

省别	解户部款	国用款								省用款			用途不详款	附注
		国家行政费	皇室费用	铁路经费	归还外债	赔款	协款	海防经费	水师军费	各省军费	各省行政费	其他开除	解藩库款	
江苏	★	★	★	★	★(1)	★	★	★	★	★	★		★(3)	
浙江	★	★	★	★	★		★	★	★	★	★		★	
安徽	★	★	★	★	★		★	★	★	★	★	★	★	
江西	★	★	★		★		★	○	★	★	★	★	★	
湖北	★	○	○								★			
湖南	★	★	★	★	★	★	★	★	★	★	★	★	★	
福建	★	★	★	★			★	★	★	★	★	★	★	尚有归还商号垫款一项
广东	★	★			★	★				★	★	★		
广西											★(3)		★	开除未分项
山东	★													
河南										★			★	
山西		★								★	★(2)			
陕西	★									★	★(2)	★	★	
甘肃											★(2)		★	另有解藩库转拨各项用款一项

★ 此号表明经常有此项支出。　　○ 仅有一二年有此项支出。

（1）内附内债　　（2）厘局经费　　（3）用途不明及拨存各款

共有八项,即一京饷,二固本京饷,三东北边防经费,四加复俸饷,五筹边军饷及筹备饷需,六京师旗营加饷,七加复俸饷,八练兵经费,兹分别述之。

(一)京饷　京饷的起源是在雍正三年。是在奏准各省于春秋二季,将实在存库帑银,造具清册;春季限于二月,秋季限于八月到部。由部据各省所报现存实数,酌定数目,奏明拨解。除仅敷本省需用之福建,广东,广西等省,及不敷本省需用之陕西,甘肃,四川,云南,贵州等省存留本省,不解至京;余省春秋二季册报实存银数,除酌量存留本省,以备协济邻省兵饷,并别有所需请拨用外,其余银悉令解部①。此项京饷的款源大约最初是限于地丁,即所谓地丁京饷,其后也拨到盐课及关税。最初规定是提拨各省库存余银,后来也变成了中央固定的入款,不问各省每年究有若干存银,皆须按例照解。至于创办厘金之目的,原本为供给与太平军作战时之军费,中央岁入初无取给于彼之意,故至同治三年克复金陵后即有左都御史全庆于该年七月奏称军务草定,各省厘局请酌量裁撤。此信传出后,湖广总督官文即于八月上疏奏称兵燹之后,各省亟待办理善后,而国家经常岁入,各有用途,不便挪移,请仍留各大省(如江,皖,苏,杭,福建,两湖,四川,广东等省)厘金,以供办理善后之用。又称京师为根本重地,府库空虚,尤宜预筹,彼意朝廷可责成办有厘金而该省军事已告结束之省份,除留几成作善后之款外,应以几成拨解京师充裕部库②。官文的奏请,清廷完全采纳,故同治三年后,各省厘金项下即有拨解京饷之支出,据现在考说,拨解最早的是广东省,于同治六年起解,是年共解过50,000两③。据档案

---

① 《会典事例》卷一六九。
② 参阅第二六页。
③ 见本所抄藏同治六年户部银库大进册。

载同治七年户部指拨各省厘金应解京饷之数共为250,000两,由江苏,浙江,江西,湖北,广东五省各解50,000两,大约此为多数省份拨解厘金京饷之始①。此后数年各省定额不详,据各省厘报看,则江苏,浙江,江西,湖北四省各年所解多为50,000两,广东则约为100,000两。又同治七年后福建,湖南,安徽三省亦先后起解厘金京饷。据光绪四年户部奏请预拨五年京饷之折看,各省每年应解之厘金京饷额数,彼时尚未有最后之规定,其最后规定成立于何年,此时以档案不全,尚未查出,惟知自光绪九年后除湖北省外,余省即未再有变动。兹将户部历年指拨各省应解厘金京饷额数有档案可据者列示如下。

第三十七表　历年各省应解厘金京饷款额*

（单位以两计）

省别＼年次	同治7年	光绪5年	光绪9年	光绪20—34年
江　苏	50,000	100,000	220,000	220,000
浙　江	50,000	150,000	100,000	100,000
安　徽		50,000	100,000	100,000
江　西	50,000	100,000	100,000	100,000
湖　南		50,000	50,000	50,000
湖　北	50,000	100,000	100,000	120,000
广　东	50,000	170,000	100,000	100,000
福　建		100,000	100,000	100,000
总　计	250,000	820,000	870,000	890,000

* 根据历年户部奏请预拨来年京饷折。

① 见各年户部预拨来年京饷折。

据光绪九年定额，各省应解厘金京饷，共计870,000两,据光绪二十年定额则为890,000两，内中湖北省每年多解20,000两；嗣后各年定额皆如此。各省应解厘金京饷虽有定额，但每年未必皆解足额数，此可于各省厘金开除总表或分表中见之。

应解厘金京饷之省份共有上述八省，惟福建省每年尚应由厘金项下解内务府京饷银数万两，由茶税项下解京饷200,000两，茶税京饷自咸丰十年始，其初大约无定额，每年由户部指拨，同治二年应解100,000两，同治七年应解150,000两，以后即定为200,000两。（定于何年不详，根据档案知光绪五年后此数即无变更。）因茶税收支系与厘金混同开报，故此项茶税京饷在福建厘报中，亦与厘金京饷并计。内务府京饷自同治五年始，初无定额，自同治九年起年解100,000两，光绪二三年改为50,000两，光绪七年后因与户部京饷之数相混，其年额不详。

（二）固本京饷　此款起于同治二年，是年署礼部左侍郎薛焕奏请筹饷练兵，所拟办法是直隶设立四镇，每镇练兵一万人，择久历戎行有勇知方之大将四员主之，仍归总督节制，此军专顾根本重地（即京师），不预外省调遣。一面将神机营兵丁亦分四处教练，每处以五千名为度，与直隶之兵相辅而行。至于此项饷需，即责成十八省督抚藩司合力共筹，名之曰固本京饷，每省能筹若干，不必由部拟派，由各该督抚自行通筹，拟定数目，复奏定案。疏下户部议奏，户部即请完全采用薛氏主张[①]。是为固本京饷之起源（固本京饷有时亦称直隶固本京饷），每年各省应解额数合计共为600,000两。各省厘金项下有此项解款的仅山东一省，于同治二年起，每年

[①] 《同治二年六月初一日御批户部折》。

应解额数为200,000两。

（三）东北边防经费　光绪六年初清廷起议筹办东北边防,由王大臣等于正月二十日会议,议定开办东北两路边防,其饷需由户部筹划。是年二月户部奏准于各省地丁关盐厘金项下指拨2,000,000两,内中厘金占560,000两,由江苏,浙江,广东,江西,湖北,湖南,安徽等七省各解80,000两。自光绪六年为始,按年解部,于五月前批解一半,于年内全数解清①。翌年十二月户部奏准安徽改为解50,000两（减30,000两）,另指拨福建由厘金项下解80,000两,合计共有八省解此款,总数为610,000两②。实际上能常常如数解款的仅有江苏,浙江,安徽,广东,湖南等五省,能常解一部分的为福建,至于江西则仅解过二三年,湖北则始终未从厘金项下解过③。光绪二十四年为偿付最后一次甲午赔款,成立英德续款,为偿付此项外债计,户部于光绪二十五年二月奏准加拨东北边防经费共500,000两,内中各省厘金占122,000两,除安徽仅加10,000两外,其余七省皆各加16,000两④。光绪二十年以后,因偿付为甲午赔款所借外债,各省厘金已多不能解足东北边防经费;自加款额后,八省中仅有广东,湖南,安徽三省能解足额,余省则多连原额皆不能解足。至光绪二十七年庚子赔款发生,户部又于该年八月奏准将二十五年所加拨之东北边防经费共500,000两,改作新案赔款,各省厘金仍照原额解款（即安徽解50,000两,苏,浙,赣,

---

① 《户部指拨边防经费按年解部疏》（光绪六年二月）,《湖南厘务汇纂》卷三。
② 《户部变通酌拨河南等省边防经费疏》（光绪七年十二月）,《湖南厘务汇纂》卷三。
③ 江苏,浙江,安徽,广东,湖南,福建六省参阅各该省历年解户部款分析表,湖北,江西两省参阅各该省开除总表。
④ 见《光绪二十五年十一月九日朱批总理衙门折》。

闽,粤,两湖各解80,000两)。

(四)加复俸饷　此款自光绪九年始①,由各省旧解之京员津贴一款改解②。其用途虽不详,但就其名称看,大约系作补充京官兵丁俸饷之用。各省应解总额不详。各省厘金项下有此项解款者仅有广东及山西两省。广东每年应解此款额数为15,000两,由厘金项下拨解之数为7,800两,山西每年由厘金拨解之数仅为2,000两。

(五)筹边军饷及筹备饷需　筹边军饷始于光绪十二年。原光绪十年户部因近畿各省办理防务,奏准将节省西征军饷银拨作光绪十一年近畿防饷。嗣因沿边沿海办防,截留划拨京饷,东北边防经费等项,未能弥补,放款不敷。自光绪十二年起奏将近畿防饷改为筹边军饷,按年奏拨③。每年指定由各省关拨解之数共为2,000,000两④,各省厘金项下未指定应解年额。计由厘金拨解此款之省份共有江苏,浙江,安徽,福建,广东等五省,江苏每年约解十三四万两,浙江常解之数为100,000两,安徽则为20,000两,福建为七八万两,惟广东最少,每年仅解六七千余两,或四五千两。至于江西则仅解一年。此款在光绪十八年正月间奏明改称为筹备饷需。

(六)京师旗营加饷　光绪十一年《中法条约》告成,边事稍定,刑部侍郎薛允升上练旗兵固根本之奏,户部议令各省就报部兵勇饷34,000,000两之数,每省各裁节至300,000两,为加练京师旗兵

---

① 光绪二十三年六月份《谕折汇存》,《初六日安徽省批解加复俸饷片》。
② 光绪二十一年十月份《谕折汇存》,《二十一日广东省批解加复俸饷片》。
③ 户部历年指拨筹备饷需折。
④ 根据"光绪二十一年户部入款表",《支那经济全书》第一辑"附录"。

饷之用①。此款由光绪十二年起,各省拨解总额为1,383,000两②。于厘金项下解有此款的仅江苏及山西二省,江苏年额为90,000两,山西则不详,常解之数为四五万两。

(七)加放俸饷　此款起于光绪十二年。缘咸丰年间,因办理军务,需饷甚巨,曾将王公官员及兵丁等俸饷减成放给,撙节度支,以济要需。光绪初年以来,军务敉平,清廷为体恤臣下起见,于是年十一月下谕令户部自光绪十二年正月起,所有王公及在京官员俸银,京师旗绿各营兵丁饷银并太监钱粮,一律仍照旧制全数放给③,此即加放俸饷之起源。各省应解此款之数不详,各省厘金项下有此解款者仅有广东及福建二省,广东年额为100,000两,福建则不详,据历年解款看,大约亦为100,000两。此外江西曾由厘金拨解一年。

(八)练兵经费　光绪二十九年清廷筹议练兵,是年十一月十九日有两道上谕摊派各省筹款,指定各省于烟酒税及丁漕田房税契项下共筹8,820,000两,并未指定在厘金项下筹解④。于厘金项下筹解一部分之省份仅有广东一省,广东每年应摊解练兵经费850,000两,嗣经奏准改为每年认解400,000两,除在土药统税项下拨解外,不敷之数,由藩、运、关、厘、善后五库分筹,每库筹银22,000两。换言之,即广东厘金拨解此款年额应为22,000两。

以上所述八项解户部之款,并非每省皆有,兹将各省厘金项下

---

① 吴廷燮:《清财政考喻》,页二十一。
② 《光绪会计表》卷一"部库入款表"。
③ 《光绪十一年十一月辛酉上谕》,《东华续录》卷七十三。
④ 参阅拙作"光绪朝补救财政之方策",《近代经济史研究集刊》第一卷第二期,页二四九至二五〇。

所有之解户部款列示如下：

第三十八表 各省厘金开除项下所有解户部款项表

省别	京饷	固本京饷	边防经费	加复俸饷	筹边军饷	旗营加饷	加放俸饷	练兵经费
江苏	★		★		★			
浙江	★		★		★			
安徽	★		★		★			
江西	★		○		×		×	
湖北	★							
湖南	★		★					
福建	★		★		★		★	
广东	★		★	★	★		★	★
山东		★						
山西		■	×	★		★		

★此号表明经常有此解款。■仅解二年。○仅解三年。×仅解一年。

国家行政费 在各省厘金支出项下有许多款项是用于国家行政范围内的事项，如海军衙门经费，内务府经费，伊犁善后经费，各省灾赈，江南文闱经费，黄河工程等等。凡属于此类性质的用款，皆归为国家行政费。此项支出下的项目甚多，惟大部分都是属于临时拨款；为多数省份所有的经常款，仅有备荒经费及内务府经费二项，此外福建有船政衙门用费一款，山西有平余铁价不敷津贴一款，亦为经常支出。兹就此四款略加解释。

（一）备荒经费 光绪九年二月初三日御史刘思溥奏称近年各省筹办赈务，屡颁恩旨，惟因帑金仓米各有专需，仓库时感支绌，因请旨饬各省督抚每月就厘税中酌提一千两专作备荒经费，附于京饷解部，另款存储。当经户部议准，令厘金收数较多之江苏，安徽，江西,浙江,福建,湖南,湖北,广东,广西,四川等十省,每月提银一千两,备解此款①,是为备荒经费之起源;此款既非每年皆用于赈灾,故亦可视为京饷之一部,惟以其用途指定在存储备赈各省灾荒,故仍附于国家行政费项下。户部开列应解此款之省份共十省,而实际上曾解过此款的不过数省,据现在所知,有江苏,浙江,安徽,江西,湖南,广东,福建等七省,湖北厘金未解过此款,广西及四川则不详。此款各省每年应解之数为12,000两,遇闰年系加1,000两。

(二)内务府经费 内务府的职守是掌管内府财用出入,祭祀,宴飨膳馐,衣服,赐予,刑法,工作,教习之事,武备院,上驷院,奉宸苑等皆隶属之②。换言之,内务府即是掌管宫廷内务的机关,就国家行政组织而言,是国家行政机关之一,因在专制的君主国内,皇室是中央政府组织之最上层,故内府虽专为皇室而设,似亦当视为中央政府机关之一。但就是其经费而言,则应该分为两部分,一部分须归为国家行政费,另一部分则应归为皇室用费。据《光绪会计表》所载部库支款表内所列内务府之支出共有八项③,兹列示如下:

(1)内务府俸银　　　　(2)内务府经费
(3)内务府麦折　　　　(4)内务府太监饷银
(5)内务府交进银　　　(6)内务府奏拨银
(7)内务府礼仪处交进银　(8)内务府奏拨工程银

一,二两项为内务府本身之常年经费,其应归为国家行政费,可无疑问,即三,四两项亦可归入;后四项则应归为皇室用费,因皆

---

① 《户部遵议月提厘税银1,000两解部备荒疏》(光绪九年三月),《湖南厘务汇编》卷四。
② 参阅光绪《会典事例》卷二十一。
③ 《光绪会计表》卷一。

为纯粹用于宫内之款。从上表看,我们知道所谓内务府经费者,不过仅为内务府支出之一项,惟户部指拨各省供给内务府之款,几乎全以内务府经费统称之,而未分别说明指拨各款之用途,故关于厘金项下所拨之款,应归入何类,尚为一问题。清末所编各省财政说明书有归内务府用款为皇室用费者,有归为国家行政费者,有将其仅列为解款之一者①,各从编者意见而定,殊无一致之标准。至于宣统三年度支部试作之预算表,则将全部内务府之支出,皆列为国家行政费,因其未另列皇室用费故也。今查各省厘金项下所解内务府之款,除福建外,皆称内务府经费,为数甚小,多者年不过一二万两,少则仅数千两。福建厘金项下所拨内务府之款,称内务府京饷,似有别于内务府经费。兹于未能完全确定厘金项下所拨之内务府经费应归入何类之时,暂将其列为国家行政费,惟福建所拨之款因与户部京饷不易分开,即归入京饷项下。他日如有人作清代全国岁出统计,以为此项归类不妥时,不妨按本书所列数字提出重行归类。

(三)福建船政衙门用费 此款归入国家行政费的理由是因为船政衙门是直隶于中央的机关,船政大臣系由中央简派,不受督抚节制,故不归入该省行政费项下。

(四)晋省平余铁价不敷津贴 此款归为国家行政费的原因,是因晋省每岁购铁运京,系供国用,故关于此事的支出,就全国岁出分类而言,应归于国家行政费项下的。

至于国家行政费项下之临时拨款,其中以奉户部奏咨所拨之赈款为最多,其次为河工费,其余名目繁多,难详举,读者可参阅有

---

① 广东归为国家行政费,湖南归为皇室用费,山东、江西皆列为解款之一。

国家行政费支出之各该省开除总表,或该省国家行政费分析表①。

皇室用费　此项支出包括有两项出款,一为织造费用,一为陵工经费。清廷承袭明制,于江宁,杭州,苏州各设专局织造各项衣料及制帛诰敕采缯之类,以供御用及宫廷祭祀颁赏之需,明代于三处各置提督,织造太监一人,清改任内务府人员,谓之织造。关于织造衙门用费及采办工料之款,大部分是由江浙两省供给,故该两省厘金项下亦有此项经常支出。江苏厘金项下支出之织造款项,计有江宁织造津贴,苏省(即苏州)织造养廉,及织造工料三款,前二款有定额,每年12,000两,遇闰年加1,000两,后款无定额,最多可至六十余万两,最少仅数千两。浙江共有两款支出,一为织造经费,内有办公养廉,津贴等项,一为织造工料费,前款每年约支22,000两,后款则约为十余万两,或数万两不等。陵工经费,共有两种,一为已葬之各皇陵工程经费,如所谓孝陵工程费,惠陵工程费等,一为万年吉地工程费,即为在位皇帝经营陵寝之工程费。此项出款虽由各省负担,但非年年皆有,有时一连数年皆有此项支出,有时则无,款额亦无一定,有时一省仅出数千两,有时则为二十余万两。各省厘金项下有此项陵工经费支出者计有江苏,浙江,安徽,江西,湖南,广东等省,各省支出此款年份最多之省份为江苏,共有九年,余省则仅有六七年,或四五年不等。

除上述两款外,各省有时亦有一二项临时拨款,如大婚经费及庆典经费等。

铁路经费　清代铁路是由中央管理,故其经费得由中央指派各省份担。以厘金分担一部分此项拨款的省份计有江苏,浙江,安

---

① 江苏,浙江,江西,湖南,福建,广东等六省皆有分析表。

徽,湖南,广东五省。各省每年拨款皆有定额,计湖南,浙江两省皆为15,000两,江苏为24,300两,安徽为25,000两,广东为80,000两。此项经费虽为各省厘金之经常支出,但有时亦缺,而解款与定额比较,亦有解多解少之时。

归还外债　各省厘金负担之外债共有八种,兹分述各款举借之经过于下。

(一)西征洋款　由左宗棠向外商举借先后共计五次:第一次为同治六年三月(1867)1,200,000两,第二次为同年十二月(1868)2,000,000两,第三次为光绪三年(1877)5,000,000两,第四次为光绪四年(1878)1,750,000两,第五次为光绪七年(1881)4,000,000两,均作左氏西征军饷及善后之用。

(二)台湾事变借款　此款于同治十三年(1874)由钦差大臣沈葆桢向汇丰银行借入,款额为2,000,000两,偿期共十年。

(三)汇丰镑款　此项外借为光绪二十年(1894)中日战争时,政府向汇丰银行所借以为军费之用,款额为3,000,000镑,以关税担保,二十年内偿清,实际偿付时用到广东的厘金,并且江苏厘金项下曾付过小部分镑息。

(四)克萨镑款　此款亦为中日战争时政府向麦加利银行所借,计英金1,000,000镑,规定二十年内偿清,以关税为担保。此款原为战争之用而借,但战争不久结束,即改为裁勇练兵之用。此款摊还时,实际各省厘金中仅有山西厘金担负有一部分。

(五)瑞记洋款　这笔外债是与克萨镑价同时借入的,款额亦为英金1,000,000镑,偿期二十年。以关税担保而规定苏州厘金120,000两,金陵厘金60,000两,又芜湖旧关及米厘局60,000两,皖南茶厘局息款20,000两摊还,实际上后来仅用到江苏厘金的一部分。

（六）俄法借款　此款之借入，是因为上述两款借到后多作军事费，或因其他事项移用，以致所需偿款仍不足额，遂于光绪二十一年（1895）七月又向俄法银行借得此款，款额400,000,000佛郎，合英金15,820,000镑，偿期三十六年。

（七）英德借款　此款于光绪二十二年（1896）借入，亦为偿付甲午赔款，款额为英金16,000,000镑，偿期三十六年。

（八）英德续款　此款系为偿清甲午赔款而借，于光绪二十四年（1898）二月中成立，款额16,000,000镑，偿期四十五年。担保品中除关税外有苏州贡厘800,000两，淞沪货厘1,200,000两，九江货厘200,000两，浙东货厘1,000,000两，此外尚有宜昌，万户沱，鄂岸，皖岸等处盐厘1,800,000两。此次借款影响各省厘金分配最巨，可于下文中见之。

上述各项借款，各省厘金所分担的并不一致，兹将各省厘金所分担的外债列如第三十九表。

第三十九表　各省厘金所担负之外债

省别＼款名	西洋征款	台湾借款	西北善后借款	汇丰镑款	克萨镑款	瑞记洋款	俄法借款	英德借款	英德续款
江　苏				★		★	★	★	★
浙　江							★	★	★
安　徽							★	★	
江　西							★		★
湖　南							★	★	
福　建	★	★	★				★	★	
广　东					★		★	★	
山　西						★	★	★	

★此号表明有此项支出。

赔款　各省厘金所担负之赔款有二，一为伊犁偿款，一为庚子赔款，前款于光绪七年（1881）成立，后款于光绪二十七年（1901）成立。伊犁偿款总额为英金 1,431,664 镑，应于光绪七、八两年内偿完[①]，各省厘金项下有此拨款者为江苏，江西，湖南，福建，广东，河南等省，除河南及江西仅付一年外，余省皆付二年；款数自 20,000 万两至 70,000 两不等。至于庚子赔款，则仅有江苏，湖南，及山西三省厘金有此负担，以江苏所付之款额为最大，年约二十余万两，或十余万两，次为山西，年亦约拨十余万两，湖南则年仅拨一万余千两。

　　各省协款　所谓各省协款或协饷，即由户部补助各省之款，惟款不由户部拨发，而由户部指定某省或某数省拨款若干直接解与受协之省份，期限亦由户部规定，有时仅协助一二年，或数年，而有的边远省份则须年年受协助。此项协款虽似一省或数省补助某一省，与中央无关系，其实则此项由某省直接解协款与受协省份的办法，不过是节省一道转拨的手续而已，无户部的奏咨，各省是不能互相授受协饷的，故此项开除应列入国用范围内。大凡付协款的省份都是财政比较丰富的省份，而受协款的省份，则多为边远贫瘠的省份。在厘金项下有协款之支出的省份，计有江苏，浙江，安徽，江西，湖南，福建，广东，山西等八省，受协款最多的省份为甘肃，云南，贵州三省，东三省及广西亦为受协省份，此外尚有乌里雅苏台，科布多，及塔尔巴哈台三处，亦为常受协款之区。兹将支付协款及受该协款之省份列为下表：

---

① 光绪七年《中俄改订条约》专条。

第四十表　支付厘金协款及受款省份表

解款省份	经 常 受 协 省 份	备　　注
江　苏	甘肃,贵州,云南,东三省	
浙　江	甘肃,贵州,云南	此外尚有临时协款
安　徽	乌里雅苏台,科布多,塔尔巴哈台,苏州厘局	
江　西	乌里雅苏台,科布多,塔尔巴哈台	此外尚有临时协款
湖　南		无经常协款,至多二三年
福　建	甘肃,贵州	此外尚有临时协款
广　东	陕甘,贵州,广西,塔尔巴哈台	
山　西	甘肃,乌里雅苏台,科布多	此外尚有临时协款

海防经费　各省厘金项下有海防经费之支出者为江苏,浙江,江西,广东,福建五省。前三省支付之款为南北洋海防经费,自光绪元年起,各省所解款额不一,江苏每年应解北洋海防经费45,000两,应解南洋经费320,000两;江西每年应解200,000两,南北洋海防各100,000两;至于浙江则不详,据历年解款之数看,北洋海防经费曾由数万两增至320,000两,后复降至260,000两,南洋海防经费仅解三年,款数仅二三万两。广东厘金所拨海防经费系本省海防经费,为数甚大,同治末数年及光绪十年以前年约支四五十余万两,自光绪十三年起增至一百余万两,至光绪二十四年止,每年皆约支百万两,惟二十五年后减至二三十万两。福建所拨海防经费为台湾海防经费,自光绪元年起,每年拨数万两,或十余万,或数十万两不等。光绪二十年后即无此项支出。

水师军费　各省厘金所负担之水师军费,最要者为长江经制水师军费。长江水师之起源在咸丰初年,其初营制大约不甚统一,至同治四年末,始由曾国藩议定成立长江经制水师,据当时统计,该军共有战船774号,共有兵士一万二千余人,置提督一员,总兵四员,营官二十四员,哨官774人,每月需军饷50,000余两,年共需银600,000余两①。饷源初由曾国藩奏明在长江水师分防之五省(即江苏,安徽,江西,湖北,湖南五省),留出数卡厘金拨作军饷②;继复奏明于五省各留厘卡一处,计湖南留岳州,湖北留汉口,江西留湖口,安徽留大通,江苏留瓜洲,每卡每年各提100,000两,供支水师军饷③。后来实际上并不是完全照这样分配的,计江苏厘金仅年支45,000两,安徽为65,000两,皆较原定之数为小;其余三省所负担之数则较大,计江西160,000两,湖北174,000两,湖南122,800两。五省所拨之数合计,年共有566,800两,考之各省厘报,几于年年解足额数,惟光绪末十余年受厘金担付外债之影响,苏,赣两省皆致停付。此外尚有太湖水师,淮扬水师,燕子矶外海水师,福建水师等,其军费亦由厘金担负。前三种水师系在江苏驻防,故其军费由江苏厘金支付,合计每年约支二十余万两。福建厘金所付之水师军费,即其本省之水师军费,年约支四五万两,或六七万两。福建此项水师有无国防性质,现在尚难断定,因其职务一方面虽为缉捕,而另一方面则为巡洋,故今暂将其与长江及其他水师并列,而归入国用范围内。

各省军费　各省军费是各省厘金项下最大之开除,计现存厘报最全或最多之十四省中,有十一省皆有此项支出,此十一省即江苏,浙江,安徽,江西,湖北,湖南,福建,广东,山西,山东及陕西。

---

① 《会议长江水师营制事宜折》(同治四年十二月二十八日),《曾文正公奏稿》卷二十三。
② 同上。
③ 《拟补长江水师各缺续陈未尽事宜折》(同治七年三月初五日),《曾文正公奏稿》卷二十六。

年支百万两左右的省份有湖北,江西,福建,浙江,江苏等省,其次为湖南,年支六七十万余两,再次为陕西,年支四五十万余两,再次为安徽,广东,山西,山东等省,各年支数万两(如山东)或十余万两(如山西)或二三十万两(如广东,安徽)不等。惜各省厘报中对于各该省军费之用途多不列举,大多数省份皆以本省军饷一词概括之,以致现时无法分析军费内容,惟可推知大部分皆用于军饷,至于购械或其他军事建设之费用似少由厘金项下拨款开除。

以上所述十项支出皆为属于国用项下之款,兹再述省用各款。

第四十一表　各省厘金项下所支本省行政费项目表

省别	经常支出	临时支出
江苏	善后局经费,塘工经费,河工经费,苏州厘局经费　滁浦经费	款项增多不能细举
浙江	厘局经费,塘工局经费	本省工程费,各属被灾赈抚等
安徽	厘局经费,求是学堂经费	督臣巡江经费,与刑局经费等
江西	吴城船厂经费	本省工程费
湖北	善后局经费,厘局经费,巡防保甲员弁薪水经费,发审员薪水经费,武职操练月课奖赏,救生红船口粮	
湖南	堤工经费,海运经费,学务经费	疏河经费,赈恤经费等
福建	通商局电线经费,通商局各项用款,洋务局经费	巡抚渡台办公费,工程费,赈抚费等
广东	俄文学堂经费	各属赈抚费,工程费等
广西	厘局经费	
山东	无	省城石团工费,河工银等
山西	抚院文案处委员薪水贴补厘局不敷公费银等	农工局用费,农林学堂经费等
陕西	厘局经费	
甘肃	厘局经费	

219

乙　省用各款

各省行政费　所谓各省行政费,即各省由厘金项下支用于各该省行政事务之款项。各省厘金支用于此方面之款皆不甚大,多者每年支出十余万两,或二三十万两,如江苏,浙江,湖北,湖南等四省,少则年仅有数万两或数千两之支出,如广东,福建,安徽,山西,广西,山东等省。各省行政费之支出项目,除一二经常费外,多为临时拨款,名目繁多,不胜枚举,兹于下表将各省之经常支出列出,关于临时支出,则仅略举数端,以略示各省行政费之内容,读者欲知其详,可参阅详记各省厘金之各章。

其他开除　所谓其他开除即包括不易归入上述各项用款种类内之各项支出,各省中有此一类支出的计有浙江,福建,广东,江西等四省。列于此项下之支出,大部分是各省解款汇费,此外尚有一部分不易归类之临时支出,兹不细举。各省每年此项出款为数并不甚大,多者二三万两(如福建),少者一万余两或千余两(如广东,江西)。

丙　用途不详款

解藩库款　各省厘金项下常有解藩库款,此种款项不是由藩库临时指拨,或厘局余款解库存拨,即为由藩司特别指定应经常解库存储备拨之某种或某数种税款。前者如湖南所解之"提存节省银",后者如广东,湖南,江西,浙江等省所提解之土药厘金,洋药厘金,牙帖捐,木植经费,及各项加抽厘金之税款。各省解藩库之款以后者为多,惟有数省在厘报中仅以"解藩库"或"解司库"等字概括解款,而未注明所解者系何种款项,如陕西,河南,及安徽即是。此种解库之款,其用途皆不详,故为之单独立一用途不详一款。有此种解款的省份,为江苏,浙江,安徽,江西,湖南,广东,河南,陕西,甘肃等九省,惟非年年皆有;款数以江苏,浙江,广东,陕西等省较多,少时虽仅有数万两,而多时则有一二十万,或三十余万两,次为河南,每年有六七万两,或十余万两;再次为湖南,江西,甘肃,安徽等省,每年在一万余两至三四万两间。

二　各省厘金支出概况

　　从上文所述,我们看到各省厘金的支出,大部分是固定的,不问每年的收入如何,凡指定由厘金项下拨解之款,每年都应由各省凑解。历年各省厘金的支出数与其收数相比,除江西,安徽,广西等三省收支完全相抵外,其余各省如江苏,浙江,福建三大省,则收入常不敷支出,余如湖南,湖北,广东,山东,山西,陕西,甘肃,河南等省,则盈余之年较不敷之年为多。现存历年各省厘金支出统计,其年数与收入方面相等,兹仍照收入方面办法,分为两段制表说明,即自咸丰三年至同治七年共十六年为一段,自同治八年至光绪三十四年共四十年为第二段。关于支出方面的分析,兹拟就大体分析,其详细分析则留待于详述各省厘金各章中叙述之。吾人在上文曾将厘金用途分为三大类,即(一)国用款,(二)省用款,(三)用途不详款;兹以各省厘金最主要的支出为军费,若将其与其他国用各款并计,则不易睹其重要,故拟将其划出,另立军费一项,以便说明,为易于区别内容起见,将其他国用各款统称为国政费,省用款称为省政费。所谓军费,即应该包括海防经费,水师军费及各省军费三项;国政费项下有解户部款,国家行政费,皇室用费,归还外债,赔款,铁路经费及协款等七项;至于省政费之内容,则仍如上述,即包括本省行政费及其他开除二项。

咸丰三年至同治七年间现存有支出统计的省份共有九省，即福建，河南，陕西，山西，山东，广东，广西，浙江，江西等省，除陕西，广东，江西三省仅存有一二年支出数外，余省皆有十余年或数年之支出数，兹分述之（参阅附表第六）。

福建省自咸丰三年起即有支出，初仅为数千两，继增至十余万两，或数十万两，至同治元年则已逾百万两，嗣后六年续由一百四五十余万两增至二百万两上下。以用途而论，则咸丰三年至八年之支出全部皆为军费；九年以后军费在全部开除中所占成分略减，约为百分之九十左右，国政费约占其余部分；至同治五年军费所占成分续减，约占全部支出百分之四十五，国政费约占百分之三十强，省政费约占其余部分。现存河南省之支出数，自咸丰八年起，最初一年仅支五万余千两；后二年增至十万两左右。咸丰十年后又降至年支四五万两；全部出款皆解藩库，其用途不详。陕西省自咸丰九年起，是年支出三十余万两，全部解藩库；以后数年统计缺失，至同治七年复有报告，是年支出四十余万两，出款百分之八十系解藩库，余系垫办采买。山西省支出自咸丰十年起，每年约支十五六万余两，或十三四万余两，其初主要开除为国政费，约占全数；自同治元年起增军费支出，约占百分之三十，余为国政费，至同治四年后军费占全部支出。山东省支出亦自咸丰十年始，每年约支数万两，或十余万两不等，军费约占百分之五十，国政费约占百分之三十强，省政费约占百分之二十弱。广东省支出自咸丰十一年始，是年支出四十三万余两，全部为军费；同治元年仅有半年报告，支出数为十四万余两，亦为军费；是年后至同治七年止，报告皆缺失。广西省支出自同治二年起，每年约支六七十万两，除有四五万余两为厘局经费外，余款用途皆不详。浙江省支出自同治三年始，惟是年支出数系与以后八年合报,计为时共八年零八个月,除同治三年因仅有八个月之支出应较少外,平均每年支出2,032,864两,内中百分之六十皆为军费,百分之三十为国政费,省政费约占百分之十。江西省支出自同治七年始,是年支出约一百四十万两,内中百分之六十为军费,国政费约占百分之三十七,省政费约占百分之三。

第二段统计,较为整齐,计共有省份十四,年份四十年,即自同治八年至光绪三十四年。兹将此项支出统计列为附表第七,并于下文分述之。

（一）江苏厘金之支出数,在此四十年中之升降情形与收入方面相同,即在光绪二十年以前二十六年中,除一二年稍低外,每年之支出皆在2,000,000两至3,000,000两间,以同治年间较高,约常在2,500,000两以上,光绪元年后则常在2,500,000两以下。光绪二十一年后支出随收入之增加而增多,此后十四年之支出多在3,000,000两以上[①],光绪二十八年后且多在3,500,000两以上。历年出款的分配,在同治年间军费约占总支出百分之五十强,国政费约占百分之四十稍强,省政费约占百分之十。此种分配形势在光绪元年至十年间亦无如何变动,惟省政费所占成分,有时约为总支出数百分之六七。光绪二十年后因增归还外债一项大支出,军费稍减,但每年尚占总支出百分之四十左右,省政费亦减少百分之二三,即不及总支出百分之五,国政费约占百分之五十五左右。光绪二十五年后,归还外债之额复大增,每年约占总支出百分之六

---

① 光绪二十四、二十五两年虽较低,但系因此两年有一部分归还外债款未列入,二十四年份为一百余万两,二十五年约为二百余万两。

十五,故其他国用款,如解户部款及皇室用费等,虽见减低,而国政费之总额反见增高,约占总支出百分之七十五,军费仅占百分之十五,省用款仍旧,约占百分之四;用途不详,约占百分之六。

(二)浙江厘金支出,在光绪二十一年以前二十六年中,每年约在2,000,000两左右,惟光绪八年以后有四五年之支出数较低,约为一百五六十万两;光绪二十一年以后支出数增高,每年约为二百四五十万余两。以出款分配而言,在光绪十年以前,军费约占总支出百分之四十五,国政费亦略与之相当,省政费则约占百分之十。光绪十年以后,至二十三年止,军费支出增高,约占总支出百分之六十,国政费约占百分之三十,省政费约占百分之七,用途不详款约占百分之三。光绪二十三年后军费降至占总支出百分之四十强,国政费因归还外债一款之增加,约占百分之五十五弱,所余部分为省政费所占。

(三)福建历年厘金支出情形,洽与浙江相反,即在同治年间及光绪初年,其支出最多,约在2,000,000两至2,500,000两间,光绪八年后降至2,000,000两左右;至光绪二十四年以后,则更降至一百五十万两左右,但尚不及收入降减之速,故光绪二十七年后,闽厘每年入不敷出之数甚大,甚有一年不敷至九十万余两者,实为他省所无。出款在同治年间以国政费为最多,约占总支出百分之六十弱,其中协款约占半数;军费约占百分之三十五,省政费占其余部分。光绪初年至十七年,军费约占总支出百分之五十,或稍强,国政费约占百分之四十五,或稍弱,省政费约占百分之五六。十七年以后至二十九年止,仍以军费支出为最大,约占百分之五十五,国政费则减为百分之二十五弱,省政费约占其余部分。光绪二十九年后之支出,不列用途及款数,无从分析。

（四）湖北历年厘金之支出，与收入相似，四十年中仅于光绪朝有三年的支出数超过2,000,000两外，余年之支出皆在1,500,000两至2,000,000两间，光绪二十五年以前，除有数年不满1,200,000两外，余年皆在1,400,000两至1,700,000两间；光绪二十五年后增至一百七八十万余两，有三年且超过2,000,000两。在同治年间，出款约有百分之九十五皆为军费，国政费约占其余部分，省政费时有时无，所占最高部分亦未过百分之三。光绪元，二两年军费支出稍低，约占总支出百分之七十五强，国政费约占百分之二十，省政费约占百分之五弱。光绪三年至十年，全部支出皆为军费，本省军费约占百分之八十八，水师军费约占其余部分。光绪十三年以后，直至光绪末年，全部支出皆为省政费及军费两项所占，前者约占百分之十一，后者约占百分之八十九。

（五）广东历年厘金支出情形，在光绪十二年以前十八年中，除有三年稍高外，每年支出皆约在1,000,000两上下，自光绪十三年起支出增高，将近1,500,000两，嗣后各年，除有二三年稍低或稍高外，支出数约在一百五六十万两间，惟光绪末年曾随收入之增加而超至二百五十余万两。在同治年间，出款约有百分之六十为国政费，惟末二年较少；百分之四十为军费，惟末二年较多。光绪元年至二十五年，军费之支出较高，每年约占总支出百分之六七十，除省政费约占百分之一二外，其余部分皆为国政费。光绪二十六年后，军费支出减低，约占总支出百分之三十，国政费因增加归还外债一项支出而增高，约占百分之五十五强，用途不详款约占百分之十二，省政费约占百分之三。

（六）现存湖南厘金支出实际系自同治十二年起，至光绪三十四年止，除有数年不及1,000,000两外，余年之支出数多在

1,000,000两至1,450,000两间。同治末二年及光绪初年,军费之支出最多,约占总支出百分之九十或稍低;国政费约占百分之六或稍多;省政费则仅占百分之四。光绪四年以后军费支出稍减,约占总支出百分之七十至七十五,国政费约占百分之十强,省政费约占百分之十二三,用途不详款约占百分之三四。光绪二十一年以后军费支出复略减,约占总支出百分之五十五至六十;国政费约占百分之二十五强,其中新增之归还外债一项支出约占百分之十五;省政费约占百分之十一,用途不详款约占百分之四。

(七)江西历年厘金之支出,与历年收入完全相抵,即在光绪二十八年以前,除有二年未满百万两外,余年之支出皆在1,000,000两至1,400,000两间,尤以在一百一二十余万两间之数为多。光绪二十八年起支出增至一百五十余万两,以后各年约支一百七八十余万两,或2,000,000两左右。在同治年间出款以军费为最多,约占总支出百分之九十四五,国政费约占百分之四五,省政费约占百分之一。光绪初年至十五年,军费支出仍多,约占总支出百分之八十五至九十,国政费约占百分之十或稍多,省政费约占百分之一二。光绪十六年至二十三年,军费支出复增,约占全部支出百分之九十七八,省政费与用途不详款各约占百分之一二,国政费无支出。光绪二十四年后因二十二年新增之归还外债一项支出增高,全部支出几为此款与军费所占,前款约占百分之二十或稍多,后者约占百分之七十五至八十,用途不详款仅占百分之一二,或二三,省政费无支出。

(八)广西省历年厘金支出与其收入完全相抵,除光绪末年较高,每年支出数皆在500,000两至700,000两间。至于出款分配,则正税款之用途不详,每年随正税而收之四五万两公费,则全数拨充厘金局经费。

（九）安徽厘金历年之支出数亦与收数完全相抵,四十年中,除有三年不满400,000两,二年超过600,000两外,其数俱在500,000两上下。出款在同治年间几于全部皆为军费；光绪初年则减至占全部支出百分之八十,国政费约百分之十九,省政费约占百分之一。在光绪七年至十六年间军费约占总支出百分之五十,国政费约占百分之三十五,省政费及用途不详款合计约占其余部分。光绪十七年后军费约占总支出百分之四十或稍低,国政费约占百分之五十或稍多,省政费则约占百分之九。

（十）甘肃厘金支出在同治八年至光绪七年十三年间,无各年支出数,十三年间共支银4,471,375两,内中军费约占一百七十余万两,省政费（文武官廉饷及厘局经费）亦约占一百七十万两,余为用途不详款。光绪八年后之支出,每年常为三十余万两,十七年后减为二十余万两,至光绪三十二年陡增至六十余万两,宣统元年且至百余万两。至于用途,则除知每年有三千余两为盐厘局卡经费外,余款皆解藩库,用途皆不详。

（十一）陕西厘金支出在同治八年至光绪二十一年间,除有一二年较高或较低外,其数常在二十余万两至三十余万两间。至光绪二十二年随收入增至五六十万,且有二年至七八十万余两。自光绪九年以后该省收入即年年相抵。以用途而言,在同治年间,百分之六十余的出款皆为军费,余为用途不详款。光绪初年至八年,所有出款皆解藩库,用途不详；九年以后百分之八十六皆为军费,百分之十四为厘局经费；二十二年以后则军费占百分之九十强,厘局经费则占百分之十弱。

（十二）山西厘金支出在同治年间及光绪元、二年,年约为十一二万余两;光绪三年至九年间约为六七万两或八九万两。光绪十年陡增至二十万余两,嗣后各年复降为十余万两;至光绪十八年又续降至数万两,至二十八年止,十一年中最高数为九万余两,最低数为四万余两。光绪二十九年起又续增,初为十八九万两,继至二十余万两或三十余万两。同治八年至光绪八年,除一二年为例外外,余年所有支出皆为军费;光绪九年后支出的百分之八九十皆为国政费,余为省政费;军费支出仅有八年,所占百分数多少不一。

（十三）河南厘金支出在同治八年至光绪二十八年间,支出数在60,000两至120,000两间,以将近100,000两之数为多,与收入相比,则同治末三年及光绪十二年前十余年之支出数常较收数为大,盖彼时收数无超过100,000两者,而支出数则常超过之,光绪二十九年后支出随收入增至200,000两上下。以用途而言,则除光绪朝有十余年曾有一部分款为国政费之支出外,余年之款皆解藩库,其用途不详。

（十四）山东厘金支出在同治八年至光绪三十四年四十年间仅有十七年有报告可供分析,计同治八年至十三年每年约支数万两或十万余两不等,其中百分之六十五为国政费,百分之三十五为军费。光绪八年至十九年,中除十五年无报告外,共有十一年,其间每年支出数约为五万两至七万两,除有二年约有半数为省政费外,余年支出皆为国政费。光绪十九年后该省厘金报告中仅列举出款用途而未详列款数,无从分析。

上述各省厘金支出总计,在同治八年以前,因历年存有统计之省份多少不一,故其总计亦参差不齐。同治三年至六年共有闽浙桂晋鲁豫六省存有统计,六省支出合计,除同治三年不足4,000,000两外,余三年皆在5,000,000两上下。同治七年增江西一省,是年七省总计将近7,000,000两(参阅附表第六)。

同治八年至光绪三十四年有上述十四省存有支出统计,此十四省之支出总计与其收入总计略相等,其增减形势亦略同。在同治年间,此十四省支出总计,除首尾二年稍低外,每年约在15,000,000两上下。光绪元年至八年,每年合计约为一千三百数十万两;九年至十二年约减1,000,000两;十三年起至二十年止,又复为一千三百数十万两。光绪二十一年至二十七年各省支出多续有增加,十四省合计,每年约为一千四百数十万两,或一千五百数十万两;自二十八年以后,每年又续增一百万余两,或二百万余两,至光绪最后一年竟至一千八百数十万两(参阅附表第七)。

历年各省支出总数与收入总数之比较,兹列为附表第八,读者可参阅,兹不复述。

除上述十四省外,尚有台湾,奉天,吉林等省厘金之用途可于此略述一下。台湾厘金各年之支出数与收数完全相抵,光绪十二年至十五年全部支出皆用于本省,十六年之支出有一部分为铁路经费,余皆为省政费。十七年至十九年之出款,大部分皆用于海防,仅有极小部分为厘局经费①;至于奉天,吉林二省历年厘金之支出,则几乎全作各该省之兵饷②,历年之支出数与收数完全相抵。

三 全国厘金用途的分析

关于清代历年各省厘金支出的分配情形,现在有报告可供分

---

① 参阅第十二章第八十五表。
② 参阅第四五六页及第一三四表。

析的共有十三省,即上述现存厘报最全或最多的十四省中除去广西后之十三省。其余各省或无每年之支出总数(如云贵及直隶),或有而不全(如奉天),或有总数而未按用途分列细数(如四川,广西),以致无从分析有厘报可供分析之十三省,其历年之收数,合计约占全国厘金总收数百分之七八十或稍多,而此十三省历年之支出数亦略与之相当;故若能就此十三省之支出数而加以分析,则虽无全国总支出之分析,亦足以窥见清代全国厘金用途分配的大概情形。所不幸者即现存历年之十三省厘报,非每省皆完全无缺。所缺年份虽可以补插数补入,但于分析厘金用途则毫无裨益,盖所能补插者仅为一年之支出总数,其一年中之各项支出则因每年多有变动,无法补插,既无支出细数,自然无从分析用途。若就同治八年至光绪三十三年四十年中,选择此十三省皆不缺报告之年份,加以分析,则四十年中仅有五年可供采用①。年份过少,实不足以观察历年厘金支出之分配情形及其变动。欲求可供分析之年份加多,则唯一办法是少用几省,将历年缺报告较为最多之省份先除开,然后于四十年中选出其余各省皆不缺报告之年份以供分析。计十三省中,缺厘报较多而应除去的省份有山东,甘肃二省,所余十一省为江苏,浙江,福建,湖北,江西,湖南,广东,安徽,陕西,山西,河南。此十一省皆不缺报告的年份,计四十年中有十五年,同治朝有一年,光绪朝占十四年。以省份而言,十一省已几占内地十八省三分之二之数,且厘金收入的主要省份皆包括在内;以年份而言,为数虽不算多,但就其分配情形看,也足供吾人观察之用,计同

---

① 五年为光绪五年,十四年,十九年至二十一年,及二十七年,实际仅有四年可用,因光绪十九年有数省支出数系采自财政说明书,仅有总数而无细数,无法分析。

治朝有末年可供分析,光绪元年至十年共有五年可供分析,十一年至二十年,有三年,二十一年至三十四年共有六年。

上述十一省支出完全无缺的年份共计有十五年,其总计俱在10,000,000两以上。同治十三年及光绪元年,总计各为一千二百余万两;光绪三年,四年,九年,及十年各为一千一百余万两;十七年,十八年,及二十年复各为一千二百数十万两;二十一年,二十三年,及二十四年各为一千三百数十万两;二十七年为一千四百二十万余两;三十年为一千六百余万两;三十一年为一千五百五十万余两。以国用,省用,及用途不详三项分类,当以国用款占数最大,每年约占总支出数百分之八十九至九十三,实数为一千零数十万余两至一千三百数十万两。其次为省用款,年约支出七八十余万两,或一百一二十万余两,约占总支出数百分之五至百分之九。再次为用途不详款,每年约占总支出数百分之点五至百分之四,实数多在500,000两以下,有时且仅占数万两或十余万两,惟光绪三十年及三十一年因福建省之全部开除未列用途而附于此款,故其数较大。兹将此十一省总计分类及其百分比列为附表第九。

就上项分类表看,可以知道全国厘金收入极大部分是供给国用了,兹即就国用款加以分析。按国用款内共包括有十种款项:即(一)解户部款,(二)国家行政费,(三)皇室用费,(四)铁路经费,(五)归还外债,(六)赔款,(七)协款,(八)海防经费,(九)水师军费,(十)各省军费。就历年各款支出之数而言,最大者为各省军费;次于各省军费者,初为协款,继为"解户部款",最后为"归还外债";再次为海防经费,再次为水师军费及皇室用费,其余如赔款。国家行政费及铁路经费三项占数甚微。兹于下文分述各款历年的增减情形,惟关于最后三项,因款数甚微,无分述必要,拟合并述之

（参阅附表第十及第十一）。

"解户部款"在同治十三年及光绪元年之支出约为八九十万余两；光绪三、四两年则仅有五十余万两；光绪九年则为一百二十余万两，光绪十年稍低；此后续有增加，光绪十七及十八两年之支出皆将近二百万两。光绪二十年后虽因军费及赔款借了几次外债（如俄法及英德借款），但至二十三年为止，厘金尚未受到多大影响，故"解户部款"仅较前减少二十余万两；迨二十四年以厘金为担保之英德续款成立后，厘金始大受影响，故"解户部款"至光绪二十四年即较前减少约五十万两，至二十七年则减至一百万余两；迨至三十年及三十一年则仅年支七八十万两矣。以历年在支出总数中所占之百分数而言，则在百分之六至百分之七八间。皇室用费在光绪二十三年以前，通常之支出数为三四十万两或八九十万两；至光绪二十四年后则降为十余万两。以历年在支出总数中所占之百分数而言，则在百分之一至百分之九之间。"归还外债"一项支出在光绪二十一年以前为数甚微，其最高数未超出300,000两，在总支出数中所占百分数最多不过为百分之三。光绪二十一年以后则支出数增至百万两以上；迨光绪二十四年英德续款成立，则年支四百余万两，约占总支出百分之三十五。协款在光绪十年以前，年支一百余万两；十一年至二十年间的支出情形，就各省开除表中所列数字看，是有减无增，此因厘金协款之用途大部分是在补助邻省军费，而此十年间国内甚平静，故支出数减小，自光绪十七年后即仅年支三十余万两。以历年在总支出中所占之百分数而言，则在百分之二至百分之十五之间。海防经费之支出，在光绪十年前为数较小，年约支六七十万余两，或八九十万余两，光绪十年经中法联役后，修饬海防，经费增加，嗣后年约支一百数十万两，光绪二十年经中日战役,经费未减,是年支一百四十余万两,是年支出且增至一百九十万余两,二十三年支出略与二十年相等;二十四年因已受偿付外债影响,减至九十余万两,以后复续减,至三十年及三十一年则年仅支三十余万两。水师军费之支出在光绪二十三年以前,甚为稳定,每年将近800,000两或稍过之;光绪二十四年起减少二十余万两,以后复减,二十七年,三十年,及三十一年,每年皆仅支出361,800两。各省军费为历年厘金之最大支出,每年约为五百数十万两或六百数十万两。以同治十三年为代表,则同治年间之支出较大,约为七百数十万两;光绪初年则稍减,约为五百数十万两;十年以后复增一百万余两。二十年后虽有甲午及庚子两次赔款,但合计十一省之军费支出并未受很大影响,惟各省互有增减而已。上述三项军费合计,在光绪二十三年以前多在8,000,000两以上,二十四年以后每年约减一二百万两,实数虽未大减,但与十一省总支出数之增加相比则颇见减少。光绪二十三年以前,三项军费,在总支出数中所占之百分数,在百分之六十八至百分之七十八之间;二十四年则降为百分之六十六,二十七年续减至百分之五十四,三十年则约为百分之五十三,三十一年则为百分之五十四强。其他如赔款(上表仅列有光绪三十年,三十一年两年的支出),国家行政费,及铁路经费,合计每年亦不过二三十余万两,约占支出百分之二三,最多亦未超过百分之四左右。

  按咸丰初年创办厘金的主要目的,是在补助军饷。当时练勇所需饷大半皆取给于厘金,其后事平亦未变更,故在全国厘金支出中,军费始终为最主要之开除。据上述十一省之情形看,除光绪末十一、十二年较低外,历年军费的支出皆占十一省总支出百分之六十至百分之七十。但此尚就纯列入军费项下之支出数而言,若将协款及"解户部款"中属于军用之一部分款（如东北边防经费及筹边军饷）提出合计,则军费之支出在光绪二十四年以前当占十一省总支出百分之七十至百分之八十,二十四年以后亦当在百分之五十至百分之五十五之间。根据此十一省的情形去推测全国的情形,大致亦相差不远。使军费支出在光绪二十四年后略减少一二百万两的原因,即是"归还外债"一项的支出数增高了,光绪二十四年后此项支出年约为四百数十万两,占全国厘金收入的百分数约为百分之三十三,这是次于军费的最大支出。其他国用款如"解户部款",皇室用费,及协款亦同时受此项影响而减少。从这里也可以约略窥见甲午赔款对于中国财政分配的影响。

　　据上述十一省份类表看,省用款历年皆未占到总支出百分之十。在上文述各省厘金用途分类时,已说过各省之本省行政费,除一二经常费外（有时亦非年年皆有）,多为临时拨款;此项拨款年有变动,故在此无详细分析之必要。就附表第九所列十一省之数观之,每年支出之数约为七八十万余两或一百余万两,其中约有三四十万两或五六十万两为各省厘局之征收经费;余则为二三经常支出及各项临时拨款。兹将历年十一省中有厘局经费支出之省份及其款数列为附表第十二,并附其历年总数所占省用款总数之百分数。就该表观之,可知光绪初年以后之各省行政费中有半数或稍多皆为厘局之征收经费。

　　至于用途不详款,皆为各省解藩库之款;惟非每省皆有,上述十一省中,仅有江苏,浙江,陕西,广东,湖南,江西,安徽七省有此解款,且亦非年年皆有此款。兹以其在各省总支出中所占之数甚微,亦无详列各年各该省之支出数之必要,读者如欲知其详数,可参阅各该省开除总表。

以上之分析，虽仅以苏、浙、闽、粤、湘、鄂、皖、赣、晋、豫、陕西等十一省为代表，但是全国厘金支出分配的情形，亦不难由此推知。关于清代历年全国厘金之支出总数，吾人现时尚无法作确实的估计，惟据现有统计的各省收支比较上看，大约与收入是略相等的（自然也有不敷甚多或盈余甚多的年份）。以同治十三年而言，据吾人统计，是年收入在14,527,000两至14,697,000两间，取其折中数则为14,612,000两。上述十一省在是年的支出数为12,603,496两，换言之，即占是年全国收入百分之七十强。又如光绪十年之收入在13,901,000两至14,201,000两间，取其折中数则为14,051,000两，是年十一省之支出为11,484,661两，即占收入百分之八十一强。又如光绪三十年之收入约为18,432,000两（折中数），是年十一省之支出为16,277,945两，即占收入百分之八十八。于此可见，上述十一省之支出总计，每年约当全国总支出百分之七八十或稍强；以其支出的分配情形代表全国厘金支出的一般情形，自然不会相差甚远，何况收支中最主要的省份皆已包括在内。

以上分析全国厘金用途即毕，现在尚须对于全国厘金征收经费作一估计。按各省厘局支用征收经费，向有两种办法，一为实销实报，即无定额；一为按奏定额数开支，如不得超过收入一成或八分。大部分的省份都是照奏定章程开支。惟奏定章程，各省并不一致，大约最低为收入百分之八，最高为百分之二十。各省每年支销征收经费后，按例有报部与不报部之分。据吾人所得档案看，报部的省份有湖南，安徽，浙江，陕西，湖北，广西，甘肃七省，据《光绪会计表》所载各省岁出表看，直隶及贵州二省亦报部。不报部的省份为江苏，福建，江西，广东，山西，山东，河南，四川，云南等九省，惟江苏省自光绪二十六年起，将苏州厘局之经费改为报部。各省厘局经费既有报部不报部之别,故现时欲统计全国征收厘金所需经费,必须设法估计。在档案中有数字可考者为湖南,安徽,浙江,湖北,广西,甘肃,陕西等七省;此七省之支出,以光绪十年后的数字计算,合计每年约为五十余万两,或六十余万两。其余十一省俱以占收入一成计算,则在光绪年间江苏年约支二十余万两,或三十余万两;福建约支十余万两,或二十余万两;江西约支十一二万两,或将近二十万两;广东约支十万两,或十四五万两;山西约支数千两,或一二万两;四川约支四五万两;直隶约支一万数千万两;云贵约支三四万两;山东,河南两省约支二万余两。此十一省合计全年所支之数约在六十余万两至百万余两间。估计全国(即内地十八省)所支厘金经费,以光绪年间计算,每年约在一百二十余万两至一百六十余万两间,亦即是占全年收入百分之十左右。惟此系就照章之开支而言,其向不照章而暗地开支之款,各省皆有,非独现时,即在当时恐亦无法查知。此项滥费即使从低估计,恐亦在正项开支之上。

第七章　江苏浙江安徽三省厘金

江苏省厘金

壹　税制沿革

厘金制度产生于江苏省,但因目前缺乏较详的参考材料,它在发源地内的发展过程已无从详考了。厘金最初的试行是在江北里下河一带,自咸丰四年三月雷以諴奏请推行于大江南北各府州县后,始逐渐推行于江南。江南究自何时仿行,虽不可考,但据《咸丰四年十二月王茂荫奏陈江苏厘金弊端疏》内有"大江南北捐局过多"一语观之①,可知江南抽厘当在雷氏奏请后数月内。至于以何地为先,今颇难考。上海抽厘,大约系在咸丰六年后半年至七年初之间②。咸丰五年曾在扬州,常州,镇江,三属接壤地方设立五局抽

---

①　《东华续录》卷四十三,页十三。
②　据《大清会典事例》载称,咸丰三年上海即已设局抽厘,实则不然。厘金创办时在咸丰三年九月,据雷氏四年三月奏报,自三年九月至奏报时止,抽收厘金皆限于附近扬州城之仙女镇,邵伯,宜陵,张网沟等镇,至于里下河各州县起捐皆在四年三月后,是厘金创行地域本只限于江北里下河一区,并未越至江南。即曰江南起于仿效,亦说不通,盖厘金之得邀朝廷允准而立为成案,乃在四年三月,三年九月既属试行,则何能仿效。据顾家相:《浙江通志·厘金门稿》考证,《会典事例》载称上海办厘一条尚有颠倒史事之错误。该条云是年(咸丰三年苏常叠陷,止存上海一隅)乃设局抽厘,借资救济(《事例》卷二四一)。据顾氏考证苏常失陷,事在咸丰十年,不得

厘,即小河口,普安,新港,三江营,荷花池等五局①。七年德兴阿等奏扬州军营缺饷,请由江北派员,往上海劝捐抽厘。上谕以上海本处地方早有抽厘之举,若再由江北派员往收,是司一货物而两处抽收,不但迹近重征,且章程亦难画一,因未允所请②。咸丰十年停止在江北口岸镇设局。上谕以江北厘局林立,若再于口岸镇设局,与泰州,江都,如皋等处相去甚近,商民之情不协,故著停止③。同治元年奏准在江宁大胜关设卡抽厘④。同年并在上海设江南捐厘总局。同治二年在江北设立厘捐总局,江北抽厘最早,地域亦广,惟向由驻军粮台经理,至是始设总局,改由道府办理,将各卡裁并,仅留存二十六处⑤。同年又在苏州设立牙厘总局,总理苏常镇三属厘务。除裁并各卡外,留存十四处⑥。同时又改上海江南捐厘总局为淞沪捐厘总局⑦。同治三年,克复金陵,翌年即改江北厘捐总局为金陵厘捐总局,管辖江宁,扬州,通州,海门各属所设巡卡⑧。至是

连属于三年。又上海县城于咸丰三年曾为土匪所陷,用兵二年,始得克复,是于三年断难在沪设局。《六年正月二十三日曾国藩奏请在上海抽厘协济赣饷片》中,曾言上海商贾云集,货物山积,并未抽厘(《奏稿》卷五)。亦可证三年设局之说之误。曾氏之请未邀清廷允准,盖以江苏需饷已多,上海抽厘只可留作苏省给费,故奉旨免议(咸丰《东华录》卷六十一)。又下文七年上谕有上海早已抽厘之语,故据此可推断上海抽厘当在咸丰六年后半年至七年之初间。

① 《会典事例》卷二四一。
② 《皇朝掌故汇编·内编》卷十五,页十。
③ 《皇朝政典类纂》卷六十九,页五。
④ 《会典事例》卷二四一。
⑤ 二十六处厘卡名称列下:
大胜关卡,六合卡,大河口卡,口岸卡,荷花池卡,任家港卡,靖江卡,海门卡,通州卡,如皋卡,车逻卡,宝应卡,仙女镇卡,吴淞口卡,湾头卡,驻苏镳货捐分巡,下关卡,周圩港卡,丁堰卡,泰兴卡,姜堰卡,东台卡,樊汊卡,照关埧卡,大桥卡,孔涵卡。
⑥ 十四处厘卡名称列下:
苏城局,木渎局,车坊局,同里局,盛泽局,常昭海口局,常昭内河局,锡金局,奔牛局,宜荆局,江阴局,溧阳南渡局,镇江上游局,镇江下游局。
⑦ 《江苏省财政说明书·岁入部》乙编,页一。
⑧ 《会典事例》卷二四一。

江南北三总局之名称始确定,除金陵局于宣统二年归并于江南财政公所外,苏沪二局皆存在至于清末。

咸丰末年至同治初年间,江苏抽厘的进展情形已略如上述,详情虽难考查,但据目前所得二档案,亦可以约略窥见当时苏省抽厘之普遍及繁重情形。据同治二年上谕称,富明阿(江宁将军)奏称,里下河一带,南北粮台设立捐卡,大小约有百余处,有一处而设数卡者,有一卡而设数局者①。惟据《会典》载,是年江北设厘捐总局,除裁并各卡外,仅留存二十六处。此举似因江北各军粮台纷立捐局,故以设立总局及裁并各卡限制之。但裁并后,谓仅留存二十六处,则颇有疑问。据同治三年江宁将军及漕运总督覆奏遵旨裁撤厘捐局卡一折,称江北扬通,海门,靖江十三厅州县及扬镇粮台所设沿江内河各厘局,自同治二年奉旨裁撤多处后,尚存正局五十三处。据此可知《会典》所载二年裁并后留存之数不确。盖即使二十六处皆为正局,犹相差一半,况漕督等奏报之数为正局,分卡之数尚不在内。可见二年上谕所称,大小约有百余处,当系事实。同治三年,再度经漕督等裁并十三局、五十九卡后,尚余正局四十处,分卡之数不明②。于此可见当时苏省抽厘之普遍。至于抽厘货类是否亦因局卡之增置而亦日见推广,今虽难言,但税额之逐渐加重,则有事实证明。雷以諴在里下河一带劝谕抽厘时,各货皆按税则仅抽一次,即放行无阻。至同治三年则各货所抽次数已在二次以上,如仙女镇米捐竟捐至七八道,其粮台所抽米捐计有四道,即出江米捐,下江报效捐,水师宁广帮厘捐(此三项捐买户),内河米厘

---

① 《会典事例》卷二四一。
② 《同治三年八月二十日御批江宁将军富明阿漕运总督吴棠奏折》。

及藩司衙门炮艇捐(此二项系捐卖户)，此外尚有宁捐，沪捐，淮捐，及地方善后捐。仙女镇货捐计有三道，即上下江报效捐，水师宁广帮厘捐，木捐亦抽二道①。以米捐而言，雷以諴初在仙女庙抽收时，实为每担抽50文，今有八捐，纵使每次不必尽为每担抽50文，然其数亦当数倍于此数。据同治三年四月九日李鸿章由上海上曾国藩的书，内中也说到上海商富已为厘捐所苦②。由此可见当时抽厘之繁重。且此尚为官家之抽收，至于胥吏之恶索，以及奸徒在沿江设私卡所施之诈索，皆尚未计入③。初创厘金时所定之值百抽二的税率，此时谅已破坏无余。

光绪八年苏州厘局奏裁常昭内河之西庵分巡，李泾分卡，宜荆之凤沟河分巡，沪厘局裁并布货捐局，闽广三帮杂货捐局，及东沟厘卡四处，并撤古山水桥巡卡。翌年沪局又裁东沟，华泾两巡卡。光绪十年上谕命各省酌量裁并厘局，限三月覆报。十一年江苏奏准苏局分设之落地捐及附郭各卡，并锡金之黄埔墩卡，沪局抽收落地捐之货捐，布捐二局，及沿海吴淞钓船，刘河落地两局，并严家桥，吴淞江二卡，皆以地处冲要，照旧征收④。

以上为江苏厘金之略史。按自同治三年苏省肃清太平军之后，厘金即遍行于全省，而厘税重心亦由江北移至江南。三局中以淞沪局收入最多，苏州牙厘局次之，金陵局又次之。关于苏省厘金税制的考证，现在能得到的参考材料有《财政说明书》及海关公用

---

① 《同治三年八月二十日御批江宁将军富明阿漕运总督吴棠奏折》。
② 《李文忠公全集·朋僚函稿》卷五，页十二。
③ 关于奸人沿江设私卡，可参阅《会典事例》卷二四一，《厘金门禁例》第一例，据《咸丰五年七月二十六日朱批户部左侍郎罗惇衍奏折》所云，货船到岸，查货放行，皆须出钱贿买。
④ 《会典事例》卷二四一。

丛书中关于九江,淞沪,浙东厘金的报告书①。前书成于宣统年间,彼时金陵局已归并于江南财政公所,故是书所述苏省厘金仅及淞沪,苏州二地。后一书亦仅述苏淞二局。兹就该二书略述苏省厘税章制如下。

厘金种类　厘金分类,向来有两种办法,一就抽收货类分类,如分丝捐,茶捐等。一就厘金性质分类,如分落地捐,出口捐等。前项分类,可于下表中见之。

第四十二表　江苏厘金依照所抽货物分类表

货捐	茶叶糖斤二成捐
茧捐	土药厘金
米捐	烟酒二成捐
丝栈商捐(上海,盛泽)	邮包捐
上海洋药栈广潮商捐	剔出各捐
苏州洋药认捐	漕捐
棉花捐	铁路旱卡捐
牙帖捐	金陵木厘
茶厘	

此项分类系根据厘金报告,惟报告中所列税项多不详尽,其中常将数项归为一项合报,或将此项附于彼项报告,而并未声明,如上海木捐即不知系附于何款内报告。又有分报之厘金,向不列在总报告内,如未得其报告,即不知有此一款,如金陵木厘即是,故上表所列,不能认为完全无遗。此项分类,为各省厘金税收报告所采用,盖从此项分类,可看出某种或某数种货物税收为某省厘金的主

---

① Office Series: Custom Papers, No. 88, Working of Likin Collectorates: Kiukiang, Soochow, and Hangchow.

要税收。第二项分类为税制上的分类,兹根据《财政说明书》及《海关报告书》所载列为第四十三表。惟是表所列之税项限于淞沪,苏州两局,金陵局之税项未列入。

第四十三表　苏沪二地厘捐依照性质分类表

厘金正款
 卡捐
  水卡捐(百货行厘)
  旱卡捐(铁路货厘)
 邮政捐
 落地捐
  沪厂运苏棉纱落地捐
  苏锡各厂棉花落地捐
  杭州茶叶运苏落地捐
  上海百货认捐
  上海树木捐
  上海糖捐及丝茶南卡捐
  上海布捐
  苏州绸货认捐
 产地捐
  丝捐(苏城最多,盛泽,南渡次之)
  茧捐(锡金最多,奔牛,江阴次之)
  厂纱捐(沪属最多,苏锡两局较少)
  花布捐
  棉捐

厘金正款
 出口捐
  上海沙船出口捐
  上海轮船出口捐
厘金杂款
 洋药厘金(栈捐及认捐)
 土药厘金
 膏捐(销场捐)
 烟酒坐贾捐(销场捐)
 船捐
 机捐
 茶糖烟酒二成捐
 牙帖捐
 牙帖税
 土布捐(常昭土布所抽特捐)
 米捐
 上海捕盗捐局所抽之捐
 其他慈善捐(如丝捐中之本地善举捐及津湘甘鄂赈捐)

  税率　苏省厘金税率,最初为值百抽二,后来渐改为值百抽五。征收手续,一般百货及米粮皆是遇卡完捐。假定一般货物所经过的厘卡数平均为三或四,则一般货物所担负的厘金为值百抽十五或二十。但亦有例外，如在苏州河，关行，五库等小区域内运货，除第一道厘捐系值百抽五外，第二道厘捐则仅取五成，总共取7.5%。至于茶糖烟酒，因有加厘二成之故，其税率自较一般货物为高。此外尚有数项税收，其税率与百货不同，兹分别述之。船捐系计重量抽厘，装载土货，每担抽10文，洋货每担抽20文。机捐由苏城六门厘局征收，每一纺织机抽钱1,000文，但以征收不能普遍，遂于光绪二十一年设法推广，嗣以纺织业者反对甚力，乃改为认捐，所认机数共为236架，每年收库平银18,542两。膏捐每两捐钱20文，烟酒坐贾，系就销场之多寡酌量定数，多则千文，少则数百文，每年约有100,000两的收入。牙帖捐由苏沪两局征收，牙户领帖共分四等，一等捐银200两，二等150两，三等100两，四等50两。每年纳税，按照帖捐银数征十分之一。常昭土布产地捐系纳厘金后之额外征收，每匹抽钱六文。

  课厘货类 江苏省课厘货物分类，共有25门，各门分项共计1,241项，内以药材一门分项最多。各货皆系从量抽税，仅有数项系估值抽捐。兹将货物门类表列如第四十四表。

  抽收机关 苏省厘金抽收机关，共分三个总局，即苏州牙厘总局，金陵厘捐局，淞沪捐厘总局。苏州牙厘总局共属厘局13处，分局8处，分卡、巡卡共164处。兹将其所辖各局名称及卡数列于第四十五表。此外尚有旱卡五处，由各厘局兼办，计苏城总局兼办苏州铁路旱卡，锡金局兼办无锡旱卡，奔牛局兼办常州旱卡，及丹阳旱卡，下游局兼办镇江旱卡。淞沪捐厘总局共属厘局13处，分局3处，分巡分卡53处。兹将各局名称及所属卡数列于第四十六表。此外尚有旱卡三处，一为沪宁铁路旱卡，二为沪嘉铁路旱卡，三为潘家湾旱卡。苏沪合计共有厘局26处，分局11处，分巡卡217处。

金陵厘捐局所属局卡数不详,惟知有一金陵木厘局,向与金陵总局分报税收。宣统二年金陵局归并江南财政公所,不复独立。

第四十四表　江苏省课厘货物分类表*

门　类	项　数	门　类	项　数
绸丝门	26	鲜果门	39
棉布门	28	谷食门	32
绤绤门(1)	26	油货门	18
血属门(2)	24	竹货门	13
牲畜门	6	树木门	28
绣货门	18	颜料门	42
洋货门	33	铜铁门	34
广货门	38	窑货门	28
京货门	30	纸货门	60
南货门	54	烟叶门	10
北货门	24	杂货门	52
海货门	42	药材门{贵重	26
腌腊门	18	{普通	492(3)
总　　计		25门	1,241项

* 根据《支那经济全书》第三辑第一编第二章第三节。

(1) 麻织物类。

(2) 皮毛及角器类。

(3) 共分十组,每组同一税率。

征收方法　苏省抽收厘金,共有五项办法,兹列举如下:

一、普通捐　所谓普通捐,即一般水卡所抽之货捐,如百货及米粮捐之类。此项货捐完纳手续,即遇卡缴捐。大部分的厘金都用此项手续征收,以下几项办法都是为便利商民而设的。

第四十五表 苏州牙厘总局所辖各局抽厘情形表*

局　名	所属分巡卡数	全年比较额数 洋(元)	全年比较额数 钱(串)	全年比较额数 库平银(两)	全年局用额数 钱(串)	全年局用额数 库平银(两)	本地土产	各局所抽大宗货物过路货物
苏州牙厘总局								
苏城六门厘总局	16		176,903	57,398	15,216	2,040	绸货,茧,丝,石,石灰,米,陶器,烧酒。	米,猪,纸,南货,北货,棕货
木渎厘总局 丝捐分局		14,455				5,328		
洞庭山丝捐分局	5	17,091	13,459		5,392	580	茧,丝,鲜果,鲥鱼,石,夏布,茶子。	茧,烟叶,药材,米,夏布
盛泽厘局	15	6,938	96,587	488	10,336	480	谷,鱼,烧酒,纸货,竹,炭,木料,石灰,鲜果,石,棉,米,石灰,磁器,猪,陶器,竹,布,夏布,豆油,花子,南货等。	杭绸货,丝线,竹,米,木料,纸,石灰,石,鲜果,砖瓦。
同里厘局	18	745	43,995	357	8,172	480	鲜果,石,烧酒,米,茶子,夏布,绸货,米,绸货,米,石灰,毡等。	
平望厘局	11		33,592		5,772	480	合,布,棉,鲜果,茶子。	
车坊内河厘局	23		67,695		9,636	480	稻花,谷,猪,威鱼,陶器,竹,布,夏布,豆油,花子,南货等。	
常昭海口厘局		68	43,673		4,872	480		
江阴厘局	9		585			480	稻花,谷,鲜果,咸鱼。	纸,茶,猪,威鱼,陶器,竹,布,夏布,豆饼等。
镇江(下游)厘局	10	6,222	70,088		5,928	480	茧,丝,稻花。	
小河口木捐分局	11	1,187	199,445	402	11,304	480	绸货,谷。	丝,茧,桐油,夏布,菜油,蛛,咸,烟,木料,米,南货,北货。
奔牛厘局 常州土绸分局 丹阳土绸分局	14	27,537	56,455		9,726	480	茧,绸货,布,谷。	磁器,豆饼,纸,谷,布,烧酒,白麻,绸货,烟,石灰,砖瓦等。
溧阳丝捐局	3	27,407	9,784		3,497		谷,茧。	丝,茧,谷,北货。
宜荆厘局	12	2,109	27,330		7,132	480	丝,茧,磁器,谷,石。	陶器,纸,竹,石,石灰,谷,烟,燃料,烧酒。
锡金(无锡)厘局 锡金丝捐局 瓜润局(1)	17	190,681	94,780	7,213	11,840	1,176	丝,茧,席,砖。	丝,茧,纸,盐。
合　计	164	294,440	933,795	65,858	116,023	13,444		
折合库平银数		197,275两(2)	666,996两(3)	65,858两	82,874两(3)	13,444两		
总　计			库平银1,156,477两		库平银96,318两			

*根据海关册Office Series, No. 88, Working of Likin Collectorates: Kiukiang Soochow, and Hangchow 编制。
(1) 此局原名上游局,隶属苏局,光绪24年拨苏用厘金作外债抵押时,始改归金陵厘捐总局,惟米厘收入仍归苏局。
(2) 以一元合银0.67两折合。
(3) 以1,400文合银一两折合。

第四十六表 淞沪捐厘总局所辖各局卡抽厘情形表*

局　　名	所属分巡卡数	全年比较额数 百货厘 钱(串)	全年比较额数 百货厘 库平银(两)	全年比较额数 米厘 钱(串)	全年比较额数 米厘 库平银(两)	全年局用额数 钱(串)	全年局用额数 库平银(两)	本地土产	各局所抽大宗货物
淞沪捐厘总局	} 5	} 169,297							
上海谘啊悦捐公局并阊广局									
绸捐北局			348,694	100,403	2,761	11,786	20,570	}棉花	南货,北货,绸货,药材,谷,烟,
吴淞货捐分局							5,208		广货,绸货,铁,冥镪,纸,谷,烟。
糖捐总局	1	52,438	55,193			2,045	6,204		南货,绸货,麻,广货,猪,冥镪等。
树木捐局		70,774		3,787		2,859		棉花,棉线,麻,广货,猪,冥镪等。
商船估货出捐局		61,950						棉花,棉线,棉布,纸,谷,烟。
布捐									
吴淞沙钓船捐局		93,683	1,181	57,657	42	3,525		棉花,谷,菜子,布,猪,鲜鱼。	北货,南货,铁,广货,桐油,纸。
刘河正卡	17	53,072	9,593	1,806		9,250		棉花,谷,棉,药材,桐油,鱼。	南货,北货,谷,棉,药材,桐油,纸。
吴淞江正卡	13	89,588		59,118		14,615		棉花,谷,菜子,布。	南货,北货,广货,药材,纸,蜡,烟,谷。
关行正卡	12	118,081		1,355		14,599	345	棉,谷,蚕,菜子,鲜果。	南货,北货,豆饼,竹,桐油,药材,豆油。
五牌正卡	5	63,738		39,105		7,747		棉花,布。	南货,北货,烧酒,豆油,炭,石灰,棉布,布。
抽捻捐局						3,808			南货,北货,药材,菜子,鱼,棉,木料,药材等。
震泽丝捐局						2,000(1)			
崇明厘捐局		$143,602							
浙江丝捐局	53	18,000(1)	116,000(2)						
合 计		772,621	414,661	263,231	2,803	81,034	32,327		
		$143,602							
折合库平银数		648,085(3)	414,661 两	188,022 两(4)	2,800 两	57,881 两(4)	32,327 两		
总　计		库平银1,253,571 两				库平银90,208 两			

* 根据海关册 Office Series, No. 88, Working of Likin Collectorates: Kiukiang, Soochow, and Hangchow 缩制。

(1) 此款用于修堤工程,未列入总收入中。
(2) 留作另用,未列入总收入中。
(3) 钱数以1,400文折银一两,计551,872两,银元数以一元折合0.67两,计96,213两,二共648,085两。
(4) 以1,400文合银一两折合。

二、总捐及落地捐　凡他省来苏货物,在入境首卡先完四成厘捐,达到目的地后,再完六成者,其在首卡所完之捐即为总捐,在目的地所完之捐即为落地捐。但在入境首卡税吏认为须一次收足时,其六成落地捐亦可在首卡完纳。完纳此项总捐的货物有药材,绸缎,皮货,茶叶,洋广货,木植,丝线,冥镪,硝石,硫磺等物。

三、统捐　统捐为一次缴完沿途厘金之收税办法,即将总捐与落地捐一次征足,惟不如总捐只限于进口货。凡本省土产货物,皆可在出产地附近之首卡完纳统捐一次,以后在本省无论运至何地,概不重征。苏省采用此项抽税办法,多限于在出产地抽收之丝,茧,棉捐。

四、认捐　认捐者,由各同业公司认定该业应缴捐额,按月汇缴厘局。此项认捐,苏沪两局皆有,兹将此二局所收认捐种类,及光绪三十年应缴捐额分别列为第四十七及第四十八表。认捐之另一方式即为包捐,亦由同业承担,惟任经理的不是同业中的人,而是业外的人。

五、四联单捐　四联单捐系仿海关子口单办法,完捐一道,沿途概不重征,如上海香糖洋杂货之类,皆用此法纳税。

比较　苏省厘金比较章程,在光绪七年定有七条,比收数之盈亏,以三年为满期。光绪十八年更定章程六条,凭盈亏以衡功过,凭功过以定去留,仍以三年为满期,过期不再留。光绪二十三年因时损益,议定清弊章程五条;展留办之期,同时又定赔缴之例。宣统元年更定新章,各厘局比额均有增加,以两年为满期,不准再留。历次所定详章,今皆无处可考,只有苏沪二局之通年比额数目尚可考。兹将其列于第四十五及第四十六表中。沪局全年比额数为库平银1,253,571两(所有钱数俱用光绪三十一年的兑换率折成银

第四十七表　苏属厘局经收各项认捐表*

认　捐　类　别	认　　捐　　年　　额		
苏城六门厘局所收认捐	洋（元）	钱（串）	库平银(两)
生丝	13,000		
绞丝	4,200		
建猪		11,000	
水烟		1,680	
烟（制成者）		1,890	
煤		2,985	
花木		4,025	
苏州机制缎		25,960	
绣货		1,931	
丝线		594	
漆货		480	
地毡		515	
人参		400	
出口土棉布		765	
北方菜蔬		240	
烟酒坐贾		1,180	
苏厂棉花		4,000	
本地邮船所载包裹		637	
盛泽丝线		1,080	
苏捐落地分局所收认捐			
洋货			10,500
北腿		1,500	
江西夏布		500	
煤油及广货		7,800	
合　　　计	17,200	69,162	105,00
折合库平银数	11,524 两[1]	49,401 两[2]	10,500 两
总　　　计	库平银 71,425 两		

* 根据海关册　Office Series, No. 88, Working of Likin Collectorates: Kiukiang, Soochow, and Hangchow, p. 73。
（1）以银元一元合银 0.67 两折合。
（2）以 1,400 文合银一两折合。

第四十八表　淞沪局经征各项认捐表*

认 捐 类 别	认 捐 年 额		认 捐 类 别	认 捐 年 额	
上海筹饷货捐公局所收认捐	钱(串)	库平银(两)	棉纱产捐		38,640
			棉纱卡捐	15,312	
苏州夏布	1,000		棉纱苏州落地捐	12,000	
江西夏布		280	纸货		14,400
南市棉花	19,000		竹货		2,600
废棉		240	砖石瓦盆	18,400	
铁货		828	江北咸肉		18,000
煤与炭		4,800	面粉		1,440
铜货锡货		1,320	上海福丰面厂用麦		600
火腿	8,300		煤油	3,360	5,760
本地酒	12,000		杭州麻袋	800	
皮毛货		1,900	靛		5,400
白蜡		453	鲜果	2,600	8,000
菜油	3,200		棕	1,400	192
人参燕窝		5,300	丝网,头巾,小纺,垫子		480
烟(制成者)		900	洋靛		480
本地火柴		720	大鱼	230	
汉口铁锅	696		小鱼	30	
本地铁锅	288		陶器		2,800
陶器碗	37		花子(虹口及北卡收)	2,400	
本地花生		1,400	北方花生		4,900
鸡蛋(制过的)	600		洋线袋,福建夏布		900
鲜蛋及咸蛋	560		纸烟,洋蜡,伞,洋火,肥皂,灯罩,玻璃,手巾,绒绳,毛线带,镜子,纽子,颜料		2,600
药材		9,440			
福州橘子及橄榄		1,440			
油脂	369				
皮革藤货	120	740	湖州羊羔	4,600	
龙眼		240	闵行		
水烟		7,936	龙眼		480
茧绸府绸		384	人参燕窝		600
笋		3,000	药材		660
干果		400	牛皮,藤货		700
家禽鸭鹅	1,400		芭蕉扇		820
粗纸及冥镪		3,120			154,809
旧锅铁		48		114,642 @1,400	= 81,887
苇篮	480				
绍兴酒	4,500				
鬃毛羽毛废物	720	248	总　计	库平银 236,696	

* 根据海关册 Office Series, No. 88, Working of Likin Collectorates: Kiukiang, Soochow and Hangchow, pp.74—76。

两),苏局全年比额数为库平银1,156,477两(所有洋元及钱数俱用光绪三十一年的兑换率折合银两)。

局用　江苏厘金局卡用费,向来按收入税额,支用百分之九,即收税银一百两,得支出九两为经费。苏沪总局及各分局皆遵循此章办理。惟苏州牙厘总局因带收米捐,月得支津贴钱100串,其所属分局带征米捐亦准按收入支百分之1.75,作为经费开支。各局局用开支向不报部,惟苏州牙厘局之开支有数年曾报部,原因不明。苏州总局及所属各局在光绪三十年所开支的全数为库平银96,318两,沪局及其所属各局所开支之数共库平银90,208两[①]。

委任章程　捐数较多之厘局,向委州县以上之员办理,由江苏抚院札派。捐数较少之厘局多为分局卡,归各正厘局管辖,并不直隶总局,向由藩司会同管榷之道员遴员委派。其分卡稽查及派充司事委员,以前皆由总局径派,宣统年间改由藩司主政。此为常任委员,尚有临时委员,如苏城,木渎,锡金,奔牛四局,每年丝茧上市时皆临时委员帮办。此项委任权亦属藩司。

贰　税收及开除

江苏厘金的收支按照奏定格式造报,始于同治八年,于同治十三年正月始由巡抚张树声奏报。嗣后每半年奏销一次,报销清单有三,即淞沪,苏州,金陵三局各造一单。收支以银,钱,洋元三者并计。三项货币的兑换率可于厘报中求之,兹将求得之率列为附表第三十一。

---

① 此为光绪三十一年开支的情形,以前及以后皆不能与此并论。

同治十三年以前数年无兑换率,即借用十三年之率。

一 税收

江苏厘金税收,按厘报中所列项目,可归为十项分析,兹将此十项列举如下:

    1. 货厘   2. 米捐
    3. 丝栈商捐   4. 洋药厘金
    5. 棉花捐   6. 牙帖捐
    7. 茶叶糖斤二成捐   8. 茶厘
    9. 其他税收   10. 各项拨款

同治八年以前江苏厘金的收数,仅有同治元年四月至三年六月间之收数可考。计二年零二月间共收银六百四十余万两,平均每年收银约三百万两[①]。同治八年以后的收数则详见下文。

历年厘金收入中以货厘为其他各税收入之冠,同治末年每年约收 2,500,000 两,光绪初年至十二年,收数稍减,但每年收数仍将近 2,000,000 两,十二年以后逐渐增加,至光绪二十六年,已由二百一二十万两增至将近 3,000,000 两。二十六年以后,则每年收数都在 3,000,000 两以上。其次为米捐,此款自光绪二十二年起抽,除最初数年外,年约收 400,000 两。再次为丝栈商捐及洋药厘金,年各约收十五六万两。丝捐收入报告,止于光绪八年,大约以后皆并入货厘报告。洋药厘金由淞沪及苏州两局抽收,苏州所抽为认捐,年仅收一万数千两,淞沪所抽为商栈捐,每年收数约十余万两。

---

① 《覆殷兆镛等条陈江苏厘捐折》(同治四年六月一日),《李文忠公奏稿》卷九,页一至页六。

光绪九年至十一年，上海无收入，原因不明。十二年《烟台条约》实行互换，自是年起，洋药厘税改由海关并征，故是年苏沪两处皆无收入。自十三年起由海关拨解洋药厘金税款与二局，十二年之税收亦由十三年补解。以后各年拨解之款多少不一，大约常在150,000两左右。光绪二十四年后此项解款停止，原因是受了二十四年以海关收入担保英德偿款之影响。棉花捐自光绪二十二年报征，年收三五万两不等。牙帖捐在同治年间已起征，最初数年，收数年约30,000两，光绪初年至光绪二十年收数较低，年额不及20,000两，二十年后增高，每年收数在四五万两间。茶厘自光绪十六年起征，系由金陵局抽收，而与百货单款分报，每年收数仅数百两。苏沪两局所征茶厘，皆并入货厘合报。茶叶糖斤二成捐系于光绪二十年为中日战役筹款所增设，所谓二成捐者，即于原收厘金外，再照原税率加抽二成，每年所收难过10,000两。此款及烟酒二成捐"剔出各捐"皆分单报告，不与百货合报，"其他税收"项下计有土药厘金，烟酒二成捐，"剔出各捐"，金陵木厘，包裹捐，旱卡捐，厂纱捐，漕捐等，除"剔出各捐"，与金陵木厘收数较多外，余项收入皆甚低微，兹一并列为附表第十四。土药厘金收入仅有四年，为苏沪局之零星收入。烟酒二成捐始于光绪二十一年，系为中日赔款所增设，其性质与茶叶糖斤二成捐同，每年收数不过10,000两上下。此款亦分单报告，光绪二十五年至三十一年之报告缺。"剔出各捐"始于光绪二十五年以后，逐年皆有收数，每年收数千两至一二万两不等。此税内容不详，所谓剔出之意，大约即不得以此款并入划作英德续款担保之货厘款内，一并解与税务司。金陵木厘收支各款，在光绪三十一年以前向不报部，嗣经户部奏咨，始于三十一年造册报部，今所得档案只三十二年至三十四年之报告，其收数约在150,000两上下。"各项拨款"项下常见之款有二，俱在光绪十三年以前，一为江海关税饷项下协济厘局作抵茶捐一款，一为江海关税饷项下协济军饷一款。此外多为临时拨还之款，兹一并列为附表第十五。

苏省厘金全部收数，在同治末数年将近3,000,000两，光绪初年至光绪二十年，收数较低，每年收数在2,000,000两至2,500,000两之间。二十一年以后，税收加增，每年常超过3,500,000两。惟二十四年及二十五年的收数较低，其原因是由海关副税务司代征了一部分去。盖二十四年英德续款成立后，即将划入担保款内之2,000,000两苏沪货厘交由副税务司代征，故此二年厘报内之收数较低。自光绪二十四年三月起，由税务司代征，至二十五年二月止共收银1,372,017两，二十五年三月至二十六年二月共收银1,930,030两。自二十六年起，仍改归厘局征收（参阅附表第十三该省历年厘金收入各项总数表）。

二　开除

江苏厘金开除，依用途分类，共得十二项，其中有十项可归为国家用款，一项为本省用款，一项为用途不详款，兹表列如下页。历年各项开除总数列为附表第十六，至支出详情，则分述如下。

解户部款　江苏厘金解中央之款共有四项。一，京饷，光绪四年以前此款年额为50,000两，四年改为100,000两，是为原拨额数，其后又续拨120,000两[①]，先后并计共220,000两。款额未增加时常能解足额数，迨增至220,000两后，最多只能解足200,000两。

---

① 大约自光绪六年起。

第四十九表　江苏省厘金开除分类表

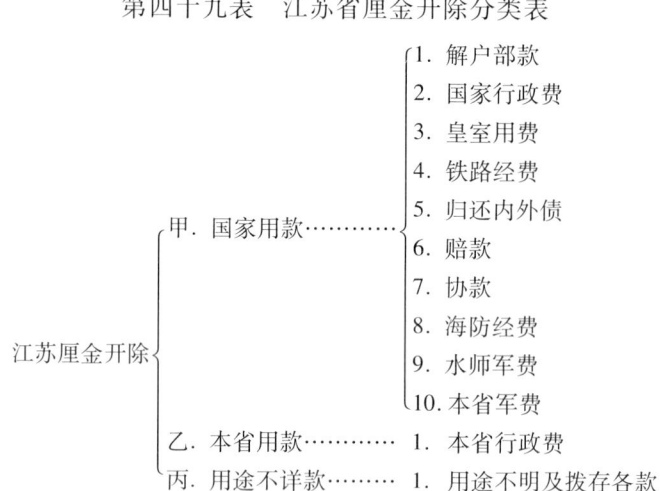

光绪二十四年因拨苏沪厘金2,000,000两作英德续款之担保,全部厘金开除俱受影响,此款额数虽仍旧未变,但实际拨解之数已仅为45,000两矣。二,东北边防经费①,此款自光绪六年规定拨解,年额为80,000两,常能解足额数,光绪二十五年奏准加拨16,000两②,因受二十四年拨厘作抵之影响,此款亦不能解足原额,加额更无论矣。至光绪二十七年加额取消,自是年起此款实际仅能解足原额四分之一,即20,000两。三,筹边军饷,此款苏省自光绪十二年起解,年额140,000两。自光绪十八年起改称筹备饷需,额数未减,惟自光绪二十一年起解款减至一万数千两,盖亦受偿付外债之影响。至光绪二十五年,此款即停。四,拨户部军饷,此款项下除最初三年之款外,余皆为京师旗营加饷,年额90,000两,自光绪十二年起解,光绪二十四年因受上述拨厘影响,实解款额降低,至二十七年

---

① 又称"东北两路边防经费"。
② 二十八年起又取消。

再受增加偿付庚子赔款之影响,完全停拨。全部解户部款,以光绪六年至二十四年间之支出数较高,光绪五年以前解款,仅有京饷一项,每年50,000两。六年起增东北边防经费,每年解款总数约300,000两,十二年起又增两款,至二十四年止,平均每年解款总额约500,000两。二十五年以后,全部解款之数,从未超过100,000两,光绪末数年仅为65,000两(参阅附表第十七)。

国家行政费　此项开除所包括之款甚繁,除备荒经费及内务府经费支出数有经常性质外,余多为临时拨款,兹一并列为附表第十八。备荒经费始定于光绪九年,当时令厘金收入较多之省份,每月应拨解1,000两,作为备荒之用,一年应解12,000两,遇闰年加1,000两。江苏厘金自光绪十六年始拨解此款,仅有三年解足额数。内务府经费自光绪二十年起解,年额为10,000两,历年皆解不足额,二十五年以后每年实际仅解2,020两。临时支出中常见之款,为协济他省之帐款,四十年中计有十二年皆有此项拨款。

皇室用费　皇室用费在苏省厘金开除中所占成分较国家行政费为大。此项用费分经常与临时二部,经常部分支出之款为织造费用,计有江宁织造津贴,苏省织造养廉,及织造工料三款。前二款支出数每年各为12,000两,或13,000两,后一款无定额,少则数万,多则十余万,最高曾至620,000余两。临时支出之款为万年吉地工程费及陵工经费,此项支出仅有数年。光绪二十四年拨厘作抵,皇室用费所受影响,一为自二十五年起停付苏省织造养廉,二为减少织造工料银。兹将历年各项支出款数列为附表第十九。

铁路经费　苏省铁路经费年额为24,000两,自光绪十六年起解,至二十三年为止,年年解足额数。至二十四年仅解一万数千两,至二十七年竟停解,惟三十年又有120,000两之支出,系拨付滇省铁路经费。

归还内外债　江苏厘金担负偿还之外债,计有瑞记洋行借款①,英德,俄法借款②,及英德续款③四款,此外有偿付"洋行商款"一项,不知所付为何项外债,又担任一部分汇丰借款之磅息④。瑞记借款自光绪二十一年起付,每年应付180,000两,计苏州各厘局应付120,000两,金陵各厘局应付60,000两,惟厘报中之记载不详,记明支付瑞记借款者,自光绪二十六年起每年仅有120,000两(以前数年无定数),大约所谓"洋行商款"内有一部分系支付此款。英德,俄法借款系合付,自光绪二十二年起,最初四年之额无定数,二十六年以后,年付75,000两。汇丰磅息,苏厘担负之数,年额为8,300两,自光绪二十七年起付。英德续款成于光绪二十四年,拨江苏厘金2,000,000两作抵,计苏州货厘800,000两,淞沪货厘1,200,000两。规定由税务司自二十四年闰三月起代征,故二十四年苏省厘金仅拨过576,725两,其余部分由副税务司自收。二十五年仍由副税务司自收,故是年厘报中无此项支出。二十六年起仍归厘局征收,嗣后每年皆解足2,000,000两,惟副税务司历年所收银数常与厘局所解者不符,兹将副税务司历年所收银数列表如下,以便对照参阅。至于不符之原因何在,今颇难考。

偿付"洋行商款"一项,自光绪二十一年起即连年支付,初无定数,自二十六年起始定每年付120,000两。苏省厘金担负之内债,即光绪二十年为中日战费所借之华款,支付仅有四年,款额未定。兹将

---

① 光绪二十一年(1895)订借。
② 两款皆订借于光绪二十一年(1895)。
③ 光绪二十四年(1898)订借。
④ 光绪二十一年(1895)所借之镑款。

光绪二十年以后苏省厘金所付内外各债之款数列为附表第二十。

第五十表　苏淞两局历年解副税务司抵还英德续款厘金银数表*

年　　　份	苏州牙厘总局解库平银(两)	淞沪捐厘总局解库平银(两)	总　　计
光绪24年3月—25年2月(1898—1899)	643,858	728,159	1,372,017
25年3月—26年2月(1899—1900)	913,030	1,023,000	1,936,030
26年3月—27年2月(1900—1901)	814,000	1,185,000	1,999,000
27年3月—28年2月(1901—1902)	834,000	1,200,000	2,034,000
28年3月—29年2月(1902—1903)	808,000	1,200,000	2,008,000
29年3月—30年2月(1903—1904)	788,000	1,300,000	2,088,000
30年3月—31年2月(1904—1905)	799,000	1,200,000	1,999,000

*根据海关册　Office Series, No. 88. Working of Likin Collectorates: Kiukiang, Soochow and Hangchow 缩制。

赔款　附表第十六所列赔款一项，除光绪七八二年之款为伊犁偿款外，余款所付皆为庚子赔款。光绪二十七年起付，是年仅付六千余两，以后各年付款，多寡不一，多则二十余万两，少则十万余两，或数万两。

协款　江苏协济外省之款以甘肃协饷为最多，东三省俸饷次之，再次即为贵州及云南之协饷。甘肃协饷年额初为360,000两，继减至二十余万两，继又减至130,000两，至光绪二十五年停止。东三省俸饷自同治十三年起解，每年所解款数，多寡不等，常在100,000两以下，至光绪二十三年以后每年解120,000两，常能解足额数。又有"各省协饷"一款，报告中未注明受协省份，大约仍为协助云贵两省之款。光绪二十四年拨厘作抵，未受此项影响而改停付之协饷仅有东三省俸饷及贵州起运京铅水脚价银。总观历年协款支出总数，以光绪十一年以前之数较高，年约四五十万两不等，十一年至二十四年稍减，但每年仍付二三十万不等，二十四年以后则从未超过140,000两。兹将历年各项协饷支出数列为附表第二十一。

海防经费 江苏厘金所担负之海防经费,分南洋、北洋。南洋海防经费应解之数为320,000两,北洋海防经费为45,000两。北洋海防经费解七年,常解之数多为40,000两。南洋海防经费自光绪十年起解,常解足额,至二十五年改为80,000两,亦常解足额数。兹将历年各经费之支出数列为附表第二十二。

水师军费 江苏厘金所支付之水师军费,共有四种,即太湖水师,燕子矶外海水师,长江水师,淮扬水师等各军费。同治末六年支付之数,以淮扬及长江两水师军费较多,年约200,000两。光绪初年以太湖水师军费较多,年约支150,000两,淮扬次之,年约支100,000两。燕子矶外海水师军费在同治末年及光绪初年,每年所支之数不过一二万两,光绪五年以后稍增,年约三四万两,十三年以后又减至一万余两。长江水师军费自同治十二年起即定为年额45,000两。光绪七年以后,各水师所支费,甚少有超过100,000两之时。兹将历年各水师军费之支出数列为附表第二十三,该表中列有"长江淮扬水师"及"太湖长江水师"两项,皆系两水师合支之数,因一二厘局支款,常未分列各军所支之数,故只得各立一行。光绪二十四年以后,厘金开除中无经常水师军费之支出,盖受甲午赔款之影响也。总观历年支出情形,同治八年至十年为数较高,年约四五十万两不等,同治十三年以后,至光绪二十三年止,每年支数将近300,000两。二十五年以后,仅长江水师有三年之支出,其款系由金陵木厘项下拨支。

本省军费 由苏省厘金支出之本省军费,同治末六年年约支出1,500,000两,以后稍减,光绪十一年以前年约支1,000,000两,十二年以后又稍减,年约支800,000两,二十四年以后复减,一年所支之数常不满500,000两。今将其历年支出数列为附表第二十四,表中支出项目共有六端,即一"本省军饷",二拨济军饷,三巡防各营饷需,四洋操新军的饷,五旗营练兵加饷,六其他军用费。"本省军饷"及拨济军饷系由厘局解交藩库转发,余款皆由厘局直接拨付。前三款自同治年间即支付,后二款自光绪二十年后始增入,巡防各营饷需,自光绪二十五年起即于厘金项下停止支付。历年各款变动,以前二项为最大,其趋势与上述全部军费支出降低之趋势相同。其他军用费一项,出款甚杂,今为其另立一分析表,以供参阅(即附表第三十五)。

本省行政费　本省行政费中最大之支出为善后局经费,除同治末数年年约支200,000两外,以后各年支出数约十余万两或数万两不等。此外各款如水利经费,塘工经费,疏濬黄浦经费等较有经常性质外,余皆为临时支款。兹列附表第二十六。

用途不明及拨存各款　在此项下之款,除最初四年系用途不明之款外,余多为存储备拨及拨解其他机关之款,兹将光绪十五年后各款之支出数列为附表第二十七。

全部开除总数,在同治年间,每年约二百六七十万两。光绪十二年以前支出较低,每年约二百二三十万两。光绪十三年以后,稍见增高,至十九年止,年约支出二百三四十万两。二十年以后复逐渐增加,最初数年仅增至300,000两左右,二十六年后则增至三百五六十万两(参阅附表第十六)。

总核苏省厘金历年开除情形,同治八年至光绪二年,以本省军费支出为最大,占全部开除数50%强,次为协款,占总数16%强,再次为水师军费约占15%。本省行政费约占全数10%,皇室用费约占5%,"解户部款"约占2%,其他各项约占1%。光绪三年至十一年,本省军费稍减,将及全数45%,协款稍增,约占20%,水师军费略减,约占10%有余。光绪六年以后皇室用费降低,在总数中所占成分不及2%,同时"解户部款"增高,占10%有余。六年起又增海防经费一项支出,约占总额2%,同时本省行政费略减,约占6%强。光绪十二年至十九年间,本省军费仍为各项支出之冠,约占总数30%。"解户部款"与海防经费俱有加增,前者占全数25%有余,后者约占15%。水师军费仍旧,协款则大减,降至不及全额10%。皇室用费略增,约占4%,本省行政费稍减,约占5%强。十六年增铁路经费一项,约占全部开除1%,其他各项开除时有时无,有时所占成分亦不及总数1%。光绪二十年至二十四年,各项开除多仍旧,惟因增"归还内外债"一项,"解户部款",水师军费及本省军费俱略见减低。"解户部款"降至不及总数15%,水师军费不及10%,本省军费仅占25%。"归还内外债"在二十、二十一两年所占总数成分较少,二十二年增多,约占25%。二十三年不及20%,二十四年超过35%。二十五年后"归还内外债"一项,一越而为第一位开支,约占全部开除数65%强,其余各项开支俱见减削。本省军费减至总数10%稍强,水师军费则不及3%,协款不及4%,"解户部款"不及2%。铁路经费自二十七年起停付,惟三十一年有120,000两滇省铁路经费之临时支出。国家行政费皇室用费皆降至甚难超出总数1%之地位;而同时本省行政费亦降至不及5%之成分,惟其实数并未减低。二十七年增赔款一项支出,其支出数常不及总数3%,又"拨存各款"自光绪二十五年始,颇见增加,约占总数7%(参阅附表第二十八)。

历年开除总数与收入总数相比,各年有盈余或不敷,计四十年中,除有五年因总数不全不计外,不敷之年占二十二年,盈余之年

第五十一表 浙江省厘金种类、创设年份，及税率沿革表*

厘金类别	创设年份	税率	备注
百货厘金	同治 元年	浙西 4.5%，浙东 9%。	浙西一起一验，浙东两起两验，起捐 3%，验捐 1.5%。
（附加）善举（初名难民经费）	同治 3 年	0.5%	附验捐抽收，浙东每道抽 0.25%，两道抽 0.5%，浙西收一道共 0.5%。
（附加）储备公款	光绪 20 年	0.5%	同上。
（附加）厂纱捐	光绪 33 年	每石征关平银 0.70 两。	
丝捐			
（正款）运丝捐	同治 3 年	每包收洋 16 元。	每包计重 80 斤，以前纳捐银 20 余两，同治 3 年改为
（正款）用丝捐	同治初年	每石收 7 文，后改 12 文。	光绪 10 年至 33 年收捐，每石初年收 4 文，12 年加善后 2 文，30 年加赈捐 1 文，33 年改官办，总收 12 文。
（正款）茧捐	光绪 9 年	鲜茧每 100 斤收洋 4 元，干茧每 300 斤 12 元，茧壳每 100 斤 3.6 元，双宫薄皮每 100 斤 2.4 元。	
（正款）茧壳捐	光绪 21 年	大灶烘茧 3,000 斤每乘抽 300 元，小灶 2,000 斤每乘 200 元。	此捐始于光绪 21 年绍属创设缫丝厂，后以商力困难，改为按灶认数，计斤收捐。
（正款）丝茧滴单	同治 3 年	每行上则 80 串，下则 40 串。	此项滴单乃为开设丝茧行无力领帖者而设。
（附加）善后茧捐	同治 4 年	运丝每包抽 2 元，用丝每两收 2 文。	光绪 33 年用丝改为每两总收 12 文。
（附加）柳浦塘工捐	光绪 25 年	丝每包抽洋 0.5 元。	
（附加）丝偿款	光绪 28 年	每包加征 1 元。	为偿庚子赔款而设。
（附加）绸绉偿款	光绪 28 年	加捐四、五、七成不等。	同上。
（代收）丝沪捐	同治 5 年	每包捐 4 元。	
（代收）茧沪捐	光绪 9 年	每 100 斤收 2 元。	此即苏代收浙江塘工捐，由苏转解来浙者。
茶厘捐	同治初年	同治 2 年箱茶每引（100 斤）抽 0.9 两，厘 1.4 两，共 2.3 两，篓篓袋茶每引抽捐 0.4 两，厘 3.6 两，共 1 两。同治 5 年箱茶每引统收厘捐银 1.4 两，篓篓袋茶每引 0.7 两。光绪元年箱茶每引 1 两，篓篓袋茶每引 0.6 两，茶梗茶末每引收厘 0.2 两。	外省已捐经由浙者，每引抽厘 0.8 两，不收茶引。此年将招与厘分名称归并，外经由浙省之茶已完税者，不再收捐厘。
（附加）塘工捐	同治 5 年	每引 1 两，不分种类。	
茶糖烟酒加重厘			
糖烟酒加二成	光绪 22 年		江西安徽入口茶，已捐者每两 0.2 两，未捐者照断章办理。
烟酒续加二成	光绪 26 年		光绪元年改为 0.5 两。
茶糖烟酒加二成	光绪 27 年	初章每包抽银 0.75 两，继改每箱抽银 40 两，光绪 11 年改每箱抽 86 两。	为庚子赔款而增加。
烟酒加五成	光绪 30 年		为筹练兵经费而增加。
洋药		每斤抽洋 0.24 元，出口每箱捐 43 两。	
土药			改抽 40 两时，除土行劳金外，实收 34 两。
膏捐	光绪 27 年	每售膏一两捐钱 20 文。	

*根据《浙江省财政说明书》及《浙江通志·厘金门稿》（顾柯初纂）制成。

占十三年。不敷最高数为光绪二十四年之362,527两,余年多为十余万两,或数万两。盈余最高数为光绪二十一年之744,345两,余年多为十余万两,或二十余万两。兹将历年收支比较列为附表第二十九,以供参考。

浙江省厘金

壹 税制沿革

　　浙江厘金创办的年份,据考证是在同治元年①。但是在同治元年以前,似乎也曾一度创行②,不过有事实可证明的是从同治元年始。同治元年秋间左宗棠在衢州设牙厘总局,征收盐茶厘税。以次推行于浙东各郡。税率初定值百抽一,继增至值百抽六七。同治二年绍兴克复,浙东肃清,复设立盐茶专局,抽收厘税,并改定税率,浙东为值百抽九,浙西值百抽四点五。浙东地方,匀酌道里远近,凡货抽两起两验,起捐抽3%,验捐抽1.5%,共计9%。浙西地方,仅抽一起一验,共计4.5%,由经过之头卡并收,余卡均验票放行③。同治三年二月克复省垣,遂于四月将衢州牙厘总局移设于杭州④。继克湖州,浙省全境肃清,乃设八府局,共隶于省局。八府即嘉兴,湖州,绍兴,宁波,台州,衢州,温州,处州。各府局以候补知

---

① 顾家相纂:《浙江通志·厘金门稿》上册,页六。
② 同上。
③ 《大清会典事例》卷二百四十一。
④ 《大清会典事例》误为同治元年,按同治元年杭州犹在太平军之手,何能由左宗棠在彼处设厘局,兹据《厘金奏消档案》及《浙江通志·厘金门稿》更正。

府主办,惟台州一府以现任知府兼办。金华,严州不设府局,由省局直辖兼办①。各府局于要津设卡,以待行商,见货抽厘,兼综百货。惟以丝为行销外洋大宗货物,外人得于此货享子口半税之利,为弥补漏卮计,乃于同治三年奏定先捐后售之办法。凡乡丝到行销卖,先由行户扣缴捐款,填给捐票,每丝一斤,捐洋二角,捐出卖户,不涉行商。俟商贩起运,再将零星捐票,倒换护照,沿途查验,不再收捐②。后于光绪九年(1883)又创办茧捐,另行设局,于每年丝茧上市时设立,事竣即裁,翌年复然,茶亦为行销外洋之货,于产地转设专卡,而百货之卡亦往往兼收丝茶。洋药于宁波设专局抽厘,于进口处设卡。其余外来之货,亦有派专员抽收者,如杭城洋货落地捐,宁波洋广货,闽货,船货各捐,以及温州洋广货捐。

以上所述为浙江厘金发展之大要,兹将其税制概要,缕述如下:

厘金种类　浙省厘金分类约计七项,即一牙帖捐,二百货厘捐,三丝捐,四茶厘捐,五洋药厘捐,六土药厘捐,七加抽茶糖烟酒厘捐。牙帖捐在同治十一年(1872)后归入杂捐内,不再列于厘金项下。各种厘捐中以百货捐收入为最多,年约在 1,000,000 两以上,次为丝捐,历年最高收入约七十余万两,最低约二十余万两,再次为茶厘及洋药厘。兹将百货,丝,茶,糖,烟,酒,洋土药各厘创设年份及税率列为第五十一表。洋土药厘创设年份不明,惟知在同治年间已有洋药税收③。光绪十三年(1887)裁撤洋药厘金专局,改由海关厘税并征。此外尚有百货坐厘,惟已于同治八年裁免。

税率　浙省百货,正厘税率已如上述,浙东为 9%,浙西为 4.5%。正厘而外,尚有二项附款,一为善举,一为储备公款。此两

---

① 顾家相纂:《浙江通志·厘金门稿》上册,页六。
② 同上书,页七。
③ 见《同治七年十二月十日御批浙江巡抚李瀚章折》。

款皆随验捐抽收,浙西仅抽验捐一道,计收善举及储备公款各0.5%,浙东收两道,善举及储备公款每道各收0.25%,两道合计亦各收0.5%。正附合计,浙东货厘税率为10%(正厘9%,附款共1%),浙西为5.5%(正厘4.5%,两附款1%)。此为一般百货之税率,洋货与丝茶税率与此稍异。宁波与温州二府之局章,规定洋货入口有子口税单者,于达到单填地点,缴销税单,货入华商以后,归内地捐局减半抽收。宁温二府地属浙东,货厘税率为10%,减半则为5%,再加已缴之2.5%,之子口税,则洋货入浙省内地,一般税率,在浙东应为7.5%,较之一般百货,少纳2.5%之税。惟无子口税单之洋货运入内地,须照内地局章纳税①。据第五十一表所列,丝茶皆为从量收税。生丝每包计重80斤,计抽正捐16元,附捐四项共计7元5角。正附捐共计,每包共抽23元5角。惟据1909年(宣统元年)日本东亚同文会出版之《支那经济全书》所载,则浙江生丝每包应课银27元7角②。兹将其所举税项表列如下:

浙丝每包所纳厘税银数

厘金	16.00元
沪饷	4.00元
塘工	2.40元
善后费	2.00元
赈捐(备荒贮蓄)	2.00元
浚湖经费	0.30元
湖州本镇善举	1.00元
合计	27.70元

① 《浙江通志·厘金门稿》上册,页六十四。
② 《支那经济全书》第一辑第七编第二章,页五○五。

表中塘工捐为2元4角,较第五十一表所列多1元9角,此外有赈捐,浚湖经费,及湖州本镇善举三款,为第五十一表所无,惟第五十一表中之丝偿款为此表所无。

丝既为从量抽税,故无法按价计其百分税率,是否高于一般百货税率。茶亦为从量抽税,其税率见第五十一表,兹不赘述。茶糖烟酒加成,多寡不一,计茶加一次,共三成,糖加二次,共五成,烟酒共加四次,计十二成。所谓加成,即将原税率分为十分,一成即其一分,如箱茶每引收捐厘一两,加三成即再收三钱。浙省抽厘税章,各货应纳税额,皆以从量计算。各货市价今既不能得知,自然无法考核所定税价是否在浙东为货价之10%,在浙西为5.5%。惟税章中所规定之起验税额,确皆为三与二之比,例如燕窝每斤起捐收480文,验捐即为320文。凡税率未载之货一律按价抽10%之税。

课厘货类　浙省课厘货物共分12大类,各类分项共计682项。中以杂货一门分类最繁,计有234项。次为食物类及纸类,各计74项,再次为药材类,计分73项。磁器类分类最少,因其以装运器具(如桶篮)分类,未以品质分类,故甚少。兹将此项分类列表如下:

第五十二表　浙江省课厘货物分类表*

总　　　类	分类项数	总　　　类	分类项数
绸缎绫罗呢羽类	39	磁　器　类	11
绣　货　类	26	食　物　类	74
皮　货　类	37	药　材　类	73
布　匹　类	38	油　　　类	12
锡箔纸劄类	74	木　竹　类	41
铜铁铝锡类	23	杂　货　类	234

*根据《浙江通志·厘金门稿》上册制。

抽收机关　同治三年将衢州牙厘总局移至杭州后①,即设有八府局,未设局之三府,系杭州,金华,及严州。后三府亦设局,惟年份不详。《浙江通志·厘金门稿》表列局卡异同及沿革甚详。今参照该表及《浙志便览》所载之数列为第五十三表。为便于列表起见,今仅列光绪二十四年裁定后之局卡数目。

第五十三表　光绪二十四年后浙江厘金局卡统计*

府局名称	所属各卡					
	局属分卡	厘卡正卡	厘卡分卡	丝卡正卡	丝卡分卡	茧捐
杭州府局	附江干纸柴炭公所	8	31	4	3	5
嘉兴府局		1	1	6	20	
湖州府局	8	7	44			4
宁波府局	1	8	14			
绍兴府局	附萧山烟叶公所	8	44	3		6
台州府局		6	20			
金华府局		1	4			
衢州府局	2	5	9			
严州府局		3	2			
温州府局		10	10			
处州府局	1	4				
总　　计	12	61	179	13	23	15

* 根据《浙江通志·厘金门稿》及《浙志便览》制。

上表所列计府局所属分卡十二处。茶货厘,丝厘正卡共74处,分卡共214处,茧捐卡15处,杭绍二府附设公所2处。除茧捐卡

---

① 省局初名牙厘总局,或捐输牙厘总局,后改厘捐总局,最后与善后局合并,改称厘饷局。

系临时设置外,余皆常年设置。除府局不计,全省计有正分厘卡290处。此为光绪二十四年嘉兴大裁厘卡后之统计,若在此年以前,尚不止此数。光绪二十三年嘉兴未裁卡时,计有正卡14处,分卡81处。裁后留正卡7处,分卡21处,计裁去正卡7处,分卡60处。十一府局中以杭州,湖州,宁波,绍兴,嘉兴五府收入最多。杭州每年收丝茶百货及洋货落地捐约500,000两,湖州收丝捐约七八十万元,货捐钱二三十万串,宁波收丝茶百货约400,000两,绍兴收丝茶百货约350,000两,嘉兴收丝捐160,000元,货捐180,000串[①]。

征收方法 浙省百货行厘系按起验之法抽收,已于上文述及,兹不赘言。行厘之外,尚有落地捐及认捐,前者由局抽收,后者由商包缴。光绪二十九年以前,浙省认捐只有八项,即酒捐,丝捐,绸捐,用丝捐,瓯绸捐,内地洋货捐,锡箔捐,棉花捐。抽收局卡有七,兹表列于下:

第五十四表　浙省认捐及抽收局卡表*

局　　　　卡	所 抽 认 捐 种 类
宁 波 府 局	酒,丝,绸,内地洋货,锡箔各捐
温 州 府 局	瓯绸捐
绍 兴 府 局	绸,用丝,锡箔各捐
湖 墅 卡	绸捐
民 山 门 丝 卡	临平棉花捐
湖 州 分 卡	用丝捐
新 市 乌 镇 卡	用丝捐

＊根据《浙江通志·厘金门稿》上册制。

---

① 《浙志便览》,此项收数为光绪十年裁存局卡后之抽捐数目。

第五十五表 光绪二十三年订立之浙省厘金收入比额表*

局别	厘捐 银(两)	厘捐 洋(元)	厘捐 钱(吊)	绸捐钱(吊)	茶捐 银(两)	茶捐 钱(吊)	棉花捐 洋(元)	棉花捐 钱(吊)
杭 州			309,489.8	32,689.5	6,991.5		908.0	
嘉 兴			360,316.8				10,534.2	
湖 州			602,277.9		1,331.7			
宁 波	112,453.9	116,420.6	552,359.5	1,000.0	4,391.3	5,087.2	15,400.0	
绍 兴			592,200.3	814.5	97,424.6		260,721.4	9,480.3
台 州			112,343.5		1,780.9			
金 华			69,687.6		5,031.0			
衢 州			428,563.3		39,739.7			
严 州			62,509.7		28,587.5			
温 州	13,259.0		163,874.5	568.9	16,213.1			
处 州			48,041.5		1,327.8			
总 计	125,712.9	116,420.6	3,301,664.4	35,072.9	202,818.5	5,087.2	287,563.6	9,480.3

第五十五表　光绪二十三年订立之浙省厘金收入比较表（续）

丝	茧 捐		其 他		盈 余		总 计			
洋数（元）	钱数（吊）		洋数（元）	钱数（吊）	洋数（元）	钱数（吊）	银数（两）	洋数（元）	钱数（吊）
254,702.7	31,310.9		500.0	276.7	36,359.8	3,707.0	6,991.5	292,470.5	377,473.9
372,132.9	44,381.5				11,150.0			393,817.1	404,698.3
1,504,311.6	130,109.2			16,000.0	28,415.0		1,331.7	1,532,726.6	748,387.1
547.8			7,600.0	26,181.4	15,132.0		116,845.2	155,100.4	584,628.1
267,160.3	34,128.1		11,599.5	17,300.0	42,464.1	6,693.0	97,424.6	581,945.3	660,616.2
					2,840.0		1,780.9	2,840.0	112,343.5
					10,430.0		5,031.0	10,430.0	69,687.6
					4,000.0		39,739.7	4,000.0	428,563.3
					3,000.0		28,587.5	3,000.0	62,509.7
					19,900.0		29,472.1	19,900.0	164,443.4
							1,327.2		48,041.5
2,398,855.3	239,929.7		19,699.5	59,758.1	173,690.9	10,400.0	328,531.4	2,996,229.9	3,661,392.6

* 根据《浙江通志·厘金门稿》下册制。

光绪二十四年嘉兴一郡裁撤厘卡,仅留乍浦一处,抽收行厘。其入境客货一律改抽落地捐,土货出口,概改缴认捐,约计其销售运输之数,酌中定额,由商家按年认数,按月缴捐。光绪二十九年预筹加税免厘,浙省厘局拟改办产销税,乃于全省客土各货,产销确数,加以调查,土产之货,就产地确查,外来之货,就销处确查,以通年产销实数酌定通年完捐总数。后因地滨湖海,汊港纷歧,无可扼守之要路,且创办伊始,诸需接洽,当局以为不如令商与商自为交涉,由总局持其大纲为便。乃令悉招本业殷实商人承办认捐,匀作十二个月分缴,承认之后,货物粘贴印花,沿途查验放行,不准留难需索[①]。先后认办各货,计有锡箔,纸张,扇,洋货,土布,茶叶,靛青,毛猪,柴炭,竹木,磁器,药品,棉花,烟,酒等大宗货物三十余项[②]。嗣有十余宗办无成效,收回官办。所余新旧认捐合计,约有三十宗[③]。

比较　浙省厘金比较章程始于光绪二年。前后计改五次,第一次以光绪元年收数为准,第二次以前三年,收数之平均数作比,第三次修改在光绪十二年,以光绪十年收数为准,第四次定于光绪十七年,复改为以前三年平均收入数为比,第五次以近六年收数最多之年为比。此章定于光绪二十三年,兹将其列为第五十五表。全省总额,计银328,531两,洋2,996,229元,钱3,661,392串,按浙省抽厘章程,货捐以钱计,茶捐以银计,丝捐以洋计,但有时亦不尽然,如茶捐,丝捐亦收钱,货捐亦收银或洋。

办厘委员,以收数盈绌定去留。委员一年期届,比较稍短即

---

① 光绪朝《东华续录》卷一八七,页十。
② 所列货名其出处见上注,数目出处见《厘金门稿》。
③ 互见《浙江省财政说明书》及《厘金门稿》。

撤,满额即留。两年期满,无论盈绌,不再留办。同时亦定有功过章程,令各卡遵守。卡分三等,一等额数在50,000两以上者,二等在10,000两以上者,三等在10,000两以下者。一等卡收数盈1,000两者记一常功,2,000两者一大功,按此递加,至10,000两以上者照记功次数拔委署缺一次。二等卡盈收500两者记一常功,1,000两者记一大功,2,000两者三大功,3,000两者四大功,一常功,以此递加至5,000两者,照记功次数拔委署缺一次。三等卡盈收100两者记常功一次,200两者记一大功,以此递加至1,000两者,照记功次数委署缺一次。记过之法亦类此,过次多者移司注册,由藩司衙门照章改为停委。记功之法定于光绪二十三年。记过之法修定于光绪二十五年,原有收数短绌,应即著赔之章程即行免废①。

第五十六表　浙江厘金总分各局开支数目*

局　　　别	银数(两)	洋数(元)	钱数(串)
总局	325	31,008	
津贴膏捐局		800	
津贴酒捐局		4,550	
各属厘捐局卡经费	4,235	12,528	189,545
茧捐局经费		5,749	
船捐局经费			10,100
认捐公所经费	49,400		
酒捐经费		23,850	
宁波业捐经费		396	144
稽查丝绸局经费		1,536	1,536
查米局经费		1,780	2,200
总　　　计	53,960	82,197	203,525

* 根据《财政说明书》。

① 详情阅《浙江通志·厘金门稿》下册。

局用　浙省厘金局用向无定章,历年开支少则100,000余串,多则至200,000余串①。兹将总分各厘局所支经费之数列为第五十六表。除认捐公所之开支系宣统元年之开支数,稽查丝绸局为光绪三十三年之开支数外,余皆为光绪三十四年之开支数。总计银为53,960余两,洋为82,197元,钱为203,525串。

委任章程　省局归藩司督办,或用道员为会办。府局设提调,主一局之事,以候补知府任之。其他各项委员皆用候补官员。

贰　税收及开除

浙江省办理厘金奏销案是始于同治十二年六月。第一次奏案中所包括之收支系自同治三年四月起至十一年十二月底止,共计八年零八月②。以后即按每半年奏销一次。现在所得之档案计自同治三年至光绪三十三年(1864—1907)止,共四十四年。浙省厘金收支以库平银,洋元,及钱并计。惟历年厘金奏报中皆寻不出此三项货币之兑换率,因其与江苏毗连为邻,而各种经济状况颇多相似之处,故即备用江苏之兑换率计算折合。江苏省之兑换率,始于同治十三年,以前无率之年,即借用十三年之率计算,今于浙江省亦然。

一　税收

浙江厘金正项税收共有七项,兹表列如下:

---

① 参阅附表第四十。
② 《同治十二年七月二十六日朱批浙江巡抚杨昌濬折》。

1. 牙帖捐　　　　　2. 百货厘捐
3. 丝捐　　　　　　4. 茶厘捐
5. 洋药厘捐　　　　6. 土药厘
7. 加抽糖烟酒二成捐

此外有整顿厘捐盈余一项收入,只能认作附款,因其为各项收入盈余之总合,而非一单独之税收。前四项税收自同治初年即起收,惟牙帖捐一项自同治十一年后即改归杂捐项内,未再列入厘金项内。洋土药厘捐在浙省起抽年份不详,厘报中列此两项税收皆在光绪十年后。洋药自十一年起,至二十二年止,中有两年无报告者,共十一年,土药自十三年起至十六年止,计有四年报告①。加抽茶,糖,烟,酒捐共计四次,每一次加捐皆成一独立税收,其收支报告不列入旧案内,皆单独册报,今附表第三十二所列,仅有加抽糖,烟,酒二成捐一款,此款自光绪二十二年起抽,而目前所得报告仅有七年,计光绪二十五年至三十二年。其在二十六年所加之烟酒续加二成,二十七年所加之茶,糖,烟,酒三成,三十年所加之烟,酒五成,今皆未得其收支报告。酌提各局卡厘捐盈余一案,系自光绪二十四年起办,但以前已酌提78,000余两②。不过皆附在正厘内报告,至于请立专案,分册造报,实自二十四年始。二十四年酌定之数共计177,000余两。二十五年奉部文饬将此项盈余另款存储,因复将已归入正厘内之78,000余两,提出与二十四年所得定之额数合并存储。

各项税收中以百货厘捐收数最大,历年皆在1,000,000两以

---

① 参阅附表第三十二。
② 《浙江通志·厘金门稿》下册。

上,惟数十年中收数增减常互见,并无一定之趋势。除同治三年至十一年系合报不计,及有三年缺半年报告不计外①,三十二年中收入最高之数将近1,500,000两,最低之数,约一百零数万两。以年而论,收入较多之年,在光绪十年前约有数年收数常在1,400,000两上下,二十年后亦有数年,其收数亦常在1,400,000两左右,其余之年,收数多为一百一二十万两。

丝捐为次要之收入,历年收数常在400,000两至600,000两之间。同治十三年至光绪二年三年之收数及光绪六年之收数为历年收入中之最高数,前三年之平均数为715,533两,光绪六年之收数为720,053两。过此以后,收数满600,000两者仅有一年,但不满300,000两者亦仅有三年,不满400,000两者亦仅有二年②。历年收数亦是增减互见,并无一定之趋势。

茶厘亦为浙省厘金大宗收入之一,在光绪十二年以后,虽次于洋药厘捐,但在十二年以前,则为次于丝厘之第三位收入。其收数常在80,000两至130,000两之间,不满80,000两仅有三年③,超过130,000两者亦仅有二年,一为光绪八年之749,149两,一为光绪二十三年之144,912两。前一数实为极端之例外,惜其原因不明。

洋药厘金未归海关代征以前之税收,今可考知者仅有两年,即光绪十一年收56,839两,十二年收246,404两,十一年之收数大约不全,因与翌年比较,相差太大。光绪十三年改归海关代征后,即规定每年由海关拨解200,000两与厘金总局抵作税收。十五年拨

---

① 同治十二年,光绪五年及二十九年。
② 参阅附表第三十二,仅有半年报告之年除外。
③ 同上。

解400,000两,大约系补解上年未解之数。此款自二十四年起停拨,系受是年英德续款以海关收入作担保之影响。土药厘金收数甚小,今所得报告仅有四年,为厘局之零星收入。整顿厘金盈余一款,除最初二年外,其余各年平均计算,每年约收330,000两,较额定之255,000余两为多。加抽糖烟酒二成捐一款收数无多,最低1,000两,最高3,000两(参阅附表第三十二,该省历年厘金收入各项总数表)。

二 开除

浙省厘金开除、依用途分类,共得十一项,其中八项可归为国家用款,一项为本省用款,其余二项为用途不详款,兹表列如下:

第五十七表　浙江省厘金开除分类表

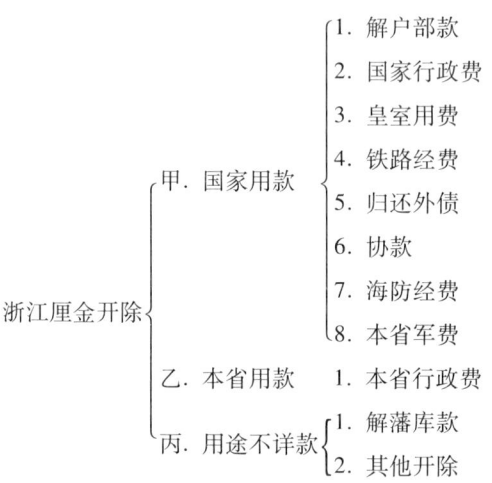

历年各项开除总数列为附表第三十三,至其支出详情,则分述如下:

浙江厘金报告自同治三年至十一年系笼统合报,各年开除额数,无法查知,今欲就各项开除分析而言,须从同治十二年起。

解户部款　此项解款内包括之经常解款计有三项,即一京饷,二东北边防经费,三筹边军饷与筹备饷需。京饷一款自同治三年起即批解,其时额定数目为50,000两①,光绪五年增至150,000两,后又减为100,000两。此款在同治三年至十一年间共解过银380,385两,平均每年解银42,265两。同治十二年不计,十三年以后至光绪二十七年止,除光绪五年不计,二十七年中平均解足额数之年计有十九年。惟光绪十年及二十五年未解分文,十年未解之原因不明,二十五年未解原因,则因自二十四年闰三月起拨浙东厘金1,000,000两为英德续款之担保,以致入不敷出,无法筹解。二十六年解过80,718两,二十七年仅解30,000两,二十八年起完全停解。东北边防经费一款自光绪六年起解,额数为80,000两。若以六、七、八三年平均计算,则三年皆解足额数,九年仅解20,000两,十年至十四年未解分文,十五年至二十三年每年皆解足额数,二十四年仅解50,000两,翌年并完全停解,此亦系受拨浙东厘金作抵押之影响。筹边军饷与筹备饷需为一款,自光绪十八年起改称后名。浙省自光绪十四年起解,是年仅解10,000两,而额定数为100,000两。自十五年至二十四年止,十年中仅有两年未解足额,十七年及二十二年解款且超出额数,若非补解,即系临时增拨。光绪二十五年后停解,原因亦如其他解户部之款。兹将历年解户部款列为附表第三十四。

国家行政费　此项开除中包括之经常支出共计四项,即一江

---

① 见《同治六年十一月二十九日朱批宝鋆等预拨同治七年京饷折》。

南文闱经费,二海军衙门经费,三备荒经费,四内务府经费,其余支出皆为临时拨款。除第一项支出年份较长,余皆仅有数年之支出。前二项支出无额定之数。备荒经费规定每月拨存1,000两,一年应解12,000两,遇闰年多解1,000两。本规定自光绪九年起解,但浙省自光绪二十年始拨解,仅解四年。内务府经费额定为10,000两,另330两为抬费银,自光绪二十年起解至二十三年止仅解四年。兹将此四项经常开除及其他临时拨款列为附表第三十五。

  皇室用费　此项开除亦分经常与临时二部,经常部分为杭州织造各项用费,临时拨款多为皇陵工程费。织造用费分二部,一部为采办工料费,一部为办公、养廉、津贴等费。前款支出较大,惟无定额,常年支出在100,000两以上至200,000两间。后一款有定额,每年应开支22,000两,惟支出数亦常有增减,并非年年如此。皇陵工程费之支出,仅有五年,各年支出款项及款数不一,兹一并列为附表第三十六,以供参阅。

  铁路经费　此款自光绪十六年起解,至二十一年止,共解六年,额定数为每年15,000两。

  归还外债　浙省厘金担负偿付外债之数甚大,自光绪二十五年起约占全部开除之半数。其所担负偿付之外债,共有三款,一俄法借款,二英德借款,三英德续款。前二项在厘报中合称为四国借款,除最初三年外,每年由浙厘支出之数仅为15,000两。英德续款成于光绪二十四年,以七处厘金作担保,浙东厘金即居其一,为数1,000,000两,然每年支出款数皆多十余万两,大约系作汇费及补水之用。兹将浙厘历年对此三款支出之数分别列表如右(前二款系合付)。

第五十八表 浙江省归还外债分析表

（单位以两计）

年　　次	俄法英德四国借款	英　德　续　款	总　　　计
光绪 22 年	147,500		147,500
23 年	75,500		75,500
24 年	77,000	729,306	806,306
25 年	15,000	1,085,696	1,100,693
26 年		1,175,251	1,175,251
27 年	15,000	1,130,000	1,145,000
28 年	15,000	1,180,000	1,195,000
29 年*		576,666	576,666
30 年		1,160,000	1,160,000
31 年	15,000	1,160,000	1,175,000
32 年	15,000	1,166,720	1,181,720
33 年	15,000	1,160,000	1,175,000

*缺半年报告。

协款 浙省厘金协款中以甘肃协饷及云南协饷拨解较久，而以甘肃款额为最大，常在 500,000 两以上，云南协款多解时为数亦不过数万，其他各项协款为数多不大，且系临时性质。光绪二十二年以后浙厘开除中即无协款一项，盖为归还外债一项所侵占。兹将历年各项协款之支出数列为附表第三十七。

海防经费 海防经费分北洋与南洋，浙厘解北洋海防之年，多解南洋仅数年。北洋海防经费额数常变，浙江自光绪元年起解，最初数年约解 100,000 两，继稍减，十年至十二年仅解 30,000 两，十三年起复增至十余万两，十四年以后则常在 300,000 两，或 200,000 两以上。光绪二十四年以后停解此款，盖亦受归还外债之影响。

此外尚有一款名海防军需，仅解四年，解处不明，疑系用于本省海防（参阅附表第三十八）。

本省军费　本省军费在浙厘历年各项开除中占数甚大，少则五六十万，多则逾1,000,000。同治三年至光绪八年，分两部拨解，小部解军需局拨充军饷，大部解军需局支用。光绪九年改军需局为防军支应局，自是年起，至十九年止，全部解支应局，未指明用途，二十年后复分拨一部拨充各营军饷，一部作支应局经费。此外尚有其他军费数笔，一并列为附表第三十九。

本省行政费　本省行政费中除厘局公费及工程费外，无巨额之支出。厘局公费自光绪六年起始报部，每年支出之数，除最初二年外，常在150,000两左右。塘工局经费为次于厘局公费之经常解款，多则十余万，少则数万。再次为本省工程费，支出数常为数万两。余款多为赈费之支出，因其为临时拨款，故无常额。兹一并列为附表第四十。

解藩库款　拨解藩库之款，在同治三年至十一年间，所拨者为牙帖捐，光绪九年之款为厘局解还藩库之款，十四年至二十年皆为长夫口粮银，惟二十年有200,000两为洋药厘金税款。最后三年亦为洋药税款。此项解款，用途不详。

其他开除　附表第三十三（即开除总表）所列，除光绪七年之款系拨还湖南借拨药铅工价及京饷内划归南洋银元二款外，余皆为开除不明之款。所谓开除不明即按厘报核计，开除项下应有其数，而厘报中竟无记载，无法稽考，只好暂以开除不明一项归纳之。

全部开除总数，同治十一年以前因系数年合报，每年之数不详。同治十三年以后，每年支出数约一百八九十万两至二百一二十万两不等。迨至光绪九年后,支出数稍减,每年约一百六七十万两至二百万两不等。光绪二十四年复增,直至末年止每年约支出二百四五十四万两(参阅附表第三十三)。

以上就各项开除分析而言,兹再比较观之。浙省厘报自同治三年至十一年合报,此期中以本省军费开除最大,占全额60%,次为协款,将及全额20%,再次为本省行政费,约占14%,皇室用费,占5%,"解户部款"占2%。同治十二年以后本省军费,仍为最大之开支,占全额40%以上;其次仍为协款,将及30%,惟光绪六年以后,减至20%以下;本省行政费稍减,约占全额10%;同时皇室用费稍增,均占全额8%,"解户部款"亦稍增,约占全额6%;自光绪元年起增海防经费一项约占全额6%。国家行政费不甚重要,时有时无,有拨款时其数目亦不过占全额1%。光绪十四年以后,本省军费在总额中所占之成分仍旧未变。海防经费与"解户部款"各有增加,在全额中各占15%,受此两款增加之影响而减低之款为协款,此款降至不及全额3%。皇室用费仍旧;国家行政费稍增,约占全额4%。本省行政费稍减,降至7%,同时增"解藩库款"一项,约占全额3%,惟有二年稍高。光绪二十二年增"归还外债"一项,惟为数尚小,二十四年后此款大增,占全额40%有余,与仍然占40%以上之本省军费相争衡,互居第一。此两款合计,将及全额90%,余剩之成分,为本省行政费与皇室用费平分,前者占5%,后者约占6%。因"归还外债"之增加而完全停解之款为协款,海防经费及"解藩库款"三项,几于完全停解之款为"解户部款",及国家行政费二项。"其他各项"自二十二年后即完全停解(参阅附表第四十一)。

开除总额与收入总额相比,在光绪二十三年以前,各年或有盈余,或有不敷。二十四年以后,每年皆有亏短,且其数甚大,其原因即因浙厘每年拨1,000,000两付外债后,另由户部饬各省拨补浙厘1,000,000两,以供旧有开支,而此款常解不足半数,以致收支不符,相差甚巨。兹将历年浙厘收支比较列为附表第四十二,并将二十四年起各省拨补浙厘之数附列于此,以便比较参考。

第五十九表 历年各省拨补浙厘应解及实解款数表*

光绪 24 年—宣统元年

（单位以两计）

年　　次	应 拨 款 额	实 解 款 数	实解数占应拨款额之百分数
光绪 24 年	1,103,597	487,567	41.18
25 年	1,200,000	657,003	54.75
26 年	1,000,000	608,553	60.86
27 年	1,000,000	502,585	50.26
28 年	1,000,000	430,289	43.03
29 年	1,000,000	419,266	41.93
30 年	1,000,000	282,472	28.25
31 年	1,000,000	374,795	37.48
32 年	1,000,000	402,327	40.23
33 年	1,005,000	353,890	35.39
34 年	1,000,000	342,965	34.30
宣统元年	1,000,000	299,586	29.96

＊根据《浙江省财政说明书》制。

安徽省厘金

壹　税制沿革

安徽轫办厘金始于咸丰七年①，创办人为胜保②。《大清会典事例》记载关于安徽抽厘事务以咸丰八年为始。是年上谕称安徽盱眙县蒋坝厘捐，前经邵灿、庚长请为该处防堵经费，现江北一带渐次肃清，此项厘捐，准其改归安徽，由福济委员接办，以助军饷。十一年载安徽厘金局卡详数，计牙厘总局三，一设省城，一设皖南，一设淮北。省局辖四正卡，八分卡，二十五巡卡；皖南局辖三正卡，六分卡，五巡卡；淮北局隶三正卡，八分卡，七巡卡。全省合计，有3总局，10正卡，22分卡，37巡卡。兹将各正卡名称及所属分卡之数列表如后。

《会典》又载同治元年，安徽省设牙厘总局③，除裁并各卡外，留存十处，即盐河、华阳、运漕、大通、屯溪、湾沚、定埠、六安、三河尖、五河等十处。按此十处厘卡与咸丰十一年所载十正卡无异，所谓裁并，大约指分卡或查卡而言。

皖省厘金收入，在同治八年以前，仅有淮北一局归本省收用充

---

① 参阅本书第二十三页第五表。
② 《安徽省财政说明书》载称，系由曾国藩创办。此实有误，按曾氏入皖，系在咸丰九年末，而胜保于咸丰七年六月奏请各省普律抽厘疏内所开列尚未抽厘之省份中已无皖省，可见安徽创办厘金，并不在曾氏入皖后。又吾人于曾氏奏稿中亦未见有关于办理皖省厘金之奏案。
③ 此点疑系误载，因皖省厘金向分三局管理，各局各报收支，并未闻有一总揽三局权务之牙厘总局。

第六十表　咸丰十一年安徽省所设厘金局卡表*

各总局所属正卡	分卡	巡卡	各总局所属正卡	分卡	巡卡
省城厘局			宣城县湾沚正卡	3	2
怀宁县盐河正卡	3	3	建平县定埠正卡		1
望江县华阳正卡	2	8	淮北厘局		
含山县运漕正卡	3	13	六安州六安正卡	3	4
铜陵县大通正卡		1	霍邱县三河尖正卡	3	2
皖南厘局			五河县五河正卡	2	1
休宁县屯溪正卡	3	2	总　　　　计	22	37

* 光绪《大清会典事例》卷二百四十一。

饷，其省城，皖南两局之收入，则拨充江南军饷①。至同治八年始奏准除皖南茶厘仍归江南充饷，大通一卡专充长江水师额饷外，其余皆划归皖省充饷②。光绪二年规复芜湖，凤阳两关，曾分别裁撤厘卡，惟《会典事例》未列其数。据同治八年厘金奏报档案，安徽三局共隶十九正卡，较咸丰十一年多九卡，计省局多金桂关卡，皖南多芜湖，当涂，及徽州府浙盐卡三卡，淮北局多正阳，怀远，临淮，蒋坝，亳州五卡③。又据光绪三年奏报档案，则三局除皖南仍多一徽州府浙盐卡外，其余八卡皆未列载④。据此可知《会典》所载光绪二年裁撤之厘卡，必为此八卡无疑。此八卡裁撤后，除皖南多一浙盐卡外，各局所属正卡与咸丰十一年相同。关于安徽省的厘金税制因目前所能得的材料，仅有异常简略的《财政说明书》，不能详考，兹只能于下文略述一二。

厘金种类　根据厘金奏报档案，安徽厘金共分货厘，盐厘，茶

---

① 《同治九年正月十九日御批安徽巡抚英翰折》，文献馆档案。
② 《会典事例》卷二四一。
③ 《同治九年正月十九日御批安徽巡抚英翰折》，文献馆档案。
④ 《光绪三年十一月二十八日御批巡抚裕禄折》。

厘三项。三项厘金以货厘收入最多,茶厘次之,盐厘自同治十二年后,每年仅收10,000两。抽收盐厘仅有徽州府浙盐卡一卡。茶厘收入仅为皖北一区收入,盖因皖南茶厘拨归江南充饷,由两江总督派员赴皖抽收。皖北茶厘不知自何时起抽,惟其奏销报告实自光绪十六年始(参阅附表第四十三*)。光绪三十二年曾将瓷器提出改办统捐,三十四年又将纸张提出改办统捐。此二种货物向由沿江各卡抽收,嗣因商民聚众抗捐,始改为统捐,在华阳设局抽收。此外尚有烟,糖,酒等加成捐,惟说明书皆未详列。

  税率 皖省厘金税率,据云约为值百抽二①。其抽收方法,据云系遇卡完厘②。若系遇卡完厘,则一般货厘税率当不止为2%,盖运货经过一卡者,究属少数。平均以经过三卡计,则一般税率应为6%。浙赣二省税率皆为10%。安徽与此二省为邻,纵云商业不及前二省发达,一般百货税率想亦难低至5%之下。所谓值百抽二,只应视为百货税率之起点。

  茶厘另有税率,须从量收税,兹将其列表如下(第六十一表)。

第六十一表　皖北茶厘税率表*

茶　类	引　厘	行	厘
		运　达　地　点	税　　率
春　　茶	每10斤收银0.0334两	运至商城,固始	每10斤收银0.1734两
		运至周家口,山东,清江,亳州	每10斤收银0.2080两
		运至六安,舒城,安庆,湖北	每10斤收银0.1387两
子　　茶	每10斤收银0.01113两	运达地点同上列三组	按春茶税率收三分之一
巡末拣片	每10斤收银0.0167两	运达地点同上列三组	按春茶税率收二分之一
老　　茶	每100斤收银0.0334两	无论何地	每100斤收银0.26两

* 根据《安徽省财政说明书》制。

---

① 《安徽省财政说明书》。
② 贾士毅:《民国财政史》上册,页四一五。
* 疑为附表第四十四。——编者注

运茶行经正阳一带者尚须纳大关税费及清溜口钞号等费,光绪三十二年由藩司咨改,由厘局代征大关税费,钞号一律豁免。光绪二十八年为筹解赔款,茶厘加收三成(即按原率加3%,如老茶每100斤收行厘0.26两,加收三成,即须再纳0.078两)。

抽收机关　安徽厘金局卡,自光绪二年裁减后,三总局共隶十一正卡,分卡与巡卡之数不详。若据《财政说明书》所载,则三局所属分巡卡共为四十一处,计省局十五处,皖南十处,淮北十六处,惟《说明书》未载明此系何年之数。据《光绪六年四月安徽巡抚裕禄覆奏户部筹饷节流折》中所云,则当时除三总局外,共存正卡十处,分卡二十三处,分巡卡三十七处①。光绪二十一年巡抚福润于裁减冗员案内裁撤皖南总局。三十三年巡抚冯煦复奏裁淮北总局,统归省局办理。

比较　各卡原定比较,通年共计"九八钱"1,063,781串又75文。继因归还汇丰磅款,酌提各卡盈余银35,200两,光绪二十八年又因新案赔款续提各卡盈余19,100两。宣统年间又增比较钱89,000余串。前后共计通年比较钱之整数为1,152,781串,银为54,300两。又于出口米捐每担加抽100文,惟总数不详。

局用　皖省厘局原定一成开支,不入收数。光绪六年奉部咨饬核减经费,每收银一两,只准开支八分。委员薪水,知府级三十余金,州县级二十余金,其余十余金,且循削八折。一切局用,皆感局促。

---

① 《东华续录》卷二十四,页十二。

贰 税收及开除

安徽全省厘金奏报自同治八年上半年始,由安徽巡抚英瀚于是年十二月二十七日奏报。八年以前,仅有淮北一局之报销,因省局与皖南之收入由两江总督支配故也。八年以后,三局皆归皖省自办,每半年奏报一次,惟皖南茶厘仍由两江总督设局抽收,拨充江南饷需。今所得之奏销案,计有四十年,即自同治八年起至光绪三十四年止(1869—1908)。

安徽厘金收支以银钱并计,在光绪三年以前银用湘平计,三年以后改用库平。据《财政说明书》载,三局所属四十一卡,中有二十一卡,以银七钱三报解,一卡以银三钱七报解。一卡以银四钱六报解,有五卡专解银,余十三卡专解钱。解银者以所收"九八钱"1,700文合湘平一两报解。惟此率不知定自何年,亦不知实际上各卡是否照此合算。吾人计算以钱折银时,未用此率,因吾人不知当时安徽湘平易库平之行市,将钱折合湘平后,仍不能折合库平,而吾人为作全国厘金统计,又必须求得库平银数,故计算时即借用江苏之银钱兑换率,直接将钱折合库平。惟同治八年至十二年,江苏省的厘报中亦无银钱兑换率,计算该省此五年之收支时系借用同治十三年之兑换率,是年每库平一两易钱1,775文。今于计算安徽同治八年至十三年间之收支,亦借用此率。光绪元年至八年亦借江苏之兑换率,因安徽虽于光绪三年即改用库平,但厘报中自八年起始有兑换率。安徽三厘局,惟省局与淮北之厘报中有库平与钱之兑换率。淮北计有十五年(光绪八年至二十二年),每半年一率,有时上下年亦相同,省局亦有十五年,惟光绪八年至十二年上半年无率，借用淮北率，下半年全与淮北相同。若两局俱缺半年，即以一率计算上下年，皖南无率，即借用省局之率。光绪二十三年，因银价低落，遂定库平易钱之数为1,560文，此后即成定率。光绪三年以前，以湘平折合库平，系采用原报中已经折成之数，其率不一，兹不表列，仅将皖省所用银钱兑换率列为附表第五十二。

一 税收

安徽厘金收入共分货厘，茶厘，盐厘三项，惟茶厘收入自光绪十六年起始有奏报，以前是否与货厘合报，不得而知。三项收入，在四十年中皆无大增减。货厘收入以同治八年至光绪元年七年的收入最佳，最高数为同治九年之602,720两，最低数为同治十年之511,993两，七年平均每年收入约580,000余两。此后三十三年中除有四年因收入只有半年不计外，最高数为光绪七年之579,497两，最低数为光绪四年之335,006两，此外其收数超500,000两者，仅有光绪八年及三十三年。其余各年之收数多在350,000两至500,000两之间。历年收数增减无一定之趋势，惟自光绪二十七年起，收数未尝低至440,000两以下，似略有加增之趋势。盐厘收数在同治八年至十一年间略有增减，在一万余两至四万余两间，自十二年以后收数即定为每年10,000两，光绪四年收数虽为7,500两，但翌年即多收2,500两以补足之。茶厘收数共有十九年，除有两年因收数只有半年不计外，常年收数约五六万两不等，最高收数为光绪三十三年之79,934两，最低数为光绪十八年之43,260两，自光绪二十五年起略有增加趋势，全省收入因以货厘为主，故其趋势亦与货厘略同，计收数在400,000两至500,000两间者有十四年，

500,000 两至 600,000 两间者十七年，不满 400,000 两者有二年，超过 600,000 两者每亦仅有二年。参阅附表第四十四。

二 开除

安徽省厘金开除，依用途分类，共得十项，八项可归为国家用款，一项为本省用款，一项为用途不详款，兹表列如下：

第六十二表　安徽省厘金开除分类表

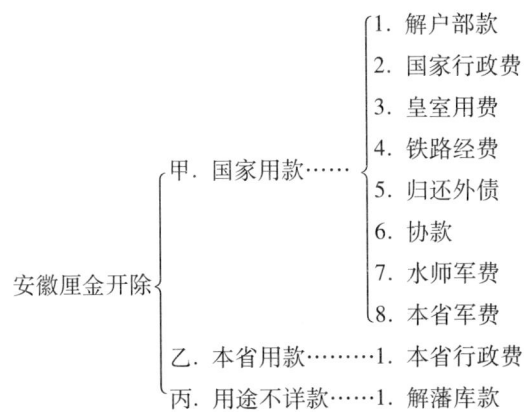

历年各项开除总数列于附表第四十五，至各款之支出情形则分述如下：

解户部款　皖省厘金解户部之款共有三项，即一京饷，二东北边防经费，三筹边军饷，及筹备饷需。京饷自光绪五年起解，额数为 50,000 两，光绪七年改为 100,000 两，二十八年中平均解足额数者计有十五年①。东北边防经费自光绪六年起解，额数为 50,000

---

① 例如有上年少解一二千两即于下年补解者，又有上年多解而下年少解者，两年平均计算，皆可认为解足额数。

两,光绪二十五年加增10,000两,二十八年复改照旧额批解。此款常能解足额数。筹边军饷与筹备饷需为一款,惟自光绪十八年起改称后名,款额为20,000两,亦常能解足额数。兹将历年此三项解款数列为附表第四十六。

国家行政费　此项解款中除备荒经费一款为经常解款外,余皆为临时奉拨之款。开除总表(附表第四十五)所列同治十二年之10,000两,为直隶赈济费,光绪元年、二年之款为山东河工经费,光绪七年之款为伊犁偿款①,九年之30,000两,内有10,000两为直隶平粜费,余20,000两为山东河工经费。光绪十六年以后各款,除二十四年有30,000两为山东赈济费,三十一年之10,000两为京师习艺所经费外,余皆为备荒经费。备荒经费定于光绪九年,每省每年应解12,000两(即一月1,000两),遇闰年多解1,000两,皖省批解最多之数为光绪三十二年之9,100两。

皇室用费　皖省厘金所担负之皇室用费,为数甚少,且皆为临时奉拨之款。开除总表所列光绪二年、三年之款为惠陵工程费,九年之款为内廷工程费,二十年之款有4,000两为报效点景,余款及二十一、二十二年之款皆为氅衣经费。

铁路经费　此款于光绪十六年起解,额数不详,据历年报解之数观之,大约为25,000两。

归还外债　皖省厘金拨还外债之数不大,每年不过数万两。开除总表所列,除光绪二十九、三十、三十一年各有16,000两,三十二年有36,000两系偿还俄法英德借款,二十九年有8,000两,三十及三十一年有4,000两系付二成五磅价外,所有历年各款皆系

---

① 此款本应列入赔款一项,惟以安徽只有此一笔赔款,故未另立一栏。

付还洋款本息;惟未指明何项借款。

协款　安徽每年协济外省之款甚少,除乌里雅苏台与科布多二城兵饷,协解较久外,其余协款,皆属临时性质。兹将同治八年至光绪末年各年之协款列为附表第四十七。

水师军费　此款系拨付长江水师,款额为65,000两,常能解足额数。除光绪三十四年有2,574两为拨付水师子弹炮价外,历年皆未附其他拨款(参阅附表第四十五)。

本省军费　本省军费支出在同治最后六年为数最大,平均每年在500,000两以上,光绪元年以后稍减,元年至八年,除六年因报告仅有半年不计外,各年支出数多在250,000两上下。光绪九年以后复见减少,计二十六年中最高数为光绪十四年之196,068两,最低数为光绪十七年之104,131两。同治八年之军费,分三部支解,一部解防军支应局,一部拨付本省各营军饷,大部分解行营粮台,同治九年至光绪四年全部解行营粮台。行营粮台为两江总督所设之筹饷机关,解于此处之款未必尽用于本省,但其时淮军在外省者甚多,以皖省之饷供皖省所遣之军亦为常事,故仍可视作本省军费。光绪五年设军需局,是年军费除一部分仍解行营粮台外,大部皆解军需局,六、七两年皆全数解军需局。光绪八年将军需局复改为防军支应局,惟是年军费仍有一部分解军需局。九年以后直至三十四年,大部分之款皆解支应局,一部直接拨付本省各营充军饷。解支应局之款用途不详。兹将此款历年支拨之数列为附表第四十八。

本省行政费　本省行政费中以各厘局坐支薪工为数最大,每年在40,000两上下,历年支出之数在开除与收入全额中所占成份皆常不及7%,与局章所规定开支局用不得过收入八分,略相符合。

按局章定于光绪六年,因之局用报告亦自是年起始。以前为外销款,用后并不报部。此外尚有督臣巡江经费及求是学堂经费皆为常解之款,然为数皆不过数千,不甚重要,余皆为临时拨款,兹列为附表第四十九,读者可参阅之。

解藩库款　开除总表(附表第四十五)所列此项解款共有十三年。其最初三年之款系开支不明之款,即厘报中开除项下应有此数,而未见其载明用途,本应分列一行,因其数少,即附于此项解款项下。其余各年之款皆解藩库,其用途不详。

以上就各项开除分析而言,兹再就全部观察历年各项开支在总额中所占之百分数①。同治八年至十二年,开除各款中以本省军费为最大,在总额中所占成份,除同治八年外,将近90%。其次为水师军费,约占10%有余。两项合计,除八年及十二年尚有少数其他开支外,其余四年皆占开除全部。同治末年安徽本省虽已不用兵,但尚有多数淮军在邻省剿匪,此项军队有时亦须由遣派省份供给饷项,军费之庞大,或即因此。光绪元年至五年,本省军费稍减,约占全额70%(五年稍多),但仍为最大之开支,水师军费仍旧,因军费之减而增加之支出为"其他各项"(皇室用费包括在内),其数将及全额20%。光绪五年以后,本省军费复减,同时由五年增添之"解户部款"亦因之而增,至光绪十六年以前,各占全额30%有余,因而常互居第一。十六年以后增铁路经费一项,占全额6%,至二十二年再增"归还外债"一项,占全额10%,本省军费降至25%有余,惟实数并未大减;同时"解户部款"仍保持30%以上之成份,得居第一位。光绪五年以后,水师军费仍始终保持12%左右之成份,

---

① 参阅附表第五十。

又本省行政费在光绪六年以前为数甚微,不关重要,至六年以后,所占成份常在9%左右。

历年开除总额与收入总额相比,除光绪二十九年盈余5,000两,三十年不敷5,000两外,各年收支皆相抵。

第八章　江西湖北湖南三省厘金

江西省厘金

壹　税制沿革

江西创办厘金,时在咸丰五年。第一年仅在南康涂家埠,广信河口镇设卡抽厘①。咸丰六年乃在省城设牙厘总局,厘定章程,定税率为值百抽二,逢卡完捐,并无定限。各地坐贾,则抽门厘。后为办理地方防务,更定抽分法,改为首卡抽厘3%,次卡抽2%,共抽5%。以一分养军,四分助饷。咸丰十年曾国藩(时任两江总督)以援皖需饷,奏请将赣省厘金交曾营自办,而以全部收入供给东征各军,改厘金总局为牙厘总局②。省局而外,复立赣局,省局辖下游南昌,抚州,建昌,广信,饶州,九江,南康七属,赣局辖上游袁州,临江,瑞州,吉安,南安,赣州,宁都七属③。嗣因军饷太绌,遂于

---

① 《会典事例》卷二四一载是年江西奏准设立局卡六十五处,地域遍及十三府,实系误载。按是时江西正在用兵,如九江府及抚州府皆为太平军所据,何能在彼处设局卡。又据曾国藩咸丰五年奏稿观之,知九江之小池口为石达开坚守之阵地,而会典载是年在彼处设卡,岂非错误。此处系依据财政说明书之记载。

② 《会典事例》卷二四一。

③ 《曾文正公奏稿》卷十七,页十四。《会典》载咸丰五年江西设局卡六十五处,大约即系误载此年之事。

十一年提高税率,加收一起一验①,定起捐为 3%,验捐 2%,两起两验共抽 10%,货物抽足 10% 后,任其所之,不再重征。同治三年江西巡抚沈葆桢因江西军务紧急,奏请将该省牙厘茶税等款改归本省抽收支用,如果窒碍难行,即请分提一半,以应急需,奉旨允行②。但在同年曾国藩又派军赴援江西,因将赣省应解皖省厘金协饷拨充该援军军饷,结果江西厘金始得全数归本省收支。同治五年赣省军务平定,议减厘金,于是停免坐厘,并先后裁并分卡三十余处。以前水师提督彭玉麟曾在湖口,二套口设局抽厘,曾国藩所派襄办厘金委员前甘肃臬司刘某为襄助军饷曾设东西河诸卡,此时除留湖口二厘卡外,东西河诸卡皆一并裁撤。

光绪十年左宗棠督师援闽,太常寺卿徐树铭奏请饬安徽,江西,湖北,湖南四省带收海防厘金,奉旨允准。惟江西巡抚覆奏赣省商务衰落,厘税不旺,碍难试办加厘,其他三省覆奏,亦称难行,因即作罢③。光绪十一年二月二十八日上谕命各省督抚各就关局查明实在情形,一体核实裁减,奏明办理。是年六月二十四日江西巡抚德馨奏称赣省局卡自同治五年酌量裁撤后,仅存六十四大卡,皆居扼要之地,无可再裁④。光绪二十五年户科给事中谢希铨奏陈江西厘金卡多弊深,亟宜整顿归并,奉谕查办⑤,光绪二十六年江西巡抚松寿覆奏,称江西现存局卡,通省共留有五十七处,均系要区,

---

① 《曾文正公奏稿》卷十七,页十四。
② 《皇朝掌故汇编・内编》卷十五,页十;或《沈文肃公政书》,或《皇朝政典》卷九十九。
③ 《光绪十年十月初一日御批江西巡抚潘霨折》。
④ 《光绪十一年七月十八日御批德馨折》。
⑤ 《光绪二十五年七月初四日上谕》。

本难再减,惟以既奉明谕,亦当酌量裁撤,因裁去正分卡共十三处①。

光绪二十七年庚子赔款成立以后,江西每年加派赔款1,400,000两。因拟整顿厘金税收,以助筹饷,于是有商务局之设置,先后将大宗货物,如吉赣,抚建两河之木植,抚州,建昌,袁州,广信,瑞州,宁都之夏布,乐平,余干,彭泽之土靛,景德镇之瓷器,信丰之萝卜条,各处土产,及外省运来之麻,福建之烟叶,皆改收统税。于光绪二十九年由江西巡抚柯逢时奏准照办②。因各货情形不同,或添设专卡,或由原有厘卡兼办,或归州县就地征收,凡应完统捐之货,一道抽足之后,粘贴印花,经过下卡,只许查验,不准补抽。又复在九江等处设立保商局,仿照子口税办法抽收入口华洋货厘。嗣于湖口扼要地方,亦设专局,各湖口进口统税局,征收进口货物统税。各处统捐办定后,所有商务总局概归并于牙厘局。光绪三十年复将未办统捐之米谷厘金,改为统捐。因其时加税免厘之约已议定,遂将牙厘局改为税务局,各卡改为各局,以正名称。此为江西厘金之略史,兹将其税制概要略述如下:

厘金种类及税率　江西厘金在未改办统税前,共有六类,即一货厘,二茶厘及茶税,三米谷厘税,四土药厘税,五加抽二成糖厘,六加抽二成烟酒捐税。各厘起抽年份,货厘在咸丰五年,土药厘税在光绪十六年,糖厘在光绪二十一年,烟酒捐税在光绪二十二年,余皆不明。茶厘及茶税在厘金报告中是自光绪十五年起始③,但在同治三年已有茶税,故报告中之起始年份有时不能凭信,因

---

① 《光绪二十六年正月十一日朱批江西巡抚松寿折》。
② 光绪朝《东华续录》卷一七九,页五。
③ 参阅附表第五十三。

在其未分款报告以前,或已附于他项厘金报告,或竟单款分报,而今未见其报告折单。光绪二十八年起始改办统捐,是年开办者计七项,二十九年开办者计有八项,三十年开办者仅有一项,兹列表如下:

光绪28—30年江西改办之统税

光 绪 28 年	光 绪 29 年	光 绪 30 年
1. 烟叶统税	1. 百货统捐	1. 米谷统税
2. 瓷器统税	2. 茶叶税捐	
3. 木植统税	3. 酒 统 捐	
4. 夏布统税	4. 纸张统捐	
5. 土靛统税	5. 糖斤统捐	
6. 麻筋统税	6. 土色布统捐	
7. 煤炭统税	7. 萝卜条统捐	
	8. 碗土统捐	

其未并入统税之税项仅有加抽二成之茶,糖,烟,酒税[①]。此外尚有五种统税,其税收大约未与百货分款报告,即一枯饼统税,二香末统税,三瓜子统税,四麻石统税,五邮包各货统税。兹将各项统税及其税率列为第六十三表。

课厘货类　江西课厘货物分类,共计14类,924项。分项以纸张一类最详,共计202项,衣物次之,共计169项。药材以进口,运程远近,装匣重量等分类,瓷器以装运器具分类,余货多以价值分类。各货皆从量抽税,故不能计算各货所纳之百分税率。兹将课厘货物门类列为第六十四表。

---

① 参阅附表第五十三。

第六十三表　江西省统税种类及税率表*

统税种类	税率
百货统税	值百抽十,指销地界逾三卡者抽足10%,仅过二局者抽5%,销售近地并不出卡之百货,仍照旧章抽3%。
米谷统税	同上。
（附）加抽出口米谷捐	湖口,长江二局于米谷出口时加抽3%。
（附）十三分米谷税捐	丰年运米出禁,于湖口局加完13%。
（附）新章抵补土膏米谷税	由湖口分局加抽10%,于宣统元年开征,旋即停止。
烟叶统税	抽10%。
（附）二成烟税	加征二成,于光绪二十一年实行。
酒正税	每100斤抽税由100文至1,300文。
（附）二成酒税	与二成烟税同时施行。
（附）新章酒税	
茶叶统捐	抽10%。
（附）二成加税	每100斤征1.25两者加0.25两,征1.15两者加0.23两。
（附）茶叶产地税	每100斤征1.25两。
（附）婺德茶税二分公费	婺源,德兴之茶税,自光绪十四年起归安徽征收,每年拨十成之二归赣。
糖筋正税	白蜂糖每100斤抽1,400文,冰糖1,000文,白、红、黄蜂各糖300文。
（附）二或加税	
（附）新章加税	冰糖每100斤加征1,000文,白糖800文,红糖600文,"二三车糖"800文;"四车糖"600文。
瓷器统捐	
木植统税	抽2.5%。
纸张统税	抽10%。
夏布统税	抽10%。
靛青统捐	天津桶105斤抽262文,中路桶100斤抽25文,上乡桶90斤抽225文。
煤炭统税	煤每石抽25文,焦炭50文,一抽一查共二税
（附）萍乡出井煤税	每吨抽库平银一钱。
土布统税	照统税率七折征收。
麻斤统税	抽10%。
碗土统税	光绪二十九年定为认捐,每年缴英洋6,000元,以5,000,000为率,继改每10,000块捐英洋11元。
枯饼统税	每100斤抽100文。
香末统税	每石抽30文至60文。
瓜子统税	出江每石抽400文,湖口再照出江加抽二分,不出江者抽440文。
萝卜条统税	光绪二十八年以前有每桶完至30%者,二十八年改为一律完15%。
麻石统税	此例认捐,每年征800元。
邮包各货统税	

（注）江西统税系于光绪二十九年由厘金改办,表中所列各税俱在二十九年以后次第改称,所列税率亦为二十九年以后之税率。

*根据《江西省财政说明书》制。

第六十四表　江西省课厘货物分类表*

总　　　类	分　项	总　　　类	分　项
衣　物　类	169	染料香料类	59
食　物　类	29	药　材　类	6
海　货　类	59	木　料　类	21
干　果　类	48	纸　张　类	262
杂　货　类	64	瓷　器　类	30
饰物及金属类	92	运粤瓷器类	15
皮　货　类	75	茶　　　类	55
总　　　计	14 类		924 项

* 根据 Stanley F. Wright 所著 Kiangsi, Native Trade and Its Taxation 所载附表第一，此书在民国九年出版，所载厘金税章，其中税率虽有改变，但分门别类，亦承袭清代前章，故仍采用。

抽收机关　江西厘金局卡在创办之时，为数甚少。其后逐年添设之数，今已难考。同治五年曾一度裁并分卡二十余处。光绪十一年存大卡六十四处，小卡之数不详，光绪二十六年存大卡五十七处，是年裁去正分卡共十三处，余正卡，小卡若干不详。改办统税后，除南昌总局外，共有正分局 54 处，子口分卡 94 处，兹列为第六十五表。

征收方法　江西抽厘，多由厘局执行，仅有一二税捐，系采商人包缴办法。在厘金时代，采行两起两验制度①，改办统税后，即采一税办法，凡货物运程不及四卡者，在起运首卡完足十分统税后，即不再重征，超过指运之地者，则加征二分，不及指运之地者，则减收五分。

---

① 又名两护两验。

第六十五表　江西省统税局卡分配表*

抽厘正局	所属分卡	抽厘正局	所属分卡
南昌城外分局	6	乐平分口	4
稽征邮政兼查洋商		鄱阳分口	
谢埠分口		角山分口	1
市汊分口	2	古县渡分口	1
樵舍分口	6	瑞洪分口	2
吴城分局	8	湖口出口分局	
义州宁桥头分口	2	二套口分局	3
黄冈口分局	1	湖口进口分局	2
李家渡分口		彭泽兼马当子口	
许湾分口		瑞昌分口	1
建昌府分局	2	姑塘分口	1
南丰分口	3	九江保商局	
广昌分口	2	德化分口	1
新城分口	1	乌石门分口	1
袁州分局	1	都昌分口	
万载分口	3	涂家埠分口	4
萍乡分口	7	神冈山分局	1
袁河煤税分口		三曲滩分口	
临江漳树分局	1	沿溪渡分口	
三湖分局	1	良口分口	5
广信府分局	4	江口兼茅店子口	
石塘分口	1	雩都分口	1
广丰分口	2	筠门岭分口	
玉山分口	6	信丰分口	
上饶分口		南康分口	1
弋阳分口	2	大庾分口	1
饶州分局	3	赣州糖筋分局	
合　计	54　正　局		94　分　卡

＊根据《江西省财政说明书》制。

局用 江西厘金局经费,曾经奏定每收税银 100 两,准支用 8 两,并免开报。光绪十二年,二十一年曾经裁减各卡经费。光绪二十七年酌加局员薪水,至于局用,亦稍有增加,宣统元年藩司因库藏支绌,曾定节流办法,自是年七月起各局所有员司丁役薪资及一切坐支经费,照实支之数普减二成。翌年三月又改为专减委员薪水,司巡各项用费,概不裁减。据宣统二年统计,总分各局每年实支之数为银 13,637 两,钱 207,445 串又 520 文,以 1,400 文易银一两之官律折算,合银 148,175 两。两项合计共银 161,812 两。

贰 税收及开除

江西厘金报告自同治七年始,于同治九年五月由巡抚刘坤一奏报。嗣后每半年一报。今所得档案,自同治七年起至光绪三十三年止(1806—1907),共四十年,各年货厘报告俱全,惟加抽二成糖税及二成烟酒税之报告有四年缺半年。收支以银钱并计,惟光绪六年以前无钱之收入,计算以钱折银时,系用原报告中折合之数,并未重行计算,其折合则另行算出列为附表第六十。

一 税收

江西厘金收入,在未改办统税以前,共有六项,兹列举如下:
  1. 各属货厘   2. 各属茶厘及茶税
  3. 各属茶谷厘税   4. 各属土药厘税
  5. 加抽二成糖税   6. 加抽二成烟酒税

货厘自同治七年即起报,茶厘税自光绪十五年始起报①。光绪十六年,各省整理土药税,江西土药税收自是年始起报,二十九年湖广总督张之洞等会奏,请创设湖北、湖南、江西、安徽四省土税膏捐总局,成立后江西土药即划出厘金税外,故二十九年后无此项税收报告。二十一年为筹赔款设加抽二成糖茶税,二十二年设加抽二成烟酒税及米谷厘税。加收二成各税向系与厘金分报,今为统计便利计,将二成茶税并入正税内,故在收入总表中未单立此项。光绪三十年后全省厘金皆改为统税,惟此四项加税未改,仍分单造报。光绪二十八年后改办之统税名称甚繁,兹为制表便利起见,在收入总表中归为"大宗货物统税"一项,并另制一分析表,即附表第五十四。

各项税收中,以货厘收数最大,年在1,000,000两上下,次为茶厘税,高则200,000余两,低则数万,再次为米谷厘税,高则十余万,低则数万。土药税收最高亦未超过20,000两。光绪二十八年后因起始改办统税,货厘收数逐渐低落,至三十一年除四项加成税外,全部厘金皆改为统税。江西厘金全部税收,在未改统税以前,除有二年收数较低外,各年收数皆在1,000,000两以上,惟最高收数亦从未超过1,400,000两。至二十八年改办统税后,是年收入即增至1,559,000余两,较以前平均收入(约1,150,000两)增十分之三。以后各年续有加增,约较以前平均收入增十分之六七。是为改办统税之成效(参阅附表第五十三)。

二 开除

江西省厘金开除,依用途分类,共得十一项,八项可归为国家

---

① 茶税起抽并不在光绪十五年。

用款,二项为本省用款,一项为用途不明款,兹表列如下:

第六十六表　江西省厘金开除分类表

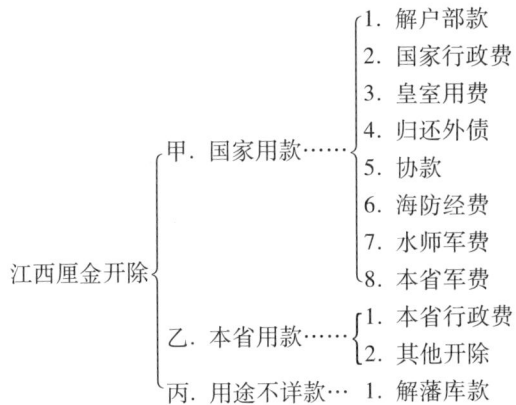

历年各项开除总数列为附表第五十五,至支出详情,则分述于下:

解户部款　此项解款共含有五项款目,惟经常解款,仅有京饷一项,同治七年应解款额为 50,000 两,后改为 100,000 两,加增额数后,批解常不足额。此外有东北边防经费,仅解三年,即光绪十三、十四、十五三年,原定额数为 80,000 两,三年批解皆仅解足半数。筹边军饷及加放俸饷,在厘金项下皆仅拨一年,即光绪十四年,是年前者解 50,000 两,后者解 2,039 两。光绪十五年停解京饷,原因是由于厘金拨付本省军饷之额数增高。光绪三十年至三十三年所解户部之款皆为练兵经费。

国家行政费　此项开除内无经常解款,备荒经费本为经常解款,每年应解 12,000 两,遇闰月加 1,000 两,惟江西厘金仅解一年。兹将此项开除中各项拨款列为附表第五十六。

皇室用费　此项支出在江西厘金开除中占数不多,且为时亦仅有四年。附表第五十三所列,同治十二年之 50,000 两为万年吉地工程费,其余三年之款皆为皇陵大牌楼工程费。

归还外债　江西厘金担负偿还之外债,共有三款,即英德,俄法二款及英德续款。自光绪二十二年起付前二款,第一年仅数万,以后多至十余万。英德续款成于光绪二十四年,以七处厘金作抵,江西九江之厘金即居其一,每年应付200,000两。前后平均扯算,每年皆解足额。前二款系合付,后一款单解①,兹将历年二款之支出数列为下表。

第六十七表　江西省历年归还外债分析表

光绪22年—33年

（单位以两计）

年　　次	付还英德俄法二款	付还英德续款	总　　计
光绪22年	46,672		46,672
23	105,558		105,558
24	116,453	142,000	258,453
25	89,021	191,169	280,190
26	62,908	228,581	291,489
27	52,062	181,314	233,376
28	126,627	212,336	338,963
29	130,306	205,165	335,471
30	159,990	196,000	355,990
31	185,495	206,000	391,495
32	235,709	198,200	433,909
33	125,037	208,000	333,037

协款　江西厘金拨付协款之数甚小,除同治七年外,以后各年拨款皆未有超过50,000两者。历年拨付较久之款为科布多,塔尔

---

① 原报告系解税务司。

巴哈台二城协饷,及奉天俸饷,然为时亦不过四五年。计同治七年曾支出协饷489,200两,内有412,400两解霆字营协饷,余76,809两解唐仁廉唐胜达两营协饷。以后五年无协款之支出,自同治十三年起复有三年连有此项支出,皆系解乌里雅苏台将军作购驼银价。光绪三至五年无协款,六年至十年又复有协款之支出,皆系拨解科塔二城协饷,十一年无协款,十二、十三两年之支出皆系拨奉天俸饷,十四、十五两年之支出系拨奉天俸饷及甘肃协饷,前款在十四年为10,000两,在十五年为15,000两,余皆为甘肃协饷。十五年以后即再无协款之支出,原因系因厘金拨付本省军饷之额增高。

海防经费 江西每年应解南北洋海防经费各为100,000两。附表第五十五所列,最初一年之款为北洋海防经费,以后之款系南北洋经费合解之数。此款至光绪十五年亦停支,其原因与停付协款相同。

水师军费 江西厘金拨付之水师经费,系长江经制水师之经费,年额160,000两,常能解足额数。光绪二十四年厘金开除增偿付英德续款一款,翌年此项军费即因之停付。

本省军费 江西本省军费每年由厘金支出之数甚大,为数将近1,000,000两,至光绪末年且常超过之。光绪九年至十五年支出较低,年约六七十万两。以后复逐渐增加,再未降低。甚至在增加外债之支出后,亦未受影响。每年报解此款,皆称"解藩库转拨军需等用银",未分列用途。

本省行政费 在此项开除下之款,仅有吴城船厂经费一项为经常支出。船厂经费每年定额为10,000两,常能解足额数。附表第五十五所列历年本省行政费之开除数,最初一年之支出为本省各项工程费,第二年有10,000两为船厂经费,余为本省各项工程费。嗣后各年之支出皆为船厂经费,惟至光绪二十四年,因支付英德续款故,此款遂停。

解藩库款 解藩库之款有二,一为土药厘税银,一为各项加厘税款,即加抽二成茶糖烟酒各税之总收入,惟同治十年所拨之款系"拨借节备仓谷生息成本银"。各款解库后,其用途不详。兹将光绪十七年后拨解各款列为附表第五十七。

其他开除 归于此项之款仅有解款汇费一项,历年支出之数,多为数百两,或一千余两。

总观历年各项开除比较情形,以本省军费为数最大。自同治七年至光绪元年,除最初一年较低外,各年支出之数皆约占支出总额80%。水师军费次之,约占总额14%,"解户部款"又次之,约占5%,本省行政费,所占不及1%,惟有时稍多。光绪元年增海防经费一款,至光绪九年为止,约占总额15%,本省军费因之稍减,不及总额65%。水师军费仍旧;"解户部款"稍增,约占6%。国家行政费,协款,及本省行政费,三者合计,有时超过2%,有时不及2%。光绪十年后水师及本省军费仍旧;海防经费减低至不及总额10%,"解户部款"稍增,约占总额14%。国家行政费及协款因多为临时支出,非年年皆有,时减时增,难言其趋势。光绪十五年后,本省军费复增,将及总额85%;水师军费仍旧;海防经费,协款,海防经费,以及"解户部款"皆因本省军费之膨涨而停支;本省行政费所占不及1%。十七年增"解藩库款"一项,初不及1%,后稍增至5%。二十二年增"归还外债"一款,除最初二年稍低外,各年支出之数皆占总额20%有余。此款既增,一方面本省军费不能不因之稍减,降至将及总额80%之地位,他方面则本省行政费因之于光绪二十四年停支,而水师军费亦于光绪二十五年停付。光绪三十年复增"解户部款",但仅占总额1%有余,二十八年后"解藩库款"亦降有时且不及总额1%。"其他各项"一项,除最初数年因有皇室用费为数稍高,约占总额4%外,其余各年之数,多未超过0.5%(参阅附表第五十八)。

历年开除总数与收入总数相比,年年相抵,无盈余或不敷,故历年全部开除数之升降情形,亦完全与收入相同。

湖北省厘金

壹 税制沿革

咸丰五年湖广总督官文,湖北巡抚胡林翼因军饷匮乏,奏请仿照扬州仙女庙章程抽收厘金,是为鄂省办厘之始。时在省城设立盐茶牙厘总局,会委道府驻局坐办,各州县地方分别水陆,设立局卡,派委员绅征收各项牙厘,解充军饷[1]。厘金分三种,一落地厘,专收外省入境之货,二门市厘,专收用户所买之货,三出产厘,专收本地出产之货。是年在省外设局卡共480余处[2],翌年复有添设。五、六两年所设局卡,叠经淘汰,至光绪三十一年尚有56处,计五年所设者存25处,六年所设者存31处[3]。咸丰十一年奏准湖北厘金仍得延请廉勤不苟之员绅入局办事,不专令候补人员及地方州

---

[1] 《会典事例》载咸丰七年设总局,《湖北通志》根据档册载称五年,兹从《通志》(杨承禧等纂修:《湖北通志》,民国十年刻本)。

[2] 《会典事例》卷二四一。

[3] 参阅《湖北通志》卷五十,页二十四至四十。

县经办①。同治元年九月上谕称御史丁绍周奏各省抽厘劝捐,请裁革委员,专归地方经理,着湖北遵旨察办。二年正月湖北巡抚严树森奏称改委地方官经理,弊窦甚多,请仍照旧章办理,奉谕允准②。同年户部议覆御史朱文江奏湖北省厘局流弊甚多,请饬该督抚酌量裁撤。上谕命湖北省遵办,后据官文(湖广总督)等奏称湖北自举办厘金以来,每年抽收实数约在一百三四十万两,全赖分设小局稽查偷漏,大局之征收始旺,各处厘捐零卡,实难议裁,旋奉谕免裁③。五年湖北巡抚曾国荃奏明厘剔积弊,实力整顿厘金,改用三联大票,不准各局卡私用小票,以重税务。是年御史张盛藻奏请禁除湖北糖厘税名目,官文与曾国荃覆奏,称糖为厘金大宗,且于宜昌、沙市已抽收数月,商民相安,并无罢市抗捐之事,因请俟军务渐定后,再行议减④。七年内阁因毛昶熙奏军务渐平,请饬裁减厘金,当经降旨谕令各省酌留大宗,裁去分局,旋据湖北奏称该省现存各营,需饷尚多,并有积欠旧饷及筹办善后各事宜,拟酌留局卡八十六处,裁去分局卡五十四处。奉谕允准,并着妥慎办理厘务⑤。七年裁免湖北省门市坐贾厘金,留落地厘及出产厘。是年又遵旨酌留厘捐大宗,裁撤分局小卡,以纾商力。光绪元年六月奏准免抽湖北米谷厘金。

光绪三十一年湖广总督张之洞奏改鄂省厘金为统捐,盖仿二十九年江西改办统税之成例。计裁撤分局专局二十九处,共留分

---

① 《会典事例》卷二四一。
② 《同治二年二月初五日御批湖北巡抚严树森折》。
③ 《皇朝政典类纂》卷九十八《征榷十六》。
④ 《同治五年七月三十日御批官文与曾国荃折》。
⑤ 《东华续录》卷七十五,页四十七,惟据《会典事例》载称系在六年,《会典》仅载存留之数,未载裁去之数。

局专局三十二处,除有十一局抽收专捐(如茶捐,丝捐)外,余皆征收百货出进口及落地捐①。兹将存留及裁撤各卡分别为第六十八表及第六十九表。

第六十八表　光绪三十一年湖北省改办统捐后存留局卡表*

局　名	所在地	所抽捐类	局　　名	所在地	所抽捐类
金口专局	江夏县	内河出口统捐	老河口专局	光化县	由陕入鄂进口统捐
沙口专局	江夏县	内河出口统捐	张家湾专局	襄阳县	由豫入鄂进口统捐
樊口南卡	武昌县	内河出口统捐	鹦鹉州竹木专局	汉阳县	
富池口专局	兴国州	内河出口统捐	长江埠专局	应城县	土布统捐
鹅公颈专局	黄岗县	内河出口统捐	应城石膏税专局	应城县	
蔡甸专局	汉阳县	出进口统捐	河溶专局	当阳县	丝绢捐
沌口专局	汉阳县	内河出进口统捐	安陆船厘专局	钟祥县	
清滩口专局	汉阳县	内河出进口统捐	羊楼峒专局	浦圻县	茶叶统捐
府河口专局	汉川县	内河出进口统捐	岛口分局	嘉鱼县	茶叶统捐
石码头分局	夏口厅	落地百货捐	崇阳分局	崇阳县	茶叶统捐
沙市专局	江陵县	落地百货捐	通口分局	通口县	茶叶统捐
新堤专局	沔阳州	落地百货捐	柏墩分卡	咸宁县	茶叶统捐
襄樊专局	襄阳县	落地百货捐	杨芳林分卡	通山县	茶叶统捐
宜昌专局	东陵县	由川入鄂进口统捐	溪口专局	夏口厅	下河过境统捐
宝塔州专局	嘉鱼县	由湘入鄂进口统捐	溪口稽查小轮分局	夏口厅	专收小轮带货补捐
太平口专局	江陵县	由湘入鄂进口统捐	宝塔州米谷统捐局	嘉鱼厅	
武穴专局	广济县	由赣入鄂进口统捐	鄂豫火车货捐局	汉　口	

*根据《湖北通志》卷五十《榷税门》厘金项制。

统捐分三项,即一入口税,专征外省入境客货,二内河出进口税,三落地税。入口税征于客货入境之第一卡,内河出进口税征于起运第一卡,计其指运地方,沿途经过几局卡,将其向章应完厘数,合并计算,统于此第一卡征收;落地税征于最大市镇,货物既纳此税后,若再转运他处,除经过各厘局,应补统捐外,无论再达何地,

---

① 《湖北通志》卷五十。

概不重征落地捐。所有统捐税率仍照旧章完厘之数,概未加增①。所有附款,如以前禀明之挂号,照票,灰印三项,以及划子钱,提舱

第六十九表　光绪三十一年湖北省裁撤之厘金局卡表*

局　　名	所　在　地	局　　名	所　在　地
鲇鱼套分局	省城保安门外	黄石港分局	大冶县
法泗洲分局	江夏县	上巴河分局	蕲水县
黄陵矶分局	汉阳县	樊口北卡	武昌县
湘口专局	汉阳县	江口分局	枝江县
坪坊专局	汉阳县	郝穴分局	江陵县
黄花涝专局	黄陂县	宜都分局	宜都县
县河口分局	汉川县	汉川专局	汉川县
天门专局	大门县城内	仙桃镇专局	沔阳州
黄陂分局	黄坡县城内	岳口分局	天门县
孝感专局	孝感县城内	沙洋专局	荆门县
岐亭专局	麻城县	东津湾分局	襄阳县
武安堰分局	南漳县	郧阳专局	郧阳县
兴国州专局	兴国州	襄阳船厘局	襄阳县
蕲州专局	蕲州城外	张家湾船厘局	襄阳县
沣源口分局	大冶县		

* 根据《湖北通志》卷五十《榷税门》厘金项制。

钱等概行免除②。鄂省在未改统税以前,已有一类似统捐之厘捐,即火车货捐是也。此捐创于光绪二十八年七月,因芦汉铁路在是年五月已由湖北汉口通至河南信阳,楚豫来往商货多由火车贩运,以致湖北汉阳德安等府所属各厘局,收数顿绌。为补救鄂省厘金

---

① 《东华续录》卷一八七,页十一。
② 同上。

第八章　江西湖北湖南三省厘金

计,乃创办火车货捐,其税率依关税减半,即值百抽2.5%;征收一次后,鄂豫皆不重征,故与统捐无异①。

以上系湖北厘金之略史,兹再述其税制。

厘金种类　根据厘金报告,鄂省厘金种类只有三项,即百货厘,牙帖与帖本,及药土坐票捐。牙帖有一部分与货厘合为一款报告,一部分单报,后来单报部分取消;又有一部分药土牙厘与药土坐票捐合报。《湖北通志》及《财政说明书》所载税章,分类甚详。约计十五项,百货统捐有附捐三项,即百货一文赈捐,筹防捐,江工捐;米谷亦有三项附捐,兹将各正附统捐名称,税率,及沿革列为第七十表,以代说明。各专税如茶厘捐,竹木捐,丝捐等捐,皆未在厘报中分别举报,大约系附于货厘项内开报。

税率　湖北厘金税率,初定章为值百抽二,以后有无增减,已不可考。抽厘手续,以《湖北通志》所载税章观之,系采遇卡完捐之法,故可推定一般税率当在5%左右。此外尚有附捐,小者有光绪十八年起办之百货一文赈捐,大者有二十六年起办之筹防捐,按值抽5%。若正附合计,鄂省百货统捐的税率亦与浙赣相当(即值百抽十)。各项专捐的税率已列于第七十表,惟洋土药税率未列入该表。洋药税率为每百斤抽银30两,光绪十一年改由海关厘税并征。土药税每百斤共征税,耗银34两。光绪二十九年创设湘,鄂,赣,皖四省膏捐总局,土药正税改为每百斤抽41.64两,善后缉私经费每两二十一文六毫,落地捐每两七十文或六十六文。三十二年改办土药统税,每百斤共征库平银115两②。

---

① 《湖北省政财说明书》。
② 《湖北通志》卷五十,页五十至六十一。

第七十表 湖北省统捐类别税率及沿革*

捐 类	税 率	沿 革
百货统捐 百货一文赈捐 筹防捐	按价抽5%。 100斤箱抽1.25两,小箱抽0.937两。	原为厘金,咸丰5年创办,光绪31年改统捐。 光绪18年为顺宣水灾创办,22年为筹响创办。 光绪34年改征0.75两。
茶税厘 { 业厘 行厘	头茶每100斤征736文,子茶、夏茶、秋茶515文。 头茶每100斤征736文,子茶、夏茶、秋茶515文。	光绪34年合称出产税,每100斤征银0.84两,钱736文。
石膏捐	正厘每石抽银0.058两,或钱134文。 附厘每石油钱29文—59文不等。	雍正初年开办,同治5年归百货捐局,光绪31年改为统捐。
竹木捐 船捐 丝绢捐 土布捐 牙帖捐	按价抽0.36%—0.82%。 分三等征税,自100文起至4,800文止。 按价抽0.06%—0.60%。 按价抽0.12% 原章分四等即1,000串,700两,500两,300两,200串,100串三等,土药盐行上等1,000两,下等700两。 改成票市1,000串,500串,200串,僻市700串300串,100串三等,土药盐行上等1,000两,下等700两。	咸丰5年开办,光绪36年改统捐。 咸丰8年初年开办,光绪31年改统捐。 咸丰初年开办,光绪31年改统捐。 咸丰5年开办,光绪31年改统捐。 咸丰6年开办。
火车捐 烟酒糖捐	按价抽2.5%。 ★	光绪28年开办。 原由各局征正厘,催重不同,光绪20年加二成,后又加三成,25年改设专局征收。
洋油捐	旧章起坡每箱抽300文,过载抽15文,新章落地税抽30或60文,过载10文,统捐每道8文。	光绪24年创办。
江工捐（抽百货） 加抽煤油捐 加抽石饼捐 加抽杂粮牛皮捐	按价抽10%。 煤每石加抽1文,油每桶5文,每釜3文。 红石麻石每块加抽2文,油饼一石加抽20文。 杂粮每石照正捐加抽10%,牛皮每张照正捐加倍一石收落地过境每道30文,合一道15文。	光绪10年开办,仅汉口,鄂鹉洲两局抽收。 光绪31年开办。 光绪28年开办。 光绪27年开办。
米谷捐 （附）两湖赈粜捐 （附）藕池口米捐	米一石加抽64文,后减24文。 米每石收线400文,合200文,后米每石改收300文。 米每石改收线200文。	咸丰5年归入百货厘内,光绪21年提出另办。 光绪28年起收,专抽出口湘米。 光绪29年开创办。

＊根据《湖北省财政说明书》及《湖北通志》卷九十《榷税门》制。

★详细税率载《通志·榷税门》,页四十六。

抽收机关　湖北初办厘金,设局卡甚繁,最多曾至四百余处,以后逐渐裁减,至光绪三十一年共存局卡六十一处,分卡之数不详;是年以后改办统税,复裁二十九局卡,余存三十二处,后增设二局,共计三十四处①。嗣后仅有移设之事,并无增置。

　　征收方法　湖北厘金,概系设局抽收,并无商人包税之制。

　　比较　湖北厘金收入额数,以钱计,每年约二百数十万串。宣统年间比额加增在3,000,000串以外,加以带征各项杂款并计,将及4,000,000串,以1,700文合银一两计算,约得二百数十万两。

　　局用　湖北厘金局用,向章系每两开支八分。光绪二十六年湖北巡抚以各局员司薪资微薄,食用不敷,奏准酌留各局小费及小票零厘,概饬填票另款存储,以资津贴之用。宣统元年六月奏改实用实销,每年约共支钱700,000串。

贰　税收及开除

　　湖北厘金按奏定格式造报是自同治八年始,于同治八年十月由湖广总督李鸿章等奏报。嗣后每半年奏销一次。今所得档案共三十九年,计自同治八年至光绪三十四年(1869—1908)中缺光绪十一年。除光绪期间有四年缺少半年报告外,余年报告皆全。收支以银钱并计,银为市平荆沙银。厘报中仅有荆沙银与库平银之兑换率,惜无钱与荆沙银之兑换率。为求算库平银计,不得不以钱直接折合库平。本省既无兑换率,只好借用邻省江西之兑换率,惟

---

　　① 参阅第六十八表。

江西有兑换率是自光绪六年始,其无率之年即借用光绪六年之率,光绪三十四年无率,即借用三十三年之率。荆沙银与库平银之兑换率,为105.096两荆沙银换100两库平银。

一 税收

鄂省厘金税收见于报告者,共有牙帖,货厘,药土坐票捐三项,牙帖有一部与货厘合报,一部单报。与药土坐票捐合报之牙厘为抽收土行之牙税。三项收入以"牙帖货厘"一项最大,每年入款约一百数十万两;"牙厘及药土坐票捐"次之,此款自光绪十三年起抽,年约收四五十万两;再次为"牙帖及帖本"一款,年约收一万数千两,或二万数千两不等。"牙帖及帖本"至光绪十一年即无税收,"牙厘及药土坐票捐"收入至光绪三十二年亦停。"牙帖货厘"之收入在同治八年至光绪八年间收入甚高,除一二年较低外,年约收1,500,000两,九年以后略降,年不及1,200,000两,至光绪二十五年始逐渐复增,二十八年后且较最初十余年之收数有增,年约收1,800,000两,约增20%。"牙厘及药土坐票捐"之收入甚稳,十九年中并无陡增陡减之势。全部收入之趋势略与"牙帖货厘"相仿,即初高,继减,最后又复增,同治八年至光绪二年间之收入数约一百五六十万余两,光绪二年至十年略减,年约收一百一二十万两,或一百三四十万两。光绪十三年后全部收入因增一"牙厘及药土坐票捐"之税收而增高,至光绪二十五年止,年约收一百六七十万两,二十六年后愈见增高,每年收数在2,000,000两上下,较光绪二年以前之高额,收数约增10%。惟光绪三十一年将土药提出改办统税后,每年收数约减三十余万两(参阅附表第六十一)。

二 开除

湖北厘金开除,依用途分类,可得七项,六项可归为国家用款,一项为本省用款,兹表列如下。

第七十一表 湖北省厘金开除分类表

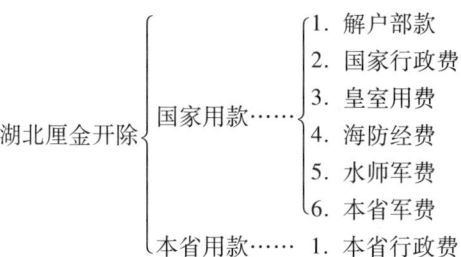

全部开除虽有七项,但始终为厘金之经常支出者仅为后三项,兹将历年各项开除总数列为附表第六十二,至支出详情,则分述于下。

解户部款 湖北厘金项下解户部之款仅有京饷一款,年额 50,000 两,每年皆解足额数,光绪二年加拨 10,000 两,翌年即停解。

国家行政费 可归于此项开除之款仅有光绪元年临时奉拨之山东石户庄决口工程费 39,434 两。

皇室用费 湖北厘金支付此项用款仅有三年,同治十一年有 30,000 两之支出,系拨付江宁织造绸缎费,十二年有 80,000 两,十三年有 50,000 两之支出,皆为万年吉地工程费(兹以此项支出年份过少,不于开除总表单列一项,仅于总数项下加以注明)。

海防经费 湖北厘金拨解此款仅有两年,即光绪元、二两年,元年拨 142,227 两,二年拨 285,453 两,至于系拨付南洋,抑或北洋,并未报明。

水师军费　此款系拨付长江水师,年额174,000两,几于每年皆解足额数。光绪元年支出数内附有"巡阅长江水师经费"2,205两,二、三、四三年各附2,800两,五年附有631两。

本省军费　湖北军费由厘金支出之数几于每年皆在一百三四十万两左右。同治八年至十三年间之支出年约一百三四十万两,光绪元年后稍减,有时约支1,200,000两,有时则不及此数,十三年后复增,年约支1,300,000两,二十六年起复增,年约支1,500,000两之数,且有二年突过此数。此款在光绪七年解军需总局,光绪八年废军需总局,改解善后局支拨。

本省行政费　此项开除中有六项经常开支,即一善后局委员薪水杂用银其初每年开支45,000余两,继减至不及10,000两;二各厘局八分经费,初为数万两,继增至十二三万两,后复增至十四五万两;三巡防保甲员弁薪水经费,每年支二万数千两;四发审员薪水经费,年支3,000余两;五武职操练月课奖赏,每年支五千三百余两;六救生红船水手口粮,年支5,000余两。兹将光绪十二年后此六款之支出数列为附表第六十三,光绪十二年以前尚有六年有本省行政费之支出,其用途已附注于开除总表内,不再列入此表。

全部开除数之增减趋势与收入相同,即在同治八年至光绪二年间为数较高,年约支出一百六七十万两,二年后稍减,每年约支一百一二十万两,或一百三四十万两,光绪十三年后复增,每年约支一百六七十万两,二十六年后续增,年约支1,900,000两,或2,000,000两。惟光绪末四年因无土药收入,支出较少。

总观历年各项开除数与全部支出总数比较情形,以本省军费为最大支出。同治八年至十二年,此项支出占全部开除数85%弱,水师军费占10%有余;"解户部款"约占3%强。本省行政费,皇室用费,及国家行政费之支出数合计占其余部分。同治十三年至光绪二年,本省军费稍减,约占全部开除65%;水师军费稍增约占12%。"解户部款"仍旧,本省行政费及其他各项开除增高,合计约占20%。光绪三年至十年,全部厘金支出仅有本省军费及水师军费两项支出,前者占全部85%强,后者不及全部15%。光绪十三年后复增本省行政费,约占全部10%强。此款增加后,两项军费皆稍减,本省军费减至占将及全部80%,惟有数年稍高,水师军费减至10%有余,惟有数年不及10%。

历年开除总数与收入总数相比,各有盈余或不敷,兹将其比较列为附表第六十五。计四十年中,除一年缺报告,及五年缺半年报告不计外,三十四年中,盈余之年占十九年,不敷之年占十三年,收支相抵仅占两年。不敷最高之数为光绪二十二年之106,845两,余年不过二三万两,或数千两。盈余最高之数为光绪十三年之28,448两,余年多为数千两。

湖南省厘金

壹　税制沿革

咸丰四年末户部议准胜保奏请推行厘金于各省之议后,首先起而仿行者即湖南省。五年四月由巡抚骆秉章奏准,在省城设厘金总局,委道员督办,征收章程,仿照扬州仙女庙办理,税率大致值百抽二三。六年三月设立盐茶局,在郴州,宜章,岳州等处设立局卡,抽收茶税,盐税。盐税照广西章程减轻,每包抽钱 700 文,茶税比照浙江章程定每箱抽银 0.45 两。自咸丰五年四月开办至七年十二月止,总计拨过藩库军需局湘平银 1,079,889 两,足典钱 1,471,025 串①。

咸丰十年曾国藩增募湘军赴援皖省②,奏准在长沙设立东征局,于八月开办,又委道府数人设立分局,襄同办理。十二月由曾氏奏准立案,以所收税款三分之二解江西粮台,协济皖南一军,以三分之一解湖北粮台,协济皖北一军。其所定章程,即凡盐茶货物,皆于本省应完之厘金外,再加抽半厘,如本省抽一两者,另抽东局五钱,本省抽百文者,另抽东局五十文。在税政中实为重征之一例,其所以未归一局征收之原因,大约恐湘省将税款混用,有碍军饷,实则此项另立门户的办法,甚不经济。所收税款,自咸丰十年八月至同治元年六月底止,计一年零十月,共收湘平银 1,096,000 余两,钱 322,000 余串。在军事方面,固是得益甚多,但在商民方面,则负担不为不重。故至同治四年,金陵已克复后,曾国藩即一再力请裁撤东征局,以纾湘民之困,并践前约事定即裁之言。为免使当时急需之甘肃协饷无从筹出计,建议酌择货物数种,仍留厘金数成,增写本省厘票之内。是年七月巡抚李瀚章即遵旨裁撤东征局,并采曾氏建议。除盐茶两项所完东厘不减外,其余各色货物皆改为于向收东征厘税内,一律酌留四成,增写本省厘票内。如向完

---

① 《骆秉章保举盐茶厘金两局出力官绅折》(咸丰八年四月二十三日,《骆文忠奏稿》卷八)。
② 《会典事例》称赴援鄂省,疑有误,因曾国藩《湖南东征筹饷办有成效请颁部照奖叙疏》中有"不得不借资湘中之力,挹注皖省之师"之语,而东征税款之分配亦全用于皖军(《湖南厘务汇纂》卷二)。

东饷银一两者,今只完四钱,换言之,即将原抽之半厘减去60%。按此种裁局办法,实在只可说是减率,而并不能认为裁税。其所以不能全裁者,亦由于税源开后开支增大,不易骤废故也。计自开局至裁撤为止,共计五年,东征局收过银3,650,000余两,钱820,000余串,平均计之,每年可得银800,000余两,为数不为不巨矣①。又是年十二月议定将省城及省外各盐茶局并入厘金局②。省局合称湖南厘金盐茶总局。各府州县征收盐茶,向多由厘局一并办理,其设有盐茶局卡者惟湘潭,岳州两处,均于翌年二月归并厘局。关于抽收茶税,另定于每年三四月间新茶上市时,在产茶区内,添设茶局,专抽茶厘,(出产地之山户税在内)至九,十月间裁撤。同治十三年陕甘总督左宗棠咨请湖南厘金局,请援东征局成案,改设西征局,抽厘助饷。巡抚王文韶覆称加厘甚难。同治四年所留之东征饷,计盐茶仍完半厘,百货则减十分之六,历年收数在280,000两上下,此款名为"协饷",援黔防境,俱有赖于此,而长江水师之额饷120,000两又指明出之于此。280,000两中盐茶收入实居二十一二万两,百货收数不过六七万两。盐茶势已不可复加,而又不忍加征米谷等物,所能增者仅百货,百货之二文协饷,现计六七万两,加收三文,亦止得饷十余万两,于西征军饷无甚补益,而于商民则实困累,因请免议。结果即作罢论。后光绪十年左宗棠督师援闽③,太常寺卿徐树铭复奏请旨饬湘,鄂,皖,赣四省仿湖南东征局旧案带收海防厘金,四省覆奏皆称难行,因亦作罢。至此案结束后,东征

---

① 《同治十三年巡抚王文韶议覆湘省难设西征局书》,《湖南厘务汇编》卷十。
② 《会典事例》卷二四一载称湖南合并盐茶厘金两局事在同治六年,其实定议在四年十二月,实行在五年初,今从《湖南厘务汇纂》卷十所载档册。
③ 时值中法之役,法人扰闽。

局之成案始不复被人援引,而湖南厘金当局,亦始免于烦扰。

光绪二年奏准嗣后贩运米谷杂粮等项,凡在湖南境内售卖者,无论水陆厘卡,普律免抽厘金,至商贩装运出境者,仍于出境首卡,照章完厘一次,以示限制①。但至光绪二十年又由巡抚王廉奏复境内征收米谷厘金旧章,借以补救百货厘金之衰落。光绪十一年户部筹款,拟增各省茶厘,湖南巡抚奏称碍难施行,因未加增。二十年海防需饷,户部奏咨各省筹款解用,经湖南巡抚奏明百货厘金按照旧率加增二成,附于正厘汇收,另存候拨。是为第二次加厘。以上为湘省厘金变迁略史,兹再述其税制。

厘金种类　湖南厘金计分十种,其名称及创办年份见于第五表。见于厘金报告中者计有货厘,加抽二成货厘,茶厘及加抽二成茶厘,加抽二成糖厘,烟酒加抽等七种,此外偶见于报告中者有牙帖捐及淮盐湘厘两种。第七十二表中之后五种厘金,如内地米谷厘金,竹木厘金等,其收数大约皆列入货厘内,各项加成税,除二成货厘外,皆系分单造报。此以被课货物分厘金种类,若以税收性质而分,则有五种,即一出口税,二进口税,三起坡厘,四土产厘,五门市月厘,合称曰税厘。

税率　湘省厘金税率,初年大致值百抽二三,后加东征饷,则变而为值百抽3%,或3.5%矣。后将百货东征饷减去60%,大致改为值百抽2.4%,或稍高。但湖南抽厘手续,向为一税一厘②。如此则一般货物所纳税厘,应为值百抽5%。迨光绪二十年百货厘金加抽二成,则一般货物之税率应增为值百抽6%(按原率5%增十

---

① 《会典事例》卷二四一,又《湖南厘务汇纂》卷五。
② 税即进出口税,厘即起坡,土产,门市等厘。

第七十二表　湖南省厘金种类表*

税　类	创设年份	备　考
百货厘金	咸丰 5 年	
（附）协饷	同治 4 年	由东征饷改。
（附）加抽二成	光绪 20 年	
茶厘	咸丰 6 年	
茶厘加抽	光绪 20 年	照厘金原则加抽二成。
糖厘加抽	光绪 20 年	照厘金原则加抽二成。
烟酒厘加抽		
原加三成	光绪 22 年	照厘金原则加抽三成。
续加三成	光绪 26 年	
复征内地米谷厘金	光绪 22 年	谷每石 8 文，米 16 文。
出口米谷加抽	光绪 26 年	原率米每石 35 文。谷半之，26 年谷增 35 文，米 70 文，后复各增一倍。
进口杂粮厘金		每石收 3 文至 24 文不等。
竹木厘金		
出口煤厘加抽	光绪 33 年	

*根据《湖南省财政说明书》制。

分之二，即增 1%）。盐茶之率则较百货为高，盐茶缴纳"协饷"，仍照东征饷成数，即百货"协饷"改为应纳 0.4%，而盐茶仍应纳 1%，光绪二十年起茶厘且加抽二成，茶厘税率更见增高，大约正附厘金共计，须按价抽 7.5%。糖厘税率与百货相等，烟酒则甚高，约为值百抽 10%。出进口米谷及内地米谷应纳厘数，俱见第七十二表，兹不重述。牙帖税率省城与各属不同，大致各属分等与定额皆较省城为低，兹举省城与岳州为例，列为第七十三表及第七十四表。

第七十三表　湖南省省城牙帖税率表*

等　第	行　　类	年　捐　额
极上则	洋土药行	库平银 2,000 两
上　则	盐行	库平银 1,000 两
	油行,药材行,土果行	足典钱 1,000 串
中　则	棉花行,布行,竹木行,粮食行 烟行,磁器行,纸行,绸缎行	足典钱 500 串
下　则	铁行,石糕行,靛行,鱼行,块炭行, 白炭行,石灰行,丝行,猪行,茶麻行, 牛皮行,枯饼行,帽行,扇席行,船行	足典钱 300 串

＊根据《湖南厘务汇纂》卷十八制。

第七十四表　湖南省岳州牙帖税率表*

等　第	行　　类	年　捐　额
极上则	洋土药行	库平银 2,000 两
	盐行	库平银 700 两
上　则	桐油行	足典钱 700 串
中　则	茶油行,水油行,粮食行,姜靛行 花布行,烟叶麻行	足典钱 300 串
下　则	柴炭行,山货行,山果行,鱼行,铁行,纸行,猪行	足典钱 100 串

＊根据《湖南厘务汇纂》卷十八制。

抽收机关　湘省初年办厘所设局卡之数,今已不详。咸丰五、六两年所立局卡,在光绪十五年尚存有二十一处,计五年所设者存 7 处,六年所设者存 14 处[①]。通省厘金局卡,于同治年间及光绪初年叠经淘汰,至光绪十五年,除总局外,共存正局 28 处,分局与分卡共 108 处,兹将其名称,创设年份,及所征税厘种类列为第七十五表。

---

① 参阅第七十五表。

第七十五表　光绪十五年湖南省存留厘金局卡表*

局　　名	创设年份	所属分局卡数	税厘种类
厘金盐茶总局	同治5年		
湘潭局	咸丰5年	6分局	抽收百货起坡落地厘金及出山茶厘又兼收洋土药税及煤炭竹木等厘。
湘阴局	咸丰5年	5分局	专收落地及出口土货厘金并出山茶厘。
益阳局	咸丰5年	4分局	抽收以竹木为大宗，兼收百货起坡落地厘金及出山茶厘。
湘乡局	咸丰5年	2分卡	抽收以红茶为大宗，并抽百货起坡厘。
津市局	咸丰5年	7分局	征收百货及土产厘金，并抽川盐起坡厘。
常德局	咸丰5年	8分卡	抽收以花油靛碱为大宗。
洪江局	咸丰5年	4分卡	抽收百货土药落地厘，川黔茶油白蜡等货厘金。
槩梨局	咸丰6年	2分卡	抽收以籽花为大宗，咸鱼枯饼次之。
靖江局	咸丰6年	2分卡	抽收落地及过载厘金并出山茶厘。
浏阳局	咸丰6年	4分局	抽收以红茶为大宗，并抽钱店麻行及洋土药等厘。
醴陵局	咸丰6年	7分卡	专收过道及落地厘金，并出山茶厘。
安化局	咸丰6年		抽收以红茶为大宗。
衡州局	咸丰6年	5分卡	抽收以粤盐为大宗，并抽百货起坡厘及出山茶厘。
邵阳局	咸丰6年	5分卡	征收粤盐，竹木，条烟，及洋纱等厘。
武岗局	咸丰6年	3分卡	抽收以棉花红茶白蜡为大宗，并抽布匹木料铁纸靛等厘。
郴州局	咸丰6年	4分卡	抽收广东下行百货及土产茶油，粤盐永兴篓盐等厘金。
新化局	咸丰6年	2分卡	抽收土产，竹木，红茶，铁金，纸块，山货，青靛，山药等厘金。
宜临局	咸丰6年	5分卡	抽收以粤盐为大宗，并抽土产及广货厘金及出山茶厘。
岳州局	咸丰6年	10分卡	专收门市及出山茶厘。
辰州局	咸丰6年	3分卡	抽收以桐油及茶油为大宗，棉花布帛次之。
澧安局	咸丰6年	10分卡	抽收百货土货竹木及洋药厘。
永州局	咸丰7年	2分卡	抽收以粤盐竹木为大宗并抽门市厘。
平江局	咸丰7年	5分卡	抽收以红茶为大宗苎麻茶油，百货等次之。
雷市局	咸丰10年		抽收茶盐米谷枯饼煤炭等厘金。
攸县局	同治元年		抽百货过道厘金。
澧慈局	同治元年		抽收百货厘及川盐厘。
双江局	同治9年	2分卡	抽收以粤盐为大宗，油盐次之。
托口局	同治10年	1分卡	抽收以竹木为大宗。

* 根据《湖南厘务汇纂》卷九、卷十制。

嗣后续有增设,至宣统年间,计有正局三十六处,分卡174处,兹列为第七十六表,以便与前表对照观之。

第七十六表　宣统年间湖南存留厘金局卡表*

局　　　名	所属分卡数	局　　　名	所属分卡数
省　河　局	20	醴　陵　局	10
轮　船　局		槊　梨　局	2
湘　泽　局	17	白　沙　局	
湘　阴　局	3	郴　州　局	4
城　陵　矶　局	4	宜　章　局	10
岳　州　局	4	津　市　局	5
雷　市　局	1	石　门　局	1
平　江　局	2	花　碗　岗　局	12
辰　州　局	6	靖　港　局	3
永　州　局	4	湘　乡　局	2
常　德　局	13	攸　县　局	
三　汶　矶　局	1	武　冈　局	4
靳　河　局		邵　阳　局	7
益　阳　局	6	洪　江　局	5
浏　阳　局	7	双　江　局	2
衡　州　局	2	新　化　局	2
托　口　局	2	小庵茶厘局	
雷　湾　局	11	聂家市茶厘局	2
总　　计	36 局		174 卡

* 根据《湖南省财政说明书》。

征收方法　湘省厘金除门市厘有一部分由商号承总汇缴而外,概系由官方设局卡征收。局卡抽收税厘,多在货物起落之处,如进口货在首卡纳完税后,再经他处不复重抽,直至起坡处所方纳起坡厘金;又如土产之货在起运之局纳厘者,再经他处,亦不重抽,直至出口之卡,方纳出口税。但亦有在中途纳厘之时,如所谓过载厘金即是。

比较　湘省厘金比较章程在光绪三十三年以前者不详。光绪三十三年巡抚岑春萱为厘剔中饱,更定比较章程,取绅权而归之委员,溢收者二成提奖,绌者有罚。通年比额为钱 1,593,789 串又 587 文,若以 1,700 文易库平一两折合,约计得库平银 937,000 余两。

局用　湘省厘金局用向系实销实报,并无定限,每年约支十五六万两,与收数相比,约为 12%。光绪十二年户部以湘省厘金局用开支过大,奏请定为自是年起每年开支不得超过收入 10%,奉旨允准。湖南巡抚卞宝第曾奏请允该省厘捐局用仍照旧章实销实用,由户部驳议未允①。兹将各厘局经费额支及活支之数列表于下,其额支活支总数为钱 375,140 串,银 3,600 两,约共合银二十二万数千两。

第七十七表　湖南厘金各局经费表＊

局别	支类	金额
厘金各局及茶厘局经费	额支钱	230,107 串
	活支钱	43,368 串
米捐局经费	额支银	3,600 两
	额支钱	62,959 串
	活支钱	20,054 串
三路木厘覆查补抽局经费	额支钱	16,219 串
	活支钱	2,433 串
共　计	额支银	3,600 两
	额支钱	309,285 串
	活支钱	65,855 串

＊根据《湖南省财政说明书》。

---

① 《湖南厘务汇纂》卷五。

贰　税收及开除

湖南厘金之有正式收支报告,是自同治十二年始①。今所得档案即自是年起至光绪三十四年止(1873—1908),共计三十六年,中仅有三年不全。奏报期限,与他省相同,即半年一次。收支以银钱并计,银为湘平银,与库平银兑换有官定之率,即湘平104.93两易库平100两,但厘报中折合时亦参用市价,市价为湘平103.6两易库平100两。厘报中寻不出库平与钱之折合率,亦无钱与湘平之折合率,故计算以钱折库平银时,不得不借用江西之兑换率。

一　税收

湘省厘金税收共有七项,兹列举如下。

1. 货厘
2. 茶厘
3. 加抽二成厘税
4. 加抽二成糖厘
5. 烟酒加抽厘税
6. 加抽二成茶税
7. 牙帖

创设厘金时最初二年余之收数已见于前文,平均每年约收700,000余两。同治十一年以前之收支,今皆不明。同治十二年起始之报告,在收入方面仅列"厘税"一项,茶厘收数自光绪十六年起始单款列报。"厘税"一项收数,年约一百二三十万两,自光绪十五

---

① 由湖南巡抚王文韶于同治十二年九月奏报。

年后,收数减低,年仅收 1,000,000 余两。故至二十年为海防筹饷,即不得不于货厘加抽二成。附加二成厘税年计约收二十一二万两,正附二项并计,年得一百二十余万两。茶厘收入年约有五六万两,惟自光绪二十九年后稍见减少,年约收二三万两不等,至三十四年突增,是年竟收至三十八万数千两,实为例外。加抽二成糖厘及茶厘皆自光绪二十一年起,前者每年收数不过 1,000 两,后者前数年收入有一万一二千两,后减至八九千两,又稍后减至四五千两。烟酒加抽,原仅加三成,故光绪二十三年之收数不过 700 余两,后二年亦不过 500 余两。至光绪二十六年续加三成,自是年起,收入增一倍,年约收一千一二百两,惟三十四年收入较多。"其他收入"一项中有四年牙帖捐之收入,末一年之数不全。

历年全部收入之升降情形,与货厘升降情形略同,光绪十四年以前约收一百二三十万余两,十五年至二十年,收入稍减,年约收一百余万两,或 1,100,000 余两。二十三年后增高,年约得一百四十万两之收数。光绪三十三年曾更定比较章程,严杜中饱之弊,翌年收数颇有起色,是年实收银数为 1,361,000 余两,若再将 566,334 串之铜元计入,则有 1,600,000 余两,较前数年约多收二十万两(参阅附表第六十七)。

二 开除

湘省厘金开除,依用途分类,共得十一项,九项可归为国家用款,一项为本省用款,一项为用途不详款,兹表列于下。

第七十八表　湖南省厘金开除分类表

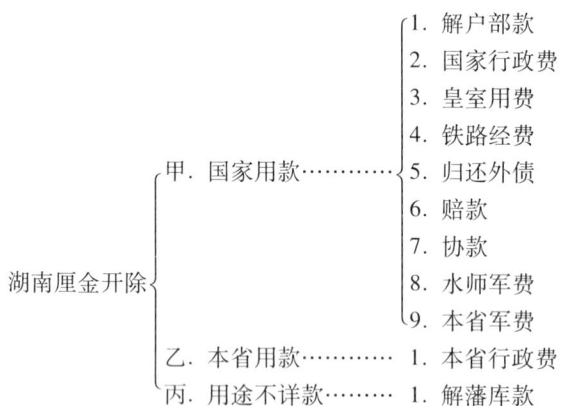

湖南厘金开除 ｛
甲. 国家用款………… ｛
1. 解户部款
2. 国家行政费
3. 皇室用费
4. 铁路经费
5. 归还外债
6. 赔款
7. 协款
8. 水师军费
9. 本省军费

乙. 本省用款………… 1. 本省行政费
丙. 用途不详款……… 1. 解藩库款

历年各项开总数列为附表第六十八,至支出详情,则分述于下。

解户部款　湖南应解户部支用之款仅有两项,即京饷与东北边防经费。前者在同治年间应解额数不详,实解之数为30,000两。光绪年间定为50,000两,几于年年解足额数。东北边防经费始于光绪六年,年额为80,000两,光绪二十五年增加16,000两,至二十八年又复原,湘省厘金拨解此款,年年解足额数(参阅附表第六十九)。

国家行政费　此项开除在湘省厘金中占数不大,光绪十六年以前多为临时支出,年约数千,或数万不等,十七年后之支出,皆为内务府经费及备荒经费两项经常支出。备荒经费自光绪九年起,每年应解12,000两,遇闰加1,000两。最初二年湘省仅解数千两,以后中断六年,十七年复解,嗣后即年年解足额数。内务府经费自光绪二十年拨解,年额3,099两①,除中断一年外,年年解足额数。

---

① 零数99两为随平平余及抬费布袋劈鞘等费。

兹将历年此项开除项下支出各数列为附表第七十。

皇室用费　皇室用费在湘省厘金开除中仅占七年,前三年之支出为万年吉地工程费,后四年为惠陵孝陵工程费。

铁路经费　湘省厘金担负之铁路经费,年为 15,000 两,自光绪十七年起解,年年解足额数。

归还外债　湘省厘金担负之外债仅有二款,即英德与俄法两借款,自光绪二十二年起付,两款合付连同汇费每年共计约为十八万六千数百两(常解数为 186,215 两)。

赔款　附表第六十八所列,除光绪七、八两年所支之款为伊犁偿款外,余皆为庚子赔款,即所谓新案赔款。自光绪二十八年起解,年解 16,000 两。

协款　湖南厘金协助他省之款不多,且为数亦不甚大。大部皆系临时拨款,兹将光绪元年至十七年间之支出数,列出附表第七十一,光绪三十四年有 29,592 两之支出,为滇省协饷,未列入此表。

水师军费　湖南厘金拨付之水师军费为长江水师军费,最初年额为 160,000 两,同治八年改为 120,000 两,几于年年解足额数。光绪三十四年之支出数中有 130,060 两为支付湖南省选锋,长胜,澄湘水师各营之军饷,故此年之支出数较大。

本省军费　由厘金支出之本省军费,最初数年为 1,000,000 余两,光绪三年后减至七八十万两。大部分之款皆拨善后局,由该局转支军用,仅有小部练饷系由厘局支付,此款多则一万余两,少则数千两。兹将各年拨善后局及练饷之数列为附表第七十二。

本省行政费　本省行政费中以厘局经费为经常支出,其余多为临时付款。厘局经费最初数年支出之数甚少,大约非全部报销,光绪六年后，每年支出数，高则十五六万两，低则十二三万两，与收入总数相比，多占总数 10% 以上。兹将各项临时支出及厘局经费一并列为附表第七十三。光绪三十四年厘局开除之数甚少，原因在本年开除数中未列入铜元之开支。

解藩库款　此项解款，除光绪三年所解为木植经费，二十一年有 55,000 两解款来源不明外，余皆为"提存节省银"。

全部开除数之增减情势与收入大致相同，同治十二年至光绪十五年，年约支一百二三十余万两，光绪十六年至二十一年稍减，年约支一百余万两，或一百一十余万两。二十二年渐增，年约支一百三四十万两。

总核历年各项开除比较情形，以本省军费支出为最大。同治十二年至光绪二年，此项支出占全部开除 80% 有余。水师军费次之，约占总数 10%；皇室用费约占 4%；本省行政费约占 3% 强；"解户部款"约占 3% 弱；协款及"解藩库款"所占不及 0.5%。光绪二年至六年，本省军费稍减，约占总数 70%；水师军费稍增，约占 12%；协款增高，约占 3%；皇室用费及"解户部款"俱增，以两款衔接并计，年约占 10%；本省行政费仍旧。五年起增国家行政费，约占其余之 2%。光绪七年至二十年，本省军费又稍减，约占总数 60%；水师军费及"解户部款"各占 10% 有余；本省行政费增高，约占总数 13%；"解藩库款"稍增，约占 3% 强；协款及国家行政费占其余之成分。光绪十七年后无协款，但增铁路经费一项，与十七年后之国家行政费各占 1% 强。光绪二十一年本省军费虽降至总数 50% 稍强，但仍为各项开除之冠，且实数并未减低，每年仍为六七十万两。二十二年起增"归还外债"一项，其支出数约占总数 15%；"解户部款"及水师军费之实数虽未减，但与开除总数相比则稍减，各在总数中所占成分皆不及10%；国家行政费及铁路经费仍旧。本省行政费在二十八年后，由约占总数13%之成分减至10%稍强，而在是年增赔款一项，约占1.5%，"解藩库款"仍占3%（参阅附表第七十四）。

开除总数与收入总数相比，各年有盈余或不敷，兹列为附表第七十五。计三十六年中，除有三年缺半年报告不计外，盈余之年占十九年，不敷之年占十四年。不敷最高数为光绪十七年之79,335两，余年多在五万两下；盈余最高数为光绪十四年之57,972两，余年多在三四万两左右。

第九章　福建广东广西三省厘金

附台湾省厘金

福建省厘金

壹　税制沿革

在福建省的厘金报告上,吾人可以看见在咸丰三年,福建已有抽厘之举。但是实际上并没有这样早,因为厘金的创行是在咸丰三年九月,而福建抽收茶税是在三年三月,厘金的名称尚未产生,何能有抽厘之举。咸丰三年所抽的茶税,后来虽与厘金合报,但在当时只可认为是一种新税,而非厘金。福建省之起始抽厘是在咸丰七年,是年抽收者为洋药厘金。缘是年二月后,江西的太平军侵入闽省,闽省调兵与浙江协剿,颇感军饷拮据,当由升任福州府知府叶永元等议将不完税之洋药,抽取厘金,以济急需。事行之后,尚未奏报,是年九月即有人奏称闽省擅开烟禁,抽取厘金。清廷下谕查办,始由闽浙总督王懿德,福建巡抚庆端奏明,奉旨施行①。迨咸丰七年十二月奏准暂抽杂货厘金,并办各项船捐②,乃为福建正

---

① 《咸丰七年九月十二日上谕》,《十二月初十日朱批王懿德庆端折》。
② 《会典事例》卷二四一,载称八年大约系从上谕,此处系根据《咸丰七年十二月初十日朱批王懿德庆端折》。

式仿行百货厘金之开端。此时抽厘尚由藩司督征,并未设局。至同治四年二月底始设立税厘总局,征收茶叶厘金及所有百货厘金①。是时并校定详章,采用起验制收税。同治八年上谕命各省厘金照两淮盐厘半年奏报一次,福建省于同治十年遵办,并将以前税收及开除补报,因此致将咸丰三年起抽而尚未归入厘金的茶税亦作为厘金造报。

以上为福建仿行厘金之经过,关于以后的变迁,因参考的材料太少,仅有数事可述。光绪十八年闽省为奖励本省织造土布,曾奏请免征土布在内地运销之厘税,其出口土布则按四折征税,得旨允准②。光绪二十二年总理衙门因各省华商向内地运货,常假冒洋商之名,请领三联单,弊端甚多,因于是年五月奏准华商运货,亦准请领三联单。援照镇江关章程,预缴正税三倍,如货未出洋,除出口正税,复进口半税由关留收外,其余倍半之税留抵厘金。通令各省遵行后,福建省奏请将茶叶税厘除外,循旧办理,无论华洋各商均不给三联报单。其理由即福建茶叶每百斤共应纳起运,运销,加捐军饷等税厘银2.082两,而海关常税每百斤仅征银六钱,子口半税征银三钱,即装载出洋,其应纳内地税亦不过一海关半税,即银1.25两。故若允华商运茶,得请领三联单,则闽省年约六七十万两之茶厘税势必大减,而致影响全省财政。后得总理衙门议覆允准③。光绪二十九年江西省改办厘金为统税,颇见成效,户部因奏请旨饬各省筹办百货统捐,福建省于光绪三十年九月奏称,碍难改

---

① 《同治十年九月十六日御批闽浙总督文煜等折》,或《会典事例》卷二四一。
② 《光绪十八年二月十七日朱批卞宝第片》。
③ 《光绪二十二年八月二十五日朱批福州将军裕禄等折》,又《十月二日朱批总理衙门折》。

办①。后即未改。

厘金种类　福建厘金的主要税收有三,即百货,茶叶,洋药三项厘税。三者中以前二项收入为大宗,其收数在伯仲间。百货厘金初名杂货厘金,在咸丰八年创办,同治四年设立税厘总局后始改称百货厘金。茶叶分收税厘,茶税在咸丰三年创征,厘金则在九年开征。洋药亦分税厘,厘金始于咸丰七年,华税则始于十年。此外洋药及茶叶尚有加捐,兹将各税名称及沿革一并列为第七十九表。

第七十九表　福建省厘金正杂各税名称及沿革表*

税　名	沿　革
厘金正款	
百货行商厘金	咸丰8年创办,初名杂货厘金,同治4年改此名
茶税	咸丰3年创办
茶叶厘金	咸丰9年创办
茶叶初加加捐军饷	咸丰11年创设
茶叶续加加捐军饷	同治4年创设
洋药厘金	咸丰7年创设
洋药华税	咸丰10年创设 ⎫ 光绪13年一并改由海关征收,
洋药加捐军饷	咸丰11年创设 ⎬ 每年拨解400,000两与厘局
洋药票税	同治元年创设 ⎭
杂货加捐军饷*	咸丰11年创设,协济浙饷,同治3年停办
坐贾厘金	同治4年开办,5年停免
牙帖	同治4年起,7年后无此税收
土药厘金	光绪13年起,16年改办亩捐
加征二成烟厘	光绪25年起
厘金杂款	
护商经费	同治4年举办
百货厘金耗余	于正厘外随收加二耗余,同治4年改收加一耗余
木植厘金耗余	同上
六分补水	同治4年起规定以洋银纳税,每正耗银一两,收补水六分
四分补水	光绪24年起抽

---

① 《光绪三十年九月二十七日朱批福州将军崇善折》。

续表

厘金银水报效	江东桥卡征收,光绪33年改归商办
护商经费耗余	于正厘外一律随收加二耗余
护厘九七余款	系东冲海防陋规,光绪9年归公
七厘与学单费	初定就货厘加收四分补水,宣统元年改为每一税单收七厘

* 根据《福建省厘金报告》及《财政说明书》制。　　★ 又称"沿海防剿经费"。

税率　闽省百货税率在咸丰年间为值百抽0.6,其后改为值百抽10。分两起两验征收,起捐3%,验捐2%。此为正税,尚有杂款,如护商经费,六分、四分补水,护商经费耗余等①,正杂合计,大约一般税率当为值百抽十二三。茶税厘另有税率。税率从量计算,不分种类,每100斤征一定额,咸丰三年征起运税0.1483两,另征一落地税,过竹崎关者箱茶每100斤征28文,袋茶23文,过北岭关者一律收29文。咸丰五年增一运销税,每100斤征银0.7392两,八年又增收厘金,每100斤征银0.77两。咸丰十一年及同治四年闽省筹办防剿,先后奏定每100斤共征军饷银0.6908两。同治四年后,每100斤茶叶共征银2.3485两,光绪二十四年以茶业衰败,商力疲乏,奏减军饷银四钱并补水四分,计每100斤改收1.9085两。兹将每100斤应征税额历年增减之数列表如下。

第八十表　福建省历年茶叶税厘税额增减表*
每100斤应征税额(单位两)

年　次	起运税	运销税	厘　金	军　饷	合　计
咸丰 3年	0.1485				0.1485
咸丰 5年	0.1485	0.7392			0.8877
咸丰 8年	0.1485	0.7392	0.77		1.6577
咸丰11年	0.1485	0.7392	0.77	0.6908	
同治 4年	0.1485	0.7392	0.77		2.3485
光绪24年	0.1485	0.7392	0.77	0.2508	1.9085

* 根据《福建省财政说明书》制。

---

① 参阅第七十九表。

洋药共收四项税捐，计每100斤征（一）厘金16两，（二）华税30两，（三）加捐军饷5两，（四）票税15两，共征66两。土药每100斤共征厘金35两，但此税系为外来之货而设，本省出品则系按亩征银0.385两。至于杂货加捐军饷与坐贾厘金皆于同治年间免除，其税率今已不详。

抽收机关 闽省初年设立局卡，仅限于福州与厦门二处。咸丰八年议抽杂货厘金，遂将南台厘捐局改为总局，并于厦门厘捐局外，在兴化府属之涵江，泉州府属之南门，漳州府属之铜山，福宁府属之宁德，建宁府属之浦城，崇安，邵武府属之光泽，汀州府属之上杭等处分设局卡，以扼其要。同治四年左宗棠督闽，以厘务废弛，力为整顿，特以省城所设之南台厘捐总局，移设城内，名为福建通省税厘总局，以南台向设厘局，改为南台税厘总局，以福州府属分局卡隶属之，改厦门厘局为厦门税厘总局，以泉州府，永春州属分卡隶属之。建宁，兴化，延平，邵武，漳州，汀州等府亦次第设立府局，辖所属各县分局卡。光绪十一年间闽省计共存局卡一百余处①。光绪二十年六月根据御史郑思贺奏请，上谕命各省裁减厘卡。二十二年四月闽省覆奏，称该省自开办厘金设立总局以来，局卡共有227处，内有茶税局卡115处，系于每年三月委员稽征，茶市歇季，即行裁撤剔除不计外，实共112处，现既奉上谕裁并，拟裁并36处，实留总分局卡76处②。光绪二十九年为撙节经费起见，将通省税厘总局归并财政局，南台税厘总局归并水亭卡，其向隶水亭之局改隶于财政局，余则悉仍其旧。兹将光绪二十九年后所存厘金局卡列第八十一表。除已并于财政局之总厘局外，计有府局及正分局卡69处，各分局卡所属小卡108处。此外尚有茶税局35处，17处委员专办，

---

① 《光绪十一年七月二十九日御批福建巡抚希元议覆户部开源节流折》。
② 光绪二十二年四月份《谕折汇存》。

第八十一表　福建省厘金局卡名称及所属卡数表

府属及局卡名称	县辖	属卡	府属及局卡名称	县辖	属卡
福州府			北溪局	龙溪	
水亭兼巡防局*	闽县	6	江东桥卡	龙溪	2
桥北验卡	闽县		华封局	龙溪	
白湖卡	闽县		琯溪局	平和	
营前卡	闽县		延平邵府两局属		
闽安镇局	闽县	1	总局	南平	6
闽安税课关	闽县	5	沙溪卡	南平	
北岭商税卡	闽县		洋口局	南平	2
竹崎关	侯官		拿口局	邵武	
宦溪局	侯官		杨塘局	邵武	
上渡木厘局	侯官	1	邵武月山关	邵武	
南港苏歧卡	侯官	1	光泽局	光泽	2
阳歧卡	侯官		云磜关卡	光泽	2
洪塘商税卡	侯官		建宁府		
水口局	古田		府局	建安	3
长乐局	长乐	1	松政局	松溪	8
琯头局	连江		通济门卡	瓯宁	2
可门卡	连江		建阳局	建阳	30
兴化府			崇安局	崇安	
府局	莆田	9	大安局	崇安	
江口埔尾卡	莆田	1	浦城局	浦城	4
木兰陂卡	莆田		深坑局	浦城	
泉州府			汀州府		
厦门税厘总局	同安	3	府局	长汀	4
府局	晋江	9	车子卡	长汀	
东门卡	晋江	1	窑上卡	长汀	
北门卡	晋江	1	羊牯卡	长汀	
秀涂卡	惠安		矶头卡	长汀	
崇天卡	惠安		连城局	连城	
安海局	晋江	3	上杭局	上杭	4
深沪,永宁卡	晋江		峰市局	上杭	3
蚶江,古浮卡	晋江	1	永定局	永定	4
萧厝局	惠安		福宁府		
獭窟局	惠安		府局	霞浦	4
漳州府			东冲局	霞浦	1
府局兼西溪局	龙溪	1	沙埕,前溪卡	福鼎	
石码局	龙溪		州局	永春州	4

＊原书不清。——编者注

一处由地方官兼办,余17处由厘局兼办①。

征收方法 闽省抽厘,概用设局征收方法,除江东桥卡之厘金银水报效在光绪三十三年改归商人包缴外,并未采用商人包税制度。征收手续,福州,厦门二口对于洋货,采一税办法,凡华商贩运洋货,在二口缴税,领有洋货厘单者,以后经过关卡,概不重征。其余各处,俱用起验制度,采两起两验者较为普遍,一起一验者则仅限于数地采用。

比较 闽省百货厘金税收比较额在光绪六年定为全年应征1,053,450两,后以解不足额,于十九年改照前三年征数匀定比较,计年额应征889,820两。以后屡有增减,但终未超过950,000两。兹将历次增减之数列为第八十二表。

第八十二表 福建省百货厘金比额银数历次增减表*

(单位两)

规定年次	额比总数	增减银数
光绪6年	1,053,450	
19年	889,820	减 163,630
24年	912,530	增 22,710
27年	908,420	减 4,110
30年	922,050	增 13,630
32年	884,394	减 37,656
宣统元年	884,130	减 264

*根据《福建省财政说明书》制。

茶税厘无一定比额,大致以光绪十二年930,000余两之收数为标准。百货厘金的功过章程,规定长征六分记功一次,一成记功二次,一成半记功三次,二成半留办半年,三成半留办一年,四成半调

---

① 《福建省财政说明书·茶税类》。

委优差;短征六分停委一年,一成停委二年,一成半停委三年,二成半停委四年,三成半停委五年,短至四成半即行详参。

局用 闽省厘金用为外销之款,向不报部。据云常年经费皆取给于厘余及已改归公有之陋规如七关商税盈余及茶叶验箱费等款,并不动支正款①。经常用费,百货厘金各局共支银 80,300 两。茶税局卡共计 35 处,除有 17 处由厘金局兼办外,其余 18 局卡,每年共支银 9,931 两。二者共计,年支经常费 90,231 两。

贰 税收及开除

闽省厘金报告在各省报告中可算最全,不独自咸丰七年创办洋药厘金后之收支报告大部分俱存在,即咸丰三年起抽之茶税,其收支报告亦无遗缺。第一次造报是在同治十年七月,此次所报之年份计自咸丰三年三月起讫同治四年二月底设立税厘总局以前止②。嗣后即遵户部奏定格式按半年奏报一次。今所得档案,共计有五十四年,即自咸丰三年至光绪三十三年(1853—1907)。惟中有一年报告全失,又有三年缺半年报告。厘金收支各款,在报销单中均以库平银计,无制钱之收支。

一 税收

闽省厘金的主要税收有三,即茶厘税,百货厘金,及洋药厘

---

① 《光绪二十四年六月二十日朱批闽浙总督边宝泉折》。
② 《同治十年九月十六日朱批闽浙总督文煜等折》。

税。咸丰三年至六年仅有茶税,七年增洋药厘余,八年增杂货厘金(即百货厘)。茶税收入在最初三年为数甚小,咸丰六年起增高,每年收十余万两,九年起增收茶厘一项,税收亦因之增高,年约收三十余万两,十一年起又增收茶叶加捐军饷一款,收入每年增至五十余万两,同治四年起复增高加捐军饷之税率,税收因之又增至七十余万两。同治七年以后全部茶厘税之收入年在900,000两上下,其最高数为1,020,000余两。光绪十四年后茶业渐呈衰败现象,税收因之减少,每年约收五六十万两不等。百货厘金收入在最初四年,年收银数不及200,000两,同治元年至三年,年收二十余万两。同治四年设立总局,扩充局卡后,税收增高,自五年起每年收数在七十余万两至九十万两之间,以后各年虽互有增减,但无陡见下降之趋势。洋药厘金最初三年之收入,年未超过200,000两,咸丰十年起增收洋药华税一款,年收即超过200,000两,十一年起增收加捐军饷,收入遂超过300,000两,嗣后每年收数约三十余万两,或四十余万两不等,最高收数,亦有两年达到五十万余两。光绪十三年洋药厘税由海关并征之案成立,闽省洋药即改由闽海关征收厘税。自十四年起每年由海关拨解400,000两,交与厘局,济应饷需。惟自二十一年起由海关划拨10,000两为热河练兵经费,二十四年起划拨船厂经费改拨加放俸饷100,000两,二十七年起划拨新案赔款240,000两,其解交厘局之款即按划拨之数,逐渐削减,自二十七年起仅解50,000两(二十九年后改解财政局)。三项主要税收外尚有"其他收入"及借款两项①。借款一项,多自商号借入,仅有四年是从藩库借来,

---

① 借款本不应列入税收项下,惟为便于比较收支计,故将其列入。

其用途为暂时垫付厘金应解之京饷,故在开除项中亦有归还商号垫款之支出。"其他收入"项中所包括之收入项目历年不同,初年有沿海防剿经费捐(即杂货加捐军饷),坐贾厘金及牙帖等税收,光绪年间有土药厘税及加征二成烟厘等税收,此项收入数皆不甚大,兹将各项收数一并列为附表第七十八。

全部厘金税收,在咸丰五年前,每年收入不过100,000两,以后渐增,至咸丰十一年时,已增至八十余万两。同治元年后,增至一百二三十万两,四年以后又增至2,000,000两上下,迄光绪二十三年止,中虽时有增减[①],但并无陡降之趋势。迄光绪二十三年后,则陡然一降,而不复起,原因是由于茶叶税收,与洋药厘税拨款两项同时大减。自光绪二十九年下半年起,闽省厘金报告改变格式,在收入方面仅笼统报一厘税收入,在开除方面则报一支出总数,且自三十年起改为一年一报。厘税收入总数自三十年以后,每年未超过1,000,000两,其中包含茶叶厘税收入大约有三十余万两[②](参阅附表第七十七)。

二 开除

闽省厘金开除,依用途分类,可分为十一项,八项可归为国家用款,三项为本省用款,兹列如第八十三表。

[①] 如光绪三年至七年,每年收数约二百二十余万两,或二百四十余万两,又如光绪十五、十六两年收入皆不满1,800,000两。

[②] 据《福建省财政说明书》载,光绪三十三年茶厘税收入为326,000余两,三十四年为348,000两。

第八十三表　福建省厘金开除分类表

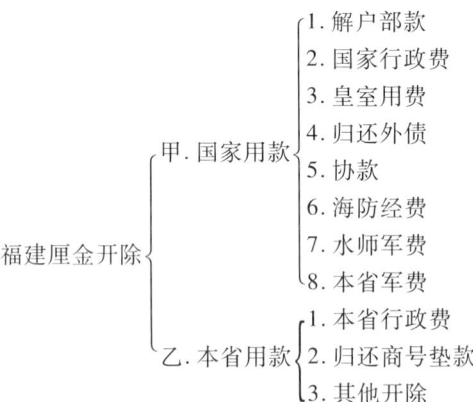

历年各项开除总数列为附表第七十九,至各款支出详情,则分述于下。

解户部款　闽省厘税解户部之款共有四项,即京饷,东北边防经费,筹边军饷,及加放俸饷。闽省解京饷之数较各省皆大,其原因是由于福建多一茶税,茶税项下应拨京饷之数共 200,000 两,而由厘税项下指拨者仅有 100,000 两,二项共计每年应解 300,000 两。此款拨解,每年有多有少,一年难解足额,甚有三年前即应拨解之款,直至三年后始补解者。此外尚有内务府京饷一款①,亦由茶税项下拨解,自同治五年起,是年解 30,990 两,翌年无解款,七、八两年解 60,000 两,随解平余及抬费劈鞘银 1,980 两,同治九年至光绪元年,每年解 100,000 两,平余及抬费劈鞘银 3,300 两,二年仅有半年报告,解数为 10,330 两,三年至七年每年解 50,000 两,平余及抬费劈鞘银为 1,650 两。七年以后此项解款皆附在京饷内,详

---

① 此款在解户部款分析表中附于"京饷"项内,未分列一项。

数不知。闽省厘金每年应解东北边防经费之数为80,000两,自光绪八年起解,无一年解足额数。筹边军饷年额为80,000两,自光绪十二年起解,亦常解不足额,自光绪十八年起此款改称筹备饷需。加放俸饷定额不详,由西征洋款改解,多则逾100,000两,少则数万。全部"解户部款"在同治初年为数较少,同治六年后渐增,同治末数年约解500,000两,至光绪初年渐减,年约解二十余万两,原因是有一部分京饷(即茶税京饷)改为抵还洋款,其数年约为176,000两。十一年起,全部解款复增,每年约解500,000余两;二十年后复减,每年约解三十余万两,此系受全部厘金减少之影响。兹将历年解户部各款列为附表第八十。

国家行政费 闽省厘金所付之国家行政费,有经常性质之款,计有二项,即船政衙门用费及备荒经费。船政衙门虽设于闽省,但为国家直隶机关,由清廷派船政大臣督办一切事宜,不由督抚节制,故其用费应列入国家行政费。闽省厘金所支之款系该衙门经费之一部,自同治八年起支付,至光绪七年前,每年支出数常在100,000两左右,八年以后逐渐减少,由数万两降至数千两。此款用途不详,但光绪三年至五年,各年报告声明有数万两为船政衙门学生出洋经费计三年有36,782两,四年有30,000两,五年有29,543两,又光绪二十三年后之支出全为学生出洋经费。备荒经费应自光绪九年起解,年额为12,000两,遇闰加1,000两,闽省自光绪二十年始起解,年解3,000两,中亦有停解年份。此外皆为临时拨款,除有一二年外,其数皆不甚大,兹与两项经常解款一并列为附表第八十一。

皇室用费 此项支出在闽省厘金中仅有四年,同治八年及光绪十四年之支出皆为大婚经费,同治十一年之支出为杭州织造活计银,光绪四年之支出则为惠陵工程费。

归还外债 闽省厘金偿付之外债,在厘报中注明者仅有西征洋款一项,开除总表(附表第七十九)所列同治十三年及光绪十一十二两年所支出之款皆系偿付此款本息。光绪二年起至十年支出之款,厘报中仅声明系解善后局还洋款,大约系偿付沈葆桢在同治十三年(1874)为台湾事变所借之外债①,此项偿款系自每年应解户部茶税京饷内提出,年为176,000两。光绪二十三年至二十五年支出之款,厘报中亦仅声明还洋款,大约系偿付甲午战后所借之英德或俄法借款。

协款 由闽省厘金支出之协款,多为协济甘黔两省,而以协甘军饷为最大,为时亦较长,各年所解之数不同,最多时至650,000两,少亦四五万两。协黔军饷为数较小,为时亦短,今与其他各项协款一并列为附表第八十二,光绪十年后即无巨额之协款支出。

海防经费 开除总表(附表第七十九)所列海防经费为台湾海防经费,在光绪初年有数年之支出,中间间断数年,自十二年起又有数年之支出,各年支出之数不一,多则二三十万两,少则二三万两。光绪二十年台湾亡于日本,以后即无此项支出。

水师军费 闽省厘金拨支此项军费,为数不大,多则六七万两,少则二千余两。其支出项目有三端,即上下游缉捕经费,巡洋各营弁兵口粮,及军火工价。兹将历年此三款之支出数列为附表第八十三。

本省军费 闽省本省军费一项,在厘金开除中占数最大,年约在1,000,000两上下,最多时曾至1,800,000余两。咸丰年

---

① 此次借款共银2,000,000两,应在光绪十年(1884)偿完。

间及同治初年之支出数系拨付军需案内各项动款。此项军需用款未必尽用于本省军事,但既无详细开销可作参考,则亦只好暂且归在本省军费项下。同治六年以后本省军费之支出约有两大端,一为"本省军饷"之支出,一为各营薪粮及修制军装师船之支出,后一项之支出数常较前一项为大。由后一项开支,可看出本省军费内有一部分系用于水师及海防军备。光绪八年起支出改为一项,即"本省军饷",但必仍有一部分为修制军装及师船之款无疑。总观历年本省军费之支出数,以咸丰年间较少,因其时收入亦小,但已占收入全部,同治初年最多,其时本省军事甚紧,故军费亦大,年约支出一百数十万。六年以后渐减,年仅支七十余万,或八十余万。同治十三年起复增,直至光绪二十三年,每年支数皆约在1,000,000两上下。增加原因,是因同治末年有台湾事变,光绪初年仍从事警备,而光绪十年又遇中法之战,事后又复增警备,至二十年又遇中日之战,此二十余年中无减军饷之机会,故直至甲午战后三年始见减小。二十四年以后每年支出数约在700,000两至900,000两间。兹将历年本省军费之支出项目及其款数列为附表第八十四。

本省行政费　此项开支中仅有三款较有经常性质,余皆为临时拨款。三款为工程用银,巡抚渡台办公费,及通商局经费,中以工程用银及通商局经费较大。兹将各款列为附表第八十五。

归还商号垫款　闽省厘金为支付每年应解京饷,常有向商家借款之事。此项商款,多半为弥补收支不敷而借,其用途为垫付,例如本年税收不足解京饷额数时,即向商号贷款先行垫付,而于下年偿付之。兹将历年借入数及偿还数合列一表如下,以供参考。

第八十四表　历年商号垫款借入及偿还各数表

（单位以两计）

年次	借入数	偿还数
光绪 3 年	300,000	
4 年	200,000	300,000
5 年		200,000
17 年	235,245	85,245
18 年	386,703	261,933
19 年	361,667	385,190
20 年	120,549	251,248
21 年	180,000	120,549
22 年*		
23 年	193,341	279,007
24 年	281,350	236,355
25 年	450,399	393,148
27 年	242,717	293,233
28 年	200,000	295,000
29 年		200,000

＊缺全年报告。

其他开除　其他开除项下之款多为解款汇费，仅有数年另有存储备拨一款，该款本应列为用途不详之款，因其仅有数年之支出，故即附于此。光绪二十八及二十九两年各有四十余万两之支出，其用途皆系拨补上届厘金不敷之款（参阅附表第八十六）。

闽省厘金报告自光绪二十九年下半年起改变格式，收支皆报一总数，故二十九年以后无开支细目。按光绪二十九年为撙节经费起见，将通省税厘总局归入财政局，此即归并后之更改。

全部开除总数，在咸丰六年以前，年不满 50,000 两，六年以后，则渐由十余万两增至五六十万两。迨至同治初年，则已增至一百数十万两。同治四年以后直至光绪二十三年以前止，每年支出之数少则将近 2,000,000 两,多则二百四十余万两。此时期之支出数与收入相比,除有时相抵外,多超过之。光绪二十三年后,每年支出之数亦随收入逐渐减低,少则一百一二十万两,多则一百六七十万两,与此时期内之收入相较,仍常超过之,且不敷之数甚大。

总核历年各项开除比较情形,以本省军费支出为最大。咸丰三年至八年,此项开除占全部开除数百分之百。咸丰九年至同治四年,本省军费稍见减少,但仍占全部开除数90%有余。咸丰九年起增水师军费一项,约占总数5%,但至同治元年后,即减至不及2%。同时在二年增协款一项支出,约占总数5%。咸丰十年增"解户部款",在总数中所占成分不及5%。同治五年至十二年本省军费复见减少,约占总数40%,但仍为各项开除之冠;"解户部款"与协款俱增,前者增至15%强,后者增至将及30%。同治五年增本省行政费,所占总数成分不及5%。六年增国家行政费,除有二年所占成分稍高外,年约占总数5%。水师军费稍增,将及总数3%,"其他各项"一项,除有数年因皇室用费所占成分较高外,平均占2%强。同治十三年至光绪十二年本省军费稍增,约占45%。协款与"解户部款"俱减,前者在光绪五年前约占15%,五年后占20%,后者约占10%强,协款至光绪十年即中断。同治十三年增"归还外债"一款,约占总数8%。光绪元年增海防经费,除有两年所占成分较高外,平均约占4%,但至六年后即中断。国家行政费约占7%,水师军费在光绪六年前约占3%,六年后降至不及1%。本省行政费除有数年较低外,约占总数4%。光绪四年增"归还商号垫款"一项,仅有两年,后即中断,约占总数10%。光绪十二年至十七年本省军费又稍增,约占55%强。"解户部款"亦增,约占30%。光绪十二年起复增海防经费一款,约占10%。本省行政费及国家行政费,合计约占2%强,"其他各项"一项,约占2%。光绪十八年后仅有三项开除占数较大,一为本省军费,仍约占55%强,二为"解户部款"约占25%,三为光绪十七年复增之"归还商号垫款"一项,约占20%。其他各项开除如本省行政费,国家行政费,光绪三十二年复增之"归还外债",以及"其他开除"各项所占成分,合而计之,不过5%,惟光绪二十八、二十九两年,"其他各项"所占成分甚大,因有数十万拨补上届不敷之款故也。二十九年后,开除仅有一总数,故以后无比较(参阅附表第八十七)。

历年开除总数与收入总数相比,计五十五年中,除有四年缺半年报告不计外,五十一年中,出入相抵共有十三年,盈余之年占十六年,不敷之年占二十二年。不敷最多的期间为光绪二十七年至光绪末年,不敷最高之数为光绪二十九年之905,454两,而盈余各年中之最高数则仅有300,264两(咸丰十一年)。兹将历年收支比较列为附表第八十八。

(附) 台湾厘金

关于台湾厘金的创设及其变迁的经过,目前尚未发现可供参考的材料。所得档案完全为税收报告,无税务的记录。今所得厘报共有八年,计自光绪十二年至十九年,即自改建行省后一年,至割让日本时为止,中有两年仅有半年报告,收支每半年报销一次,由福建台湾巡抚奏报。收入方面计有百货厘金及茶叶厘金二款,后者自光绪十七年始起抽,收数超过百货厘。百货厘金收入年约八九万两,茶厘则约为十四万两,二者合计,年约收二十一万余两,惟此项最高收入仅有两年。开除方面,除每年扣除八九千两之局用外,在光绪十六年以前,大部分之款皆专供水陆电线工程费用,十六年以后供海防经费。开除总数与收入总数相比,年年皆出入相抵。兹将历年收入及开除列为下表。

第八十五表　台湾省历年厘金的收支

光绪 12 年—19 年

(单位以两计)

年次＼项目	全年收入			全年开除			
	百货厘	茶叶厘金	总计	水陆电线工程费	解善后局	南北局卡局用银	总计
光绪 12 年*	24,748		24,748	21,644		3,104	24,748
13 年	79,527		79,527	71,574		7,953	79,527
14 年	89,113		89,113	80,201		8,912	89,113
15 年	82,507		82,507	74,256		8,251	82,507
16 年	93,160		93,160	57,282	26,562[1]	9,316	93,160
17 年*	23,372	68,000	91,372		89,035[2]	2,337	91,372
18 年	75,060	136,000	211,060		203,554[2]	7,506	211,060
19 年	74,251	130,000	210,251		202,826[2]	7,425	210,251

* 缺半年收支数。
(1) 转拨海军衙门铁路经费。
(2) 海防经费。

广东省厘金

壹　税制沿革

广东省仿行抽厘是在咸丰八年。是年先后共设三厂,四月二十日首设三水县之芦苞厂,继于七月十五日开办南海县之佛山镇厂,又于十月初一日续开办西江高要县之后沥汛厂。自各厂开办之日起至九年十二月底止,三厂共抽银513,600两,全数解与省城军需总局收支军饷。咸丰十年巡抚耆龄驻扎韶郡,督军防剿,奏设北江之韶东关厂,韶西关厂,河西尾分卡①,所抽税款,尽数解闽省济饷,不解省城。咸丰十一年解款与本省之厘厂已由三厂增至六厂,所增三厂为惠州白沙堆厂,顺德县陈村厂,新会县江门抽厘厂(附有东口西口会河三分卡),同时佛山镇又兼抽坐厘②。十一年又在四会、大小河分设两厂,招商抽缴。同治元年皖浙军务吃紧,御史朱潮上统筹东南大局疏,请旨饬湖北等省出师会剿,四川广东协饷,兵事责之曾国藩,饷事则派督抚大员一人督催各路征输,专司馈运。事下曾国藩等议奏,曾氏覆奏请采朱湘之议,特派二三品卿一人驰赴广东驻扎韶关,办理通省厘金,专济苏、浙、皖三省饷项③。旋派都察院副都御史晏端书赴广东督办厘务,晏氏到省后,即在省城设厘务总局,接办韶关、芦苞、后沥、白沙、佛山、陈村、江门等厂,又将四会、大小河两厂收回官办,并在省城西关设立分局④。所收税款以七成解济皖浙诸军,以三成充本省军需。迨同治三年六月克复金陵后,七月二十九日曾国藩即奏请停止广东厘金,请于是年

---

① 《会典事例》卷二四一载称是年广东省韶关暨肇庆府河俱设卡,据《同治元年三月八日曾国藩遵旨议覆请派员办广东厘金折》,云"咸丰十年间巡抚耆龄于韶关复设一新卡,未及一年收税至五十余万,藩司周起滨议于肇庆府河设卡,每年亦得四十余万,"可见十年尚未在肇庆府河设卡(《奏稿》卷五十)。
② 《咸丰十一年七月二十九日朱批两广总督劳崇光折》。
③ 《同治元年三月八日遵旨覆议请派员办广东厘金折》,《奏稿》卷十五。
④ 《同治元年十一月十六日御批晏端书片》。

九月起将粤厘留归本省支用①,嗣以江宁饷源未裕,未经允行②。旋奉谕改为三成解皖,七成归粤,而曾国藩于十月二十二日片奏,仍请将粤厘全数归粤,嗣奉谕允准③。计同治元年七月至三年八月底止粤厘拨解皖浙军营之数约为1,200,000两④。

同治四年在西江添设大洲厂。同治五年设省城及佛山两土丝厂。又在东江设新塘,菉兰,石龙等厂,及石龙管辖之金鳌分厂;在西江北江总汇之三水设河口厂,及河口管辖之马口,乌石江二分卡。是年曾订立抽厘章程,颁行于各种厘厂。是时厘金分为两种:一为行厘,一为埠厘。行厘分一起一验征收,税率为货物买价百分之二。埠厘分进出口征收,税率为卖价百分之二,但照则减半征收。凡货物运销,两种厘金皆须并纳,即货物征收行厘后,到埠尚须缴纳埠厘;已完埠厘之货,如运至东,西,北三江,亦仍须完缴行厘⑤。埠厘与坐厘之区别,即后者以商人认饷承办或认饷配赋为原则;如某埠,或某埠之某一行商,未经认饷承办或认饷配赋,则该埠出产之一般或特定之货物得由厘厂分别带征,是即埠厘⑥。同治六年,以军务初靖,商力艰难,遂将省城,佛山,陈村,江门四埠坐贾一律裁撤。嗣以轮船载运在省河,陈村,佛山,江门,海口进出口之货物,向不完厘,乃于同治八年,一面在省城厘务总局附设补抽货厘公所补抽省河进出口货厘,同时佛山,陈村,江门亦一律补抽海口半厘。一面参配撤坐厘成案令省城,佛山,陈村等埠复抽坐厘。当

---

① 《奏稿》卷二十一,页十至十一。
② 《皇朝政典》卷九十九"征榷十七"。
③ 《奏稿》卷二十一,页六十。
④ 同上注。
⑤ 海关册 Office Series, No. 37, p. 6。
⑥ 《广东财政要览》(民国十八年)乙编,页十一。

时佛山补抽厂,除土丝以外,补抽半厘与坐厘皆由各行商认定饷额照数解缴,并不验货补抽。陈村补抽厂先亦采认缴办法,后始改为验货抽收。至于江门则因该埠商人不愿认缴,乃验货收厘,惟其章程系开办时由委员因地制宜,传集各行商面为计定,与总厘则固有不同,即按之他处半厘之章,亦复多寡互异①。同治十一年开办横门抽丝茶货厘厂,并设由绅包办之鹤开茶货厘金分局,及该局所管之坡山分厂。同治十三年又开办磨刀口补抽丝茶货厘厂。

光绪三年,移西江之大洲厂于都城,改为都城厂。又因海舶盛行,高、雷、廉三郡陆路处处可通,于是在廉州开办北海厂,及其所辖之钦州、廉城二分厂,并钦州分厂所辖之防城、尖口两分卡,廉州所属之总江口分卡;于雷州开办海口厂,及所属赤礄分卡;于高州开办水东厂及所属之两家滩、安铺、黄坡、石门四分卡。同时并开办糖厘。光绪七年设磨刀口厂所辖之下荃分卡;九年开办省河豆厘厂;十二年又添设磨刀口厂所辖之张步澳、甘竹二分卡;并将由绅包办之鹤开茶货厘金分局改为官办。光绪十三年,移江门厂于西口(属江门厂),裁去西口分卡;同时并设省河补抽局及所属之黄埔分卡。是年洋药厘税并征之案成立,粤省于将洋药交由海关代征外,并将附近香港、澳门补抽华船货物半厘之汲水门、九龙司、长洲、马留洲、及前山寨等六厂,划归税务司代征。海关遂将此六厂裁去,而另设九龙、拱北两关。所收代征之款,尽数解与厘务局收支②。光绪十八年以佛山、陈村两厂归省河补抽局稽查兼辖。

光绪二十年六月御史郑思贺奏请饬裁并各省厘局,上谕命各

---

① 《广东财政要览》(民国十八年)乙编,页十二至十三。
② 《光绪十三年闰四月二十一日,二十三日朱批两广总督张之洞折》。

省遵办,并将裁定数目迅速覆奏。是年十一月二十二日广东巡抚李瀚章覆奏称广东现设厘捐各厂,无可裁并。该折云"广东通省所设厘厂,约有四端。一曰内河厘厂,分设广,肇,惠,韶四府,共系八处,相距各百数十里,其支河小港,从未设卡,凡行内河货物收过起验两次厘金后,概不再抽。一曰外海厘厂,分设高,廉,雷三府,共系四处,捐抽出进口绕越内河之货。一曰各埠坐贾,分设粤东省城,及南海县之佛山镇,顺德县之陈村,新会县之江门四处,海舶绕载货物到埠分别补抽,与外海各厂相辅而行,不相重复。一曰海口半厘,设于省河,专抽海口进出轮渡厘金,其收数照章减半,故曰半厘,系光绪十三年裁撤新香六厂后所设,与前项省埠坐贾另为一宗,亦非重复①。以上各厂均系冲要之区,无可删减。其潮州,琼州二府向无厘厂"。② 光绪二十四年裁撤鹤开茶货厘金分局之坡山分厂,移省河补抽局之黄埔分卡于甘竹。

　　光绪二十五年刚毅南下筹款,在广东筹议,将全省厘金招商承办,以杜中饱而祛糜费,当会集全省七十二行商人,议妥将通省行厘,坐厘,补抽半厘,台炮经费③改为官督商办,每年认缴饷银4,000,000两,遇闰照加,准以龙洋及洋银上兑。限于领谕后三个月内缴足预饷1,000,000两,作为试办三个月之饷,第三个月内即分六期匀缴333,000余两,为第四个月预缴之饷;以后按期提前一月缴款,不准逾期。嗣于二十六年照此议开办,前三月仅缴足现银500,000两,期票200,000两,其余300,000两,则请展期一月,展期既满,仅将期票200,000两兑现,余款仍请展期。迨至是年九

---

① 此处说明有误,参阅第三四八页。
② 《光绪二十年十一月二十三日朱批李瀚章折》。
③ 参阅第三五一页。

月,应缴试办三个月之1,000,000两仍仅缴出932,000两,而自六月初一日起应解之月饷,亦积压至五十余万两。广东巡抚德寿因于是年九月奏请仍将全省厘金收回官办①。收回官办后,其坐厘部分仍多由行商包办。光绪二十六年,因货源短绌,改鹤开茶货厘金分局为分卡,三十年因九江丝渡歇业,改横门补抽丝茶货厘厂为分卡,俱归磨刀口厂兼办。又开办粤汉枝路即现称广三路之石围塘,西南等处火车货捐局。光绪三十一年,裁撤水东厂之两家滩分卡,移石围塘火车货捐局于黄沙。三十三年设潮州厘厂并附属八分卡,又开省河石厘厂及所属石门分卡。三十四年开办潮汕火车货捐。宣统元年,按照《中英续约》,设立西江后沥厂管辖之肇庆,白土,及都城厂所属之罗定,德庆四分卡,以稽查洋轮载货停埠有无完厘。是年并韶西关于东关,省河豆厘厂,省城土丝厂,于省河补抽局。省河石厘厂改归河口,芦苞两厂兼办,石门石厘委员专办。又并潮州火车货捐局于潮州厘厂,金鳌分卡于石龙厂。

以上为广东厘金之略史,兹再述其税制。

厘金种类　根据厘金报告,广东省厘金大致可分为七项,即一百货厘金,包括行厘,坐厘,及补抽货厘;二盐厘;三茶厘;四土药厘及加抽三成土药厘;五加抽烟酒厘,六加抽茶糖三成厘;七商捐丝茶厘捐。此外尚有火车货捐,石厘等税收。百货行厘创抽于咸丰八年,坐厘稍后一二年,补抽货厘则始于同治九年②。盐厘始于咸丰十一年,茶厘始于光绪十六年,土药厘亦始于光绪十六年。加抽烟酒厘前后计加三倍,光绪二十一年加抽二倍,光绪二十五年又加

---

① 《光绪二十六年十二月三十日朱批德寿折》。
② 同治八年创议补抽,九年始实行。

抽一倍。土药加抽始于光绪二十六年原加三成,翌年又续加三成。光绪二十八年又增加抽茶糖烟油三成厘,其税收见于翌年厘报。商捐丝茶厘捐,即土丝土茶捐,原为外销款,于光绪二十五年归公,至翌年始列入报告,迄光绪三十四年止,其税收仅三见于厘报。火车货捐,石厘等税收皆仅见于光绪三十四年之厘报。百货厘金如以正杂各项分类,则所分税项较厘报中所列者为多,正项厘金除百货厘金外,尚有加抽三倍烟酒厘,加抽三成茶糖烟酒厘,土丝土茶厘,火车货捐,以及其他各项特定货厘。厘金杂款亦有多款,惟其中以台炮经费为主要收入。此款起于光绪十六年,时两广总督李瀚章以订购炮位,垫款已多,筑台费用,尚未筹及,奏请仿照巡缉经费办法劝办台炮经费,剔除小户,专收大宗,其有货物不能归总,商人不愿承抽者,由各厘厂带抽,以为筑台购炮之用。光绪二十二年因筹还洋款本息,酌增台炮经费七成①。兹将厘金正杂二项下所有各税列为第八十六表,以供参阅。

第八十六表　广东省厘金分类表*

厘金种类	备注
厘金正款	
百货厘金	
行厘	
坐厘及补抽货厘	
加抽三倍烟酒厘	光绪21年加二倍,25年又加一倍
加抽三成烟酒茶糖厘	光绪28年加抽

---

① 《广东财政纪实》(民国二十二年广东财政厅编)第三编第十一章,页六六九。

续表

土丝土茶厘	原系外销款,光绪25年改为专款,存储备拨
潮州厘	华商出入内地货物抽1%,洋商抽2.5%
潮汕火车货捐	抽1%,后归潮州厘厂
石围塘西南等处火车货捐	抽2.5%
各项坐贾	系省河补抽局所收行商坐厘及各厂带抽咸鱼坐厘等厘
铅锡行厘	省城土丝及佛山土丝厂抽收
省河石厘	光绪33年设局抽收,每100斤抽银0.012两
各厂牛厘	系由都城,新塘,白沙等厂抽收
江门化厘	船户完厘在3两以上者,归正厘,不满3两者,称化厘,津贴厂用
江门河口两厂化厘艇规	
劝业道移解芦苞厂锑矿厘	
琼州关税司解邮包半税抵作内地厘金	
厘金杂款	
台炮经费	一部由商认缴,一部由厂带收
火水油台炮经费	
台炮经费尾数	
九拱两关台炮经费	此系由九龙,拱北两关代征转解
花纱经费	此亦台炮经费,每纱一担抽银2钱,花一担银1钱
台炮一五经费	此为带收台炮经费所提之津贴,光绪30年改归公有
补抽二成花红	此系后沥厂补抽起厘,应得四成花红,光绪30年提二成归公
簰帮费	原系各厂所抽护船口粮,后归公
裁撤勇粮	各厂所裁勇饷

＊根据《广东省财政说明书》制。

税率　广东省最初的税率大致值百抽一二,迨至采用一起一验收税时,则增至值百抽四(起验各2%),加以值百抽一之坐贾厘金,共为值百抽五。自同治九年起,凡在省河,陈村,佛山,江门海口进出之货,尚须纳一海口半厘(1%)①。光绪十六年起又增台炮经费一项,其税率为值百抽一点五;是年以后,广东一般货物应纳厘金共为值百抽七点五。虽海口半厘之征收,不甚普遍,但坐厘之征收,则极为普遍,其税率虽名为值百抽五,实则考核各商包纳税额,多为值百抽二②,故即使货物不由海口进出,其所纳税率亦不低于7.5%。至于烟酒茶糖四项,因加抽之故,其税率皆较百货为高,尤以烟酒为高,烟酒前后共加抽三倍,原率约为7.5%,加此三倍,当为30%,合以后来与茶糖同时加抽之三成,则为32.25%,而茶糖则为9.75%。广东土药每100斤共征税厘银45两,计正税30两,厘金15两。光绪三十二年各省改办土药统税,由户部奏定每100斤征正税银100两,经费15两,取消厘金。广东土药厘亦随之而取消。

课厘货类　广东省被课厘金的货类共分15类,967项,以药材一类分项最多,次为海味食物类,再次为服饰类,兹表列如下(表第八十七)。

抽收机关　广东抽厘机关,除总局外,大者名为厂,小者名为分厂,或分局,厂局之下又有卡及分卡。其设置及裁改之经过,上文已述,兹就宣统年间所存厂卡之数列为第八十八表,除列厂卡名

---

① 此项厘金虽名补抽海口半厘,实则缴纳此厘后,并不能抵代其他厘金,如入内地,则仍须完纳起验二厘及坐贾(参阅 Office Series: Customs Papers, No. 37, pp. 15—17。)。

② 参阅下文征收方法。

称及县辖外,并附沿革一项。计共有二十一厂,一局,四卡,分卡不在内。

第八十七表　广东省被课厘金货物分类表*

货　类	各类分项	货　类	各类分项
茶　　　　　类	6	颜料纸张类	45
丝　　　饰　类	6	杂货类	52
服　　　饰　类	107	药材类 上等	75
布　　匹　　类	15	药材类 二号	46
皮　毡　货　类	61	药材类 三号	96
海　味　食　物　类	110	药材类 四号	114
土　　产　　类	12	药材类 五号	17
香　粉　花　油　类	26	木类 木料	25
珍　宝　玩　器　类	50	木类 板料	7
铜　铁　锡　类	20	木类 木坊砧	27
器　　用　　类	50		
共计	15 类	967 种	

* 根据《广东通省抽厘例则》。

征收方法　广东厘金约有四分之三是由官家设厂征收,四分之一由商包缴。包缴之厘,一为坐贾厘金,一为台炮经费。省城坐厘由三十八行包缴,所缴税额,多以货价为衡,亦间有视货物销售多寡尽征尽缴者。以税率而言,大致为值百抽二,但亦有高低,高者至3%,低者至0.03%。省外坐厘如佛山,陈村,亦由各行商认缴,佛山计五十三行,陈村计二十行。台炮经费年抽500,000两,计有295,000 余两,由省城85 行商人认缴①。

---

① 参阅《广东省财政说明书·厘金章》。

第八十八表　宣统年间广东省存留厘金厂卡表*

厂卡名称	县　辖	沿　革
省河补抽兼土丝豆厘厂	省　城	同治4年设土丝厂,光绪7年设豆厘厂,13年设补抽厂,宣统元年将前二厂归入后一厂
佛山补抽兼土丝厂	南海县	咸丰8年设佛山厂,同治4年设土丝厂,8年添补抽半厘
陈村补抽厂	顺德县	咸丰10年设厂,同治8年添补抽半厘
江门补抽厂	新会县	咸丰10年设厂,同治8年添补抽半厘
芦苞厂	三水县	咸丰8年设
后沥厂	高要县	咸丰8年设
河口厂	三水县	同治4年设
都城厂	西宁县	同治4年设,初名大洲厂,光绪3年改称都城
四会厂	四会县	咸丰11年设
白沙厂	博罗县	咸丰10年设
石龙厂	增城县	同治4年设
菉兰厂	东莞县	同治4年设
新塘厂	增城县	同治4年设
韶东关厂兼韶西关厂	曲江县	咸丰10年设
廉州北海厂	合浦县	光绪3年设
钦州厂	钦州城	光绪3年设
廉州厂	廉州城	光绪3年设
水东厂	电白县	光绪3年设
雷州海口厂	海康县	光绪3年设
鹤开厂	开平县	同治11年设
磨刀口厂	香山县	同治13年设
潮州厂兼潮汕火车货捐局	澄海县	光绪33年设厂,34年设局,宣统元年合并
河西尾卡	河西尾汛	咸丰10年设
金鳌卡	东莞县	同治4年设
横门卡	香山县	同治11年设
海安卡	徐　县	光绪3年

＊根据《广东省财政说明书》制。

总计全省由商包缴之款额,约 450,000 余两①,在当时施行厘金制度的省份中,可说是采用包税制的最大省份。

比较 粤省厘金税收比额定于何时,今已不可考,光绪二十五年以后屡有增减,兹将其数列为下表,以代说明。

第八十九表　广东省厘金比额历次增减表*(单位两)

原定岁额	历次加减岁额							现定额数★
	光绪25年	光绪26年	光绪29年	光绪30年	光绪31年	光绪33年	宣统元年	
1,814,800	加 29,300	加 122,200	减 11,000	减 56,300	减 21,700	加 105,500	加 137,000	2,119,800

*根据《财政说明书》制。　　★宣统二年之定额。

原定功过章程,系分收数为六等,按长征及短收成分定功过。宣统元年更定,凡办厘满一年,收数比新额有增者,准其留办一年,半成以上者准其留办一年,并记大功一次,积二功者委优缺一次,一成以上者加给奖励,并自宣统二年起考核等差,改为一月一行,短收一次,记一大过,记过二次立即撤差。

局用 粤省厘金局用为外销款,向不报部。每年经费支出有无定额,今尚不知,据光绪三十四年及宣统元年之开支数观之,则为数甚大。光绪三十四年计支出洋银 352,510 两,宣统元年则为 418,350 余两,与收入总数相比,约占五分之一,惟此项经费来源多为附加税,故于正税收入尚无大碍。

贰　税收及开除

在同治七年户部奏定厘金报部须按照两淮盐厘格式每半年造

---

① 根据《财政说明书》统计,但此为光绪末年之额数,不能与以前税收作比。

报一次以前,曾于咸丰十年奏咨各省按四季造报。广东省最初数年之报告即依照此章办理,至同治八年始改用两淮格式,每半年奏销一次。今所得粤省厘报清单自咸丰十一年始,此年报告全,同治元年仅有春夏两季之清单,以后各年皆缺,自同治八年起,以后各年报告皆有,惟中有四年缺短半年报告。连最初二年合计,至光绪三十四年止,共有四十二年之清单。收支以洋银计,洋银 108.6956 两易库平银 100 两,此为定率各项解款,皆按此率折合库平,惟实际上其他支款,是否亦照此率折合库平,则难断言,惟吾人计算时,一律采用此率。

一 税收

广东厘金主要税收共有九项,兹列举如下。

1. 行厘 2. 坐厘
3. 补抽货厘 4. 盐厘
5. 茶厘 6. 土药厘
7. 加抽土药三成厘 8. 加抽烟酒厘
9. 加抽茶糖烟酒厘

行厘收数,平均每年约收 600,000 余两,较多时则为七十余万两;坐厘平均每年约收 100,000 余两。补抽货厘之收数,在光绪十二年以前,常在十八九万两至二十数万两之间,十二年以后,收数常约为五十余万,或六十余万不等,较高则至七八十万,最高曾至 1,040,000 余两。盐厘收数见于厘报是自同治八年始,每年收数多则十余万两,少则数万两,至光绪六年,提出单报,以后厘报中即无此税收。茶厘报告始于光绪十六年每年收数多则二万数千两,少则 10,000 余两;光绪三十三年免抽茶厘,故三十四年即无此税收。土药厘及加抽三成厘原系分报,今以无分别之必要,即合并计算。此项厘金自光绪十六年起收,最初数年,年仅收数千两,二十年后收数增加,在二三万两间,二十三年起又增加,收数常在50,000两上下,二十六年及二十七年虽连续加抽六成,但全部土药收数并未见大增。光绪三十二年开办两广土药统税,取消厘金,其收数以后即未列入厘金报告。收入总表(附表第八十九)所列三十四年之款,乃由统税拨与厘局收存之款。加抽烟酒及加抽三成茶糖烟酒厘在附表第八十九中皆列入"其他税收"项,并另制一分析表(附表第九十),以代说明。加抽烟酒厘自光绪二十二年起,最初数年收数,年约四五万两,二十七年以后每年收数约六万数千两,或七万余两不等。加抽三成茶糖烟酒厘自光绪二十九年始,收数年约二三万两。此外另有商捐丝茶厘捐一款,其收数见于厘报仅三年,前二年收入约100,000两,三十四年之收入为234,000余两。

全部税收,除最初二年外,在光绪十二年以前,每年收数在1,000,000两上下,十二年以后因补抽货厘之收数增高,因而全部收入亦增,每年约收一百五六十万余两。惟光绪三十四年之收数为例外,此年收数高至2,773,824两,此为整顿厘金后所收之成效(参阅附表第八十九)。

二 开除

广东厘金开除,依用途分类,共得十一项,八项可归为国家用款,二项为本省用款,一项为用途不详款。

第九十表　广东省厘金开除分类表

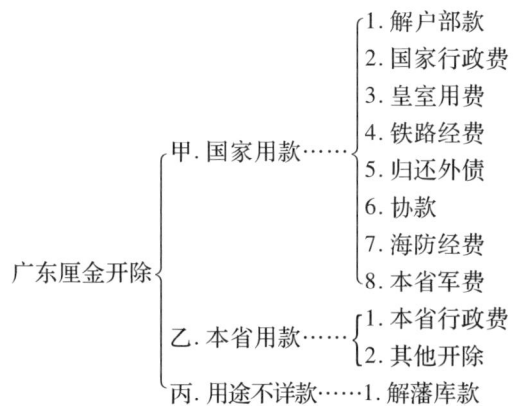

历年各项开除总数列为附表第九十一,至支出详情,则分述于下:

解户部款　粤省解户部之款共六项,即京饷,东北边防经费,筹边军饷,加复俸饷,加放俸饷,及练兵经费。京饷定额在同治初年为50,000两,稍后即增为100,000两。粤省拨解此款,除一二年外,年年解足额数,惟中有三年增解70,000两①。东北边防经费,自光绪六年起解,年额80,000两,光绪二十五年奏准增加16,000两,二十八年复减去,粤厘拨解此款,几于年年解足额数。筹边军饷为粤省应解户部款之一,全省应解200,000两,惟由厘金项下拨解之额数不详,粤省拨解此款,自光绪十二年起,年仅解六七千两,或四五千两不等。此款自光绪十八年起改称筹备饷需。加复俸饷自光绪十四年起解,最初数年额数不详,自十九年以后各年解款数不为7,800两,即为8,087两,惟中有四年未解此款。加放俸饷自光绪十八年起解,年额为100,000两,除二三年外,各年皆解足额

---

① 光绪六年至八年各年解170,000两。

数。北洋练兵经费自光绪三十年奉拨,粤省每年应解400,000两,应由厘金项下拨解之额数不详。第一年与三十四年之解数稍大,余三年皆不过20,000余两。全部解户部款在光绪五年以前,每年约100,000余两,五年以后,至十五年以前,除有三年解数为250,000两外,常在180,000两左右。光绪十五年后,解款总额增加,年在300,000两上下,惟三十年及三十四年解款数较高,约四十余万两。兹将历年各项解款支出数列为附表第九十二。

国家行政费　粤厘拨解之国家行政费大部为备荒经费,及内务府经费,二项经常费,仅有数年之款为临时拨款。备荒经费自光绪九年起,年额12,000两,遇闰加1,000两,内务府经费自光绪二十年起解,年额20,000两,随解平余及抬费劈鞘银一千余两,此两款常解足额。兹将此两款各年支出数及其他临时拨款列为附表第九十三。

皇室用费　粤省担负之皇室用费为数虽不甚小,但仅有数年。计同治朝有二年之支出,光绪朝有五年之支出。兹将其细数列表如下。

第九十一表　广东厘金历年皇室用费项下开除细数表
（单位以两计）

年次	万年吉地工程费	惠陵工程	孝陵大牌楼	红黄飞金工价	总计
同治12年	51,840				51,840
13年	51,840				51,840
光绪 2年	103,680	72,576	50,000		226,256
3年	51,840	124,417	41,472	10,000	227,729
4年		163,201		44,131	207,332
6年	20,736				20,736
14年				100,000	100,000

铁路经费　此项解款自光绪十六年起,年额40,000两,除一二年外,各年皆解足额数。

归还外债　粤厘担负之外债,最大者为汇丰镑款①,对于英德,俄法两项借款,仅有小额支付,且仅付三年。附表第九十一所列,光绪二十三年及二十六年支出之款皆为偿还英德,俄法两债之款,二十七年至三十三年之支出,皆系偿付汇丰镑款。三十四年支出之款,有207,921两系偿付前项外债,872,952两系付后一款,再有143,022两系预拨下届镑价。

协款　粤省拨济他省之款,年年皆有,同治年间为数较大,多则八十余万,或百万,少则二三十万。光绪初年每年尚需十余万两,七年以后则难超过100,000两。受协省份,主要者为陕甘,及黔桂四省。陕甘协款在同治末数年及光绪初年,为数初为四五十万两,继为十余万两,再后则为数千两,至光绪十一年停止。贵州及广西为粤省常年协济之省份,惟在光绪十三年以前厘报中常以"各省协饷"一项概括此两省协饷,故每年每省所受之款数不详。十四年后知贵州每年应受36,000两,广西应受60,000两,两协款中前一款常解足额数。此外尚有塔尔巴哈台练饷一款自光绪六年拨解,年额30,000两,解十一年停止。兹将历年各项协款支出数列为附表第九十四。

海防经费　粤省厘金支出之海防经费为用于本省沿海防缉之费用。光绪十二年以前,年约支用四五十万两,十三年起,增高至1,000,000两上下,二十四年后逐渐降低年约支二三十万,或十余

---

① 汇丰镑款在光绪二十一年借入,偿还财源内有广东厘金,及盐务节约剩余金1,600,000两。

万两不等。光绪二十年以前,款解善后总局,称本省防缉经费,二十年后,称本省海防善后各经费。

本省军费　此项支出除在咸丰十一年及同治元年支付西北两江军饷外,以后各年之款皆为支付本省兵饷,除最初数年外,款数常为150,000两,或200,000两。

本省行政费　由粤厘项下支出之本省行政费,仅有俄文学堂经费一项为经常支出,且为数不满10,000两。自光绪二十年起至三十三年止,年年皆有支出,其数常为7,728两,或8,372两。附表第九十一所列,二十二年之支出为省用工程费,二十三年有15,714两为各属被灾赈抚费,442两为工程费,二十四年有13,358两为各属赈抚费,二十六年有11,403两,二十九年有11,767两,皆为工程费。此数年余下之款及其余各年之款皆为俄文学堂经费。

解藩库款　解藩库之款,主要者共有三项,即土药厘银,加抽烟酒厘银,及加抽茶糖烟酒三成厘银。此外尚有其他各项解款,兹一并列为附表第九十五。此项解款其用途皆不详。

其他开除　附表第九十一所列,此项支出为大炉饷耗,土炉饷平,及九二纹水银,皆为解款之补水银。

全部开除总数,除最初二年外,在光绪十二年以前,为数在1,000,000两左右。十二年以后年约一百五六十万两,惟光绪三十四年为例外,是年开除数为2,520,000余两。

总览历年开除情形,咸丰末年及同治元年春夏二季之支出全部皆为本省军费[①]。同治八年至同治十三年各项开除中以协款占数最大,约占开除总数55%,惟十二、十三两年较低,次为海防经

---

① 参阅附表第九十六。

费,约占总数30%强,本省军费及"解户部款"各约占总数7%。同治十二年增"其他各项"①,十三年增国家行政费,各约占5%。光绪元年至十一年协款降低,年约占总数10%上下,海防经费加高,年约占总数45%。"解户部款"稍增,除有三数年较低外,年约占总数20%,本省军费亦稍增,约占15%强。国家行政费及"其他各项"合计约占其余5%,惟"其他各项"在光绪二、三、四三年所占成分较大,约20%强,此系因此三年皇室用费之支出皆大。光绪十二年至二十三年,海防经费复增,年约占总数60%,"解户部款"仍旧。本省军费稍减,约占10%强,协款亦减,约占6%。光绪十六年增铁路经费一款,约占3%,十七年增"解藩库款"一项,约占1%,国家行政约占2%,"其他各项"降至不及1%。光绪二十四年起海防经费降低,光绪二十八年以前约占30%,以后约占15%。"解户部款"稍增,约占25%。光绪二十三年起增"归还外债"一项,最初数年所占成分甚低,二十八年后约占25%强。协款稍增,约占总数7%强,本省军费亦稍增,约占15%。"解藩库款"增至占总数10%强。国家行政费及铁路经费各约占3%,"其他各项"稍增,有时约占1%强,或2%,有时则不及1%。

  历年收入总数与开除总数相比,除最初一年收支相抵,以后四十一年中,除有五年仅有半年报告不计外,入不敷出共有十四年,最高数为同治九年之454,844两,此外尚有一年不敷在350,000两以上(同治十一年),余年不敷之数多为数万两,或不及10,000两。盈余年份计有二十二年,常见之数为数万两,或数千两,最高数为光绪三十四年之244,297两。兹将历年收支比较列为附表第九十七。

---

① 包括皇室用费及其他开除二项。

广西省厘金

壹 税制沿革

广西省实际抽厘是在咸丰八年,但开办则远在五年。咸丰五年广西巡抚劳崇光查照部行抽厘助饷章程,饬令梧州府照章试办,当经附片奏陈,旋因匪扰商停,办无成效。迨咸丰六七年乱事扩大,几乎蔓延全省,是时蒋益澧督带湘勇援粤,勇饷不足,有停兵待饷之虞,劳崇光乃督饬司道局员,于桂林,平乐,梧州府属通衢大道,出入要口,设卡抽收盐货厘金,以济军需。自八年十月起遵照部议条款参酌湖北章程办理,旋于郁林,浔州二处亦设卡①。同治二年复于柳州,庆远,南宁等府续设卡抽收试办,以裕饷源②。同治七年设厘金总局,厘金即由军需局改隶总局。同治九年奏准梧州盐包减厘,改征西税,余货仍照定章办理③。光绪五年十二月礼科给事中刘曾奏称各省厘金抽收过重,设卡太多,请饬查办④。翌年六月由巡抚庆裕等奏覆,称梧州所抽缉捕经费,非私征之税,此税系于咸丰年间因剿匪无资,由商人集捐而起,事后即作为该府防缉经费。抽收章程系按货物已纳厘金税额之轻重而定其应纳捐额,其纳税过重者即不再收此捐,并非有货皆捐。所设厘卡,亦系当扼

---

① 《清盐法志·两广志》卷十七《征榷门》,第十四页,《广西巡抚张凯嵩等折》。

② 《同治三年十月初一日御批广西巡抚张凯嵩奏销厘金收支折》,《会典事例》卷二四一载称此三处以上五处系于咸丰八年同时开办,显系有误,兹从档案。

③ 《会典事例》卷二四一。

④ 《光绪五年十二月十二日朱批刘曾折》。

要之地，未可轻议裁撤。货物纳厘皆只一次，如囤货落行时，即仅收落地厘金一次，如货物系由邻省贩运入境者，即仅收入境厘金一次，如系出境货物，则只收出境厘金一次，一税以后，概不重征①。光绪九年上谕据许应骙奏请，命广西停免米谷厘金。广西巡抚倪文蔚奏称米谷厘金为桂省厘税收入大宗，光绪三年内御史邓华熙奏请停免米谷厘，即未实现，今若停免，岁缺200,000两，补苴乏术，而越南防务又不可懈，因未停免②。

光绪二十九年江西实行改办统税后，广西省亦于是年末筹备改办统税，于翌年初实行改办③。将省城厘金总局改为广西百货统税总局，于省外水陆各处共设统税局六处，统税卡十八处，查验卡三处，此外以前所设专抽防勇饷捐之濛江卡，专抽桂皮地税之浔卡，产糖时临时设置之倒风塘卡皆仍旧留存，其余厘卡一并裁撤。税分两种，一为出产税，专抽本省起运土货，于产地第一局卡征收，一为销场税，专抽外省运来客货，于入境第一卡征收之。二税税率皆为值百抽五（5％）。改办统税后，本系一税即不再征，但亦有例外，如濛江所抽之饷捐，及浔州北关长安卡加抽之扒船经费，捐助勇饷，皆系重征之捐，因向充防缉经费，一时颇难废除，故仍旧征收。

以上为桂省厘金略史，兹述其税制。

厘金种类 广西厘金在未改办统税前，共分三种，即百货厘，盐厘，及土药厘，惟历年厘金报告中皆未分类报告，仅将收入分为

---

① 《光绪六年七月十日御批两广总督张树声巡抚庆裕折》。
② 《光绪九年七月十二日御批广西巡抚倪文蔚折》。
③ 江西改办统税为柯逢时，于二十九年调任广西巡抚，因又改办桂省厘金为统税。

两项,一为各卡正厘,一为随收公费。光绪三十年改厘金为统税后,土药税及膏捐由两广合办,另设总局于梧州,不与百货统税合办。盐厘则改为销场税,其加价及经费亦照旧征收,俱由各统税局卡循旧抽收,惟分款报解而已。

税率 广西办厘之初,税章系仿照湖北湖南两省办理,其百货税率大致为值百抽二,盐厘则每斤抽二厘五毫至四厘不等,同治二年则减至二厘至二厘五毫[①]。原定税章为三类,即落地,入境,出境三类,货物仅征一税,概不重征,此章于光绪六年广西巡抚庆裕等奏覆遵旨查办广西厘金时,尚称遵行不逾。但是实际上并不见得如此,因为如果始终能办到仅收一税,则光绪三十年大可不必再改办统税。据《广西省财政说明书》载称广西向行旧制系过卡抽厘,近者一二道,远者四五道不等。可见广西通行的一般厘金税率当为值百抽五六[②]。光绪三十年改办统税,定出产与销场两税为值百抽五,无非化零为整,并非从新更定。改办统税后,税章未能一律,除值百抽五之税则外,尚有数种与统税办法相异之税数项,兹一并列为第九十二表。

课厘货类 广西被课厘金的货类共有29类,1,942项。杂货一门分类最详,共计有355项货物,次为药材,有二百余项,再次为服饰,服用,木器,纸类等,各约一百余项。兹列为第九十三表。

[①] 《清盐法志·两广志》卷十七《征榷门》,页十四。
[②] 即假定货物平均须经过三卡。

第九十二表　广西省统税及统税办法相异各税税则表*

税别	税则
统税	
百货统税	值百抽五(5%)，只在首卡抽一次
与统税税期相异各税	
梧州下关半税	在梧州进口并在该地销售之货减半收税
贺县土货半税	贺县土货出境仅过两卡者，按税则减半纳税
米谷减成税	米谷仅过两卡者，按税减三成纳税，如前进经第三卡，即须补纳三成，超过三卡，仍纳全税
怀集加工税	怀集卡收税按厘金旧章加五抽收，如旧收2%，现收3%，旧收3%，今收4.5%
木排八折税	木排抽税初为七折，后改八折，改办统税后，经商人求减，改为照统税减二成抽收
粤铁加抽税	粤铁除收百货统捐外，另加收一倍，作为铁税
不包于统税内之特种税	
浔梧桂子桂皮桂油税	就出产地征税，桂皮每100斤，以前抽0.72两，光绪12年改为0.5两
茴油生油税	就出产地征税，茴油每100斤收税银3.5两
邮包税	

*根据《广西省财政说明书》上册"省税部"制。

第九十三表　广西省被课厘金货物分类表*

货类	各类分项	货类	各类分项	货类	各类分项
米谷类	5	金铁类	36	竹器类	6
木料类	107	矿产类	15	磁货类	47
竹料类	21	布匹类	59	纸类	108
药材类	271	服饰类	141	颜料类	18
果品类	34	服用类	128	茶类	4
皮料类	15	珠宝类	28	酒类	21
毛类	4	丝织物类	84	烟类	6
牲畜类	10	毛织物类	13	食品类	84
山货类	97	器具类	40	杂货类	355
海产类	65	木器类	120		
共计		29类		1,942种	

*根据《广西省财政说明书》。

抽收机关　广西省设置厘金局卡之经过，今已不详。光绪三十年末改办统税时，计有厘金局卡五十六处。改章后，分别裁留，计存统税局六处，总查验卡三处，统税卡十八处，分卡二十七处，兹列为第九十四表。

第九十四表　广西省统税局卡一览表*

桂林府属	梧州中关统税卡	柳州府属
桂林统税卡	梧州上关统税卡	柳州统税局
下关分卡	上旱分卡	上关稽征分卡
东关分卡	梧州维新统税卡	下关稽征分卡
北关分卡	怀集统税卡	长安统税卡
大溶江稽查糖税分卡	苦竹分卡	古宜统税卡
桂林西关统税分卡	大浪分卡	庆远府属
南关统税分卡	郁林直隶州属	庆远统税卡
全州统税分卡	郁博盐务兼统税局	西关分卡
西关分卡	太平分卡	南宁府属
庙头分卡	马口分卡	南宁统税卡
太平铺分卡	北流统税卡	芦墟分卡
平乐府属	良田分卡	永浮统税卡
平桂统局卡	容县稽征分卡	三江口统税卡
昭平统查验兼统税卡	浔州府属	横州统税卡
马江分卡	浔州统税局	太平府属
贺县统税卡	北关分卡	龙州统税局
芙蓉分卡	白马总查验兼统税卡	海渊分卡
庙村分卡	浔桂统税卡	百色所属
梧州府属	浔桂容县分卡	百色统税卡
梧州统税兼总查验卡	洪水统税卡	恩隆统税卡
下旱分卡		泗城府属
		汪甸统税卡

* 根据《广西省财政说明书》上册。

征收方法　广西抽厘，除设局稽征外，兼采商人包缴办法，计商人包缴之税有四，今列表如下。

第九十五表　广西省商人包缴各税表*

税名	应缴税额
梧州鱼苗税	光绪二十六年招商承包,每年缴银650两,二十八年改为900两
浔梧两府蚕丝税	光绪二十八年包出,年额4,400元,三十二年增至10,000元
桂林上关竹木税	光绪十六年包出,年额2,200两,三十年增为10,200两,三十二年增为11,000两
临桂酒税	年缴6,000元。闰年加329两

*根据《广西省财政说明书》上册"省税部"制。

比较　广西厘金的比较章程,定自何年,今已不详,《财政说明书》列有一比较额数表,惟未标明定于何年,大约为光绪末年或宣统初年之比额数,今列其总数为下表。通年额数共为842,960两。

第九十六表　广西省各统税局卡逐月货税比额表
（单位两）

月份	比额	月份	比额
1月	37,840	7月	75,640
2月	64,660	8月	84,670
3月	75,460	9月	71,010
4月	71,430	10月	82,220
5月	64,420	11月	82,500
6月	69,130	12月	63,980
全年总额	842,960		

广西厘金记功之法与他省稍有不同之处,除记功及留办之法外,尚有酌提公费及长收加提公费二项奖励办法。统税定章,各卡按月所收税项,除开销本卡坐支外,余银每100两提扣三两,以二两津贴本卡司员,正卡分卡各得一半,以一两解缴总局(后归藩署)。此项提款只限于货税,盐税,及旧案加价三税款。此为比较数内之提款,又定章各局卡所收以上三项税款,如其收数较比额长

征半成，则除在比较数内所提之三厘公费外，得多提半厘，长收一成，多提一厘，以后每长征半成，即得多提半厘，惟自五成以上，则改为每长收半成，得多提一厘，至多提至一分为止。约提三厘公费系按月提扣，长收加提公费则系按半年比较长短，提扣一次。至于惩戒之法，则按半年比较，凡短收半成者罚薪半月，一成者罚薪一月，一成半者两月，二成者三月，二成半以上者分别撤差停委。

  局用 广西统税局用分为三款，一坐支，二三厘公费，三长收加提公费。坐支之款由正税提出，每两提八分，其开支包括三项，即一委员薪水，二司巡丁役工食，三护卡扒船经费，每月约支银一万两以内。三厘公费及长收加提公费之详情已述于上，兹不赘述，计三厘公费每年约支 30,000 余两，长收加提公费则无定额。宣统元年支出数，计坐支银为 150,000 余两，三厘公费 38,262 两，加提公费 4,849 两，共支 193,111 两①。

贰 税收及开除

  广西厘金第一次的收支报告是造于同治二年四月，所报年份系自咸丰八年十月开办日起至同治元年十二月底止②。惜此报告今已遗失。吾人目前所得档案系自同治二年起，至光绪三十二年止（1863—1906），以中间各年报告遗失甚多，故仅得二十三年的报告。广西厘金奏销系每年一次，报告形式亦甚简单，仅具一折，不另备清单。收支以洋银计，折合库平时系借用广东兑换率，即洋银

---

① 《广西省财政说明书·岁出部》。
② 《同治三年十月初一日张凯嵩折》。

108.695两易库平银100两。

一 税收

广西厘金报告所列税收仅有两项,一为各卡正厘,一为随收公费。其实仅有一项,因后款系由前款提出。各卡正厘的收数,每年约五六十万或六七十万两不等,在未改办统税前,收数未有至800,000两者,随收公费每年约收四五万两。全部收入在同治初年至光绪二十年,每年约六十余万两,或七十余万,二十年后至改办统税前,每年全部收数多在500,000两至600,000两之间,较前约减少十余万两。改办统税后之收入数,今于档案中仅得一年,即光绪三十二年,是年正税收入为洋银610,588两,随收公费48,319两[①]。以此一年与以前相此,颇难看出有无增加。惟《财政说明书》列有光绪二十九年至宣统元年之正税收数,兹列表于下。

第九十七表　广西统税历年收数表*

（单位以两计）

年份	货税银数	年份	货税银数
光绪29年	洋银　474,951★	光绪33年	洋银　976,493
30年	洋银　752,908	34年	洋银　1,052,333
31年	洋银　736,900	宣统元年	洋银　1,066,760
32年	洋银　610,588		

* 根据《广西省财政说明书》上册。　★此年收入仍为厘金收数,尚未改为统税。

由此表可看出,改办统税后,货税收入逐渐增加,不独恢复了以前盛旺时代之收数,并且超过之。此可说是改办统税之功效。

---

① 正税合库平银561,745两,随收公费44,454两,共计606,199两。

兹将广西历年厘金收数列为附表第九十八，以供参阅。

二　开除

广西厘报中开除项下无细数报告，仅可分为厘局经费及"各项开除"两项。"各项开除"中大部分之款系拨充军饷，光绪二十年后亦有一部分款之用途为偿还洋款，惜其数皆不详。此外尚有十六项外销之款，其收支各数向例不报户部。《财政说明书》载述各款甚详，兹撮要表列于下。

第九十八表　广西省厘金或统税外销各款表*

开除项目	起付年份	年额及用途
备支津贴	同治年间	20,000 两，津贴苦缺各州县
备拨镑价	光绪 25 年	9,600 两
商捐捕费	光绪 15 年	以前无定额，光绪 30 年定为 50,000 两，缉捕充赏
清节堂医药局经费	光绪 9 年	以前无定额，光绪 30 年定为 3,200 两
桂林中学堂经费	光绪 31 年	2,000 两
梧州冰井堂经费		2,000 两
浔州中学堂经费	光绪 29 年	70 两
庆远府中学堂经费	光绪 32 年	2,730 两
梧州蚕业学堂经费	光绪 32 年	2,000 两
弥补西税	同治 10 年	无定额
广雅经费		无定额，原充广东广雅书院经费，后改充匀缺公费
平乐县善款生息	光绪 32 年	500 两
备荒经费纹水经费		1,800 余两，解款补水及汇费
烟酒加征纹水		580 两，解款补水
三厘公费		年约 30,000 余两
弥补坐支		

*根据《广西省财政说明书》上册制。

历年收支皆相抵,所收正税皆作正项开除,随收公费即充厘局坐支经费(参阅附表第九十九)。前者占开除总数92%强,后者占8%弱。年年如此,殊少变动。

第十章　山东河南山西直隶四省厘金

山东省厘金

壹　税制沿革

山东省抽厘是起议于咸丰八年十一月,而实行则在翌年。八年十一月以大仆寺卿督办三省剿捻匪事之袁甲三奏称徐州叠被兵燹,无可再筹饷需,山东登,莱,青三府属海口为商船凑集之所,请举办厘金协济军饷。奉旨允准著山东巡抚崇恩察度情形,开办抽厘,其小本贸易,则一律豁免①。咸丰九年正月山东巡抚尚未奏报时,上谕又据直隶总督庆祺奏称自天津办理厘捐后,商船多绕赴烟台出入之语,著崇恩即行委员赴烟台,议立章程,征收厘税,协济天津海防经费②。是年遂由巡抚文煜会同翰林院编修郭嵩焘筹议章程,奏定额税一分仍归各州县征收外,加厘税三分归各厘局征收,向无额征者同。洋药税银亦并归厘局办理。即在福山县之烟台,利津县之铁门关,黄县之龙口,荣城之石岛,即墨之金家口,胶州之塔埠头,分设六局,而以戏山等各海口附之,并于潍县设总局,以总

---

① 咸丰朝《东华录》卷八十四,《会典事例》载在咸丰九年,盖系根据九年正月之上谕。
② 同上注。

揽各口厘务①。咸丰十一年奏明改归省城,设立总局②。又是年(即1861年)开东海关,上述各口皆在此关范围内,此后各厘局即附设于东海关,在各口所设税卡之附近,由各州县督征,而成为非正式之厘局。其征厘章程以纳税为准,即征税一两,收厘三钱。此为创办时在沿海抽厘之概要。咸丰十一年及同治元年,因鲁省经费万分支绌,先后在历城之泺口镇,平阴东阿兼管之滑口镇,又聊城,张秋等四处,设卡抽厘,是为内河抽厘之始。除泺口抽收百货兼及盐斤外,其余各卡皆专抽杂货。同治二年因馆陶卫河杂货盐斤颇觉通畅,又于馆陶添设一卡。后因黄河西来,船只可以绕越滑口,遂将滑口厘卡裁撤,改设于寿张之沈家口,同治七年黄河南趋,商船并可绕越沈家口,因于八年复将该处厘局移设东阿之姜家沟③。同治八年七月刑科给事中刘秉厚奏称,山东厘金繁重,请饬该省酌裁厘卡④,上谕命山东巡抚查办。山东巡抚丁宝桢于八月覆奏,称山东抽厘向来只收一道,并不重征,而内地设局亦仅有泺口,张秋,姜家沟,馆陶,聊城等五处,皆当要区,税收所关碍难裁撤,惟聊城收数甚少,可遵旨裁撤⑤。因于是年裁去聊城卡,而仅余四卡。是年年终东海关于羊角沟口增设税卡一处,因又增一海口厘卡⑥。光绪二十年因小清河道开通,又于石村添设分卡,继又将附属泺口之洪家园支卡移设岔河,俾收沿小清河往来百货厘金。光绪二十六年末设立筹款局,遂将厘金总局归并该局兼办,于三十三年复立

---

① 《咸丰十一年七月二十九日朱批山东巡抚谭廷襄折》。
② 《同治二年五月十七日御批山东巡抚阎敬铭片》。
③ 《同治八年九月初七日御批山东巡抚丁宝桢折》。
④ 《同治八年十月二十四日御批刘秉厚折》。
⑤ 《同治八年九月初七日御批山东巡抚丁宝桢折》。
⑥ 《同治八年十二月二十八日御批山东巡抚丁宝桢片》。

专局,三十四年又归并该局兼办。

光绪二十九年十一月户部因江西改办统税著有成效,奏咨各省仿行,翌年三月山东巡抚周馥奏称山东厘金与统税相似,无庸改办。该抚称"山东抽厘,向只在海口及内地河路征收。各海口本有东海关税卡,其厘局即设于税卡左近,计税定厘,每收税一两,即征厘三钱。海船抵岸卸货,并无此卡抽厘,彼卡复抽之事,此与统税无异。至内地行船河道,只有四路,而所设厘卡亦仅有六处,即卫河设馆陶一卡,南运河设安山一卡,黄河设姜家沟,泺口镇两卡,小清河设石村,岔河两卡。其设两卡之河道,皆因距离绵长,若不设两卡分收上下水之船货,则商人易于在中间装卸,逃避厘卡。实际虽设两卡,但仍只收厘金一道,如此卡收厘,彼卡即验票放行,向不重征,此亦与统税征收办法相同"①。覆奏结果,得未改办。

以上为山东厘金略史,关于税制,因为目前可参考的材料太少,不能作较详的叙述,兹于下文略述一二。

厘金种类　山东厘金分类,主要的计有三项,即百货厘金,盐厘,及洋药厘是也。次要的有茶厘,茶厘加抽,及糖厘加抽三款。厘局所抽盐厘与运库所征者不同,此系于同治二年开办,按每包收制钱164文,约当值百抽二。嗣由筹饷局征收,虽仍按包抽厘,但有船运,车运,改运等分别,每包计收京钱300文,200文,或100文不等。此外尚有邮件厘金一项,由胶州海关代征,但收数极微②。土菜落地税厘虽为厘金之一种,但向系设局专办,分款另报,不与百货厘金混同。

---

① 《光绪三十年三月十八日朱批山东巡抚周馥折》。
② 《财政说明书》载光绪三十四年收数仅五两一钱一分。

税率　山东厘金税率自始至终皆为值百抽二，各处抽厘皆只收一道，在各省中可算抽厘较轻的省份。

抽收机关　山东抽厘向分内地与海口，海口所设厘卡，同治年间不过七八处，以后增至十余处（详数不知），由十六州县督征①。内地抽厘，除省局外，在同治年间省外共有四处。光绪四年裁省城厘金总局，改为厘金所，归并善后局办理，省外仍留四处②。以后续增两局，至光绪三十年共有六局，分卡之数不详。光绪三十四年五月改章，除总局外，有分卡一处，分局十三处，兹将其局名列如下表。

第九十九表　光绪三十四年山东局卡名称*

省城总局	兖州分局	开山分卡
沂州分局	济东分局	曹北分局
济西分局	曹南分局	东临分局
济宁分局	泰安分局	登州分局
武定分局	莱胶分局	青州分局

* 根据《山东财政说明书·岁出部》"财政费"，页五十七至五十八。

至于总局，在五十余年中，曾经五次分并，其详情已难考。光绪二十六年十一月曾归并筹款局兼办。三十三年奉文另立专局，翌年又复归并该局。

局用　山东厘金局用，向例系照收入开支一成，惟因系外销不报部之款，故其常年支出数不详，据《光绪十一年七月山东巡抚议覆户部开源节流折》中所云，谓每年约支二千余两③。据《财政说明书》所载，光绪末年之支出数，总分局合计共为 37,777 两。

---

① 《山东财政说明书·岁出部》，页五十六。
② 《光绪十一年七月十二日征批山东巡抚陈士杰议覆户部开源节流折》。
③ 同上注。

贰 税收及开除

山东厘金报告自咸丰十年始,是年收支期限仅及十月①。嗣后即每一年奏销一次。同治七年户部虽奏定各省厘金报告须用两淮盐厘报销格式,每半年奏报一次,但以山东厘金收支过简,迄未采用。收支皆以库平银计,惟咸丰十一年至同治七年间各年收支皆搭有制钱。计算以钱折银时,采用一般官定兑换率,即以1,666文易库平银一两。目前所得厘金报告共有三十六年,计有咸丰十年至同治十三年,光绪八年至十四年,又十六年至二十九年各年之厘报,余年报告皆缺。海口各局税收较内地各局为少,约为六与五之比。

一 税收

山东厘金主要税收计有百货厘金,盐厘,及洋药税厘三款。百货厘及洋药税厘皆自咸丰十年起抽,盐厘则自同治元年起。百货厘金在同治年间之收数,每年约为三四万余两,或五万余两不等。光绪八年至十四年间之收数则较低,每年约在20,000余两至30,000余两间。十六年后稍增,年约收40,000余两,二十二年后续增,年约收80,000余两。盐厘收数在同治八年以前,年约收三四万两,或六七万两不等。八年以后,收数常为一万余两,或二万

---

① 《咸丰十一年七月二十九日朱批山东巡抚谭廷襄折》。

余两,最多时不过三万余两。洋药税厘之收数在同治十年以前,年约一万数千两,以后则年仅有五六千两之收入。光绪十三年洋药厘税改归海关并征,但自十四年至十七年山东厘报中尚有洋药税厘之税收,大约系内地各厘卡重征之数。光绪十八年后之收数全为省局所抽洋药铺捐,年仅288两。附表第一〇〇所列"其他税收"项中,计有茶厘,茶厘加抽及糖厘加抽三款。茶厘自光绪十六年起抽,茶糖加抽皆自光绪二十一年起,初仅加二成,自二十七年起又加抽五成,合计七成。兹将历年各款收数列为附表第一〇一。

全部税收除同治朝有数年,及光绪二十一年后有数年,其收数超过100,000两外,历年收数皆在50,000两至100,000两之间,惟自光绪二十二年起收数有逐渐加增的趋势(参阅附表第一〇〇)。

二 开除

山东厘金开除共可分为三项,即一解户部款,二本省军费,三本省行政费。前二项为户部用款,后一项为本省用款。惟全部开除在光绪二十年后,多未分款细报,无从分言。兹将历年各项开除总数列为附表第一〇二,并分释如下。

解户部款 山东厘金解户部之经常款仅有一项,即直隶固本兵饷,除咸丰末二年及同治二年有10,000两之解款系称解户部款外,同治二年以后之款,皆系解直隶固本兵饷之款。年额为60,000两,历年拨解此款,解足额数之年较多于不满额之年[1]。

---

[1] 参阅附表第一〇一。

本省军费　在此项开除内仅有本省兵饷一项为经常支出,自同治元年至十一年,年年皆有,为数约三万数千两至五万数千两不等。其余多为临时拨款,兹一并列为附表第一〇三。此项军费在同治十三年后即未由厘金拨款。

　　本省行政费　此项支出在厘金开除中皆系临时拨款,虽有连年支出之款,但非经常支出。附表第一〇二所列,计咸丰十年之款为厘局委员薪水,大约此时一成局用之规则尚未定出,故由正税款内拨支而并报部,是年以后即不再在厘报中开报。咸丰十一年之款有 585 两为守城经费,7098 两为法国天主堂房价,同治六年之支出亦为此款①。同治三年,五年,及六年之支出为省城石团工费,光绪年间三年之支出皆为河工银。

　　以历年各项开除与全部开除比较而言,咸丰十年至同治七年"解户部款"约占全部开除数 30%,本省军费约占 50% 强,其余成分为本省行政费所占。同治九年至十三年,厘金开除仅有"解户部款"及本省军费两项,前者约占 65%,后者约占 35%。光绪八年至十九年,除十二年及十六年有本省行政费之支出占总数 50% 外,其余各年皆仅有"解户部款"一项支出,即此款占开除总数百分之百(参阅附表第一〇四)。光绪二十年后开除不分款细报,无从比较。

　　历年开除总数与收入总数相比,计不敷之年较盈余之年为少,盈余之年共有二十二年,不敷之年仅有十四年。不敷最高之数将及 50,000 两(光绪二十四年),盈余最高之数约 80,000 两(光绪二十九年)。兹将历年收支比较列为附表第一〇五。

---

　　①　是否为收买工价款,不详。

河南省厘金

壹　税制沿革

咸丰八年河南省因剿办捻匪及太平军,军需浩繁,而司库空虚,因于接到户部议准胜保奏请饬各省普律抽厘之咨文后,即以用兵省份之资格奏准抽厘济饷。原议在陕州之南关及会兴镇设局抽厘,以南关为总局,会兴镇为分局,并于硖石驿,大阳渡两地各设一卡,专司巡查。另于淅川厅所辖之荆子关设一局抽厘。课厘货物计有盐斤,药材,烟茶,皮货,毡货,棉花,绸缎,布匹等数宗。潞盐抽厘计每百斤抽收200文,所有税收,俱仿湖北水路盐税章程以八成归于军需项下济饷,以二成作为外销经费。其他药材,烟茶,皮货等物之税收亦以八成为报部正税,二成为外销经费。奉旨允行,并嘱数月后应据实奏明,是否收有成效①。稍后又在孟县设局抽厘,孟津设卡稽查,以杜西路商贩绕越之弊②。但同年又奉上谕,嗣后豫省厘捐,著专收水烟,药材,茶叶三大宗,其余如皮货,绸布等货一概不抽,并将陕州荆子关等局,及沿河各卡委员丁役等,悉行裁撤,其抽厘事务即归各该地方官经理,试行一年,如果实有成效,准俟军务完竣后停止③。不过在事实上此谕所言各事并未实现。其后胜保又在周口地方设局抽厘,归其自办,同治元年又拨毛昶熙

---

① 《咸丰八年三月初十日朱批河南巡抚英桂折》。
② 《咸丰八年十一月十三日朱批瑛棨片》。
③ 《会典事例》卷二四一,此事大约在咸丰八年末。

营接办①。同治元年奏准河南禹州地面,每年向有药材大会,商贩云集,设立厘金分局,抽收百货;又于陕州,及河内县清化镇设立药材厘金分局。同治三年因捻匪肆扰河南,奏准停止禹州厘金分局②。同治七年上谕准毛昶熙奏请,命各省酌量裁厘局。河南巡抚覆奏称省外设立分局抽厘,概归省城总局综理,其有办无成效之局,业经陆续奏明裁撤在案,现在仅存赊旗店,新野,周口,陕州,乌龙集,蒋家集,清化,荆子关等八处,无可再裁③。同治十三年添抽武陟,温县,孟县之药厘。光绪三年奏免河南米厘一年,至四年十一月恢复。光绪五年因河南清化镇药材厘金,向由行户包交,谓之板厘,近来商贾多赴禹州贸易,以致清化厘金无出,奏准酌量减免板厘,复于禹州立局,专收药厘④。是年又添抽辉县之铁税,郾城,唐县,兰封之货厘⑤。

光绪二十一年因赔款增税,将禹州,密县,安阳,阳阴,武安,林县,修武,济源,汲县,巩登,宜洛,新渑,宝丰等州县之出井煤税同时举办。二十二年又同时开办鲁山之丝厘,上蔡,襄城,邓州之烟叶加价,以及匡口之山货厘。复在豫省西北一带创抽铁斤潞酒厘税,后以收数不多遂停办⑥。光绪二十八年与鄂省合办火车货捐,又开办李家寨之货厘。是年全省局卡抽厘,俱视原率加抽30%,煤厘则加抽一文或四文不等,并将各局经费核减二成,平余一项亦酌

---

① 《同治元年十一月二十五日御批毛昶熙折》。
② 《会典事例》卷二四一。
③ 《同治七年十二月初五日御批河南巡抚李鸿章折》。
④ 《会典事例》卷二四一。
⑤ 《河南省财政说明书》。
⑥ 自开办至停止共收过银9,000余两,《光绪二十三年正月初九日朱批河南巡抚刘树堂片》。

量提解。二十九年宣货店设局抽厘,郏县亦添抽煤厘。三十年与直隶合办火车货捐。三十二,三十三年又举办汴洛,道清,两路之货捐,同时省城南关又添抽坐厘。总计全豫厘税之来源,以百货居多,而百货中以盐粮为大宗,杂货次之,丝绸,药材又次之。

以上所述为河南厘金之略史,兹再述其税制。

厘金种类 河南厘金主要税收为百货厘,在光绪十五年以前,除洋药厘金单立税名外①,其余各项货厘皆包括于百货项内,惟洋药收数亦附于百货内,至光绪十六年始将其与茶厘由百货中提出,单立一项。光绪二十七年复加四种税收,即丝厘,加抽二成茶厘,糖厘及加抽二成糖厘。二十九年增鄂豫火车货捐;三十二年增直豫火车货捐。煤厘及加抽各厘皆与货厘分报。

税率 河南厘金税率自开办起即为值百抽一点二五(1.25%),光绪二十八年起按原率增高30%,即为值百抽1.625。煤厘原为值百抽五,后于每160斤稍加一文或四文不等。火车货捐则仿关税之例一律值百抽五。抽收货厘是否采用起验制,抑或逢卡抽厘,皆不详。不论采用何制抽税,但可断言一般货物所担负之税率,当为4%或5%。此外尚有少数货物,其税率较一般百货为高,如值百抽三,或抽五不等,读者可参阅第一〇〇、第一〇一两表。

抽收机关 河南最初抽厘,仅设二三局,嗣后续有增加,但至同治七年末亦仅有八局。光绪以后则大见增加,至末年时,除厘税总局外,计有分局及各专局共三十二处。此外尚有三十二州县代

---

① 河南所抽洋药厘金,实指由陕甘输入之西土征收税银,非舶来之烟土也。见《光绪五年十月十五日御批河南巡抚涂宗瀛折》。

征厘税。兹将各厘局分布情形及各州县代征之各项厘税分别列为第一〇〇表及第一〇一表,前表附开征年份,税率,及被课货类,后表附开征年份及税率。

　　征收方法　设卡抽税与商人包缴并行,但包缴之税项甚少,大半为药材税及煤厘(参阅第一〇〇表)。

　　局用　河南厘金局用自开办之日起,即按二成开支,即收银百两留支二十两。惟煤厘局费向支一成,光绪二十年以前,年约支银二万余两,后以户部于此项二成支销款内提银8,000两为加复俸饷,即减为一万数千余两。

贰　税收及开除

　　河南厘金自咸丰八年起抽,其第一次的收支报告是造于光绪二年。此次报告所包括之年份计自咸丰八年至光绪元年,共计十八年①。嗣后每半年奏报一次。今所得档案计自咸丰八年至光绪三十四年(1858—1908),共五十一年中仅有两年缺半年报告。收支以银计,银为库平。报告格式甚简,仅具一折,不备清单。

一　税收

　　河南厘金报告在光绪十五年以前,在收入方面,仅笼统报一百货厘金及洋药厘金之收数,其数多则八九万两,少则五六万两。自

---

①　《光绪二年二月二十五日朱批河南巡抚李庆翱折》。

第一〇〇表　河南省官厘金局所分布情形及所征货类与税率*

各局名称	所在地点	创设年月	原定税率	光绪28年加抽厘数	被课货物
厘税总局	省垣	咸丰8年	1.25%	0.375%	抽收皮货丝绸油布等货
货捐分局	省垣南关	光绪33年	1.25%	0.375%	抽收皮货土杂各货货捐
乌龙集分局	息县城东	同治4年	1.25%	0.375%	抽收百货及盐，以淮盐洋土各物为大宗，每石抽160文
任流集分局	固始县东北	同治4年	1.25%	0.375%	抽收百货及盐，盘每石抽80文
塔家集分局	固始县东北	咸丰11年	1.25%	0.375%	同上
周口分局	商水西华二县分界	咸丰8年	1.25%	0.375%	百货及烟
赊旗店分局	裕州城南	咸丰10年	1.25%	0.375%	百货为大宗，光绪22年添抽麻豆，28年添杂粮
新野分局	新野城南关	咸丰8年	1.25%	0.375%	百货中以布匹为大宗，光绪21年添抽棉花
陕州分局	陕州城东街	光绪5年	1.25%	0.375%	百货，光绪32年添抽棉花
禹州分局	禹州城西街	光绪28年	1.25%	0.375%	专抽药厘，光绪28、29年添抽布匹、百货
李家寨分局	信阳州罗山县交界	光绪29年	1.25%	0.375%	抽收陆地货捐
宣化店分局	罗山县南	宣统2年	1.25%		布匹
新集分局	光山县南	宣统2年	1.25%		山货
许临鄢分局	许州城内	宣统30年	1.25%		粮货
匡分局	新安县东	宣统30年	1.25%		
兰封分局	县西北河口	光绪23年	1.25%		百货
丝厘分局	鲁山县东	光绪29年	丝绸每斤抽0.0151两	每斤0.01495两	
道口货捐分局	滑县城南	光绪32年	1.25%		
涉县货捐分局	县城南河南店	光绪28年	0.1%		
周潆分局	商水西华县分界	光绪30年	2.5%		
鄂豫火车货捐局	许州城南关	宣统元年	2.5%		花椒、铁酒、花椒每斤8文，铁酒每斤2文
直像火车货捐局	彰德车站	光绪32年			百货
道信火车货捐局	省垣南关	光绪34年	5%	每16斤抽4文	
许洛火车货捐局	潞县道口镇	光绪21年	5%		专抽牲畜
斗捐公所	省垣	光绪32年			
烟捐公所	县城西门	光绪34年	5%		此系认捐，每年缴3,000串
武安煤厘局	彰德郡城	光绪21年	5%		此系认捐，每年缴2,852串
安阳林煤厘局	河内县清化镇	光绪21年	5%		兼收棉税
密县煤厘局	密县城东关	光绪21年	5%		兼收棉椒等税
巩登宜洛来煤厘局	巩县东关	光绪21年	5%		（亦年于值百抽五）
新潼陕煤厘局	新安匡口镇	光绪21年	5%		
焦作公司出井税局	修武车站	光绪34年	每吨抽厘平0.048两		

* 根据《河南省财政说明书》制。

第一〇一表　河南省各州县代征厘税情形*

州　县	盐税名称	开征年份	原定税率	光绪 28 年加抽厘数	备注
河内县	百货板厘	同治 13 年			包税
淅川厅	荆子关货厘	咸丰 8 年	1.25	0.375%	
唐　县	百货厘	光绪 5 年	1.25	1.375%	
武陟县	药材靛税	同治 13 年			包税
温　县	药材税	同治 13 年			包税
孟　县	药材税	同治 13 年			包税
辉　县	铁　税	同治 13 年			包税
邓　州	烟叶加价	光绪 22 年	每斤抽 2 文	每斤 3 文	
襄　城	烟叶加价	光绪 22 年	每斤抽 2 文	每斤 3 文	
上　蔡	烟叶加价	光绪 22 年	每斤抽 2 文	每斤 3 文	
内乡县	山漆药材	光绪 30 年	3%		
淮宁县	金针税	光绪 30 年	每斤抽 3 文		
济源县	靛　税	光绪 32 年	每斤抽 3 文		
遂平县	麻豆税	光绪 32 年	麻 6 文, 豆 4 文		
新郑县	枣　税	光绪 30 年	5%		
汜水县	柿饼税	光绪 30 年	5%		
中牟县	瓜子税	光绪 30 年	每 100 斤抽 5 文		
郑　州	瓜子税	光绪 30 年	每 100 斤抽 5 文		
荥泽县	瓜子税	光绪 30 年	每 100 斤抽 5 文		
荥阳县	瓜子税	光绪 30 年	每 100 斤抽 5 文		
息　县	盐　厘	光绪 4 年			
郾城县	百货税	光绪 32 年	1.25	0.375%	以前设分局
鹿邑县	草帽办税	光绪 31 年			包税
郾城县	草帽办税	光绪 31 年			包税
西平县	草帽办税	光绪 31 年			包税
密　县	丝　厘	光绪 31 年			
禹　州	煤厘	光绪 21 年			包税
	三峰山煤厘	光绪 27 年			包税
济源县	煤　厘	光绪 21 年	每 160 斤抽 8 文		
宝丰县	煤　厘	光绪 21 年	每 160 斤抽 8 文		
新乡县	煤　厘	光绪 21 年	每 160 斤抽 8 文		
郑　县	煤　厘	光绪 21 年	每 160 斤抽 8 文		
汲　县	煤　厘	光绪 21 年	每 160 斤抽 8 文		

＊根据《河南省财政说明书》制。

光绪十六年起将洋药厘及茶厘提出分列,因之百货厘金收数稍减,年约七八万两。河南洋药厘金实属名不符实,因其所抽,大半均为西土(陕西产),而非舶来鸦片,故光绪十二年洋药厘税改归海关并征后,河南犹有洋药厘金。光绪十五年以前收数不详,十六年起由百货中提出分列,其收数年约四千两左右,二十六年以后稍减,年约在二千两上下。茶厘收数每年约一千数百两,或二千数百两。光绪二十七年加抽二成后,收数亦未增高①。其他税收中以火车货捐收数最大,除第一年外,每年收数由三万数千两至七万数千两不等。其次为煤厘,每年约有二万数千两之收入,惜今所得档案,除第一年外,皆仅有半年报告,难知其实数,烟厘烟价每年收数约四五千两至 10,000 余两不等。糖厘每年收数,高则五千余两,低则一千余两;丝厘则自一千余两至三千余两之间(参阅附表第一〇七)。

全部收入,各年增减不一,无一定之趋势,在光绪二十九年未普遍加增厘金税率以前,每年收数常在五六万两至十万余两之间。二十九年后即见加增,年约收 200,000 两上下。但此为报部之正款,此外有外销一款,向由全部税收内提出,由河南地方当局支销,并不报部。据光绪二十四年河南巡抚遵户部奏咨查报厘金外销款额之折所述,此款为数年约有四万余两,多半用于地方事业,如拨充乡试科场经费,粥厂经费,及保甲经费等②。如将此款与报部之款合计,则光绪二十九年以前,每年河南厘金收入总数当为十余万两,光绪末数年之收数当为二十四五万两。

---

① 参阅附表第一〇六。
② 《光绪二十四年六月二十四日朱批刘树堂折》。

二　开除

河南厘金开除在厘报中无详报。每年收入,几于以全部皆解藩司司库,其用途则不详。光绪二十二年以前,仅有数年除解司库外,尚有其他支出,今已于开除总表(附表第一〇八)中加以注释,不再详举。光绪二十一年起,收入方面添一煤厘,此款之增,原为筹付英德借款,故自二十二年后,每年皆有一万余两之支出,以偿此款。但皆为半年之支出数,因吾人所得煤厘报告,除第一年外,以后各年皆仅有半年报告。

全部开除总数与收入总数相比,在光绪十三年以前,盈余与不敷常互见。计自咸丰八年至光绪十二年,凡二十九年,其中十五年皆有盈余,十四年入不敷出。盈余最高数为 70,000 余两,常见之数则为数千两,不敷之最高数为 30,000 余两,常见之数亦只数千两。光绪十三年至三十四年,计二十二年,中有十二年收支相抵,不敷有四年,盈余则有六年,但二者为数皆微。兹将历年比较列为附表第一〇九。

山西省厘金

壹　税制沿革

山西抽厘始于咸丰九年。《咸丰七年户部议覆胜保奏请普律抽厘折》中,曾拟定凡无军务省份而未经抽厘者,断不可轻举,致失民心。山西本无军事,惟在国家用兵时期,供给京饷,生铁等项支款较平时为大,咸丰初年俱赖劝捐补助,不过为时既久,民间输将自难踊跃,故不得已始于九年奏请抽厘①。奉旨允准,在山西省城设立筹饷局,办行商药税及百货厘捐,于四路隘口共设总卡七处,委员经收,其偏僻小径添设分卡,以杜偷漏②。计东路设平定州境槐树镇③,南路设平陆县茅津渡,西路设汾州府属碛石镇,北路设忻州属忻口镇,东南路设凤台县境拦车镇,及黎城县东阳关,西路设蒲州府属风陵渡。议定行商货物如药料,毡皮,花布,绸缎,烟,酒,茶,油,口盐,碱,铁,牲畜等类各大宗,照核定厘则,于到卡时抽收一次,坐贾各项货物落地免抽,惟药料一项④,获利较厚,再令于落地行销处所,完厘一次。所收税银以九成作为报解正款,一成作为外销公费。咸丰十年三月一日起,改行商药料厘为税⑤。坐贾仍完厘金,另有售卖药膏各户,曾经令各县按户抽厘,后以体恤小贩为由,停止征收⑥。光绪三年,山西大祲⑦,行商裹足,坐贾滞销,所有各路添设分卡,均奏准裁并,以节浮糜⑧。嗣后因连年收数不旺,遂于光绪七年奏准复设分卡。此因山西山径丛杂,非设分卡不足以杜偷漏⑨。同时又以各州县经收坐贾厘金,每易滋生流弊,因将商

---

① 《咸丰九年二月初二日朱批山西巡抚英桂折》。
② 《会典事例》卷二四一。
③ 一称"槐树铺"。
④ 即土产鸦片。
⑤ 《同治元年八月二十六日御批山西巡抚英桂折》,《会典事例》卷二四一误载改药料厘为税为十一年之事。
⑥ 《同治元年八月二十六日御批山西巡抚英桂折》。
⑦ "祲"作妖气解,大约是年该省发生疫病。
⑧ 《会典事例》卷二四一。
⑨ 《会典事例》卷二四一,又《光绪十一年六月初四日御批暂署山西巡抚奎斌折》。

务较繁之处，一律改添委员会同稽征①。光绪十七年起添办土药厘金。

光绪二十年上谕据郑恩贺奏请，饬各省裁并厘局。山西奏称通省局卡迭经淘汰，实存总卡仅七处，分卡十八处，地处要隘，无可再裁，惟既奉明诏，则于无可裁减中，亦设法再为裁并。因将原设苇泽关分卡归并槐树铺总卡兼办，又将关头村分卡暂撤，归地方官稽查，如果无碍抽收，再行永远裁汰。计裁并二分卡，仍存十六分卡。光绪二十二年遵户部奏咨筹款案，开办烟酒税，由筹饷局办理。议定烧酒一斤抽税钱三文，旱烟一斤抽税钱五文，棉烟一斤抽税钱十文。光绪二十六年奏明烧酒每斤于原抽三文外，加抽二文，共计五文，旱烟每斤加抽二文，合前共计八文，棉烟每斤加抽六文，合前共计十六文②。光绪二十七年山西因每年派担赔款数十万两，为筹款计，设局抽收煤厘，土盐嫌税，并增定厘则，添抽货物。翌年复加抽烟酒税，计每酒一斤加抽十一文，合前共计十六文，旱烟每斤加抽四文，合前共计十二文，棉烟每斤加抽八文，合前共计二十四文③。光绪二十九年因煤厘及土盐嫌税收数无多，改归地方官兼办，以节经费。三十三年成立统税局，遂将各处坐贾委员逐渐裁去，重订厘则，著实整顿行商局卡，将售日应抽加抽之数统作原抽，再按价酌加，作为加抽，并添抽各货。后以商民对此新税则啧有烦言，因于宣统元年调取光绪三十四年拟成之北京崇文门税则作参考，将原定新章酌加更改，其税率视崇文门减半，即值百抽一点五。

以上为山西厘金略史，兹再述其税制。

---

① 《光绪十一年六月初四日御批暂署山西巡抚奎斌折》。
② 《光绪三十二年闰四月初四日朱批山西巡抚恩寿折》。
③ 《光绪二十八年十二月二十一日朱批护理山西巡抚赵尔巽折》。

厘金种类 山西厘金主要税收，在光绪十七年以前，为百货厘及药料厘二项；十七年后因药料厘提出改与药料税另成一系，即仅余百货一项。光绪十七年起虽另添办一土药厘金，但不在货厘范围内。光绪二十二年后，增烟酒税、煤厘，及土盐嫌税三项税收。

税率 山西厘金税率为值百抽一点五，但不知采用何种手续收税，如系逢卡纳税，则实际上一般税率当为值百抽三四。土药抽收厘税，另有税则，计土药每百斤收行商税 30 两，坐贾厘捐 15 两，光绪十七年添办土药厘金一项（系按地亩征收），每百斤又增 10 两，合计 55 两。

抽收机关 山西省初抽厘金时，仅设七卡。其后续有增减，至光绪二十年存七总卡，十八分卡，是年裁并二分卡，余存十六分卡，兹举其名称如下。

第一〇二表　光绪二十一年山西所存厘卡[*]

总卡	分卡
风陵渡厘卡	下马头厘卡
槐树铺厘卡	庙前镇厘卡
茅津渡厘卡	龙王庙厘卡
东阳关厘卡	禹门渡厘卡
忻口镇厘卡	石皮村厘卡
碛口镇厘卡	大河口厘卡
栏车镇厘卡	皋落镇厘卡
分卡	辛兴滩厘卡
下关厘卡	西家庄厘卡
奇村厘卡	泥澄口厘卡
范村厘卡	车轮村厘卡
军渡厘卡	栢兰镇厘卡

[*] 根据《光绪二十年十二月初十日朱批山西巡抚张煦折》。

光绪二十一年后，山西厘金逐渐扩张，因之厘局亦增，至光绪末年计有百货厘卡,总分各卡共二十七处,煤厘局八处,烟厘局二处,盐厘局三处,合计共四十处,分卡之数不详。兹将其名称及位置列为第一〇三表。此外尚有专收土药厘金之局卡,惟其数今已不详。

比较 山西厘金比较章程,其详今已不易考,惟光绪末年各局之比较额数,尚有一部分记载。百货厘卡共二十七处,除火车货捐局,保德东关厘卡,及归萨托厘卡三处未定比较外,其余二十四卡合计,通年比额为银214,600余两。若将三局并入合计,则当在250,000两左右。煤厘局共八处,除孝义,孟平寿二局未定额外,其余六局合计,通年比额数为钱89,450串。烟厘通年比较,计钱153,845串。土盐堆税则约为30,000余两。

第一〇三表 光绪末年山西省厘金局卡名称及位置表*

厘卡名称	所在地	厘卡名称	所在地
百货局卡		百货局卡	
火车货捐局	榆次县	庙前厘卡	荣河县
范村厘卡	太谷县	皋落镇厘卡	垣曲县
黑峪口厘卡	兴县	禹门渡厘卡	河津县
军碛厘卡	永宁州	茅津渡厘卡	平陆县
大河口厘卡	壶关县	归萨托厘卡	归化县
东阳关厘卡	黎城县	南海子厘卡	包头镇
拦车镇厘卡	凤台县	煤厘局	
辽州厘卡	辽州	太原煤厘局	阳曲县
槐苇厘卡	平定州	孝义煤厘局	孝义县
马岭关厘卡	平定州	平介煤厘局	介休县
泥澄口厘卡	平定州	襄壶煤厘局	长治县
车关厘卡	孟县	凤高煤厘局	凤台县
浑源南关厘卡	浑源州	孟平寿煤厘局	平定州
忻口厘卡	忻州	大怀广煤厘局	大同县

续表

奇村厘卡	忻　　州	乡宁煤厘局	乡宁县
康家会厘卡	静　乐　县	烟厘局	
栢兰镇厘卡	五　台　县	代州烟厘局	代　　州
保德东关厘卡	保　德　州	曲太翼烟厘局	曲沃县
石皮厘卡	乡　宁　县	盐厘局卡	
龙王汕厘卡	吉　　州	田家会盐卡	永宁州
下马头厘卡	永　济　县	萨包盐局	包头镇
风陵渡厘卡	永　济　县	丰宁盐局	丰镇厅

* 根据《山西省财政说明书》制。

局用　山西厘金局用向准一成开支，惟光绪七年复设，光绪三年裁去之分卡后，一成公费已不敷开支，因于光绪十一年奏请准自光绪九年始将所有厘局开支，改为实销实报①。翌年由户部奏准山西省厘税两宗，如收数在180,000两至210,000两以上者，准于旧章一成外，由正款提出银10,000两，弥补一成公费不敷之用，如收数在170,000两左右，仍照旧章提用一成，不准多支，以示限制②。各局卡每年开支总数，在光绪末年约年近40,000两③。

贰　税收及开除

山西厘金报告自咸丰十年起，于同治元年八月始由山西巡抚奏报④。嗣后每年奏报一次。货厘与坐贾药料厘捐系合报，惟自光

---

① 《光绪十一年六月初四日御批山西巡抚奎斌折》。
② 《会典事例》卷二四一。
③ 《山西省财政说明书》。
④ 《同治元年八月二十六日朱批山西巡抚英桂折》。

绪十七年起坐贾药料厘改为单报,不再隶属货厘。报销格式仅用奏折,不备清单,此因收支不甚繁杂故也。收支俱以银计,银为库平银。今所得档案自咸丰十年至光绪三十四年(1860—1908),共计四十九年,各年报告俱全。

一　税收

　　光绪十七年以前山西厘金主要税收共有两项,即百货厘与药料厘税。百货厘金收数在同治八年以前,在七万两上下。同治九年后收数稍减,年约六万余千两,光绪初年又续减,年约四五万两不等,光绪十三年后又稍增,每年仍约收六万数千两,十七年后又减低,年约收五万数千两,直至二十七年止,收数皆无起色。至光绪二十八年陡然增至200,000余两,以后数年,除三十三年收数不及200,000两外,余年皆超过200,000两。陡增的原因是因为在二十七年曾将厘则重行增定一次,并且添抽许多货物。山西药料(即土药)在开办厘金的时候,行商坐贾皆抽厘金,至咸丰十年三月,行商药厘改称药税,坐贾仍称药厘。前者改税后即自成一系,不再隶属厘金,坐贾药料厘捐收入,在同治九年以前每年收数在六万余千两至八万数千两之间。九年以后收数稍减,年约收三万余两,至五万余两不等,至光绪九年收入陡增,是年收入117,000余两,以后每年收数皆将近100,000两。十七年后即与厘金分报,另与药料税合成一系。至于光绪十七年添办之土药厘金,因添办时即将其归入全国土药厘税内,别成一系,恰如盐厘之与货厘对立而另成一系的情形,故今不于此具论其收支状况。

　　山西厘金全部收入,在同治五年以前,每年约在150,000两至

180,000两之间。同治五年后减少数万两,收数常在110,000两至130,000两间。至光绪三年,山西大祲,商业萧条,而厘局所有各路添设分卡又一并裁除,收入因之大减,三年以后每年收入皆不过六七万两。嗣于光绪七年奏复各卡,至光绪九年收入陡增至十余万两。是年以后,虽略见减少,但除一二年外,收数仍常在160,000两上下。光绪十七年后因药料厘之提出,全部厘金收入减至50,000两上下。至光绪二十年全部收入又陡增,自是年起,收数常在200,000两上下。

中日之战及庚子之乱为耗费清廷财赋最大之役,事后各省皆有加厘之举。山西省自光绪二十二年后共增三项税收,计二十二年开办酒税,二十六年加抽烟酒税,二十七年添办煤厘及土盐墤税,二十八年又加抽烟酒税。煤厘及烟酒税两项税收自开办之年起即与百货厘金分报①。土盐墤税的收支大约即附在百货内。烟酒税的收入自二十二年起至二十八年止,七年间共收银501,508两,平均每年约收71,000余两②,光绪二十九年至三十三年,五年间共收烟税银593,538两,酒税银407,736两。平均每年收烟税银118,000余两,酒税银81,000余两,烟酒合计共银119,000余两,较之二十八年以前各年平均收数约增一倍半③。煤厘收入自光绪二十七年开办起至三十三年止,共收过银299,941两,平均每年收银42,000余两④(参阅附表第一一〇)。

---

① 烟酒煤厘的收支报告系数年笼统合报一次,各年无细数,故不能列入总表,与百货厘金等项合计。
② 《光绪三十二年闰四月初四日朱批山西巡抚恩寿折》。
③ 《宣统二年二月二十一日朱批山西巡抚丁宝铨折》。
④ 同上注年月另一折。

上述各项厘金收入银数除百货厘金及坐贾药厘在光绪九年至十二年,未将一成公费提扣外,皆为减除一成公费后之实收银数(如光绪十八年百货厘金原收数为 56,448 两,扣除一成公费 5,644 两后,实收银 50,804 两)。

二 开除

山西厘金开除可分为七项,六项可归为国家用款,一项为本省用款,兹表列于下。

第一〇四表　山西省厘金开除分类

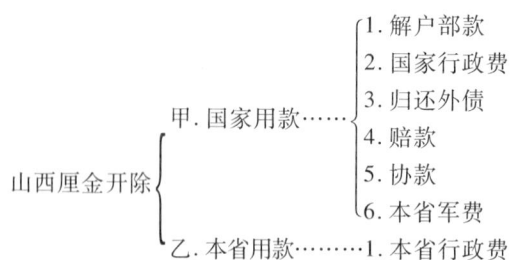

历年各项开除总数列为附表第一一一表,至支详情,则分述于下。

解户部款　山西厘金拨解户部之款为数不大,且解款年数亦不甚多。咸丰末二年及同治元年各年皆有一部分解款,虽称京饷,但非固定之经常解款。同治二年以后无解户部款之支出,直至光绪十年始复见此项支出。十年后之解款总数年约五万余千两,惟有时较少,此数包括两项经常解款,一为京师旗兵加饷,年额 50,000 两,一为加复俸饷,年额 2,000 两。后款常解足额,前款则否,此外尚有数年另有他项解款,兹将光绪十年后解户部款中之项目及细数列为附表第一一二,以供参阅。

国家行政费 由山西厘金拨支之国家行政费多为临时拨款，仅有平余铁价不敷津贴银为经常支出。五十年中仅有十年有此项行政费之支出。附表第一一一所列光绪九年之支出，有10,000两为各省赈款，余为铁价不敷津贴银，十年至十二年之支出为内务府封储饷银，十三年之支出数内有7,749两为北洋捐款，4,300两为内务府封储银，余为铁价津贴银。光绪十四年至二十年之支出俱为铁价不敷津贴银；光绪二十八年至三十一年之支出统为京师大学堂经费；三十三年之支出为考查政治经费。

归还外债 山西厘金担负之外债，为英德，俄法两借款及克萨磅款。自光绪二十二年起即有此项支付，惟无定额，年约一万余千两，或三四万余两不等。前两款系合付，款数较大。附表第一一一所列，归还外债之支出有十年，除光绪二十八年有2,000两，三十年有9,000两，三十三年有10,000两系付克萨磅价外，皆为偿付英德，及俄法两债之款。

赔款 山西厘金担付庚子赔款，自光绪二十八年始，无定额，除有二年较低外，每年支付款数多则逾100,000两，少则约30,000余两。

协款 山西厘金支付之协款，同治三年以前之支出仅称各省协饷，未详受协省及款额。同治四年之支出为接济霆湘两军米粮银，光绪四年之支出为金营协饷[①]。光绪十一年后之支出多为甘肃协饷及乌科二城经费。此二款皆无定额，前款自光绪十五年起，年支款数，多则至十万两，少则数万两，或数千两不等，后款自十一年起，年支款数，多则三万余两，少则数千两，惟后款至光绪二十五年

---

① 参阅附表第一一三。

即停付。此外尚有数年附有临时支出。兹将光绪十年以后各款之支出细数列为附表第一一三。

本省军费　本省军费在同治年间及光绪初年为山西厘金之惟一开除。除最初一年之支出为调兵进京赴援军饷及同治最初三年有七八万两之雇勇丁经费外，光绪八年以前之支出皆为筹防经费，此项经费在光绪二年以前年约支十一二万两，以后则二三万或七八万不等。光绪九年至十二年之支出为营务善后银。光绪十二年后，本省军费即非厘金项下之常年支出，仅光绪二十，二十一，三十三，及三十四年有此项支出，前二年之支出，为本省练兵经费，后二年为河东道盐捕营兵饷。

本省行政费　本省行政费中有一项经常支出，即抚院文案处委员薪水。此项支出自光绪十三年始，每年支出数约四千数百两，或五千余两。此外尚有两项较为经常之支出，即厘局公费银及贴补不敷公费银，惟支出年数较少。除此三项支出外，各年尚有其他支出，兹一并列为附表第一一四，以代说明。全部本省行政费，除光绪最后一年外，每年支出数约为数千两，一万余两，或二万余两不等，以支出数千两之年份较多。

全部百货厘及药料税厘之开除数，在同治五年以前，年约在150,000两上下，同治五年以后逐渐减低，至同治末年及光绪元年已降至十万两左右。光绪二年起因收入大减，全部支出数亦大减，年约支六七万余两。光绪十年起随收入陡然增高，每年支出数约为十余万两，光绪十七年后又随收入陡减，每年约支六七万两。至光绪二十九年又陡增，嗣后每年支出多则逾300,000两。少亦有十余万两。

至于煤厘及烟酒税之支出，因系数年笼统一报，非独各年支出之项目细数不知,即各年支出之总数亦不详。烟酒税自光绪二十二年起至三十三年止,共收银1,052,782两,全部支出,并无实存。支出项目计有俄法,英德洋款,京师旗兵加饷,董军行饷,甘肃新饷,乌科二城经费,新案赔款,京师练饷,及装工,巡警等局薪饷等项。煤厘自光绪二十七年起至三十三年止,共银299,941两,悉数开除,开除项目计有新定赔款,京师练饷,巡警局经费等项。

  以上述厘金开除各项之概况,兹核其与全部开除数比较之情形。咸丰末二年之开除几全为"解户部款"及协款二项所占,两者约各占开除总数之一半。同治元年至四年,全部开除为协款及本省军费所占,同治元,二年,以协款所占成分较多,三,四两年则以本省军费所占成分较多。同治五年至光绪八年,除光绪三,四两年外①,各年全部开除皆为本省军费所占;光绪九年至光绪二十一年,各年开除以"解户部款"及协款占数较大,两者合计约占70%强,分计则各年互有高低,平均以前者所占成分较多。本省行政费约占15%弱。本省军费至光绪十三年起中断。光绪九年增国家行政费,各年所占成分多寡不一,多则逾20%,少则不及5%。光绪二十二年至二十七年,前三年以二十二年新增之"归还外债"及"解户部款"所占成分较大,合计约占70%强,协款次之,约占15%,本省军费又次之,约占10%;后三年因前二款皆中断,协款所占成分最大,约为90%,本省行政费约占其余之成分。光绪二十八年至光绪末年,主要开除为"归还外债"协款及二十八年增加之赔款三项。"归还外债"约占总数20%,赔款约占50%,协款约占20%强,本省行

---

  ① 光绪三年本省行政费占72.34%,本省军费占27.66%,光绪四年协款占66.96%,本省行政费占14.28%,本省军费仅占18.76%。

政费及二十八年重见之国家行政费合占其余成分。本省军费及"解户部款"在此数年中仅各有二年支出，惟所占成分皆不甚大。兹将历年各项开除与总数之比较列为附表第一一五。

历年开除总数与收入总数相比，各有盈余或不敷。计四十九年中，出入完全相抵共有十八年，入不敷出共有九年，盈余之年共二十二年。不敷最高数为光绪十七年之110,245两，余年多为数万两。盈余最高数为光绪二十八年之134,861两，余年多为数万两，或仅千余两。兹将历年收支比较列为附表第一一六。

直隶省厘金

税制及税收

直隶省创办厘金是在咸丰八年，地点是在天津。是年在天津设立义馆，拣派公正绅董专司劝捐及经管银钱。所抽厘捐大半出自本城各铺，故几乎可说所抽的全是坐厘。征收方法是用包缴办法，即所有捐输经费各项议定数目，由纳捐商人送交义馆董事，对明查收，上号登簿，付给照票，而由义馆按月将银钱数目报官查核。每月限于初十日交清，如逾限期三日，罚钱三成，逾十日者，加倍议罚，不服者送官究办①。这种办法是和现在利用商会包抽营业税的办法很相仿，不过商会由是商人组织的，而义馆是由绅董组织的。这种完全用绅董主办一地方的厘捐的情形，在当时各省办厘金的成规中，还算是创见。当时定有义馆劝办厘捐章程，

---

① 《咸丰八年九月三十日朱批僧格林沁等折》（现仅存《义馆章程》）。

凡按货价抽厘的,多半是值百抽0.5%,也有少数货物抽1%,或1.5%。按铺户抽厘的,多半是一年纳房租一月,分十二个月摊缴。兹将此项章程列为第一〇五表。又当时为要杜绝商船绕越起见,并令宁河县属海口一带北塘,芦台等处一律照办。咸丰十年春间直隶总督奏准试办山海关厘金,归地方官经理,据江南道监察御史傅观海奏控山海关厘金弊端的折中所称,榆关自设局后,对于出入商贩,并非按货抽厘,惟就赢马捐输,每赢马一匹捐东钱一千,即本地居民凡有事自关出入者,亦一律勒捐①。同治三年于天津又添双庙旱卡一处,地处适中之区,专验车运货物。至同治十年,改天津捐输义馆为天津厘捐局,委员办理,抽收百货厘金,税率是值百抽1.25%。设分卡四处,为东河,西河,河南,海河,又在东关泰山行宫,设洋药厘捐局。同治十三年上谕称前临榆县设局抽厘,接济军饷,原系一时权宜之计,随后添设官马,即以厘金提备马乾,现在马匹既经裁减,已由道库作正支销,所有山海关增设临输厘局,著即行停止②。同治十三年后至光绪二十年间直隶办理厘金的情形今已不详③。至光绪二十三年始定天津,大名两处得增设分局抽厘,其所收厘金,由天津总局及老车站,新车站,大沽,南河,陈塘,北塘,西北河,西北门,东河,海河,芥园等处,及大名,龙王庙厘局,在民船装运之杂货内抽之。其税率仍照钞关所估计的价值,值百抽1.25%。全年征收之款无定额,除支用外,尽数解交海防支应局(宣统年间改为防饷粮股)。大名厘金局征收之款除支局员薪水及各项用费外,解大名道核

---

① 《咸丰十一年十一月初六日傅观海折》。
② 《会典事例》卷二四一。
③ 《财政说明书》无记载,原因是为案卷在庚子年全毁。

收。由此可见直隶抽厘情形与别省很不相同,第一,是设局仅在天津,大名两处,地域甚狭,第二,是两局分立,天津总局不收大名税款。光绪二十年后因筹款偿付洋款及赔款,曾屡次加抽茶糖厘金及烟酒厘金,并又加抽煤厘。兹将光绪年间直隶厘金税收正杂各款及其税率列为第一〇六表,以供参考。

第一〇五表　咸丰八年天津劝办厘捐章税[*]

被捐物类	单位	税率
户,海,工,三关进出口货单	每　　张	京钱30文
每次进口津,商,渔字号船只	每梁头一尺	银0.5两
进口沙船	每　　只	银5两
民船户	每　船　契	津钱300文
房租价	每座铺房	一年捐房主一月租价(由住户扣出)[(1)]
当行	每　　家	每月捐津钱20串
钱行	每　　座	每年照房租价捐二月
印子房	每　　座	每年照房租价捐一月
洋货铺	每　　座	每年照房租价捐一月
香铺	每　　座	每年照房租价捐一月
鲜货行	每　　座	每年照房租价捐一月
帽铺	每　　座	每年照房租价捐一月
鞍铺	每　　座	每年照房租价捐一月
首饰铺	每　　座	每年照房租价捐一月
蜡铺	每　　座	每年照房租价捐一月
堆货栈	每　　座	每年照房租价捐一月
点心铺	每　　座	每年照房租价捐一月
杂货铺	每　　座	每年照房租价捐一月
洋货局	每　　座	每年照房租价捐一月
粮行	每　　担	银0.03两(买主0.01两,卖主0.02两)

续表

洋船	每担	抽剥费津钱 80 文[2]
姜行	每担	银 0.01 两
烟叶	每担	银 0.01 两（买卖主各捐一半）
东集斗店	每担	津钱 30 文
西集斗店	每担	津钱 30 文
斤斗	每担	津钱 20 文
洋货铺	每货银 1 两	银 0.01 两（买卖主各捐一半）
沙船货	每货银 1 两	银 0.01 两（买卖主各 0.005 两）
席麻行	每货银 1 两	银 0.005 两
茶叶铺	每货银 1 两	银 0.005 两
估衣行	每货银 1 两	银 0.005 两
带子铺	每货银 1 两	银 0.005 两
铁货	每货银 1 两	银 0.005 两
磁器行	每货银 1 两	银 0.05 两
杨木板	每货银 1 两	银 0.005 两
绍酒局	每货银 1 两	银 0.005 两
煤炭行	每货银 1 两	银 0.005 两
香油菜油店	每货银 1 两	银 0.005 两
山货铺	每货银 1 两	银 0.005 两
皮货铺	每货银 1 两	银 0.005 两
药铺	每货银 1 两	银 0.01 两（买卖主各捐一半）
米面铺自买船	每货银 1 两	银 0.005 两
头发铺	每货银 1 两	银 0.005 两
刀剪铺	每货银 1 两	银 0.005 两
牛油行	每银 1 两	银 0.005 两
斗局	每银 1 两	银 0.005 两
板行	每银 1 两	银 0.005 两
绸缎行	每银 1 两	银 0.005 两
海味	每银 1 两	银 0.005 两
颜料	每银 1 两	银 0.01 两

续表

烧锅	每檠一架	银 0.005 两
西茶	每箱一架	银 0.15 两
布行	每捆一架	银 0.005 两

* 根据《咸丰八年九月三十日朱批僧格林沁等所奏津郡义馆捐章程》。
(1) 如系自置房产由义馆董事估计租价,民住房不捐。
(2) 咸丰八年如此规定,明年拟改定。

第一〇六表　光绪年间直隶省厘金税收正杂各款类别表*

税　别	税　率	备　注
厘金正款		
百货厘金	1.25%	仅天津、大名两处抽收
茶糖厘金	1.875%	原与百货同,光绪 20 年加二成,28 年又加三成
烟酒厘金	2.875%	原与百货同,光绪 22 年加四成,26 年又加二成,28 年改加十三成
铁厘	生铁每解 1 文,熟铁 2 文 2.5%	由商认捐,每年捐 10,000 两
直豫火车货捐		款解天津厘捐总局转解支应局
琉璃河火车货捐		款解天津厘捐总局转解支应局
开平煤厘	每吨纳厘钱 84 文	款解天津厘捐总局转解支应局
临城煤厘	每吨纳厘钱 84 文	款拨临城县充各学堂经费
邮政包裹厘捐		光绪 33 年开办,款解天津厘捐总局转解支应局
厘金杂款		
平余银		由厘金项下提出,每 100 两提 1.66 两
闲款		即挂号单费,每子口单一张收挂号费小银元 4 角,三职单收 2 角
罚款		四成解公,三成购线,三成充赏
漏厘		由金滩镇,乐善营两处抽收,解大名道充工艺局经费

* 根据《财政说明书》,惟分正杂各款与原书不同。

第十章　山东河南山西直隶四省厘金

天津厘局所抽厘捐在同治十年以前平均每年仅有 20,000 两，全数作为芦团练勇之用。同治十年裁撤芦团及义馆，另设厘捐局，委员接办，所收款项按月截数报解海防支应局存储备拨。自此次改章后，每年可收银 60,000 余两。所有历年收款，均经截数报解支应局另存，惟地方连遭灾歉，需赈浩繁，有时不得不挪移借用。又因海防练军正饷不敷，间亦酌提应急，其余即尽各海口防管炮台等项核实动支。至局用员役薪工房租等项，则一年所支，统计不及收数一成。

关于天津厘金的税收报告，今在档案中仅得到一个。此报告中所列年份系自同治十年二月改章之日起至光绪四年年底止，七年零十月，共收银 518,900 两，共支出 538,639 两，计不敷银共 19,739 两[①]。若以八年计算，平均每年收银 64,862 两，支银 67,329 两。光绪四年后的税收情况，仅有一二记载可供参考。据《光绪十一年六月十四日李鸿章议覆户部开源节折》中谓天津大名两处百货厘金每年约收银十万余两[②]。据《光绪会计表》载，光绪十一年至十六年间直隶厘金收入最高数为 300,383 两，最低数为 139,770 两。《光绪会计录》载光绪十九年分直隶厘金收入为 276,299 两。此两种记载皆得自户部，数甚相近。惟 Jameison 氏在其外交报告中所依直隶厘金每年收入仅有 60,000 两的估计则与此数相去甚远，他的估计是根据光绪十七，十八，十九三年的收数，与户部的统计相差甚大，大约系仅以天津一处厘报为根据。

---

① 《光绪六年四月十六日御批直隶总督李鸿章折》。
② 《李文忠公奏稿》卷五十四，页十二。

第十一章 陕西甘肃四川云南贵州五省厘金

陕西省厘金

壹 税制沿革

陕西创办厘金是在咸丰八年。是年二月陕西巡抚曾望颜奏准在陕西省城设立捐厘总局①,试办抽厘②。省外设局计有十二处,其所在地点如下:(1)长武县,(2)宝鸡县属号县镇,(3)靖边县属宁条梁,(4)略阳县,(5)宁羌州及所属,(6)阳平关,(7)白阿县,(8)紫阳县,(9)潼关,(10)商州属龙驹寨,(11)大庆关,及(12)华阴县属三河口。凡遇各省往来货物如布匹,水烟,棉花,低料,绸缎,皮货,海菜,茶酒,木料等项,以及甘、川两省及本省土货药材等类,俱于经过及交易之时照货抽收四厘五毫,如价银千两,则抽银四两五钱。此为行商厘金,至于坐贾厘金则由地方官兼办,不另委员。全省除延安,榆林两府,及鄜州,绥德两州所属各县地瘠民贫,生计淡泊,一概免抽外,其余西安,同州,凤翔,汉中,兴安五府,邠,

---

① 同治六年改称"厘税总局"。
② 《咸丰八年十一月十一日朱批山西巡抚曾望颜折》。

商,干三州,择其繁盛地方,查明各铺生意,定为一年凡卖银在400两以上者,卖银在600串以上者,按照四厘五毫章程抽收,若不及此数,则一概免抽。嗣以各处市面萧条,收数无几,未及数年即酌量减免,其后仅余六县,至光绪末年收银不过4,000余两,全数归入行厘报销。至同治六年,将原定抽厘章程修正一次,同时创用联票,并添设局卡。光绪十年奏准陕西省城,东关,廓门三巡卡邵阳属之坊镇一查卡,并西安府属之咸阳县,渭南之上涨渡,兴安府属紫阳县,韩城之西石坡,四厘卡,共八处,先行裁撤,通省存留巡查厘金各卡二十八处①。十一年又奏准陕西省岐山,郿县,蒲城,韩城四卡,岐山等收酒厘,郿县于酒厘外,兼收百货土厘,蒲城专收皮厘,就近归并大庆关卡,韩城专收土厘,就近归并芝川卡,毋庸由县抽收。又武功,兴平,盩厔,扶风,耀州,鄂县,淳化,澄城,永寿,略阳,定远,蓝田,商南,干州,佛坪,邠州,富平十七厅州县土厘,前已裁撤,至鄂县等处,均截至九年底止,所留武功,兴平,盩厔,扶风,耀州等五处专收土厘,与百货行商无涉,毋庸议裁②。光绪二十一年加抽糖厘二成,二十二年加抽烟酒一道③;于是年又改两地分抽厘税之法为一地征收。以前抽厘,皆为一货两厘,凡货物在省内运销者,即抽发庄与卸载各一道,连货赴他省者,不抽卸载,而抽出境。外来之货在本省落地销售者,抽入境与卸载各一道,如系过往他省者,即不抽卸载,而抽出境。现在改为一地并征,即凡卸载,出境之厘均由发庄及入境之首卡悉数抽取,一抽之后即任其所之,不再重征。光绪二十七年糖厘又加抽二成,烟酒亦增抽一倍。光绪

---

① 《会典事例》卷二四一。
② 同上。
③ 一道即值百抽二。

三十三年改办土药厘金为统税。

以上为陕西办理厘金之略史,兹再述其税制。

厘金种类 陕西厘金分列于厘报中者共有六种,即货厘,土药厘,晋省包解盐厘,加抽糖厘,加抽烟酒厘,及牙帖。土药厘金自咸丰十年即开办,惟自光绪八年厘报中始列其收支数,大约以前系附在百货内报告。牙帖及晋省包解盐厘不知实际起于何时,同治年间之厘报中已有牙帖收支,惟盐厘则自光绪十一年起始见于厘报。

税率 陕西厘金税率,最初为位百抽0.45,嗣后改为值百抽二,一货两厘,计值百共抽四分。但亦有例外。如甘肃水烟运入陕西,由泾阳厘局征收,须完厘三道,即为值百抽六,三原,凤翔之大布须于正厘(即4%之厘金)外,多纳一道之六成(即1.2%),而汉中厘局征收东来之货,皆加收一道,即多收2%。糖厘为值百抽八,烟酒厘则为值百抽十二[①]。土药厘金原为每100斤抽银20两,嗣以税率过高,于光绪十年改为16两[②]。

课厘货类 陕西省抽厘货类,共计十四类,今表列如下,至于每类分若干项,则今已不详。

第一〇七表　陕西省课厘货物分类*

服饰类	海菜类	木料类
估衣类	果品类	药材类
皮货类	干菜类	玩器类
毛货类	杂货类	畜物类
食用类	杂用类	

* 根据《陕西省财政说明书》。

[①] 《陕西省财政说明书》。
[②] 《会典事例》卷二四一。

第一○八表　陕西省厘金局分布情形及所征货类*

厘局名称	所在地点	创设年份	所属卡数	课厘货类
厘税总局	省　城	咸丰8年		
东关局	咸宁县	同治6年	4	抽收洋货土货,土货以牛羊皮,山纸,木耳,生漆为大宗
南关局	咸宁县	同治6年		烧酒为大宗,油,漆,火纸,皮纸次之,牲畜又次之
西关局	长安县	同治6年		牲畜,杂货
北关局	咸宁县	同治6年		零星货物
泾阳局	泾阳县	不详	5	水烟为大宗,皮货次之,其他杂货又次之
三原局	三原县	不详	5	大布最多,药材,棉花次之,皮货杂货又次之
咸醴局	咸阳县	光绪22年	6	专抽油厘
临渭二华局	渭南县	光绪20年	13	土货及棉花
潼关局	潼关县	咸丰8年	3	布匹为大宗,杂货药材次之
大庆关局	朝邑县	咸丰8年	2	铁咸为大宗,香矾,汉烟,洋布,京货次之
芝川局	韩城县	不详	6	铁咸,杂货,棉线为大宗,水烟,花生,枣等次之
三河口局	华阴县	咸丰8年	13	潞盐,白布为大宗,棉花,牲畜等次之
凤翔局(1)	凤翔县	咸丰8年	5	药材为大宗,棉花,布匹等次之,皮毛,杂货,洋斜布又次之
长武局	长武县	咸丰8年	3	水烟为大宗,蜜蜡,药材次之,骡马驴皮张等次之
扶郿局	扶风县	不详	7	抽收土产及百货,土产以酒为大宗
兴安局	兴安县	不详	3	生漆,耳麻,丝茶,桐油为大宗,药材,漆木各油次之
白河局	白河县	咸丰8年	2	布匹棉花为大宗,洋斜竹布,南糖,烟酒,磁器等次之
蜀河局	洵阳县	同治9年		桐油,木耳,草棚为大宗,柿饼,花椒,核桃等次之

续表

任河局(2)	任河县	咸丰8年	1	川黄表为大宗,四川钢铁货,夏布,麻布等次之
石泉局	石泉县	同治初年	2	木耳,桐漆各油,榨皮为大宗,丝漆漆竹木等次之
汉中局	汉中县	不详	4	姜黄姜皮烟叶为多
宁羌局	落州县	咸丰8年	1	川绸杂货为大宗
阳平关局	阳平县	咸丰8年	1	白红冰糖,川绸缎杂货为大宗
略阳局	略阳县	咸丰8年	2	水烟为大宗
沔县局	沔县	同治3年	1	土产木耳,党参,梧子,棉花,杜仲为大宗
龙驹寨局	商州	咸丰8年	2	布匹为大宗,杂货及洋斜布次之
漫川关局	山阳县	不详	2	土产各药材桐漆油,冻绿皮,牛羊皮等为大宗
龙王汕局	韩城县	光绪8年	7	甘草为大宗
靖定局(3)	靖边县	咸丰8年	9	大布,棉线,京广杂货药材,糖酒等
宋家川局	吴堡	光绪24年	1	洋布,白布,糖,靛,药材,杂货为大宗
府神葭局	葭州	光绪26年	16	麻油,甘草为大宗

＊根据《陕西省财政说明书》。
(1)初为号镇局。
(2)初名紫阳。
(3)初为宁条梁局。

抽收机关　陕西创办厘金的时候省外所设分局共有十六处,惟各局所属分卡数不详。光绪十一年间除省局外,共有分局二十八处①。嗣后迭有增减,其详已不可考,今惟知光绪末年所存厘金局卡数目,兹将其名称,所在地,及所属卡数列为第一〇八表,并附各局所抽大宗货类。总计有分局三十一处,分卡一百二十六处。

比较　陕西厘金税收比较章程,最初定于同治六年,光绪年间

---

① 《光绪十一年七月初六日御批陕西巡抚边宝泉议覆户部开原节流折》。

曾经修改一次，原章划局卡为六等，各举近三年最旺之年为准额，而以现年之收数与之比较，半年一核赢绌，按等第计盈绌成分，分别撤留委办人员。满一年即统计一岁之数，视其等第而加奖罚。宣统年间，办法更密，不以近年最旺之年为准，而改以数年最旺之月为额，每三月一校核，每半年即行赏罚。兹将宣统年间各厘局通年比额银数列为第一〇九表。全省全年比额银数共为 495,065 两。

第一〇九表　陕西省各厘局通年比额银数*
（单位以两计）

局　　别	比额银数	局　　别	比额银数
东　关　局	3,234	蜀　河　局	6,709
南　关　局	1,795	任　何　局	14,197
西　关　局	824	石　泉　局	2,897
北　关　局	513	汉　中　局	9,633
泾　阳　局	53,133	宁　羌　局	5,940
三　原　局	43,425	阳　平　关　局	7,734
咸　醴　局	1,834	略　阳　局	11,972
临渭三华局	3,295	沔　县　局	1,262
潼　关　局	44,336	龙　驹　寨　局	117,420
大　庆　关　局	14,953	漫　川　关　局	870
芝　川　局	3,436	龙　王　辿　局	1,238
三　河　口　局	1,369	靖　定　局	4,279
凤　翔　局	27,334	宋　家　川　局	2,827
长　武　局	22,937	府　神　葭　局	3,771
扶　郿　局	1,125		
兴　安　局	12,966	总　　　　计	495,065
白　河　局	67,807		

* 根据《财政说明书制》。

局用　陕西厘金局用，在光绪九年以前，共提支两款，一为留支经费，每年所提约近一成，此款向来报部，为内销款。另有一款称"留存办公",每年所提亦约近一成,惟有时多至四成,此款向不报部,户部历年皆不知有此一款,迨光绪九年陕西藩司叶伯英在查办陕事案内所开清单中列有此款,始知陕西尚有此项为他省厘局所没有的经费。户部因于光绪十一年议奏将两款合为一款,共提一成,以示限制。十二年三月陕西巡抚奏请允该省局用,仍准照旧例开支,经户部议覆,仅允多提半成,惟"留存办公"及留支经费两款,仍应合为一款,不得分立二项[①]。据厘金报告所载,全省厘局经费每年约四五万或六万数千两不等,与收入总数相比,实在一成以上。

贰 税收及开除

陕西厘金报告始于咸丰九年,于咸丰十年二月由陕西巡抚奏报。嗣后每年奏报一次,格式甚简,仅具一折,不另备清单,此由于收支简单之故。收支俱以银计,银为库平银。今所得档案,共计有四十一年,咸丰朝有一年,计缺十年及十一年二年,同治朝有八年,计缺元至五年,光绪朝有三十二年,计缺十五及十九两年。

一 税收

陕西厘金税收在光绪七年以前,列于厘报中者仅有二项,百货与牙帖[②]货厘收数年约在二十万至二十五万两之间。牙帖收数多

---

① 《户部陕西司丙戌年奏稿》卷二,《议覆陕抚请留厘金外销一成北山防勇未便遽撤折》。
② 参阅附表第一一七。

则六七千两，少则千余两。光绪七年后货厘收数渐增，年约收二十八九万两，或三十余万两，二十三年后续增，年约收四十余万两。土药厘金税收于光绪七年始于厘报中分列一项，光绪十八年以前除二三年较高外，年仅收银一万数千两。二十年后，收入增高，年收十四五万两，有时且超至二十余万两。光绪三十三年改办统税后，其收支即未列入厘报。晋省包解盐厘的收数，始见于光绪十一年的厘报，除一二年外，每年收数皆将近二万两，或略过之。光绪二十八年后无收入，原因不详。加抽糖厘自光绪二十一年始，初仅加抽二成，每年收数约一千余两，二十七年起又加抽八成，惟收数并未增高[1]。加抽烟酒厘自光绪二十二年始，初加抽一道，计合原抽之数共为值百抽六，每年收将及三千两，或稍过之。光绪二十七年又加一倍征收，应按价征12%，收数稍增，每年约收四千数百两。除此数税外，尚有三项无税收性质的收入，此即支销项下扣出四分平余，提存各卡津贴，及提存各卡个头等收入。四分平余银自光绪十二年起始列入厘报，初仅数百两，二十二年后增为一千数百两，或二千余两。提存各卡津贴及个头皆自光绪二十六年始，此为庚子赔款定后各省风行提存厘金盈余之一种。陕西厘局抽税，收银者有平余银，收钱者有个头，皆为委员私入之款，因个头较平余为多，故至光绪二十六年有酌提归公之举。各卡津贴向由原收税款内提出，有时自不免滥支，故亦有酌提归公之举。两项提款每年皆约提一万一二千两。为列表便利计，兹于收入总表（即附表第一一七）中，将此三项杂收入及前二项加抽厘金收数共列一行，而以"其他收入"概括之，至于此五款各年收入细数，则另列一分析表（即附

---

[1] 参阅附表第一一八。

表第一一八），以便参照。

全部厘金收入在光绪八年以前，每年纳收二十五六万两。八年以后至二十年，收数稍增，年约收三十四五万两。二十一年后续有增加，以后各年收数常在五六十万至七十万两间，惟光绪末二年收数较低，因无土药税收故也（参阅附表第一一七）。

二　开除

陕西厘金开除，咸丰九年之支出全为协济各省军饷。同治七年至光绪二年之开除，大部拨充本省军费，一部解藩库，其用途则不详。光绪三年至八年全部入款俱解藩库。光绪八年以前，厘金局卡经费虽据称为报部之款，但厘报中并未列举其数，直至光绪九年始列入厘报。光绪九年后之厘金开除，大部分为拨充本省军费，仅一小部为局卡经费[①]。若以百分比率而言，"解藩库款"在光绪元年以前，约占开除总数45％弱，而本省军费则占45％强。光绪二年，前款约占85％，后款约占15％。光绪三年至八年"解藩库款"占全部开除百分之百。光绪九年以后开除为本省军费及局卡经费两项所占，惟光绪九年因无两款支出细数，无从比较。光绪十年至二十一年，本省军费在全部开除中占85％强，局卡经费占15％弱。二十二年以后则前者占90％强，而后者仅占10％弱。兹将陕西省厘金开除各项总数列为附表第一一九，其百分比列为附表第一二○。

历年开除总数与收入总数相比，除有时收支相抵外，各年有盈余或不敷。计四十一年中，除有二年因缺收支数不计外，收支相抵

---

① 参阅附表第一一九。

共有二十九年,不敷有六年,盈余有六年。兹将收支比较列为附表第一二一。

甘肃省厘金

壹 税制沿革

甘肃厘金始于咸丰八年三月,由陕甘总督乐斌奏准开办。最初只抽甘肃土产水烟一项。事先命商人设立烟行,以便征税,除令各行请领牙帖,输纳牙税外,并责令按货捐厘。计省城设立三行,靖远县设立一行,每行请领牙帖一张,年约纳帖税银100两。抽厘办法系从量收税,以两箱为一担,省城车驼一担,抽银二钱,骡担抽银一钱六分五厘,靖远车驼一担抽银一钱七分,骡担抽银一钱五分。所有应征厘银,责成各过载行收缴以归简易①,每月汇缴税银于兰州府,既不另行设局,亦不假手书差②。其后又增土烟(即土药)厘税,惟与百货厘税分报。同治二年甘省因银价腾昂,所收厘税,以钱折银,亏损甚大,不敷需用,同时又有厘卡数处,被贼匪蹂躏,收数顿减,乃于是年十二月将所征税额提高,水烟以前每担收银二钱,今加收四钱,土烟每100斤以前收四十串,现加收银五钱。此本为甘省当局暂定办法,嗣以收数增加,即于三年十二月奏准水烟抽厘,仍加收四钱,土烟厘金则改收银两,每100斤收银20两,二年所加税额,即不再征③。此为初抽厘金时的情形,但甘肃自同治

---

① 过载行即为客商雇觅车辆驼骡起运水烟之脚行。
② 《咸丰八年五月二十一日朱批陕甘总督乐斌折》及《水烟厘税章程》。
③ 《同治四年二月二十四日御批护理陕甘总督恩麟折》。

元年遭遇回变以后,全省蹂躏殆遍,商旅几乎绝迹,后虽于收复之处,设局抽厘,但旋办旋撤,既无一定处所,亦无一定章程。所收厘金拨解各营权济军食,是时道路梗塞,文报不通,各分局所收,亦不报省城司局。迄同治八年左宗棠督师驻平凉,先从甘南开办厘局,其抽收名目,有牙帖捐,有百货捐,而盐茶亦统归货厘抽收①。牙帖税章,系仿照鄂省拟定,惟因甘省地方瘠苦,税率视鄂章减三成②。同治十三年左宗棠鉴于甘肃茶商在兵灾之后,欠课过久,旧商既无力再领新引,而新商又以积欠未免,观望不前,茶课虚悬,厘亦无着,遂奏定新章,豁免积欠旧课。新章规定茶叶抽厘,除出口之茶,另于口外厘卡加完厘金一次外,在陕甘境内行销者,只收一起一验,每引(100斤)纳厘至多不过二两,每票(4,000斤)一张共纳厘银72两。其后茶运渐畅,茶厘亦渐旺。又于是年奏准甘肃抽收盐税,改课为厘,由西和县盐关创办,各属盐斤亦次第照抽③。光绪二十年遵户部筹饷之案,于茶厘加抽二成,计每票(4,000斤)一张加抽银14.4两;后于光绪二十七年于赔款案内又加抽一成,计每票一张加抽银7.2两。光绪三十四年奉部命又征收盐斤加价一款,计每斤加四文,以二文解部,以二文留作本省拨用。

光绪三十一年将百货厘金中之大布一项划出,改办统捐。行之有效,遂于三十二年照章试办百货统捐,先厘定出口章程,组织各局,一律实行,嗣以章程未十分完善,于翌年又重加厘定。其税则无论出口货入口货均以担计算,每担以240斤为额,贵重货物,

---

① 《光绪十年正月十一日御批陕甘总督谭钟麟折》。《会典事例》卷二四一误载左宗棠设厘局事为甘肃创办厘金之始。
② 《会典事例》卷二四一。
③ 《甘肃省财政说明书》。

不能成担者以斤计算,按货价之贵贱,定科则之轻重,大致以值百抽五为率。入口税除正税外,每银一两,加平一分,以免解费汇费之耗折,出口税不论本销外销,较入口税则减十分之二,只纳正税,概不加平。

以上为甘肃厘金之略史,兹再述其税制。

厘金种类　甘肃厘金在未改办统税前,主要税收共有两项,一为百货厘金,一为盐厘。货厘起抽在咸丰八年,盐厘则自同治八年改章后始有收入。光绪二十一年为户部筹款增加抽二成糖厘一款,三十一年又增加抽烟酒税厘一项,但收数皆甚微。此外尚有土药税一款,自光绪二十九年起有数年收入①。光绪三十二年全部厘金俱改统捐,计有百货统捐,盐统捐,木料统捐,大布统捐四项,后二项系由百货提出单抽,但仍与百货合报。惟盐之收支始终与百货分报。

税率　甘肃厘金税率未改办统捐前,大致为值百抽一二,但系逢卡抽厘,则一般厘金税率当为值百抽四五。故三十二年改办统捐时,即径定为值百抽五,但入口税因有每银一两收加平一分之举,实际税率当为5%强,而出口税因有照正税减20%之优待办法,其税率又当在5%下。各项货物俱以分等及从量定税则,兹将此税则列为第一一○表。此外尚有木料统捐及三原大布统捐,其税则不在此表内。大布,色布每卷收库平银一两,其难以卷计者,即以斤重计,每八十斤折为大布一卷。木料统捐有一分等税则,今列为第一一一表。

---

①　按土药抽厘在咸同年间即已实行,惟向系分报,故百货厘报中无此收数,此数年收入系见于百货厘报。

每一一〇表　甘肃省百货统捐分等税则*

类别		等级	单位	税则							分等理由
				一等	二等	三等	四等	五等	六等	七等	
出口货类	水烟类	7	每担350斤计	每担4.320	每担2.500	每担2.000	每担1.400	每担1.200	每担1.000	每担0.850	以产地分等
	丝绸类	不分等	每担以240斤计	每担20.000							
	杂货类	5	每担以240斤计	每担3.000	每担1.800	每担1.600	每担0.900	每担0.550			以价值分等
	纸张类	不分等	每担以240斤计	每担0.800							
	药材类	6	每斤每担	每斤2.000	每斤0.400	每斤0.040	每担3.000	每担1.500	每担0.750		以价值分等
	土瓮类	不分等	每担以240斤计	每担0.800							
	皮毛货类	7	每斤每担	每斤4.000	每斤0.200	每担20.000	每担8.000	每担3.000	每担1.800	每担1.000	以价值分等
	皮匹类	不分等	每卷为32匹	每卷1.000							
入口货类	牲畜类	3	每口价为一两	银一两0.050	每口0.200	每只0.050					以价值分等
	绸缎类	2	每担以240斤计	每担40.000	每担30.000						以产地分等
	洋缎类	不分等	每担以240斤计	每担25.000							
	洋货类	不分等	每担以240斤计	每担6.000							
	布匹类	2	每匹	每匹0.100	每匹0.050						以价值分等
	海菜类	2	每担以240斤计	每担4.000	每担1.600						以贩运难易分等
	杂货类	6	每担以240斤计	每担5.500	每担4.000	每担2.400	每担2.000	每担1.200	每担0.800		以价值分等
	纸张类	3	每担以240斤计	每担2.400	每担2.000	每担1.200					以价值分等
	药材类	5	每斤每担	每斤2.000	每十斤3.000	每担9.000	每担4.000	每担2.000			以价值分等
	棉花类	不分等	每担以240斤计	每担2.600							
	瓮器类	3	每担以240斤计	每担7.000	每担5.000	每担1.200					以价值分等
	估衣类	4	每担以240斤计	每担28.000	每担12.000	每担6.000	每担1.200				以价值分等
	皮货类	5	每担以240斤计	每担30.000	每担12.000	每担4.000	每担2.400	每担1.200			以价值分等
	古玩玉器类	不分等	每价银100两	7.500							

*根据《甘肃省财政说明书》。

第一一一表　甘肃省木料统捐分等税则*

类别	等级	单位	税则					分等理由
			一等	二等	三等	四等	五等	
木株类	5	每株	围过四尺以上 0.800	四尺以下 0.500	三尺以下 0.350	三尺五寸以下 0.250	三尺以下一尺五寸以上 0.150	以大小分等
木椽类	3	每株	1.015	0.010	0.007			以大小分等
木板类	4		通用板每方丈为一丈 3.200	木鞍板每付 0.010	罗圈板每百斤 0.300	木踏板每捆 0.020		以价值分等
水烟箱板	2	每块	厚过二寸长及五尺者 0.020	厚一寸长四尺者 0.005				以厚薄长短分等
桦木水烟夹板		每付为二十板	0.060					
寿材类	3	每付	四川花板 4.000	四整松柏杉木 2.000	杂木 1.500			以价值分等
东料	4		车轮料每根 0.080	桦木车辕每付 0.070	车纲子辐条每付 0.065	车头子每付 0.045		以价值分等

*根据《甘肃省财政说明书》。

课厘货类　在甘肃省内被课厘金之货物共有十七类,兹列表于下,惟各类所分项数不详。

第一一二表　甘肃省课厘货物分类*

　　水烟类　　　　牲畜类

　　丝绸类　　　　洋缎类

　　杂货类　　　　洋货类

　　纸张类　　　　海菜类

　　药材类　　　　棉花类

　　土瓮类　　　　估衣类

　　皮毛货类　　　皮货类

　　古器玉器类　　木料类

　　绸缎类

*根据《甘肃省财政说明书》。

抽收机关 甘肃抽厘,立局设卡之经过,今已难道其详。惟光绪三十三年改办统捐后之局卡,尚见于记载。除省城总局外,计百货统捐局有五十九处,分卡四十七处,此外尚有抽盐捐之局十余处。兹将宣统年间百货统捐各局名称又卡数列为第一一三表。

征收方法 甘肃抽厘,除百货中之水烟一项系由商人包缴外,余物皆由官方设局征税。

局用 截至宣统二年止,甘肃共存统捐总分各局六十五处,统计每年局费约需银十二三万两。

第一一三表 宣统年间甘肃所存局卡*

局 名	分卡数	局 名	分卡数	局 名	分卡数
省城总局	7	惠 安 局		狄 道 局	1
西 宁 局	1	平 罗 局	1	安 定 局	1
平 番 局	1	徽 县 局		靖 远 局	1
肃 州 局	1	两河口局	1	金家崖局	1
金 塔 局		阶 州 局	1	新 城 局	
高 台 局		宁 夏 局		渭 源 局	
大 靖 局		平 凉 局	1	三 原 局	1
西马营局		利 桥 局	1	一条山局	
中 卫 局		秦 安 局	1	固 原 局	1
凉 州 局	2	宁 远 局		漳 县 局	
甘 州 局	1	石岭子局	1	惠安堡局	1
西峰镇局	1	杨家店局		白 墩 局	
横 城 局		安 边 局	1	秦 州 局	1
吴忠堡局		秦 州 局	1	擦汉池局	1
花马池局	1	凤 翔 局	1	甘 凉 局	1
岷 州 局	1	略 阳 局	1	花 定 局	2
麻沿河局		洮 州 局	1	凉 州 局	
碧 口 局	1	河 州 局	1	省城木捐局	
泾 州 局	1	西 安 局	2	洮岷狄局	
华 亭 局	1	张家川局	1		

*根据《甘肃省财政说明书》。

贰 税收及开除

甘肃厘金收支报告自同治八年始,于光绪九年末始由陕甘总督谭钟麟奏销,是次奏销年份计自同治八年至光绪七年。嗣后每年奏报一次。盐厘与百货厘金向系分报,今所得档案,计百货厘报三十八年,盐厘报告三十二年。厘金收支在光绪十六年以前系以银钱并计,银为库平,吾人计算以钱折银时系借用牙帖税之银钱兑换定率,即以1,666文易库平一两①。惟钱之收支数甚小,每年折合银数不过数千两或一万余两。

一 税收

甘肃厘金之主要税收有二,即货厘与盐厘。货厘收数,在同治年间,每年约为二十余万两;同治十三年后收数较高,年约三十五六万两,有时且增至四十二三万两。光绪十五年后。收数渐减,最初数年所收,每年将及300,000两,以后则降至200,000两左右。至光绪三十二年起,改办统捐,收数陡增,每年约收600,000两,或稍过。盐厘收入,自同治九年起,每年不过10,000两,同治十三年后增一万余千两,光绪七年后续增至三万余两,或四万余两,光绪二十二年后稍减,二十六年后复增至四万余两。光绪三十二年

---

① 牙帖税之银钱兑换率由左宗棠于同治十三年十二月奏定,见是年《十月二十三日朱批左宗棠折》。

改办统捐后,最初两年收数未增,光绪末年及宣统元年则增至十万两以上。光绪二十一年增加抽二成糖厘一项,年收仅三百余两。二十九年起增一土药税年约收一万余两;三十一年增加抽烟酒税厘一款,是年收入六万余两,此款于翌年改办统捐后即并入百货统捐内,故三十二年后无收数。

全部厘金收入,在同治十一年前,年约二十余万两,同治十二年至光绪三年,即增高至年收四十四五万两。光绪四年后稍减,每年收数将及 400,000 两,光绪十七年以后则降至二十余万两,直至三十二年改办统捐起始见增高,自是年至三十四年,年收约六七十万两,迨至宣统元年,则逾 1,000,000 两矣(参阅附表第一二二)。

二 开除

甘肃厘金开除在同治八年至光绪七年十三年间,仅笼统奏销一次。十三年间共支出银 4,471,375 两,其中解藩库备拨之银共 1,014,366 两,拨文武官廉饷银 1,213,463 两,拨恪靖营(即左宗棠军)军饷 905,914 两,解善后局银 841,685 两,厘金局用 494,931 两,拨嘉峪关通商衙门经费银 1,015 两。以后各年开除,除有时各年有数万两解存藩库备拨外,大部分之款皆解藩库支付各项用款。此类用款,项目繁多,厘报中未按款举其细数,自难分别归类。故统以"解藩库拨各项用款"一项概括之。此项开除中,计有嘉峪关通商衙门经费,各州县供给办差往来车价,伊犁塔城饷,文武职官俸饷,以及厘金局卡薪工局费等支出,此外有时各年尚有数千两之盐厘局卡经费之支出。

全部开除总数,光绪七年以前,各年之支出数不详,八年以后年约支三十余万两,十七年以后渐减,年约支二十余万两。光绪三十二年后因收入加高,支出亦增,年约六七十万两,宣统元年亦随收入而逾1,000,000两(参阅附表第一二三)。

以比较而言。开除中以"解藩库拨各项用款"一项为最大,约占全部开除数百分之九十至百分之百。若将两项解藩库之款合计,则不占百分之百,即占百分之九十八强,余百分之一强即为盐厘局用所占。

历年开除总数与收入总数相比,各有盈余或不敷,光绪八年因各年开除无细数报告,故无从比较收支。光绪八年起,至宣统元年,计二十七年,中除六年因无收支数,或收支不全不计外,二十一年中,收支相抵共占十年,盈余之年占九年,不敷之年仅占二年。盈余最高数为光绪八年之45,631两,余年多为数千两。不敷最高数为光绪三十三年之38,422两。兹将历年收支比较列为附表第一二四。

四川省厘金

壹 税制沿革

四川创办厘金始于咸丰五年十二月,由川督黄宗汉创议在富荣,犍为等厂就地设局,抽收盐厘,引盐按斤抽银一厘,计水引一张共合抽厘银七两五钱,由商,灶,号三股摊派,余盐则每斤抽厘四文[①]。至

---

① 《清盐法志·四川志·征榷门三》,《同治二年十一月一日朱批骆秉章折》。

于创办货厘,则在咸丰六年①,惟当时情形已不详。其后虽有署理川督曾望颜,巡抚崇实等之经营,但以创办之初,收入为数不多。咸丰十一年川督骆秉章至省后,即拟设法扩张,乃督同藩司及盐茶道等,厘定通省捐厘章程,在省城设立捐输厘金总局(后改称厘金总局),于大江要路之夔、渝、叙、泸等处,设卡抽收货厘。当时诸事皆循湘省官绅合办成法;至同治三年,上谕命各省督抚于厘捐委员,概行裁撤,统归地方官经理,骆氏覆奏,称川省厘金已著成效,改由地方官办理,诸多窒碍,不如仍照旧章办理,因即未改②。同治初年收入颇丰,据云夔州一局,岁收年可至六七十万两③。十一年后,榷务中落,收入减少。光绪三年丁宝桢奉命督川,到任后即实行整顿厘税,重定上下各局互验厘票章程,通饬各局按月造报收支实数清册。并督同司道逐月比较近三年对月收数,以收数之多寡定委员之功过。自此以后,盐货厘金,皆有增加④。光绪七年加抽土烟厘金,由每百斤征银30两加征至48两⑤。光绪十六年增收川东货厘,由川东道兼征⑥。光绪二十年加抽糖厘二成,二十一年因筹偿款加抽烟酒厘金各三成,二十二年加收竹篾厘金三成,二十五

---

① 《四川省财政说明书》,第二十三页,《光绪元年十月二十四日朱批四川总督吴棠折》中云川省盐货厘金创自咸丰五六两年,盐厘既确知系在五年创办,货厘自应在六年,惟骆秉章奏驳滇黔请在川省借地抽厘一疏中(《骆氏奏稿》卷七)云川省货厘系由署理川督曾望颜崇实等设局创办,但曾望颜署川督是在咸丰九年十月中,崇实入川还稍后(《东华实录》卷八十九、卷九十)。如谓川省货厘是由彼等创办,则当在咸丰九年冬。据《蜀帑出纳汇览》(抄本,大约作于光绪末年)所载则始于咸丰六年,因先后设局抽收,旋设旋停,故后人未能详于开始年份。
② 骆氏覆奏见《骆文忠公奏稿》卷七。
③ 光绪三十年所刊《四川厘金划一章程》。
④ 《光绪六年四月十六日覆陈户部筹备饷需折》,《丁文诚公奏稿》卷十九。
⑤ 《光绪七年七月十一日议抽烟厘大概情形折》,同上书卷二十一。
⑥ 《蜀帑出纳汇览》。

年加抽烟酒厘各一倍,二十七年又筹偿款,再加烟酒糖厘三成,并春茶亦加三成,均按向章加入累计。

关于川省厘金税制,其详已难考,兹于下文略述一二。

厘金种类 四川厘金共有两大类,即盐厘与货厘是也。盐厘收入最大,货厘次之。光绪十二年以前尚有洋药厘金,自十三年起改归海关与洋药税一同并征。至于土烟,则向例附于百货征收,惟自光绪十六年后改为与百货分征。此外尚有竹篾厘金及白腊厘金二项与百货分征。

税率 川省百货抽厘,平均税率为值百抽二。计行厘一道,落地厘一道,一般货物税率当为值百抽四。各货抽厘,刊有从量定则,其无定则之货则一律按价抽 2%①。土烟厘与盐厘另有税率。烟为每百斤抽银 48 两。盐厘税率,据光绪三年重订章程,富荣犍乐四厂每引巴盐收银 17 两,花盐每引收银 18 两,潼属各厂本重销滞,每引收厘银 7.5 两,皆系就厂抽收,统称厂厘。济楚川盐,纳完厂厘后,尚须在重庆纳一厘金,名为渝厘(此税自咸丰十年起抽)。计每引巴盐收厘银 19.5 两,花盐收银 25 两,其余边计各引运费极重,行销甚绌,无论花巴,每引只收厘银 2 两②。

课厘货类 川省被课厘金货物,共分十五类,各类分项共计 894 项。中以药材分项最详,计 242 项,绸缎等类次之,牙角羽毛等类又次之。兹将货物总类及各类所分项数列表如下。

---

① 详见《四川厘金划一章程》。
② 《光绪十一年六月初二日议覆户部开源节流各条折》,《丁文诚公奏稿》卷二十五。

第一一四表　四川省课厘货物分类*

类别	项数	类别	项数
绸缎纱绫绒绢丝类	134	腌腊海味类	71
缨皮牙角羽毛类	115	颜料胶漆纸劄类	54
衣帽靴鞋类	47	竹木篾器皿箱盒类	49
杂货类	59	酒果食物类	11
香椒类	15	布匹花幔类	24
药材类	242	珍宝类	6
铜铁锡铅类	32	京货广货类	13
油腊矾磺类	22		

* 根据《四川厘金划一章程》制。

抽收机关　省城设总局,总理全省厘务,并经管四门厘金及簇桥丝厘。据光绪二十四年的记载,除省局外。全省共设有厘局十六处①,今列表如下。

第一一五表　光绪二十四年四川厘金局名*

　　省城厘金总局　　　　江漳厘局
　　金堂厘局　　　　　　嘉定厘局
　　越嶲厘局　　　　　　泸州厘局
　　万县厘局　　　　　　资州厘局
　　渝城厘局　　　　　　合州厘局
　　宁远厘局　　　　　　广元厘局
　　石堤厘局　　　　　　内江厘局
　　夔邵厘局　　　　　　叙州厘局
　　汉州厘局

* 根据《光绪二十四年九月四川通省货土税厘各局抽厘定章》(抄本)。

其后大约又续有增设,至宣统年间,除省局外,重庆,合州,夔州三处皆设道员督办,此外共有正委分局二十一,副委分卡九,司

---

① 《四川通省货土税厘各局抽厘定章》(光绪二十四年九月)(抄本,现藏北平燕京大学图书馆)。

事查卡六十八,由地官兼办者有越嶲,灌县两局。各分局名称除上述光绪二十四年旧有者外,余皆不详①。各局收入以夔州为最多。

征收方法　川厘除设局抽收外,尚采包缴之制,如嘉定白蜡厘金即由出产公司包缴,每 100 斤纳税一两七钱,其就地销售者仅纳六钱七分。公司每年代征之数约 20,000 两至 40,000 两。又叶烟一项,以其销售散漫,城门厘局稽征不便,因责成叶烟行代收,按月缴呈总局。光绪三十年后,油,酒,糖等物皆改办统税,不使其隶于厘金②。

局用　川省厘局经费,按章得照收数开支一成。总局每年的经费约需一万余两,由藩库于征存厘金税款项下按一成拨支。各分局经费即就所收货厘内照数坐扣,按月报销,不在藩库一成之内。以光绪三十四年计之,是年共征厘金六十五万七千余两,各局卡留支银七万七千余两。征收所费,已在一成以上。综计每年总分局共支九万余两。

贰　税收及开除

川省办理厘金报销,最不遵守部章。货厘自开办日起,迄同治十二年止,并未报部一次。中间虽经户部迭次督催,但皆无反应。迨光绪元年三月户部整顿厘金之案施行后,川省始于该年九月作第一次货厘报销,但系与盐厘一并报告,并非单报。是年报销年份

---

① 《四川省财政说明书》,第二十五页。
② 参阅《四川省财政说明书》。

共计十八年,即自咸丰六年至同治十二年。收支皆仅有一总数,并无各年总数。此十八年中盐货厘金共收银 21,103,996 两,支出共银 20,860,907 两,实存银 243,089 两。此外尚有洋药厘金一项,自咸丰九年冬季起至同治十一年冬季止,共收银 1,167,814 两,计支出银 1,150,527 两,应存银 17,287 两。货厘收支既系与盐厘合报,故欲单知货厘实数,尚必须从盐货厘金总数中,减去盐厘之总数。惟此点在收入方面尚可作到,因川省盐厘收数另有报告;至于开除方面,则以无此项别报手续,故无法分计。川省盐厘计有两种,一为厂厘,一为渝厘,二者分报,前者归盐法道经管,后者由川东道。今档案中所有咸丰六年至同治末年之盐厘报告,以厂厘较全,至于渝厘,则不存一折,惟其大约收数尚可以估计得之。计厂厘自咸丰六年至同治十二年共收银 9,455,758 两,中有三年收数因缺报告,系采用上下相邻二年收数相加之平均数,与实数相差甚微。至于渝厘,据丁宝桢光绪十一年六月十六日查明川库收支数目一折所开,每年约收银十六七万两,又据现存自光绪七年至二十三年间之十三个渝厘报告计算①,此十三年的每年平均收数为 164,684 两。故吾人可假定咸丰十年(渝厘在此年起抽)至同治十二年间之收数,平均每年为 165,000 两,十四年总计共为 2,310,000 两。与厂厘合计,共为 11,765,758 两,此即咸丰六年至同治十二年间所有盐厘之收数。将此数从 21,103,996 两之盐货厘金总数内减去,则所余之 9,338,238 两即为货厘收数。货厘自咸丰六年起征收,则此数当为咸丰六年至同治十二年共十八年间之收入总数,若以十八

---

① 参阅附表第一二五。

年平均计算,则每年应有518,791两之收入①。惟此种平均数断不能与实际收数相符合,如咸丰七年至十一年皆为货厘创办未久之时,其收数自难与以后十余年相埒。又据上文所述,同治初年货厘收入颇丰,仅夔州一局收数即约有六七十万两;可见当时若以全省合计,其数必在此平均数之上。今可推定者,即货厘收数,在咸丰六年至同治十二年间,每年平均约有五十余万两。关于支出数,上文已言无法分析,惟用途尚可于报销折中知其大概,其项目计有京饷,固本兵饷,各省协饷,本省防剿经费,新兵饷折白事,药铅,教案赔款,办理梁赈修仓积谷,武职月课奖赏等项②,惟此种项目系盐货厘报中所列之项目,非必为尽为货厘开支之项目,盐厘亦占一部分。同治十一年后榷务中落,收入减低,光绪三年经丁宝桢整理后,颇见加增。据丁云光绪三年后货厘增收约十余万两,盐厘增收约二十余万两,二项合计,不下四十余万两。③惜同治十三年至光绪六年之盐货厘报今皆不存,不能证实其言。

自光绪元年后,川省报销货厘,皆系与盐货厘合报,从未分报。今所存光绪朝盐货厘报共计十七年,即自光绪七年至光绪二十三年。惟造报期限,并未遵守部章,多系二年合报一次,甚至有时三年合报一次。报告中收支二项仍仅列一总数,不举细数,二年或三年合报一次者,亦不分列各年收支之数。收入方面既仍系盐货合一,故欲求货厘收数,仍须采用减除盐厘收数办法。所幸盐厘报告尚有大部分存在,计光绪七年至二十三年共十七年间,厂厘报告存十四,渝厘报告存十三,其缺报告各年的收数,仍以上下相邻二年

---

① 参阅附表第一二五。
② 《光绪元年十月二十四日朱批四川总督吴棠折》。
③ 《光绪六年四月十六日覆陈户部筹备饷需折》,《丁文诚公奏稿》卷十九。

收数相加之平均数代之。惟货厘因有二年或三年合报一次之事，有时各年之收数即不能不求一平均数以代表之。无疑，此种缺陷会影响吾人所求出之货厘收数，使其仅有平均数的价值。据附表第一二五所列，光绪七年至二十三年之货厘收数，常为四十余万两，十七年中计收数超过 500,000 两者有四年，不满 400,000 两者亦有四年。光绪二十八年至三十三年货厘收入亦与盐厘合折报销，惟另有一总数，此六年总共收银 2,630,796 两，平均每年收 438,466 两。光绪朝内川省货厘开支仍然无法分析，兹只能将此期内盐货厘金项下合支之数与合收之数并列比较，借以略观支出的大概情形。

第一一六表　四川省历年盐货厘金收支比较

光绪 7 年—33 年

（单位以两计）

年　　次	收入总数	开除总数	实存或不敷
光绪 7—8 年	2,392,197	3,130,487	-738,290
9 年	1,048,280	1,113,862	-65,582
10 年	1,080,470	1,085,924	-5,454
11—12 年	2,159,980	2,219,638	-59,658
13—14 年	2,113,379	2,111,795	1,584
15—17 年	2,967,407	2,952,710	14,697
18—19 年	1,912,472	1,923,095	-10,623
20—21 年	1,992,041	1,966,162	25,879
22—23 年	2,138,994	2,119,850	19,144
28—33 年	2,630,796*	2,563,346*	67,450

* 此为货厘一项之数。

至于开支项目，据《蜀帑出纳汇览》所载，经常支出有下表所列各项。

第一一七表　光绪年间四川厘金经常开除项目*
（单位为两）

甘饷	30,000— 40,000
铁路经费	10,000— 20,000
滇饷	10,000
防剿经费	20,000— 60,000
西藏台费	120,000— 150,000
厘金公费	60,000— 80,000 +
四国借款汇费	6,000— 8,000 +
甘饷汇费	7,000— 11,000 +
铁路经费汇费	500— 1,900 +
调藏差遣员薪	3,000— 7,000 +
文武职月课奖赏	7,400— 8,400 +
靖远营新兵饷	1,400— 1,600 +
管解京饷委员所需包装等费	100— 600 +
总计	265,000— 398,500

＊根据《蜀帑出纳汇览》(钞本)　　＋＝余两

非经常支出之款以各种拨款及解款之汇费为多。

按前人统计川省厘金收数，常有很大的差异，考其原因，即由于盐货合报。盖以盐货二厘合报之数观之，则川厘收数每年约在1,000,000两左右。若减除盐厘，单计货厘，则每年收数不过四五十万两而已。李希圣所编《光绪会计录》载光绪十九年川省厘金收数为1,074,684两。英人G. Jamieson估计川省厘金收入，每年约收989,000两[①]，Parker氏估计为1,000,000两。此三数大约即系盐货合计之数，因其与吾人所得盐货合报之数字相近，刘岳云编《光绪会计表》，载光绪十一年至十六年间川省厘金收数最高为539,516两，最低为496,590两，此必为减去盐厘后的货厘收数无

---

① 以光绪十七年至十九年的报告为根据。

疑。又《四川财政说明书》载光绪三十四年各局厘金收数为657,000余两,内中无盐厘款,可见四川货厘的常年收数当不过四五十万两。据《蜀帑出纳汇览》所载全省货厘收数每年实为四个万余两或四十余万两,内中连光绪十六年十月所增川东新厘(由川东道征收,每年约收数千两至四万余两)亦在内。

云南省厘金

壹 税制沿革

云南创办厘金始于同治十三年。是年在该省省城设立牙厘总局,属局共二十三处,其各盐井,则设局抽收盐厘①。惟在同治十三年以前云南与贵州两省曾联合奏请向四川借地抽厘。同治三年二月云贵总督劳崇光,云南巡抚贾洪诏,署贵州巡抚张亮基联衔会奏,滇黔两省财政困难万分,而两省产殖本属无多,流通惟仗邻省,山径分歧,商贾不前,所有转输贸易,皆汇总于川省。本省抽厘既感困难,因奏请仿照湖南东征局办法,在川省大江要路夔州,重庆,叙州,泸州,凡有厘金之处,添设滇黔厘局,一应盐茶百货,按照川省办定章程厘数,减半抽收,所收之数,滇黔二省各支用一半②。四川总督骆秉章奉谕筹议,旋于同年七月覆奏称川省厘数已重,商情疲惫不堪,势难再行加抽③,因即作罢。自同治十三年及光绪元年

---

① 《会典事例》卷二四一,又《清盐法志·云南志·征榷门》亦载云南抽收盐厘自同治十三年起。惟《财政说明书》载称自咸丰年间起,实系错误。
② 《同治三年三月十八日御批劳崇光等折》。
③ 《骆文忠公奏稿》卷七。

定章后，云南厘务即略具规模，每年约收银三十六七万两，而以土药税收为大宗。光绪九年经藩司另定新则将原应抽厘各货删去十分之三，收数因之锐减。光绪十年及十一年经藩司与厘局将民间日用所需各物，规复三十余条，从轻定章抽收，始有起色。光绪二十一，二十三，二十五及二十七等年叠奉部饬加征茶糖烟酒土药各厘，先后各加数成，或数倍不等。二十三年拟抽普洱茶落地税，嗣以恐惹外商不满而止①。光绪二十九年末户部奏准通饬各省试筹改办统税，翌年四月云南覆奏，该省抽厘，无论外货或土产皆在进口或起运之处抽厘一次，以后即不再抽，此与江西所办统捐，大致无异，因请准免办②。三十二年复将药材棉铁缎帽等货厘章重行审订。光绪三十四年实行禁烟，停收土药厘税，以致收入多不足比额之数。此不独全部收入因无土药税收而减少，即百货收入亦因禁烟而见短少。原因是滇省商务大半依靠本省输出土药与外省交易百货，故一旦停止土药输出，百货输入亦形顿减，以致影响货厘收入。计光绪三十四年分所收百货厘银共228,950余两，宣统元年则仅收银194,500余两③。

以上述云南办理厘金的略史，兹再述其税制。

厘金种类 云南厘金种类，就目前考证所得，计有十二项，除知土药厘金系另报外，余税如何报告，今以未得见该省档案，无从得知。今将各税名称及其税率与每年平均收数列为第一一八表。各税税率中有加厘与正厘之分，加厘即光绪二十一年后叠次所加抽之厘。每年平均收数多系根据光绪末数年收入所估计之数，不

---

① 《光绪二十三年九月初三日朱批奕䜣等折》。
② 《光绪三十年六月初二日朱批云贵总督丁振铎等折》。
③ 《云南省财政说明书》。

能代表二十五年以前之收入数。

第一一八表 云南省厘金税类税率*

税别	税　　率	每年平均收数
百货厘	值百抽五	不详
茶　厘	旧章细茶每担抽银1.2两,粗茶1两,宝红茶每100斤收0.4两,光绪21年各加二成,27年又加二成	正厘银二万八千数百余两,加厘九千数百两
土药厘	旧章每1,000两收厘银6两,光绪23年加收1.2两	正加厘约二十余万两
红糖厘	旧章每100斤抽厘0.1两,光绪21年加0.02两,27年又加0.02两	正厘3,300余两,加厘1,400余两
川烟厘	旧章每100斤抽厘0.1两,光绪21年加0.3两,25年又加0.4两,光绪33年改为烟叶每100斤抽正加厘0.5两丝烟抽正加厘各0.6两	正厘加厘共银3,000余两
土烟厘	旧章每100斤抽银0.08两,后改为每100斤抽正加各0.2两	正加厘银共一千二三百两
土酒厘	清酒每100斤抽正加厘各0.06两,四川仿绍兴每坛抽0.15两,川陕大曲每100斤抽0.5两	正加厘银各一百数十两
绸缎厘	苏杭货每斤抽正厘0.4两,加厘0.2两,川货每斤正厘0.3两,加厘0.2两	正厘一万四千数百两,加厘六千数百两
鹿茸厘	旧章南茸每架抽1.2两,麋茸每架0.6两,光绪27年南茸加抽0.8两,麋茸加0.4两	正厘三四十两,加厘二三十两
麝香厘	旧章每斤抽4两,光绪27年加抽2两	正厘五百数十两,加厘三百数十两
大锡厘	旧章每张(共25块,重88.8斤)抽银12两,光绪27年加抽4两	正厘二万数千两,加厘七千数百两
省货厘	税则过繁不禄	加厘银六七百两

*根据《云南省财政说明书》及其他档案等材料制成。

税率 一般贷厘税率为值百抽五,其他各税有重有轻,凡特从百货标出者,今皆一并列于第一一八表。

抽收机关 云南初办厘金,除总局外,计设二十三局,今将其名称表列于下。

第一一九表　同治十三年云南所设厘局*

云南府属	东川府局
府城局	楚雄府属
新兴局	三姚局
武禄局	永北厅局
曲靖府属	大理府属
宣威局	下关局
陆凉局	顺宁府局
罗平局	永昌府属
平彝局	府城局
开化府局	胜越局
广南府属	龙陵局
剥隘局	丽江府局
昭通府属	临安府属
盐井渡局	蒙自局
镇雄局	普洱府思茅厅局
副官村局	

* 根据《大清会典事例》卷二四一。

其后屡次添设,曾增至七十余处,后又屡次裁并,至光绪七年存局二十五处,分布于十四府八十五厅州县①,故是年上谕命各省酌量裁并厘卡,云南即覆奏无法再裁。以后续有增设;至光绪末年共存厘局47处,分卡269处,查卡57处。兹将各局名称,位置,及所属卡数一并列为第一二○表。

---

① 《东华续录》卷四十六,页一。

第一二○表　光绪末年云南所存厘卡*

局名	位置	卡数		局名	位置	卡数	
		分卡	查卡			分卡	查卡
六城局	省城南关外	10		漫乃局	思茅厅城之漫乃	1	
宜良局	宜良县城外	5		倚邦局	思茅厅城之倚邦	1	
阿迷局	阿迷州城外	2		副宜局	靖江县	6	7
嵩明局	嵩明州之杨林驿	6	1	竹园局	弥勒县之竹园街	4	
昆阳局	昆阳州城外小东门外	2	2	开化局	开化府城西门外	8	3
武定局	武定州城外南街	13	7	剥隘局	广南府属之剥隘东	1	3
曲靖局	曲靖府城外北街	8	1	简蒙局	蒙自县西门外瓦货街	2	
新兴局	新兴州城外西门外	7	1	下关	大理府越州之下关	5	
陆凉局	陆凉州南乡马街	5		弥渡	赵州属永弥渡街	1	
平彝局	平彝城西街	9	3	永昌局	永昌府城南门外	9	2
宣威局	宣威州城西关外	11	1	腾越局	腾越厅城南门外五保千	13	
东川局	东川府城内之西街	3	1	龙陵局		3	
蒙姑局	巧家厅之蒙姑	6	1	缅云局	缅云东城外	5	
盐井渡局	大关厅属盐井渡场头			丽江局	丽江府城内	10	
牛街局	牛街	2	5	蒙化局	蒙化厅城北门外	4	2
普洱渡局	大关厅属之普洱渡	2		楚雄局	楚雄府城西门外	11	5
罗平局	罗平州属之板桥	9		临屏局	临安府城东门外	3	
镇雄局	镇雄州城	12		通海局	通海县南门外	7	
昭通局	昭通府城	6		他郎局	他郎厅城南关外	5	
寻甸局	寻甸州	6		姚州局	姚州城东门外	5	
仁和局	大姚属仁和街	5	6	景东局	景东厅城	8	3
顺宁局	顺宁府城	6		威远局	威远厅属之香盐井	5	
永北局	永北厅城	8	3	皈朝局	广南属皈朝地方	5	
思茅局	思茅厅城	4		总计		269	57

* 根据《云南省财政说明书》。

征收方法　云南抽厘一律设卡抽收，无包税制度。

比较　云南厘金比较章程定于何年，今已不详。宣统元年以前所定比额银数，全省全年为 389,140 两，宣统元年经司局改为

326,620两①。

局用　云南厘金局用,自同治十三年定章,各分局经费照收入一成开支,总局用项核实造报。光绪三年遵照部章改定无论总分局,概照一成给发,各分局支销八分,以二分为总局开支。每年开支总数,在宣统年间,每年约三万数千两②。

贰　税收及开除

第三章中已说过,现在所得的清代厘金档案中,无云贵两省的厘金报告。此二省厘金的收支状况,目前当然无从详述,不过就各项零星记载观之,亦可略窥一个大概。《财政说明书》载光绪初年收入约三十六七万两,而以土药税收为大宗。刘岳云《光绪会计表》载云南由光绪十一年至十六年六年间的收入数,最高为273,687两,最低为214,339两③。李希圣《光绪会计录》载光绪十九年云南厘金收入为252,394两。又英人Jamieson君在其所作《中国度支考》④内,根据光绪十七,十八,十九三年之收入数,估计云南厘金每年为300,000两。据此数种记载,可推断云南全省厘金收入在光绪年间大约在300,000两上下,而中以土药税收占其大半。据光绪三十二年三月《谕折汇存》所载光绪三十年滇省土药厘金收入共银216,834两,约占全部厘金收入三分之二。至光绪三十四

---

① 《云南省财政说明书》。
② 《财政说明书》。
③ 第二卷。
④ 即Foreign Office Reports, No.415之中译本。

年实行禁烟后,收入始大减,是年百货厘金收入共银228,950两,宣统元年收入更低,是年仅有194,500两之收入。收入报告,正厘加厘分别造报,所收正厘,按半年一次奏销。

至于厘金开除,因为记载更少的原故,亦不能述其概略。滇省厘金收入三分之二为报部正款,以三分之一为本省外销款。光绪二十年后所加收之款多为协济归还外债。宣统元年始奉部奏准将应解洋款截留作为添练新军薪饷及铁路经费不敷之费。

贵州省厘金

壹 税制沿革

贵州抽收厘金是创始于咸丰十年。是年创设厘局共计七处。(一)仁岸局,设仁怀厅,(二)永岸局,设大定府瓢儿井,(三)綦岸局,设于桐梓县之松坎,(四)涪岸局,设于思南府与川境交界之龚滩。其余三局,一设黎平府属之托口,一设开泰县属之流塘,一设玉屏县与湖南晃州厅交界之龙溪口①。嗣以歧路过多,商人贩运,难免绕越。复于各州县要路添设局卡颇多。自开办以来,厘务皆由军需局经管,各局分委员绅,照章办理。至同治三年始另行设局,由司道督办。又是年该省巡抚曾与云南巡抚及云贵总督联衔会奏请借川省地方设局抽厘,以补该二省之财政。嗣以四川总督

---

① 《云南省财政说明书》,《光绪会典事例》卷二四一,载贵州抽厘自咸丰十一年始,该书仅云该省于川楚邻近百货往来之区,设局抽厘,不及说明书所载之详,故暂以从《财政说明书》为是。

不同意,未果实行①。贵州抽厘,亦如云南,以土药为大宗,而百货次之。土药系按什一而税,每土药千两收银十两,初与百货一并征收,光绪二年另设专局,光绪四年奏准每千两减收银二两,即仅抽八两②。继以偷漏者增多,仍改归与百货一同抽收。光绪十年又议复前抽十两之旧章。嗣以抽收减色,光绪十二年复减二成,仍收八两,而川滇过境之土药则仅抽六两。光绪二十八年复加征税银二两,至三十年因赔款兵饷,又加税银六两,于是每土千两抽厘银八两外,又抽税银八两,及土药统税开办即归统税局抽收。光绪三十四年统税停办。仍归本省厘局照章征收,惟货量单位由两改斤,每土千斤抽厘税银256两。原议宣统元年十二月实行禁烟,停止抽收,嗣经部驳,展期未办。至于货厘,其税率今已不详。光绪四年曾与土药同时奏准,一律减抽二成。光绪二十九年户部奏咨各省加征烟酒两税,每省并派定额数,贵州派六万两,嗣以该省烟酒质劣数微,碍难照章加税,由该省巡抚奏请免办,故贵州厘金税收无加抽烟酒厘税等项。

以上为黔省办理厘金之略史;关于该省厘金税制,今以材料太少之故,仅能于此略述一二。

厘金种类 黔省所抽厘金仅有两项,即土药厘与百货厘。此外尚有盐厘,惟不与货厘合办。

抽收机关 黔省初办厘金时仅设七局,嗣后陆续增加,至六十余处;同治八年载并十八局,尚存四十八局,嗣又于十三年裁并二十一局,实存二十七局。光绪四年又裁去偏僻二局,实存二十五

---

① 参阅本章"云南省厘金"一段。
② 《会典事例》卷二四一。

局①。光绪十三年,仍存厘局二十五处②。除总局于三十四年归并善后局外,光绪末年黔省所存厘局之数共计五十,小卡之数则不详。兹将各局名称及其所抽厘税列为第一二一表。

第一二一表　光绪末年贵州所存厘局名称及所抽厘税*

局　名	所抽厘税	局　名	所抽厘税	局　名	所抽厘税
平彝局	百货 土药	白层河局	百货 土药	镇远局	百货 土药
毕节局	,, ,,	丙妹局	,, —	小河局	,, ,,
曹家溪局	,, —	正安局	,, ,,	五官坝局	,, ,,
大关局	,, ,,	赤水局	,, ,,	平伐局	,, ,,
安顺局	,, ,,	永兴局	,, ,,	邑羊局	,, ,,
镇宁局	,, ,,	仁怀局	,, ,,	小井局	,, ,,
贵阳局	,, ,,	新城局	,, ,,	马场局	,, ,,
漾头局	,, —	印江局	,, ,,	下司局	,, ,,
铜仁局	,, ,,	威宁局	,, ,,	龙溪局	,, ,,
正大营局	,, —	古州局	,, ,,	流塘局	,, ,,
遵义局	,, ,,	玉屏局	,, ,,	水城局	,, ,,
普安局	,, ,,	绥阳局	,, ,,	松桃局	,, ,,
松坎局	,, ,,	独山局	,, ,,	镇西卫局	— ,,
黄草坝局	,, ,,	瓮安局	,, ,,	定番局	,, ,,
坡脚局	,, ,,	三脚局	,, ,,	新场局	,, ,,
三江局	,, —	清水塘	,, ,,	龙场局	,, ,,
瓮硐局	,, ,,	青山局	,, ,,		

*根据《财政说明书》制。

比较　黔省厘金比较章程,其详今已无处可考。惟宣统年间之比额数尚有记载,计全省土药厘金通年比额钱数为444,040串。

---

① 《光绪十一年九月二十八日御批署贵州巡抚李用清议覆户部开源节流折》。
② 各局名称见《会典事例》卷二四一,因列举局名,多出一局,疑有错误,故不录。

百货厘为 205,610 串①。但实际收入与此相比,常不足额。

局用　黔省厘金局用系按收入一成开支②。

贰　税收及开除

贵州厘金的收支状况,今以未得该省厘金报告档案之故,已无法考知。惟关于收入银数,则尚有一二记载可考。《光绪会计表》载光绪十一年至十六年间贵州厘金收数最高为 122,618 两。《光绪会计录》所列光绪十九年分贵州厘金收入银数为 126,612 两。《中国度支考》根据光绪十七年至十九年三年间的收数估计黔省厘金收数每年为 100,000 两。此为光绪二十年以前的收数,是项收数;是否单为货厘收入,抑或为货厘与土药厘合并之收数,各书皆未说明,《财政说明书》载光绪二十九年,三十年之收数约为三十六七万两,为历年最旺之收数。旺收的原因,是因为土药畅销,可知此数为货厘与土药之合并收数。

关于黔省厘金开除则毫无记载可供叙述。

---

① 《财政说明书》,原记载未说明单位,以黔省经济状况推之,当为钱数。
② 《财政说明书》。

第十二章　东三省及新疆四省厘金

奉天省厘金

壹　厘税沿革

一　厘捐时期

奉天创办厘金是在咸丰六年,当时因盛京兵饷支绌,由将军庆祺仿照关内抽厘办法,于省城首创铺税厘捐。规定商店于买货之家照所买价值每东钱百千,抽东钱一千,每粮十石,捐东钱一千,不及者以次递减。办理两月后已著成效,始行奏准备案,并请饬吉林一体照办[①],故吉林于翌年亦创设同性质之日厘。按当时办法系采商人自缴办法,奉天省城内虽设有总局,但并不亲自经征税款。抽收铺捐系按可捐铺户生意大小,计分十等,每日捐东钱由一千五百文至数百文、十文不等。所有应捐数目,均将字号姓名随时注册,责成殷实铺户,按旬收取分存,令其自相交付,不准胥吏经手。经手商家按月将税款报缴总局,咨明盛京户部,查核指拨兵饷。至各

---

① 《会典事例》卷二四一。

外城捐项由该铺户自交该城旗库收存，计总造报省城总局，并径详盛京户部登记，就近拨放兵饷①。咸丰七年并从国瑞宋晋等上疏所陈管见，令各地方长官督饬铺首按照城厢内外某铺坐落地址及开铺姓名，每日捐钱若干，仿照鱼鳞册法逐一填造，分送将军及该管上司衙门，仍于各该厅县存留一册，如有更换增减，随时申请改填。每届半年由旗民衙门遴派委员前往抽查一次，以免隐漏。至于牛庄，金州，锦州各海口，本应一律进行抽收粮货厘捐，惟以所派开办委员与众商交涉不顺，遂改为由地方官经手，从缓筹办②。其后于营口，牛庄，盖平各处办有三五货厘，即每百两仅捐三厘五毫，此显系官方让步之结果。

奉天厘金虽系仿照关内办理，但一切规章多与关内不同，如经征机关之不统一，有设局经理者，如在省城，有归旗民衙门经征者，如在外城，有由道府派员设局经征者，如在与京山及营口等处。又每年办理报销，亦无统一制度。各种厘金多系单报，全省粮货厘捐税收，每年并无一总报。关于奉天厘金制度，有记载之各书（如《东三省财政说明书》及《东三省政略》）皆语焉不详，此因奉天曾迭遭兵燹，案卷多丧失故也。即在军机处所存之档案中，关于东三省厘务之折报亦不多见，此虽与奉天所遭变乱无关，但其影响吾人现时不能详知奉天厘务情形则一也。兹就所得各项材料略述奉天所抽厘金种类及其收支情形如下。

一、各城日捐厘捐　此即上述咸丰六年开办之铺税厘捐，日捐即指铺税而言，厘捐即所抽行商之粮货厘捐，如营口之三五厘即在

---

① 《同治五年八月十一日御批都兴附勒和布恩锡折》。
② 《同治五年八月十一日御批都兴阿额勒和布恩锡等折》。

内。此为奉天主要厘金税收,大约各城皆抽收。日捐税率已如上述,即每买货值东钱一千,即捐买主东钱一百,每粮一石,捐东钱一百,大致为值百抽一。至于行商所纳粮货厘金,按章亦应值百抽一,但亦有例外,如营口海城等处所抽厘捐,即依三厘五毫之税率缴纳,较日捐税率约轻二倍。此项厘捐收入,按章系三月一报,嗣以奉省商贩粮石货物,其中多有赊期者,有非至岁暮,不能结清者,按日抽捐,不能不略加变通,故三月一报之章亦须随之变更,因于同治四年奏准按年奏报一次①,以后奉省各项厘金皆按一年一报,现存此项厘捐收支报告即自同治四年至光绪二十九年止,除中缺四年外,共计三十五年。收支以银钱并计,银为库平银,钱为东钱。历年银数收入皆为茶捐收入,惟在光绪十六年以前未标明,仅称归公银。同治四年至光绪十年,每年收入银数在一千两上下,最高未过1,950两,最低未下925两;钱数在一百万串上下,最多未过1,500,000串,最少未下960,000串。光绪十一年后银钱两项收数皆减低,银数常在1,000两以下,最低为514两,收数超过千两者仅有光绪十三,十六及二十七三年;钱数减至1,000,000串以下。最低数未过550,000两,收数超过1,000,000串者亦仅有三年,即光绪十三,二十四,及二十九年(参阅附表第一二六)。至于短收原因,据光绪十六年将军裕禄等奏称,系因奉天各河口自开河运以来,奸狡商民贩运外来粮石及本地产粮,视城市设有厘捐以为畏途,遂至取巧,并不报店,亦不纳捐,阴赴沿河一带村屯集镇,与农民私相交兑,运赴他处销售,故不独厘捐偷漏,即斗租河税亦无从征收。约计沿河一带村屯每年私运杂粮总数约有一百余万石,偷

---

① 《同治五年八月十一日御批都兴阿额勒和布恩锡等折》。

漏厘捐不下十余万千，粮石如此，货物偷漏，当亦如之。该将军等因于是年奏准在牛庄所属之三岔口设立补抽分卡一处。该处系各流扼要之区，来往船只必经之路，故设卡稽征，补抽漏厘，最为扼要。往来粮货如未经完过厘捐者，均照厘捐定章，按每粮一石，补收东钱一百文，杂货按其斤重价值，核准粮食一石，亦补收东钱一百文①。此项补救办法，虽于稽征上不无功效，但于全部漏厘则并未收杜绝之效，此可以光绪十六年后奉省厘捐收数并未较前增加一事证之。按奉省厘捐多恃商人自动缴纳，各地设卡不若关内之繁，但商人避税，乃为自然之事，不根本改为由官方征收，而只于设卡稽征，其不能杜绝使偷漏，乃意中之事。此种弊端在吉林亦曾发见，惟其所采办法，则与此异，此可于下文述吉林厘金一节中见之。

二、营口七厘货捐　营口所抽货厘，向例系按三厘五毫征收，与各城按一分抽厘者不同。光绪二年东三省编练新军，三省皆需巨款。光绪三年户部指拨奉省协饷二十四万两，除两淮可筹解三万外，余款无著，因令在本省设法筹措。将军崇厚等乃设法整顿营口厘捐，以增收入，盖因营口为奉省水陆兼冲之地，商贾辐辏之区，而该地厘捐收入在同治末年竟低至数千两，虽经整顿而仍未大见起色。崇厚等所拟办法，乃派员赴营口会同山海关道与各商交涉，劝令按照值百抽一税率，缴纳厘捐，以济练饷，否则当于内地设卡抽厘。后据各商人禀称该处各货多系寄卖转发，但计少得利益，各商即互相授受，与各城市镇就地实销者不同，若按一分抽厘，商力实有未逮；惟愿按原纳三五厘捐照加一倍，计每百两以七厘交纳。至闽广各商回货由夹板轮船运出者向不抽厘，现亦愿按四厘交纳。

---

① 《光绪十六年十二月初七日朱批裕禄绵宜折》。

因准如所请，改以前三厘五毫之税率为七厘，同时亦令牛庄，海城，盖平各属向收三五厘捐者亦一律照办①。光绪二十二年因筹款又奏加一厘斗科捐，改称营口八厘捐②。牛庄，海城等处是否加抽一厘则不详。此数处厘捐向例系归入各城货捐，每年汇总奏报一次，自改章后即另案奏报。今所存营口厘捐报告系自光绪三年五月改章后至光绪二十四年十月底，除中缺五年外，共计十六年。报告中年份系以五月六日起至翌年五月五日为一年，盖从改章之日计也。迨光绪二十年奉省遭遇外患后，税收略有停顿，遂自二十一年起改以十一月起至翌年十月底止为一年。报告内税收原仅有粮货厘捐一项，至光绪十六年始将茶厘由货厘内提出另款开报，惟收数甚小，每年不过一二千余两。所有收支俱以库平银计。历年收入在光绪十六年以前，每年约为十一二万两，十六年后略增，约为十三四万两。光绪二十年因遭遇外战，收入减至六万余两，翌年恢复前状，且略有增加；二十二年收数复增，二十三年至二十四年间之收入几及200,000两。关于税款用途，大部分是拨解粮饷处备放练饷，其支出数每年约占全收入百分之八十或稍强；厘局经费应占收入百分之十，此为定章，但有时并不及百分之十。此二者为经常支出，以外各年尚有各种临时支出，为数约数千两，或一二万余两不等。兹将此项厘捐历年收支数列为附表第一二七，以供参阅。

三、牛庄，海城，盖平七厘货捐，金州一分货捐，营口，田庄台三五粮捐　关于牛庄等三处七厘货捐之来源，上段已述，至于后二项厘捐之起源则不详。此五项厘捐系由筹饷总局（在省城）每年汇总

---

① 《光绪三年五月十五日御批崇厚等折》。
② 《东三省政略·奉天财政篇》，页五。

奏报。今所存此项厘报系自光绪七年至光绪二十一年,除中缺三年外,共计十一年。报告中之年份系以六月一日起至翌年五月底止为一年,惟光绪二十年遭遇外患后曾停收数月,故自二十一年起改为按平常年份奏报。历年收数系笼统开报,不列各地收数;每年收入约为五六千两,收入最多之年亦不过八千一百余两。每年收入全部支出,皆为解省拨充练饷。兹将历年收支数列为第一二二表。

第一二二表　奉天牛庄海城等处货捐历年收支*

光绪7年6月—21年

（单位以两计）

年份	银数	年份	银数
光绪 7 年 6 月— 8 年 5 月	5,956	光绪 14 年 6 月—15 年 5 月	
8 年 6 月— 9 年 5 月	6,537	15 年 6 月—16 年 5 月	8,133
9 年 6 月—10 年 5 月		16 年 6 月—17 年 5 月	7,475
10 年 6 月—11 年 5 月	6,365	17 年 6 月—18 年 5 月	5,850
11 年 6 月—12 年 5 月	4,949	18 年 6 月—19 年 5 月	
12 年 6 月—13 年 5 月	5,654	19 年 6 月—20 年 5 月	6,852
13 年 6 月—14 年 5 月	6,898	21 年	6,455

* 内包括牛庄海城盖平三处七厘捐,金州厅一分货捐及营口田庄台三五粮捐。全部收入每年皆解省备充练饷。

四、奉天斗秤厘捐　此项厘捐系光绪三年因筹备练饷,由将军崇厚等奏办,于铁岭,开原,法库,锦县,宁远,广宁,义州,新民,辽阳,海城,复州等十一处征收。每年由筹饷总局汇总造报。今所存此项厘报系光绪七年至二十九年,除中缺七年外,共计有十九年。历年收数,在光绪二十二年以前,年约三万余千两,或四万余千两不等,二十三年报告缺,二十四年则增至将近180,000两;二十五年至二十八年之报告亦缺,二十九年之收数则为三十一万三千余两。据此可见此项厘捐在光绪二十三年后逐有增加。每年收入除扣出五厘征收经费外，全部皆解粮饷处备放练饷。兹将历年收支数列为附表第一二八。

五、兴京山货厘　此项厘捐之起源不详，大约亦为光绪初年筹款而设；由东边道督率委员设局稽征，并由其按年汇报。今所存此项厘报计自光绪七年起至十九年止，中除一年缺报告外，共有十二年。收支以银钱并计，银为库平银，钱为东钱。历年收数不多，每年除解交津贴兴京山副都统衙门办公东钱一万串并开支一成经费外，实收银数不过一万数千两，收满二万两之年份在十二年中仅有一年，即光绪七年。每年全部收入皆提存道库备放兵饷。兹将历年收支数列为下表。

第一二三表　奉天省兴京山历年货厘收支*

光绪7年—19年

年　次	银数（两）	钱数（串）	年　次	银数（两）	钱数（串）
光绪7年	20,172	10,000	光绪14年	13,301	10,000
8	19,824	10,000	15	9,909	10,000
9	16,940	10,000	16	17,824	10,000
10	16,322	10,000	17	11,763	10,000
11	14,692	10,000	18	15,398	10,000
12			19	12,617	10,000
13	13,067	10,000			

*全部收入，银数提存道库备放兵饷，钱数解交都统衙门作为办公经费。

六、凤凰厅岫岩州等处货物厘捐　此项厘捐之起源亦不详，由东边道征收，奏明归于东边借充兵饷及新设各官不敷廉俸役食等用。抽税地在凤凰厅为龙王庙等处，在岫岩州为大孤山等处①。今

---

① 《光绪九年五月初十日御批崇绮奏片》，惟详处不知。

所存此项厘捐报告计自光绪八年起至十九年止,除中缺二年外。共计有九年,收支以库平银计。历年收数,除光绪八、九两年较多,约收九千余两外,其余各年收数约三千余两,或四千余两不等。每年收支除开支一成经费外,全部皆提存道库,备放兵饷。兹将其历年收支数列如下表。

第一二四表　奉天省凤凰厅岫岩州等处货厘历年收支

光绪 8 年—19 年

（单位以两计）

年　次	收　入	开　除	
		备放兵饷	税局一成经费
光绪 8 年	9,006	8,105	901
9	9,310	8,379	931
10			
11	3,416	3,074	342
12	2,840	2,557	284
13	4,016	2,614	402
14	4,014	3,613	401
15	3,890	3,501	389
16	3,828	3,445	383
17			
18			
19	4,623	4,161	462

七、烟酒税厘　此项厘捐大约系在光绪二十年中日战争后始开办;附于斗秤捐内带征,每烟酒价东钱一千抽捐二百文,年终汇总易银,另款造报。征收斗秤捐之地共有铁岭,开原,锦县,法库,宁远,广宁,义州,新民,辽阳,海城,复州等十一处,但据烟酒税厘之报告看,则尚不止此十一处,因厘报中尚列有奉化及盖平两地也。现存此项厘金报告仅有一年,即光绪二十四年。是年收入,除照章扣出一成经费市平银 1,034 两外,实收市平银 9,310 两,全数

拨充仁育两军练饷。此外有已征未解银市平银198两，又有已报未易东钱14,790串，尚有盖平，法库，奉化三处未经报齐。一年收数合库平银，大约有一万数千两。

以上所列系档案中所见之厘捐，其未见于奏报之厘捐尚有数项，兹就《东三省政略·奉天财政篇》所载列示如下，并注其沿革。

第一二五表　未见于现存档案之奉天厘捐

厘捐名称	沿　革
海口船规凑挂	咸丰八年奏办，归旗民署征收，光绪三年添设凑挂
山海道八厘捐	起源不详，大约与营口八厘捐同一性质，由道署代征
八边门门捐	起源不详，历年由立冬起至次年清明止由军署派员征收，光绪三十一年改归督署派员征收
火车捐	光绪二十七年创办
河防捐	光绪二十八年创办
秦皇岛代收奉厘	光绪三十一年四月起代收
豆饼捐	光绪三十一年十一月创办
尺捐	光绪三十二年正月创办

二　统捐时期

奉天厘捐项目甚繁，惜无统一之征收机关以总揽一切权政，故结果税源虽多而收入不丰，光绪二十三年将军依克唐阿曾尽取旗民衙门之税捐，委员设局经征，收额颇见增加，计光绪二十四年奉省税捐（不仅厘捐，尚有其他税收）。收数已增至一百七十余万两。然改章之初，各局税票由局自印，多寡无从稽核，且税章不尽划一，往往自为规则，一经更调，挟卷而行，几至无可究诘，三十一年将军廷杰设税务处，行三联票，税收乃稍稍加旺，而私用小票之弊仍不能绝。是年将军赵尔巽改章试办，厘剔综核，税收颇见起色。但因新章严密，局员无所取偿，于是设法搜括，间为苛罚。希冀多得经费犒赏。兵燹之余，商民苦之。赵氏乃于光绪三十二年改变方法，取牲畜，茧丝，木植，烟酒，土药，参帖等税照常征收，其他如斗秤捐，尺捐，豆饼捐等十余项税捐俱一并裁撤，改办统捐，当于是年十月成立统捐①，兹将并入统捐之各项税捐名称列示如下。

第一二六表　光绪三十二年并归统捐之各税捐*

斗秤捐	东边山货税
尺捐	营口八厘捐
豆饼捐	山海道八厘捐
火车捐	八边门门捐
河口粮货税	河防捐
海口船规凑挂	旗署厘捐

*根据《东三省政略·奉天财政篇》。

此表所包括税收并不止限于厘捐，如河口粮货税即起源于道光二十三年，由旗署征收，实非厘捐可知，惟在咸丰十年曾加征一倍。东边山货税，范围甚大，性质虽近于厘捐，但是否全为厘捐，则尚待证明。至于上述档案中所见之七项厘捐，除斗秤捐，营口八厘捐及各城日捐厘捐（即旗署厘捐）知已归并统捐，烟酒税厘改为单独征收外，其余三项，如兴京山货厘捐，凤凰厅等处货厘捐，及牛庄等处七厘捐，是否亦于此年归并统捐，则无记载可考。以理揆之，当必归并；前二税由东边道经征，或被列在东边山货税内，后一税或在旗署厘捐内，因其早年曾为旗署厘捐之一部。

统捐分为二类，一为出产税，一为销场税。销场税又分二项收

---

① 《东三省政略·奉天省财政篇》"纪税务"。

税,一为落地,即征外产本销之货,一为并征,即征本产本销之货。前者税率,货类为值百抽一分五厘,粮类为值百抽一;后者税率,落地一项为值百抽二,并征一项为值百抽三点五[①]。前者所征货物共有三类,后者共有十七类,兹列为第一二七表。

奉省改办统捐后于省城及各外城共设三十八个税捐局,但此项税捐局所经征者不尽为统税捐,尚带征其他各项杂捐。兹将各税捐局名称,列为第一二八表。各局经征税款遵照部章以百分之八十五为正款,百分之十五为经费;而十五之中有归税局留用者,亦有分别解度支司者,如出产、销场、牲畜三税准由经征局所扣留一成经费,余五厘归度支司,烟酒土烟三项只扣留五厘,余一成解司。

贰 全省厘捐收数

上文已述,奉天全省各项厘金收入,历年皆无一总报告,故每年该省此项收入究有若干,实无从知道。吾人虽可就现在所存各项报告设法为其作一总计,但以有下述两种困难故,所得总数亦非完全为实际之收数,多少有点估计性质。这两种困难是:第一,奉省主要的收入如各城日捐厘捐,是以东钱计算,而东钱与库平银之兑换率,今已不知。第二,有两项厘捐报告,其中年份不以每年一月起算,而以改章之月日起算,如营口以五月六日起至翌年五月五日止为一年,牛庄等处以六月一日起至翌年五月底止为一年,因此

[①] 《奉天省财政说明书》。

第一二七表　奉天省统捐项下税类*

出产税
- 1 粮类 ············· 小麦税,元豆税,包米税,杂粮税
- 2 货类 ············· 药材税,元麻税,皮货税,百货税,豆油税
- 3 豆饼类 ··· 豆饼税

销场税*
- 1 药材类 ····································· 草药税,丸散药税
- 2 绸缎绒线类 ········ 库缎泰西缎类,宁绸羽绸类,绒沙呢类,丝线类
- 3 布匹线货类·············· 花旗粗布税,竹布税,洋布税,丝货税
- 4 海干鲜菜类 ··· 海参燕翅税,海米鲜鱼米税,杂项海干税,杂项鲜菜税
- 5 干鲜果品类 ··· 红枣栗子税,山楂梨橘税,花生瓜子税,杂项果品税
- 6 香料椒茶类·············· 京线香税,胡椒税,花椒税,茶叶税
- 7 颜料胶漆类················ 靛水洋靛税,官粉税,水胶税,杂项颜料税
- 8 衣帽靴鞋类············ 估衣税,绒布缎帽税,绒布缎靴税,绒布靴鞋税
- 9 皮张绒毛类 ························ 牛皮税,羊皮裤袄税
- 10 纸笔墨砚类 ·············· 海尖纸税,账簿税,笔墨税,各项杂纸税
- 11 燋炸矾磺类 ················ 白矾税,黑矾税,土碱税,面碱税
- 12 铜铁锡铅类 ············ 车瓦铁税,铁锅税,铜器税,铁器税
- 13 毡毯席帘类 ············ 绒毛毡税,绒毛洋毡税,丈席税,线毡税
- 14 油脂杂货类················ 磁器税,红白糖税,杂货税
- 15 京广杂货类 ········ 串珠货税,平金货税,帽结帽缨税,洋绉巾子税
- 16 钟表玩器类 ············ 铜壳表税,保安挂灯税,手灯税,表链税
- 17 外国杂货类 ············ 烧磁货税,毛毯斗蓬税,皂胰税,杂货税

*根据《奉天省财政说明书·岁入经常类》第四十九页制。
★同书正杂各税说明一章载销场税所课货类共有十九类,较此表多木料藤竹类及特别货物类未知孰是。

其每年之收入不能与他项厘捐合计。现在所采解决办法,第一是借用吉林市钱与库平银之兑换率为奉天东钱之兑换率,即以三千文合库平银一两折算,此因关外三省情形大致相同,纵有差异,当亦不大。第二,对于上述两项厘捐所采用之报告年份,视其与平常年份同,如营口光绪九年五月六日至十年五月五日之收入即径视为

第一二八表　奉天省改办统捐后所设税局*

省城税捐局	开原税捐局	广宁税捐局
辽阳税捐局	法库税捐局	义州税捐局
锦州税捐局	昌图税捐局	镇安税捐局
新民税捐局	奉化税捐局	彰武税捐局
安东税捐局	辽康税捐局	孤山税捐局
凤凰税捐局	怀德税捐局	长甸河口税捐局
新宾税捐局	东平税捐局	怀仁税捐局
营口税捐局	西丰税捐局	通化税捐局
沙河税捐局	西安税捐局	岔沟税捐局
牛海税捐局	柳河税捐局	大东沟税捐局
复州税捐局	洮南府税捐局	海龙税捐局
盖平税捐局	同江税捐局	奉天省城牛马税捐局
铁岭税捐局	绥宁税捐局	

*根据《奉天省财政说明书·岁出经常类》第四十九页制。

系光绪九年一月至十二月底之收入，此因历年此项厘捐收数甚匀，无大差异，故可用之。奉天厘捐在同治年间只有各城日捐厘捐一项，此项收入即为当时全省厘捐收入，光绪初年起即加增其他厘捐数项，惟在现存光绪朝奉省各项厘报中仅有十年有较为完全的报告，可作总计；此十年即光绪十年至十九年，其余年份皆不完全。光绪十年至十九年间共有六项税收，除牛庄等处及凤凰厅等处货厘之收数内，已扣出征收经费外，其余四项厘捐收数，皆为未扣出征收经费之全部收数。兹将同治四年至十三年之奉省全部厘捐收数列为第一二九表，光绪十年至十九年收数列为第一三〇表。于两表中可看出奉天厘捐在同治年间及光绪二十年以前之收数皆常在四五十万两间，惟光绪十年至十九年之收数较同治年间略有增加。前人统计中国厘金时，多将东三省除外，故在前人统计中多看不到此三省之收数，惟《光绪会计录》载有一年收数，Parker氏有一

第一二九表　同治四年至十三年奉天厘捐收数

（单位以两计）

年　次	收入总数	年　次	收入总数
同治4年	409,720	同治9年	428,637
5年	423,443	10年	383,171
6年	460,759	11年	381,337
7年	488,099	12年	404,128
8年	430,593	13年	383,621

第一三〇表　光绪十年至十九年奉天厘捐收数

（单位以两计）

年　次	各城日捐厘捐	营口七厘货捐[1]	铁岭等处斗秤捐	兴京山货厘捐	牛庄等处货捐[2]	凤凰厅等处货捐	总　计
光绪10年	341,314	126,139	46,948	19,655	6,365	6,363[3]	546,784
11	291,655	101,339	36,972	18,025	4,949	3,416	456,356
12	294,883	127,504	38,743	17,213[3]	5,654	2,840	486,837
13	353,739	119,581	44,504	16,400	6,898	4,016	545,138
14	285,501	114,842	39,516	16,634	7,515[3]	4,014	468,022
15	283,101	126,608	44,929	13,242	8,133	3,890	479,903
16	333,698	145,852	46,683	23,137	7,475	3,828	560,673
17	284,171	140,484	43,667	16,403	5,850	4,226[3]	494,801
18	291,093	139,941	45,938	20,442	6,351[3]	4,226[3]	507,991
19	282,577	147,767	45,785	17,352	6,852	4,623	504,956

（1）此项厘捐收数，系以头年五月六日至次年五月五日为一年。
（2）此项货捐收数，系以头年六月至次年五月为一年。
（3）本年报告缺，此系采用上下相邻二年收数相加之平均数。

估计。《会计录》所载为光绪十九年之收入，为数共535,546，与吾人现作统计相差约三万余两，此或由折合之不同也。至于 Parker 氏之估计，谓奉天收入年仅有180,000两，则似乎由于对奉天厘报未窥全豹的原故。

以上为厘捐时期内之收数，光绪三十二年改办统捐后之收入则尚无全年记载可考。据《东三省政略》所载,光绪三十二年十月改办统捐至翌年四月止,出产销场两税(即全部统捐)共收税银七十四万余千两①。此为半年之收数,若以全年计算,当在百万两以上无疑。

至于奉天全省厘捐收入之用途,自开办为始,历年除扣出征收经费外,几于全部收入皆用于本省兵饷。除有少数临时其他拨款,历年并无款项解赴中央,此为与关内各省厘捐支出不同之一点。

吉林省厘金

壹　厘捐沿革

吉林创办厘捐,系从廷命。咸丰六年奉天开办厘捐略有成效,于是年十二月间奏请备案时,曾请饬吉林一体照办,当时即有上谕命吉林将军景淳妥筹试办②,故自咸丰七年起吉林即起始试办厘捐。当时以吉林地僻商艰,抽捐不易,经司事各员变通筹画,权将部颁劝捐空白执照,劝令铺商摊捐。迨咸丰九年,吉林奉旨挑选余丁五百名,备调发入关;当时为训练此项新军,颇感军需困难,乃由将军景淳奏准除向有例税之烟酒,牲畜,木植,当商不列入外,其余山海所出土产,照南省厘捐之法,拣择大宗,酌量抽捐。并在省城设局,总司其事③,是为日捐厘捐,惟其时所采办法,仍非如奉天按各商卖钱额数,照值百抽一之税率征收,仅按奉天办法将省城及各

---

① 《东三省政略·奉天省财政篇》,页三。
② 《咸丰六年十二月庚子上谕》,《东华续录》卷六十七。
③ 李桂林等纂:《吉林通志卷》四十三,页四,又咸丰朝《东华录》卷三十四。

外城商号,分别等次,逐户派捐而已。收款办法,城市系一月汇交,村镇两季分纳,通省每年统可捐钱九万余串。嗣因马贼频年滋扰,商旅大半歇业,以致原定之额,递年亏短。迨光绪三年分吉林省城日捐仅收二万四千余串,较原额亏二万三千八百余串;长春厅仅收九千余串,较原额亏一万一千八百余串;其余各城日捐亦均有亏减。户部曾着令赔补,但以款系欠在关闭铺商,并非经手员弁侵蚀,故无从追缴。光绪四年春夏后,贼匪逐渐敛迹,各商生意始见疏通。将军铭安等乃停止铺商日捐,专抽货厘,于是年秋间派员先将省城并长春厅两处原有日捐改照各商卖货钱数,按每串抽收厘捐钱十文作为货厘,仍由为首之商汇收交纳①。具实此项办法即奉天日捐厘捐所用办法。当时约计省城每年可收钱八万串,长春厅每年可收钱十万串。是年改办曾有奏报在案。光绪五年初派往各城劝办之委员已先后禀报办妥,嗣于二月间省城并长春厅众商民等呈称邻省奉天,营口,新民厅等处厘捐章程系按六七厘抽收,比吉省新定一分之数轻减。所以吉属自改章以后数月,因商旅多避重就轻,往邻省贸易,以致吉林、长春等处生意顿见萧疏,将来厘捐必因此少收。若能从轻定率,则商贾云集,贸易之额加增,则捐项必能有盈无绌。经将军铭安等考查属实,乃按原定一分之率,酌减三厘,改为七厘(即0.7%),即每卖钱一千,抽收七文,省城外城一律如此,惟伯都讷一城偏居一隅,并非大路通衢,向无行商远贾,无所避其轻重,仍照一分抽收,据光绪五年十一月铭安等奏报,吉林省城自四年八月十六日起截至五年七月十五日止,计一年共收钱九万四千余串,长春厅自四年九月二十日起截至五年七月底止,计

---

① 《光绪五年十一月十八日御批铭安王亮折》。

十一个月共收钱十一万二千余串。实如众商所称,税率轻减,则收数必与原约之数无亏反盈。其他各城约收钱四万余串,通省统计约收钱二十四万余千串。征收经费系按一成开支,并免报部。以前各年短征钱额,至是即完全豁免①。

光绪十年,吉省现钱缺乏。设宝吉局鼓铸制钱,赔费弥巨,于是绅商集议,请于七厘捐之外,加抽四厘,归宝吉局征收,除扣出百分之十五经费外,余拨为铸钱赔费。是为四厘捐,通省所收捐钱约十二万串有差。光绪十三年闰四月经将军希元奏明款归外结,请准免报户部核销②。

光绪十年后,七厘日捐收数递年有减,至光绪十六、十七年,省城收数仅有四五万串,较初办时年抽九万余串之数,约减一半。查其原因,实由杂货行,立有自办货名,以避厘捐。所谓自办货者,即货不贩自行商,亦不兑自栈店,而坐贾由外省运至者,即为自办货。凡自办之货仅捐白色布匹十四种,至于纱罗、绸缎、丝绒、颜料、海菜、诸色洋货,各样杂货,各种药材,以及本地土产,概不纳厘。此项章程不知何商与何员私自规定,其始奸商避偷漏之名,采此狡计者不过一二家,其后凡杂货行之资本殷实者无不效尤,因而相沿成习,视为固然,牢不可破。据委员调查光绪十八年以前数年,自办货漏税数目,核计不下数十万串。将军长顺等根据上谕查办此项漏厘弊端可以不究既往之命,当于光绪十八年六月出示晓谕,自闰六月起,凡杂货行货物到省未经纳捐者,悉应照章抽收,不准有自办货名,如由栈店发兑之货业已由店扣捐者,随时报名注帐,不再

---

① 李桂林等纂:《吉林通志》卷四十三,页四,又咸丰朝《东华录》卷三十四。
② 《吉林通志》卷四十三,《吉林省财政说明书·地方税部》,页六十三。

重捐，以示区别。此示张贴以后，省城即有商号三十二家联名递呈，借词抗捐①。嗣以省城大小栈店不过十数家，而大小杂货行不啻百数，若任此积弊存在不除，则厘捐永无兴旺之日，乃于是年奏准改章，仿照内地厘金办法，重订规则，设立厘捐总局，由官方自行征收；后虽在长春等处遇包税会商之挠阻，但终亦彻底实行②。同时并将四厘捐亦归并厘捐总局，附于七厘货捐并案整顿，厘局征收经费，初按一成开支，继于光绪十九年奏请加增五厘，由户部奏准，如收数能足初收二十四万余串之数，再按一成五开支③。光绪二十年起收数恢复原额，约共收钱二十四万余串，二十一年收钱二十五万五千四百余串；二十二年收钱二十六万一千余串。此后各年尚有递增希望，至光绪二十三年遂由将军延茂等奏准自光绪二十四年起，每年以市钱三十余万串（合库平银十万两）作为永远定额，仍照部定向章提支一成五作为征收经费，其余仍照章列抵俸饷，随案核销。如有亏短，责令经征委员赔补，以杜侵挪；倘有盈余，尽数存储，听候部拨，果能额外多收，与部章请奖之数相等，亦必专案请奖，以示鼓励④。光绪二十五年奉上谕各省关税，厘金，盐课积弊太深，亟宜整顿，吉林奉谕后曾查出厘捐一项，官商中饱钱共三万四千余串，银132两，当即提归公用⑤。

光绪二十六年，吉林遭遇兵燹后，饷源不继，特于省城设立筹饷局，委员劝办一切捐输，拟先从房捐秤捐入手起办。嗣经众商集

---

① 《光绪二十年八月二十三日朱批长顺折》。
② 《光绪十九年正月癸巳长顺等折》，光绪《东华录》卷一百十三。
③ 《光绪二十年八月二十三日朱批长顺等折》。
④ 《光绪二十三年三月初三日朱批延茂等折》。
⑤ 《光绪二十六年五月二十七日朱批长顺折》。

议愿于七厘四厘两捐外,再按售钱纳捐六厘,惟报效以一年为限。复据众商呈请以房秤两捐易涉繁扰,求免房秤两捐,愿于六厘外,再加三厘,改为九厘售货捐,钱当店三行亦一律纳捐,每年按所得纯利,照九厘税率完纳。二十八年经将军长顺奏准照办,以后各年仍续办,未如众商所请以一年为限①。

以上所述为吉林货厘捐,计有七厘捐,四厘捐,九厘捐三种。以税率而言,至办九厘捐止,全省各货所缴厘捐合计共为卖价百分之二。厘捐所抽货品共有二十三类,兹将其列为下表。

第一三一表　吉林厘捐所征货类*

绸缎类	南货类	铁货类	腌腊类
布货类	广货类	锡铅货类	竹器类
洋货类	杂货类	纸货类	楠木器类
皮货类	药材类	颜料类	鲜果类
估衣类	磁器类	皿属类	土产货类
京货类	铜货类	海货类	

* 根据《吉林省财政说明书·地方税部》第六十四页。

至于不在此二十三类之货物以及售卖谷石,本地木器,肩挑小贩之类,一律宽免抽厘。

抽收货厘机关,光绪十八年以前,在省城设有厘捐总局,此外尚有在各外城(共十四处)委员经征,兹将各城名称及应征钱额列为第一三二表,光绪十八年厘捐改章,完全改为官征后,是否于表中所列各地另设分局,则今不详。光绪三十二年将军达桂将厘捐局及光绪二十七年后所设之筹饷局归并为一局,统名曰饷捐局,在省城设总局,于伊通,长春,伯都纳,双城堡,阿勒楚喀城,五常堡,

---

① 《吉林省财政说明书·地方税部》,页六十三。

三姓,宁古塔,珲春等九处设分局。光绪三十四年吉省设立税务处,统一一切税捐,省城饷捐局因被裁撤,嗣后抽收厘捐即归各地统税局。统税局征收税捐甚多,不仅厘捐一种①。兹将抽有厘捐之各统税局名称列为第一三三表。

第一三二表　光绪十八年以前吉林征厘各地及征额*

地　名	应征钱额(串)	地　名	应征钱额(串)
省　城	80,000	三姓城	2,000
长春府	80,000	五常堡	1,200
双城堡	12,000	乌拉城	1,000
阿勒楚喀城	11,000	珲春城	1,000
新　城	6,500	伊通州	1,000
孤榆树	5,100	拉林城	3,100
宁古塔	4,100	敦化县	500
农安县	3,500	共　计	222,000

*根据光绪十七年所刊李桂林等所纂《吉林通志》卷四十三制。

第一三三表　光绪三十四年后吉林征收厘捐各局卡

长春统税分局附农安分卡　　　　放牛沟统税分局附桦皮厂分卡
阿勒楚喀统税分局附宾州长寿蜚克图分卡　双岔河统税分局
榆树统税分局附新城分卡　　　　四合川统税分局
宁古塔统税分局附绥芬穆陵河分卡　巴彦鄂佛罗边门统税局
敦化统税分局附额穆赫索罗分卡　　乌拉统税分局附白旗屯分卡
双城统税分局附拉林分卡　　　　缸窑统税分局
五常统税分局附山河屯蓝彩桥分卡　小城子统税分局
伊通统税分局附磐石饷捐分卡　　　呢玛口统税分局附密山府署
三姓统税分局　　　　　　　　　水曲柳冈统税分局
延吉统税分局附珲春分局　　　　哈尔滨江关道
岔路河统税分局附双河分卡

① 《东三省政略·吉林财政篇》"纪饷捐"。

货厘捐而外,吉林尚有一种煤厘。光绪六年将军铭安因吉林旗民人口繁殖,需开煤窑以济燃料,于是年五月奏准人民得集资开窑,官家得酌量抽厘。惟至七年二月始由铭安奏定章程,旧窑每座按旧章每年仅纳税银 17.608 两,应改与新窑一律抽厘,以二分为额,如卖钱十串,即纳厘税钱二百文,买卖两方各出钱一百文,其买主应纳之钱,责成该窑就近扣留,以归简易,于开刨之日起征,由工司①发给新旧各窑盖用关防大小帐簿,用完许其随时赴司领取,不准私立帐簿,以免蒙混。其经理抽收税厘及随时查核等事应委员设局经收,以专责成。所派委员为一协领,由彼会同工司掌关防协领,总司其事,另派佐领,防御,笔帖式等官承收厘税。所收钱文,按春秋两季汇总交库。所需征收经费得在收入内提出一成,作为开支②。

贰 厘捐收支

吉林货厘共分三种,已见上述,惟现存厘金报告,则仅有七厘货捐一种报告。今存报告系自光绪二十二年至三十二年,除三十一年缺报告外,计有十年。收入以银钱并计,银为库平银,钱为市钱,以钱折银,据历年厘报所开。系以 3,000 文合库平银一两。兹将历年收数改为全以库平计算,并列为第一三四表。光绪二十二年至二十六年之收数不出 200,000 两,二十二年收数尚不满 100,000 两,至二十三年则已逾十万,二十四五年则增至十七八万两。二十六年因受兵

---

① 东三省将军府内通设有工司。
② 《吉林通志》卷四十一。

灾影响,收数减至十一万余两。光绪二十七年后收数又续增,最初四年尚在200,000两至300,000两间,至光绪三十二年则增至五十二万六千余两。全部收入除扣出一成五经费,及临时拨付一二款项外,余皆备放旗署官兵俸饷,但非全数皆充俸饷,此为七厘货捐之收支,至于四厘捐则因向不报部,故今无档案可考,惟知其用途,自光绪三十三年宝吉铸钱局撤裁后,即改作银元局铸造经费及提学司学堂经费①。至于九厘捐之收数,今亦不详。

第一三四表 吉林省历年七厘货捐收支

光绪22年—32年

(单位以两计)

年次	收入	开除			总计
		备拨旗署官兵俸饷	一五征收经费	其他开除	
光绪22年	87,028				★
光绪23年	101,567				★
光绪24年	174,376				★
光绪25年	189,607	157,545	28,441	3,621(1)	189,607
光绪26年	112,296	91,782	16,844	3,670	112,296
光绪27年	209,483	178,061	31,422	——	209,483
光绪28年	238,510	172,734	35,776	30,000(2)	238,510
光绪29年	297,239	222,653	44,586	30,000	297,239
光绪30年	278,030	206,325	41,705	30,000	278,030
光绪31年					
光绪32年	526,157	366,915	78,924	80,318(3)	526,157

(1)以下拨补欠解银。
(2)以下天主耶稣两教赔款。
(3)陆军学堂等经费。
　★原报告未列用途。

煤厘自光绪七年起征,今存此项厘捐报告共有十一年,即光绪七

---

① 《吉林省财政说明书·地方税部》,页六十三。

年至九年，十一年至十八年。每年收数，以库平银计，常在一千两以下，收至一千两者仅有二年。兹将历年此项收数及折合银数列如下表。每年所有收入，除开支一成经费外，皆存库备拨。

第一三五表　吉林省历年煤厘收数*

光绪 7 年—18 年

（单位钱为串，银为两）

年　次	钱　数	折合银数	年　次	钱　数	折合银数
光绪 7 年	3,155	1,052	光绪 13 年	2,698	899
光绪 8 年	2,734	911	光绪 14 年	3,028	1,009
光绪 9 年	1,969	656	光绪 15 年	1,858	619
光绪 10 年			光绪 16 年	2,158	719
光绪 11 年	1,950	650	光绪 17 年	1,445	482
光绪 12 年	2,885	962	光绪 18 年	2,210	737

＊根据《吉林通志》卷四十三。

黑龙江厘金

壹　厘捐沿革

清代各省创办厘金，以黑龙江为最晚。光绪十一年始由将军文绪奏设厘捐局，于呼兰城，呼兰厅各设一局，专征秤捐，粮石捐，斗秤课。征收委员由将军派省司协佐防校充任之[①]。至光绪十四

[①] 黄维翰纂修：《呼兰府志》卷十五，张伯英等纂：《黑龙江志卷》十八。据《黑龙江省财政说明书》及《东三省政略》所载，则在光绪十四年，创办人为将军恭镗，《说明书》谓所课货物凡五十六种，皆系斤秤等物。《政略》谓是年恭镗派员赴东荒经征呼兰，绥化，巴彦苏苏三城烟厘，粮捐并秤货五十二宗。两书记载略有不同。惟据《黑龙江划分税项意见书》所载呼兰厘捐局设于光绪十二年，又绥化厘局设于光绪十三年，可见光绪十四年以前，即有厘捐之试办，故今似以暂从十一年创办之说为是。

年经征之秤货共有五十二宗,历年因之,至光绪三十年始见推广。十七年改于呼兰设厘捐总局,而以原设之总局为分局,呼兰绥化两厅,余庆街(今庆城县)亦设分局,而于上集厂(今绥棱县),河津镇,双河镇,十间房,兴隆镇,西集厂,沈家窝堡,双庙子(今兰西县),五台站各设分卡,共计四局九卡,悉隶于呼兰城总局。总局设总办,分局卡各设委员,仍选司协佐防校委充之。局卡每月收入,由总局报解将军衙门①。

黑龙江征收厘捐初本限于秤货五十二宗,迨光绪三十年将军达桂等以屡准户部咨列筹款十条,催促开办,势难再缓,爰仿吉林厘捐章程,将一切杂货均按卖价一串捐厘钱十文。除小床地摊与肩挑贸易一概免征外,其余大小商家,无论行庄坐庄凡有铺面字号者均照章于是年七月初一日起征。是为百货一成捐②。抽收办法系于每月月终由总局派员往各商铺查照卖货流水簿上所记一月卖货钱额总数,按率征收。亦有于下月初间交纳者,惟不得过初五日,其有逾期不纳者,以漏捐论③。光绪三十三年四月程德全副都统为整顿税务,裁减浮费计,将厘捐局与木税经征税务局并为一局,统曰税局。总局驻绥化,设总办一员,文牍收支各一员,分局则设正副委员各一,分卡设正委员一。光绪三十四年八月复改呼兰分局为税务总局。所有各分局俱隶属于此两总局④。兹将各局名称列为下表。

---

① 《吉林省财政说明书·地方税部》,页六十三(原书如此,疑有误。——编者注)。
② 《东三省政略·黑龙江财政篇》"纪一成货捐",又《黑龙江财政说明书》。
③ 《吉林省财政说明书·地方税部》,页六十三(原书如此,疑有误。——编者注)。
④ 《黑龙江志稿》卷十八,《东三省政略·黑龙江财政篇》,页二十五。

第一三六表　光绪三十四年黑龙江征收厘捐各局*

绥化府税务总局	巴彦州分局	肇州所税局
余庆县分局	兰西县分局	布特哈税局
海伦厅分局	木兰县分局	昂昂溪税局
青冈县分局	五站分局	墨尔根税课司
十间房分局	兴隆镇分局	瑷珲税课司
上集厂分局	西集厂分局	省城税课司
双河镇分局	大通县税局	省城税捐局
呼兰府税务总局	大麦厅税局	

* 根据《东三省政略·黑龙江财政篇》。

黑龙江厘捐除上述百货一成捐外,尚有数种兹分述之。

一、牲畜一成捐　此项始于光绪三十三年,与牲畜税同时开办,税系征之买主,捐则抽自卖主。税率为值百抽一。

二、粮石一成捐　此捐系光绪十一年创抽之粮捐所改,原按每石抽捐钱六十文,专由卖主缴纳,至光绪三十四年始创办粮税,改由买主完纳,粮捐仍由卖主交纳,惟仅纳卖价百分之一,旧有每石纳钱六十文之例废止。

三、粮石出境捐　光绪三十四年开办,凡已完纳上述粮税及粮捐之粮石,如系运销外省者,则尚须由买主照原价报纳出境一成捐,由附近第一局卡征收,发给税票,任其出境。如运至中途复经折回销售者,仍照章报纳捐税,已纳之出境捐,概不作抵。

四、一成捐杂款　百货一成捐及牲畜粮石一成捐皆按正款每串随收杂款钱一十文①,即与正税相等。

五、五厘捐　光绪三十三年三月创办,仅在省城一处征收,专充市政之用。各商按卖钱一千缴纳五文,于每月交纳百货一成捐

---

① 《财政说明书》原文谓收百文,恐有误。

时一并缴纳。

六、买卖货捐(附货场费) 此捐始于光绪三十二年,仅在呼兰,巴彦州两处征收,所有入款,悉拨巡警处。税率系按卖价钱一千捐钱十文,即值百抽一。此两项货捐皆由商会代征包缴。此外尚附有木兰货场费一项,按每担收钱二百文。

除上述数项厘捐外,各地方尚有商捐,警学粮捐,铺捐等款,其性质与厘金相同,惟皆系地方税款,收数甚微,兹不备述①。

贰　厘捐收数

关于黑龙江历年厘捐收入的记载,今几无处可查。仅百货一成捐的收数,有一年可考,此即光绪三十四年之收数。是年收入共钱1,210,247串,除提出一成五征收经费钱181,537串外,实收正款钱1,028,710串。以3,000文合库平银一两折算,计共收银342,903两②。

新疆省厘金

税制及税收

新疆开办厘金,远在咸丰六年。当时系由地方当局奏准在乌

---

① 以上所述俱见《黑龙江省财政说明书》。
② 《东三省政略·黑龙江财政篇》百货一成捐钱一览表。

鲁木齐,吐鲁番两处抽收棉花厘金①。是时新疆所采办法如何,今已不详,开办后是否对其他货物逐渐抽厘,今亦不详。惟知新疆仿照内地抽厘,乃在左宗棠于光绪四年平定新疆之后。当时为在本省筹饷,即于是年春季起在各地设局征厘②,惟关于抽厘详章,今亦不详。据左氏六年奏报,自四年秋冬起至五年夏季,不足一年,全省所抽厘银共为十八万两有奇③。是时全省共设总局三处,分局十一处,分卡四十七处所用经征人员,计道府二员,知府一员,同知州县十一员,佐杂,都司,守备,千总,把总共四十八员,书吏巡丁等共二百八十三人。兹将各局卡名称列为第一三七表。全省收入计光绪七年全年收入共库平银248,255两,除开支征收经费共计43,750两(约占收入总数百分之十七),余204,505两俱拨充防军善后经费。至光绪八年五月二十三日奉上谕新疆停止抽厘,各局卡于六月底一律裁撤。计是年一月至六月共收库平银169,410两,除开支征收经费20,172两(约占收入总数百分之十二强),余149,238两亦拨充防军善后经费④。停止的理由是因光绪七年《中俄改订条约》,允许俄人在新省运货往来,暂免纳税,而各部落人及内地华商,仍令照章完纳,未免苦乐不均,故著令暂行停止,俟商务兴旺,照约议立税则时,再复旧章⑤。其后刘锦堂奉令督办新疆军务,以谕旨准予免厘,系专指中外往来行商而言,本地土产税银系属正供,因奏请仍饬户民交纳;旋于十一,十三等年奏明南路委员,

---

① 《会典事例》卷二四一。
② 《覆陈新疆情形折》(光绪四年十月二十三日),《左靖恪奏稿续编》卷七十二。
③ 《敬陈新疆善后事宜折》(光绪六年四月十七日),同上书卷七十六。
④ 《光绪十五年三月十二日朱批甘肃新疆巡抚刘锦堂折》。
⑤ 《光绪十八年十二月初四日朱批甘肃新疆巡抚陶模折》。

第一三七表　光绪四年至八年六月新疆所设厘局*

古城税厘总局
　　东西门二分卡
　　西大桥分卡
　　奇台济木萨二分卡
乌鲁木齐税厘局
　　东西南门三分卡
绥来税厘局
　　东西二门分卡
　　安集海分卡
已里坤税厘局
　　东南北门三分卡
哈密税厘局
　　东路新庄分卡
　　新城南北门二分卡
　　土胡芦分卡
　　瞭墩分卡
　　南山口分卡
吐鲁番税厘局
　　辟展托克逊二分卡

喀库税厘局
　　布古尔洋泽尔二分卡
　　喀刺沙尔二分卡
　　库尔勒哈尔哈阿满台二分卡
库车税厘局
　　沙雅尔托和奈二分卡
阿克苏税厘总局
　　东西北三处分卡
　　尹阿瓦提阿伊克冰达坂
　　拜城寨里木等处五分卡
乌什税厘局
　　洋海分卡
喀什噶尔税厘总局
　　汉城牌素巴特二分卡
　　玛纳巴什分卡
英吉沙尔税厘局
　　本城分卡
叶尔羌税厘局
　　哈哈里克个玛二分卡
和阗税厘局
　　哈拉哈什玉陇哈什二分卡

* 根据档案制。

按章抽收,于省城,古城,哈密,绥来,吐鲁番设立总分各局。惟新疆贸易,向以洋货为大宗,各属土产不多,又乏贵重之物,华商贩运土货,并带运洋货,一局数卡,分段稽查,照章缴银,莫敢抗言,而俄商运货则仅施验票手续,放行无阻。故商民为谋利计,乃向俄商贿托包庇,无论土货洋货,概可免纳,谓较赴局纳税,尚为合算。甚至所属各回部亦冒称俄人希图蒙混。因此土货收税无几,而交涉反频兴。光绪十八年十一月中甘肃新疆巡抚陶模以此项货税历年仅有二万至五六万两之收数,除开支二成经费外,所余无几,而于华商贸易则颇见挠阻,因奏请暂行停止,仍照八年上谕所示,俟商务兴旺,照约议立税则时,再恢复旧章。奉旨户都议奏,惟结果如何则今不详①。据光绪三十四年由厘金改办统税一事看,则当时似未准如所请,暂行停止若谓曾经暂时停止,后复开办,则中俄在光绪七年后并未再议陆路通商征税章程,停止后即无复开之借口,故似未停止。

新疆厘金向例系收两税,一起一落,嗣因积久弊生,官商交困,以致征收减色,甚或收不敷支。光绪三十四年乃由藩司改为统税,并起落二税一次征收,并区分货物精粗,担头轻重,厘订章程,通行各局,以为征收标准,自此以后,收数较旺,计光绪三十四年各局共收库平银182,350两,宣统元年共收170,720两,惟征收经费支出甚大,光绪三十四年共支45,080两,约占收入总数百分之二十五,宣统元年共支60,860两,竟占收入百分之三十五强。此因新疆地方辽阔,设卡稽征,费用自必较大。兹将此两年各局岁收及所支经费列为第一三八表。除总局外,计有大局五处,分局七处,惟有分局一处于宣统元年裁并省城总局。宣统二年为实行节省征收经费计,试行包税之法。其办法即预计每年按照统税章程,可收税银若干,由承包委员预缴四分之一,余俟到任后按季解缴,至实在收数盈绌开支多寡,公家不复过问。试行厘局为阿克苏,喀什噶尔,库车,吐鲁番,伊犁,和阗等局②。

---

① 《光绪十八年十二月初四日朱批甘肃新疆巡抚陶横折》。
② 《新疆省财政说明书·财政费》第五节。

第一三八表　新疆统税收入及征收经费*

（单位以两计）

局　别	光绪三十四年		宣统元年	
	岁收	征收经费	岁收	征收经费
总局	11,700	15,700	6,700	16,300
哈密大局	36,930	3,730	26,330	3,970
古城大局	38,070	3,530	33,460	6,300
伊犁大局	14,820	4,160	13,450	5,080
塔城大局	4,830	1,830	6,080	3,030
喀什噶尔大局	22,180	1,830	30,860	5,220
莎车大局	12,500	1,600	10,780	4,570
吐鲁番分局	8,340	3,030	8,050	2,330
阿克苏分局	7,500	2,800	7,200	3,420
库车分局	6,280	2,450	7,400	3,370
巴楚州分局	3,700	1,170	3,880	2,280
和阗分局	15,060	1,790	16,530	4,960
库尔喀喇乌苏分局	350	1,430	★	★
总　计	182,350	45,080	170,720	60,860

* 根据《新疆省财政说明书》。

★ 本年此局并入省城总局。

附录一 统计表

第一表 历年各省厘金收入总数

咸丰 3 年—同治 7 年
（单位以两计）

年次	福建省	河南省	陕西省	山西省	山东省	广东省	广西省	浙江省	江西省	总计
咸丰 3 年	8,714									8,714
4	14,098									14,098
5	52,102									52,102
6	160,717									160,717
7	240,092									240,092
8	269,268	60,400								329,668
9	528,953	121,149	283,559							933,661
10	797,269	91,743		177,823	40,170					1,107,005
11	871,384	51,567		161,741	33,831	436,659				1,555,182
同治元年	1,288,507	48,805		157,148	57,283	436,659①				1,988,402
2	1,299,195	34,939		153,354	67,966		520,892			2,076,346
3	1,115,229	55,673		145,991	145,350		647,977②	1,371,360③		3,481,580
4	2,024,401	57,388		183,631	127,764		775,062	2,057,040③		5,225,286
5	2,163,645	46,888		151,958	158,650		608,114	2,057,040③		5,186,295
6	1,907,034	50,832	202,942	123,158	103,927		614,246	2,057,040③		5,059,179
7	2,120,200	70,646	204,664	131,111	97,115		778,458	2,057,040③	1,398,352	6,857,586

① 本年报告缺半年,此系采用上年之全年收数。

② 本年报告缺,此系采用上下相邻二年之平均收数。

③ 浙省厘报自同治三年四月间起至十一年十二月底止,系一次合报,无各年细数,此系采用平均数。

第二表 历年各省厘金收入总数
同治 8 年—光绪 34 年
（单位以两计）

年 次	江苏省	浙江省	福建省	湖北省	广东省	湖南省	江西省	广西省
同治 8 年	2,779,913	2,057,040②	1,939,271	1,502,288	895,259	1,298,456⑤	1,153,925	676,053
9	2,933,574	2,057,040②	1,858,891	1,662,493	1,162,295	1,298,456⑤	1,288,188	700,967
10	3,103,015	2,057,040②	1,876,597	1,665,948	1,092,836③	1,298,456⑤	1,164,640	700,954③
11	2,901,091	2,057,040②	1,945,796	1,667,554	1,023,376	1,298,456⑤	1,121,449	700,941
12	2,626,838	2,090,290③	2,199,983	1,670,247	1,072,150	1,442,748	1,332,927	680,393③
13	2,365,811	2,123,540	2,155,688	1,451,725	936,399	1,276,850	1,172,175	680,393③
光绪元年	2,014,016	2,048,697	2,105,432	1,416,682	910,078	1,305,671	1,154,498	680,393③
2	2,180,699①	2,195,013	2,277,675③	1,487,967	1,113,310	1,168,555③	1,250,533	680,393③
3	1,929,082	1,756,133	2,449,898	1,194,860	984,386	1,031,438	1,133,414	680,393③
4	2,262,084	1,735,028	2,455,034	1,070,903	855,343	1,006,561	1,137,904	680,393③
5	2,432,395	2,003,886③	2,253,742	1,374,217	955,487	1,047,541	1,290,222	659,845
6	2,331,950①	2,272,743	2,222,053	1,437,816	878,265	1,274,415	1,230,741	707,393③
7	2,341,296①	2,032,974	2,472,720	1,544,845	1,009,121	1,393,626	1,331,972	754,941
8	2,175,104	2,587,517	2,221,844	1,351,920	960,980	1,299,929③	1,257,039	756,573
9	1,982,612	1,598,502	1,973,189	1,174,576	1,028,496	1,203,232	1,083,109	645,420
10	2,164,776	1,831,275	1,926,455	1,225,565	1,073,134	1,228,702	973,899	691,499③
11	2,143,653	1,908,115	2,053,133	1,500,935③	1,020,460	1,127,722	870,818	737,577
12	2,070,949	1,893,943	2,189,143	1,500,935③	1,114,049	1,263,401	1,071,318	677,395③
13	2,505,574	1,871,823	2,039,407③	1,776,304	1,475,627	1,381,531	1,095,513	617,213

续表

年次	江苏省	浙江省	福建省	湖北省	广东省	湖南省	江西省	广西省
光绪14年	2,412,240①	1,730,901	1,889,671	1,545,890	1,577,455	1,259,810	1,071,529	611,014
15	2,374,855①	2,151,121	1,756,993	1,604,274	1,587,412	1,155,561	1,063,878	673,613③
16	2,450,516	1,737,685	1,724,686	1,620,510③	1,577,381	1,128,402	1,205,547	736,212
17	2,388,272	2,059,106	1,928,674	1,636,746	1,412,700	1,056,126	1,212,886	627,756③
18	2,371,288	1,921,482	2,080,428	1,588,295	1,619,044	1,130,019	1,117,348	627,756③
19	2,412,675	1,868,848	2,089,835	1,535,398	1,469,856	1,062,873	1,077,684	519,478⑥
20	2,690,006	1,987,837	1,587,760	1,569,828	1,509,633	1,051,096	1,048,554	547,816
21	3,564,896	2,361,715	2,019,961	1,701,266	1,905,681*	1,134,618	1,197,464	513,040
22	3,374,719	2,094,284	1,923,573③	1,591,248	1,753,636③	1,225,161	1,188,158	547,221
23	3,123,204	2,203,762	1,827,185	1,525,757	1,601,590	1,276,816	1,267,925	539,739③
24	1,879,082	2,250,451	1,603,443	1,547,687	1,577,517	1,422,408	1,348,440	539,739③
25	1,022,402	2,311,000	1,730,793	1,630,497	1,330,161③	1,280,506*	1,258,409	532,267*
26	3,412,082	2,046,215	1,380,382③	1,866,012	1,082,805	1,425,222	1,051,076	550,687
27	3,723,516	2,160,720	1,029,971	1,855,069	1,547,476	1,352,947	1,169,463	690,842
28	3,588,468	2,107,151	1,399,792	2,070,809	1,511,792	1,373,652③	1,559,421	563,900③
29	3,757,478	2,151,140③	782,943	2,192,151③	1,529,052	1,394,356	1,964,829	430,958⑦
30	3,626,051	2,195,129	793,695	2,313,492	1,634,647	1,313,430*	2,103,463	699,120⑦*
31	3,755,910	2,191,968	915,826	1,710,086	1,518,118	1,297,165	1,783,092	677,952⑦
32	3,711,572	2,175,315	946,266	1,707,845③	1,515,699	1,310,409	1,888,887	606,199
33	3,539,161	2,247,889	790,907	1,765,603	2,144,762③	1,336,578	1,781,308④	898,379
34	3,877,046	2,247,889④	790,907④	1,615,119	2,773,824	1,361,621	1,781,308④	968,152⑦

第二表 历年各省厘金收入总数（续）
同治 8 年—光绪 34 年
（单位以两计）

年次	安徽省	甘肃省	陕西省	山西省	河南省	山东省	总计**	补插数占总数之百分数
同治 8 年	555,031	52,133	196,275	148,417	76,623	90,158	13,420,842	9.67
9	622,899	228,814	226,495	131,060	89,716	71,976	14,332,864	9.06
10	527,721	246,235	243,496	118,971	87,248	73,665	14,256,822	21.69
11	593,477	264,880	241,671	120,458	79,662	72,271	14,088,122	9.22
12	593,428	403,470	245,598	124,463	87,520	71,742	14,641,797	18.92
13	585,070	458,960	266,674	114,921	75,936	62,520	13,726,662	4.96
光绪元年	567,657	437,987	325,567	112,464	80,358	57,719③	13,217,219	5.58
2	443,507	437,809	352,131	108,806	67,604	57,719③	13,821,721	30.27
3	367,044	406,881	264,652	84,020	63,775	57,719③	12,403,695	5.95
4	342,506	373,592	204,244	59,737	78,462	57,719③	12,319,510	5.99
5	467,905	386,825	250,064	71,920	90,118	57,719③	13,341,886	15.45
6	528,701③	386,885	344,191	66,831	90,340	57,719③	13,730,043	9.42
7	589,497	392,665	267,066	86,428	98,585	57,719③	14,376,455	0.40
8	517,957	392,950	278,379	64,076	97,458	52,918	13,834,644	9.40
9	504,701	453,286	321,420	174,478	91,161	61,574	12,295,756	0.00
10	448,759	388,470	338,411	150,298	86,224	56,708	12,584,175	5.49
11	408,071	388,829	358,233	158,023	85,662	50,477	12,811,708	1.172
12	444,090	345,284	321,968	178,019	88,510	59,504	13,218,508	16.48
13	472,237③	362,889③	391,835	156,480	70,903	54,993	14,272,329	20.14
14	500,383	380,495	362,443	152,878	61,491	44,533	13,600,733	0.00
15	398,207	334,822	373,020③	141,963	65,228	58,148	13,739,095	7.62
16	449,333	333,104	383,597	154,721	70,249	71,763	13,643,107	11.88
17	411,962	307,522	360,007	53,422	70,360	55,503	13,581,042	4.62

续表

年 次	安徽省	甘肃省	陕西省	山西省	河南省	山东省	总 计**	补插数占总数之百分数
光绪 18 年	404,277	288,850	305,721	50,803	70,433	65,941	13,641,665	4.60
19	426,899	294,118⑥	297,991⑥	53,716	74,152⑥	61,205	13,244,728	0.00
20	447,586	267,334①*	394,754	51,390	64,606	68,616	13,286,816	0.00
21	478,224	202,512①	438,145	57,166	72,522	70,300	15,717,510	0.00
22	384,092③*	218,523	643,486	53,401	100,120	107,512	15,315,134*	27.19
23	489,960*	243,166①*	652,177	58,554	104,841	124,430	15,039,046	3.59
24	483,117	249,531①	598,165	61,698	93,804	118,246	13,764,328	3.92
25	488,581	255,245	624,061	56,840	90,135	99,992	12,716,879	10.46
26	510,189③	197,738	504,029	36,949	80,295	80,557	14,224,238	13.29
27	531,796	226,352	482,247	70,736	81,807	94,734	14,957,676	0.00
28	512,740	237,561	822,776	209,532	77,934	139,108	16,174,636	11.98
29	557,489	289,155	677,889*	207,838	116,429	195,065	16,252,692	26.72
30	520,441	250,932	598,338	206,387	191,848	169,056③	16,606,029	1.02
31	530,986	276,694	716,416	212,679	196,190	169,056③	15,952,147	1.06
32	533,045	647,401*	607,762	214,890	605,924	169,056③	16,290,270	11.52
33	617,893	634,845	426,701	195,546	220,259	169,056③	16,708,890	13.85
34	520,791	724,999	488,344	246,881	220,259④	143,047⑦	17,760,187	28.38

① 此数包含一小部分添插数,详请可参阅本省收入总表。
② 同治三年四月起至十一月底止,此系四月底止,各年收数系一次合报,此系每年平均收数。
③ 本年报告不全,此系采用上下相邻二年之平均收数。
④ 本年报告缺,此系采用上年之全年收数。
⑤ 本年报告缺,此系采用同治十二年至光绪二年四年之平均数。
⑥ 此数根据《光绪会计录》。
⑦ 此数根据各省财政说明书。——编者注
* 原书不清,此数为疑似数。——编者注
** 此为十四省总计。——编者注

第三表　光绪二十九年户部所发表各省厘金收数①

省别	银数（两）	洋数（元）	钱数（串）	备　注②
直隶	182,295			
山东	75,181			大约系光绪二十六年之收数，因其报部系在二十九年三月
河南	90,059			大约系光绪二十六年之收数，因其报部系在二十九年六月
山西	68,554			
陕西	319,748			大约系光绪二十八年之收数，因其报部系在二十九年六月
甘肃	229,076			大约系光绪二十八年之收数，因其报部系在二十九年八月
浙江	946,075	1,299,285	293,185	此系光绪二十七年之收数
福建	847,831			大约为光绪二十六年之收数，因二十七年上半年之厘银系在二十九年七月始造送
安徽	327,795	288,511		此为光绪二十八年之收数
江苏	3,377,627	97,496	498,627	大约为光绪二十七年之收数
江西	1,109,462			此系光绪二十七年之收数
湖南	1,109,755		422,037	此系光绪二十七年之收数
湖北	307,904		2,500,716	此系光绪二十七年之收数
广东	1,488,138			
广西	439,242			
四川	514,946			
贵州	226,583			
云南	231,341			
奉天	7,100		634	
吉林			2,631,900	

① 根据东亚同文会出版之《支那经济全书》第一编附录九。
② 此项备注系由作者根据本书材料考出，其未加注省份有的是缺小根据，有的是难下断定。

第四表 历年全国厘金收数
同治8年—光绪34年
（单位以1000两计）

年　次	十五省收数①	直隶云贵三省收数估计 最底　最高	奉天吉林二省收数估计 最底　最高	全国收数 最底　最高
同治8年	13,657	410——580	460③	14,527——14,697
9	14,595	410——580	458③	15,463——15,633
10	14,494	410——580	413③	15,317——15,487
11	14,301	410——580	411③	15,122——15,292
12	14,873	410——580	434③	15,717——15,887
13	13,959	410——580	413③	14,782——14,952
光绪元年	13,455	410——580	430——530	14,295——14,565
2	14,077	410——580	430——530	14,917——15,187
3	12,677	410——580	430——530	13,517——13,787
4	12,552	410——580	430——530	13,392——13,662
5	13,599	410——580	480——580	14,489——14,759
6	13,932	410——600	480——580	14,822——15,112
7	14,630	410——600	480——580	15,520——15,810
8	14,120	410——600	480——580	15,010——15,300
9	12,462	410——600*	480——580	13,352——13,642
10	12,775	500——800	626③	13,901——14,201
11	13,007	500——800	506——536③	14,013——14,343
12	13,443②	500——800	536——566③	14,479——14,809
13	14,525②	500——800	595——625③	15,620——15,950
14	13,529②	500——800	518——548③	14,547——14,877
15	13,226②	500——800	529——559③	14,255——14,585
16	13,384②	500——800	610——640③	14,494——14,824
17	13,254②	500——800	544——574③	14,298——14,628
18	13,417②	500——800	557——587③	14,474——14,804
19	13,044②	500——800	554——584③	14,098——14,428
20	13,089	500——800	480——580	14,069——14,469
21	15,314	500——800	485——585	16,299——16,699
22	14,980	500——800	487——587④	15,967——16,367
23	15,070	500——800	501——604④	16,071——16,471
24	13,884	500——800	574——674④	14,958——15,358
25	12,819	500——800	589——689④	13,908——14,308

续表

年　次	十五省收数①	直录云贵三省收数估计		奉天吉林二省收数估计		全国收数	
		最底	最高	最底	最高	最底	最高
光绪 26 年	14,501	500	800	512	612④	15,513	15,913
27	15,248	500	800	609	709④	16,357	16,757
28	15,214	500	800	638	738④	16,352	16,752
29	16,322	500	800	697	797④	17,519	17,919
30	17,044	500	800	698	778④	18,242	18,622
31	16,390	500	800	700	1,000④	17,590	18,190
32	16,728	500	800	926	1,026④	18,154	18,554
33	17,146	500	800	1,500	1,900	19,146	19,846
34	18,417	500	800	1,500	1,900	20,417	21,117

① 十五省是江苏,浙江,安徽,湖南,湖北,江西,福建,广东,山东,山西,陕西,河南,甘肃,四川及广西。历年福建茶税收入及光绪十三年后闽浙两省洋药厘金收入皆除外。
② 包括台湾厘金在内。
③ 本年奉天厘金用实际收数。
④ 本年吉林厘金用实际收数。
* 原书不清,此数为疑似数。——编者注

第五表 历年各省厘金收入分类及各类百分比
同治8年—光绪34年
(单位以两计)

年次	实数					总计	百分数					总计
	货厘	茶税①	洋药厘	土药厘	盐厘		货厘	茶税	洋药厘	土药厘	盐厘	
同治8年	12,301,087	281,229	559,970	62,981	215,575	13,420,842	91.66	2.10	4.17	0.47	1.61	100
9	13,234,491	255,454	543,438	61,330	238,151	14,332,864	92.34	1.78	3.79	0.43	1.66	100
10	13,347,264	280,606	484,052	54,271	90,629	14,256,822	93.62	1.97	3.40	0.38	0.64	100
11	13,089,543	304,364	479,363	52,702	162,150	14,088,122	92.91	2.16	3.40	0.37	1.15	100
12	13,659,483	285,857	493,253	55,836	147,368	14,641,797	93.29	1.95	3.37	0.38	1.01	100
13	12,807,383	310,726	435,461	50,953	122,139	13,726,662	93.30	2.26	3.17	0.37	0.89	100
光绪元年	12,248,493	306,029	485,906④	48,925	127,866④	13,217,219	92.67	2.32	3.68	0.37	0.97	100
2	12,992,081	287,962②	326,351④	48,958	166,369④	13,821,721	94.00	2.08	2.36	0.35	1.20	100
3	11,510,345	269,894	424,341④	41,451	157,664④	12,403,695	92.80	2.18	3.42	0.33	1.27	100
4	11,394,952	311,226	452,484④	30,529	130,319④	12,319,510	92.50	2.53	3.67	0.25	1.06	100
5	12,291,571	286,326	574,786④	27,400	161,803④	13,341,886	92.13	2.15	4.31	0.21	1.21	100
6	12,750,479	341,851	528,314④	25,872	83,527④	13,730,043	92.87	2.49	3.85	0.19	0.61	100
7	13,352,497	316,173	606,020④	37,425	64,346④	14,376,455	92.88	2.20	4.22	0.26	0.45	100
8	12,829,702	293,305	593,346	48,370	69,921	13,834,644	92.74	2.12	4.29	0.35	0.51	100
9	11,345,510	273,067	455,763	141,968	79,448②	12,295,756	92.27	2.22	3.71	1.15	0.65	100
10	11,670,180	274,512	453,548	106,487	79,448②	12,584,175	92.74	2.18	3.60	0.85	0.63	100
11	11,769,905	277,866	572,733	102,229	88,975	12,811,708	91.87	2.17	4.47	0.80	0.69	100
12	11,888,329	318,585	781,694	140,402	89,498④	13,218,508	89.94	2.41	5.91	1.06	0.68	100
13	13,061,418	282,478②	467,111	371,824	89,498④	14,272,329	91.52	1.98	3.27	2.61	0.63	100
14	12,143,009	246,370	495,725	625,609	90,020	13,600,733	89.28	1.81	3.64	4.60	0.66	100
15	11,857,650	205,971	954,053④	632,997④	88,424④	13,739,095	86.31	1.50	6.94	4.61	0.64	100

续表

年次	实数厘					百分数厘				
	货厘	茶税①	洋药厘	土药厘	盐厘	总计	货厘	茶税	洋药厘	土药厘	盐厘	总计
光绪16年	11,923,125	183,215	758,278	688,369④	90,120	13,643,107	87.39	1.34	5.56	5.05	0.66	100
17	11,901,384	178,630	823,566	589,959	87,503④	13,581,042	87.63	1.32	6.06	4.34	0.64	100
18	12,232,104	170,246	671,968	483,177	84,170	13,641,665	89.67	1.25	4.93	3.54	0.62	100
19	11,649,937	207,667	771,382	529,831	85,910②	13,244,727	87.96	1.57	5.82	4.00	0.65	100
20	11,789,915	194,102	638,663	576,486	87,650④	13,286,816	88.73	1.46	4.81	4.34	0.66	100
21	13,971,034	204,384	739,044	713,468	89,580④	15,717,510	88.89	1.30	4.70	4.54	0.57	100
22	13,726,907	193,223②	750,987	549,512	84,505	15,305,134	89.69	1.26	4.90	3.59	0.55	100
23	13,750,813	182,062	478,231	535,997	91,943④	15,039,046	91.43	1.21	3.19	3.56	0.61	100
24	12,694,788	150,503	265,222	566,928	86,887	13,764,328	92.23	1.09	1.92	4.12	0.63	100
25	11,654,423	157,955	213,949	566,543④	124,009	12,716,879	91.65	1.24	1.68	4.46	0.98	100
26	13,444,992	143,988②	51,932	498,397	84,929	14,224,238	94.52	1.01	0.37	3.50	0.60	100
27	14,241,732	130,020	52,010	461,284	72,630	14,957,676	95.21	0.87	0.35	3.08	0.49	100
28	14,989,929	368,131	32,150	493,314	291,112	16,174,636	92.68	2.28	0.20	3.05	1.80	100
29	15,210,272	368,131③	2,393	560,384④	111,512	16,252,692	93.59	2.27	0.01	3.45	0.69	100
30	15,962,709		2,752	551,259	89,309④	16,606,029	96.13		0.02	3.32	0.54	100
31	15,246,949		3,968	622,997	78,233④	15,952,147	95.58		0.02	3.91	0.49	100
32	16,026,818		2,287	176,269	84,896④	16,290,270	98.38		0.01	1.08	0.52	100
33	16,623,119				85,771④	16,708,890	99.49				0.51	100
34	17,457,322				302,865	17,760,187	98.29				1.71	100

① 福建茶税。
② 本年报告缺,此系采用上下相邻二年之平均数。
③ 本年报告缺,此系采用上年之收数。
④ 内有一部分补捕数。

第六表 历年各省厘金开除总数
咸丰3年—同治7年
（单位以两计）

年次	福建省	河南省	陕西省	山西省	山东省	广东省	广西省	浙江省	江西省	总计
咸丰3年	3,534									3,534
4	2,994									2,994
5	35,715									35,715
6	5,968									5,968
7	155,561									155,561
8	256,873	57,451								314,324
9	448,885	113,457	305,209							867,551
10	672,897	99,298		176,811	16,903					965,909
11	571,120	40,665		159,208	32,637	436,659				1,248,289*
同治元年	1,145,943	43,199		157,148	44,252	436,659①				1,827,201
2	1,566,138	36,524		153,354	71,169		520,893			2,348,078
3	1,690,900	33,390		145,991	111,132		647,977②	1,355,243③		3,984,633
4	2,018,421	50,794		183,631	100,780		775,062	2,032,864③		5,161,552
5	2,275,127	48,319		151,958	144,371		608,114	2,032,864③		5,260,753
6	1,919,859	46,385		123,158	86,437		614,246	2,032,864③		4,822,949
7	1,938,266	50,000	429,685	131,111	141,330		778,458	2,032,864③	1,398,352	6,900,066

① 本年报告缺半年，此系采用上年之开除数。
② 本年报告缺，此系采用上下相邻两年之平均数。
③ 浙省厘报自同治三年四月间起至十一年二月底止，系一次合报，无各年细数，此系采用平均数。
* 原书如此，疑为1,240,289。——编者注

第七表 历年各省厘金开除总数
同治 8 年—光绪 34 年
（单位以两计）

年　次	江苏省	浙江省	福建省	湖北省	广东省	湖南省	江西省	广西省
同治 8 年	2,588,796	2,032,864②	2,035,406	1,501,881	896,013	1,296,691⑤	1,153,925	676,053
9	2,795,135	2,032,864②	2,326,830	1,648,729	1,617,139	1,296,691⑤	1,288,188	700,967
10	2,972,507	2,032,864②	2,074,809	1,659,236	1,502,862③	1,296,691⑤	1,164,640	700,954③
11	3,010,837	2,032,864②	2,426,253	1,683,895	1,388,585	1,296,691⑤	1,121,449	700,941
12	2,666,848	2,085,893③	2,485,180	1,665,960	1,054,052	1,414,930	1,332,927	680,393③
13	2,586,891	2,138,983	2,002,077	1,441,949	938,043	1,251,713	1,172,175	680,393③
光绪元年	2,074,846	2,071,768	2,104,302	1,396,750	909,006	1,332,137	1,154,498	680,393③
2	2,198,821①	2,206,379	2,279,400③	1,520,939	1,151,939	1,187,982③	1,250,533	680,393③
3	1,973,547	1,842,808	2,454,499	1,173,893	995,825	1,043,827	1,133,414	680,393③
4	2,476,522	1,740,113	2,454,863	1,071,004	795,972	965,467	1,137,904	659,845
5	2,298,176	2,007,619③	2,278,114	1,394,749	951,355	1,033,388	1,290,222	707,393③
6	2,359,954①	2,275,126	2,222,583	1,442,405	897,957	1,262,055	1,230,741	754,941
7	2,401,418①	2,217,756	2,473,324	1,535,791	1,001,085	1,351,243	1,331,972	576,573
8	2,330,108	2,550,230	2,221,844	1,357,267	960,883	1,301,666③	1,257,039	645,420
9	2,036,902	1,648,774	1,973,549	1,171,916	960,028	1,252,090	1,083,109	691,499③
10	2,221,309	1,798,411	1,926,455	1,227,471	1,053,698	1,203,560	973,899	737,577
11	2,216,381	1,423,291	2,053,133	1,487,663③	993,100	1,089,550	870,818	677,395③
12	1,874,264	1,878,323	2,189,143	1,487,663③	1,055,419	1,261,634	1,071,318	617,213
13	2,505,969	2,602,452	2,039,407③	1,747,855*	1,477,854	1,434,453	1,095,513*	611,014
14	2,264,989①	1,563,364	1,889,671	1,621,405	1,576,036	1,201,838	1,071,529	673,613③
15	2,251,748①	2,116,059	1,756,002	1,581,110	1,591,792	1,205,997	1,063,878	736,212
16	2,378,323	1,861,423	1,724,686	1,605,312③	1,579,734	1,080,655	1,205,547	627,756③
17	2,181,794	2,048,211	1,928,674	1,629,514	1,400,789	1,135,461	1,212,885	

续表

年次	江苏省	浙江省	福建省	湖北省	广东省	湖南省	江西省	广西省
光绪18年	2,445,332	2,017,350	2,085,428	1,572,976	1,620,721	1,123,218	1,117,348	627,756③
19	2,482,544	1,848,959	2,089,835	1,544,670	1,472,521	1,051,899	1,077,684	519,299⑥
20	2,793,032	1,930,722	1,587,760	1,584,636	1,505,784	1,112,972	1,048,554	547,816
21	2,820,551	2,123,659	2,019,961	1,728,040	1,905,944	1,089,888	1,197,464	513,040
22	3,441,996	2,308,711	1,923,573③	1,698,093	1,747,156③	1,240,568	1,188,158	547,221
23	3,135,270	1,846,892	1,827,185	1,525,756	1,588,369	1,303,775	1,267,925	539,739③
24	2,232,609	2,381,088	1,603,443	1,547,688	1,561,240	1,408,502	1,348,440	539,739③
25	1,006,391	2,470,141	1,730,793	1,628,496	1,314,958③	1,351,857	1,258,409	532,257
26	3,431,539	2,524,313	1,626,608③	1,864,013	1,068,676	1,468,720	1,051,076	550,687
27	3,427,543	2,309,289	1,522,423	1,855,069	1,547,076*	1,352,485	1,109,463	690,842
28	3,611,718	2,463,892	1,606,408	2,069,808	1,477,332	1,370,892③	1,559,421	563,900③
29	3,652,100	2,512,561③	1,688,397	2,191,699③	1,608,836	1,389,299	1,964,829	436,958⑥
30	3,701,598	2,561,233	1,196,487	2,313,490	1,595,817	1,299,420	2,143,461	699,120⑥
31	3,468,109	2,672,188	1,333,228	1,709,446	1,473,316	1,309,345	1,783,092	677,952⑥
32	3,834,105	2,541,293	1,541,471	1,707,524③	1,364,184	1,320,084	1,888,887	606,199
33	3,640,218	2,451,682	1,501,451	1,705,603	1,944,855③	1,325,998	1,781,308	898,379⑥
34	3,761,281	2,451,682①	1,501,451④	1,528,120	2,529,527	1,436,613	1,781,308④	968,152⑥

第七表 历年各省厘金开除总数（续）
同治 8 年—光绪 34 年
（单位以两计）

年次	安徽省	甘肃省	陕西省	山西省	河南省	山东省	总　计**	补捕数占总数之百分数
同治8年	555,031	343,952⑦	222,409	148,417	69,935	60,000	13,581,373	9.55
9	622,899	343,952⑦	226,495	131,060	41,366	103,259	15,175,574	8.54
10	527,721	343,952⑦	243,496	118,971	11,000	92,664	14,742,367	23.74
11	593,477	343,952⑦	241,671	120,458	110,969	114,389	15,186,431	8.54
12	593,428	343,952⑦	245,598	124,463	119,033	46,332	14,858,989	18.62
13	585,070	343,952⑦	266,674	114,921	105,000	72,664	13,700,505	4.97
光绪元年	567,657	343,952⑦	321,359	112,464	87,084	66,332③	13,222,548	5.65
2	443,507	343,952⑦	325,230	108,806	70,000	66,332③	13,834,213	30.46
3	367,044	343,952⑦	279,021	84,020	62,500	66,332③	12,501,075	5.97
4	342,506	343,952⑦	172,310	59,737	70,992	66,332③	12,378,067	6.03
5	467,905	343,952⑦	248,091	71,920	100,000	66,332③	13,211,668	15.70
6	528,701③	343,952⑦	245,002	66,604	87,278	66,332③	13,736,083	9.48
7	589,497	343,952⑦	261,775	86,260	102,000	66,332③	14,517,346	0.46
8	517,957	347,319	334,938	33,288	90,300	60,000	13,939,412	9.34
9	504,701	445,112	321,420	92,221	96,916	70,000	12,302,158	0.00
10	448,759	381,063	338,411	206,288	86,400	60,000	12,617,223	5.48
11	408,071	387,074	358,233	105,855	86,555	40,000	12,257,301	12.14
12	444,090	339,980	321,968	154,666	89,126	70,000	12,914,989	16.76
13	472,236③	360,237	391,835	80,557	70,903	50,000	14,346,485	20.02
14	500,383	380,495	362,443	104,839	61,491	50,000	13,259,497	0.00
15	398,207	334,822	373,020③	135,597	65,228	57,077③	13,604,150	8.11
16	449,333	333,104	383,597	125,508	70,249	64,154	13,597,837	11.81
17	411,962	268,099	360,007	163,667	70,360	62,846	13,502,026	4.65
18	404,277	288,380	305,721	90,255	70,433	65,000	13,834,195	4.54

续表

年次	安徽省	甘肃省	陕西省	山西省	河南省	山东省	总计**	补插数占总数之百分数
光绪19年	426,899	228,141⑥	350,237⑥	45,892	67,519	60,000	13,266,099	0.00
20	447,586	138,427①	394,754	90,201	64,606	70,000	13,316,850	0.00
21	478,224	330,054①	438,145	33,844	72,522	70,000	14,821,336	0.00
22	484,092③	218,523	643,486	44,668	79,820	95,851	15,661,916	26.53
23	489,960	243,290①	652,177	76,532	100,841	78,309	14,676,020	3.68
24	483,117	249,531①	598,165	56,781	93,885	166,465	14,270,693	3.78
25	488,581	255,245	624,061	68,965	90,185	86,730	12,907,069	10.19
26	510,188③	197,738	504,029	32,468	80,312	74,400	14,984,767	14.26
27	531,796	221,541	482,247	65,152	81,365	78,861	15,275,146	0.00
28	512,740	236,652	822,776	74,672	77,934	122,400	16,570,563	11.68
29	552,489	289,155	677,809	179,366	116,605	115,400	17,375,503	27.07
30	525,441	250,932	598,338	192,150	190,510	97,765⑧	17,325,762	0.56
31	530,986	276,694	716,416	315,046	196,149	97,765⑧	16,559,732	0.59
32	583,045	647,401	607,762	123,875	205,924	97,765⑧	17,069,519	10.58
33	617,896	673,267	426,701	227,206	220,271	97,765⑧	17,612,600	11.66
34	520,791	737,809	488,344	280,108	220,271④	97,765⑧	18,303,222	22.13

① 此数包含一部分添插数,详情可参阅本省开除总表。
② 同治三年四月起至十一年十二月底止,各年开除数系一次合报此系一次合报系每年平均总数。
③ 本年报告缺,此系采用上下相邻二年之平均数。
④ 本年报告缺,此系采用上年之全年支出数。
⑤ 本年报告缺,此系采用同治十二年四年支光绪二年四年之平均数。
⑥ 此数根据该省财政说明书。
⑦ 同治八年至光绪七年系一次合报,此系光绪二十六年至二十九年四年之平均数。
⑧ 本年报告缺,此系采用光绪二十六年至二十九年四年之四年平均数。
* 原书不清,此数为疑化数。——编者注
** 为十四省总数。——编者注

第八表　历年各省厘金收支总额比较
咸丰 3 年—光绪 34 年
（单位以两计）

年　次	收　入	开　除	盈余或不敷
咸丰 3 年	8,714①	3,534	+5,180
4	14,098①	2,994	+11,104
5	52,102①	35,715	+16,387
6	160,717①	5,968	+154,749
7	240,092①	155,561	+84,531
8	329,668②	314,324	+15,344
9	933,661③	867,551	+66,110
10	1,107,005④	965,909	+141,096
11	1,555,182⑤	1,240,289	+314,893
同治元年	1,988,402⑤	1,827,201	+161,201
2	2,076,346⑥	2,348,078	-271,732
3	3,481,580⑦	3,984,633	-503,053
4	5,225,286⑦	5,161,552	+63,734
5	5,186,295⑦	5,260,753	-74,458
6	5,059,179⑦	4,822,949	+236,230
7	6,857,586⑧	6,900,066	-42,480
8	13,420,842⑨	13,581,373	-160,531
9	14,332,864	15,175,574	-842,710
10	14,256,822	14,742,367	-485,545
11	14,088,122	15,186,331	-1,098,309
12	14,641,797	14,858,989	-217,192
13	13,726,662	13,700,505	+26,157
光绪元年	13,217,219	13,222,548	-5,329
2	13,821,721	13,834,213	-12,492
3	12,403,695	12,501,075	-97,380
4	12,319,510	12,378,067	-58,557
5	13,341,886	13,211,668	+130,218
6	13,730,043	13,736,083	-6,040
7	14,376,455	14,517,346	-140,891
8	13,834,644	13,939,412	-104,768
9	12,295,756	12,302,158	-6,402
10	12,584,175	12,617,223	-33,048

续表

年　次	收　入	开　除	盈余或不敷
光绪11年	12,811,708	12,257,301	+554,407
12	13,218,508	12,914,989	+303,519
13	14,272,329	14,346,485	-74,156
14	13,600,733	13,259,497	+341,236
15	13,739,095	13,604,150	+134,945
16	13,643,107	13,597,837	+45,270
17	13,581,042	13,502,026	+79,016
18	13,641,665	13,834,195	-192,530
19	13,244,728	13,266,099	-21,371
20	13,286,816	13,316,850	-30,034
21	15,717,510	14,821,336	+896,174
22	15,305,134	15,661,916	-356,782
23	15,039,046	14,676,020	+363,026
24	13,764,328	14,270,693	-506,365
25	12,716,879	12,907,069	-190,190
26	14,224,238	14,984,767	-760,629
27	14,957,676	15,275,146	-317,470
28	16,174,636	16,570,563	-395,927
29	16,252,692	17,375,503	-1,122,811
30	16,606,029	17,325,762	-719,733
31	15,952,147	16,559,732	-607,585
32	16,290,270	17,069,519	-779,249
33	16,708,890	17,512,600	-803,710
34	17,760,187	18,303,222	-543,035

① 此年仅有福建一省。
② 此年共有福建河南二省
③ 此年共有福建,河南,陕西三省。
④ 此年共有福建,河南,山西,山东四省。
⑤ 此年共有福建,河南,山西,山东,广东五省。
⑥ 此年共有福建,河南,山西,山东,广西五省。
⑦ 此年共有福建,河南,山西,山东,广西,浙江六省。
⑧ 此年共有福建,河南,山西,山东,广西,浙江,江西七省。
⑨ 此年以后每年皆有江苏,浙江,安徽,江西,湖北,湖南,福建,广东,广西,山东,河南,山西,陕西,甘肃十四省。

第九表　历年十一省厘金开除分类及各类之百分比[1]
同治 13 年—光绪 34 年
（单位以两计）

年　次	国用款	省用款	用途不详款[2]	总　计	国用款%	省用款%	用途不详款%	总计%
同治 13 年	11,700,645	789,509	113,342	12,603,496	92.84	6.26	0.90	100
光绪元年	11,173,564	727,095	231,212	12,131,871	92.10	5.99	1.91	100
3	10,584,671	542,894	282,833	11,410,398	92.76	4.76	2.48	100
4	10,331,785	774,295	181,310	11,287,390	91.53	6.86	1.61	100
9	10,303,916	796,811	40,899	11,141,626	92.48	7.15	0.37	100
10	10,708,494	744,791	31,376	11,484,661	93.24	6.49	0.27	100
17	11,595,633	784,562	163,130	12,543,325	92.44	6.25	1.30	100
18	11,632,645	1,034,688	185,726	12,853,059	90.50	8.05	1.44	100
20	11,276,378	976,637	307,592	12,560,607	89.78	7.78	2.45	100
21	12,416,133	1,110,367	381,742	13,908,242	89.27	7.98	2.74	100
23	12,307,364	1,257,976	249,342	13,814,682	89.09	9.11	1.80	100
24	12,081,533	1,051,512	181,913	13,314,958	90.74	7.90	1.37	100
27	12,639,019	1,137,961	506,922	14,283,902	88.48	7.97	3.55	100
30	13,767,565	855,604	1,654,776[3]	16,277,945	84.55	5.26	10.17	100
31	12,820,524	911,997	1,774,800[4]	15,507,321	82.67	5.88	11.44	100

① 十一省为江苏、浙江、安徽、江西、湖北、湖南、福建、广东、山西、河南、陕西。
② 仅有江苏、浙江、江西、湖南、安徽、广东、陕西七省有此款。
③ 内有福建厘金全年开除 1,196,487 两，因未列用途，故附于此。
④ 内有福建厘金全年开除 1,333,228 两，因未列用途，故附于此。

第十表　历年十一省国用款分析
同治 13 年—光绪 31 年
（单位以两计）

年　次	解户部款	国家行政费	皇室用费	铁路经费	归还外债	赔款
同治13年	792,429	259,340	445,945		71,766	
光绪元年	956,981	286,032	413,450			
3	515,590	260,535	882,048		226,000	
4	540,983	284,871	890,337		176,000	
9	1,294,275	386,600	179,410		176,000	
10	927,390	45,000	155,305		176,000	
17	1,999,914	194,300	255,830	151,798		
18	1,925,949	102,962	380,569	114,300		
20	1,643,321	141,484	867,164	119,300	60,000	
21	1,680,895	202,713	348,141	79,300	280,000	
23	1,718,991	121,821	391,351	104,300	1,097,825	
24	1,328,075	125,872	187,667	96,300	2,173,499	
27	1,088,204	79,209	129,159	80,725	4,196,027	6,607
30	822,583	174,644	212,960	206,000	4,522,240	225,373
31	733,974	160,354	114,198	34,000	4,470,330	289,406

年　次	协　款	海防经费	水师军费	各省军费	总　计
同治13年	1,505,317	465,693	819,832	7,340,323	11,700,645
光绪元年	1,090,976	858,375	834,625	6,733,125	11,173,564
3	1,384,508	943,872	790,212	5,581,906	10,584,671
4	1,453,705	713,435	1,200,168	5,072,286	10,331,785
9	1,202,778	680,595	721,593	5,662,665	10,303,916
10	1,091,610	754,349	772,699	6,786,141	10,708,494
17	386,004	1,461,968	806,124	6,339,695	11,595,633
18	392,202	1,635,308	817,154	6,264,201	11,632,645
20	331,101	1,467,901	770,770	5,875,337	11,276,378
21	326,362	1,925,330	792,091	6,781,301	12,416,133
23	421,323	1,400,031	746,984	6,304,738	12,307,364
24	304,636	979,752	514,236	6,371,496	12,081,533
27	210,858	524,708	361,800	5,961,722	12,639,019
30	302,592	300,102	361,800	6,639,271	13,767,565
31	329,660	354,907	361,800	5,971,895	12,820,524

第十一表 历年十一省国用款内各项支出占十一省总支出之百分比
同治 13 年—光绪 31 年

年 次	解户部款	皇室用费	归还外债	协款	军 费①	其他各费②	总 计
同治 13 年	6.77	3.81	0.61	12.87	73.73	2.22	100.00
光绪元年	8.56	3.70		9.76	75.41	2.56	100.00
3	4.87	8.33	2.14	13.08	69.12	2.46	100.00
4	5.24	8.62	1.70	14.07	67.62	2.76	100.00
9	12.56	1.74	1.71	11.67	68.56	3.75	100.00
10	8.66	1.45	1.64	10.19	77.63	0.42	100.00
17	17.25	2.21		3.33	74.23	2.98	100.00
18	16.56	3.27		3.37	74.93	1.87	100.00
20	14.57	7.69	0.53	2.94	71.96	2.31	100.00
21	13.54	2.80	2.26	2.63	76.50	2.27	100.00
23	13.97	3.18	8.92	3.42	68.67	1.84	100.00
24	10.99	1.55	17.99	2.52	65.10	1.84	100.00
27	8.61	1.02	33.20	1.67	54.18	1.32	100.00
30	5.97	1.55	32.85	2.20	53.03	4.40	100.00
31	5.72	0.89	34.89	2.57	52.17	3.77	100.00

① 内包括海防经费,水师军费及各省军费。
② 内包括国家行政赔款,及铁路经费。

第十二表 历年十一省省用款内厘金征收经费占额数

同治13年—光绪31年

年次	湖南省	安徽省	浙江省	陕西省	湖北省	江苏省	总计	省用款总额	前者占后者之百分数
同治13年	35,575						35,575	789,509	4.50
光绪元年	35,616						35,616	727,095	4.90
3	14,823						14,823	542,894	2.73
4	14,706						14,706	774,295	1.90
9	178,520	39,575	162,987				400,973②	796,811	50.32
10	167,047	35,101	143,402	33,841			379,391	744,791	50.94
17	130,876	32,158	137,658	50,121	130,940		481,753	784,562	61.40
18	135,480	31,542	129,607	43,404	127,064		467,097	1,034,688	45.14
20	127,082	35,006	133,108	37,332	125,586		458,114	976,637	46.91
21	144,778	37,458	166,546	39,491	136,101		524,374	1,110,367	47.23
23	172,570	38,397	159,125	62,531	122,061		554,684	1,257,976	44.09
24	174,071	38,440	168,096	57,108	123,815		561,530	1,051,512	53.40
27	158,816	41,745	149,616	44,090	148,405	110,061①	652,733	1,137,961	57.36
30	119,253	40,835	76,654	56,639	185,079	111,399①	589,859	855,604	68.94
31	129,970	41,679	144,395	68,701	136,807	104,876①	626,428	911,997	68.69

① 仅有苏州一局之征收经费自光绪二十六年起报部,此即该局经费。
② 内有陕西津帖盐局办公费银19,801两。

第十三表　江苏省历年厘金收入各项总数
同治 8 年—光绪 34 年
（单位以两计）

年 次	货　厘	米　捐	丝栈商捐	洋药厘金	棉花捐	牙帖捐	茶叶糖厂二成捐	茶厘	其他税收	各项拨款	总　计
同治 8 年	2,444,408		119,919	187,148		26,635				1,803	2,779,913
9	2,593,676		111,687	200,028		22,780				5,408	2,933,574
10	2,753,808		140,056	185,957		21,925				1,269	3,103,015
11	2,517,495		164,660	189,568		28,135				1,233	2,901,091
12	2,254,677		168,464	179,258		24,110				329	2,626,838
13	1,931,712		212,466	143,486		15,065				63,082	2,365,811
光绪元年	1,679,461		186,520	110,313		12,790				24,932	2,014,016
2①	1,634,599		227,789	126,441		16,875				16,883	2,180,699⑥
3	1,644,931		133,491	118,049		19,570				13,041	1,929,082
4	1,943,145		148,638	136,531		18,300				15,470	2,262,084
5	2,049,834		171,457	174,923		17,425				18,756	2,432,395
6②	1,710,253		208,975	144,991		14,150				14,604	2,331,950⑥
7③	1,873,448		150,008	158,059		16,375				15,600	2,341,296⑥
8	1,847,672		138,112	150,815		16,105				22,400	2,175,104
9	1,900,848			13,357		11,175				57,232	1,982,612
10	2,083,217			14,537		11,190				55,832	2,164,776
11	2,044,332			1,543		18,890				78,888	2,143,653
12	1,881,510					16,985				172,454	2,070,949
13	2,311,999			149,000		18,575				26,000	2,505,574
14④	1,218,079			90,921		10,030					2,412,240⑥
15⑤	1,539,932			149,000		13,305					2,375,855⑥
16	2,267,873			149,000		17,620		443	15,580		2,450,516
17	2,147,977			216,500		11,805		607	11,383		2,388,272

续表

年次	货厘	米捐	丝栈商捐	洋药厘金	棉花捐	牙帖捐	茶叶糖厂二成捐	茶厘	其他税收	各项拨款	总计
光绪18年	2,285,011			67,500		12,315		800	5,662		2,371,288
19	2,227,408			169,117		15,625		474	51		2,412,675
20	2,273,673			234,621		15,360		449		163,900	2,690,006
21	3,350,200			144,000		50,575		313	10,210		3,564,896
22	2,880,570	203,119		154,830	13,910	33,150	2,003	776	41,257		3,373,719
23	2,757,450	86,975		171,463	9,867	19,550	9,598	385	9,575	60,000	3,123,204
24	1,634,204	104,289		60,667	24,667	13,865	47,107	470	1,697	27,679	1,870,082
25	740,499	225,701			27,650	19,665	7,939	327	8,560		1,022,402
26	2,924,094	410,624			23,900	18,038	2,544	435	26,353		3,412,082
27	3,326,507	245,536			19,053	90,500	8,638	111	36,670		3,723,516
28	3,143,286	368,402			15,283	46,285	5,139	143	10,945		3,588,468
29	3,286,713	370,111			42,182	43,525	4,124	115	10,443		3,757,478
30	3,139,012	405,979			42,754	24,155	4,389	50	10,090		3,626,051
31	3,025,342	639,574			58,141	22,550	4,011	101	7,475		3,755,910
32	3,011,648	366,839			54,125	35,305	2,727	59	161,387	80,000	2,711,572 *
33	2,844,333	244,483			73,680	35,465	2,209	44	209,560	129,964	3,539,161
34	3,025,730	379,162			67,871	31,365	1,632	27	293,183	77,679	3,877,046

① 苏州货厘内有茧捐。
② 金陵局缺下半年收数。
③ 金陵局缺上半年收数。
④ 淞沪及苏州局各缺下半年收数。
⑤ 沪淞局缺下半年收数。
⑥ 本年报告不全，各局所缺全年总数，系采用各局上下相邻二年之平均数补入，例如金陵局在光绪二年仅有半年报告，计算全年总数时，即采用该局光绪元年及三年两年总数相加之平均数。
* 原书如此，疑为3,711,572。——编者注

第十四表　江苏省历年厘金收入项下其他税收分析
光绪 16 年—34 年
（单位以两计）

年　次	税　　名	款　额
光绪 16 年	土药厘金	15,580
17	土药厘金	11,383
18	土药厘金	5,662
19	土药厘金	51
20		
21	烟酒二成捐	10,210
22	烟酒二成捐	41,257
23	烟酒二成捐	9,575
24	烟酒二成捐	1,697
25	剔出各捐	8,560
26	剔出各捐	26,353
27	剔出各捐	36,670
28	剔出各捐	10,945
29	剔出各捐	10,443
30	剔出各捐	10,090
31	剔出各捐	7,150
	邮局代征处寄包裹捐	335
32	烟酒二成捐	4,503
	别出各捐	10,213
	邮局代征处寄包裹捐	5,137
	金陵木厘	141,534
33	烟酒二成捐	8,465
	剔出各捐	6,907
	漕捐	23,988
	邮局代征处寄包裹捐	8,355
	苏属铁路旱卡代征沪卡捐	111
	苏锡常旱卡捐银	11
	金陵木厘	161,723
34	剔出各捐	8,260
	烟酒二成捐	5,223
	漕捐	71,520
	金陵木厘	177,821
	苏属铁路旱卡代征沪卡捐	12
	苏锡常旱卡捐	27
	邮局代征处寄包裹捐	7,006
	崇明大生分厂纱捐	23,314

第十五表　江苏省历年厘金收入项下各项拨款分析
同治 8 年—光绪 34 年
（单位以两计）

年　次	款　额	来　源
同治 8 年	1,803	江海关税饷项下协济厘局作抵茶捐
9	5,408	江海关税饷项下协济厘局作抵茶捐
10	1,269	江海关税饷项下协济厘局作抵茶捐
11	1,233	江海关税饷项下协济厘局作抵茶捐
12	329	江海关税饷项下协济厘局作抵茶捐
13	882	江海关税饷项下协济厘局作抵茶捐
	62,200	金陵军需局解还湖向省借款
光绪元年	14,400	江海关税饷项下协济军饷
	532	江海关税饷项下协济厘局作抵茶捐
	10,000	收回同治十三年原拨抚恤淮徐灾民未动之款
2①	15,600	江海关税饷项下协济军饷
	1,283	江海关税饷项下协济厘局作抵茶捐
3	12,000	江海关税饷项下协济军饷
	1,041	江海关税饷项下协济厘局作抵茶捐
4	14,400	江海关税饷项下协济军饷
	1,070	江海关税饷项下协济厘局作抵茶捐
5	18,000	江海关税饷项下协济军饷
	756	江海关税饷项下协济厘局作抵茶捐
6①	14,400	江海关税饷项下协济军饷
	204	江海关税饷项下协济厘局作抵茶捐
7②	15,600	江海关税饷项下协济军饷
8	22,400	江海关税饷项下协济军饷
9	53,232	江海关税饷项下协济军饷
	4,000	收回光绪八年原拨建设长洲学宫银
10	55,832	江海关税饷项下协济军饷
11	78,888	江海关税饷项下协济军饷
12	172,454	江海关税饷项下协济军饷
13	26,000	江海关税饷项下协济军饷
14③	——	
15④	——	
16	——	
17	——	
18	——	
19		

续表

年 次	款 额	来 源
光绪20年	{140,000 23,900	收息借商款 收苏司解还十八年借拨修理海塘工费
21	——	
22	——	
23	{20,000 40,000	收苏司解还十八年借拨修理海塘工费 苏州关解还前借建关设埠经费
24	27,679	苏州关解还前借建关设埠经费
25	——	
26	——	
27	——	
28	——	
29	——	
30	——	
31	——	
32	80,000	造币分厂解还前借银
33	129,964	提借剔出各捐协济洋款不敷银
34	77,679	提借别出各捐协济洋款不敷银

---

① 金陵局缺下半年收数。
② 金陵局缺上半年收数。
③ 淞沪及苏州两局各缺下半年收数。
④ 淞沪局缺下半年收数。

第十六表　江苏省历年厘金开除各项总数
同治8年—光绪34年
（单位以两计）

年　次	解户部款	国家行政费	皇室用费	铁路经费	归还内外债	赔　款	协　款
同治8年	40,000	10,000	88,000				391,500
9	100,000	8,000	99,500				415,000
10	50,000		54,000				503,380
11	50,000		204,000				589,619
12	50,000	44,600	131,521				476,698
13	45,000	106,000	122,000				459,670
光绪元年	50,000		102,000				329,833
2①	50,000	3,000	140,750				240,500
3	50,000		165,750		50,000⑥		366,500
4	70,000	112,071	240,738				402,750
5	105,400	38,500	32,663				656,833
6①	292,400	5,768	18,000				381,500
7②	238,667	10,000	33,785			30,000	446,733
8	268,000	70,500	29,719			30,000	561,667
9	283,000	13,000	41,500				353,500
10	287,000	1,000	44,000				479,587
11	388,000	4,000	52,000				331,650
12	458,000	5,000	44,000				169,303

续表

年次	解户部款	国家行政费	皇室用费	铁路经费	归还内外债	赔款	协款
光绪13年	515,333		65,000				258,393
14[3]	393,167		18,000		18,000[6]		131,196
15[4]	439,667		24,000				115,667
16	510,333	13,750	106,000	24,300			223,330
17	511,333		54,480	24,300			180,333
18	510,333	31,800	130,912	24,300			210,583
19	511,333	18,000	293,673	24,300			219,954
20	511,333	19,587	645,845	24,300	60,000		184,833
21	390,333	65,587	207,468	24,300	280,000		211,631
22	393,563	20,587	187,972	24,300	834,461		256,809
23	391,333	21,227	216,492	24,300	582,000		328,123
24	214,999	32,213	60,372	16,300	814,225		189,803
25	99,000	35,020	23,958	8,300	120,000		128,000
26	99,000	15,270	13,000	8,300	2,247,000		139,125
27	87,163	15,020	12,000		2,323,300	6,607	103,400
28	65,000	15,020	21,591		2,368,300	242,925	120,745
29	65,000	10,270	13,000		2,387,300	246,228	120,571
30	65,000	105,020	20,834	120,000[5]	2,323,300	110,705	121,490
31	65,000	45,020			2,323,300	103,168	126,745
32	65,000	49,970			2,323,300	103,168	120,000
33	65,000	19,720			2,433,264	39,641	120,646
34	65,000	20,338			2,420,979	39,641	120,000

第十六表 江苏省历年厘金开除各项总数（续）
同治8年—光绪34年
（单位以两计）

年 次	海防经费	水师军费	本省军费	本省行政费	用途不明及拨存各款	总 计
同治8年		652,915	1,284,281	112,198		2,588,794
9		529,505	1,461,567	181,563		2,795,135
10		443,298	1,461,445	460,384		2,972,507
11		331,641	1,439,564	396,013		3,010,837
12		331,725	1,415,917	216,387		2,666,848
13		240,490	1,384,244	224,487		2,586,891
光绪元年	1,280	262,776	1,091,406	228,145	5,000	2,074,846
2		316,832	1,110,044	178,921	9,406	2,198,821⑦
3		275,906	904,548	160,843		1,973,547
4		644,116	884,494	122,353		2,476,522
5		306,549	981,912	176,319		2,298,176
6	120,000	272,771	843,892	117,963	70,091	2,359,954⑦
7	30,000	255,528	999,591	196,500		2,401,418⑦
8	40,000	268,065	902,594	159,563		2,330,108
9	40,000	250,370	911,056	144,476		2,036,902
10	65,000	264,617	945,402	134,703		2,221,309
11	65,510	297,046	967,878	110,297		2,216,381
12	170,000	244,335	663,579	120,047		1,874,264
13	480,000	288,465	682,421	216,357		2,505,969
14	190,000	124,059	412,186	46,768		2,264,989⑦
15	262,500	208,704	492,637	60,068	10,000	2,251,748⑦
16	380,000	266,129	734,138	120,343		2,378,323
17	320,000	265,266	734,275	91,867		2,181,794

续表

年 次	海防经费	水师军费	本省军费	本省行政费	用途不明及拨存各款	总 计
光绪18年	322,400	274,866	766,886	155,752	17,500	2,445,332
19	322,400	261,601	717,250	114,033		2,482,544
20	351,965	246,632	658,520	90,017		2,793,032
21	370,435	270,291	681,993	206,175	12,338	2,820,551
22	380,000	234,145	854,401	163,758	92,000	3,441,996
23	320,000	225,184	887,280	139,331		3,135,270
24	200,000	112,436	564,904	27,357		2,232,609
25	80,000		462,113		50,000	1,006,391
26	70,000		662,659	97,185	80,000	3,431,539
27	60,000		470,692	110,061	239,300	3,427,543
28	80,000		357,234	105,903	235,000	3,611,718
29	80,000		395,594	118,837	215,300	3,652,100
30	80,000		337,351	123,099	294,799	3,701,598
31	80,000		376,174	120,846	227,856	3,468,109
32	80,000	120,000	580,029	122,215	270,423	3,834,105
33	80,000	131,911	421,864	194,700	133,472	3,640,218
34	80,000	137,500	371,045	169,526	337,252	3,761,281

① 金陵局缺下半年开除数。
② 金陵局缺上半年开除数。
③ 淞沪及苏州两局各缺下半年开除数。
④ 淞沪局缺下半年开除数。
⑤ 拨滇省铁路经费。
⑥ 还洋商借款,惟未指明何项借款。
⑦ 本年报告不全,各局所缺全年总数,系采用各局上下相邻二年之平均数补入。例如金陵局在光绪二年仅有半年报告,计算全年总数时,即采用该局光绪元年及三年两年总数相加之平均数。

第十七表　江苏省历年解户部款分析
同治 8 年—光绪 34 年
（单位以两计）

年　次	京　饷	东北边防经费	筹边军饷	拨户部军饷	总　计
同治 8 年	40,000				40,000
9	100,000				100,000
10	50,000				50,000
11	50,000				50,000
12	50,000				50,000
13	45,000				45,000
光绪元年	50,000				50,000
2①	50,000				50,000
3	50,000				50,000
4	70,000				70,000
5	87,000			18,400⑦	105,400
6①	168,000	80,000		44,400⑦	292,400
7②	167,000	71,667			238,667
8	188,000	80,000			268,000
9	208,000	75,000			283,000
10	207,000	80,000			287,000
11	208,000	70,000	110,000⑤		388,000
12	188,000	80,000	100,000	90,000⑧	458,000
13	207,000	85,000	133,333	90,000	515,333
14③	120,000	55,000	146,500	71,667	393,167
15④	153,000	60,000	140,000	86,667	439,667
16	207,000	80,000	133,333	90,000	510,333
17	208,000	80,000	133,333	90,000	511,333
18	207,000	80,000	133,333⑥	90,000	510,333
19	208,000	80,000	133,333	90,000	511,333
20	208,000	80,000	133,333	90,000	511,333
21	207,000	80,000	13,333	90,000	390,333
22	208,000	80,000	13,333	92,230	393,563
23	208,000	80,000	13,333	90,000	391,333

续表

年　次	京　饷	东北边防经费	筹边军饷	拨户部军饷	总　计
光绪24年	105,000	40,000	6,666	63,333	214,999
25	45,000	24,000		30,000	99,000
26	45,000	24,000		30,000	99,000
27	45,000	20,000		22,163	87,163
28	45,000	20,000			65,000
29	45,000	20,000			65,000
30	45,000	20,000			65,000
31	45,000	20,000			65,000
32	45,000	20,000			65,000
33	45,000	20,000			65,000
34	45,000	20,000			65,000

① 金陵局缺下半年开除数。
② 金陵局缺上半年开除数。
③ 淞沪及苏州两局各缺下半年开除数。
④ 淞沪局缺下半年开除数。
⑤ 近畿防饷。
⑥ 自此年起改称筹备饷需。
⑦ 吉林军饷归还户部款。
⑧ 此数以下俱为京师旗营练兵加饷。

第十八表　江苏省历年国家行政费分析

同治 8 年—光绪 34 年

（单位以两计）

年　次	伊犁善后经费及备荒经费	江南文闱经费及内务府经费	其他开支 款额	其他开支 用途	总　计
同治 8 年			10,000	采买京仓漕米	10,000
9		8,000⑦			8,000
10					
11					
12		24,600	20,000	直隶赈济	44,600
13			100,000 6,000	山东河工 派兵赴台输运费	106,000
光绪元年					
2①		3,000			3,000
3					
4			102,071 10,000	晋豫赈灾 晋省东漕运费	112,071
5		18,000	18,000 2,500	晋省东漕运费 晋省赈款	38,500
6①			5,768	直隶赈款	5,768
7②	10,000⑤				10,000
8	47,500	18,000	5,000	安徽赈需	70,500
9	2,500		5,500 5,000	安徽赈需 各省赈需	13,000
10	1,000				1,000
11	4,000				4,000
12	5,000				5,000
13					
14③					
15④					
16	9,750⑥		4,000	直隶赈济	13,750
17					
18	100,00*		20,000 1,800	各省赈需 海军衙门经费	31,800

续表

年次	伊犁善后经费及备荒经费	江南文闱经费及内务府经费	其他开支 款额	其他开支 用途	总 计
光绪19年			2,000 16,000	海军衙门经费 各省赈需	18,000
20	9,000	8,587[8]	2,000	海军衙门经费	19,587
21	16,000	8,587	20,000 11,000 10,000	顺直赈灾 各省赈灾 海军衙门经费	65,587
22	12,000	8,587			20,587
23	12,000	9,227			21,227
24	6,750	5,463	20,000	各省赈需	32,213
25	3,000	2,020	20,000 10,000	各省赈需 上海机器制造局	35,020
26	3,250	2,020	10,000	上海机器制造局	15,270
27	3,000	2,020	10,000	上海机器制造局	15,020
28	3,000	2,020	10,000	上海机器制造局	15,020
29	3,250	2,020	5,000	美国赛会	10,270
30	3,000	2,020	80,000 20,000	采购铜价 上海机器制造局	105,020
31	3,000	2,020	40,000	上海机器制造局	45,020
32	3,250	2,020	40,000 4,700	上海机器制造局 民政部经费	49,970
33	3,000	2,020	4,700 10,000	民政部经费 上海机器制造局	19,720
34	3,000	2,020	10,000 5,318	上海机器制造局 民政部经费	20,338

① 金陵局缺下半年开除数。
② 金陵局缺上半年开除数。
③ 淞沪及苏州两局各缺下半年开除数。
④ 淞沪局缺下半年开除数。
⑤ 以下伊犁善后经费。
⑥ 以下备荒经费。
⑦ 以下江南文闱经费。
⑧ 以下内务府经费。
＊ 原书如此,疑为100,000。——编者注

第十九表　江苏省历年皇室用费分析
同治 8 年—光绪 34 年
（单位以两计）

年　次	江宁织造津贴	苏省织造养廉	织造工料	金陵经费	总　计
同治 8 年	88,000				88,000
9	99,500				99,500
10	54,000				54,000
11	204,000				204,000
12	48,000		53,521	30,000[5]	131,521
13	50,750		41,250	30,000[5]	122,000
光绪元年	12,000			90,000[6]	102,000
2[1]	7,000		23,750	110,000[7]	140,750
3	12,000		3,750	150,000[8]	165,750
4	12,000		41,238	187,500[9]	240,738
5	13,000	13,000	6,663		32,663
6[1]	6,000	12,000			18,000
7[2]	7,000	13,000		13,785	33,785
8	12,000	12,000		5,719	29,719
9	12,000	12,000		17,500	41,500
10	13,000	13,000	18,000		44,000
11	12,000	12,000	28,000		52,000
12	12,000	12,000	20,000		44,000
13	22,000	13,000	30,000		65,000
14[3]	12,000	6,000			18,000
15[4]	12,000	12,000			24,000
16	13,000	28,000	65,000		106,000
17	12,000	12,000	30,480		54,480
18	13,000	30,581	87,331		130,912
19	12,000	12,000	269,673		293,673
20	12,000	12,000	621,845		645,845
21	13,000	13,000	181,468		207,468
22	12,000	12,000	163,972		187,972

续表

年　次	江宁织造津贴	苏省织造养廉	织造工料	金陵经费	总　计
光绪23年	12,000	12,000	192,492		216,492
24	13,000	6,000	41,372		60,372
25	12,000		11,958		23,958
26	13,000				13,000
27	12,000				12,000
28	12,000		9,591		21,591
29	13,000				13,000
30	13,000		7,834		20,834

---

① 金陵局缺下半年开除数。
② 金陵局缺上半年开除数。
③ 淞沪及苏州两局各缺下半年开除数。
④ 淞沪局缺下半年开除数。
⑤ 系万年吉地工程银。
⑥ 内有万年吉地工程银 50,000 两。
⑦ 内有万年吉地工程银 70,000 两。
⑧ 内有万年吉地工程银 60,000 两。
⑨ 内有万年吉地工程银 40,000 两。

第二十表　江苏省历年归还内外债分析
光绪20年—34年
（单位以两计）

年次	外债					内债	总计
	洋行商款	瑞记洋行借款	英德俄法借款	汇丰镑息	解税务司还英德粮款	息借商款	
光绪20年						60,000	60,000
21	20,000	90,000				170,000	280,000
22	140,000	256,747	155,714			282,000②	834,461
23	210,000		210,000			162,000②	582,000
24	120,000		117,500		576,725		814,225
25	60,000		60,000				120,000
26	120,000	120,000	75,000		1,932,000		2,247,000
27	120,000	120,000	75,000	8,300	2,000,000		2,323,300
28	120,000	120,000	75,000	8,300	2,045,000①		2,368,300
29	120,000	129,000	75,000	8,300	2,055,000		2,387,300
30	120,000	120,000	75,000	8,300	2,000,000		2,323,300
31	120,000	120,000	75,000	8,300	2,000,000		2,323,300
32	120,000	120,000	75,000	8,300	2,000,000		2,323,300
33	140,000	120,000	75,000	8,300	2,000,000		2,433,264③
34	120,000	120,000	95,000	8,300	2,000,000		2,420,979④

① 内有45,000两为解税务司预备代征捐款。
② 内有军火抵价一款，惟数目不详。
③ 内有89,964两为协济洋款不敷银。
④ 内有77,679两为协济洋款不敷银。

第二十一表　江苏省历年协款分析
同治 8 年—光绪 34 年
（单位以两计）

年　次	甘肃协饷	贵州协饷	云南协饷	东三省俸饷	各省协饷	其他协饷	总　计
同治 8 年	331,500				60,000		391,500
9	390,000				25,000		415,000
10	360,000				143,380		503,380
11	360,000	18,000	15,000		196,619		589,619
12	340,000	24,000	45,000		47,698	20,000⑤	476,698
13	340,000	12,000	20,000	13,333	74,337		459,670
光绪元年	224,000			43,333	22,500	40,000⑥	329,833
2①	158,000			45,000		37,500⑤	240,500
3	327,000	3,000	6,500	20,000	10,000		366,500
4	315,000		2,750	85,000			402,750
5	458,333	5,500	13,000	160,000	20,000		656,833
6①	280,000	36,000	5,500	55,000	5,000		381,500
7②	313,333	6,500	7,000	119,900			446,733
8	265,000	8,000	4,000	75,000	209,667		561,667
9	276,000	10,000	2,500	60,000	5,000		353,500
10	288,000	7,500	15,284	75,000	85,115	8,688⑦	479,587
11	95,333	12,543	14,362	65,000	143,171	1,241	331,650
12	80,000	2,707	49,113	24,000		13,843	169,303*
13	133,333	3,000	15,000	79,500	17,000	10,560	258,393
14③	102,246	4,250		5,000	17,000	2,700	131,196
15④	96,667	4,000		14,000	1,000		115,667
16	133,333	10,250		75,000		4,747	223,330
17	133,333	6,000		38,000	3,000		180,333
18	133,333	7,250		68,000	2,000		210,583
19	133,333	10,000		19,600	38,400	18,621	219,954
20	133,333	4,500		10,000	33,400	3,600	184,833
21	133,333	6,250			64,600	7,448	211,631
22	133,333	10,000		60,000	50,000	3,476	256,809
23	115,333	7,000		120,000	81,197	4,593	328,123
24	20,000			120,000	49,803		189,803
25		8,000		120,000			128,000
26		6,000		100,000	30,000	3,125	139,125
27				120,000	3,400		123,400

509

续表

年　次	甘肃协饷	贵州协饷	云南协饷	东三省俸饷	各省协饷	其他协饷	总　计
光绪28年				120,000		745	120,745
29				120,000		571	120,571
30				120,000		1,490	121,490
31				126,000		745	126,745
32				120,000			120,000
33				120,000		646	120,646
34				120,000			120,000

① 金陵局缺下半年开除数。
② 金陵局缺上半年开除数。
③ 淞沪及苏州两局各缺下半年开除数。
④ 淞沪局缺下半年开除数。
⑤ 西征年终专饷。
⑥ 西征年终专饷20,000两,金营驼价20,000两。
⑦ 此数以为协济贵州运京铅水脚价银。
* 原书如此,疑有误。——编者注

第二十二表　江苏省历年海防经费分析
光绪元年—34 年
（单位以两计）

年次	款额	用途	年次	款额	用途
光绪元年	1,280	筹备海防	光绪 17 年	320,000	南洋海防经费
2①			18	322,400	南洋海防经费
3			19	322,400	南洋海防经费
4			20 {	322,400	南洋海防经费
5				29,565	苏省海防经费
6①	120,000	北洋海防经费		320,000	南洋海防经费
7②	30,000	北洋海防经费	21 {	30,435	苏省海防经费
8	40,000	北洋海防经费		120,000	受款处不详
9	40,000	北洋海防经费	22 {	320,000	南洋海防经费
10 {	40,000	北洋海防经费		60,000	受款处不详
	25,000	南洋海防经费	23	320,000	南洋海防经费
	25,000	南洋海防经费	24	200,000	南洋海防经费
11 {	40,000	北洋海防经费	25	80,000	南洋海防经费
	510	苏省海防经费	26	70,000	南洋海防经费
12	170,000	南洋海防经费	27	60,000	南洋海防经费
13	480,000	南洋海防经费	28	80,000	南洋海防经费
14③ {	140,000	南洋海防经费	29	80,000	南洋海防经费
	50,000	北洋海防经费	30	80,000	南洋海防经费
15④ {	240,000	南洋海防经费	31	80,000	南洋海防经费
	22,500	苏省海防经费	32	80,000	南洋海防经费
16 {	30,000	苏省海防经费	33	80,000	南洋海防经费
	350,000	南洋海防经费	34	80,000	南洋海防经费

① 金陵局缺下半年开除数。
② 金陵局缺上半年开除数。
③ 淞沪及苏州两局各缺下半年开除数。
④ 淞沪局缺下半年开除数。

第二十三表 江苏省历年水师军费分析
同治8年—光绪34年
(单位以两计)

年次	太湖水师	燕子矶外海水师	长江水师	淮扬水师	长江淮扬水师	太湖长江水师	其他水师临时支用	总计
同治8年	33,140	9,000	174,907	435,868			13,527⑤	652,915
9	100,173	16,000	172,353	227,452				529,505
10	76,827	12,000	184,260	170,211				443,298
11	75,763	12,000	73,740	170,138				331,641
12	138,340	13,000	45,000	135,385				331,725
13	123,859	21,000	45,000	50,631				240,490
光绪元年	116,447	27,600	25,000	93,729				262,776
2①	130,008	32,400	45,000	109,424				316,832
3	118,906	24,000	45,000	88,000				275,906
4	123,516	27,600	45,000	448,000				644,116
5	133,149	32,400	45,000	96,000				306,549
6①	121,471	28,800	45,000	68,829			8,671⑥*	272,771
7②	62,333	30,000			55,300	107,895		255,528
8	59,778	42,800			61,400	104,087		268,065
9	57,434	42,000			74,000	76,936		250,370
10	63,838	26,000			74,000	100,779		264,617
11	116,946	70,000	32,500		77,600			297,046
12	119,235	30,000	37,500		57,600			244,335
13③	131,465	44,000	37,500		75,500			288,465
14③	58,959	6,000	17,500		41,600**			124,059
15④	62,620	10,000			39,200	92,503	4,381⑦	208,704
16	68,229	18,000			82,600	97,300**		266,129
17	63,422	20,000			84,300	97,484		265,206

续表

年次	太湖水师	燕子矶外海水师	长江水师	淮扬水师	长江淮扬水师	太湖长江水师	其他水师临时支用	总计
光绪18年	68,303	20,000			84,300	102,263		274,866
19	60,182	20,000			84,300	97,119		261,601
20	61,622	16,000			77,200	91,810		246,632
21	71,240	16,000			77,200	105,851		270,291
22	63,514	14,000			63,900	92,731		234,145
23	64,034	14,000			62,700	84,450		225,184
24	30,776	8,000			35,900	37,760		112,436
25								
26								
27								
28								
29								
30								
31								
32			120,000					120,000
33			131,911					131,911
34			120,000				17,500⑧	137,500

① 金陵局缺下半年开除数。
② 金陵局缺上半年开除数。
③ 淞沪及苏州两局各缺下半年开除数。
④ 淞沪局缺下半年开除数。
⑤ 外海水师船厂木价。
⑥ 铭春水师。
⑦ 吴淞水师。
⑧ 飞划水师。
* 此项似应列在光绪元年项下。——编者注
** 原书不清,此数为疑似数。——编者注

第二十四表　江苏省历年本省军费分析
同治 8 年—光绪 34 年
（单位以两计）

年　次	本省军饷	拨济军饷	巡防各营饷需	洋操新军的饷	旗营练兵加饷	其他军用费⑤	总　计
同治 8 年	1,095,211	49,355	32,666			107,049	1,284,281
9	1,261,042	57,457	44,949			98,119	1,461,567
10	1,296,075	61,141	62,991			41,238	1,461,445
11	1,300,555	66,668	68,032			4,309	1,439,564
12	1,305,000	17,101	74,047			19,769	1,415,917
13	1,165,000	24,210	73,148			121,886	1,384,244
光绪元年	950,000	36,810	94,510			10,086	1,091,406*
2①	950,000	12,862	120,570			26,612	1,110,044
3	739,000	52,079	98,561			14,908	904,548
4	750,000	26,378	107,537			579	884,494
5	830,000	25,589	116,901			9,422	981,912
6①	700,000	10,631	118,896			14,365	843,892
7②	937,317	12,301	36,178			13,795	999,591
8	851,731	16,491	34,008			364	902,594
9	851,504	12,453	33,021			14,078	911,056
10	895,558	10,764	36,179			2,901	945,402
11	873,731	9,920	84,227				967,878
12	570,037	9,452	83,096			992	663,579**
13	581,967	11,875	88,579				682,421
14③	355,136	15,004	41,049			997	412,186
15④	401,000	9,051	82,586				492,637
16	633,293	10,371	89,450			1,024	734,138
17	635,898	15,754	82,623				734,275
18	664,553	12,933	88,376			1,024	766,886
19	623,500	12,405	80,321			1,024	717,250
20	563,148	12,578	81,509			1,285	658,520
21	575,844	14,068	89,699		1,098	1,284	681,993
22	473,357	9,918	84,037	280,000	7,089		854,401
23	530,246	6,967	41,133	300,000	8,934		887,280
24	286,688	7,417	18,516	245,000	7,283		564,904
25	255,527	12,040		90,000	4,546	100,000	462,113
26	247,466	100,354		20,000	4,839	290,000	662,659

续表

年　次	本省军饷	拨济军饷	巡防各营饷需	洋操新军的饷	旗营练兵加饷	其他军用费⑤	总　计
光绪27年	386,261	12,254		70,000	2,177		470,692
28	256,117	6,584		90,000	4,533		357,234
29	267,491	339		120,000	5,264	2,500	395,594
30	179,391	1,150		120,000	4,719	32,091	337,351
31	202,665	1,988		120,000	4,254	47,267	376,174
32	414,016	258		120,000	3,855	41,900	580,029
33	276,075	984		120,000	3,613	21,192	421,864
34	236,216	223		120,000	3,310	11,296	371,045

① 金陵局缺下半年开除数。
② 金陵局缺上半年开除数。
③ 淞沪及苏州两局各缺下半年开除数。
④ 淞沪局缺下半年开除数。
⑤ 参阅附表第二十五表。
 * 原书不清，此数为疑似数。——编者注
 ** 原书如此。——编者注

第二十五表　江苏省历年本省军费项下其他军费分析
同治8年—光绪34年
（单位以两计）

年次	款额	用途	年次	款额	用途
同治8年	5,739	购买外洋军火	光绪4年	579	购买外洋军火
	101,310	撤勇经费	5	9,442	淮军旧欠饷银
9	20,815	购买外洋军火	6①	9,662	购买外洋军火
	76,921	撤勇经费		4,703	各营操用火药
	383	总理衙门马枪价	7②	13,795	购买外洋军火
10	19,469	购买外洋军火	8	364	购买外洋军火
	21,769	撤勇经费	9	14,078	购买外洋军火
11	4,307	购买外洋军火	10	2,901	购买外洋军火
12	19,769	购买外洋炮位价银	11		
13	58,952	购买外洋军火	12	992	金陵军械所东洋皮纸价
	62,934		13		
	9,086	淮军轮船水脚	14③	997	金陵军械所东洋皮纸价
光绪元年	1,000	购买外洋军火	15④		
	22,776	金陵军械所东洋皮纸价	16	1,024	金陵军械所东洋皮纸价
2①	336	淮军轮船水脚	17		
	3,500	购买外洋军火	18	1,024	金陵军械所东洋皮纸价
3	14,333		19	1,024	金陵军械所东洋皮纸价
	575	金陵军械所东洋皮纸价	20	1,285	金陵军械所东洋皮纸价

续表

年次	款额	用途
光绪21年	1,284	金陵军械所洋皮纸价
22		
23	100,000	武卫先锋军练饷
24	200,000	武卫先锋军练饷
25	10,000	采购军米
26	80,000	储仓军米
27		
28	2,500	苏捕营轮拨薪饷
29	15,000	苏捕营轮拨薪饷
30	6,500	轮拨飞划副左旗月饷
	10,591	轮拨飞划护勇兵丁操衣裤银
光绪31	5,000	陆军小学堂经费
	15,000	苏捕营轮拨薪饷
	9,100	轮拨飞划副左旗月饷
	15,592	轮拨护勇丁操衣裤银
32	2,575	飞划左右旗造船支
	7,500	陆军左小学堂经费
	16,900	轮拨飞划副左旗月饷
	17,500	轮拨护勇丁操衣裤银
33	5,000	陆军小学堂经费
	15,600	轮拨飞划副左旗月饷
	592	建造两操场
	196	撤勇经费
34	9,100	轮拨飞划副左旗月饷
	2,000	新军加饷

① 金陵局缺下半年开除数。
② 金陵局缺上半年开除数。
③ 淞沪及苏州两局各缺下半年开除数。
④ 淞沪局缺下半年开除数。

第二十六表　江苏省历年本省行政费分析
同治 8 年—光绪 34 年
（单位以两计）

年　次	善后局经费	其他支出 款额	其他支出 用途	总　计
同治 8 年	112,198			112,198
9	141,986	39,577	水利经费	181,563
10	290,384	170,000	水利经费	460,384
11	166,013	230,000	水利经费	396,013
12	206,387	10,000	徐淮赈费	216,387
13	144,487	10,000 70,000	徐淮赈费 水利经费	224,487
光绪元年	199,333	28,812	水利经费	228,145
2①	145,213	30,000 3,708	淮海等处当年放赈经费 水利经费	178,921
3	124,343	29,000 7,500	淮海等处当年放赈经费 塘工经费	160,843
4	112,352	10,000	金陵省城购谷银	122,352
5	138,854	37,465	塘工经费	176,319
6①	115,963	2,000	塘工经费	117,963
7②	127,168	20,500 48,832	塘工经费 工程用银	196,500
8	134,793	3,614 21,156	塘工经费 工程用银	159,563
9	131,476	13,000	工程用银	144,476
10	114,503	19,000 1,200	工程用银 渔团经费	134,703
11	110,297			110,297
12	93,387	26,660	工程用银	120,047
13	107,857	100,000 3,000 5,500	河工经费 工程用银 铸制钱购铜铅脚价工本	216,357

续表

年 次	善后局经费	其他支出 款 额	其他支出 用 途	总 计
光绪14年③	44,987	1,781	工程用银	46,768
15④	60,068			60,068
16	92,343	28,000	各处抚恤赈款	120,343
17	91,867			91,867
18	98,392	57,360	塘工经费	155,752
19	90,033	24,000	各处抚恤赈款	114,033
20	90,017			90,017
21	101,175	13,000 40,000 40,000 12,000	各处抚恤赈款 铸制钱购铜铅脚价工本 开埠建关经费 修筑崇明海岸经费	206,175
22	99,758	46,000 18,000	塘工经费 修筑崇明海岸经费	163,758
23	109,331	30,000	河工经费	139,331
24	27,357			27,357
25				
26		97,185	苏州牙厘局九分局用	97,185
27		110,061	苏州牙厘局九分局用	110,061
28		105,903	苏州牙厘局九分局用	105,903
29		118,837	苏州牙厘局九分局用	118,837
30		111,399 11,700	苏州牙厘局九分局用 疏濬黄浦经费	123,099
31		104,876 11,170 4,800	苏州牙厘局九分局用 疏濬黄浦经费 都统衙门办公费	120,846
32		5,200 1,000 7,000 1,176 10,063 97,776	都统衙门办公费 步兵统领衙门 学务经费 参议官制薪水 疏濬黄浦经费 苏州牙厘局九分局用	122,215

续表

年　次	善后局经费	其他支出 款　额	其他支出 用　途	总　计
光绪 33 年		96,930	苏州牙厘局九分局用	194,700
		21,955	疏濬黄浦经费	
		4,800	都统衙门办公费	
		16,015	学务经费	
		55,000	苏州厘局防费	
34		32,255	疏濬黄浦经费	169,526
		4,800	都统衙门办公费	
		1,000	步兵统领衙门	
		20,419	学务经费	
		105,052	苏州牙厘局九分局用	
		6,000	拨中西医院经费	

① 金陵局缺下半年开除数。
② 金陵局缺上半年开除数。
③ 淞沪及苏州两局各缺下半年开除数。
④ 淞沪局缺下半年开除数。

第二十七表　江苏省历年厘金开除项下拨存各款分析
光绪15年—34年
（单位以两计）

年　次	存储备拨	拨补苏沪货厘	金陵厘局节省盈余	其他拨款	总　计
光绪15年①	10,000				10,000
16					
17					
18				17,500②	17,500
19					
20					
21				12,338③	12,338
22				92,000④	92,000
23					
24					
25		50,000			50,000
26	20,000	60,000			80,000
27	20,000	89,300	130,000		239,300
28	15,000	60,000	160,000		235,000
29	25,000	90,300	100,000		215,300
30	33,800	160,999	100,000		294,799
31	37,556	90,300	100,000		227,856
32	36,146	30,300	50,000	153,977⑤	270,423
33	35,211	30,300		679,611⑥	133,472*
34	34,179	90,300	100,000	112,773⑦	337,252

① 本年淞沪局缺下半年开除数。
② 用途不明。
③ 拨芜湖海关津贴银2,838两,解藩司垫款4,000两,用途不明款4,500两。
④ 苏州关洋务局不敷经费银2,000两,用途不明90,000两。
⑤ 用途不明132,977两,解江南财政局21,000两。
⑥ 解藩司酒税银2,000两,江北收支局23,617两,江南财政局38,000两,解江南盐巡道还长江水师积欠银4,342两。
⑦ 解江北收支局62,773两,拨还前借江宁食岸盐厘银50,000两。
　* 原书如此,疑有误。——编者注

第二十八表　江苏省历年厘金开除各项之百分比率
同治8年—光绪34年

年次	解户部款	国家行政费	皇室用费	铁路经费	归还内外债	赔款	协款	海防经费	水师军费	本省军费	本省行政费	用途不明及拨存各款	总计
同治8年	1.55	0.39	3.40				15.12		25.22	49.60	4.34	0.38	100
9	3.58	0.29	3.56				14.85		18.94	52.28	6.50		100
10	1.68		1.82				16.93		14.91	49.17	15.49		100
11	1.66		6.78				19.60		10.94	47.85	13.17		100
12	1.87	1.67	4.93				17.88		12.44	53.09	8.11		100
13	1.74	4.10	4.72				17.77		9.30	53.50	8.68	0.19	100
光绪元年	2.41		4.92				15.90	0.06	12.66	52.60	11.00	0.45	①
2	2.53		8.40		2.53		18.57		13.98	45.83	8.15		100
3	2.83	4.53	9.72				16.26		26.01	35.71	4.94		100
4	4.59	1.68	1.42				28.58		13.34	42.72	7.67		100
5													①
6						1.29							①
7	11.50	3.03	1.28				24.10	1.72	11.50	38.73	6.85		100
8	13.89	0.64	2.04				17.35	1.96	12.29	44.73	7.09		100
9	12.92	0.05	1.98				21.59	2.93	11.91	42.56	6.06		100
10	17.50	0.18	2.35				14.96	2.96	13.40	43.67	4.98		100
11	24.44	0.27	2.35				9.03	9.07	13.04	35.40	6.40		100
12	20.56		2.59				10.31	19.15	11.51	27.25	8.63		①

续表

年次	解户部款	国家行政费	皇室用费	铁路经费	归还内外债	赔款	协款	海防经费	水师军费	本省军费	本省行政费	用途不明及拨存各款	总计①
光绪15年	21.46	0.58	4.46	1.02			9.39	15.98	11.19	30.86	5.06		100
16	23.44		2.50	1.11			8.27	14.67	12.16	33.64	4.21		100
17	20.86	1.31	5.35	0.99			8.61	13.18	11.24	31.36	6.37	0.72	100
18	20.60	0.73	11.83	0.98			8.86	12.99	10.54	28.87	4.60		100
19	18.31	0.70	23.12	0.87			6.62	12.60	8.83	23.58	3.32		100
20	13.84	2.33	7.32	0.86	2.15		7.50	16.68	9.58	24.18	7.33	0.44	100
21	11.43	0.60	5.46	0.70	9.93		7.46	11.05	6.80	24.82	4.76	2.67	100
22	12.48	0.68	6.91	0.78	24.24		10.47	10.21	7.18	28.30	4.43		100
23	9.63	1.44	2.70	0.73	18.56		8.50	8.96	5.04	25.30	1.23		100
24	9.84	3.48	2.38	0.82	36.47		12.72	7.95		45.92	0.06	4.91	100
25	2.89	0.44	0.38	0.24	11.92		4.05	2.04		19.31	2.83	2.33	100
26	2.54	0.44	0.35		65.48	0.19	3.02	1.75		13.73	3.21	6.98	100
27	1.80	0.42	0.60		67.78	6.73	3.34	2.22		9.89	2.93	6.50	100
28	1.78	0.28	0.63		65.57	6.74	3.30	2.19		10.83	3.25	5.90	100*
29	1.76	2.84	0.56	3.24	65.37	2.99	3.28	2.16		9.11	3.33	7.96	100
30	1.87	1.30			62.76	2.97	3.65	2.31		10.85	3.48	6.57	100
31	1.70	1.30			66.99	2.69	3.13	2.09	3.13	15.12	3.19	7.05	100
32	1.79	0.54			60.60	1.09	3.31	2.20	3.62	11.59	5.35	3.67	100
33	1.73	0.54			66.84	1.05	3.19	2.13	3.66	9.86	4.35	9.13	100
34					64.36								100

① 本年报告不全故缺。

* 原书如此，疑有误。——编者注

第二十九表　江苏省历年厘金收支比较
同治 8 年—光绪 34 年
（单位以两计）

年　　次	收入总数	开除总数	本年实存或不敷
同治 8 年	2,779,913	2,588,794	191,119
9	2,933,574	2,795,135	138,439
10	3,103,015	2,972,507	130,508
11	2,901,091	3,010,837	−109,746
12	2,626,838	2,666,848	−40,010
13	2,365,811	2,586,891	−221,080
光绪元年	2,014,016	2,074,846	−60,830
2			
3	1,929,082	1,973,547	−44,465
4	2,262,084	2,476,522	−214,438
5	2,432,395	2,298,176	132,219 *
6			
7			
8	2,175,104	2,330,108	−155,004
9	1,982,612	2,036,902	−54,290
10	2,164,776	2,221,309	−56,533
11	2,143,653	2,216,381	−72,728
12	2,070,949	1,874,264	196,685
13	2,505,574	2,505,969	−395
14①			
15①			
16	2,450,516	2,378,323	272,193 *
17	2,388,272	2,181,794	206,678 **
18	2,371,288	2,445,332	−74,044
19	2,412,675	2,482,544	−69,869
20	2,690,006	2,793,032	−103,026
21	3,564,896	2,820,551	744,345
22	3,374,719	3,441,996	−67,277
23	3,123,204	3,135,270	−12,066

续表

年　次	收入总数	开除总数	本年实存或不敷
光绪 24 年	1,870,082	2,232,609	-362,527
25	1,022,402	1,006,391	16,011
26	3,412,082	3,431,539	-19,457
27	3,723,516	3,427,543	295,973
28	3,588,468	3,611,718	-23,250
29	3,757,478	3,652,100	105,378
30	3,626,051	3,701,598	-75,547
31	3,755,910	3,468,109	287,801
32	3,711,572	3,834,105	-122,533
33	3,539,161	3,640,218	-101,057
34	3,877,046	3,761,281	115,765

① 在本年收支总数不全故缺。
* 原书如此,疑有误。——编者注
** 原书如此,疑为 206,678。——编者注

第三十表　江苏省历年厘金收支原数
同治 8 年—光绪 34 年

年　次	收入			支出		
	银数(两)	洋元数(元)	制钱数(串)	银数(两)	洋元数(元)	制钱数(串)
同治 8 年	2,567,724	9,636	364,786	2,447,397		250,983
9	2,629,310	3,894	535,281	2,634,604		284,943
10	2,666,950	65,137	693,892	2,851,017		215,646
11	2,429,052	94,629	721,470	2,878,035		235,724
12	2,146,674	109,381	717,744	2,526,350		249,383
13	2,040,315	189,744	344,357	2,472,660		202,760
光绪元年	1,808,393	176,460	155,220	1,972,389		183,910
2①	1,793,000	138,722	242,091	1,921,163		209,354
3	1,756,041*	76,757	208,536	1,845,769*		220,034
4	2,024,196	85,022	295,373	2,361,888		186,510
5	2,243,413	90,398	208,139	2,174,623		199,662
6①	1,861,372	174,905	190,231	2,016,066		176,596
7②	2,025,886	113,221	189,166	2,124,384		197,215
8	1,992,527	141,830	146,543	2,220,851		182,022
9	1,827,722	75,861	178,312	1,933,007		177,764
10	1,948,394	123,991	225,110	2,113,386		182,821
11	1,943,770	99,374	225,733	2,119,394		164,878
12	1,867,580	104,756	220,765	1,775,959		162,695
13	2,363,941	120,437	98,900	2,391,930		181,664
14③	1,227,766	61,620	79,741	1,281,195		82,916
15④	1,522,240	81,728	195,214	1,505,724		167,622
16	2,239,969	81,484	241,142	2,261,083		180,549
17	2,133,374	118,532	268,628	2,072,342		167,024
18	2,172,589	141,044	162,319	2,327,457		182,471
19	2,200,562	114,855	216,571	2,378,092		167,019
20	2,545,878	122,204	96,354	2,685,653		166,116
21	3,131,450	151,201	494,826	2,700,318		180,350
22	3,165,658	101,298	209,472	3,332,796		161,726
23	2,874,505	97,739	243,409	3,021,842		150,861
24	1,792,969	12,009	92,394	2,172,361	12,009	69,778
25	965,061	61,637	21,184	1,006,391		
26	3,161,559	27,865	315,480	3,334,354		132,366
27	3,358,853	66,090	445,996	3,317,482		151,334

续表

年 次	收 入			支 出		
	银数(两)	洋元数(元)	制钱数(串)	银数(两)	洋元数(元)	制钱数(串)
光绪28年	3,521,134	7,089	84,819	3,611,718		
29	3,496,605	8,706	337,311	3,533,264		157,221
30	3,430,108	19,764	242,851	3,590,199		148,049
31	3,561,063	3,129	272,403	3,363,233		148,190
32	3,608,703	23,995	130,374	3,594,829		146,957
33	3,426,048	8,005	165,296	3,359,328		184,920
34	3,600,888	11,552	429,593*	3,417,456		268,689

---

① 金陵局缺下半年收支数。
② 金陵局缺上半年收支数。
③ 淞沪及苏州两局各缺下半年收支数。
④ 淞沪局缺下半年收支数。
* 原书不清,此数为疑似数。——编者注

第三十一表　江苏省历年银钱及银圆兑换率
同治 13 年—光绪 34 年

年　次	库平银每两合洋(元)	库平银每两合钱(文)	
		上半年	下半年
同治 13 年	1,443	1,775	1,775
光绪元年	1,481	1,795	1,795
2	1,506	1,761	1,761
3	1,495	1,722	1,716
4	1,509	1,627	1,624
5	1,502	1,616	1,618
6	1,494	1,661	1,659
7	1,491	1,694	1,680
8	1,499	1,666	1,655
9	1,497	1,711	1,704
10	1,485	1,694	1,685
11	1,481	1,700	1,703
12	1,497	1,655	1,654
13	1,514	1,593	1,560
14	1,500	1,589	1,578
15	1,492	1,559	1,554
16	1,510	1,540	1,540
17	1,503	1,526	1,523
18	1,503	1,548	1,540
19	1,498	1,599	1,597
20	1,493	1,547	1,533
21	1,460	1,500	1,500
22	1,498	1,481	1,485
23	1,488	1,330	1,333
24	1,462	1,341	1,345
25	1,475	1,362	1,364
26	1,475	1,362	1,362
27	1,491	1,375	1,359
28	1,482	1,356	1,353
29	1,472	1,323	1,312
30	1,496	1,329	1,340
31	1,515	1,413	1,425
32	1,488	1,503	1,507
33	1,494	1,534	1,538
34	1,476	1,601	1,617

第三十二表 浙江省历年厘金收入各项总数
同治 3 年—光绪 33 年
（单位以两计）

年次	百货厘捐	丝捐	茶厘捐	洋药厘捐	整顿厘捐盈余	其他税收	总计
同治 3 年—11 年[①]	12,943,858	3,978,766	781,071			123,980[④]	17,827,675
12[②]	723,144	255,558	56,010				2,090,290[⑦]
13	1,271,546	743,806	108,188				2,123,540
光绪元年	1,299,365	655,850	93,482				2,048,697
2	1,352,450	746,943	95,620				2,195,013
3	1,190,012	469,615	96,506				1,756,133
4	1,144,122	512,630	78,276				1,735,028
5[②]	574,582	335,449	38,591				2,003,886[⑦]
6	1,454,600	720,053	98,090				2,272,743
7	1,388,326	544,419	100,229				2,032,974
8	1,353,672	484,696	749,149				2,587,517
9	1,225,643	290,072	82,787				1,598,502
10	1,222,534	513,143	95,598				1,831,275
11	1,279,444	476,640	95,192	56,839			1,908,115
12	1,070,971	485,869	90,699	246,404			1,893,943
13	1,267,578	494,656	108,237			1,352[⑤]	1,871,823
14	1,180,526	448,493	95,178			6,704	1,730,901
15	1,217,991	423,884	93,450	400,000		15,796	2,151,121
16	1,187,434	260,161	74,522	200,000		14,969	1,737,086
17	1,416,153	334,109	108,844	200,000			2,059,106

529

续表

年 次	百货厘捐	丝 捐	茶厘捐	洋药厘捐	整顿厘捐盈余	其他税收	总 计
光绪18年	1,416,037	235,319	70,126	200,000			1,921,482
19	1,069,202	478,042	121,604	200,000			1,868,848
20	1,209,637	492,376	85,824	200,000			1,987,837
21	149,672①	547,598	116,445	200,000			2,361,715
22	1,265,474	528,466	100,344	200,000			2,093,284*⑦
23	1,472,327	536,523	144,912	50,000			2,203,762
24	1,493,034	604,371	97,577		55,469		2,250,451
25	1,433,597	583,489	99,484		184,430	10,000⑥	2,311,000
26	1,223,327	382,122	78,903		331,863	30,000	2,046,215
27	1,238,028	512,937	87,309		302,446	20,000	2,160,720
28	1,158,284	473,630	115,215		340,022	20,000	2,107,151
29③	597,701②	284,111	65,209		283,510	30,000	2,151,140④
30	1,225,911	507,012	113,296		318,910	30,000	2,195,129
31	1,218,648	463,087	117,737		367,496	30,000	2,191,968
32	1,240,250	480,999	124,715		329,351	25,000	2,175,315
33	1,326,108	476,645	122,519		322,617		2,247,889

① 此系一次合报,自同治三年四月间起至十一年十二月底止,共计八年零八个月。
② 缺上半年收数。
③ 缺下半年收数。
④ 牙帖捐。
⑤ 以下土药厘捐。
⑥ 以下加抽糖烟酒二成捐。
⑦ 本年缺半年报告,此系采用上下相邻二年总数相加之平均数。
* 原书如此,疑为2,094,284。——编者注

第三十三表　浙江省历年厘金开除各项总数
同治3年—光绪33年
（单位以两计）

年次	解户部款	国家行政费	皇室用费	铁路经费	归还外债	协款	海防经费	本省军费	本省行政费	解藩库款	其他开除	总计
同治3年-11年①	380,385	126,070	887,444			3,114,452		10,690,876	2,408,731	10,200		17,618,158
12②	47,519	30,000	54,417			307,428		487,914	75,156			2,085,893④
13	100,000	6,542	172,105			739,266	45,000	797,572	267,230		11,268	2,138,983
光绪元年	90,000	60,000	236,450			559,743	114,308	831,665	159,845		19,757	2,071,768
2	107,277	9,417	192,480			640,268	146,481	895,089	215,367			2,206,379
3	109,940		301,627			522,030	109,535	657,480	142,196			1,842,808
4	80,132		277,533			573,812	120,202	530,992	157,442			1,740,113
5③	80,276		68,499			224,733		426,974	129,010			2,007,619④
6	181,418	5,155	133,299			528,334	130,548	887,559	408,813			2,275,126
7	130,040	23,908	206,137			426,231	369,785	797,728	207,278		56,649	2,217,756
8	180,266	10,000	135,544			329,696	80,440	920,415	238,494		655,375	2,550,230
9	120,588		127,910			311,205	60,408	845,916	178,017	4,730		1,648,774
10			111,305			50,539	30,162	1,463,003	143,402			1,798,411
11	40,000		92,047				30,000	1,120,130	141,114			1,423,291
12	100,000	5,213	166,096			105,000	30,000	1,326,476	145,538			1,878,323
13	100,000	80,000	181,175			80,000	190,000	1,110,198	261,079			2,002,452
14	110,000	70,000	217,392				180,000	811,558	129,644	44,770		1,563,364
15	250,000	14,991	174,059	15,000		60,000	350,000	1,083,732	147,550	35,727		2,116,059
16	280,000	5,383	152,901	15,000		60,000	320,000	875,998	112,914	39,227		1,861,423
17	290,000	160,000	201,350	15,000		10,000	320,000	866,476	137,658	47,727		1,048,211*
18	280,000	46,362	249,657	15,000		25,000	320,000	908,997	129,607	42,727		2,017,350
19	280,000	40,780	173,457	15,000		10,000	320,000	827,643	125,100	56,979		1,848,959

续表

年次	解户部款	国家行政费	皇室用费	铁路经费	归还外债	协款	海防经费	本省军费	本省行政费	解滇库款	其他开除	总计
光绪20年	280,000	28,223	206,209	15,000		5,000	260,000	771,076	133,108	232,106		1,930,722
21	280,000	78,720	129,563	15,000		5,000	260,000	988,830	166,546	200,000		2,123,659
22	380,000	82,330	147,075		147,500		200,000	1,009,325	142,481	200,000		2,308,711
23	280,000	37,330	174,859		75,500		240,000	790,078	199,125	50,000		1,846,892
24	150,000	5,217	127,295		806,306			1,124,174	168,096			2,381,088
25			118,764		1,100,693			1,065,088	185,596			2,470,141
26	80,718		125,925		1,175,251			996,534	145,885			2,524,313
27	30,000		117,159		1,145,000			867,514	149,616			2,309,289
28			118,007		1,195,000			1,008,153	142,732			2,463,892
29③			60,858		576,666			598,219	78,477			2,512,561④
30		3,895	192,126		1,160,000			1,125,216	79,996			2,561,233
31			114,198		1,175,000			1,238,595	144,395			2,672,188
32		2,500	115,867		1,181,720			1,070,302	170,904			2,541,293
33		2,500	87,057		1,175,000			908,597	278,528			2,451,682

① 此系一次合报,自同治三年四月间起至十一年十二月底止,共计八年零八个月。
② 缺上半年报告。
③ 缺下半年报告。
④ 本年缺半年报告,此采用上下相邻二年总数相加之平均数。
* 原书如此,疑为2,048,211。——编者注

第三十四表　浙江省历年解户部款分析
同治 3 年—光绪 27 年
（单位以两计）

年　次	京　饷	东北边防经费	筹边军饷	总　计
同治 3 年-11 年①	380,385			380,385
12②	47,519			47,519
13	100,000			100,000
光绪元年	90,000			90,000
2	107,277			107,277
3	109,940			109,940
4	80,132			80,132
5③	80,276			80,276
6	100,428	80,990		181,418
7	49,860	80,180		130,040
8	100,293	79,973		180,266
9	100,588	20,000		120,588
10				
11	40,000			40,000
12	100,000			100,000
13	100,000			100,000
14	100,000		10,000	110,000
15	100,000	80,000	70,000	250,000
16	100,000	80,000	100,000	280,000
17	100,000	80,000	110,000	290,000
18	100,000	80,000	100,000④	280,000
19	100,000	80,000	100,000	280,000
20	100,000	80,000	100,000	280,000
21	100,000	80,000	100,000	280,000⑤
22	100,000	80,000	150,000	330,000
23	100,000	80,000	100,000	280,000
24	50,000	50,000	50,000	150,000
25				
26	80,718			80,718
27	30,000			30,000

① 此系一次合报自同治三年四月间起至十一年十二月底止，共八年零八个月。
② 缺上半年开除数。
③ 缺下半年开除数。
④ 自此年起改称筹备饷需。
⑤ 内有 50,000 两系解加放俸饷。

第三十五表　浙江省历年国家行政费分析
同治 3 年—光绪 33 年
（单位以两计）

年次	款额	用途	年次	款额	用途
同治 3 年 -11 年①	16,071 109,999	江南文闱经费 直隶赈恤	光绪 19 年	40,780 700	海军衙门经费 海军衙门经费
12②	30,000	直隶赈恤	20	5,193 12,000 10,330	江南文闱经费 备荒经费 内务府经费
13	1,126 5,416	直隶赈恤 江南文闱经费			
光绪元年	60,000	山东河工	21	5,390 40,000 13,000 10,330 10,000	江南文闱经费 海军衙门经费 备荒经费 内务府经费 诰命经费
2	9,417	江南文闱经费			
3					
4					
5③					
6	5,155	江南文闱经费	22	60,000 12,000 10,330	海军衙门经费 备荒经费 内务府经费
7	23,908	东中两防新工经费			
8	10,000	伊犁善后经费			
9			23	10,330 12,000 15,000	内务府经费 备荒经费 诰命经费
10					
11					
12	5,213	江南文闱经费	24	5,217	江南文闱经费
13	80,000	河南河工	25		
14	20,000 50,000	河南河工 海军衙门经费	26		
			27		
15	10,000 4,991	海军衙门经费 江南文闱经费	28		
			29③		
16	5,383	江南文闱经费	30	3,895	江南文闱经费
17	160,000	海军衙门经费	31		
18	5,192 41,170	江南文闱经费 海军衙门经费	32	2,500	京师学务局
			33	2,500	京师学务局

---

① 此系一次合报自同治三年四月间起至十一年十二月底止，共计八年零八个月。

② 缺上半年开除数。

③ 缺下半年开除数。

第三十六表 浙江省历年皇室用费分析
同治3年—光绪33年
（单位以两计）

年 次	织造采办工料费	织造办公养廉津贴等费	其他支出	总 计
同治3年-11年①	709,812	177,632		887,444
12②	43,803	10,614		54,417
13	100,105	22,000	50,000④	172,105
光绪元年	164,774	22,000	49,676④	236,450
2	122,258	22,998	47,224④	192,480
3	175,931	21,000	104,696⑤	301,627
4	134,955	17,693	124,885⑥	277,533
5③	58,422	10,077		68,499
6	111,299	20,000		133,299*
7	184,137	22,000		206,137
8	115,544	22,000		135,544*
9	106,911	20,999		127,910
10	91,305	20,000		111,305
11	73,326	18,721		92,047
12	142,096	24,000		166,096
13	159,175	22,000		181,175
14	197,892	19,500		217,392
15	151,059	23,000		174,059
16	136,812	16,089		152,901
17	176,630	24,720		201,350
18	227,657	22,000		249,657
19	151,467	21,990		173,457
20	104,209	22,000	80,000⑦	206,209
21	108,516	21,047		129,563
22	125,710	21,365		147,075
23	154,763	20,096		174,859
24	104,597	22,698		127,295

续表

年　次	织造采办工料费	织造办公养廉津贴等费	其他支出	总计
光绪25年	96,764	22,000		118,764
26	102,985	22,940		125,925
27	94,739	22,420		117,159
28	96,067	21,940		118,007
29③	52,911	7,947		60,858
30	170,126	22,000		192,126
31	92,198	22,000		114,198
32	93,347	22,520		115,867
33	67,657	19,400		87,057

① 此系一次合报,自同治三年四月间起至十一年十二月底止,共八年零八个月。
② 缺上半年开除数。
③ 缺下半年开除数。
④ 万年吉地工程费。
⑤ 内有24,750两为万年吉地工程费,40,000两为惠陵工程费,39,946两为孝陵大牌工程费。
⑥ 14,862两为万年吉地工程费,110,023两为惠陵工程费。
⑦ 庆典经费。
＊ 原书如此,疑有误。——编者注

第三十七表　浙江省历年协款分析
同治3年—光绪21年
（单位以两计）

年　次	甘肃协饷	云南协饷	贵州协饷	各军协饷	其他协饷	总　计
同治3年-11年①	2,505,766	249,723	264,806	94,157⑤		3,114,452
12②	258,246	49,182				307,428
13	664,460	74,806				739,266
光绪元年	544,743	10,000	5,000			559,743
2	582,021	38,247	10,000	10,000⑥		640,268
3	502,030	10,000			10,000⑧	522,030
4	520,059	10,067			43,686⑨	573,812
5③	199,763			14,970⑦	10,000⑧	224,773 *
6	513,341			14,993③		528,334
7	410,521			14,710③		426,231 *
8	329,696					329,696
9	311,205					311,205
10	50,539					50,539
11						
12	60,000	35,000		10,000⑥		105,000
13	40,000	40,000				80,000
14						
15		60,000④				60,000
16		60,000④				60,000
17			10,000			10,000
18		10,000	10,000		5,000⑧	25,000
19			10,000			10,000
20					5,000⑧	5,000
21					5,000⑧	5,000

① 此系一次合报,自同治三年四月间起至十一年十二月底止,共计八年零八个月。
② 缺上半年开除数。
③ 缺下半年开除数。
④ 云南铜本。
⑤ 直隶及湖南军饷。
⑥ 淮军协饷。
⑦ 马兰镇绿营协饷。
⑧ 乌里雅苏台及科布多二城经费。
⑨ 各省协饷未指明解何省。
* 原书如此,疑有误。——编者注

第三十八表　浙江省历年海防经费分析
同治 3 年—光绪 23 年
（单位以两计）

年　次	海防军需	北洋海防	南洋海防	总　　计
同治 13 年	45,000			45,000
光绪元年	15,000	99,308		114,308
2	50,000	96,481		146,481
3	9,535	100,000		109,535
4		80,298[②]	39,904	120,202
5[①]				
6	53,618	76,930		130,548
7		200,682[②]	169,103[③]	369,785
8		80,440		80,440
9		60,408		60,408
10		30,162		30,162
11		30,000		30,000
12		30,000		30,000
13		190,000		190,000
14		160,000	20,000	180,000
15		330,000	20,000	350,000
16		320,000		320,000
17		320,000		320,000
18		320,000		320,000
19		320,000		320,000
20		260,000		260,000
21		260,000		260,000
22		260,000		260,000
23		240,000		240,000

① 缺下半年开除数。
② 南北洋海防。
③ 宁波海防。

第三十九表 浙江省历年本省军费分析
同治 3 年—光绪 33 年
（单位以两计）

年　次	解局拨充军饷	解　局	其他军费	总　计
同治3年 -11年②	6,386,913	4,275,005④	28,958⑦	10,690,876
12②	101,112	386,802		487,914
13	427,730	369,842		797,572
光绪元年	350,441	481,224		831,665
2	326,029	569,060		895,089
3	265,870	391,610		657,480
4	217,762	313,230		530,992
5③	197,290	229,684		426,974
6	222,553	665,006		887,559
7	237,914	524,926	34,888⑧	797,728
8	184,609	735,806		920,415
9		845,916⑤		845,916
10		1,463,003		1,463,003
11		1,120,130		1,120,130
12		1,317,476	9,000⑨	1,326,476
13		1,110,198		1,110,198
14		811,558		811,558
15		1,083,732		1,083,732
16		875,998		875,998
17		860,476	6,000⑩	866,476
18		902,997	6,000⑩	908,997
19		827,643		827,643
20	727,676	43,400⑥		771,076
21	966,877	21,953		988,830
22	993,230	16,095		1,009,325
23	742,408	47,670		790,078
24	369,120	755,054		1,124,174
25	204,070	861,018		1,065,088

续表

年　次	解局拨充军饷	解　局	其他军费	总　计
光绪26年	356,025	640,509		996,534
27	304,133	563,381		867,514
28	340,627	667,526		1,008,153
29③	186,984	411,235		598,219
30	303,071	812,620	9,525⑪	1,125,216
31	346,747	872,046	19,802⑪	1,238,595
32	374,584	689,670	6,048⑪	1,070,302
33	908,597			908,597

① 此系一次合报,自同治三年四月间起至十一年十二月底止,共计八年零八个月。

② 缺上半年开除数。

③ 缺下半年开除数。

④ 此年以下俱解军需局。

⑤ 此年以下解防军支应局。

⑥ 此年以下解防军支应局充经费。

⑦ 解闽浙粮台。

⑧ 雷正绾营兵饷。

⑨ 冯军月饷。

⑩ 练兵经费。

⑪ 添建营房。

第四十表　浙江省历年本省行政费分析
同治 3 年—光绪 33 年
（单位以两计）

年　次	厘局公费	塘工局经费	其他支出	总　计
同治 3 年-11 年①		2,169,575	239,156④	2,408,731
12②		75,156		75,156
13		218,936	48,294⑤	267,230
光绪元年		93,828	66,017⑥	159,845
2		120,192	95,175⑥	215,367
3		142,196		142,196
4		157,442		157,442
5③		129,010		129,010
6	215,820	192,993		408,813
7	207,278			207,278
8	197,676		39,818⑦	238,494
9	162,987	1,000*		178,017
10	143,402	15,030**		143,402
11	141,114			141,114
12	125,538		20,000⑥	145,538
13	136,079		125,000⑥	261,079
14	129,644			129,644
15	130,027		17,523⑦	147,550
16	112,914			112,914
17	137,658			137,658
18	129,607			129,607
19	125,100			125,100
20	133,108			133,108
21	166,546			166,546
22	140,479		2,002⑦	142,481
23	159,125		40,000⑥	199,125
24	168,096			168,096
25	172,037		13,559⑦	185,596

续表

年　次	厘局公费	塘工局经费	其他支出	总　计
光绪26年	143,851		2,034⑦	145,885
27	149,616			149,616
28③	142,732			142,732
29	77,798		679⑦	78,477
30	76,654		3,342⑦	79,996
31	144,395			144,395
32	150,743		20,161⑦	170,904
33	158,233		120,295⑧	278,528

---

① 此系一次合报,自同治三年四月间起至十一年十二月底止,共计八年零八个月。
② 缺上半年开除数。
③ 缺下半年开除数。
④ 购备仓谷。
⑤ 修提工及建营房。
⑥ 本省工程费。
⑦ 各属被灾赈抚。
⑧ 省城巡督经费。
＊　原书如此,此数应列入光绪八年项。——编者注
＊＊　原书如此,此数应列入光绪九年项。——编者注

第四十一表 浙江省历年厘金开除各项之百分比率
同治3年—光绪33年

年次	解中央款	国家行政费	皇室用费	归还洋款	协款	海防经费	本省军费	本省行政费	解潘军款	其他各项②	总计
同治3年-11年①	2.16	0.72	5.04		17.68		60.68	13.66	0.06		100
12											③
13	4.68	0.31	8.05		34.56	2.10	37.28	12.49		0.53	100
光绪元年	4.34	2.90	11.41		27.02	5.52	40.14	7.72		0.95	100
2	4.86	0.43	8.72		29.02	6.64	40.56	9.77			100
3	5.97		16.37		28.33	5.94	35.67	7.72			100
4	4.60		15.95		32.98	6.91	30.51	9.05			100
5	8.64										③
6	7.97	0.23	5.86		23.22	5.74	39.01	17.97			100
7	5.86	1.08	9.29		19.22	16.67	35.97	9.35		2.55	100
8	7.07	0.39	5.31		12.93	3.15	36.09	9.35		25.70	100
9	7.31		7.76		18.87	3.66	51.31	10.80			100
10			6.19		2.81	1.68	81.33	7.89	0.29		100
11	2.81		6.47			2.11	78.70	9.91	2.86		100
12	5.32	0.28	8.84		5.59	1.60	70.62	7.75	1.69		100
13	4.99	4.00	9.05		4.00	9.49	55.44	13.03	2.11		100
14	7.04	4.48	13.91			11.51	51.91	8.29	2.33		100
15	11.81	0.71	8.23		2.84	16.54	51.21	6.97			100
16	15.04	0.29	8.21		3.22	17.19	47.06	6.07		0.81	100
17	14.16	7.81	9.83		0.49	15.62	42.30	6.72		0.73	100

续表

年次	解中央款	国家行政费	皇室用费	归还洋款	协款	海防经费	本省军费	本省行政费	解潘库款	其他各项②	总计
光绪18年	13.88	2.30	12.38		1.24	15.86	45.06	6.42	2.12	0.74	100
19	15.14	2.21	9.38		0.54	17.31	44.76	6.77	3.08	0.81	100
20	14.50	1.46	10.68		0.26	13.47	39.94	6.89	12.02	0.78	100
21	13.18	3.71	6.10		0.24	12.24	46.56	7.84	9.42	0.71	100
22	16.46	3.57	6.37	6.39		8.66	43.72	6.17	8.66		100
23	15.16	2.02	9.47	4.09		12.99	42.77	10.79	2.71		100
24	6.30	0.22	5.34	33.87			47.21	7.06			100
25			4.80	44.56			43.12	7.51			100
26	3.20		4.99	46.56			39.47	5.78			100
27	1.30		5.07	49.58			37.57	6.48			100
28			4.79	48.50			40.92	5.79			100
29											*
30		0.15	7.50	45.29			43.93	3.12			100
31			4.27	43.97			46.35	5.40			100
32		0.00	2.56	46.50			42.12	6.72			100**
33		0.10	3.55	47.93			37.06	11.36			100

① 此系一次合报，自同治三年四月间起至十一年十二月底止，共计八年零八个月。
② 包括铁路经费及其他开除两项。
③ 本年报告不全故缺。
* 此处原书为"*"，疑为"③"。——编者注
** 原书如此，疑有误。——编者注

第四十二表　浙江省历年厘金收支比较
同治 3 年—光绪 33 年
（单位以两计）

年　　次	收入总数	开除总数	本年实存或不敷
同治 3 年 – 11 年①	17,827,675	17,618,158	209,517
12②			
13	2,123,540	2,138,983	-15,443
光绪元年	2,048,698	2,071,768	-23,071
2	2,195,013	2,206,379	-11,366
3	1,756,133	1,842,808	-86,675
4	1,735,028	1,740,113	-5,085
5②			
6	2,272,743	2,275,126	-2,383
7	2,032,974	2,217,756	-184,782
8	2,587,517	2,550,230	37,287
9	1,598,502	1,648,774	-50,272
10	1,831,275	1,798,411	32,864
11	1,908,115	1,423,291	484,824
12	1,893,943	1,878,323	15,620
13	1,871,823	2,002,452	-130,629
14	1,730,901	1,563,364	167,537
15	2,151,121	2,116,059	35,062
16	1,737,086	1,861,423	-124,337
17	2,059,106	2,048,211	10,895
18	1,921,482	2,017,350	-95,868
19	1,868,848	1,848,959	19,889
20	1,987,837	1,930,722	57,115
21	2,361,715	2,123,659	238,056
22	2,094,284	2,308,711	-214,427
23	2,203,762	1,846,892	356,870
24	2,250,451	2,381,088	-130,637
25	2,311,000	2,470,141	159,141 *
26	2,046,215	2,524,313	478,098 *

续表

年　次	收入总数	开除总数	本年实存或不敷
光绪 27 年	2,160,720	2,309,289	-148,569
28	2,107,151	2,463,892	-356,741
29			
30	2,195,129	2,561,233	366,104 *
31	2,191,968	2,672,188	-480,220
32	2,175,315	2,541,293	-365,978
33	2,247,889	2,451,682	-203,793

① 此系一次合报,自同治三年四月间起至十一年十二月底止,共八年零八个月。
② 本年只有半年收支数,故不列入。
* 原书如此,疑为负值。——编者注

第四十三表　浙江省历年厘金收支原数
同治3年—光绪33年

年　次	收　入			支　出		
	银数(两)	洋元数(元)	钱数(串)	银数(两)	洋元数(元)	钱数(串)
同治3年-11年①	5,492,030	14,340,534	4,255,822	5,399,162	14,184,987	4,240,105
12②	400,586	714,355	246,866	387,423	703,599	226,168
13	719,899	1,672,066	434,696	680,217	1,707,215	489,310
光绪元年	697,841	1,474,614	637,530	716,864	1,466,528	654,595
2	756,256	1,531,308	743,058	774,360	1,531,920	730,483
3	756,657	1,011,913	555,538	766,627	1,125,030	557,333
4	667,617	1,113,353	536,265	668,930	1,111,132	544,799
5③	287,128	705,241	310,207	285,960	674,414	314,336
6	780,749	1,657,884	635,002	802,366	1,637,834	625,337
7	686,243	1,478,366	601,718	778,393	1,580,432	642,677
8	658,422	2,268,363	692,799	617,632	2,258,465	709,636
9	581,261	1,114,327	466,877	622,664	1,154,247	436,428
10	528,842	1,536,134	453,993	435,710	1,636,655	441,417
11	419,894	1,750,307	520,845	320,810	1,204,000	492,182
12	483,368	1,724,576	427,909	532,231	1,620,884	435,824
13	869,468	1,086,652	453,401	868,377	1,312,361	425,742
14	744,573	1,119,945	380,881	734,397	881,596	383,325
15	1,303,028	892,315	389,792	1,269,971	875,191	403,561
16	1,087,769	597,612	390,465	1,108,100	800,733	343,477
17	1,257,462	891,951	317,710	1,275,364	792,227	375,014
18	1,221,781	663,386	399,892	1,223,987	804,411	399,632
19	1,098,507	773,005*	405,692	1,082,311	764,828	409,476
20	1,039,798	969,131	462,435	1,055,735	859,948	462,554
21	1,051,313	1,460,571	465,018	973,693	1,226,303	465,049
22	1,070,874	1,130,097	398,399	1,130,590	1,361,858	398,396
23	1,016,054	1,374,916	350,729	904,264	1,010,262	350,707
24	1,017,838	1,406,051	363,256	1,044,867	1,557,676	363,117
25	1,131,691	1,417,115	297,673	1,124,692	1,662,199	297,646
26	1,097,365	1,036,343	335,389	1,167,217	1,638,634	335,270
27	1,076,076	1,299,287	293,188	1,199,678	1,336,831	292,890

续表

年　次	收　入			支　出		
	银数(两)	洋元数(元)	钱数(串)	银数(两)	洋元数(元)	钱数(串)
光绪28年	1,138,577	1,087,856	318,021	1,259,642	1,437,750	317,451
29③	636,572	747,590	153,586	617,923	854,080	153,575
30	1,060,900	1,407,779	256,767	1,216,236	1,723,453	256,441
31	1,209,813	1,194,135	274,051	1,211,962	1,918,972	273,527
32	1,131,254	1,282,018	274,284	1,275,111	1,611,153	275,682
33	1,187,371	1,572,747	11,980	1,274,136	1,747,589	11,980

① 此系一次合报，自同治三年四月间起至十一年十二月底止，共计八年零八个月。

② 缺上半年收支数。

③ 缺下半年收支数。

* 原书不清，此数为疑似数。——编者注

第四十四表 安徽省历年厘金收入各项总数
同治8年—光绪34年
（单位以两计）

年 次	货 厘	盐 厘	茶 厘	总 计
同治8年	514,985	40,046		555,031
9	602,720	20,179		622,899
10	511,993	15,728		527,721
11	575,938	17,539		593,477
12	583,428	10,000		593,428
13	575,070	10,000		585,070
光绪元年	557,657	10,000		567,657
2	433,507	10,000		443,507
3	357,044	10,000		367,044
4	335,006	7,500		342,506
5	455,405	12,500		467,905
6①	270,198	5,000		528,701③
7	579,497	10,000		589,497
8	507,957	10,000		517,957
9	494,701	10,000		504,701
10	438,759	10,000		448,759
11	398,071	10,000		408,071
12	434,090	10,000		444,090
13①	285,664	5,000		472,237③
14	490,383	10,000		500,383
15	385,207	10,000		398,207
16	381,872	10,000	57,461	449,333
17	347,857	10,000	54,105	411,932
18	351,017	10,000	43,260	404,277
19	368,683	10,000	48,216	426,899
20	385,911	10,000	51,675	447,586
21	416,023	10,000	52,201	478,224
22②	216,105	5,000	31,553	484,092
23	415,099	10,000	64,861	489,960

续表

年　次	货　厘	盐　厘	茶　厘	总　计
光绪 24 年	419,737	10,000	53,380	483,117
25	415,175	10,000	63,406	488,581
26①	263,332	5,000	34,504	510,189③
27	457,866	10,000	63,930	531,796
28	441,262	10,000	61,478	512,740
29	483,928	10,000	63,561	557,489
30	452,667	10,000	57,774	520,441
31	461,438	10,000	59,548	530,986
32	493,111	10,000	79,934	583,045
33	535,290	10,000	72,606	617,896
34	453,452	10,000	57,339	520,791

---

① 缺上半年收数。
② 缺下半年收数。
③ 本年缺半年收数,此系采用上下相邻二年总数相加之平均数。

第四十五表　安徽省历年厘金开除各项总数
同治 8 年—光绪 34 年
（单位以两计）

年次	解户部款	国家行政费	皇室用费	铁路经费	归还外债	协款	水师军费	本省军费	本省行政费	解藩军款	总计
同治 8 年						27,464	70,338	444,060	13,169		555,031
9							64,662	558,237			622,899
10							65,000	462,721			527,721
11		10,000					65,000	528,477			593,477
12							65,000	518,428			593,428
13							65,000	520,070			585,070
光绪元年		41,018	71,422				65,000	396,705	2,807	62,127③	567,657
2		14,460	61,942				65,000	290,410	2,215		443,507
3							65,000	237,302	2,800		367,044
4							60,000	270,706	2,800	9,000③	342,506
5	50,630					39,305	65,000	312,339	631		467,905
6①	96,175					15,114	32,868	107,948	18,251	4,842③	528,701④
7	180,279	40,068				10,582	65,000	247,209	46,359		589,497
8	140,520	35,145				8,000	65,000	216,655	50,637	2,000	517,957
9	142,695	30,000	10,000			18,000	65,000	181,073	47,534	10,399	504,701
10	144,400					34,000	58,944	147,213	63,602	600	448,759
11	171,200					11,500	48,314	143,408	31,846	1,803	408,071
12	172,700						70,000	164,663	34,727	2,000	444,090
13①	96,939					21,000	36,000	115,558	39,167	3,000	472,236
14	170,000						65,000	196,068	42,915	5,400	500,383
15	167,180						65,000	134,973	31,054		398,207
16	172,820	6,500		25,000		10,000	65,000	134,867	35,146		449,333

续表

年次	解户部款	国家行政费	皇室用费	铁路经费	归还外债	协款	水师军费	本省军费	本省行政费	解潘军款	总计
光绪17年	168,175			42,498				104,131	32,158		411,962
18	166,884			20,000			65,000	104,851	47,542		404,277
19	165,115			27,500			65,000	119,932	49,352		426,899
20	165,115	3,600	15,110	25,000			65,000	121,755	52,006		447,586
21	181,972	5,700	11,110	25,000			65,000	145,584	43,858		478,224
22②	98,854	4,800	8,333	12,500	12,000		33,000	60,639	22,532		484,092④
23	170,711	3,600		25,000	65,000		65,000	122,252	38,397		489,960
24	154,328	6,900		25,000	40,000		65,000	132,516	43,120		483,117
25	173,611	3,600		25,000	40,000		65,000	128,664	46,317		488,581
26①	71,500	3,900		12,500	26,000	10,000	32,000	114,134	25,339	16,253	510,189④
27	162,882	6,600		24,400	56,000	18,000	65,000	140,106	46,065	6,389	531,796
28	155,220	3,600		25,600	44,000	20,800	65,000	141,203	44,537	7,463	512,740
29	185,757			19,000	60,000	10,000	65,000	153,271	45,671	12,743	552,489
30	178,010	3,900		31,000	56,000	8,000	65,000	138,376	45,155	12,780	525,441
31	186,000	10,000		19,000	56,000	8,000	65,000	140,987	45,999	13,790	530,986
32	184,000	2,000		25,000	72,000	16,000	65,000	170,392	48,653		583,045
33	188,000	9,100		37,000	56,000	32,000	65,000	179,572	51,224		617,896
34	179,000	3,600		25,000	56,000	16,000	67,574	130,162	43,455		520,791

① 缺上半年开除数。
② 缺下半年开除数。
③ 用途不明。
④ 本年总数缺半年,此数系上下相邻两年总数相加之平均数。

第四十六表　安徽省历年解户部款分析
光绪 5 年—34 年
（单位以两计）

年　次	京　饷	东北边防经费	筹边军饷	总　计
光绪 5 年	50,630			50,360
6①	45,596	50,579		96,175
7	100,133	80,146		180,279
8	120,320	202,200		140,520*
9	92,695	50,000		142,695
10	100,000	44,400		144,400
11	100,000	57,200	14,000⑤	171,200
12	100,000	67,700	5,000	172,700
13①	43,939	18,000	35,000④	96,939
14	100,000	50,000	20,000	170,000
15	97,180	50,000	20,000	167,180
16	102,820	50,000	20,000	172,820
17	98,175	50,000	20,000	168,175
18	91,884	50,000	25,000⑤	166,884
19	95,115	50,000	20,000	165,115
20	95,115	50,000	20,000	165,115
21	111,372	50,000	20,600	181,972
22②	59,854	25,000	14,000	98,854
23	100,711	50,000	20,000	170,711
24	84,328	50,000	20,000	154,328
25	93,611	60,000	20,000	173,611
26①	37,500	28,000	6,000	71,500
27	86,182	60,700	16,000	162,882
28	94,520	48,200	12,500	155,220
29	90,657	75,100	20,000	185,757
30	90,510	60,000	27,500	178,010
31	110,000	60,000	16,000	186,000
32	100,000	60,000	24,000	184,000
33	100,000	60,000	28,000	188,000
34	99,000	60,000	20,000	179,000

① 缺上半年开除数。
② 缺下半年开除数。
③ 近畿防饷。
④ 内有近畿防饷 7,000 两。
⑤ 自此年起改称筹备饷需。
* 原书如此，疑有误。——编者注

第四十七表 安徽省历年协款分析
同治8年—光绪34年
（单位以两计）

年 次	款 额	用 途	年 次	款 额	用 途
同治8年	27,464	西征军饷	光绪9年	{14,000 4,000 3,000	乌科二城兵饷 塔尔巴哈台兵饷 闽省兵饷
9			10	{10,000 21,000	乌科二城兵饷 塔尔巴哈台兵饷
10			11	9,000	闽省兵饷
11			12	2,500	乌科二城兵饷
12			13①		
13			14		
光绪元年			15	{3,000 18,000	乌科二城兵饷 塔尔巴哈台兵饷
2			16	10,000	
3			17		
4			18		
5	{9,000 30,305	乌科二城兵饷 马兰镇绿营建设营房	19		
6①	{10,000 5,114	河南省欠解西饷 乌科二城兵饷			
7	10,582	乌科二城兵饷			
8					

续表

年次	款额	用途	年次	款额	用途
光绪20年			光绪28年	20,800	拨补苏州厘金
21			29	10,000	拨补苏州厘金
22②			30	8,000	拨补苏州厘金
23			31	8,000	拨补苏州厘金
24			32	16,000	拨补苏州厘金
25			33	32,000	拨补苏州厘金
26①	10,000	北洋兵饷	34	16,000	拨补苏州厘金
27	18,000	拨补苏州厘金			

① 缺上半年开除数。
② 缺下半年开除数。

第四十八表　安徽省历年本省军费分析
同治 8 年—光绪 34 年
（单位以两计）

年　　次	防军支应局	行营粮台	解军需局	本省各营军饷	总　　计
同治 8 年	24,241	210,275		209,544	444,060
9		558,237			558,237
10		462,721			462,721
11		528,477			528,477
12		518,428			518,428
13		520,070			520,070
光绪元年		396,705			396,705
2		290,410			290,410
3		237,302			237,302
4		270,706			270,706
5		132,257	180,082		312,339
6①			107,948		107,948
7			247,209		247,209
8	116,038		100,617		216,655
9	181,073				181,073
10	134,013			13,200	147,213
11	111,008			32,400	143,408
12	136,263			28,400	164,663
13①	84,958			30,600	115,558
14	96,468			99,600	196,068
15	98,973			36,000	134,973
16	95,867			39,000	134,867
17	68,131			36,000	104,131
18	65,851			39,000	104,851
19	83,932			36,000	119,932
20	85,755			36,000	121,755
21	106,584			39,000	145,584
22②	42,639			18,000	60,639
23	86,252			36,000	122,252

续表

年　次	防军支应局	行营粮台	解军需局	本省各营军饷	总　计
光绪 24 年	93,516			39,000	132,516
25	81,276			47,388	128,664
26①	84,577			29,557	114,134
27	98,939			41,167	140,106
28	94,553			46,650	141,203
29	105,124			48,147	153,271
30	91,729			46,647	138,376
31	100,136			40,851	140,987
32	119,179			51,213	170,392
33	125,911			53,661	179,572
34	94,162			36,000	130,162

① 缺上半年开除数。
② 缺下半年开除数。

第四十九表　安徽省历年本省行政费分析
同治8年—光绪34年
（单位以两计）

年　次	各局坐支薪工	其他支出	总　计	年　次	各局坐支薪工	其他支出	总　计
同治8年		13,169②	13,169	光绪12年	34,727		34,727
9				13①	34,852	4,315⑥	39,167
10				14	39,230	3,685⑥	42,915
11				15	31,054		31,054
12				16	35,146		35,146
13				17	32,158		32,158
光绪元年		2,807④	2,807	18	31,542	16,000⑧	47,542
2		2,215④	2,215	19	33,352	16,000⑨	49,352
3		2,800④	2,800	20	35,006	17,000⑩	52,006
4		2,800④	2,800	21	37,458	6,400⑩	43,858
5		631④	631	22②	19,812	2,720⑪	22,532
6①	18,251		18,251	23	38,397		38,397
7	46,359		46,359	24	38,440	4,680⑫	43,120
8	40,637	10,000⑤	50,637	25	38,287	8,030	46,317
9	39,575	7,959⑥	47,534	26①	23,827	1,512	25,339
10	35,101	28,501⑦	63,602	27	41,745	4,320	46,065
11	31,846		31,846	28	40,217	4,320	44,537

续表

年次	各局坐支薪工	其他支出	总计	年次	各局坐支薪工	其他支出	总计
光绪29年	43,799	1,872	45,671	光绪32年	45,845	2,808	48,653
30	40,835	4,320	45,155	33	48,632	2,592	51,224
31	41,679	4,320	45,999	34	40,863	2,592	43,455

① 缺上半年开除数。
② 缺下半年开除数。
③ 扞工银。
④ 督臣巡江经费。
⑤ 赈恤银。
⑥ 工程费。
⑦ 内工程费8,501两,赈恤银20,000两。
⑧ 挖河经费。
⑨ 内挖河经费6,000两,赈恤银10,000两。
⑩ 兴图局经费。
⑪ 此数以下俱为求是学堂经费。

第五十表 安徽省历年厘金开除各项之百分比
同治8年—光绪34年

年 次	解户部款	铁路经费	归还外债	水师军费	本省军费	本省行政费	其他各项①	总 计
同治8年				12.67	80.01	2.37	4.95	100
9				10.38	89.62			100
10				12.32	87.68			100
11				10.95	89.05			100
12				10.95	87.36		1.69	100
13				11.11	88.89			100
光绪元年				11.45	69.88	0.49	18.18②	100
2				14.66	65.48	0.50	19.36③	100
3				17.71	64.65	0.76	16.88④	100
4				17.52	79.04	0.82	2.62	100
5	10.82			13.89	66.75	0.13	8.41	⑤
6								100
7	30.58			11.03	41.94	7.86	8.59	100
8	27.13			12.55	41.83	9.78	8.71	100
9	28.27			12.88	35.88	9.42	13.55	100
10	23.18			13.13	32.80	14.17	16.72	100
11	41.95			11.84	35.14	7.80	3.27	100
12	38.89			15.76	37.08	7.82	0.45	100
13								⑤
14	33.97			12.99	39.18	8.58	5.28	100
15	41.98			16.32	33.90	7.80		100
16	38.46	5.56		14.47	30.01	7.82	3.68	100

续表

年次	解户部款	铁路经费	归还外债	水师军费	本省军费	本省行政费	其他各项①	总计
光绪17年	40.82	10.32		15.78	25.28	7.80		100
18	41.27	4.95		16.08	25.94	11.76		100
19	38.68	6.44		15.23	28.09	11.56		100
20	36.89	5.59		14.52	27.20	11.62	4.18	100
21	38.05	5.23		13.59	30.44	9.17	3.52	100
22								⑤
23	34.84	5.10	13.27	13.27	24.95	7.84	0.73	100
24	31.94	5.17	8.28	13.45	27.43	8.93	4.80	100
25	35.53	5.12	8.19	13.30	26.33	9.48	2.05	100
26								⑤
27	30.63	4.59	10.53	12.22	26.35	8.66	7.02	100
28	30.27	4.99	8.58	12.68	27.54	8.69	7.25	100
29	33.62	3.44	10.86	11.76	27.74	8.27	4.31	100
30	33.88	5.90	10.66	12.37	26.34	8.59	2.26	100
31	35.03	3.58	10.55	12.24	26.55	8.66	3.39	100
32	31.56	4.29	12.35	11.15	29.22	8.34	3.09	100
33	30.43	5.99	9.06	10.52	29.06	8.29	6.65	100
34	34.37	4.80	10.75	12.98	24.99	8.34	3.77	100

① 包括国家行政费、皇室用费、协款及解藩库款四项。
② 用途不明一款占10.94%。
③ 皇室用费占16.12%。
④ 皇室用费。
⑤ 本年报告不全故缺。

第五十一表　安徽省历年厘金收支原数[①]
同治8年—光绪34年

年　次	银数（两）	制钱数（串）	年　次	银数（两）	制钱数（串）
同治8年	249,812[④]	557,733	光绪15年	248,957	236,349
9	310,609[④]	574,164	16	294,683	245,255
10	256,187[④]	498,342	17	266,167	235,894
11	341,907[④]	468,385	18	275,728	224,540
12	357,356[④]	448,965	19	288,551	238,082
13	347,574[④]	443,763	20	291,132	268,659
光绪元年	328,432[④]	450,634	21	322,463	264,044
2	268,612[④]	325,020	22[③]	163,815	147,943
3	192,970[⑤]	299,755	23	294,581	304,792
4	189,549	248,862	24	307,903	273,336
5	277,527	307,650	25	307,399	282,643
6[②]	166,772	180,096	26[②]	196,776	165,453
7	364,317	381,458	27	341,976	296,119
8	324,026	336,093	28	327,796	288,511
9	319,158	320,911	29	354,404	316,811
10	288,339	276,621	30	331,017	295,501
11	246,432	280,128	31	336,703	303,083
12	271,323	298,260	32	332,566	390,747
13[②]	173,423	193,376	33	378,437	373,557
14	335,103	266,271	34	327,721	301,190

[①] 安徽厘金收支年年相抵，故收入与支出之数无异。
[②] 缺上半年报告。
[③] 缺下半年报告。
[④] 此系湘平银。
[⑤] 此数以下为库平银。

第五十二表　安徽省历年银钱兑换率
同治 8 年—光绪 34 年

年　次	省　局　　淮　北 库平每两合钱		年　次	省　局　　淮　北 库平每两合钱	
同治 8-13 年	1,775 文①		光绪 17 年	上年 1,665 文	1,602 文
光绪元年	1,795 文①			下年 1,665 文	1,628 文
2	1,761 文①		18	上年 1,665 文	1,752 文
3	1,722 文①			下年 1,665 文	1,758 文
4	1,627 文①		19	上年 1,665 文	1,725 文
5	1,616 文①			下年 1,665 文	1,728 文
6	1,661 文①		20	上年 1,665 文	1,723 文
7	1,694 文①			下年 1,665 文	1,719 文
8	上年　　—	1,720 文	21	上年 1,665 文	1,710 文
	下年 1,748 文	1,748 文		下年 1,665 文	1,683 文
9	上年　　—	1,730 文	22	上年 1,665 文	1,667 文
	下年 1,729 文	1,729 文		下年	
10	上年　　—	1,722 文	23	1,560 文②	
	下年 1,729 文	1,729 文	24	1,560 文②	
11	上年　　—	1,733 文	25	1,560 文②	
	下年 1,733 文	1,733 文	26	1,560 文②	
12	上年　　—	1,728 文	27	1,560 文②	
	下年 1,725 文	1,725 文	28	1,560 文②	
13	上年 1,590 文	1,662 文	29	1,560 文②	
	下年　　—	—	30	1,560 文②	
14	上年 1,650 文	1,611 文	31	1,560 文②	
	下年 1,633 文	1,606 文	32	1,560 文②	
15	上年 1,674 文	1,578 文	33	1,560 文②	
	下年 1,640 文	1,576 文	34	1,560 文②	
16	上年 1,667 文	1,572 文			
	下年 1,665 文	1,587 文			

① 借用江苏率。
② 定率。

第五十三表 江西省历年厘金收入各项总数
同治 7 年—光绪 33 年（单位以两计）

年　次	各属货厘	各属茶厘及茶税	各属米谷厘税	各属土药厘税	大宗货物统税	加抽二成糖税	加抽二成烟酒税	总　计
同治 7 年	1,398,352							1,398,352
8	1,153,925							1,153,925
9	1,288,188							1,288,188
10	1,164,640							1,164,640
11	1,121,449							1,121,449
12	1,332,927							1,332,927
13	1,172,175							1,172,175
光绪元年	1,154,498							1,154,498
2	1,250,533							1,250,533
3	1,133,414							1,133,414
4	1,137,904							1,137,904
5	1,290,222							1,290,222
6	1,230,741							1,230,741
7	1,331,972							1,331,972
8	1,257,039							1,257,039
9	1,083,109							1,083,109
10	973,899							973,899
11	870,818							870,818
12	1,071,318							1,071,318
13	1,095,514							1,095,514
14	1,071,529							1,071,529

续表

年 次	各属货厘	各属茶厘及茶税	各属米谷厘税	各属土药厘税	大宗货物统税	加抽二成糖税	加抽二成烟酒税	总 计
光绪15年	837,077	226,801						1,063,878
16	1,000,101	197,023		8,423				1,205,547
17	996,996	207,377		8,513				1,212,886
18	959,369	149,131		8,848				1,117,348*
19	923,575	145,909		8,200				1,077,684
20	905,858	134,148		8,548				1,048,554
21	979,472	207,064①		9,594				1,197,464
22	948,393	179,203	46,673	10,610		1,334	1,554	1,188,158
23	980,901	160,144	105,586	13,077		1,725	3,064	1,267,925
24	1,052,811	156,662	116,490	13,741		5,153	2,388	1,348,440
25	994,978	155,610	88,988	14,214		6,348	1,003③	1,258,409
26	831,637	133,561	62,908	17,936		3,616③	1,436	1,051,076
27	905,931	124,832	52,064	18,002		3,598	1,368	1,109,463
28	856,396	128,005	126,621	1,197	442,755	7,266	522③	1,559,421**
29	591,525	128,304	128,089		1,103,848	3,945③	2,322	1,964,829
30	386,632	114,006	109,590		1,484,346	10,741	2,658	2,103,463
31		93,496②			1,687,443	6,231	664③	1,783,092
32		107,893②			1,775,325	1,489③	1,387	1,888,887
33		94,471②			1,680,899	4,282	3,408③	1,781,308**
						2,532③		

① 自本年起附加抽二成茶税。——编者注
② 此系加抽二成茶税之收数。
③ 缺半年收数。
* 原书为1,1171348,疑有误。——编者注
** 原书如此,疑有误。——编者注

第五十四表　江西省历年大宗货物统税收入分析
光绪 28 年—33 年
（单位以两计）

统税项目＼年次	光绪 28 年	光绪 29 年	光绪 30 年	光绪 31 年	光绪 32 年	光绪 33 年
百　货		276,675	537,504	839,139	821,434	840,426
茶　叶		12,631	8,457	8,093	7,617	10,178
米　谷			50,385	185,436	235,728	125,085
烟　叶	5,748	12,629	23,201	17,391	28,549	20,048
酒		3,251	2,303	2,242	5,152	2,289
瓷　器	118,151	250,078	202,893	165,629	179,445	139,249
木　植	255,415	179,444	252,365	171,459	178,278	218,662
纸　张		210,206	260,113	175,860	203,281	189,965
夏　布	33,305	49,760	46,564	44,107	37,331	44,497
糖　斤		27,352	26,858	16,548	11,478	18,689
土　靛	16,201	25,924	15,879	18,557	22,120	15,848
色土布		20,209	21,657	18,406	14,702	20,979
蔴　斤	7,663	11,328	8,915	717	7,316	7,698
煤　炭	6,272	13,235	17,488	14,655	16,261	18,579
萝卜条		5,838	4,698	3,981	2,035	2,025
碗　土		5,288	5,066	5,223	4,598	6,682
总　计	442,755	1,103,848	1,484,346	1,687,443	1,775,325	1,680,899

第五十五表 江西省历年厘金开除各项总数
同治7年—光绪33年
（单位以两计）

年次	解户部款	国家行政费	皇室用费	归还外债	协款	海防经费	水师经费	本省军费	本省行政费	解潘库款	其他开除	总计
同治7年	50,000				489,200			820,632	38,520			1,398,352
8	50,000							838,440	105,485			1,153,925
9	50,000						160,000	1,068,188	10,000			1,288,188
10	50,000						160,000	924,640	10,000			1,164,640
11	50,000						160,000	896,649	14,800			1,121,449
12	80,000		50,000		35,000		160,000	1,033,327	9,600			1,332,927
13	50,000	40,000					160,000	876,775	10,400			1,172,175
光绪元年	20,000	2,800	25,000		10,000	100,000	160,000	830,848	4,800	20,000	1,050	1,154,498
2	60,000	2,209	25,000		5,000	200,000	160,000	781,249	15,200		1,875	1,250,533
3	60,000	2,800	45,000			160,000	135,412	719,052	10,000		1,150	1,133,414
4	40,000	2,800				160,000	144,588	784,546	5,200		770	1,137,904
5	100,000	631				190,000	200,000	788,621	10,000		970	1,290,222
6	100,000				4,500	200,000	160,000	255,151	10,000		1,090	1,230,741*
7	70,000	30,000			4,590	160,000	160,000	896,622	10,000		760	1,331,972
8	100,000	10,200			9,180	160,000	160,000	806,899	10,000		760	1,257,039
9	100,000	30,000			42,000	160,000	120,000	618,895	10,000		2,214	1,083,109
10	50,000				3,000	80,000	160,000	670,519	10,000		380	973,899
11	50,000					40,000	160,000	610,573	10,000		245	870,818
12	100,000	30,000			10,000	20,000	160,000	741,468	9,600		250	1,071,318
13	140,000①	130,000			10,000	100,000	160,000	539,563	15,200		750	1,095,513
14	142,039②	65,000			50,000	80,000	160,000	568,740	5,200		550	1,071,529

续表

年次	解户部款	国家行政费	皇室用费	归还外债	协款	海防经费	水师经费	本省军费	本省行政费	解藩库款	其他开除	总计
光绪15年	140,400③	45,000			45,000	136,500	160,000	520,803	14,400		1,775	1,063,878
16							160,000	1,040,347	5,200			1,205,547
17							160,000	1,038,783	9,600	4,503		1,212,886
18							160,000	933,212	15,200	8,936		1,117,348
19							160,000	899,403	10,000	8,281		1,077,684
20							160,000	869,921	10,000	8,633		1,048,554
21							160,000	993,494	5,200	38,770		1,197,464
22				46,672			160,000	933,074	10,000	38,412		1,188,158
23				105,558			160,000	941,028	10,000	51,339		1,267,925
24				258,453				1,002,567		47,420		1,348,440
25				280,190			40,000	937,828		40,391		1,258,409
26				291,489				732,855		26,732		1,051,076
27				233,376				829,738		46,349		1,109,463
28				338,963				1,211,473		8,985		1,559,421
29				335,471				1,594,909		34,449		1,964,829
30	28,158			355,990				1,691,401		27,912		2,103,461
31	22,201			391,495				1,363,664		5,732		1,783,092
32	40,113			433,909				1,391,216		23,649		1,888,887
33	25,087			333,037				1,416,635		6,549		1,781,308

① 京饷100,000两,东北边防经费40,000两。
② 京饷50,000两,东北边防经费40,000两,筹边军饷50,000两,加放俸饷2,039两。
③ 京饷100,400两,东北边防经费40,000两。
* 原书如此,其"本省军费"项疑为755,151。——编者注

第五十六表　江西省历年国家行政费分析
同治 13 年—光绪 15 年
（单位以两计）

年　次	款　额	用　途
同治 13 年	40,000	奉天赈济
光绪元年	2,800	前任陕甘总督巡阅经费
2	2,209	前任陕甘总督巡阅经费
3	2,800	前任陕甘总督巡阅经费
4	2,800	前任陕甘总督巡阅经费
5	631	前任陕甘总督巡阅经费
6		
7	30,000	伊犁偿款
8	10,200	伊犁善后经费
9	10,000	伊犁善后经费
	10,000	备荒经费
	10,000	购米运京脚价
10		
11		
12	30,000	海军衙门经费
13	90,000	海军衙门经费
	40,000	河南河工
14	60,000	海军衙门经费
	5,000	伊犁善后经费
15	20,000	海军衙门经费
	25,000	海军要工及敛工

第五十七表　江西省历年解藩库款分析
光绪 17 年—33 年
（单位以两计）

年　次	解土药厘税银	解藩库各项加厘	总　计
光绪 17 年	4,508		4,503
18	8,936		8,936
19	8,281		8,281
20	8,633		8,633
21	9,593	29,177	38,770
22	10,610	27,802	38,412
23	13,077	38,262	51,339
24	13,740	33,680①	47,420
25	14,214	26,177	40,391
26	17,936	8,796	26,732
27	18,002	28,347①	46,349
28	1,197	7,788	8,985
29		34,449	34,449
30		27,912	27,912
31		5,732①	5,732
32		23,649	23,649
33		6,549①	6,549

① 仅有半年解款。

第五十八表　江西省历年厘金开除各项之百分比
同治7年—光绪33年

年次	解户部款	国家行政费	归还外债	协款	海防经费	水师军费	本省军费	本省行政费	解藩库款	其他各项①	总计
同治7年	3.58			34.98			58.69	2.75			100
8	4.33					13.87	72.66	9.14			100
9	3.88					12.42	82.92	0.78			100
10	4.29					13.74	79.39	0.86			100
11	4.46					14.27	79.95	1.32			100
12	6.00					12.00	77.52	0.72			100
13	4.27	3.41		2.99		13.65	74.80	0.89			100
光绪元年	1.73	0.24		0.87	8.66	13.86	71.96	0.42	1.72		100
2	4.80	0.18		0.41	15.99	12.79	62.46	1.22		2.15④	100
3	5.29	0.25			14.12	11.95	63.44	0.88			100
4	3.52	0.25			14.06	12.71	68.94	0.46			100
5	7.75	0.05			14.73	15.50	61.12	0.78			100
6	8.13			0.37	16.25	13.00	61.35	0.81		0.09	100
7	5.26	2.25		0.34	12.01	12.01	67.32	0.75		0.06	100
8	7.96	0.81		0.73	12.73	12.73	64.19	0.80		0.06	100
9	9.23	2.77		3.88	14.77	11.08	57.14	0.92		0.20	100
10	2.13			0.31	8.21	16.43	68.85	1.03		0.04	100*
11	5.74				4.59	18.37	70.11	1.15		0.03	100
12	9.33	2.80		0.93	1.87	14.93	69.21	0.90		0.02	100
13	12.78	11.87		0.91	9.13	14.61	49.24	1.39		0.07	100
14	13.26	6.07		4.67	7.47	14.93	53.07	0.49		0.04	100
15	13.20	4.23		4.23	12.83	15.04	48.95	1.35		0.17	100

续表

年次	解户部款	国家行政费	归还外债	协款	海防经费	水师军费	本省军费	本省行政费	解藩库款	其他各项①	总计
光绪16年						13.27	86.30	0.42			100
17						13.19	85.65	0.79	0.37		100
18						14.32	83.52	1.36	0.80		100
19						14.85	83.45	0.93	0.77		100
20						15.26	82.96	0.95	0.82		100
21						13.36	82.97	0.43	3.24		100
22			3.93			13.47	78.53	0.84	3.23		100
23			8.33			12.62	74.21	0.79	4.05		100
24			19.17			2.97	74.34		3.52		100
25			22.27				74.52		3.21		100
26			27.73				69.72		2.54		100
27			21.04				74.78		4.18		100
28			21.74				77.68		0.58		100
29			17.07				81.17		1.75		100
30	1.34		16.92				80.41		1.33		100
31	1.25		21.96				76.47		0.32		100
32	2.12		22.97				73.65		1.25		100
33	1.41		18.70				79.52		0.37		100

① 内内皇室用费及其他开除。
② 皇室用费。
③ 内有皇室用费2.18%。
④ 内有皇室用费2.00%。
⑤ 内有皇室用费3.97%。
＊ 原书如此，疑有误。——编者注

第五十九表　江西省历年厘金收支原数①
同治 7 年—光绪 33 年

年　次	银数(两)	制银数(串)	年　次	银数(两)	制钱数(串)
同治 7 年	1,398,353		光绪 14 年	301,367	1,236,692
8	1,153,925		15	356,129	1,099,730
9	1,288,188		16	353,324	1,306,208
10	1,164,641		17	390,950	1,266,563
11	1,121,450		18	334,834	1,236,294
12	1,332,927		19	332,332	1,149,797
13	1,172,176		20	324,709	1,125,264
光绪元年	1,154,499		21	404,253	1,192,530
2	1,250,533		22	458,752	988,536
3	1,133,414		23	606,820	894,896
4	1,137,904		24	607,169	1,004,286
5	1,290,222		25②	643,404	876,074
6	372,801	1,458,228	26	521,724	756,215
7	363,377	1,626,909	27	565,800	770,474
8	386,846	1,428,365	28②	563,980	1,382,557
9	329,931	1,262,476	29	501,730	1,950,800
10	317,965	1,124,083	30	588,546	2,075,228
11	274,824	1,023,749	31②	478,475	2,111,492 *
12	342,483	1,184,678	32	400,343	2,566,397
13	314,702	1,252,729	33②	404,190	2,394,981

① 江西厘金收支年年相抵。
② 本年加抽二成糖税及抽二成烟酒税各缺半年收数,惟为数甚微,合计尚不满 5,000 两。
　*　原书不清,此数为疑似数。——编者注

第六十表　江西省历年银钱兑换率
光绪 6 年—33 年

（单位文）

年　次	库平银每两合钱		年　次	库平银每两合钱	
	上半年	下半年		上半年	下半年
光绪6年	1,694.14	1,705.29	光绪20年	1,559.45	1,549.86
7	1,684.69	1,675.51	21	1,550.16	1,448.54
8	1,634.38	1,649.24	22	1,355.46	1,355.01
9	1,659.11	1,696.32	23	1,352.98	1,354.10
10	1,699.33	1,732.68	24	1,354.65	1,355.01
11	1,723.74	1,712.46	25	1,421.06	1,428.57
12	1,636.75	1,616.07	26	1,428.57	1,428.57
13	1,598.87	1,610.97	27	1,428.57	1,408.45
14	1,612.02	1,599.43	28	1,388.89	1,388.89
15	1,567.49	1,541.60	29	1,333.33	1,333.33
16	1,529.25	1,536.43	30	1,369.86	1,369.86
17	1,533.23	1,548.84	31	1,562.50	1,691.93
18	1,576.48	1,584.13	32	1,724.14	1,721.38
19	1,527.55	1,557.86	33	1,724.14	1,754.39

第六十一表　湖北省历年厘金收入各项总数
同治 8 年—光绪 34 年
（单位以两计）

年　次	牙帖货厘	牙帖及帖本	牙厘及药土坐票捐	总　计
同治 8 年	1,502,288			1,502,288
9	1,641,058	21,435		1,662,493
10	1,647,439	18,509		1,665,948
11	1,643,872	23,682		1,667,554
12	1,642,701	27,546		1,670,247
13	1,428,854	22,871		1,451,725
光绪元年	1,400,309	16,373		1,416,682
2	1,469,075	18,892		1,487,967
3	1,177,446	17,414		1,194,860
4	1,060,517	10,686		1,070,903 *
5	1,358,575	15,642		1,374,217
6	1,416,911	20,905		1,437,816
7	1,521,914	22,931		1,544,845
8	1,328,385③	23,535		1,351,920
9	1,164,900③	9,676		1,174,576
10	1,214,222③	11,343		1,225,565
11				1,500,935④
12①	807,113③			1,500,935④
13	1,520,673		255,631	1,776,304
14	1,039,523		506,367	1,545,890
15	1,105,909		498,365	1,604,274
16①	609,206		267,837	1,620,510④
17	1,128,509		508,237	1,636,746
18	1,156,410		431,885	1,588,295
19	1,109,661		425,737	1,535,398
20	1,129,738		440,090	1,569,828
21	1,159,014		542,252	1,701,266
22	1,303,855		287,393	1,591,248
23	1,195,969		329,788	1,525,757

续表

年　次	牙帖货厘	牙帖及帖本	牙厘及药土坐票捐	总　计
光绪24年	1,188,774		358,913	1,547,687
25	1,271,854		358,643	1,630,497
26	1,551,053		314,959	1,866,012
27	1,562,095		292,974	1,855,069
28	1,738,999		331,810	2,070,809
29②	957,878		120,785	2,192,151④
30	1,975,265		338,227	2,313,492
31	1,383,354		326,732	1,710,086
32①	785,598			1,707,845④
33	1,705,603			1,705,603
34	1,615,119			1,615,119

① 缺上半年收数。
② 缺下半年收数。
③ 内有牙帖税。
④ 本年报告不全,此系采用上下相邻二年总数相加之平均数。
* 原书如此,疑有误。——编者注

第六十二表 湖北省历年厘金开除各项总数
同治 8 年—光绪 34 年
（单位以两计）

年　次	解户部款	水师军费	本省军费	本省行政费	总　计
同治 8 年	50,000	170,000	1,267,038	14,843③	1,501,881
9	50,000	171,000	1,393,777	33,952③	1,648,729
10	50,000	174,000	1,435,236		1,659,236
11	50,000	199,000	1,396,241	8,654④	1,683,895⑤
12	50,000	159,000	1,376,960		1,665,960⑥
13	50,000	164,000	1,137,811	40,138④	1,441,949⑦
光绪元年	50,000	176,205	916,391	71,993④	1,396,750⑧
2	60,000	176,800	950,544	48,142④	1,520,939⑨
3		133,300	1,040,593		1,173,893
4		176,800	894,204		1,071,004
5		218,131	1,176,618		1,394,749
6		174,000	1,268,405		1,442,405
7		174,000	1,361,791		1,535,791
8		174,000	1,183,267		1,357,267
9		160,500	1,011,416		1,171,916
10		164,000	1,063,471		1,227,471
11					1,487,663⑩
12①		97,000	614,571	87,131	1,487,663⑩
13		174,000	1,382,866	190,990	1,747,856
14		174,000	1,271,408	175,997	1,621,405
15		174,000	1,233,644	173,466	1,581,110
16①		87,000	682,625	92,727	1,605,312⑩
17		174,000	1,279,448	176,066	1,629,514
18		174,000	1,223,026	175,950	1,572,976
19		174,000	1,202,712	167,958	1,544,670
20		174,000	1,239,924	170,712	1,584,636
21		174,000	1,311,962	242,078	1,728,040
22		174,000	1,351,667	172,426	1,698,093
23		174,000	1,184,570	167,186	1,525,756

续表

年　次	解户部款	水师军费	本省军费	本省行政费	总　计
光绪24年		174,000	1,200,986	172,702	1,547,688
25		174,000	1,278,931	175,565	1,628,496
26		174,000	1,491,845	198,168	1,864,013
27		174,000	1,487,539	193,530	1,855,069
28		174,000	1,686,018	209,790	2,069,808
29②		87,000	881,247	112,615	2,191,699⑩
30		174,000	1,909,286	230,204	2,313,490
31		174,000	1,353,514	181,932	1,709,446
32①		87,000	616,188	84,409	1,707,524⑩
33		174,000	1,350,541	181,562	1,705,603*
34		87,000	1,266,785	174,335	1,528,120

---

① 缺上半年开除数。
② 缺下半年开除数。
③ 各县工赈。
④ 各项工程费。
⑤ 内有皇室用费30,000两。
⑥ 内有皇室用费80,000两。
⑦ 内有皇室用费50,000两。
⑧ 内有国家行政费39,434两及海防经费142,727两。
⑨ 内有海防经费285,453两。
⑩ 此年报告不全,此系采用上下相邻二年总数相加之平均数。
* 原书如此,疑有误。——编者注

第六十三表 湖北省历年本省行政费分析
光绪 12 年—34 年
（单位以两计）

年次	善后局委员薪水杂用	各厘局八分经费	巡防保甲员弁薪水经费	发审员薪水经费	武职操练月课奖赏	救生红船水手口粮	总计
光绪12年	44,031	43,100					87,131
13	91,917	99,073					190,990
14	85,635	90,362					175,997
15	48,646	107,114	10,759	1,541	2,666	2,740	173,466
16①	22,563	70,164					92,727
17	45,126	130,940					176,066
18	48,886	127,064					175,950
19	45,126	122,832					167,958
20	45,126	125,586					170,712
21	48,886	136,101					242,078③
22	45,126	127,300					172,426
23	9,712	122,061	21,517	3,083	5,332	5,481	167,186
24	10,522	123,815	23,311	3,340	5,777	5,937	172,702
25	9,712	130,440	21,517	3,083	5,332	5,481	175,565
26	10,522	149,281	23,311	3,340	5,777	5,937	198,168
27	9,712	148,405	21,517	3,083	5,332	5,481	193,530

续表

年 次	善后局委员薪水杂用	各里局八分经费	巡防保甲员弁薪水经费	发审员薪水经费	武职操练月课奖赏	救生红船水手口粮	总 计
光绪28年	9,712	164,665	21,517	3,083	5,332	5,481	209,790
29③	5,665	86,293	12,552	1,798	3,110	3,197	112,615
30	9,712	185,079	21,517	3,083	5,332	5,481	230,204
31	9,712	136,807	21,517	3,083	5,332	5,481	181,932
32①	4,856	61,847	10,759	1,541	2,666	2,740	84,409
33	9,712	136,437	21,517	3,083	5,332	5,481	181,562
34	9,712	129,210	21,517	3,083	5,332	5,481	174,335

① 缺上半年开除数。
② 缺下半年开除数。
③ 内有 57,091 两为织布局经费。

第六十四表　湖北省历年厘金开除各项之百分比
同治 8 年—光绪 34 年

年　次	解户部款	水师军费	本省军费	本省行政费	其他各项	总计
同治 8 年	3.33	11.32	84.36	0.99		100
9	3.03	10.37	84.54	2.06		100
10	3.01	10.49	86.50			100
11	2.97	11.82	82.92	0.51	1.78①	100
12	3.00	9.54	82.65		4.80①	100
13	3.47	11.37	78.91	2.78	3.47①	100
光绪元年	3.58	12.62	65.61	5.15	13.04②	100
2	3.94	11.62	62.50	3.17	18.77③	100
3		11.36	88.64			100
4		16.51	83.49			100
5		15.64	84.36			100
6		12.06	87.94			100
7		11.33	88.67			100
8		12.82	87.18			100
9		13.70	86.30			100
10		13.36	86.64			100
11						1④
12						1⑤
13		9.96	79.11	10.93		100
14		10.73	78.41	10.85		100
15		11.00	78.02	10.97		100
16						1⑤
17		10.68	78.52	10.80		100
18		11.06	77.75	11.19		100
19		11.26	77.86	10.87		100
20		10.98	78.25	10.77		100
21		10.07	75.92	14.01		100
22		10.25	79.60	10.15		100
23		11.40	77.64	10.96		100
24		11.24	77.60	11.16		100

续表

年　次	解户部款	水师军费	本省军费	本省行政费	其他各项	总计
光绪25年		10.68	78.53	10.78		100
26		9.33	80.03	10.63		100
27		9.38	80.19	10.43		100
28		8.41	81.45	10.14		100
29						1[⑤]
30		7.52	82.53	9.95		100
31		10.18	79.18	10.64		100
32						1[⑤]
33		10.20	79.15	10.65		100
34		5.69	82.90	11.41		100

① 皇室用费。
② 国家行政费占2.83%,海防经费占10.21%。
③ 海防经费。
④ 本年报告缺。
⑤ 本年仅有半年开除数,故缺。

第六十五表　湖北省历年厘金收支比较
同治 8 年—光绪 34 年
（单位以两计）

年　次	收入总数	开除总数	本年实存或不敷
同治 8 年	1,502,288	1,501,881	407
9	1,662,493	1,648,729	13,764
10	1,665,948	1,659,236	6,712
11	1,667,554	1,683,895	-16,341
12	1,670,247	1,665,960	4,287
13	1,451,725	1,441,949	9,776
光绪元年	1,416,682	1,396,750	19,932
2	1,487,967	1,520,939	-32,972
3	1,194,860	1,173,893	20,967
4	1,070,903	1,071,004	-101
5	1,374,217	1,394,749	-20,532
6	1,437,816	1,442,405	-4,589
7	1,544,845	1,535,791	9,054
8	1,351,920	1,357,267	-5,347
9	1,174,576	1,171,916	2,660
10	1,225,565	1,227,471	-1,906
11①			
12②			
13	1,776,304	1,747,856	28,448
14	1,545,890	1,621,405	-75,515
15	1,604,274	1,581,110	23,164
16②			
17	1,636,746	1,629,514	7,232
18	1,588,295	1,572,976	15,319
19	1,535,398	1,544,670	-9,272
20	1,569,828	1,584,636	-14,808
21	1,701,266	1,728,040	-26,774
22	1,591,248	1,698,093*	-106,845
23	1,525,757	1,525,756	1

续表

年　次	收入总数	开除总数	本年实存或不敷
光绪 24 年	1,547,687	1,547,688	-1
25	1,630,497	1,628,496	2,001
26	1,866,012	1,864,013	1,999
27	1,855,069	1,855,069	0
28	2,070,809	2,069,808	1,001
29②			
30	2,313,492	2,313,490	2
31	1,710,086	1,709,446	640
32②			
33	1,705,603	1,705,603	0
34②			

---

① 本年报告缺。
② 本年仅有半年收支数,故不列入。
＊ 原书不清,此数为疑似数。——编者注

第六十六表　湖北省历年厘金收入原数
同治 8 年—光绪 34 年

年　次	收入		年　次	收入	
	荆沙银(两)	制钱(串)		荆沙银(两)	制钱(串)
同治 8 年	615,073	1,532,715	光绪 15 年	499,419	1,718,323
9	566,706	1,885,783	16②	266,045	936,003
10	545,172	1,939,196	17	526,535	1,739,943
11	577,377	1,928,665	18	437,844	1,827,738
12	581,677	1,890,688	19	457,176	1,712,802
13	507,719	1,629,539	20	469,079	1,755,990
光绪元年	582,677	1,431,638	21	598,025	1,733,740
2	725,918	1,410,905	22	414,328	1,767,016
3	610,598	1,007,699	23	346,594	1,618,802
4	523,089	974,291	24	377,204	1,610,584
5	651,646	1,316,721	25	374,818	1,812,952
6	674,201	1,361,741	26	328,908	2,215,787
7	697,101	1,465,189	27	307,904	2,213,563
8	623,686	1,253,660	28	348,719	2,415,279
9	499,763	1,169,050	29③*	129,253	1,277,167
10	445,081	1,379,283	30	355,463	2,705,836
11①			31	343,382	2,253,094
12②	273,193	870,668	32③*	202,131	1,026,404
13	530,406	1,988,016	33	301,165	2,466,568
14	516,751	1,812,586	34③*	174,191	1,233,520

① 本年报告缺。
② 缺上半年收数。
③ 缺下半年收数。
＊ 原书不清,此数为疑似数。——编者注

第六十七表 湖南省历年厘金收入各项总数
同治12年—光绪34年
（单位以两计）

年次	厘税	茶厘	加抽二成厘税	加抽二成糖厘	烟酒加抽厘税	加抽二成茶厘	其他收入	总计
同治12年	1,437,147						5,601③	1,442,748
13	1,271,241						5,609③	1,276,850
光绪元年	1,305,671							1,305,671
2①	705,495							1,168,555⑦
3	1,031,438							1,031,438
4	967,267						39,294④	1,006,561
5	1,047,541							1,047,541
6	1,274,415							1,274,415
7	1,396,626							1,396,626
8①	709,690							1,299,929⑦
9	1,203,232							1,203,232
10	1,228,702							1,228,702
11	1,127,722							1,127,722
12	1,263,401							1,263,401*
13	1,244,721						136,810⑤	1,381,531*
14	1,238,174						21,636⑤	1,259,810
15	1,146,230						9,331⑤	1,155,561
16	1,072,986	53,317					2,099⑤	1,128,402
17	1,009,274	46,852						1,056,126
18	1,080,038	49,981						1,130,019

续表

年次	厘税	茶厘	加抽二成厘税	加抽二成糖厘	烟酒加抽厘税	加抽二成茶厘	其他收入	总计
光绪19年	1,002,193	60,680						1,062,873
20	1,000,639	50,457						1,051,096
21	879,644	54,324	189,267	518		10,865		1,134,618
22	959,011	61,957	191,217	585		12,391		1,225,161
23	1,011,812	51,991	201,287	570	758	10,398		1,276,816
24	1,120,532	64,653	223,109	624	559	12,931		1,422,408
25	1,025,293	46,637	204,034	644	571	9,327		1,286,506
26	1,139,427	47,001	227,254	631	1,509	9,400		1,425,222
27	1,082,806	43,769	215,952	609	1,057	8,754		1,352,947
28②	521,256	14,846	213,973	665	1,168	7,386		1,373,652⑦
29	1,124,120	36,802	223,909	930	1,234	7,361		1,394,356
30	1,053,876	29,664	211,856	924	1,177	5,933		1,303,430
31	1,058,506	21,507	210,724	941	1,186	4,301		1,297,165
32	1,073,007	18,004	213,738	851	1,208	3,601		1,310,409
33	1,095,576	17,203	218,227	898	1,233	3,441		1,336,578
34	601,557	388,332	134,538		3,306		233,888⑥	1,361,621⑧

① 缺下半年收数。
② 缺上半年收数。
③ 武陵等归还前借堤工银。
④ 借藩库银。
⑤ 牙帖捐。
⑥ 茶糖加抽77,271两,淮盐湘厘156,617两。
⑦ 本年缺半年报告,此系采用上下相邻二年总数相加之平均数。
⑧ 另料铜元收入566,334串又24文,因无兑换率未计入总数内。
* 原书不清,此数为疑似数。——编者注

第六十八表　湖南省历年厘金开除各项总数
同治12年—光绪34年
（单位以两计）

年次	解户部款	国家行政费	皇室用费	铁路经费	归还外债	赔款	协款	水师经费	本省军费	本省行政费	解藩库款	总计
同治12年	30,000		50,000③					122,800	1,141,851	70,359		1,415,010
13	30,000		50,000					122,800	1,010,977	37,936		1,251,713
光绪元年	30,000		50,000				1,400	122,800	1,084,909	42,650		1,332,137
2①			80,000②*				2,250	61,400	540,969	8,359	378⑥	1,187,982**
3			134,734				12,676	122,800	792,635	31,904		1,043,827
4							46,254	122,800	631,198	30,481		965,467
5	50,000	29,530	30,000				30,700	122,731	742,933	27,494	3,812	1,033,388
6	130,000	9,530					25,926	92,100	866,440	118,675	19,384	1,262,055
7	130,000		40,000			50,000	29,841	154,079	755,196	164,237	27,917	1,351,243**
8①	65,000	35,000				50,000	9,876	61,400	398,566	74,691	12,885	1,301,666⑦
9	170,000	45,000					24,876	122,800	685,124	178,520	25,770	1,252,090
10	115,000	3,000					90,000	122,800	674,937	167,047	30,776	1,203,560
11	110,000						50,000	122,800	623,018	146,526	37,206	1,089,550
12	130,000							122,800	817,658	153,638	37,538	1,261,634
13	130,000							122,800	963,614	177,372	40,667	1,434,453
14	130,000	7,620					4,151	122,800	748,560	155,320	37,538	1,201,838
15	130,000							122,800	770,013	141,495	37,538	1,205,997
16	130,000						5,771	122,800	649,634	137,554	40,667	1,080,655
17	130,000	13,000		30,000				122,800	665,476	130,876	37,538	1,135,461
18	130,000	12,000		15,000				122,800	658,145	144,606	40,667	1,123,218
19	110,000	13,000		15,000				122,800	599,072	154,489	37,538	1,051,899
20	130,000	27,099		15,000				122,800	653,453	127,082	37,538	1,112,972

续表

年次	解户部款	国家行政费	皇室用费	铁路经费	归还外债	赔款	协款	水师经费	本省军费	本省行政费	解潘库款	总计
光绪21年	130,000	16,099		15,000	145,953			122,800	565,544	144,778	95,667	1,089,888
22	130,000	15,099		15,000	187,867			122,800	581,900	192,278	37,538	1,240,568
23	130,000	15,099		15,000	186,215			122,800	618,949	176,522	37,538	1,303,775
24	130,000	16,099		15,000	186,215			122,800	719,838	177,883	40,667	1,408,502
25	145,999	15,099		15,000	186,215			122,800	672,344	156,862	37,538	1,351,857
26	145,999	16,099		15,000	186,215			122,800	772,392	169,548	40,667	1,468,720
27	145,999	15,099		15,000	186,215			122,800	669,112	160,722	37,538	1,352,485
28②	65,000	12,000		15,000	186,215	8,000		61,400	298,612	76,980	18,603	1,370,892⑦
29	130,000	26,099		15,000	186,215	16,000		122,800	707,477	145,402	40,306	1,389,299
30	130,000	15,099		15,000	186,215	16,000		122,800	655,941	121,159	37,206	1,299,420
31	130,000	15,099		15,000	186,215	16,000		122,800	651,246	135,779	37,206	1,309,345
32	130,000	16,099		15,000	186,215	16,000		122,800	660,229	133,435	40,306	1,320,084
33	130,000	15,099		15,000	186,215	16,000		122,800	668,697	134,981	37,206	1,325,998⑧
34	101,857	16,267		15,279	188,552	15,525	29,592⑤	253,658	650,449	92,544	72,890	1,436,613

① 缺下半年开除数。
② 缺上半年开除数。
③ 以下万年吉地工程费。
④ 以下陵工经费。
⑤ 边防京饷转解滇省。
⑥ 用途不明之款。
⑦ 本年总数缺半年,此数系上下相邻二年总数相加之平均数。
⑧ 外有铜元559,361串又932文,因无兑换率,未计入总数内。
* 疑为"④"。——编者注
** 原书如此,疑有误。——编者注

第六十九表　湖南省历年解户部款分析
同治12年—光绪34年
（单位以两计）

年　次	京　饷	东北边防经费	总　计	年　次	京　饷	东北边防经费	总　计
同治12年	30,000		30,000	光绪17年	50,000	80,000	130,000
13	30,000		30,000	18	50,000	80,000	130,000
光绪元年	30,000		30,000	19	30,000	80,000	110,000
2				20	50,000	80,000	130,000
3				21	50,000	80,000	130,000
4				22	50,000	80,000	130,000
5	50,000		50,000	23	50,000	80,000	130,000
6	50,000	80,000	130,000	24	50,000	80,000	130,000
7	50,000	80,000	130,000	25	50,000	95,999	145,999
8	25,000	40,000	65,000	26	50,000	95,999	145,999
9	70,000	100,000	170,000	27	50,000	95,999	145,999
10	35,000	80,000	115,000	28	25,000	40,000	65,000
11	30,000	80,000	110,000	29	50,000	80,000	130,000
12	50,000	80,000	130,000	30	50,000	80,000	130,000
13	50,000	80,000	130,000	31	50,000	80,000	130,000
14	50,000	80,000	130,000	32	50,000	80,000	130,000
15	50,000	80,000	130,000	33	50,000	80,000	130,000
16	50,000	80,000	130,000	34	40,743	61,114③	101,857

① 缺下半年开除数。
② 缺上半年开除数。
③ 内有29,592两拨为滇省协款。

第七十表　湖南省历年国家行政费分析
光绪 5 年—34 年
（单位以两计）

年　次	备荒经费	内务府经费	其他开支	总　计
光绪 5 年			29,530③	29,530
6			9,530④	9,530
7				
8①			35,000⑤	35,000
9	5,000		40,000⑥	45,000
10	3,000			3,000
11				
12				
13				
14			7,620⑥	7,620
15				
16				
17	13,000			13,000
18	12,000			12,000
19	13,000			13,000
20	24,000	3,099		27,099
21	13,000	3,099		16,099
22	12,000	3,099		15,099
23	12,000	3,099		15,099
24	13,000	3,099		16,099
25	12,000	3,099		15,099
26	13,000	3,099		16,099
27	12,000	3,099		15,099
28②	12,000			12,000
29	13,000	3,099	10,000⑦	26,099
30	12,000	3,099		15,099
31	12,000	3,099		15,099
32	13,000	3,099		16,099
33	12,000	3,099		15,099
34	13,111	3,156		16,267

① 缺下半年开除数。
② 缺上半年开除数。
③ 内河南赈款 9,530 两，山西赈款 20,000 两。
④ 河南采买赈米。
⑤ 内伊犁善后经费 15,000 两，各省工程经费 20,000 两。
⑥ 各省工程经费。
⑦ 正阳门经费。

第七十一表　湖南省历年协款分析
光绪元年—17 年
（单位为两计）

年　次	款　额	用　途
光绪元年	1,400	湖北盐道巡江经费
2①	2,205	湖北盐道巡江经费
3	2,800	湖北盐道巡江经费
	9,876	云南绿营兵饷
4	2,800	湖北盐道巡江经费
	39,504	山西协饷
	3,950	南洋绿营兵饷
5	700	湖北盐道巡江经费
	10,000	马兰镇添建营房经费
	20,000	吉林练饷
6	20,000	吉林练饷
	5,926	河南省绿营兵饷
7	14,814	云南省绿营兵饷
	15,000	塔尔巴哈台专饷
8②	9,876	各省协饷
9	9,876	各省协饷
	15,000	塔尔巴哈台专饷
10	75,000	各省协饷
	15,000	塔尔巴哈台专饷
11	50,000	各省协饷
12		
13		
14		
15	4,151	贵州黑铝折价
16		
17	5,771	贵州黑铝折价

① 缺下半年开除数。
② 缺上半年开除数。

第七十二表 湖南省历年本省军费分析
同治12年—光绪34年
（单位以两计）

年 次	解善后局	本省各属标练饷	总 计	年 次	解善后局	本省各属标练饷	总 计
同治12年	1,127,225③	14,626	1,141,851	光绪17年	665,476		665,476
13	1,002,123	8,854	1,010,977	18	658,145		658,145
光绪元年	1,074,284	10,625	1,084,909	19	599,072		599,072
2①	534,771	6,198	540,969	20	653,453		653,453
3	782,895	9,740	792,635	21	565,544		565,544
4	619,687	11,511	631,198	22	581,900		581,900
5	731,422	11,511	742,933	23	618,949		618,949
6	855,815	10,625	866,440	24	719,838		719,838
7	743,623	11,573	755,196	25	672,344		672,344
8①	393,058	5,508	398,566	26	692,311	80,081④	772,392
9	675,944	9,180	685,124	27	669,112		669,112
10	663,460	11,477	674,937	28②	298,612		298,612
11	613,447	9,571	623,018	29	707,477		707,477
12	806,662	10,996	817,658	30	655,941		655,941
13	952,435	11,179	963,614	31	651,246		651,246
14	742,047	6,513	748,560	32	660,229		660,229

续表

年 次	解善后局	本省各属标练饷	总 计	年 次	解善后局	本省各属标练饷	总 计
光绪15年	770,013		770,013	光绪33年	668,697		668,697
16	649,634		649,634	34	622,947	27,502[5]	650,449

① 缺下半年开除数。
② 缺下半年开除数。
③ 内有588,365仍解军需局。
④ 武备学堂炮弹经费17,821两,威字旗炮弹经费62,260两。
⑤ 练兵经费。

第七十三表 湖南省历年本省行政费分析
同治 12 年—光绪 34 年
（单位以两计）

年 次	厘金各局经费	其他开支 款额	其他开支 用途	总 计
同治 12 年	36,736	1,771 5,903 25,949	水灾经费 疏河经费 堤工经费	70,359
13	35,575	2,361	堤工经费	37,936
光绪元年	35,616	574 3,820 2,640	堤工经费 各县采买仓谷 赈恤经费	42,650
2①	8,359			8,359
3	14,823	1,833 11,436 3,812	各县采买仓谷 采办木植经费 堤工经费	31,904
4	14,706	3,188 5,738 6,668 181	水灾经费 堤工经费 采办木植经费 候审所待证人口粮	30,481
5	15,622	9,781 1,906 185	堤工经费 赈恤经费 候审所待证人口粮	27,494
6	117,781	590 304	水灾经费 候审所待证人口粮	118,675
7	163,856	381	候审所待证人口粮	164,237
8①	74,691			74,691
9	178,520			178,520
10	167,047			167,047
11	146,526			146,526
12	153,638			153,638
13	176,503	869	工程经费	177,372
14	148,215	7,105	海运经费	155,320
15	141,495			141,495
16	137,554			137,554
17	130,876			130,876
18	135,480	9,126	海运经费	144,606
19	129,956	4,533 20,000	海运经费 赈恤经费	154,489

续表

年次	厘金各局经费	其他开支 款额	其他开支 用途	总计
光绪20年	127,082			127,082
21	144,778			144,778
22	163,940	28,338	舆图经费	192,278
23	172,570	3,952	海运经费	176,522
24	174,071	3,812	学务经费	177,883
25	151,053	3,903 1,906	海运经费 学务经费	156,862
26	167,642	1,906	学务经费	169,548
27	158,816	1,906	学务经费	160,722
28②	76,027	953	学务经费	76,980
29	139,562	3,934 1,906	采办木植经费 学务经费	145,402
30	119,253	1,906	学务经费	121,159
31	129,970	3,903 1,906	海运经费 学务经费	135,779
32	131,529	1,906	学务经费	133,435
33	124,649	10,332	学务经费	134,981
34	4,311	88,233	(开除繁琐,无法细举)	92,544

① 缺下半年开除数。
② 缺上半年开除数。

第七十四表 湖南省历年厘金开除各项之百分比
同治 12 年—光绪 34 年

年次	解户部款	国家行政费	皇室用费	铁路经费	归还外债	赔款	协款	水师经费	本省军费	本省行政费	解藩库款	总计
同治12年	2.12		3.53					8.68	80.69	4.97		100
13	2.40		3.99					9.81	80.77	3.03	0.03	100
光绪元年	2.25		3.75				0.11	9.22	81.44	3.20	0.37	100
2												①
3			7.66				1.21	11.76	75.93	3.06		100
4	4.84	2.86	13.96				4.79	12.72	65.37	3.16		100
5	10.30	0.76	2.90				2.97	11.88	71.89	2.66	1.54	100
6	9.62		2.96				2.05	7.30	68.65	9.40	2.07	100
7						3.70	2.21	11.40	55.89	12.15		100
8												①
9	13.58	3.59					1.99	9.81	54.71	14.26	2.06	100
10	9.55	0.25					7.48	10.20	56.07	13.88	2.56	100
11	10.10						0.92	11.27	57.17	13.45	7.09	100
12	10.30							9.73	64.81	12.18	2.98	100
13	9.06							8.56	67.17	12.37	2.84	100
14	10.82							10.22	62.28	12.92	3.12	100
15	10.78	0.63*					0.34	10.18	63.85	11.73	3.11	100
16	12.03							11.36	60.11	12.73	3.76	100
17	11.45	1.14		2.64			0.51	10.81	58.61	11.53	3.31	100
18	11.57	1.07		1.34				10.93	58.59	12.87	3.62	100
19	10.46	1.24		1.43				11.67	56.94	14.69	3.57	100
20	11.68	2.43		1.35				11.03	58.71	11.42	3.37	100
21	11.93	1.48		1.38				11.27	51.88	13.28	8.78	100
22	10.48	1.22		1.21	11.76			9.90	46.90	15.50	3.03	100

续表

年次	解户部款	国家行政费	皇室用费	铁路经费	归还外债	赔款	协款	水师经费	本省军费	本省行政费	解藩库款	总计
光绪23年	9.97	1.16		1.15	14.41			9.42	47.47	13.54	2.88	100
24	9.23	1.14		1.06	13.22			8.72	51.11	12.63	2.89	100
25	10.80	1.12		1.11	13.77			9.08	49.73	11.60	2.78	100
26	99.4**	1.10		1.02	12.68			8.36	52.59	11.54	2.77	100
27	10.79	1.12		1.11	13.77			9.08	49.47	11.88	2.78	100
28												①
29	9.36	1.88		1.08	13.40	1.15		8.84	50.92	10.47	2.90	100
30	10.00	1.16		1.15	14.33	1.23		9.45	50.49	9.32	2.86	100
31	9.93	1.15		1.15	14.22	1.22		9.38	49.73	10.37	2.84	100
32	9.85	1.22		1.14	14.11	1.21		9.30	50.01	10.11	3.05	100
33	9.80	1.14		1.13	14.04	1.21		9.26	50.43	10.18	2.81	100
34	7.09	1.13		1.06	13.12	1.08	2.06	17.67	45.28	6.44	5.07	100

① 本年仅有半年报告,故缺。
* 疑为光绪三十四年本项数字。——编者注
** 原书如此,疑为9.94。——编者注

第七十五表　湖南省历年厘金收支比较
同治12年—光绪34年
（单位以两计）

年　次	收入总数	开除总数	本年实存或不敷
同治12年	1,442,748	1,414,930	27,818
13	1,276,850	1,251,713	25,137
光绪元年	1,305,671	1,332,137	-26,466
2①			
3	1,031,438	1,043,827	-12,389
4	1,006,561	965,467	41,094
5	1,047,501	1,033,388	14,113
6	1,274,415	1,262,055	12,360
7	1,396,626	1,351,243	45,383
8①			
9	1,203,232	1,252,090	-48,358*
10	1,228,702	1,203,560	25,142
11	1,127,722	1,089,550	38,172
12	1,263,401	1,261,634	1,767
13	1,381,531	1,434,453	-52,922
14	1,259,810	1,201,838	57,972
15	1,155,561	1,205,997	-50,436
16	1,128,402	1,080,655	47,747
17	1,056,126	1,135,461	-79,335
18	1,130,019	1,123,218	6,801
19	1,062,873	1,051,899	10,974
20	1,051,096	1,112,972	-61,876
21	1,134,618	1,089,888	44,730
22	1,225,161	1,240,568	-15,407
23	1,276,816	1,303,775	-26,959
24	1,422,408	1,408,502	13,906
25	1,286,506	1,351,857	-65,351
26	1,425,222	1,468,720	-43,498

续表

年　　次	收入总数	开除总数	本年实存或不敷
光绪27年	1,352,947	1,352,485	462
28①			
29	1,394,356	1,389,299	5,057
30	1,303,430	1,299,420	4,010
31	1,297,165	1,309,345	-12,180
32	1,310,409	1,320,084	-9,675
33	1,336,578	1,325,998	10,580
34	1,361,621	1,436,613	-74,992

① 本年仅有半年收支数,故不列入。

第七十六表　湖南省历年厘金收入原数
同治12年—光绪34年

年次	收入 湘平银(两)	收入 制钱(串)	年次	收入 湘平银(两)	收入 制钱(串)
同治12年	1,253,791	372,880	光绪17年	975,700	300,473
13	1,133,375	290,672	18	948,976	332,751
光绪元年	1,239,552	255,430	19	862,622	340,972
2①	555,067	142,206	20	917,773	360,349
3	973,179	196,915	21	864,994	401,296
4	879,726	215,265	22	994,628	388,412
5	949,615	217,510	23	1,058,361	388,509
6	1,089,470	378,973	24	1,158,763	411,685
7	1,141,159	443,361	25	1,136,985	382,907
8①	611,204	204,138	26	1,201,128	462,526
9	1,017,559	437,229	27	1,109,697	420,983
10	952,091	503,250	28②	704,457	97,860
11	882,145	429,016	29	1,297,730	203,345
12	1,027,254	447,997	30	1,233,719	186,208
13	1,227,647	410,131	31	1,243,938	194,086
14	1,013,234	367,602	32	1,271,382	186,956
15	1,004,332	374,905	33	1,296,626	174,105
16	852,080	401,015	34	1,489,763	559,362

① 缺下半年收数。
② 缺上半年收数。

第七十七表 福建省历年厘金收入各项总数
咸丰3年—光绪33年
(单位以两计)

年 次	百货厘金	茶厘及加捐军饷	茶 税	洋药厘税及加捐	借 款	其他收入	总 计
咸丰3年			8,714				8,714
4			14,098				14,098
5			52,102				52,102
6			160,717				160,717
7			182,294	57,798			240,092
8	4,052		118,778	146,438			269,268
9	69,148	117,911	195,730	146,164			528,953
10	125,631	159,108	255,779	256,751			797,269
11	182,394	148,932	220,856	312,928		6,274	871,384
同治元年	270,573	290,996	253,002	405,007		68,929	1,288,507
2	218,096	330,140	252,172	441,744		57,043	1,299,195
3	215,742	231,298	240,604	427,585			1,115,229
4	638,383	512,974	259,607	401,873		211,564	2,024,401
5	904,179	519,266	259,345	392,462		88,393	2,163,645
6	787,083	495,197	244,340	370,914		9,500	1,907,034
7	802,243	605,094	307,704	402,236		2,923	2,120,200*

续表

年次	百货厘金	茶厘及加捐军饷	茶税	洋药厘税及加捐	借款	其他收入	总计
同治8年	739,846	557,448	281,229	360,748			1,939,271
9	758,749	515,402	255,454	329,286			1,858,891
10	746,515	565,552	280,606	283,924			1,876,597
11	743,651	614,793	304,364	282,988			1,945,796
12	832,340	572,991	285,857	307,695		201,100	2,199,983
13	759,727	632,372	310,726	286,221		166,642	2,155,688
光绪元年②①	794,462	614,811	306,029	370,150		20,000	2,105,452
2①	322,558	701,142		194,467			2,277,675⑦
3	760,820	554,743	269,894	300,849	300,000④	263,592	2,449,898
4	745,402	628,760	311,226	310,510	200,000④	259,136	2,455,034
5	820,278	568,067	286,326	394,420	184,651⑤		2,253,742
6	800,559	681,835	341,851	377,880	19,928		2,222,053
7	869,486	624,741	316,173	442,513	219,802		2,472,720
8	801,735	569,735	293,305	437,399	106,457	13,213	2,221,844
9	746,681	516,543	273,067	436,898			1,973,189
10	687,769	529,225	274,512	434,949			1,926,455
11	720,878	545,566	277,866	508,823			2,053,133
12	726,271	614,592	318,585	529,695			2,189,143

603

续表

年次	百货厘金	茶厘及加捐军饷	茶税	洋药厘税及加捐	借款	其他收入	总计
光绪13年②	373,113	191,943		312,792		1,891	2,039,407⑦
14	761,101	475,303	246,370	400,000		6,897	1,889,671
15	744,229	398,907	205,971	400,000		7,886	1,756,993
16	784,854	346,552	183,215	400,000		10,065	1,724,686
17	771,568	343,231	178,630	400,000	235,245⑥		1,928,674
18	796,250	327,229	170,246	400,000	386,703		2,080,428
19	719,766	400,735	207,667	400,000	361,667		2,089,835
20	699,834	373,275	194,102	200,000	120,549		1,587,760
21	853,332	392,245	204,384	390,000	180,000		2,019,961
22③							1,923,573⑧
23	838,627	340,502	182,062	250,000	193,341	22,653	1,827,185
24	773,720	190,704	150,503	200,000	281,350	7,166	1,603,443
25	708,660	198,993	157,955	210,000	450,399	4,786	1,730,793
26①	320,049	277,784		50,000	242,717	2,387	1,380,382⑦
27	680,428	164,287	130,020	50,000		5,236	1,029,971
28	627,663	169,258	368,131	30,000	200,000	4,740	1,399,792
29	342,945	261,686					782,943⑨
30							793,695⑩

604

续表

年 次	百货厘金	茶厘及加捐年饷	茶 税	洋药厘税及加捐	借 款	其他收入	总 计
光绪31年							915,826
32							946,266
33							790,907

① 缺下半年收数。
② 缺上半年收数。
③ 缺全年收数。
④ 借商号款垫付京饷。
⑤ 以下借藩库款。
⑥ 以下商号垫款。
⑦ 本年报告仅有半年，此系采用上下相邻二年总数相加之平均数。
⑧ 本年缺全年报告，此系采用上下相邻二年之平均数。
⑨ 内有178,312两为厘税收入。
⑩ 此年以下所有税收皆统称厘税收入。
* 原书如此，疑有误。——编者注

第七十八表 福建省历年厘金收入项下其他收入分析
咸丰11年—光绪28年
（单位以两计）

年次	款额	来源	年次	款额	来源
咸丰11年	6,274	沿海防剿经费捐	光绪2年		
同治元年	68,929	沿海防剿经费捐	3	263,592	收藩司解还前借兵饷银
2①	57,043	沿海防剿经费捐	4	259,136	收藩司解还前借兵饷银
3			5		
4	116,164	坐买厘金	6		
	17,385	房捐	7	13,213	捐款银
	78,015	牙帖	8		
5	27,403	坐买厘金	9		
	49,683	牙帖	10		
	11,307	台湾府局批解厘金	11		
6	9,500	牙帖	12		
7	2,923	牙帖	13	1,891	土药厘税
8			14	6,897	土药厘税
9			15	7,886	土药厘税
10			16	10,065	土药厘税
11			17		
12	201,100	收藩司及各处解还各款	18		
13②	166,642	收藩司及各处解还各款	19		
光绪元年	20,000	收藩司解还前借兵饷银	20		

续表

年次	款额	来源
光绪21年		
22③		
23	20,148 / 2,505	各属缉捕经费项下六分平余银 / 加征二成烟厘
24	5,024 / 2,142	加征二成烟厘 / 扣存各属缉捕经费六分平余银
光绪25年		
26①	1,071 / 3,715	扣存各属缉捕经费六分平余银 / 加征二成烟厘
27	1,071 / 1,316	扣存各属缉捕经费六分平余银 / 加征二成烟厘
28	5,236 / 4,740	加征二成烟厘 / 加征二成烟厘

① 缺下半年开除数。
② 缺上半年开除数。
③ 缺全年开除数。

第七十九表 福建省历年厘金开除各项总数

咸丰3年—光绪33年
（单位以两计）

年次	解户部款	国家行政费	皇室用费	归还外债	协款	海防经费	水师军费	本省军费	本省行政费	归还商号垫款	其他开除	总计
咸丰3年								3,534				3,534
4								2,994				2,994
5								35,715				35,715
6								5,968				5,968
7								155,561				155,561
8								256,873				256,873
9							25,200	423,685				448,885
10	30,000						25,200	615,297			2,400	672,897
11							25,200	545,920				571,120
同治元年	50,000						25,200	1,066,493			4,250	1,145,943
2	152,500				93,741		25,200	1,286,635			8,062	1,566,138
3	80,000				60,000		25,200	1,521,700			4,000	1,690,900
4	40,000				110,786		13,977	1,853,569			30,089	2,018,421
5	110,990				280,806		10,148	1,768,870			3,850	2,275,127
6	270,000	150,000			462,579		42,498	768,844			25,130	1,919,859
7	346,980	280,593			360,000		72,682	737,004			115,073	1,938,266
8	321,980	100,000	50,000		650,000		61,901	794,784	2,103		54,638	2,035,406
9	418,300	151,183			620,000		64,206	906,820	106,681		59,640	2,326,830
10	463,300	50,000			750,000		48,593	695,386	100,463		67,530	2,074,809
11	463,300	188,501	75,000		760,000		67,638	802,593	200,808	3,241	65,980	2,426,253
12	518,300	429,200			670,000		71,601	690,794	25,934	50,000	55,285	2,485,180

续表

年次	解户部款	国家行政费	皇室用费	归还外债	协款	海防经费	水师军费	本省军费	本省行政费	归还商号垫款	其他开除	总计
同治13年	413,300	56,798		71,766	60,000		67,542	1,239,821	60,000		32,850	2,002,077
光绪元年	613,300	81,400			50,000	46,115	47,844	1,157,057	64,976		43,610	2,104,302
2①	54,330	55,000		176,000	40,000	258,406	32,983	469,386	117,895		20,850	2,279,400④
3	165,650	257,735		176,000	320,000	350,335	57,794	1,057,058	26,469		43,458	2,454,499
4	205,650	170,000	30,000	176,000	324,837	93,252	51,864	1,051,138	5,346	300,000	46,776	2,454,863
5	230,650	177,440		176,000	346,431	72,519	59,344	969,811	8,114	200,000	37,805	2,278,114
6	255,650	100,000		176,000	460,000	18,268	53,706	1,098,314	4,005		56,640	2,222,583
7	280,650	180,000		176,000	498,833		25,161	1,238,203	11,036		63,441	2,473,324
8	295,650	150,000		176,000	457,300		3,471	1,031,552	60,534		47,337	2,221,844
9	287,900	115,000		176,000	374,600		2,923	898,035	76,686		42,405	1,973,549
10	130,990	18,000		176,000	335,934		2,338	1,189,561	45,713		27,919	1,726,455*
11	550,980	66,000		243,875			2,338	1,079,536	72,527		37,877	2,053,133
12	403,320	30,000		224,375			2,338	1,309,183	40,649		29,278	2,189,143
13②	403,782	24,000			10,000	150,000	2,338	265,375	11,402		14,586	2,039,407④
14	541,650	18,000	100,000			148,256	2,338	987,596	25,480		32,863	1,889,671
15	471,250	16,000				181,744	2,338	1,061,629	14,501		26,010	1,756,002
16	532,500	19,000			20,989	147,494	19,118	951,339	15,614		31,450	1,724,686
17	506,250	10,000				133,306	20,488	1,191,220	27,426	85,245	29,015	1,928,674
18	526,250	1,500				60,400	19,118	1,206,767	13,849	261,933	30,474	2,085,428
19	541,650				6,000	24,167	20,488	1,115,192	11,993	385,190	29,810	2,089,835
20	241,980	3,000			4,000		2,338	1,035,268	11,879	251,248	11,819	1,587,760
21	388,980	3,000			10,000	26,233		1,447,490	28,772	120,549	21,170	2,019,961
22③				50,000	10,000			1,020,935	12,893	279,007	32,879	1,923,573⑤
23	409,320	12,151		50,000								1,827,185
24	373,980	10,612						885,454	18,301	236,355	28,741	1,603,443

609

续表

年次	解户部款	国家行政费	皇室用费	归还外债	协款	海防经费	水师军费	本省军费	本省行政费	归还商号垫款	其他开除	总计
光绪25年	311,980	3,000						880,166	12,484	393,148	25,015	1,730,793
26①	50,000	12,478		100,000	5,000			531,768	1,091	293,233	4,367	1,626,608④
27	350,330	3,570						838,863	11,920	295,000	22,740	1,522,423
28	302,675	3,758						770,598	16,302		513,093	1,606,426
29	101,320	32,232						330,127	15,126	200,000	447,934	1,688,397⑥
30												1,196,487
31												1,333,228
32												1,541,471
33												1,501,451

① 缺下半年开除数。
② 缺上半年开除数。
③ 缺全年开除数。
④ 本年缺半年总数,此系上下相邻二年总数相加之平均数。
⑤ 本年全年报告缺失,此系上下相邻二年总数相加之平均数。
⑥ 内有561,658两为二十九年下半年开除总额,惟无详细支出数。
* 原书如此,疑有误。——编者注

第八十表 福建省历年解户部款分析
咸丰 10 年—光绪 29 年
（单位以两计）

年　　次	京　　饷	东北边防经费	筹边军饷	加征俸饷	总　　计
咸丰 10 年	30,000				30,000
11					
同治元年	50,000				50,000
2	152,500				152,500
3	80,000				80,000
4	40,000⑤				40,000
5	110,990				110,990
6	270,000				270,000
7	346,980				346,980
8	321,980				321,980
9	418,300				418,300
10	463,300				463,300
11	463,300				463,300
12	518,300				518,300
13	413,300				413,300
光绪元年	613,300				613,300
2①	54,330				54,330
3	165,650				165,650
4	205,650				205,650
5	230,650				230,650
6	255,650				255,650
7	280,650				280,650
8	245,650	50,000			295,650
9	257,900	30,000			287,900
10	130,990				130,990
11	431,980	44,000	75,000⑥		550,980
12	288,320	40,000	75,000		403,320
13②	248,990	60,000	50,000	44,792	403,782
14	261,650	30,000	90,000	160,000	541,650
15	301,250	40,000	80,000	50,000	471,250
16	312,500	50,000	90,000	80,000	532,500
17	306,250	30,000	70,000	100,000	506,250

续表

年　次	京　饷	东北边防经费	筹边军饷	加征俸饷	总　计
光绪18年	306,250	30,000	80,000④	110,000	526,250
19	311,650	40,000	80,000	110,000	541,650
20	141,980	30,000	30,000	40,000	241,980
21	268,980	30,000	50,000	40,000	388,980
22③					
23	214,320	30,000	80,000	85,000	409,320
24	271,980	34,000	58,000	10,000	373,980
25	221,980	30,000	60,000		311,980
26④	40,000		10,000		50,000
27	210,330	20,000	70,000	50,000	350,330
28	212,675	20,000	70,000		302,675
29	81,320		20,000		101,320

① 缺下半年开除数。
② 缺上半年开除数。
③ 缺全年开除数。
④ 自本年起改称筹备需。
⑤ 内有30,000两为神机营练兵经费。
⑥ 此为近畿防饷。

第八十一表　福建省历年国家行政费分析
同治 6 年—光绪 29 年
（单位以两计）

年　次	船政衙门用费	其他支出 款额	其他支出 用途	总　计
同治6年		150,000	赈济银	150,000
7		280,593	购运天津军火	280,593
8	100,000			100,000
9	100,000	51,183	购运京仓米石银	151,183
10	50,000			50,000
11	120,000	68,501	购运津米不敷银	188,501
12	379,200	50,000	天津赈饷	429,200
13	56,798			56,798
光绪元年	81,400			81,400
2①	55,000			55,000
3	169,735	88,000	采买平粜米石脚价	257,735
4	130,000	20,000 20,000	豫省河工 山西赈款	170,000
5	117,873	39,567 20,000	山西赈款 豫省河工	177,440
6	100,000			100,000
7	130,000	50,000	伊犁偿款	180,000
8	80,000	70,000	伊犁偿款	150,000
9	65,000	30,000 20,000	伊犁偿款 天津米价	115,000
10	18,000			18,000
11	66,000			66,000
12	30,000			30,000
13②	24,000			24,000
14	18,000			18,000
15	16,000			16,000
16	19,000			19,000
17	10,000			10,000
18	1,500			1,500
19				
20		3,000	备荒经费	3,000
21		3,000	备荒经费	3,000

续表

年　次	船政衙门用费	其　他　支　出		总　　计
		款　额	用　途	
光绪22年③				
23	9,151	3,000	备荒经费	12,151
24	7,612	3,000	备荒经费	10,612
25		3,000	备荒经费	3,000
26①	12,478			12,478
27	570	3,000	备荒经费	3,570
28	3,758			3,758
29	952	31,280	美国赛会经费	32,232

① 缺下半年开除数。
② 缺上半年开除数。
③ 缺全年报告。

第八十二表　福建省历年协款分析
同治2年—光绪25年
（单位以两计）

年　次	抵闽海关拨浙饷	协甘军饷	协黔军饷	其他协饷	总　计
同治2年	93,741				93,741
3	60,000				60,000
4	80,786				80,786
5	80,806	200,000			280,806
6	22,579	440,000			462,579
7		290,000		70,000④	360,000
8		650,000			650,000
9		600,000	20,000		620,000
10		650,000	100,000		750,000
11		600,000	160,000		760,000
12		390,000	230,000	50,000⑤	670,000
13		50,000		10,000⑤	60,000
光绪元年		40,000	10,000		50,000
2①		40,000			40,000
3		320,000			320,000
4		314,837		10,000⑥	324,837
5		306,431		40,000⑥	346,431
6		430,000	30,000		460,000
7		110,995	10,000	377,838⑦	498,833
8				457,300	457,300
9				374,600	374,600
10				335,934	335,934
11					
12					
13②				10,000	10,000
14					
15					
16				20,989⑧	20,989
17					
18					
19				6,000⑨	6,000
20				4,000⑨	4,000

续表

年　次	抵闽海关拨浙饷	协甘军饷	协黔军饷	其他协饷	总　计
光绪 21 年				10,000⑧	10,000
22③					
23				10,000⑧	10,000
24					
25				5,000⑧	5,000

---

① 缺下半年开除数。
② 缺上半年开除数。
③ 缺全年开除数。
④ 安徽协饷。
⑤ 西征专饷。
⑥ 山西协饷。
⑦ 此数以下协济省份不明，统称为各省协饷。
⑧ 协济云南铜本兵饷。
⑨ 浙江红军船经费。

第八十三表　福建省历年水师军费分析
咸丰 9 年—光绪 20 年
（单位以两计）

年　次	上下游缉捕经费	巡洋各营弁兵口粮	军火工价	总　　计
咸丰 9 年	25,200			25,200
10	25,200			25,200
11	25,200			25,200
同治元年	25,200			25,260
2	25,200			25,200
3	25,200			25,200
4	10,545	3,432		13,977
5		10,148		10,148
6		8,107	34,391①*	42,498
7	35,700	19,917	17,065①*	72,682
8	35,700	20,727	5,474②**	61,901
9	35,705	28,506		64,206
10	25,700	7,419	5,474	48,593***
11	35,700	23,358	8,580	67,638
12	35,700	35,901		71,601
13	35,700	26,368	5,474	67,542
光绪元年	24,220	5,474	18,150	47,844
2①	6,335		26,648	32,983
3	22,094		35,700	57,794
4	10,761		41,103	51,864
5	6,743	4,754	47,847	59,344
6	18,006		35,700	53,706
7	3,315	4,019	17,827	25,161
8		3,471		3,471
9		2,323		2,923
10		2,338		2,338
11		2,338		2,338
12		2,338		2,338
13②		2,338		2,338
14		2,338		2,338
15		2,338	16,780	19,118
16		2,338	18,150	20,488
17		2,338	16,780	19,118
18		2,338	18,150	20,488
19				
20		2,338		2,338

① 缺下半年开除数。
② 缺上半年开除数。
③ 补拨船炮价银。
④ 此数以下为铜管火箭工价（原书如此——编者注）。
* 原书如此,疑为"③"。——编者注
** 原书如此,疑为"④"。——编者注
*** 原书如此,疑有误。——编者注

第八十四表　福建省历年本省军费分析
咸丰3年—光绪29年
（单位以两计）

年　次	军需案内动款	本省军饷	各营薪粮及修制军装师船	其他军用	总　计
咸丰3年	3,534				3,534
4	2,994				2,994
5	35,715				35,715
6	5,968				5,968
7	155,561				155,561
8	256,873				256,873
9	423,685				423,685
10	515,297	100,000			615,297
11	545,920				545,920
同治元年	1,066,493				1,066,493
2	1,178,300	108,335			1,286,635
3	1,311,468	210,232			1,521,700
4	115,319	100,000	1,638,250		1,853,569
5	52,790		1,716,080		1,768,870
6	4,860	75,556	688,428		768,844
7	3,030	294,766	439,208		737,004
8	800	358,283	435,701		794,784
9	80	520,469	365,675	20,596④	906,820
10		265,783	400,772	28,831⑤	695,386
11		476,758	321,635	4,200⑥	802,593
12		359,934	311,390	19,470⑤	690,794
13		380,429	859,392		1,239,821
光绪元年		406,334	730,943	19,780⑦	1,157,057
2①		221,446	247,940		469,386
3		389,174	667,884		1,057,058
4		410,825	640,313		1,051,138
5		400,000	569,811		969,811
6		400,000	677,921	20,393⑤	1,098,314
7		722,161	511,574	4,468⑤	1,238,203
8		1,031,552			1,031,552
9		898,035			898,035
10		1,189,561			1,189,561

续表

年　次	军需案内动款	本省军饷	各营薪粮及修制军装师船	其他军用	总　　计
光绪11年		1,079,536			1,079,536
12		1,309,183			1,309,183
13②		265,375			265,375
14		987,596			987,596
15		1,061,629			1,061,629
16		951,339			951,339
17		1,191,220			1,191,220
18		1,206,767			1,206,767
19		1,115,192			1,115,192
20		1,035,263			1,035,263
21		1,447,490			1,447,490
22③					
23		1,020,935			1,021,935 *
24		885,454			885,454
25		880,166			880,166
26①		531,768			531,768
27		838,863			838,863
28		740,598		30,000⑧	770,598
29		309,127		21,000⑧	330,127

① 缺下半年开除数。
② 缺上半年开除数。
③ 缺全年开除数。
④ 内50,000两为福州旗兵移浙用费,余为裁缺武弁俸廉银(原书如此,疑有误——编者注)。
⑤ 裁缺武弁俸廉银。
⑥ 福州旗兵移浙用费。
⑦ 有877两为福州旗兵移浙用费,余为裁缺武弁俸廉银。
⑧ 陆军武备学堂经费。
＊ 原书如此,疑有误。——编者注

第八十五表 福建省历年本省行政费分析
同治5年—光绪29年
（单位以两计）

年次	款额	用途	年次	款额	用途
同治5年	50,000	正谊书院发商生息银	光绪4年	1,346	通商局支给电线经费
	50,463	采买省仓谷石银		4,000	巡抚渡台办公费
	138,892	采买省仓谷石银		6,600	巡抚渡台办公费
6	13,600	正谊书院发商生息银	5	1,514	通商局支给电线经费
	48,316	修城濬河工程银		2,505	通商局支给电线经费
7	25,934	修造筒署仓库银	6	1,500	巡抚渡台办公费
8	2,103	修造筒署仓库银	7	8,050	通商局支给电线经费
9	106,681	采买省仓谷石银		2,986	巡抚渡台办公费
10				32,147	通商局支给电线经费
11	3,241	归还英商原抽厘金	8	6,700	巡抚赈抚银
12	50,000	解工程用银		1,687	本省工程处银
13	60,000	解工程用银		20,000	解工程处银
	60,010	解工程用银		856	通商局支给电线经费
光绪元年	4,976	通商局支给电线经费	光绪9年	3,000	本省赈抚银
2①	97,895	通商局支给电线经费		72,830	解工程处银
	20,000	解工程处银		4,961	本省赈抚银
3	25,000	解工程处银	10	3,000	巡抚渡台办公费
	1,469	通商局支给电线经费		37,752	通商局支给电线经费

续表

年次	款额	用途	年次	款额	用途
11	72,527	通商局支给电线经费	光绪21年	23,772	通商局支各项用款
12	40,649	通商局支给电线经费		5,000	后补道出洋经费
13[②]	11,402	通商局支给电线经费	22[③]		
14	25,480	通商局支给电线经费	23	12,893	通商局支各项用款
15	14,501	通商局支各项用款	24	18,301	通商局支各项用款
16	15,614	通商局支各项用款	25	12,484	洋务局经费
17	27,426	通商局支各项用款	26	1,091	洋务局经费
18	13,849	通商局支各项用款	27	11,920	洋务局经费
19	11,993	通商局支各项用款	28	16,302	洋务局经费
20	11,879	通商局支各项用款	29	15,126	洋务局经费

① 缺下半年开除数。
② 缺上半年开除数。
③ 缺全年报告。

第八十六表　福建省历年其他开除项分析
咸丰 10 年—光绪 29 年
（单位以两计）

年　次	解款汇费	存储备拨	年　次	解款汇费	存储备拨
咸丰 10 年	2,400		光绪 8 年	47,337	
11			9	42,405	
同治元年	4,250		10	27,919	
2	8,062		11	37,877	
3	4,000		12	29,278	
4	1,500	28,589	13②	14,586	
5	3,850		14	32,863	
6	25,130		15	26,010	
7	36,995	78,078	16	31,370	80
8	54,638		17	29,015	
9	59,640		18	30,474	
10	67,530		19	29,810	
11	65,980		20	11,819	
12	55,285		21	21,170	
13	32,850		22③		
光绪元年	43,610		23	29,303	3,576
2①	20,850		24	21,575	7,166
3	43,458		25	20,229	4,786
4	46,776		26①	1,980	2,387
5	37,805		27	17,504	5,236
6	56,640		28	15,900	497,198④
7	63,441		29	5,300	442,634⑤

① 缺下半年开除数。
② 缺上半年开除数。
③ 缺全年报告。
④ 内有 492,453 两系拨补上届不敷款。
⑤ 内有 440,633 两系拨补上届不敷款。

第八十七表 福建省历年年厘金开除各项之百分比 咸丰3年—光绪29年

年次	解户部款	国家行政费	归还外债	协款	海防经费	水师经费	本省军费	本省行政费	归还商号垫款	其他各项①	总计
咸丰3年							100.00				100
4							100.00				100
5							100.00				100
6							100.00				100
7							100.00				100
8							100.00				100
9						5.61	94.39				100
10	4.46					3.74	91.44			0.36	100
11						4.41	95.59				100
同治元年	4.36					2.20	93.07			0.37	100
2	9.74			5.99		1.61	82.15			0.51	100
3	4.73			3.55		1.49	89.99			0.24	100
4	0.50			4.06		0.70	93.22			1.51	100
5	4.88			12.34		0.45	77.74	4.42		0.17	100
6	14.06	7.81		24.09		2.21	40.05	10.46		1.31	100
7	17.90	14.48		18.57		3.75	38.02	1.34		5.94	100
8	15.82	4.91		31.93		3.04	39.06	0.10		5.14	100
9	17.98	6.50		26.65		2.76	38.07	4.58		2.56	100*
10	22.33	2.41		36.15		2.34	22.52			3.25	100
11	19.10	7.77		31.32		2.79	33.08	0.13		5.81	100

续表

年次	解户部款	国家行政费	归还外债	协款	海防经费	水师经费	本省军费	本省行政费	归还商号垫款	其他各项	总计
同治12年	20.86	17.27		26.96		2.88	27.80	2.01		2.22	100
13	20.64	2.84	3.58	3.00		3.37	61.93	3.00		1.64	100
光绪元年	29.15	3.87		2.38	2.19	2.27	54.98	3.09		2.07	②
2											100
3	6.75	10.51	7.17	13.04	14.27	2.35	43.06	1.08		1.77	100
4	8.38	6.93	7.17	13.23	3.80	2.11	42.81	0.22		3.13	100
5	10.12	7.78	7.73	15.21	3.18	2.61	42.57	0.36		1.66	100
6	11.50	4.50	7.92	20.70	0.82	2.42	49.41	0.18		2.55	100
7	11.35	7.28	7.12	20.16		1.02	50.05	0.45		2.57	100
8	13.31	6.75	7.92	20.58		0.16	46.43	2.72		2.13	100
9	14.58	5.82	8.92	18.98		0.15	45.50	3.89		2.15	100
10	6.80	0.93	9.14	17.44		0.12	61.75	2.37		1.45	100
11	26.84	3.21	11.88		6.85	0.11	52.58	2.53		1.84	100
12	18.42	1.37	10.25			0.11	59.80	1.86		1.34	100
13											②
14	28.66	0.95			9.62	0.12	52.26	1.35		7.03	100
15	26.84	0.91		1.22	8.40	1.09	60.45	0.83		1.48	100
16	30.88	1.10			7.73	1.19	55.15	0.91		1.82	100
17	26.25	0.52			3.13	0.99	61.76	1.42	4.42	1.50	100
18	25.23	0.07			1.16	0.98	57.87	0.66	12.56	1.46	109
19	25.92			0.29			53.36	0.57	18.43	1.43	100
20	15.24	0.19		0.25	1.65	0.15	65.20	0.75	15.82	0.74	100

续表

年次	解户部款	国家行政费	归还外债	协款	海防经费	水师经费	本省军费	本省行政费	归还商号垫款	其他各项	总计
光绪21年	19.26	0.15		0.50			71.65	1.42	5.97	1.05	100
22											③
23	22.40	0.66	2.74	0.55			55.87	0.71	15.27	1.80	100
24	23.32	0.66	3.12				55.22	1.14	14.74	1.79	100
25	18.03	0.17	5.78	0.29			50.85	0.72	22.71	1.45	100
26											③
27	23.01	0.24					55.10	0.78	19.38	1.49	100
28	18.84	0.23					47.97	1.01		31.94	100
29	6.00	1.92					19.55	0.90	11.85	26.53	66.75④

① 内包括皇室用费及其他开除一项。
② 本年报告不全,故缺。
③ 本年全年报告缺。
④ 本年下半年无开除细数。
* 原书如此,疑有误。——编者注

第八十八表 福建省历年厘金收支比较
咸丰3年—光绪33年
（单位以两计）

年次	收入总数	开除总数	本年实存或不敷	年次	收入总数	开除总数	本年实存或不敷
咸丰3年	8,714	3,534	5,180	同治11年	1,945,796	2,426,253	-480,457
4	14,098	2,994	11,104	12	2,199,983	2,485,180	-285,197
5	52,102	35,715	16,387	13	2,155,688	2,002,077	153,611
6	160,717	5,968	154,749	光绪元年 2②	2,105,452	2,104,302	1,150
7	240,092	155,561	84,531	3	2,449,898	2,454,499	-4,601
8	269,268	256,873	12,395	4	2,455,034	2,454,863	171
9	528,953	448,885	80,068	5	2,253,742	2,278,114	-24,372
10	797,269	672,897	124,372	6	2,222,053	2,222,583	-530
11	871,384	571,120	300,264	7	2,472,720	2,473,324	-604
同治元年	1,288,507	1,145,943	142,564	8	2,221,844	2,221,844	0
2	1,299,195	1,566,138	-266,943	9	1,973,189	1,973,549	360**
3	1,115,229	1,690,900	-575,671	10	1,926,455	1,926,455	0
4	2,024,401	2,018,421	5,981*	11	2,053,133	2,053,133	0
5	2,163,645	2,275,127	-111,482	12	2,189,143	2,189,143	0
6	1,907,034	1,919,859	-12,825	13①			
7	2,120,200	1,938,266	181,934	14	1,889,671	1,889,671	0
8	1,939,271	2,035,406	-96,135	15	1,756,993	1,756,002	991
9	1,858,891	2,326,830	-467,939	16	1,724,686	1,724,686	0
10	1,876,597	2,074,809	-198,212				

续表

年次	收入总数	开除总数	本年实存或不敷	年次	收入总数	开除总数	本年实存或不敷
光绪17年	1,928,674	1,928,674	0	光绪26年①	1,029,971	1,522,423	-492,452
18	2,080,428	2,085,428	5,000**	27	1,399,792	1,606,426	-206,634
19	2,089,835	2,089,835	0	28	782,943	1,688,397	-905,454
20	1,587,760	1,587,760	0	29	793,695	1,196,487	-402,792
21	2,019,961	2,019,961	0	30	915,826	1,333,228	-417,402
22②				31			
23	1,827,185	1,827,185	0	32	946,266	1,541,471	-595,205
24	1,603,443	1,603,443	0	33	790,907	1,501,451	-710,544
25	1,730,793	1,730,793	0				

① 本年只有半年收支数,故不列入。
② 本年全年报告缺。
* 原书如此,疑有误。——编者注
** 原书如此,疑为负值。——编者注

第八十九表 广东省历年厘金收入各项总数
咸丰11年—光绪34年
（单位以两计）

年　次	行　厘	坐　厘	补抽货厘	盐茶厘	土药厘	其他税收	总　计
咸丰11年	436,659						436,659
同治元年①	146,560						436,659⑧
2							
3							
4							
5							
6							
7							
8	648,981	104,913		141,365⑤			895,259
9	673,283	114,146	184,593	190,273			1,162,295
10②	303,152	50,772	89,504	47,292			1,092,836⑨
11	616,535	102,386	190,667	113,788			1,023,376
12	652,837	109,634	201,622	108,057			1,072,150
13	574,003	96,156	186,801	79,439			936,399
光绪元年	542,890	96,297	188,958	81,933			910,078
2	658,085	103,804	231,801	119,620			1,113,310
3	582,471	90,221	203,097	108,597			984,386
4	503,689	77,863	192,934	80,857			855,343
5	562,090	86,520	202,064	104,813			955,487

续表

年次	行厘	坐厘	补抽货厘	盐茶厘	土药厘	其他税收	总计
光绪6年	580,400	81,333	192,107	24,425			878,265
7	671,704	112,526	224,891				1,009,121
8	636,277	96,704	227,999				960,980
9	622,403	103,511	302,582				1,028,496
10	676,834	110,844	285,456				1,073,134
11	670,692	101,099	248,669				1,020,460
12	650,276	105,558	358,215				1,114,049
13	820,048	128,189	527,390				1,475,627
14	819,637	131,065	626,753				1,577,455
15	783,421	126,623	677,368				1,587,412
16	775,387	133,069	654,734	12,114⑥	2,077		1,577,381
17	710,320	114,719	558,945	25,387	3,329		1,412,700
18	722,674	126,056	737,157	25,879	7,278		1,619,044
19	627,297	108,439	692,335	33,002	8,783		1,469,856
20	616,090	111,380	735,809	24,913	21,441		1,509,633
21	680,483	122,760	1,042,871	26,772	32,795		1,905,681
22②	303,774	54,139	424,825	8,512	24,113	23,623	1,753,636⑨
23	593,040	102,303	785,435	20,685	44,729	55,398	1,601,590
24	554,282	97,418	807,111	16,774	45,223	56,709	1,577,517
25③	274,473	48,873	286,153	11,012	17,835	21,999	1,330,161⑨
26	331,978	66,264	487,074	8,758	44,324	144,407	1,082,805
27	567,341	103,031	650,374	16,922	58,170	151,638	1,547,476

续表

年次	行厘	坐厘	扑抽货厘	盐茶厘	土药厘	其他税收	总计
光绪28年	587,870	103,027	679,756	13,749	58,623	68,767	1,511,792
29	608,758	105,049	619,948	12,858	48,897	133,542	1,529,052
30	651,211	104,378	632,955	11,913	52,450	181,740	1,634,647
31	680,770	106,564	611,388	11,654	5,723	102,109	1,518,208
32	714,535	108,929	581,702	12,426		98,107	1,515,699
33③	413,092	48,318	311,574	3,502	33,183⑦	47,784	2,144,762⑨
34	1,676,598④					1,064,043	2,773,824

① 缺秋冬两季报告。
② 缺上半年收数。
③ 缺下半年收数。
④ 包括坐厘及扑抽货厘收数。
⑤ 以下盐厘收数。
⑥ 以下茶厘收数。
⑦ 收存土药统税银。
⑧ 本年只有半年收数,此系采用上年总数。
⑨ 本年缺半年收数,此系采用上下相邻二年总数相加之平均数。

第九十表　广东省历年厘金收入项下其他税收分析
光绪 22 年—34 年
（单位以两计）

年　次	加抽烟酒厘	商捐丝茶厘捐	加抽茶塘烟酒三成厘	总　计
光绪 22 年①	23,623			23,623
23	55,398			55,398
24	56,709			56,709
25②	21,999			21,999
26	43,457	100,950		144,407
27	71,610	80,028		151,638
28	68,767			68,767
29	75,984		57,558	133,542
30	63,610		26,130	181,740③
31	71,105		31,004	102,109
32	69,314		28,793	98,107
33②	34,366		13,418	47,784
34	61,092	234,673	25,611	1,064,043④

① 缺上半年收数。
② 缺下半年收数。
③ 此数内有 92,000 两为息借商款。
④ 此数内有 742,667 两为各项税收款,其详款列下：

节裁厂用	41,172 两	六分扣平	15,250 两
核减厂费	23,009 两	台炮一五经费补收二成花红	8,499 两
台炮经费	494,338 两	新增余款	12,846 两
火车货捐	187 两	支出津贴二分扣平	3,690 两
省河石厘	9,897 两	厘金经费平余	3,216 两
簰帮费	40,090 两	善后局还前借自来水股本	16,560 两
铁税	1,139 两	解还前借防营薪粮	72,774 两
		共　计	742,667 两

第九十一表 广东省历年厘金开除各项总数
咸丰 11 年—光绪 34 年
(单位以两计)

年次	解户部款	国家行政费	皇室用费	铁路经费	归还外债	协款	海防经费	本省军费	本省行政费	解藩库款	其他开除	总计
咸丰 11 年								436,659				436,659
同治元年①								146,560				146,560
2												
3												
4												
5												
6												
7												
8	101,283					362,491						896,013
9	50,783					1,051,021	436,952	78,383				1,617,139
10①	31,104					375,389	215,388	80,000				1,502,862④
11	103,681		51,840			817,452	367,452	100,000				1,388,585
12	103,681		51,840			355,922	372,609	170,000				1,054,052
13	104,129	50,000				211,381	420,693	100,000				938,043
光绪元年	103,681	16,380				140,000	453,945	100,000				909,006*
2	114,048		226,256			159,110	492,524	160,001				1,151,939
3	130,000		227,729			163,302	324,002	150,000			792	995,825
4	145,201		207,332			66,052	339,981	13,800			23,606	795,972
5	110,840					136,771	443,468	200,000			60,276	951,355
6	250,737		20,736			104,666	363,354	150,000			8,464	897,957
7	250,000	40,920				88,837	414,336	200,000			6,992	1,001,085
8	250,000	59,908				84,348	407,427	150,000			9,200	960,883
9	190,092	111,000				78,597	420,187	150,000			10,152	960,028
10	180,000	13,000				73,550	579,187	200,000			7,961	1,053,698
11	180,000	12,000				181,090	464,062	150,000			5,948	993,100

续表

年次	解户部款	国家行政费	皇室用费	铁路经费	归还外债	协款	海防经费	本省军费	本省行政费	解藩军款	其他开除	总计
光绪12年	188,835	11,519				10,000	687,265	150,000			7,800	1,055,419
13	102,292	42,662				77,200	1,054,178	200,000			1,522	1,477,854
14	164,980		100,000			66,000	1,089,159	150,000			5,897	1,576,036
15	294,079			40,000		86,672	1,054,132	150,000			6,909	1,591,792
16	245,353	13,000		40,000		82,048	985,561	200,000			13,772	1,579,734
17	344,656			40,000		91,217	761,568	150,000		3,002	10,346	1,400,789
18	294,182			40,000		100,400	968,741	200,000		5,463	11,935	1,620,721
19	293,649	12,000				91,200	861,281	150,000		8,710	15,681	1,472,521
20	292,793	57,607				91,200	829,703	150,000		29,315	13,166	1,505,784 *
21	295,810	33,607				91,200	1,194,895	240,001		34,967	15,464	1,905,944
22②	70,771	23,396		40,000	18,400	53,599	606,519	30,000	17,545	37,366	6,375	1,847,156 ④
23	294,227	21,414		40,000		72,800	840,031	150,000	23,884	110,465	17,148	1,588,369
24	294,868	44,701		40,000		91,200	779,752	200,000	21,730	77,573	11,416	1,561,240
25③	234,880	10,000		20,000		49,200	239,875	26,000	3,220	40,765	7,802	1,314,958 ④
26	196,448			18,400	18,400	37,057	471,599	80,001	19,775	215,591	11,405	1,068,676
27	311,830	38,855		41,325	252,136	29,458	464,708	220,001	7,728	170,992	15,037	1,547,070 *
28	309,975	33,855		40,515	364,131	107,573	394,718	120,001	7,728	97,165	1,672	1,477,332
29	288,716	34,892		40,000	385,160	120,915	216,771	240,001	20,139	252,032	10,210	1,608,836
30	421,415	33,855		40,000	388,670	144,002	220,102	240,001	7,728	98,372	1,672	1,595,817
31	330,773	33,855		40,000	308,320	94,915	274,907	200,000	7,728	170,778	12,040	1,473,316
32	329,923	34,892		40,000	409,973	94,915	151,629	240,001	8,372	94,480		1,364,184
33③	187,237	33,855			406,477	76,515	118,945	150,000	3,864	133,594		1,944,855 ④
34	449,412	125,856		40,000	1,223,895	94,915	171,959	200,000		215,068	8,422	2,529,527

① 缺秋冬两季报告。
② 缺上半年报告。
③ 缺下半年报告。
④ 本年缺半年报告,此系采用上下相邻二年总数相加之平均数。
* 原书如此,疑有误。——编者注

第九十二表 广东省历年解户部款分析
同治8年—光绪34年
（单位以两计）

年　次	京　饷	东北边防经费	筹边军饷	加复俸饷	加放俸饷	北洋练兵经费	总　计
同治8年	101,283						101,283
9	50,783						50,783
10①	31,104						31,104
11	103,681						103,681
12	103,681						103,681
13	104,129						104,129
光绪元年	103,681						103,681
2	114,048						114,048
3	130,000						130,000
4	145,201						145,201
5	110,840						110,840
6	170,737	80,000					250,737
7	170,000	80,000					250,000
8	170,000	80,000					250,000
9	100,000	90,092					190,092
10	100,000	80,000					180,000
11	100,000	80,000					180,000
12	105,542	76,981	6,312				188,835
13	102,292						102,292
14	100,000	42,253	7,127	15,600			164,980
15	100,000	80,000	6,278	107,801			294,079
16	100,000	80,000	7,553	57,800			245,353
17	100,000	80,000	6,855	157,801			344,656
18	100,000	80,000	6,382③	61,800	46,000		294,182
19	100,000	80,000	5,849	7,800	100,000		293,649
20	100,000	80,000	6,993	7,800	100,000		294,793
21	100,000	80,000	8,010	7,800	100,000		295,810
22①	20,000	20,000	2,971	7,800	20,000		70,771
23	100,000	80,000	6,426		107,801		294,227
24	100,000	80,000	7,067		107,801		294,868
25②	100,000	70,000	4,880		60,000		234,880
26	100,000	50,000	6,319		40,129		196,448

续表

年次	京饷	东北边防经费	筹边军饷	加复俸饷	加放俸饷	北洋练兵经费	总计
光绪27年	100,000	96,000	7,099	8,087	100,644		311,830
28	100,000	96,000	5,244	8,087	100,644		309,975
29	100,000	76,001	4,271	7,800	100,644		288,716
30	100,000	116,001	4,682	8,087	100,644	92,001	421,415
31	100,000	96,000	4,874	8,087	100,644	21,168	330,773
32	100,000	96,000	4,824	8,087	100,644	20,368	329,923
33②	40,000	36,000	2,524	8,087	80,386	20,240	187,237
34	102,760	96,000	3,920	8,087	100,644	138,001	449,412

① 缺上半年开除数。
② 缺下半年开除数。
③ 自此年起改称筹备饷需。

第九十三表　广东省历年国家行政费分析
同治 13 年—光绪 34 年
（单位以两计）

年　　次	备荒经费	内务府经费	其他开支	总　　计
同治 13 年			50,000③	50,000
光绪元年			61,380④	61,380
2				
3				
4				
5				
6				
7			40,920⑤	40,920
8			59,908⑥	59,908
9	7,999		103,001⑦	111,000
10	13,000			13,000
11	12,000			12,000
12	11,519			11,519
13			42,662⑧	42,662
14				
15				
16	13,000			13,000
17				
18				
19	12,000			12,000
20	37,000	20,607		57,607
21	13,000	20,607		33,607
22①	12,000	11,396		23,396
23		21,414		21,414
24	24,040	20,661		44,701
25②		10,000		10,000
26				
27	12,441	21,414		33,855
28	12,441	21,414		33,855
29	13,478	21,414		34,892
30	12,441	21,414		33,855
31	12,441	21,414		33,855

续表

年　次	备荒经费	内务府经费	其他开支	总　计
光绪 32 年	13,478	21,414		34,892
33	12,441	21,414		33,855
34	12,441	21,414	92,001⑨	125,856

---

① 缺上半年开除数。
② 缺下半年开除数。
③ 奉天赈济。
④ 奉天赈济 1,380 两,山东河工 60,000 两。
⑤ 伊犁偿款。
⑥ 伊犁偿款 39,908 两,伊犁善后经费 20,000 两。
⑦ 山东河工 30,000 两,伊犁善后经费 73,001 两。
⑧ 山东河工。
⑨ 新案赔款。

第九十四表　广东省历年协款分析
同治 8 年—光绪 34 年
（单位以两计）

年　　次	协济陕甘军饷	贵州协饷	广西协饷	各省协饷	塔尔巴哈台练饷	总　　计
同治 8 年	362,491					362,491
9	594,069		436,952	20,000		1,051,021
10①	160,000		215,389			375,389
11	450,000		367,452			817,452
12	310,002		10,000	35,920		355,922
13	140,001			71,380		211,381
光绪元年	140,000					140,000
2	109,110			50,000		159,110
3	113,302			50,000		163,302
4	15,052			51,000		66,052
5	113,926			22,845		136,771
6	30,465			59,201	15,000	104,666
7	7,788	50,000			31,049	88,837
8	4,348			50,000	30,000	84,348
9	7,634			40,963	30,000	78,597
10	6,550			37,000	30,000	73,550
11	2,089			149,001	30,000	181,090
12				10,000		10,000
13				77,200		77,200
14		20,000	46,000			66,000
15		36,000	50,672			86,672
16		36,000	46,048			82,048
17		36,000	55,217			91,217
18		36,000	64,400			100,400
19		36,000	55,200			91,200
20		36,000	55,200			91,200
21		36,000	55,200			91,200
22①		25,999	27,600			53,599
23		36,000	36,800			72,800
24		36,000	55,200			91,200
25②		20,000	29,200			49,200
26		25,999	11,058			37,057

续表

年　次	协济陕甘军饷	贵州协饷	广西协饷	各省协饷	塔尔巴哈台练饷	总　计
光绪 27 年			29,458			29,458
28		10,000	97,573			107,573
29		62,000	58,915			120,915
30		72,001	72,001			144,002
31		36,000	58,915			94,915
32		36,000	58,915			94,915
33②		36,000	40,515			76,515
34		36,000	58,915			94,915

① 缺上半年开除数。
② 缺下半年开除数。

第九十五表　广东省历年解藩库款分析
光绪 17 年—34 年
（单位以两计）

年　次	解藩库土药厘银	解藩库加抽烟酒厘银	解加抽茶糖烟酒三成厘银	其他解款	总　计
光绪 17 年	3,002				3,002
18	5,463				5,463
19	8,710				8,710
20	10,547			18,768③	29,315
21	34,967				34,967
22①	16,376	20,990			37,366
23	52,435	58,030			110,465
24	36,173	41,400			77,573
25②	25,456	15,309			40,765
26	43,399	31,619		140,573④	215,591
27	9,218	65,835		95,939④	170,992
28	47,966	49,199			97,165
29	149,725	50,400	51,907		252,032
30	46,800	34,279	17,293		98,372
31	63,181	68,522	39,075		170,778
32		73,312	21,168		94,480
33②		68,693	28,101	36,800⑤	133,594
34		59,271	24,638	131,159⑥	215,068

① 缺上半年解款。
② 缺下半年解款。
③ 台炮经费。
④ 商捐土丝土茶厘。
⑤ 潮汕厘金。
⑥ 核减厂费铁税,潮汕厘金等款。

第九十六表 广东省历年厘金开除各项之百分比
咸丰11年—光绪34年

年次	解户部款	国家行政费	铁路经费	归还外债	协款	海防经费	本省军费	解潘库款	其他各项①	总计
咸丰元年							100.00			100
同治元年										100⑤
2										100
3										100
4										100
5										100
6										100
7										100
8	11.30				40.46		48.24			100
9	3.14				64.99	27.92	4.85			100*
10										100⑤
11	7.47				58.87	26.46	7.20			100*
12	9.84				33.77	35.34	16.13		4.92②	100
13	11.10	5.33			22.53	44.85	10.66		5.53③	100
光绪元年	11.41	6.75			15.40	49.94	16.50			100
2	9.90				13.81	42.76	13.89		19.64②	100
3	13.05				16.40	32.54	15.06		22.95③	100
4	18.24				8.30	42.71	1.73		29.01③**	100
5	11.65				14.38	46.61	21.02		6.34	100
6	27.92				11.66	40.46	16.70		3.25	100
7	24.97	4.09			8.87	41.39	19.98		0.70	100

续表

年次	解户部款	国家行政费	铁路经费	归还外债	协款	海防经费	本省军费	解潘军款	其他各项①	总计
光绪8年	26.02	6.23			8.78	42.40	15.61		0.96	100
9	19.80	11.56			8.19	43.77	15.62		1.06	100
10	17.08	1.23			6.98	54.97	18.98		0.76	100
11	18.13	1.21			18.23	46.73	15.10		0.60	100
12	17.89	1.09			0.95	65.12	14.21		0.74	100
13	6.92	2.89			5.22	71.33	13.53		0.10	100
14	10.47				4.19	69.10	9.52		6.72	100
15	18.47				5.44	66.22	9.43		0.44	100
16	15.53	0.82	2.53		5.19	62.39	12.66		0.87	100
17	24.60		2.86		6.51	54.37	10.71	0.21	0.74	100
18	18.15		2.47		6.19	59.77	12.34	0.34	0.74	100
19	19.94	0.81	2.72		6.19	58.49	10.19	0.59	1.06	100
20	19.58	3.83	2.66		6.06	55.10	9.95	1.95	0.87	100
21	15.52	1.76			4.79	62.69	12.59	1.83	0.81	100
22										⑤
23	18.52	1.35	2.52	1.16	4.58	52.89	9.44	6.95	2.58	100
24	18.89	2.86	2.56		5.84	49.94	12.81	4.97	2.12	100
25										⑤
26	18.38		1.72	1.72	3.47	44.13	7.49	20.17	2.92	100
27	20.16	2.19	2.67	16.30	1.90	30.04	14.22	11.05	1.47	100
28	20.98	2.29	2.74	24.65	7.28	26.72	8.12	6.58	0.64	100
29	17.95	2.17	2.49	23.94	7.52	13.46	14.91	15.67	1.89	100

续表

年次	解户部款	国家行政费	铁路经费	归还外债	协款	海防经费	本省军费	解藩库款	其他各项①	总计
光绪30年	26.41	2.12	2.51	24.36	9.02	13.79	15.04	6.16	0.59	100
31	22.45	2.30	2.71	20.93	6.44	18.66	13.57	11.59	1.34	100
32	24.18	2.56	2.93	30.05	6.96	11.12	14.66	6.93	0.61	100
33										⑤
34	17.77	4.97	1.58	48.39	3.75	6.80	7.91	8.50	0.33	100*

① 内包括皇室用费其他开除二项。
② 皇室用费。
③ 皇室用费占22.87%。
④ 皇室用费占26.05%（原书如此——编者注）。
⑤ 本年报告不全,故缺。
* 原书如此,疑有误。——编者注
** 原书如此,似应为"④"。——编者注

第九十七表 广东省历年厘金收支比较
咸丰11年—光绪34年
（单位以两计）

年　次	收入总数	开除总数	本年实存或不敷	年　次	收入总数	开除总数	本年实存或不敷
咸丰11年	436,659	436,659	0	光绪6年	878,265	897,957	-19,692
同治元年①				7	1,009,121	1,001,085	8,036
2				8	960,980	960,883	97
3				9	1,028,496	960,028	68,468
4				10	1,073,134	1,053,698	19,436
5				11	1,020,460	993,100	27,360
6				12	1,114,049	1,055,419	58,630
7			-754	13	1,475,627	1,477,854	-2,227
8	895,259	896,013		14	1,577,455	1,576,036	1,419
9	1,162,295	1,617,139	-454,844	15	1,587,412	1,591,792	-4,380
10①				16	1,577,381	1,579,734	-2,353
11	1,023,376	1,388,585	-365,209	17	1,412,700	1,400,789	11,911
12	1,072,150	1,054,052	18,098	18	1,619,044	1,620,721	-1,677
13	936,399	938,043	-1,644	19	1,469,856	1,472,521	-2,665
光绪元年	910,078	909,006	1,072	20	1,509,633	1,505,784	3,849
2	1,113,310	1,151,939	-38,629	21	1,905,681	1,905,944	-263
3	984,386	995,825	-11,439	22①			
4	855,343	795,972	59,371	23	1,601,590	1,588,369	13,221
5	955,487	951,355	4,132	24	1,577,517	1,561,240	16,277

续表

年 次	收入总数	开除总数	本年实存或不敷
光绪25年①	1,082,805	1,068,676	14,129
26	1,547,476	1,547,070	406
27	1,511,792	1,477,332	34,460
28	1,529,052	1,608,836	−79,784
29			

年 次	收入总数	开除总数	本年实存或不敷
光绪30年	1,634,647	1,595,817	38,830
31	1,518,118	1,473,316	44,802
32	1,515,699	1,364,184	151,515
33①			
34	2,773,824	2,529,527	244,297

① 本年只有半年收支数,故不列入。

第九十八表 广西省历年厘金收入各项总数
同治2年—光绪34年
（单位以两计）

年次	各卡正税	随收公费	总计	年次	各卡正税	随收公费	总计
同治2年	482,307	38,585	520,892	光绪8年	533,864	42,709	576,573
3			647,977②	9	597,611	47,809	645,420
4	717,650	57,412	775,062	10			691,499②
5	563,069	45,045	608,114	11	682,942	54,635	737,577
6	568,746	45,500	614,246	12			677,395②
7	720,795	57,663	778,458	13	571,493	45,720	617,213
8	625,975	50,078	676,053	14	565,753	45,261	611,014
9	649,044	51,923	700,967	15			573,613②
10			700,954②	16	681,678	54,534	736,212
11	649,020	51,921	700,941	17			627,756②
12			680,393②	18			627,756②
13			680,393②	19			519,478③
光绪元年			680,393②	20	507,237	40,579	547,816
2			680,393②	21	475,037	38,003	513,040
3			680,393②	22	506,686	40,535	547,221
4			680,393②	23			539,739②
5	610,968	48,877	659,845	24			539,739②
6			707,393②	25	492,263	39,994	532,257
7	699,040	55,901	754,941	26	509,554	40,581	550,687*

续表

年 次	各卡正税	随收公费	总 计	年 次	各卡正税	随收公费	总 计
光绪27年	639,644	51,198	690,842	光绪31年	677,952①		677,952
28			563,900②	32	561,745	44,454	606,199
29	436,958①		436,958	33	898,379①		898,379
30	699,120①		699,120	34	968,152①		968,152

---

① 此数根据《广西省财政说明书》,随收厘局公费不在内,原收入为洋银数,兹根据广东洋银108.695两易库平100两之兑换率折成此数。
② 本年报告缺,此系采用上下相邻二年总数相加之平均数。
③ 此数根据《光绪会计录》。
* 原书如此,疑有误。——编者注

第九十九表 广西省历年厘金开除各项总数
同治 2 年—光绪 34 年
（单位以两计）

年次	各项开除	厘局经费	总计	年次	各项开除	厘局经费	总计
同治 2 年	482,308	38,585	520,893	光绪 8 年	533,864	42,709	576,573
3			647,977②	9	597,611	47,809	645,420
4	717,651	57,411	775,062	10			691,499②
5	563,070	45,044	608,114	11	682,942	54,635	737,577
6	568,746	45,500	614,246	12			677,395②
7	720,795	57,663	778,458	13	571,493	45,720	617,213
8	625,975	50,078	676,053	14	565,753	45,261	611,014
9	649,044	51,923	700,967	15			673,613②
10			700,954②	16	681,678	54,534	736,212
11	649,020	51,921	700,941	17			627,756②
12			680,393②	18			627,756②
13			680,393②	19			519,299③
光绪元年			680,393②	20	507,237	40,579	547,816
2			680,393②	21	475,037	38,003	513,040
3			680,393②	22	506,686	40,535	547,221
4			680,393②	23			539,739②
5	610,968	48,877	695,845*	24			539,739②
6			707,393②	25	492,263	39,994	532,257
7	699,040	55,901	754,941	26	509,554	41,133	550,687

续表

年 次	各项开除	厘局经费	总 计	年 次	各项开除	厘局经费	总 计
光绪27年	639,644	51,198	690,842	光绪31年	677,952①		677,952
28			563,900②	32	544,701	44,454	606,199④
29	436,958①		436,958	33	898,379①		898,377
30	699,120①		699,120	34	968,152①		968,152

① 此数根据《广西省财政说明书》,厘局经费之开支在外,原数为洋银数,根据广东洋银108,695两易库平100两之兑换率折成此数。
② 本年报告缺,此系采用上下相邻二年总数相加之平均数。
③ 此数根据《光绪会计录》。
④ 内有11,960两为备荒经费,5,084两为提解烟酒加征税银。
* 原书如此,疑有误。——编者注

649

第一〇〇表　山东省历年厘金收入各项总数
咸丰 10 年—光绪 34 年
（单位以两计）

年　　次	百货厘金	盐　　厘	洋药税厘	其他税收	总　　计
咸丰 10 年	21,333		18,837		40,170
11	16,527		17,304		33,831
同治元年	32,257	5,781	19,245		57,283
2	44,216	14,361	9,389		67,966
3	50,549	84,153	10,648		145,350
4	54,668	60,407	12,689		127,764
5	67,186	78,773	12,691		158,650
6	44,176	48,685	11,066		103,927
7	46,939	38,368	11,808		97,115
8	43,920	34,164	12,074		90,158
9	37,153	20,694	14,129		71,976
10	40,306	19,188	14,171		73,665
11	43,655	21,809	6,807		72,271
12	45,558	19,884	6,300		71,742
13	38,231	18,535	5,754		62,520
光绪元年					57,719④
2					57,719④
3					57,719④
4					57,719④
5					57,719④
6					57,719④
7					57,719④
8	27,329	20,457	5,132		52,918
9	31,227	24,839	5,508		61,574
10	29,308	23,338	4,062		56,708
11	26,862	18,087	5,528		50,477
12	29,969	23,940	5,595		59,504
13	30,844	18,830	5,319		54,993
14	20,489	19,240	4,804		44,533
15					58,148④
16	43,323	21,562	5,301	1,577	71,763
17	31,798	19,364	2,902	1,439	55,503
18	42,003	22,061	288②	1,589	65,941

续表

年　　次	百货厘金	盐　　厘	洋药税厘	其他税收	总　　计
光绪 19 年	38,319	20,402	288	2,196	61,205
20	46,896	18,910	288	2,522	68,616
21	44,710	20,648	288	4,654	70,300
22	80,713	22,191	288	4,320	107,512
23	85,918	33,340	288	4,884	124,430
24	83,943	28,326	288	5,689	118,246
25	71,215	21,746	288	6,743	99,992
26	49,317	22,571	288	8,381	80,557
27	65,509	22,297	288	6,640	94,734
28	92,962	31,937	288	13,921	139,108
29	148,453	37,301	288	9,023	195,065
30					169,056④
31					169,056④
32					169,056④
33					169,056④
34	116,663①	26,379①		5③	143,047

① 此数根据《山东省财政说明书》。
② 此年以下尽为洋药铺捐。
③ 此系邮包厘金,亦根据《财政说明书》。
④ 本年报告缺,此系采用上下相邻二年总数相加之平均数。

第一〇一表　山东省历年厘金收入项下其他税收分析
光绪 16 年—29 年
（单位以两计）

年　　次	茶　　厘	抽加茶厘	抽加糖厘	其他收入	总　　计
光绪 16 年	1,577				1,577
17	1,439				1,439
18	1,589				1,589
19	2,196				2,196
20	2,522				2,522
21	3,477	695①	482①		4,654
22	2,809	562	949		4,320
23	3,221	644	1,019		4,884
24	3,836	767	1,086		5,689
25	4,583	920	1,132	108③	6,743
26	1,972	395	639	5,375④	8,381
27	4,593	1,079②	968②		6,640
28	6,846	3,423	3,652		13,921
29	4,131	2,066	2,826		9,023

---

① 此数以下为二成加厘收数。
② 此数为以下七成加厘收数。
③ 收回善后局缴还练军马队津贴。
④ 收回善后局前借百货厘金银。

第一〇二表 山东省历年厘金开除各项总数
咸丰 10 年—光绪 29 年
（单位以两计）

年　　次	解户部款	本省军费	本省行政费	总　　计
咸丰 10 年	12,000	933	3,970	16,903
11	13,492	11,462	7,680	32,637
同治元年		37,625	6,627	44,252
2	15,000	56,169		71,169
3	27,000	62,348	21,784	111,132
4	39,000	61,780		100,780
5	44,000	50,214	50,157	144,371
6	55,000	15,430	16,007	86,437
7	65,000	73,941	2,389	141,330
8	60,000			60,000
9	65,000	38,259		103,259
10	60,000	32,664		92,664
11	62,671	51,718		114,389
12	30,000	16,332		46,332
13	40,000	32,664		72,664
光绪元年				66,332①
2				66,332①
3				66,332①
4				66,332①
5				66,332①
6				66,332①
7				66,332①
8	60,000			60,000
9	70,000			70,000
10	60,000			60,000
11	40,000			40,000
12	35,000		25,000	70,000 *
13	50,000			50,000
14	50,000			50,000
15				57,077①
16	20,000		44,154	64,154
17	62,846			62,846

续表

年　　次	解户部款	本省军费	本省行政费	总　　计
光绪18年	65,000			65,000
19	60,000			60,000
20				70,000②
21				70,000②
22				95,851③
23				78,309④
24				166,465⑤
25				86,730⑥
26				74,400③
27				78,861⑦
28			12,000	122,400⑧
29				115,400⑨

---

① 本年报告缺,此系采用上下相邻二年总数之平均数。
② 固本京饷及本省海防经费。
③ 固本京饷,偿还俄法借款,及海防经费。
④ 固本京饷及练军马队津贴。
⑤ 固本京饷,练军马队津贴,洋务局经费,偿还俄法两国借款,福州船厂经费等。
⑥ 内有80,526两为固本京饷,余为本省练军马队津贴,武术右军移扎经费,及洋务局经费。
⑦ 谒陵差务经费,及偿还俄法英德借款,并洋务局经费。
⑧ 内有110,400两为固本京饷,余为偿还俄法英德借款及洋务局经费。
⑨ 固本京饷,偿还俄法英德借款及洋务局经费。
* 原书如此,疑有误。——编者注

第一〇三表 山东省历年本省军费分析
咸丰 10 年—同治 13 年

年 次	款 额	用 途
咸丰 10 年	933	赴直会剿兵饷
11	352	东昌行营军饷
	2,910	制造军装器械
	170	青州驻防军饷
	4,000	行营及支应局军饷
	4,030	借支军饷
同治元年	37,625	本省兵饷
2	56,169	本省兵饷
3	40,348	本省兵饷
	20,000	济宁粮台军饷
	2,000	陈郭二镇协饷
4	10,000	曾国藩军饷
	9,000	淮军采办草料
	42,780	本省军饷
5	50,214	本省兵饷
6	15,430	本省兵饷
7	71,132	本省兵饷
	2,809	潘鼎新军饷
8		
9	38,259	本省兵饷
10	32,664	本省兵饷
11	51,718	本省兵饷
12	16,332	马队津贴
13	32,664	马队津贴

第一○四表　山东省历年厘金开除各项之百分比
咸丰10年—光绪19年

年　　次	解户部款	本省军费	本省行政费	总　　计
咸丰10年	70.99		29.01	100
11	43.73	37.16	19.11	100
同治元年		84.73	15.27	100
2	21.08	78.92		100
3	24.20	54.09	21.71	100
4	38.70	42.45	18.85	100
5	30.27	34.54	35.19	100
6	63.39	17.79	18.81	100
7	45.98	50.31	3.71	100
8	100.00			100
9	62.95	37.05		100
10	64.75	35.25		100
11	54.79	45.21		100
12	64.75	35.25		100
13	55.05	44.95		100
光绪元年①				
2①				
3①				
4①				
5①				
6①				
7①				
8	100.00			100
9	100.00			100
10	100.00			100
11	100.00			100
12	50.00		50.00	100
13	100.00			100
14	100.00			100
15				①
16	31.17		68.83	100
17	100.00			100
18	100.00			100
19	100.00			100

① 本年报告缺。

第一○五表　山东省历年厘金收支比较
咸丰10年—光绪29年
（单位以两计）

年　次	收入总数	开除总数	本年实存或不敷	年　次	收入总数	开除总数	本年实存或不敷
咸丰10年	40,170	16,903	23,267	光绪8年	52,918	60,000	-7,082
11	33,831	32,637	1,194	9	61,574	70,000	-8,426
同治元年	57,283	44,252	13,031	10	56,708	60,000	-3,292
2	67,966	71,169	-3,203	11	50,477	40,000	10,477
3	145,350	111,132	34,218	12	59,504	70,000	-10,496
4	127,764	100,780	26,984	13	54,993	50,000	4,993
5	158,650	144,371	14,279	14	44,533	50,000	-5,467
6	103,927	86,437	17,490	15①			
7	97,115	141,330	-44,215	16	71,763	64,154	7,609
8	90,158	60,000	30,158	17	55,503	62,846	-7,343
9	71,976	103,259	-31,283	18	65,941	65,000	941
10	73,665	92,664	-18,999	19	61,205	60,000	1,205
11	72,271	114,389	-42,118	20	68,616	70,000	-1,384
12	71,742	46,332	25,410	21	70,300	70,000	300
13	62,520	72,664	-10,144	22	107,512	95,851	11,661
光绪元年①				23	124,430	78,309	46,121
2①				24	118,246	166,465	-48,219
3①				25	99,992	86,730	13,362*
4①				26	80,557	74,400	6,157
5①				27	94,734	78,861	15,873
6①				28	139,108	122,400	16,708
7①				29	195,065	115,400	79,665

① 本年报告缺。
* 原书如此，疑有误。——编者注

第一○六表　河南省历年厘金收入各项总数
咸丰8年—光绪34年
（单位以两计）

年　　次	百货厘金	洋药厘金	茶　　厘	其他税收	总　　计
咸丰8年	60,400③				60,400
9	121,149				121,149
10	91,743				91,743
11	51,567				51,567
同治元年	48,805				48,805
2	34,939				34,939
3	55,673				55,673
4	57,388				57,388
5	46,888				46,888
6	50,832				50,832
7	70,646				70,646
8	76,623				76,623
9	89,716				89,716
10	87,248				87,248
11	79,662				79,662
12	87,520				87,520
13	75,936				75,936
光绪元年	80,358				80,358
2	67,604				67,604
3	63,775				63,775
4	78,462				78,462
5	90,118				90,118
6	90,340				90,340
7	98,585				98,585
8	97,458				97,458
9	91,161				91,161
10	86,224				86,224
11	85,662				85,662
12	88,510				88,510
13	70,903				70,903
14	61,491				61,491
15	65,228				65,228
16	64,971④	3,977	1,301		70,249

续表

年　次	百货厘金	洋药厘金	茶　厘	其他税收	总　计
光绪17年	64,030	4,164	2,166		70,360
18	64,265	4,180	1,988		70,433
19①	27,259	1,977	1,039		74,152⑥
20	58,901	3,754	1,951		64,606
21	65,409	4,756	2,357		72,522
22	71,068	5,869	2,883	20,300	100,120
23	85,697	6,480	2,664	10,000	104,841
24	76,928	4,287	2,559	10,050	93,804
25	74,270	3,661	2,122	10,082	90,135
26	66,922	1,644	1,615	10,114	80,295
27	64,411	1,722	1,435⑤	14,239	81,807
28	64,465	1,862	1,584	10,023	77,934
29	73,897	2,105	1,904	38,523	116,429
30	111,881	2,752	2,863	74,352	191,848
31	113,204	3,969	2,910	76,117	196,200
32	115,595	2,287	3,036	85,006	205,924
33	114,527		2,886	102,846	220,259
34②	48,661		1,606	51,252	220,259⑦

① 缺上半年收数。
② 缺下半年收数。
③ 以下各年附有洋药厘金收入。
④ 此年以后无洋药厘金收入。
⑤ 此年起附加抽二成茶厘收入。
⑥ 本年只有半年收数,此数根据光绪会计录。
⑦ 本年缺半年报告,此系采用上年之全年总数。

第一〇七表　河南省历年厘金收入项下其他税收分析
光绪 22 年—34 年
（单位以两计）

年　　次	煤　　厘	烟厘烟价	糖　　厘	火车货捐	丝捐	总　　计
光绪 22 年	20,300①					20,300
23	10,000②					10,000
24	10,050②					10,050
25	10,082②					10,082
26	10,114②					10,114
27	5,507③	5,557	1,793		1,382	14,239
28	④	6,602	2,102		1,319	10,023
29	12,993②	7,801	2,499	13,323⑤	1,907	38,523
30	13,494③*	13,244	4,174	39,857	3,583	74,352
31	10,179②*	12,761	5,383	44,602	3,192	76,117
32	④	10,211	5,175	66,605⑥	3,015	85,006
33	10,118②	8,589	4,547	76,541	3,051	102,846
34	④	3,597	2,283	43,829	1,543	51,252

① 自二十一年五月至本年六月底之收数。
② 缺上半年收数。
③ 缺下半年收数。
④ 缺全年收数。
⑤ 以下鄂豫火车货捐。
⑥ 附直豫火车货捐。
* 原书不清，此数为疑似数。——编者注

第一〇八表 河南省历年厘金开除各项总数

咸丰8年—光绪34年

（单位以两计）

年 次	国家行政费	解潘库款	总 计	年 次	国家行政费	解潘库款	总 计
咸丰8年		57,451	57,451	光绪3年		62,500	62,500
9		113,457	113,457	4		70,992⑨	70,992
10		99,298	99,298	5		100,000	100,000
11		40,665	40,665	6	40,000③	47,278	87,278
同治元年		43,199	43,199	7	60,000④	42,000	102,000
2		36,524	36,524	8	20,000⑤	70,300	90,300
3		33,390	33,390	9	10,000⑥	86,916	96,916
4		50,794	50,794	10		86,400	86,400
5		48,319	48,319	11		86,555	86,555
6		46,385	46,385	12		89,126	89,126
7		50,000	50,000	13		70,903	70,903
8			69,935⑩	14		61,491	61,491
9		41,366	41,366	15		65,228	65,228
10		11,000	11,000	16		70,249	70,249
11		110,969	110,969	17		70,360	70,360
12		119,033	119,033	18		70,433	70,433
13		105,000	105,000	19①		30,275	67,519⑪
光绪元年		87,084	87,084	20		64,606	64,606
2		70,000	70,000	21		72,522	72,522

续表

年次	国家行政费	解潘库款	总计	年次	国家行政费	解潘库款	总计
光绪22年		79,820	79,820⑫	光绪29年	13,169	103,436	116,605
23	6,000⑦	94,841	100,841	30	12,156	178,354	190,510
24	10,130⑧	83,755	93,885	31	10,130	186,019	196,149
25	10,130	80,053	90,183	32		205,924	205,924
26	10,130	70,182	80,312	33		210,141	220,271
27	5,065	76,300	81,365	34②	10,130	101,519	220,271⑬
28		77,934	77,934				

① 缺上半年报告。
② 缺下半年报告。
③ 解还天津米价运脚银。
④ 解还天津米价运脚银40,000两,伊犁偿款25,000两。
⑤ 伊犁偿款。
⑥ 顺直赈款。
⑦ 偿还英德借款。
⑧ 此数以下俱系偿付英德借款及其汇费(百位以下之数俱为汇费)。
⑨ 内有307两为赈抚局银。
⑩ 支给粮台。
⑪ 本年缺半年报告,此系采用上下相邻二年总数相加之平均数。
⑫ 此年尚有由煤厘项下拨付英德借款一万余两未列入。
⑬ 本年缺半年报告,此系采用上年之全年支出数。

第一〇九表 河南省历年厘金收支比较
咸丰8年—光绪34年
（单位以两计）

年　次	收入总数	开除总数	本年实存或不敷	年　次	收入总数	开除总数	本年实存或不敷
咸丰8年	60,400	57,451	2,949	光绪3年	63,775	62,500	1,275
9	121,149	113,457	7,692	4	78,402	70,992	7,470
10	91,743	99,298	-7,555	5	90,118	100,000	-9,882
11	51,567	40,665	10,902	6	90,340	87,278	3,062
同治元年	48,805	43,199	5,606	7	98,585	102,000	-3,415
2	34,939	36,524	-1,585	8	97,458	90,300	7,158
3	55,673	33,390	22,283	9	91,161	96,916	-5,755
4	57,388	50,794	6,594	10	86,224	86,400	-176
5	46,888	48,319	-1,431	11	85,662	86,555	-893
6	50,832	46,385	4,447	12	88,510	89,126	-616
7	70,646	50,000	20,646	13	70,903	70,903	0
8	76,623	69,935	6,688	14	61,491	61,491	0
9	89,716	41,366	48,350	15	65,228	65,228	0
10	87,248	11,000	76,248	16	70,249	70,249	0
11	79,662	110,969	-31,307	17	70,360	70,360	0
12	87,520	119,033	-31,513	18	70,433	70,433	0
13	75,936	105,000	-29,064	19①			
光绪元年	80,358	87,084	-6,726	20	64,606	64,606	0
2	67,604	70,000	-2,396	21	72,522	72,522	0

续表

年次	收入总数	开除总数	本年实存或不敷②	年次	收入总数	开除总数	本年实存或不敷*
光绪22年	100,120	79,820	20,300②	光绪29年	116,429	116,605	176*
23	104,841	100,841	4,000	30	191,848	190,510	1,338
24	93,804	93,885	−81	31	196,199	196,149	50
25	90,135	90,183	−48	32	205,924	205,924	0
26	80,295	80,312	−17	33	220,250	220,271	−12
27	81,807	81,365	442	34①			
28	77,934	77,934	0				

① 本年只有半年收支数,故不列入。
② 此数内有一万余两为偿还英德借款之支出,因其确数不详,故未列入开除总数中。
* 原书如此,疑为负值。——编者注

第一一〇表　山西省历年厘金收入各项总数
咸丰10年—光绪34年
（单位以两计）

年次	货厘及充公银	坐贾染料厘及充公银	其他收入	总计	年次	货厘及充公银	坐贾染料厘及充公银	其他收入	总计
咸丰10年	89,483	88,340		177,823	光绪4年	29,208	30,529		59,737
11	74,278	80,045	7,418①	161,741	5	44,520	27,400		71,920
同治元年	71,386	81,633	4,129①	157,148	6	40,959	25,872		66,831
2	71,736	76,089	5,529①	153,354	7	49,003	37,425		86,428
3	70,024	73,636	2,331①	145,991	8	31,163	32,913		64,076
4	76,905	100,286	6,440②	183,631	9	56,992	117,486		174,478
5	76,995	72,166	3,097②*	151,958*	10	62,908	87,390		150,298
6	59,730	63,322	106②	123,158	11	72,326	85,697		158,023
7	70,357	60,274	480②	131,111	12	54,480	123,539		178,019
8	82,266	62,981	3,170②	148,417	13	62,427	93,317	736①	156,480
9	68,382	61,330	1,348②	131,060	14	67,416	85,462		152,878
10	64,167	54,271	533②	118,971	15	64,753	77,210		141,963
11	67,045	52,702	711②	120,458	16	68,068	86,653		154,721
12	68,627	55,836		124,463	17	53,422			53,422
13	63,965	50,953	3②	114,921	18	50,803			50,803
光绪元年	63,539	48,925		112,464	19	53,716			53,716
2	59,848	48,958		108,806	20	51,390			51,390
3	42,569	41,451		84,020	21	57,166			57,166

续表

年次	货厘及充公银	坐贾染料厘及充公银	其他收入	总计
光绪22年	53,401			53,401
23	58,554			58,554
24	61,698			61,698
25	56,840			56,840
26	36,949			36,949
27	70,736			70,736
28				209,532
光绪29年	207,838			207,838
30	206,387			206,387
31	212,679			212,679
32	214,890			214,890
33	195,546			195,546
34	246,881			246,881

① 上年报销案内存剩厘捐正项节省公费等银。
② 本年份支賸厘捐公费银。
* 原书如此，疑有误。——编者注

第一一一表 山西省历年厘金开除各项总数
咸丰10年—光绪34年
（单位以两计）

年　次	解户部款	国家行政费	归还外债	赔　款	协　款	本省军费	本省行政费	总　计
咸丰10年	93,988				74,271	8,552		176,811
11	77,108				72,100			159,208*
同治元年	6,400				90,021	60,727		157,148
2					114,184	39,170		153,354
3					65,500	80,491		145,991
4					8,000	175,631		183,631
5						151,958		151,958
6						123,158		123,158
7						131,111		131,111
8						148,417		148,417
9						131,060		131,060
10						118,971		118,971
11						120,458		120,458
12						124,463		124,463
13						114,921		114,921
光绪元年						112,464		112,464
2					40,000	23,238	60,782	108,806
3						11,208	8,529	84,020
4						71,920		59,737
5						66,604		71,920
6						86,260		66,604
7						33,288		86,260
8								33,288

续表

年次	解户部款	国家行政费	归还外债	赔款	协款	本省军费	本省行政费	总计
光绪9年		32,600				39,730	19,891	92,221
10	20,000	10,000			25,000	127,465	23,823	206,288
11	35,000	10,000			33,333	1,867	65,655	105,855*
12	46,706	32,600			46,500	2,948	25,912	154,666
13	51,900	11,300					17,357	80,557
14	72,000	11,300			4,700		16,839	104,839
15	46,000	11,300			61,500		16,797	135,597
16	83,500	11,300			13,600		17,108	125,508
17	49,500	11,300			98,683		4,184	163,667
18	18,300	11,300			56,219		4,436	90,255
19	10,700	11,300			20,248		3,644	45,892
20	31,100	2,368			46,068	7,003	3,662	90,201
21	13,800				8,531	7,749	3,764	33,844
22			32,500		7,036		5,132	44,668
23	43,400	5,000	13,500		10,400		4,232	76,532
24	9,900		18,300		23,633		4,948	56,781
25	1,100			3,268	53,205		11,392	68,965
26					27,500		4,968	32,468
27					60,000		5,152	65,152
28		5,000	27,250	34,589	3,000		4,832	74,671
29		5,000	9,825	110,153	48,900		5,488	179,366
30		719	52,065	98,668	29,100		11,598	192,150
31		6,250	30,000	170,238	100,000		8,558	315,046
32			39,404	37,073	27,475		19,923	123,875
33	9,100		36,900	119,046	9,500	12,946	29,714	227,206
34		10,000	40,000	110,373	5,000	11,121	113,614	280,108

* 原书如此,疑有误。——编者注

第一一二表　山西省历年解户部款分析
光绪 10 年—33 年
（单位以两计）

年　次	京师旗兵加饷	加复俸饷	其他解款	总　计
光绪 10 年			20,000①	20,000
11	35,000			35,000
12	46,706			46,706
13	34,200	2,000	15,700②	51,900
14	50,000	2,000	20,000②	72,000
15	44,000	2,000		46,000
16	41,500	2,000	40,000②*	83,500
17	47,500	2,000		49,500
18		2,000	16,300③	18,300
19	4,700	2,000	4,000④	10,700
20	18,100	2,000	11,000	31,100
21	13,800			13,800
22				
23	43,400			43,400
24	7,900	2,000		9,900
25	1,100			1,100
26				
27				
28				
29				
30				
31				
32				
33			9,100④	9,100

① 固本兵饷。
② 赏需银。
③ 东北边防经费。
④ 甘饷改解部库。
* 原书不清，疑为"②"。——编者注

第一一三表　山西省历年协款分析
光绪 10 年—34 年
（单位以两计）

年　次	甘肃新饷	局科二成经费	其他协饷	总　计
光绪10年			25,000①	25,000
11		33,333		33,333
12			46,500②	46,500
13				
14		4,700		4,700
15	26,000	35,500		61,500
16		13,600		13,600
17	41,000	23,683	25,000③	98,683 *
18	40,000	15,300	919③	56,219
19	18,082	1,166	1,000④	20,248
20			46,068⑤	46,068
21	131	8,400		8,531
22		7,036		7,036
23	10,000	400		10,400
24	18,900	233	4,500⑥	23,633
25		1,732	51,473⑥	53,205
26	17,500		10,000⑥	27,500
27	60,000			60,000
28	3,000			3,000
29	48,900			48,900
30	29,100			29,100
31	100,000			100,000
32	27,475			27,475
33	9,500			9,500
34	5,000			5,000

① 金营协饷。
② 各省协饷 41,500 两，拨嵩武军驼乾银 5,000 两。
③ 拨嵩武军驼乾银。
④ 树军月饷。
⑤ 各省协饷。
⑥ 董军行饷。
* 原书如此，疑有误。——编者注

第一一四表 山西省历年本省行政费分析
光绪 3 年—34 年
（单位以两计）

年　次	抚院文案处委员薪水	其他支款	总　计
光绪 3 年		60,782①	60,782
4		8,529②	8,529
5			
6			
7			
8			
9		19,891③	19,891
10		23,823③	23,823
11		25,655④	25,655
12		25,912⑤	25,912
13	4,724	12,633⑥	17,357
14	4,328	12,511⑦	16,839
15	4,292	12,505⑧	16,797
16	4,628	12,480⑨	17,108
17	4,184		4,184
18	4,436		4,436
19	3,644		3,644
20	3,662		3,662
21	3,764		3,764
22	4,132	1,000⑩	5,132
23	4,232		4,232
24	4,948		4,948
25	4,592	6,800⑩	11,392
26	4,968		4,968
27	5,152		5,152
28	4,832		4,832
29	5,488		5,488
30	5,072	6,526⑪	11,598
31	5,072	3,486⑫	8,558

续表

年　次	抚院文案处委员薪水	其他支款	总　计
光绪 32 年	5,488	14,435⑬	19,923
33	5,072	24,642⑭	29,714
34	8,530	105,084⑮	113,614

---

① 用途不明。
② 账务经费。
③ 厘局公费银。
④ 厘局公费银 15,655 两,贴补厘局不敷公费银 10,000 两。
⑤ 厘局公费银 15,912 两,贴补厘局不敷公费银 10,000 两。
⑥ 征信局册籍工料银 2,633 两,贴补厘局不敷公费银 10,000 两。
⑦ 征信局册籍工料银 2,511 两,贴补厘局不敷公费银 10,000 两。
⑧ 征信局册籍工料银 2,505 两,贴补厘局不敷公费银 10,000 两。
⑨ 征信局册籍工料银 2,480 两,贴补厘局不敷公费银 10,000 两。
⑩ 各属请领华款。
⑪ 农工局用费 4,822 两,农林学堂经费 1,704 两。
⑫ 农工局用费 2,786 两,农林学堂经费 700 两。
⑬ 农工局用费。
⑭ 农林学堂经费。
⑮ 农林学堂经费 22,883 两,农工商局用费 6,000 两,请查局经费 9,369 两,诺议局经费 10,834 两,陆军学堂经费 54,398 两,巡警局枪费 1,000 两。

第一一五表 山西省历年厘金开除各项之百分比
咸丰10年—光绪34年

年次	解户部款	国家行政费	归还外债	赔款	协议	本省军费	本省行政费	总计
咸丰10年	53.16				42.01	4.84		100
11	48.43				51.57			100
同治元年	4.07				57.30	38.65		100
2					74.46	25.54		100
3					44.87	55.13		100
4					4.36	95.64		100
5						100.00		100
6						100.00		100
7						100.00		100
8						100.00		100
9						100.00		100
10						100.00		100
11						100.00		100
12						100.00		100
13						100.00		100
光绪元年						100.00		100
2						100.00		100
3						27.66	72.34	100
4					66.96	18.76	14.28	100
5						100.00		100
6						100.00		100
7						100.00		100
8						100.00		100
9		35.35				43.08	21.57	100
10	9.70	4.85			12.12	61.79	11.55	100
11	33.06	9.45			31.49	1.76	24.24	100
12	30.20	21.08			30.06	1.91	16.75	100
13	64.43	14.03					21.55	100
14	68.68	10.78			4.48		16.06	100
15	33.92	8.33			45.35		12.39	100
16	66.53	9.00			10.84		13.63	100
17	30.24	6.90			60.29		2.56	100
18	20.28	12.52			62.29		4.91	100

续表

年　次	解户部款	国家行政费	归还外债	赔　款	协　议	本省军费	本省行政费	总　计
光绪19年	23.32	24.62			44.12		7.94	100
20	22.28	2.63			51.07	19.96	4.06	100
21	40.78				25.21	22.90	11.12	100
22			72.76		15.76		11.49	100
23	56.71	6.53	17.64		13.59		5.53	100
24	17.44		32.23		41.62		8.71	100
25	1.60			4.74	77.15		16.52	100
26					84.70		15.30	100
27					92.10		7.91	100
28		6.70	36.49	46.32	4.02		6.47	100
29		2.79	5.48	61.41	27.26		3.06	100
30		0.37	27.10	51.35	15.15		6.04	100
31		1.98	9.52	54.04	31.74		2.72	100
32			31.81	29.93	22.18		16.08	100
33	4.01	4.40	16.24	52.40	4.18	5.70	13.08	100
34			14.28	39.40	1.79	3.97	40.56	100

第一一六表　山西省历年厘金收支比较
咸丰10年—光绪34年
（单位以两计）

年　次	收　入	开　除	本年实存或不敷	年　次	收　入	开　除	本年实存或不敷
咸丰10年	177,823	176,811	1,012	光绪4年	59,737	59,737	0
11	161,741	159,208	2,533	5	71,920	71,920	0
同治元年	157,148	157,148	0	6	66,831	66,604	227
2	153,354	153,354	0	7	86,428	86,260	168
3	145,991	145,991	0	8	64,076	33,288	30,788
4	183,631	183,631	0	9	174,478	92,221	82,257
5	151,958	151,958	0	10	150,298	206,288	-55,990
6	123,158	123,158	0	11	158,023	105,855	52,168
7	131,111	131,111	0	12	178,019	154,666	23,353
8	148,417	148,417	0	13	156,480	80,557	75,923
9	131,060	131,060	0	14	152,878	104,839	48,039
10	118,971	118,971	0	15	141,963	135,597	6,366
11	120,458	120,458	0	16	154,721	125,508	29,213
12	124,463	124,463	0	17	53,422	163,667	-110,245
13	114,921	114,921	0	18	50,803	90,255	-39,452
光绪元年	112,464	112,464	0	19	53,716	45,892	7,824
2	108,806	108,806	0	20	51,390	90,201	-38,811
3	84,020	84,020	0	21	57,166	33,844	23,322

675

续表

年次	收入	开除	本年实存或不敷
光绪22年	53,401	44,668	8,733
23	58,554	76,532	-17,978
24	61,698	56,781	4,917
25	56,840	68,965	-12,125
26	36,949	32,468	4,481
27	70,736	65,152	5,584
28	209,532	74,671	134,861

年次	收入	开除	本年实存或不敷
光绪29年	207,838	179,366	28,472
30	206,387	192,150	14,237
31	212,679	315,046	-102,367
32	214,890	122,875	91,015 *
33	195,546	227,206	-31,660
34	246,881	280,108	-33,227

* 原书如此,疑有误。——编者注

第一一七表 陕西省历年厘金收入各项总数
咸丰9年—光绪34年
（单位以两计）

年 次	货 厘	土药厘金	晋省包解监厘	其他收入	总 计
咸丰9年	283,559				283,559
10					
11					
同治元年					
2					
3					
4					
5					
6	199,206			3,736④	202,942
7	203,102			1,562④	204,664
8	194,478			1,797④	196,275
9	224,447			2,048④	226,495
10	236,600			6,896④	243,496
11	233,993			7,678④	241,671
12	241,651			3,947④	245,598
13	264,610			2,064④	266,674
光绪元年	324,256			1,311④	325,567
2	340,631			2,500④	352,131 *
3	264,652				264,652
4	203,243			1,001④	204,244
5	249,044			1,020④	250,064
6	242,991			1,200④	244,191
7	266,236			830	267,066
8	262,922①	15,457			278,379
9	296,938	24,482			321,420
10	319,314	19,097			338,411
11	321,373	16,532②	20,328		358,233
12	284,519	16,863②	13,414	7,172	321,968
13	352,980	19,633②	18,326	896	391,835
14	321,184	20,179②	20,255	825	362,443
15					373,026⑤
16	318,842	47,301②	16,438	1,016	383,597

677

续表

年 次	货 厘	土药厘金	晋省包解监厘	其他收入	总 计
光绪17年	281,752	58,497②	18,716	1,042	360,007
18	259,858	29,504	15,384	975	305,721
19					297,991⑥
20	266,912	106,407	20,590	845	394,754
21	285,647	128,827	20,782	2,889	438,145
22	397,775	212,747	27,464	5,500	643,486
23	476,912	148,403	21,850	5,012	652,177
24	422,031	149,051	19,906	7,177	598,165
25	406,275	148,912	62,077	6,797	624,061
26	326,389	121,178	25,606	60,856	504,029*
27	348,765	92,138	9,407	31,937	482,247
28	466,993	101,684	217,899③	36,200	822,776
29	478,037	163,363		36,409	677,809
30	416,315	150,065		31,958	598,338
31	405,529	281,484		29,403	716,416
32	416,232	158,959		32,571	607,762
33	397,615			29,086	426,701
34	458,225			30,119	488,344

① 自此年起报称百货厘金,以前称厘税。
② 内附有土药捐输银数千两。
③ 内附有潞盐加价及本省所收潞盐厘金204,500两。
④ 牙帖税。
⑤ 本年报告缺,此系采用上下相邻二年总数相加之平均数。
⑥ 此数根据《光绪会计录》补入。
＊ 原书如此,疑有误。——编者注

第一一八表　陕西省历年厘金收入项下其他收入分析
光绪 12 年—34 年
（单位以两计）

年次	加抽粮厘	加抽烟酒厘	支销项下扣出四分平余	提存各卡津贴	提存各卡个头	总计
光绪 12 年			828			7,172②
13			896			896
14			825			825
15						
16①*			1,016			1,016
17			1,042			1,042
18			975			975
19						
20			845			845
21	2,041		848			2,889
22	1,342	2,383	1,775			5,500
23	1,664	3,348				5,012
24	1,218	2,902	3,057			7,177
25	1,102	2,811	2,884			6,797
26	972	3,578	1,893	13,236	11,177	30,856
27	1,707	4,152	1,745	12,120	12,211	31,935
28	1,786	4,823	2,903	11,880	14,808	36,200
29	1,864	4,903	2,174	12,870	14,598	36,409
30	1,930	4,784	2,006	11,880	11,358	31,958
31	892	3,291	2,013	11,880	11,327	29,403
32	1,229	4,705	1,965	12,870	11,802	32,571
33	1,407	4,279	1,507	11,280	10,613	29,086
34	1,297	4,333	1,495	11,280	11,714	30,119

① 本年报告缺。
② 内有提还多扣办公银 3,295 两，提还盐厘银 3,049 两。
* 此注疑为"光绪 15 年"项注。——编者注

第一一九表 陕西省历年厘金开除各项总数
咸丰9年—光绪34年
（单位以两计）

年　次	解藩库款	本省军费	局卡经费	总计
咸丰9年	305,209①			305,209
10				
11				
同治元年				
2				
3				
4				
5				
6				
7	343,644			429,685⑤
8	105,356	117,053②		222,409
9	80,000	146,495②		226,495
10	90,404	152,665②		243,496⑥
11	97,292	144,238②		241,671⑦
12	86,192	159,406②		245,598
13	108,342	158,132②		266,674⑧
光绪元年	159,679	161,680②		321,359
2	275,476	49,754②		325,230
3	279,021			279,021
4	172,310			172,310
5	248,091			248,091
6	245,002			245,002
7	261,775			261,775
8	334,938			334,938
9		321,420③		321,420
10		304,570④	33,841	338,411
11		304,498	53,735	358,233
12		277,539	44,429	321,968
13		336,982	54,853	391,835
14		311,986	50,457	362,443
15				373,020⑨
16		329,883	53,714	383,597
17		309,886	50,121	360,007

续表

年　次	解藩库款	本省军费	局卡经费	总计
光绪18年		262,317	43,404	305,721
19				350,237⑨
20		357,422	37,332	394,754
21		398,654	39,491	438,145
22		582,434	61,052	643,486
23		589,646	62,531	652,177
24		541,057	57,108	598,165
25		568,543	55,518	624,061
26		459,273	44,756	504,029
27		438,157	44,090	482,247
28		746,521	76,255	822,776
29		613,669	64,140	677,809
30		541,699	56,639	598,338
31		647,715	68,701	716,416
32		550,243	57,519	607,762
33		386,940	39,761	426,701
34		442,522	45,822	488,344

---

① 协济各省军饷。
② 各绿营饷需。
③ 大部系解司库备拨饷需,惟有一小部系拨局卡经费。
④ 此数以下俱系解司库备拨饷需。
⑤ 内有86,041两为垫办采买之款。
⑥ 内有427两为各州县领抵银。
⑦ 内有141两为各州县领抵银。
⑧ 内有200两为各州县领抵银。
⑨ 本年报告缺,此系采用上下相邻二年总数相加之平均数。

第一二○表　陕西省历年厘金收支比较
咸丰9年—光绪34年
（单位以两计）

年　次	收入总数	开除总数	本年实存或不敷	年　次	收入总数	开除总数	本年实存或不敷
咸丰9年	283,559	305,209	-21,650	光绪3年	264,652	279,021	-14,369
10				4	204,254	172,310	31,944
11				5	250,064	248,091	1,973
同治元年				6	244,191	245,002	-811
2				7	267,066	261,775	5,291
3				8	278,379	334,938	-56,559
4				9	321,420	321,420	0
5				10	338,411	338,411	0
6	202,942		202,942	11	358,233	358,233	0
7	204,664	429,685	-225,021	12	321,968	321,968	0
8	196,275	222,409	-26,134	13	391,835	391,835	0
9	226,495	226,495	0	14	362,443	362,443	0
10	243,496	243,496	0	15①			
11	241,671	241,671	0	16	383,597	383,597	0
12	245,598	245,598	0*	17	360,007	360,007	0
13	266,674	321,359	4,208	18	305,721	305,721	0
光绪元年	325,567	321,359	4,208	19①			
2	352,131	325,230	26,901	20	394,754	394,754	0

续表

年 次	收入总数	开除总数	本年实存或不敷	年 次	收入总数	开除总数	本年实存或不敷
光绪21年	438,145	438,145	0	光绪28年	822,776	822,776	0
22	643,486	643,486	0	29	677,809	677,809	0
23	652,177	652,177	0	30	598,338	598,338	0
24	598,165	598,165	0	31	716,416	716,416	0
25	624,061	624,061	0	32	607,762	607,762	0
26	504,029	504,029	0	33	426,701	426,701	0
27	482,247	482,247	0	34	488,344	988,344	0*

① 本年收支数缺。——编者注

* 原书如此，疑有误。

第一二一表 陕西省历年厘金开除各项之百分比
咸丰 9 年—光绪 34 年

年 度	解藩库款	本省军费	厘局经费	总 计
咸丰9年	100.00			100
10				
11				
同治元年				
2				
3				
4				
5				
6				
7	79.98			
8	47.37	52.63		100①
9	35.32	64.68		100
10	37.13	62.70		100②
11	40.26	59.68		100③
12	35.09	64.91		100
13	40.63	59.30		100④
光绪元年	49.69	50.31		100
2	84.70	15.30		100
3	100.00			100
4	100.00			100

年 度	解藩库款	本省军费	厘局经费	总 计
光绪5年	100.00			100
6	100.00			100
7	100.00			100
8				
9		100.00		100
10		90.00	10.00	100
11		85.00	15.00	100
12		86.20	13.80	100
13		86.00	14.00	100
14		86.08	13.92	⑤
15				
16		86.00	14.00	100
17		86.08	13.92	100
18		85.80	14.20	⑤
19				
20		90.54	9.46	100
21		82.51	17.49	100
22		90.51	9.49	100
23		90.41	9.59	100
24		90.45	9.55	100

续表

年 度	解潘库款	本省军费	厘局经费	总 计
光绪25年		91.10	8.90	100
26		91.12	8.88	100
27		90.86	9.14	100
28		90.73	9.27	100
29		90.54	9.46	100

年 度	解潘库款	本省军费	厘局经费	总 计
光绪30年		90.53	9.47	100
31		90.41	9.59	100
32		90.54	9.46	100
33		90.68	9.32	100
34		90.62	9.38	100

① 内有20.02%为垫办采买银。
② 内有0.17%为各州县领抵银。
③ 内有0.06%为各州县领抵银。
④ 内有0.07%为各州县抵领银。
⑤ 本年报告缺。

第一二二表 甘肃省历年厘金收入各项总数 同治8年—宣统元年
（单位以两计）

年次	百货厘金	盐厘	其他税收	总计	年次	百货厘金	盐厘	其他税收	总计
同治8年	52,133			52,133	光绪14年	339,970	40,525		380,495
9	222,809	6,005		228,814	15	295,146	39,676		334,822
10	237,814	8,421		246,235	16	290,984	42,120		333,104
11	255,866	9,014		264,880	17	268,099	39,423②		307,522⑫
12	394,043	9,427		403,470	18	252,105	36,725④		288,830
13	444,795	14,165		458,960	19		51,450		294,118⑬
光绪元年	421,530	16,437		437,967	20	229,184	38,150②		267,334⑫
2	420,556	17,253		437,809	21	163,998	38,150②	365⑤	202,512⑫
3	387,310	19,571		406,881	22	193,673	24,850		218,523
4	351,126	22,466		373,592	23	216,353	26,753②		243,106⑫
5	361,831	24,994		386,825	24	220,506②	28,655	370	249,531⑫
6	357,279	29,606		386,885	25	224,659	30,186	400	255,245
7	357,821	34,844		392,665	26	170,675	26,752	311	197,738
8	353,486	39,464		392,950	27	195,066	30,926	360	226,352
9	453,286①			453,286	28	205,905	31,276	380	237,561
10	388,470①			388,470	29	211,444	64,211	13,500⑥	289,155
11	348,269	40,560		388,829	30	190,577	47,469	12,886⑦	250,932
12	345,284①			345,284	31	164,266	36,393	76,035⑧	276,694
13				362,889②	32	579,802③	43,056①	24,543⑨	647,401

686

续表

年次	百货厘金	盐厘	其他税收	总计
光绪33年	584,135	43,931	6,779①	634,845
34	611,981	109,869	3,149⑬	724,999

年次	百货厘金	盐厘	其他税收	总计
宣统元年	659,077	159,572	267,586①	1,086,235

① 内有盐厘收入。
② 本年收数缺,此系采用上下相邻二年之平均数。
③ 此年起改称统税。
④ 自此年起附有减平银千余两。
⑤ 此数以下为加抽二成糖厘银。
⑥ 内有土药厘13,105两,加抽二成糖厘395两。
⑦ 内有土药厘10,517两,加抽二成糖厘341两,货厘局费项下照章扣获六分减平银2,08两。
⑧ 内有加抽烟酒税厘64,372两,土药厘9,058两,货厘局费项下照章扣获六分减平银2,312两。
⑨ 内有土药厘银17,310两,货厘局费项下六分减平银。
⑩ 货厘局费项下六分减平银。
⑪ 归还各款。
⑫ 此数包含添抽数值。
⑬ 此数系根据《光绪会计录》补入。

第一二三表　甘肃省历年厘金开除各项总数
同治 8 年—宣统元年
（单位以两计）

年　　次	解藩库备拨款	解藩库拨发各项用款	厘金局卡经费	总　　计
同治 8 年—光绪 7 年①	1,014,366	2,962,078③	494,931⑥	4,471,375
光绪 8 年	191,432	112,254④	43,633⑥	347,319
9		445,112⑤		445,112
10		381,063		381,063
11	34,754	346,857	5,461⑦	387,074
12		339,980		339,980
13				360,237②
14	36,680	340,119	3,696	380,495
15	35,834	295,292	3,696	334,822
16	37,959	291,141	4,004	333,104
17		268,099		268,099
18	32,671	252,105	3,604	288,380
19	47,846	176,691②	3,604	228,141②
20	34,685②	101,277	3,465②	138,427⑧
21	34,685②	291,904	3,465②	330,051⑧
22	21,521	193,673	3,326	218,523
23	23,472②	216,353	3,465②	243,290⑧
24	25,421	220,506②	3,604	249,531⑧
25	27,260	224,659	3,326	255,245

续表

年　次	解藩库备拨款	解藩库拨发各项用款	厘金局卡经费	总　计
光绪26年	23,460	170,674	3,604	197,738
27	23,149	195,066	3,326	221,541
28	27,600	205,904	3,148	236,652
29		289,155		289,155
30		250,932		250,932
31		276,694		276,694
32		647,401		647,401
33		673,267		673,267
34		737,809		737,809
宣统元年		1,046,113		1,046,113

① 同治8年至光绪7年系一次合报,并无每年开除总数。
② 盐厘收入向解藩库备拨及开支厘局经费,货厘收入向解藩库拨发各项用款,此项数字系因本年报告缺失,根据上下相邻二年之平均数添入。
③ 内计格靖营军饷905,914两,文武各官廉饷1,213,464两,嘉峪关通商衙门经费1,015两,解善后局银841,685两。
④ 内计文武各官廉饷42,062两,嘉峪关通商衙门经费16,761两,解善后局银53,431两。
⑤ 此年以下用途不详,又自此年起此项支出款内包含各盲货厘局经费。
⑥ 货厘盐厘各经费。
⑦ 此年以下俱为盐厘局经费。
⑧ 此数内包含添函数。

第一二四表 甘肃省历年厘金收支比较
同治8年—宣统元年
（单位以两计）

年次	收入总数	开除总数	本年实存或不敷	年次	收入总数	开除总数	本年实存或不敷
同治8年	52,133			光绪14年	380,495	380,495	0
9	228,814			15	334,822	334,822	0
10	246,235			16	333,104	333,104	0
11	264,880			17②			
12	403,470			18	288,830	288,380	450
13	458,960			19②			
光绪元年	437,967			20②			
2	437,809			21②			
3	406,881			22	218,523	218,523	0
4	373,592			23②			
5	386,825			24②			
6	386,885			25	255,245	255,245	0
7	392,665	4,471,375③	45,631	26	197,738	197,738	0
8	392,950	347,319	8,174	27	226,352	221,541	4,811
9	453,286	445,112	7,407	28	237,561	236,652	909
10	388,470	381,063	1,755	29	289,155	289,155	0
11	388,829	387,074	5,304	30	250,932	250,932	0
12	345,284	339,980		31	276,694	276,694	0
13①				32	647,401	647,401	0

续表

年次	收入总数	开除总数	本年实存或不敷	年次	收入总数	开除总数	本年实存或不敷
光绪33年	634,845	673,267	-38,422	宣统元年	1,086,235	1,046,113	40,12
34	724,999	737,809	-12,810				

① 本年报告缺。
② 本年收支数不全,故不列入。
③ 自同治八年至光绪七年,系一次合报,各年无细数。

691

第一二五表 四川省历年厘金收入总数
咸丰 6 年—光绪 34 年
（单位以两计）

年次	盐厘实数 原报数	货厘平均数	盐厘 厂厘	盐厘 渝厘	盐厘 合计	货厘
咸丰6年			270,411①		270,411	518,791④
7			290,585②		290,585	518,791④
8			290,585②		290,585	518,791④
9			310,759		310,759	518,791④
10			206,137	165,000③	371,137	518,791④
11			265,919	165,000③	430,919	518,791④
同治元年			646,542	165,000③	811,542	518,791④
2	21,103,996		701,360	165,000③	866,360	518,791④
3			717,237	165,000③	882,237	518,791④
4			719,424	165,000③	884,424	518,791④
5			683,774	165,000③	848,774	518,791④
6			575,977	165,000③	740,977	518,791④
7			660,274	165,000③	825,274	518,791④
8			661,108	165,000③	826,108	518,791④
9			698,635	165,000③	863,635	518,791④
10			629,089	165,000③	794,089	518,791④
11			593,874	165,000③	758,874	518,791④
12			613,063②	165,000③	778,063	518,791④
13			632,252			

续表

年次	盐货 原报实数	厘 平均数	盐厂厘	渝厘	厘合计	货厘
光绪元年						
2						
3						
4						
5						
6						
7	2,392,197	1,196,098	448,502	177,314	625,816	570,282
8		1,196,098	442,533②	174,435②	616,968	579,130
9	1,048,280	1,048,280	436,563	171,556	608,119	440,161
10	1,080,470	1,080,470	431,026②	183,071	614,097	466,373
11	2,159,980	1,079,990	425,488	179,888	605,376	474,614
12		1,079,990	422,601	138,133	560,734	519,256
13	2,113,379	1,056,689	452,977	147,176②	600,153	456,536
14		1,056,689	423,449	147,176②	570,625	486,064
15	2,967,407	989,135	421,913②	156,219	578,132	411,003
16		989,135	420,377	137,617	557,994	431,141
17		989,135	434,437	192,923	627,360	361,775
18	1,912,472	956,236	445,118	175,485	620,603	335,633
19		956,236	415,328	143,626	558,954	397,282
20	4,992,041	996,020	435,382	163,381	598,763	397,257
21		996,020	430,517②	173,677②	604,194	391,826
22	2,138,994	1,069,497	425,652	183,972	609,624	459,873
23		1,069,497	427,457	137,710	565,167	504,330

续表

年次	盐货厘		盐厘		渝厘	厘合计	货厘
	原报实数	平均数	厂厘	盐厘			
光绪24年							
25							
26							
27							
28							438,466⑤
29							438,466⑤
30							438,466⑤
31							438,466⑤
32							438,466⑤
33							438,466⑤
34							657,000

① 此数根据《清盐法志·四川志·徽榷门三》。
② 本年收数缺，此系采用上下相邻二年总数相加之平均数。
③ 此系估计数。
④ 此系咸丰六年至同治十二年盐货厘金总数后减去盐厘总数，用十八年除出之平均数。
⑤ 此系平均数，原报告中此六年总数共为2,630,796两。
⑥ 根据《四川省财政说明书》。

第一二六表　奉天省历年各城日捐厘捐收支
同治4年—光绪29年

年　次	各城厘捐收支①		年　次	各城厘捐收支	
	银（两）	东钱（串）		银（两）	东钱（串）
同治4年	1,206②	1,225,543	光绪11年	994	871,982
5	1,206	1,266,711	12	959	881,771
6	1,794	1,376,994	13	1,081	1,057,974
7	1,944	1,458,364	14	947	853,661
8	1,157	1,288,307	15	840	846,782
9	1,416	1,281,662	16	1,011③	998,060
10	1,211	1,145,880	17	712	850,376
11	1,120	1,140,652	18	654	871,317
12	1,084	1,209,131	19	739	845,514
13	790	1,148,493	20	514	543,642
光绪元年	925	1,266,686	21	536	643,890
2	1,227	1,073,583	22	976	811,941
3	1,256	1,155,882	23	917	942,330
4	1,404	1,151,653	24	942	1,099,380
5	1,284	1,189,612	25		
6	1,249	982,653	26		
7	1,136	990,616	27	1,220	634,262
8			28		
9	926	960,131	29	788	1,130,155
10	987	1,020,980			

① 该省收数全数开除拨充兵饷，故收数等于支数。
② 以下厘捐归公银。
③ 以下茶捐银。

第一二七表 奉天省营口七厘货捐历年收支①
光绪3年5月—24年10月
（单位以两计）

年份	收入（粮货厘捐银）	开			除	
		解粮饷处备放练饷	厘局一成经费	其他开支	总 计	
光绪3年5月6日—4年5月5日	131,070	112,450	18,620		131,070	
4年5月6日—5年5月5日						
5年5月6日—6年5月5日						
6年5月6日—7年5月5日						
7年5月6日—8年5月5日	95,848	86,263	9,585		95,848	
8年5月6日—9年5月5日						
9年5月6日—10年5月5日						
10年5月6日—11年5月5日	126,139	113,525	12,614		126,139	
11年5月6日—12年5月5日	101,339	76,205	10,134	15,000⑥	101,339	
12年5月6日—13年5月5日	127,504	107,754	12,750	7,000⑥	122,504*	
13年5月6日—14年5月5日	119,581	100,023	11,958	7,600⑥	119,581	
14年5月6日—15年5月5日	114,842	88,858	11,484	14,500⑥	114,842	
15年5月6日—16年5月5日	126,608	104,447	12,661	9,500⑦	126,608	
16年5月6日—17年5月5日	145,852②	113,005	14,585	18,262⑧	145,852	
17年5月6日—18年5月5日	140,484③	111,725	14,048	14,711⑧	140,484	
18年5月6日—19年5月5日	139,941③	125,947	5,055		131,002	
19年5月6日—20年5月5日	147,767③	132,990	4,714		137,704	
20年5月6日—21年5月5日	61,598②	55,438	3,403	2,757⑨	61,598	

续表

年 份	收 入（粮货厘捐银）	开			除	
		解粮饷处备放练饷	厘局一成经费	其他开支	总 计	
21年11月—22年10月底	158,001④	121,727⑨	8,150	28,124⑩	158,001	
22年11月—23年10月底	183,194④	146,334⑨	8,979	27,881⑪	183,194	
23年11月—24年10月底	190,226⑤	144,804⑨	9,531	35,891⑫	190,226*	

① 光绪二十二年加抽一厘斗秤捐，故又称八厘捐。
② 内有茶厘七百余两。
③ 内有茶厘一千余两。
④ 内有营口集市粮捐及金州粮市粮货厘捐4,801两，茶厘2,430两。
⑤ 内有营口集市粮捐及金州粮市粮货厘捐3,755两，茶厘2,587两。
⑥ 建修水雷营工程及弁兵口粮。
⑦ 建修水雷营工程及弁兵口粮银1,012两，水雷薪粮8,488两。
⑧ 拨补船规银。
⑨ 留备拨军需。
⑩ 内有17,722两为购备银元机炉银余皆解款。
⑪ 内有17,560两为购备银元机炉银余皆解款。
⑫ 内有25,119两为购备银元机炉银余皆解款。
* 原书如此，疑有误。——编者注。

697

第一二八表　奉天省铁岭开原等处斗秤厘捐历年收支①
（单位以两计）

年次	收入	开除		年次	收入	开除	
		备放练饷	五厘征收经费			备放练饷	五厘征收经费
光绪7年	35,685	33,901	1,784	光绪19年	45,785	48,496	2,289
8	34,544	32,817	1,727	20			
9	41,130	39,074	2,056	21			
10	46,948	44,600	2,347	22	59,042	56,090	2,952
11	36,972	35,123	1,849	23			
12	38,743	36,806	1,937	24	179,248②	151,875	27,373③
13	44,504	42,279	2,225	25			
14	39,516	37,540	1,976	26			
15	44,929	43,683	2,246	27			
16	46,683	44,349	23,34	28			
17	43,667	41,484	2,183	29	313,802	253,146	60,655④
18	45,938	43,641	2,297				

① 包括铁岭、开原、法库、锦县、宁远、广宁、义州、新民、辽阳、海城、复州等十一处。
② 内有车捐5,488两。
③ 内有每两扣留五分银7,993两，已征未解银1,617两。
④ 内津贴蒙古旗银29,275两。

附录二 各省厘票及厘报式样

附录一 广东省补抽海口半厘票式*

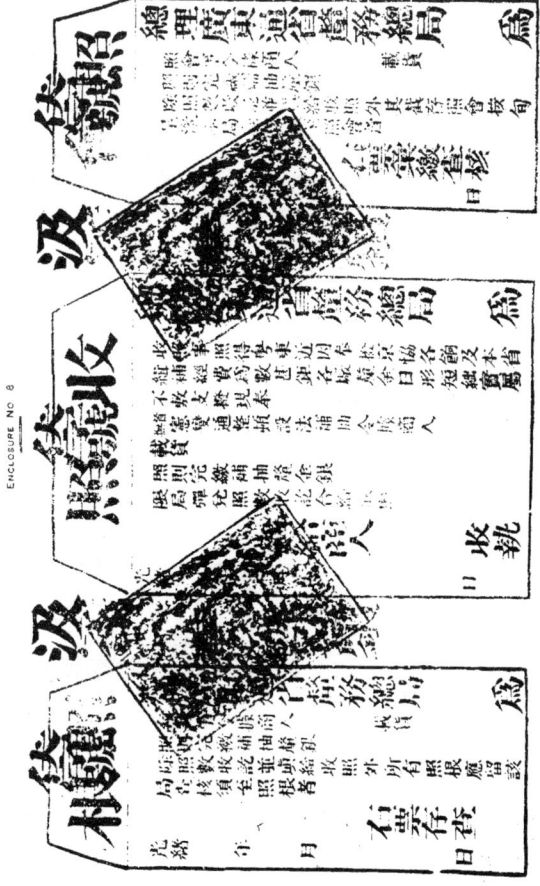

* Office Series: Customs Papers, No. 70, Enclosure No. 22.

附录二　湖南省三联税票式*

```
┌─────────────────────────────────────────────┐
│  卡    今据    贩运                          │
│  存        本  军                            │
│  查    助  省  协  饷共纳税                  │
│            邻                                │
│        年      月              日存          │
└─────────────────────────────────────────────┘
         字第                    号共纳

┌─────────────────────────────────────────────┐
│  总理湖南厘金盐茶局务           为给照事     │
│  缴    今据    贩运                          │
│            本  军                            │
│  验    助  省  协  饷共纳税                  │
│            邻                                │
│        在      卡局如数缴讫此照              │
│        年      月              日给          │
└─────────────────────────────────────────────┘
         字第                    号共纳

┌─────────────────────────────────────────────┐
│  总理湖南厘金盐茶局务           为给照事     │
│  照    今据    贩运                          │
│            本  军                            │
│  票    助  省  协  饷共纳税                  │
│            邻                                │
│        在      卡局如数缴讫此照              │
│        年      月              日给          │
└─────────────────────────────────────────────┘
```

---

* 见《湖南厘务汇纂》卷六。

附录三　湖南省三联厘票式*

存查	总理湖南厘金盐茶局务　　　　　　　　　　为给照事 　　今据　　　贩运 　　助 本省 军协 饷共捐厘 　　　　邻　　 　　在　　　局如数缴讫此照 　　　　　年　　　月　　　　　　　　　日存

字第　　　　　　　　　　　　　　　号共捐

缴验	总理湖南厘金盐茶局务　　　　　　　　　　为给照事 　　今据　　　贩运 　　助 本省 军协 饷共捐厘 　　　　邻　　 　　在　　　局如数缴讫此照 　　　　　年　　　月　　　　　　　　　日给

字第　　　　　　　　　　　　　　　号共捐

照票	总理湖南厘金盐茶局务　　　　　　　　　　为给照事 　　今据　　　贩运 　　助 本省 军协 饷共捐厘 　　　　邻　　 　　在　　　局如数缴讫此照 　　　　　年　　　月　　　　　　　　　日给

---

* 见《湖南厘务汇纂》卷六。

附录四 湖南省两联厘票式*

```
┌─────────────────────────────────────────────────────┐
│  总理湖南厘金盐茶局务              为存查事今据      │
│                                                     │
│    贩卖        货                                   │
│                                                     │
│    共货                                             │
│        本  省                                       │
│    助  邻  军饷共捐厘                               │
│        　  协                                       │
存  │                                                     │
│    省平足银                                         │
│                                                     │
查  │    十足典钱              如数缴讫此照                │
│                                                     │
│      年        月                      日存         │
└─────────────────────────────────────────────────────┘

┌─────────────────────────────────────────────────────┐
│  总理湖南厘金厘茶局务              为给照事今据      │
│                                                     │
│    贩卖        货                                   │
│                                                     │
│    共货                                             │
│        本  省                                       │
│    助  邻  军饷共捐厘                               │
│        　  协                                       │
照  │                                                     │
│    省平足银                                         │
│                                                     │
票  │    十足典钱              如数缴讫此照                │
│                                                     │
│      年        月                      日给         │
└─────────────────────────────────────────────────────┘
```

---

* 见《湖南厘务汇纂》卷六。

附录五　安化茶行用捐票式*

```
缴     总理湖南厘金盐茶局              为给照事
          今据安化　　茶行呈缴用捐以充公款遵于　　　号茶箱
验        过卡完税时照章按斤折实扣足一成如数缴讫此照
            计　　茶　　　斤扣缴用捐足钱　　　文
                年　　　月　　　　　　　　　日给
```

　　　　字第　　　　　　　号缴用捐足钱　　　文

```
照     总理湖南厘金盐茶局              为给照事
          今据安化　　茶行呈缴用捐以充公款遵于　　　号茶箱
          过卡完税时照章按斤折实扣足一成如数缴讫此照
票          计　　茶　　　斤扣缴用捐足钱　　　文
                年　　　月　　　　　　　　　日给
```

---

* 见《湖南厘务汇纂》卷六。

附录六　郴宜围票式*

郴围每票　计盐四包　　宜围每票　计盐两包

```
┌─────────────────────────────────────────────┐
│ 湖南厘金盐茶局　　　　　　　　为存查事今据围商 │
│                                               │
│   运盐到卡合行换给围票每票净盐一百六十斤计　包须│
│                                               │
│   至存查者                                    │
│                                               │
│      年　　　月　　　　　　　　　　　日存      │
└─────────────────────────────────────────────┘
```
围票存查

字第　　　　　　　　　号

```
┌─────────────────────────────────────────────┐
│ 湖南厘金盐茶局　　为给围票事今据围商运盐到卡业经按包│
│ 过秤纳税因照票总写不便分运合行换给围票由　　　局│
│ 填发以便该商陆续装运出境每票净盐一百六十斤计　包│
│ 所经局卡查验放行                              │
│ 如有借票影射及夹带偷漏斤数不符等弊除照章补税外仍从│
│ 重究罚须至围票者                              │
│      年　　　月　　　　　　　　　　　日给      │
│                              限二十日销过期不验│
└─────────────────────────────────────────────┘
```
围票

---

* 见《湖南厘务汇纂》卷六。

附录七　天津厘捐票式*

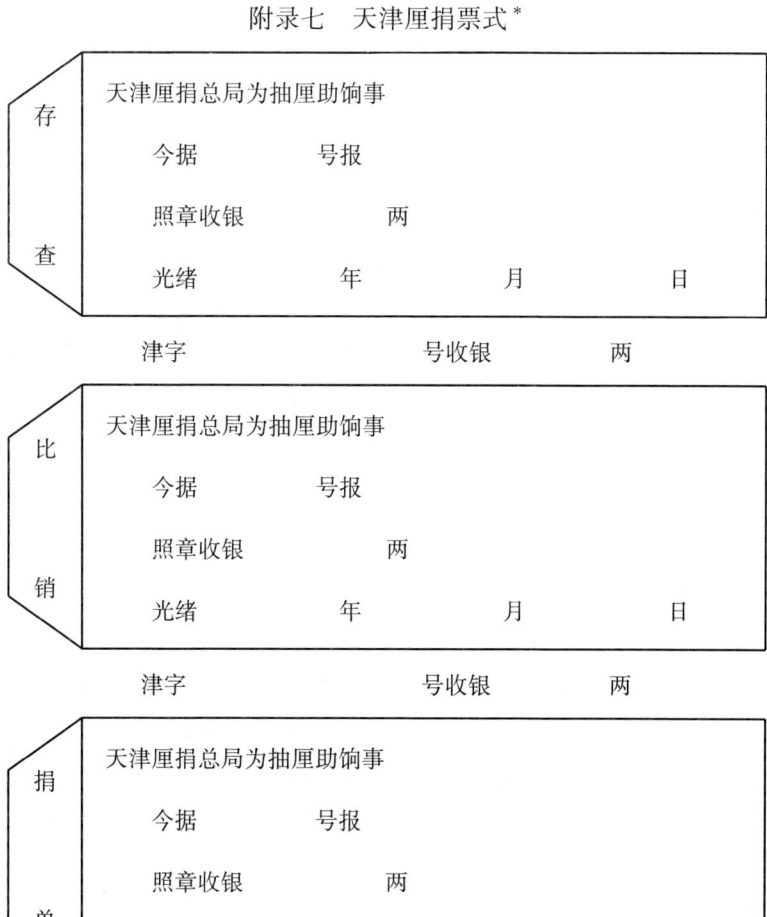

---

* 《支那经济全书》第三辑,页65—66。

附录八　福建省起厘票式*

起票缴查	今据　　县商人　　报运后开货件往　　行销照章收厘金银　　除给执照外合填缴查解送清理财政局传核 　计　开 宣统　　　年　　　月　　　日　局卡 　　字　　　　　　　　号完厘银

起票缴查	今据　　县商人　　报运后开货件往　　行销照章收起厘银　　除给执照外合填左票解缴财政局备核 　计　开 宣统　　　年　　　月　　　日　局卡 　　字　　　　　　　　号完厘银

起票	福建全省财政局　　　　　　　　　　　　　　　　为征厘济饷事照得闽省各属商运货物照章应征起验厘金向用税厘总局印票兹奉　督宪饬将税厘统解财政局核收充饷所有厘票自应一律由本局颁给领运通行遵照在案今据　县商人　报运后开货件往　行销遵章完纳起厘银　已照数收讫合填起票付执护运如遇验卡呈候换给收单报完验厘给票其两起两验已满经过局卡即将起验票收单共四张一并呈验盖戳放行如有货无票或单票与货不符概以私论须至起票者 　计　开 宣统　　　年　　　月　　　日　给 　　字　　　　　　　　号完厘银

* 见《福建省财政说明书·厘捐类》，第九页。

| 起票存根 | 今据　　县商人　　报运后开货件往　　行销照章收起厘银　　除给起票并填左票解缴财政局清理财政局外合填存根备查
　计　开
宣统　　　　年　　　　　月　　　　　　日 |

附录九　湖南省两联换票式*

```
┌─────┬──────────────────────────────────────────────┐
│     │ 今据　　　贩运                                │
│ 存   │                                              │
│     │ 所有 厘金　　　已于　　　　　　　　　　　局   │
│     │     协饷　　　　　　　　　　　　　　　　　卡   │
│     │                                              │
│     │ 缴讫领票兹经过　　　　　　　　局 呈验相符    │
│ 根   │                              卡              │
│     │ 相应换票放行此照                             │
│     │　　　　　年　　　　月　　　　　　　　　日存  │
└─────┴──────────────────────────────────────────────┘
```

　　　字第　　　　　　　　　号共纳

```
┌─────┬──────────────────────────────────────────────┐
│     │ 总理湖南厘金盐茶局务　　　　　　为换票放行事 │
│ 验   │ 今据　　　贩运                               │
│     │ 所有 厘金　　　已于　　　　　　　　　　　局  │
│     │     协饷　　　　　　　　　　　　　　　　　卡 │
│     │                                              │
│     │ 缴讫领票兹经过　　　　　　　　局 呈验相符   │
│ 换   │                              卡             │
│     │ 相应换票放行此照                            │
│     │　　　　　年　　　　月　　　　　　　　　日给 │
└─────┴──────────────────────────────────────────────┘
```

＊ 见《湖南厘务汇纂》卷六。

附录十　福建省四联换单式*

换给收单缴查	今据　　县商人　　报运　　往　　　行销
	关　　　　　　　　　　　　单
	责　局填给　字　号　　票一纸核对货色
	卡　　　　　　　　　照
	单
	银数相符除换填收单给领并将收回　票
	照
	按旬缴局稽核外合填缴查按月汇送
	清理财政局备考
	计　开
	关
	宣统　　年　　　月　　　日　局
	卡

字　　　　　　　　　　　　号

换给收单缴查	今据　　县商人　　报运　　往　　　行销
	关　　　　　　　　　　　　单
	责　局填给　字　号　　票一纸核对货色
	卡　　　　　　　　　照
	单
	银数相符除填换收单给领并将收回　票
	照
	按旬缴局稽核外合填缴查按月汇送
	清理财政局备考
	计　开
	关
	宣统　　年　　　月　　　日　局
	卡

---

* 见《福建省财政说明书·厘捐类》。

字　　　　　　　　　　　　　号

换给收单

福建全省财政局　　　　　　　　　　　　　　　为换给收单事照得商贩货物报完税厘运经次卡应将军货呈验收回前途厘票换给收单护运历经税厘总局印发收单行用兹奉督宪饬将各属税厘统解财政局核收充饷所有换票收单自应一律由本局颁给领运通行遵给在案今据　　县商人　　报运　　往　　行销贵

　　　　　　　局填给　字　　　　　　　单号票一纸核对货色
　　　　　　　卡　　　　　　　　　　　照

银数相符除将　　　单票收回汇缴本局备核外合行换给收单付
　　　　　　　　　照

执经过沿途关卡照章征验放行如有货无单及单货不符概以私论须至收单者

宣统　　年　　　　月　　　　　　　　日给

字　　　　　　　　　　　　　号

收单存根

今据　　县商人　　报运　　往　　　行销贵　　局填给　字　　　　号
　　　　　　　　　　　卡

单票一纸核对货色银数相符除换填收单给领并将　单票按旬
照　　　　　　　　　　　　　　　　　　　　　　照

驰缴

财政局备核外合填存根备查

宣统　　年　　　　月　　　　　　　　日

附录十一　湖南省四联厘票式*

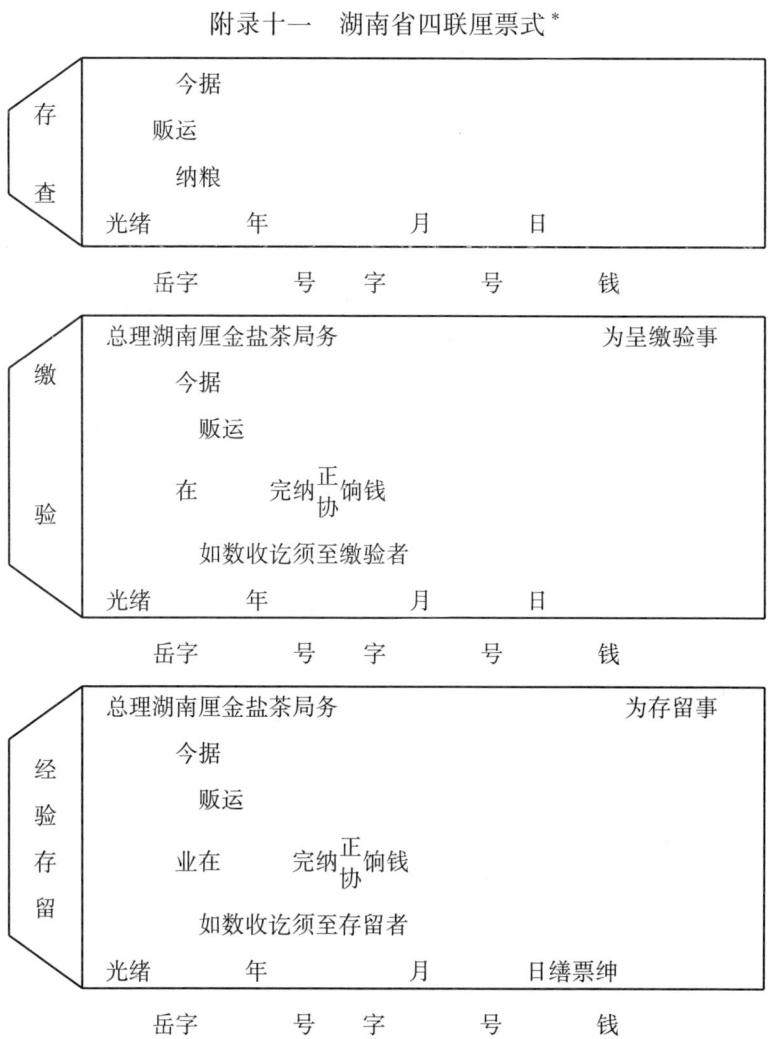

---

*　见 Office Series：Customs Paper, No.73, p.66。

护货照票	总理湖南厘金盐茶局务　　　　　　　　为给护照事
	今据
	贩运
	业经　　完纳 正饷钱
	协
	如数收讫须至护照者
	光绪　　　年　　　月　　　日缮票绅

附录十二　广东省船商呈报厘局验货单式*

* 见 Office Series：Customs Papers, No. 70, Enclosure No. 8。

附录十三　湖南省手票式[*]

手票	岳州筹饷厘金总局委员　　　　　　　　为押差完缴事
	今据
	应完 本/协 厘税足钱
	着即如数缴清换给印票
	光绪　　　年　　　　月　　　　　　日给

---

[*] 见 Office Series: Customs Papers, No.73, p.65。

附录十四　湖南省空船放行票式*

| 存查 | 巡丁　　　查　　　　　　　　　　　　　　　　　
光绪　　年　　　月　　　　　　　　　日
字　　　　　　　　　号 |

| 空船放行 | 岳州上水卡　　　　　　　　　　　　为给发放行事
今有上水空船一支业经验明并无货物合给票放行须至放行者
光绪　　年　　　月　　　　　　　　日给 |

---

* 见 Office Series：Customs Papers，No. 73，pp. 63—64。

附录十五　湖南省上水货放行票式*

放行存查	巡丁　　　查 光绪　　　年　　　月　　　　　日

字　　　　　　　　　　　号

上水货放行	岳州上水卡　　　　　　　　　　　为给发放行事 今有上水货船一支业在本卡完纳厘金合给票放行须至放行者 光绪　　　年　　　月　　　　日给

* 见 Office Series：Customs Papers, No. 73, pp. 63—64。

附录十六 湖南省省城转运票式*

| 转运存查 | 今据　　　将已完厘金之货运往
销售由局填发运票以凭查验
　计开
　　　　年　　　　月　　　　　　日存 |

字第　　　　　　　　　　　　　　　号

| 转运验票 | 今据　　　将已完厘金之货运往
销售由局填发运票以凭查验
　计开
　　　　年　　　　月　　　　　　日给 |

---

* 见《湖南厘务汇纂》卷六。

附录十七　广东省坐厘票式*

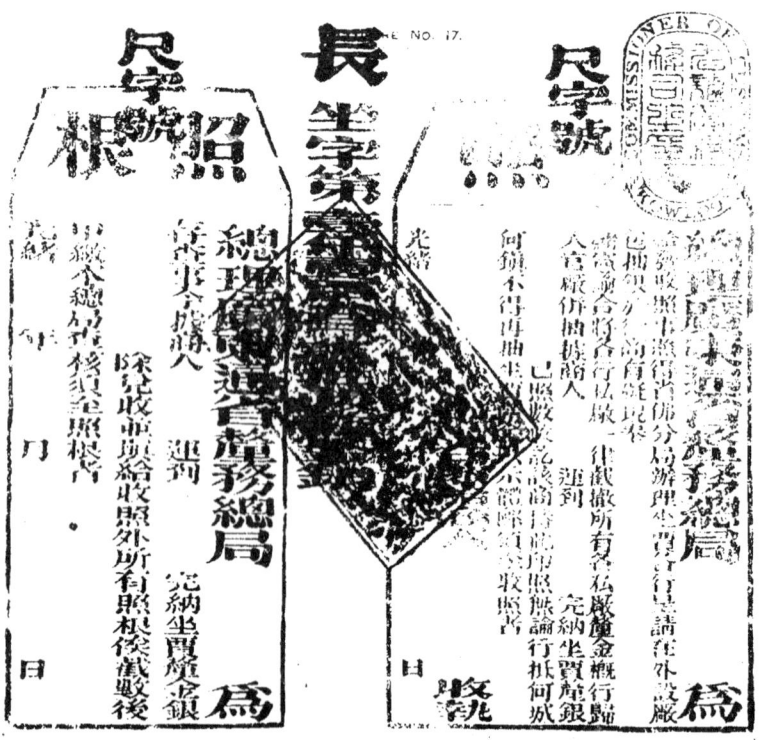

---

* 见 Office Series: Customs Papers No. 70, Enclosure No. 17。

附录十八　上海认捐捐票式*

业捐票存根

| 上海筹饷货捐公局　　　　为填票存查事今　　业认捐公所转据 |
| 　报捐 |
| 应缴落地捐 银/钱　　已照数收讫除填给捐票并缴核送局外合 |
| 填存根备查须至根者 |
| 　光绪　　年　　月　　日　　第　　　号 |

业认捐第　　　　　　　　　　　　　　　号

业捐票缴核

| 上海筹饷货捐公局　　　　为填票缴核事今　　业认捐公所转据 |
| 　报捐 |
| 应缴落地捐 银/钱　　已由公所照数收讫除填给捐票外合填缴 |
| 核送局备案须至票者 |
| 　光绪　　年　　月　　日　　第　　　号 |

业认捐第　　　　　　　　　　　　　　　号

业认捐公所捐票

| 上海筹饷货捐公局　　　　为给票收捐事今据　　业认捐公所转据 |
| 　报捐 |
| 应缴落地捐 银/钱　　由公所照数收讫汇解以充饷项除填中联 |
| 缴核存根备查外合给捐票收执凡遇水陆巡查呈验票货相符任便 |
| 放行如有隐射偷漏等弊仍查获知会照章究办须至票者 |
| 　光绪　　年　　月　　日给　第　　　号 |

---

* 《支那经济全书》第三辑，页81—82。

附录十九　上海认捐分运单式*

业分运存根	上海筹饷货捐公局　　为填单分运事兹有　　业公所代客报运后开货物至　　销售除给单获运以备各卡稽查外合填存根备查须至根者 计　开 光绪　　年　　月　　日　　第　　　　号

业认捐运单第　　　　　　　　号

业分运缴核	上海筹饷货捐公局　　为填单分单事兹有　　业公所代客报运后开货物至　　销售除给单获运以备各卡稽查外合填中联缴核须至单者 计　开 光绪　　年　　月　　日　　第　　　　号

业认捐运单第　　　　　　　　号

业认捐分运单	上海筹饷货捐公局　　为给单分运事兹有　　业公所代客报运后开货物件疋斤两色数运至　　销售应缴落地捐项已由公所如数收讫汇解凡经过淞沪各卡凭此免验其各卡水厘一律照完不得朦混须至运单者 计　开 光绪　　年　　月　　日给　第　　号此单　　日为限过期不凭

---

* 《支那经济全书》第三辑，页84—85。

附录二十　湖北厘金各局每月申报总局册式*

某局为造册申报事今将光绪某年某月分收支厘金银钱比较本年上月上年本月并岁额按月实数及上月分支数以及本月分罚款缴核护照各数目开具四柱清册呈请

　　查核须至册者

　　　　计开

厘金项下

　　一旧管

　　　　有无注明

　　一新收

　　　　某厘收　若干共收　若干

　　一开除

　　会

　　专办委员　　　支薪水钱若干

　　帮

　　某款支钱若干　　上原支若干现减若干须注明

　　　　共实支九八钱若干

　　　　又支裁减 用水 拨充边饷九八钱若干

　　　　通共原支九八钱若干

　　另支

　　　　准添置某某款　　　支钱若干共支钱若干

　　　　连前总共支九八钱若干

　　　　共合足钱若干

---

* 根据《湖北通省牙厘章程》。

拨付某某支钱若干有则开列无则删除
　一实在
　　　除支 外应解 $_{厘减}$九八钱若干
　　　通共应解九八钱若干
　一比较项下
　　　计开
　　本年上月分收　若干
　　　　今以本年本月分较实 $多$收　若干
　　上年本月分收　若干
　　　　今以本年本月分较实 $多$收　若干
　　派　收　　若干　　　　按月应收　若干
　　　　今以本年本月分比较实 $多$收　若干
　　本年上月分支九八钱若干串
　　　　今以本年本月分比较实 支钱若干串

罚款项下
　一旧管
　　　有无注明
　一新收
　　　某客某货厘罚钱若干共若干如无注明无字
　一开除
　　　给赏钱若干如无注明无字
　一实在
　　　充公附解钱若干如无注明无字
　　　　通共　款　若干

票根项下

　　一旧管

　　　　字　　　号起至　字　　　号止共票　　　张

　　一新收

　　　　字　　　号起至　字　　　号止共票　　　张并注明

　　　　年　　　月　　　日

　　　　　　　人承领回局

　　一开除

　　　　专局用票　　字　　起至　　字　　止

　　　　共票　　　张分　原领　　字　　号票若干张

　　　　　　已据报用票　　　张

　　一实在

　　　　专局存　字　　起至　　字　　止共票　　　张

　　　　各分局卡存　　字　　起至　　字　　止共票　　　张

附录二十一　湖南厘金各局每月月报详院册式 *

为呈赍册报事今将光绪某年某月初一日起至三十日止陆续收到各处解缴本省军饷邻省协饷厘税银钱及咨解支发各数目造具四柱清册呈赍　查核须至册者

　　　计开

旧管

　　本省项下 _{平银若干}_{典钱若干}

　　协饷项下 _{平银若干}_{典钱若干}

新收

　　一收某处解缴某年某月分本省项下省平银若干

　　一收某处解缴某年某月分协饷项下省平银若干

　　一收某处解缴某年某月分本省项下省平银若干 _{解某处银若干}

　　一收某处解缴某年某月分协饷项下省平银若干 _{解某处银若干}

　　一收某处解缴某年某月分本省项下省平银若干 _{由该处拨发某营勇费有领状作为解款}

　　一收某处补某年某月分本省项下欠平毛水省平银若干

　　一收某处预解本省项下省平银若干

　　一收某处预解协饷项下省平银若干

　　一收本省项下换入钱店省平银若干

　　一收协饷项下换入钱店省平银若干

　　　　以上共收省平银若干 _{查饷项下省平银若干}

　　一收某处解缴某年某月分本省项下足钱若干

　　一收某处解缴某年某月分协饷项下足钱若干

　　一收某处解缴某年某月分本省项下足钱若干 _{由该处支发薪水辛等项本局作为收款}

---

* 根据《湖南厘务汇纂》卷十一，页十三至十六。

一收某处解缴某年某月分协饷项下足钱若干 _{由该处支发薪水辛等项本局作为收款}

一收某处解缴某年某月分本省项下足钱若干 _{由该处拨发某款有领状作为解款}

一收某处预解本省项下足钱若干

一收某处预解协饷项下足钱若干

　　以上共收足钱若干 _{省饷项下省平银 干干}

开除

一支善后局领本省项下省平银若干 _{由某处拨发某项应将领移送善后局作为解款}

一本省项下支解某项省平银若干 _{解某平若干}

一本省项下支发某项省平银若干

一协饷项下咨解善后局省平银若干

一协饷项下咨解善后局平余省平银若干

　　以上共支省平银若干 _{省饷项下省平银 干干}

一支某处某年某月分经费省平银若干

一支提存某年某月分节省项下省平银若干

　　以上共支省平银若干 _{省饷项下省平银 干干}

　　统共以上支省平银若干 _{省饷项下省平银 干干}

一支善后局领本省项下足钱若干 _{由某处拨发某项应将领移送善后局作为解款}

一本省项下支解某项足钱若干

一本省项下支发某项足钱若干

一本省项下支换银足钱若干

一协饷项下支换银足钱若干

　　以上共支足钱若干 _{省饷项下足钱 干干}

一支某处某年某月分薪水辛工等项足钱若干

一支某处某年某月分经费足钱若干

　　以上共支足钱若干 _{省饷项下足钱 干干}

一支员绅某年某月分薪水九九七钱若干折足钱若干

一支某项九九七钱若干折足钱若干

　　　以上共支足钱若干 _{省饷}项下足钱 _{干干}

　　　统共以上支足钱若干 _{省饷}项下足钱 _{干干}

实在

　　本省项下 _{平银若干 典钱若干}

　　协饷项下 _{平银若干 典钱若干}

附录二十二　湖南厘金总局报销详院报部册式[*]

为造报事今将光绪某年某月起至某月止百货厘税收支解拨实存银钱数目造具简明四柱清册呈核须至册者

　　　计开

旧管项下

　　一存厘税湘平市色银若干

　　一存厘税足典钱若干

新收项下

　　一收厘税湘平市色银若干

　　一收厘税足典钱若干

开除项下

　　一遵解某项库平库色银若干合湘平市色银若干

　　一支发某项库平银若干合湘平市色银若干

　　　以上共支湘平市色银若干

　　一支解某项足典钱若干

　　一支发某项足典钱若干

实在项下

　　一存厘税湘平市色银若干

　　一存厘税足典钱若干

---

[*] 根据《湖南厘务汇纂》卷十一、页十六至十七。

附录二十三　厘金奏报折式

光绪三年八月二十九日湖南巡抚臣王文韶跪奏

为恭报光绪三年春夏季厘金收支数目仰祈圣鉴事：窃照前准户部咨以各省抽收厘金未能按限报部，奏请饬照两淮盐厘格式，自同治十二年正月起按半年开报一次，钦奉谕旨允准，咨行到臣，当经行局遵照办理，业将同治十二年正月初一日起至光绪二年十二月底止收支厘金银钱各数按次开单奏报在案。兹据总理湖南厘金局务布政使崇福候补道童大畇查明，自光绪三年正月初一日起至六月底止各局卡经收百货厘税银钱及拨解支用各款截清数目，开具简明四柱清册详请奏报前来。臣覆加查核本年春夏两季厘金较之去岁上半年银钱收数均有短少，盖因湘省厘税向以红茶为大宗，本年茶市不旺，厘金因而减色，兼之华洋商人执持江汉关子口税单过卡者络绎不绝，照章免厘，收数更形短绌，尚非委办员绅等抽收不力所致。臣惟有督饬该司道等转饬各局卡员绅认真稽查，严杜偷漏，以免商贩隐射滋弊。除将清册咨送户部查照外，理合缮具清单恭摺具奏，伏乞皇太后皇上圣鉴，敕部查核施行。谨奏。

（光绪三年九月二十七日御批）军机大臣奉旨户部知道，单并发，钦此。

厘金奏报清单

光绪三年八月二十九日湖南巡抚臣王文韶跪奏

谨将湖南省百货厘金自光绪三年正月起至六月底止收支解拨实存银钱数目开具简明四柱清单恭呈御览

旧管项下

一存厘税湘平市色银二万三千一百五两五钱八分七厘八毫

一存厘税足钱一万九千六十九串五百三十四文

新收项下

　　一收厘税湘平市色银五十七万四千三十七两一钱四分八厘二毫

　　一收厘税足钱一十万二千八百七十四串二百七十一文

开除项下

　　一遵解孝陵大碑楼工程经费库平库色银二万两合湘平市色银二万九百八十六两

　　一遵解惠陵工程经费库平库色银二万两合湘平市色银二万九百八十六两

　　一遵解长江水师经费库平库色银六万一千四百两合湘平市色银六万四千四百二十七两二分

　　一遵解湖北盐道库巡江经费库平库色银一千四百两合湘平市色银一千四百六十九两二分

　　一支解藩库拨发零陵县采买仓谷经费库平库色银一千八百三十三两合湘平市色银一千九百二十三两三钱六分六厘九毫此项应由藩库解还归款

　　一支解藩库拨发采买木植经费库平库色银三千八百一十二两六分五厘二毫合湘平市银四千两此项应由藩库解还归款

　　一支解藩库拨发益阳县堤工经费库平库色银三千八百一十二两六分五厘二毫合湘平市色银四千两此项应由藩库解还归款

　　一支解善后局库平银三十九万八千五百九十三两六分二厘九毫合湘平市色银四十一万三千六十一两九钱九分一厘一毫

　　一支发署常德府同知杨泰来具领运木经费库平银九千六百四十九两七钱一分五厘三毫合湘平市色银一万两

　　一支员绅薪水公费库平银九百两合湘平市色银九百三十二两

六钱七分

　　以上共支湘平色银五十四万一千七百八十六两六分八厘

　　一支解善后局足钱八万二千二百二十五串七百八十八文

　　一支解藩库拨发辰沅永靖道标练饷足钱九千串文此项应由藩库扣还归款

　　一支员绅薪水足钱五千八百九十三串二百二十一文

　　一支辛工足钱一千五百八十八串三百二十八文

　　一支制备收厘票簿足钱一千七百六十七串八百五十八文

　　一支办公饭食饭张一应杂用足钱一千四百九十七串四百五十三文

　　以上共支足钱一十万一千九百七十二串六百四十八文

实在项下

　　应存湘平市色银五万五千三百五十六两六钱六分八厘

　　应存足钱一万九千九百七十一串一百五十七文

　　（光绪三年九月二十七日御批）军机大臣奉旨览钦此

罗玉东和他的《中国厘金史》

周育民

学人以著述闻名于世,世人慕其名而求知其人。以近代资讯之发达,著名学人的身世大抵均可求索而得。近世以著述闻名天下而身世几无人知者,恐即罗玉东先生一人。

罗玉东为中国近代著名的学者,是他向学术界贡献了一部巨著《中国厘金史》。这部著作作为中央研究院社会科学研究所丛刊第六种于1936年8月由商务印书馆出版,1970年台湾学海出版社、1977年香港大东图书公司、1979年台湾文海出版社等先后影印再版。商务印书馆再将此书列为"中华现代学术名著丛书"之一再版,足见此书在中国学术史上的地位。

在1936年《中国厘金史》初版之前,国内仅有王振先的《中国厘金问题》(商务印书馆1917年版),其有关中国各省厘金的情况,主要参考了吉田虎雄《中国关税及厘金制度》(东京北文馆1915年版)的有关内容,还谈不上严格意义上的历史学术专著。《中国厘金史》初版之后的半个多世纪,虽有若干有关中国厘金问题的新著出版,如何烈《厘金制度新探》(台湾中国学术著作奖励委员会丛书第61种,1972年)、美国学者 Edwin George Beal Jr. 《厘金的起源》(*The Origin of Likin*, 1853—1864, Harvard University Press Cambridge, 1958)、郑备军《中国近代厘金制度研究》(中国财政经济出版社2004年版)、徐毅《江苏厘金制度研究：1853—1911》(上海财经大学出版社2009年版)等专著以及为数不少的论文,或基本史实、数据均出自罗玉东的著作,或仅在某些地区或时段在罗著基础上有所拓展,在晚清厘金的全貌上,未脱罗玉东著作的范围。半个多世纪以来,在涉及晚清财政经济领域的林林总总的学术论著中,《中国厘金史》始终保持着引用率最高的纪录。一位年轻学者,仅以数年时间,在几乎完全是一片处女地的领域,打下了极为深厚扎实的研究基础,奇峰突起地竖立了一块迄今为止难以攀越的学术丰碑,这就是罗玉东与他《中国厘金史》的魅力。

罗玉东,湖南酃县(今炎陵)人。[①] 有关他的学历、生卒年,几乎无迹可寻,我们只知道他在社会调查所的片断经历。北平社会调查所是中华教育文化基金会于1926年创立的一个研究机构,1930年起招收研究生,根据所里指定的课题从事研究工作。1932年,罗玉东、刘隽、千家驹、郑友揆等九人被录取为北平社会调查所研究生,罗玉东即被指定从事清代厘金研究。1933年修业一年完成后,聘为助理研究员。1934年春天,他与汤象龙等十人组织了史学研究会。12月,罗玉东因应中央银行之约,请假离所[②]。此后的经历后人难道其详。1942年,罗玉东译述了许布纳(S. S. Huebner)的《财产保险学》,引言中提及他"前在成都光华大学任教",估计是教授保险学,落款为"罗玉东于四川南部中央银行,三十一年七月

[①] 罗玉东籍贯失载。据《光华大学成都十年记》第81页"大学教职员名单"记载,"罗玉东,男,湖南鄂县"。查鄂县(今户县)在陕西,故"鄂县"当为"酃县"之误。

[②] 社会调查所第五年、第七年、第八年报告。

一日"。① 据梁方仲后人梁承邺说,罗玉东因日机轰炸,头部中弹而死。② 日本飞机对重庆的轰炸在1943年8月以后基本结束,罗玉东很可能没有看到他的译著出版。我估计他可能生于清季宣统年间,罹难时只有三十多岁。③

有关《中国厘金史》的撰写过程,根据社会调查所的年度报告,我们可以知道,在罗玉东进入社会调查所之前,所里已经组织人手大规模抄录清代财政经济档案。罗玉东进所之后,这项工作仍在进行,其中有关各省厘金的报告二千多件即由罗玉东负责系统研究,并配有专门的统计员协助其工作,要求罗玉东在为期一年的研究生结束后就厘金在近代财政上之地位写出研究报告。1932年11月,罗玉东在该所汤象龙主编的《中国近代经济史集刊》第一期上发表了长篇论文《厘金制度之起源及其理论》。1933年5月,又在《中国近代经济史研究集刊》第二期上发表了《光绪朝补救财政之方案》。根据该期杂志的出版预告,罗玉东的结业报告题目应为《清代厘金税收及其用途》,原定暑假后印行。报告未能如期刊出,是罗玉东扩大了他的研究范围,据社会调查所1933年度报告,罗玉东"报告的内容主要部分为厘金税收及其用途之分析。此外,于厘金制度之变迁及其对于国计民生之影响,亦有较详细之讨论"。

---

① 罗玉东译述:《财产保险学》,商务印书馆1943年版。
② 任智勇:"一本'没有跳出旧史学窠臼'的好书——重读《中国厘金史》"。
③ 据夏鼐回忆,1934年5月成立的史学研究会,吴晗、汤象龙、罗玉东等十人为发起人,都是青年人,"有的还在大学读书,有的也是刚出校门不久的青年史学工作者",已是名教授的张荫麟后来入会,年纪也不过30岁(夏鼐:"我所知道的史学家吴晗同志",载《吴晗纪念文集》,北京出版社1984年版)。汤象龙生于1909年,早罗玉东两年入社会调查所,因此,可以推测罗玉东大约生于1910至1911年间。

计划于 1934 年暑假期间完成。① 这是《中国厘金史》的雏形。1934 年秋天,研究报告终于以《中国厘金史》为题脱稿。这时,社会调查所已并入中央研究院社会科学研究所,该所年度报告称:"本项研究系根据清季五十年来各省厘金报告二千余件对我国厘金为详尽而有系统之分析,追溯其制度的起源、变迁,并将历年厘金收报告编为详细统计,更进而讨论此项税收在清代财政上之地位以及国民生计及工商业之影响。"书稿正式付印的时间是 1935 年 4 月。② 从 1932 年 7 月以后入所到 1934 年秋天完稿,《中国厘金史》的实际撰写时间只有两年。一个本科大学毕业生在研究基础十分薄弱的情况下,能以如此短的时间完成一部厚重的学术经典著作,足见罗玉东的勤奋与才气。

《中国厘金史》的结构大致可以分为五个部分,即(一)厘金的起源与沿革,(二)税制,(三)收支概况,(四)各省厘金,(五)厘金统计资料。

在厘金起源问题上,罗氏最突出的贡献在于,阐明了在太平天国运动蓬勃兴起、以往捐纳报效等临时筹款措施难以为继,而清代税制结构中商税明显偏弱、财政收入缺乏弹性的情况下,重在征商的厘金制度兴起既有其偶然性,也有其必然性。厘金的推广和延续,不仅是清朝财政的需要,还有着重农抑商传统经济思想的支撑,对于近代财政结构和税制的演变影响深远。

在厘金税制上,罗氏全面地叙述了百货厘金的种类、税率、课厘对象、征厘机构、征厘手续、报解考成以及与子口税的关系等问

---

① 社会调查所第八年报告。
② 国立中央研究院社会科学研究所二十三年度报告。

题,并且分析了厘金制度的弊端。举凡清代厘金制度的基本方面,罗氏几乎无不涉及。罗氏十分细致地揭露了清代厘金的种种弊端,如征收过程中的大头小尾、卖放、私征、匿报罚款等,勒索商民的种种手段,如挂号钱、划子钱、查船规费、查货规费、灰印钱、浮收折价、出票钱、验票钱、填换运照钱、换票钱和肆意苛罚等。厘金推广之后,咸丰八年(1858),列强为利于洋货在内地销售,在《天津条约》中规定了子口税制度,洋货进入内地后交纳子口半税后,不再另纳厘金,这使中国工商业处于十分不利的地位。罗氏指出,清政府之所以接受列强的要求,一是目光短浅,未识利弊;二是子口半税归海关征收,税归中央。子口税推行后,各省督抚对进口洋货减征厘金以广招徕,对丝茶等大宗出口土货先捐后售以进行抵制,但并未顾及中国工商业之利益与发展。光绪二十七年(1902)中英商约签订,达成加税裁厘的协议,列强并未践约,也是因为厘金与子口税的并存有利于洋商而不利于华商。罗氏通过对厘金制度种种弊端的细腻而详尽的论述,深刻地揭示了厘金制度是摧残中国民族工商业发展的一项恶政。

有关清代全国厘金的收支,关系到清代厘金在财政中的地位,需要处理大量统计资料。罗氏没有简单地给出一个经验估值、指出清代厘金在财政收支中的比重,而是就已有数据和相关文献,尽可能地求得接近实际的全国厘金收入总数,并弄清厘金支出的结构。这对于希望得到明确研究结论的读者来说,似乎有点繁琐,却反映了罗氏在学术研究中的审慎。而正是由于罗氏的这种审慎,保留下了大量数据,为学术界在他工作的基础上进一步进行研究,提供了可能。罗氏根据二千余件奏报,对江苏、浙江、安徽、湖南、湖北、江西、福建、广东、山东、山西、陕西、河南、甘肃、四川、广西十五省厘金历年收入作了比较系统的整理和统计,缺报年份采取插补的方法加入弥补,并根据有关文献资料,对直隶、云南、贵州、奉天、吉林五省的厘金收入作了估计,在此基础上,形成了历年全国厘金收数统计表。根据这份统计,从同治八年到光绪三十四年(1869—1908),清政府的厘金收入由一千四百万两逐渐增加到二千一百多万两。书中所附的一百多份统计表,成为学术界征引清代厘金收支的基本依据。正如罗玉东所指出的,这些数据只是清政府掌握的厘金收入,并不包括地方隐匿和局卡人员浮征中饱的部分。

20世纪二三十年代成长起来的中国社会科学研究者,有着良好的国学素养,精通外语,又受过欧美学术传统的熏陶。因此,那个时代问世的有关中国历史、经济和文化等方面的不少学术著作,能在国际学术界独领风骚,历久不衰,在中国学术史上耸起了一座空前的高峰。罗玉东的《中国厘金史》就是在这座高峰上的中国近代财政经济史研究的一块丰碑。

《中国厘金史》征引的文献资料相当丰富,除了二千多件清代厘金档案文件以及《东华续录》、《光绪会典事例》、《碑传集》、《光绪会计录》和清末各省财政说明书、清人奏稿之外,作者还大量搜集了清代厘务机构编制的各种文件、表册和章程等,参考了海关报告以及外人的研究成果。这些厘务文件,现在很少有图书馆收藏,有些已经轶失,尤显这部著作的珍贵。

在撰述方法上,《中国厘金史》按类分章,叙沿革、述规章、论利弊,颇有中国传统志书体例,而兼史书据实纪事风格。但是,重要的是《中国厘金史》将中国优良的史学传统融汇了与国际接轨的近代学术规范之中。这种学术规范的核心是,研究成果的证据可以检验，论证过程必须交代明晰。《中国厘金史》所有的引文、资料都注明了来源，根据笔者的研究，尚未发现存在征引失误或失验的情况。清代厘金收入的总数，需要处理大量数据，这些数据的处理过程，罗氏都有十分明确的交代。除了日文著作以外，罗氏对于有关中英文研究成果都有充分的了解。

毫无疑问，罗玉东的《中国厘金史》在晚清财政史研究领域取得了重大突破的同时，也存在着一些不足之处。《中国厘金史》所论述的年代范围仅限于清代，并不包括民国时期厘金的历史，因此，严格意义上说，它只能称为《清代厘金史》。限于当时的历史文献资料，书中所叙及的清代各省厘金创办时间和人物并不准确。由于罗氏是根据社会调查所抄录的两千多件清代档案进行有关数据的处理，有些未被抄录的厘金档案未能纳入到书中所附的大量统计表中，这需要根据新发现的有关档案文件进行补充和调整。全书侧重于百货厘金，而对鸦片厘金、茶厘等未作系统的分类研究。此外，由于成书比较仓促，书稿和排印中均存在若干错误。尽管存在着这些问题，丝毫不影响其作为一部具有奠基意义的学术专著的历史地位。

2010 年 10 月